제2판

경영정보시스템

Management Information Systems

| 윤종훈 | 김용민 |

도서출판 창명

머리말
PREFACE

인류는 새로운 산업기술을 기반으로 사회구조를 혁명적인 수준으로 혁신하고 있다. 증기기관, 전기에너지, 컴퓨터와 인터넷 그리고 스마트폰은 산업혁명이라는 이름으로 앞자리 숫자를 바꾸어 온 바, 현재 4차 산업혁명은 산업 및 사회 생태계를 완전히 바꾸는 기술적 진보를 이루고 있다. 특히 이런 산업생태계 안에서 성장과 발전을 지속적으로 추구해야 하는 기업은 정보통신기술을 기반으로 융합과 통합의 비즈니스적 관점에 의해 새로운 수직적 · 수평적 산업생태계를 만들어 가고 있다.

이런 세상의 변화에 전통적인 기업의 물적 · 인적 · 재화적 자원을 얼마만큼 보유했느냐보다는 어떻게 활용할 것인가에 대한 물음에 답하는 노력이 결과적으로 기업의 생존에 영향을 미치고 있다. 기업 경영을 위해 필요한 정보는 보유자원, 경제환경, 글로벌소비자 동향 등 다양한 종류와 형태를 가지고 기업의 의사결정에 결정적인 영향을 미치고 있는 것이다.

이처럼 정보를 중심으로 한 준비와 대비 없이는 기업의 성장과 발전은 기약할 수 없다. 정보를 기반으로 비즈니스 환경은 일렁이는 파도가 아닌 전 산업 분야를 한순간에 뒤엎을 쓰나미급 태풍으로 현재의 산업변화에 대한 새로운 인식이 필요한 시점인 것이다.

기업들의 생존을 위한 경쟁은 과거에도 있어 왔고 또 현재도 진행형이지만 그 경쟁의 치열함은 글로벌 불확실성이 커져감에 따라 정보라는 자원에 더욱 의존하는 경향을 만들었다. 정보의 체계적 관리와 활용을 의미하는 정보시스템 도입과 활용은 기업의 필수자산이 되어 버렸고 차별화된 경쟁우위를 확보하기 위한 수단으로서, 그리고 합리적 의사결정을 도출하기 위해 데이터를 정확하고 신속하게 확보하기 위한 수단으로서 경영정보는 기업의 중요한 자산이 되어 버렸다.

경영정보학은 조직의 변화에 정보가 어떤 영향을 미치고 있는지, 그 결과는 어떤지 그리고 각 기업에 맞는 정보시스템은 어떤 형태여야 하며 이것을 조직은 어떻게 받아들이고 또 활용해야 하는지 등을 종합적으로 연구하는 학문이다.

이에 본서는 경영정보학의 기초가 되는 문제에 대해 진지한 질문을 하고자 하며 4차 산업혁명 시대에 기업경영의 성공적 수행을 위한 혁신도구로서 정보통신기술이 어떤 역할을 수행해야 하는지에 대한 답을 제시하고자 하였다.

기업들은 글로벌화로 인해 무한경쟁 속에서 살아남기 위해 정보를 기업의 매우 중요한 경영자원으로 관리하는 것은 물론 이러한 정보를 다루는 정보통신기술을 기업의 전략무기로 활용할 수 있는 방법론에 많은 관심을 보이고 있다. 이러한 환경의 변화 속에서 본서는 모두 13개의 장으로 구성하여 나름의 해법을 제시하고자 하였다.

1장에서는 디지털 기술의 발전과 경영환경의 변화에 대해 설명하였다.
2장에서는 4차 산업혁명 시대의 출발에 대해 설명하였다.
3장에서는 경영혁신과 정보기술에 대해 설명하였다.
4장에서는 정보, 시스템 및 정보시스템의 관계에 대해 설명하였다.
5장에서는 경영정보시스템과 기업조직에 대해 설명하였다.
6장에서는 데이터 관리와 비즈니스 인텔리전스에 대해 설명하였다.
7장에서는 정보시스템 통합을 통한 경쟁우위전략에 대해 설명하였다.
8장에서는 비즈니스 패러다임의 변화에 대해 설명하였다.
9장에서는 소셜 네트워크 사회로의 발전과 패러다임의 변화에 대해 설명하였다.
10장에서는 플랫폼 비즈니스의 등장과 발전에 대해 설명하였다.
11장에서는 4차 산업혁명 시대의 경영정보 혁신에 대해 설명하였다.
12장에서는 기업경영 환경의 현재와 미래에 대해 설명하였다.
13장에서는 정보보호 위협의 증가와 지식재산권의 강화에 대해 설명하였다.

끝으로 본서가 출간될 수 있도록 마지막까지 지원을 아끼지 않은 도서출판 창명 김사설 대표에게 감사의 인사를 드립니다.

2022년 8월
용운골에서 저자들 씀

차례
CONTENTS

PART 01 » 디지털 시대의 경영환경 패러다임의 변화

PART 03 » e-비즈니스로의 확장과 플랫폼 비즈니스로의 진화

chapter 08 비즈니스 패러다임의 변화

PART 04 >> 기업의 경영환경 변화에 따른 새로운 도전과 기회

chapter 11 4차 산업혁명 시대의 경영정보 혁신

chapter 12 기업경영 환경의 현재와 미래

PART 01

디지털 시대의 경영환경 패러다임의 변화

CHAPTER

01

MANAGEMENT INFORMATION SYSTEMS

디지털 기술의 발전과 경영환경의 변화

디지털 혁명과 디지털 진화

우리는 지금은 어떤 시대에 살고 있으며, 어디서 와서 어디로 향하는 것일까? 지금은 어떤 시대이며 사회일까? 4차 산업혁명 시대일까? 디지털 시대일까?

지난 20년 전에는 정보화 사회라는 말을 사용했고, 이와 차별화하기 위해서 이전을 산업화 사회라고 규정지었다. 그러나 우리의 기반은 제조업 중심의 산업화이다. 제조업은 우리가 살고 있는 물리적 세계에서 만질 수 있는 제품을 만들고 있다. 그 다음의 사회는 컴퓨터를 사용하는 정보화 사회가 되었다. 정보화 사회에서는 정보기술이 각광을 받았다.

그 다음의 탈산업사회(postindustrial society)라는 표현으로 지식 사회라고 주장하면서 최근에는 디지털 시대가 되었다. 무엇으로 그것을 말하든 아직도 우리는 제조업 또는 공업이 우리의 생필품을 제조하고 있다. 어떤 전문가는 이제는 제조업도 현대의 농업처럼 자동화, 무인화되어 간다고 한다.

최근에는 디지털 기술의 발전으로 다양한 분야에 디지털화가 되어 가고 있다. 대한민국에서 산업 사회에 태어나서 정보화 시대에 일하고 최근에는 디지털 시대를 맞이하는 세대는 이런 것을 구분하는 기준과 정의가 모호하다는 것에 의문을 가진다.

현재는 메타버스(metaverse)의 인기가 대단하다. 필자는 오래전 페이스북에 '메타버스 이노베이션'이라는 그룹을 만들었는데 최근에 갑자기 2000명을 넘었다. 메타버스에 대한 일반의 열기에 4차 산업혁명과 스마트 공장과 인공지능의 관심이 한풀 꺾이고 있다. 두 달 전만 해도 드론과 모빌리티가 공짜버스였고, 아직도 계속 논란이 되는 것은 블록체인에 대한 평가일 것이다.

컨설팅 기업들의 디지털 전환도 메타버스의 인기 앞에 무력하다. 일반 대중들은 이제는 메타버스이다. 대부분의 사람은 메타버스에 무임승차하려고 한다. 힘들게 대중을 설득할 필요가 없다. 모든 용어가 메타버스로 통용된다. 그러나 메타버스의 광풍이 오래 이어질 가능성은 없다. 미래 투자자나 미디어들은 새로운 용어를 찾을 것이다. 그러나 디지털은 계속 진화한다. 그리고 가장 진보한 기술이 항상 성공하는 것은 아니다.

디지털 시대의 전도사인 니콜라스 네그로폰테(Nicholas Negroponte)는 그의 저서 〈디지털이다〉에서 컴퓨터가 이제 더 이상 계산기가 아니라 바로 생활 그 자체라는 사실을 강조하였다. 그는 "디지털 세상은 우리가 일하는 방식, 공부하는 방식, 노는 방식, 그리고 친구나 아이들과 커뮤니케이션하는 삶의 방식을 변화시킨다"고 했다.

사실 디지털 시대가 본격적으로 시작된 것은 아주 최근의 일이다. 우리 사회의 모든 사람들이 스마트폰을 소유하면서, 그리고 정보통신기술이 급격하게 퍼지면서 디지털 변혁이 발생하였다. 역사적으로 지속적으로 발전해 왔으며, 최근 200년 동안은 모든 변화가 급격하다고 할 수 있다. 그러나 2차 세계대전 후 비교적 안정된 세계에서 살던 사람들이 이런 변화를 급격한 변화(disruption)라고 느낄 수도 있다.

같은 유형의 직업을 몇 세대 세습하던 시절에서, 최근에는 한 사람이 자기 생애에는 한 번 이상 완전히 바꿔야 하는 시대가 되었다. 이것은 선진국과 후진국에서 모두 동시에 일어날 수 있다. 디지털의 세상은 아날로그 세상과 대비된다. 아날로그 또는 물리적 세상이 분자와 원자로 구성된 세상이라면, 디지털 세상은 비트로 구성되어 있는 세상이다. 디지털 혁명(digital revolution)은 원자에서 비트로 이동하는 변화라고 할 수 있다. 디지털 다음의 진화는 무엇인가? 미래의 디지털 진화는 생물적 진화와 유사하다는 것이다. 과연 디지털의 과거, 현재, 미래는 무엇일까?

디지털 진화(digital evolution)에서 중요한 세 가지 인사이트가 있다. 하나는 세계적인 진화학자인 스티븐 제이 굴드(Stephen Jay Gould)의 단속평형설(punctuated equilibrium)이다. 1972년 닐스 엘드레지와 함께 발표한 생물 진화학설이다. 단속평형설은 생물이 상당 기간 안정적으로 종을 유지하다가 특정한 시기에 종 분화가 집중된다는 이론으로, 기존에 널리 받아들여지고 있던 생물의 진화가 체계적으로 점진적으로 진화한다는 계통점진이론에 반하는 이론이다.

기술 진화에서 단속평형설을 주장하는 사람들의 주장에 따르면, 촛불에서 백열등이 점차적으로 진화한 것이 아니고 마차에서 자동차가 점차적으로 진화한 것이 아니다. 아주 다른 변종으로 진화했고, 백열등이나 자동차가 존재하는 시점에도 촛불과 마차는 존재한다는 것이다. 이것은 디지털 진화에서 더욱 확실하게 나타나고 있다. 톰 시벨(Tom Siebel)은 〈디지털 변환(Digital Transformation)〉에서 다음과 같이 말했다. “경영에서 가장 중요한 기술 중 하나가 패턴 인식이라고 생각합니다. 다른 상황에서 여러분이 인식하는 기본적인 진실을 찾기 위해 복잡성을 분류하는 능력입니다. 정보 기술 분야에서 추구하는 방식에 접근할 때, 저의 결정과 선택은 역사적 맥락에서 이루어집니다.”

두 번째는 굴절적응(exaptation)이라는 것이며, 이는 어떤 환경에서 진화한 후 다른 환경에서 다른 기능을 위해 진화한 선택적 진화 구조이다. 예를 들어 생물의 진화에서 새의 깃털은 원래 체온을 지키려고 진화했지만, 나중에는 새가 날기 위한 기능으로 진화했다. 우리의 두뇌도 생각을 하기 위해 진화한 것이 아니라, 처음의 뇌는 생물의 몸을 최적화하기 위해서 진화했다고 한다. 디지털 진화에서는 초기에 컴퓨터는 계산을 하기 위해서 발명되었으나, 이제는 인간의 모든 분야에서 굴절적응 진화하고 있다.

세 번째는 진화는 발전이 아니라 생존을 위해서 이뤄졌다는 점이다. 디지털 전환의 목적은 디지털 발전이 아니라 디지털 환경에서의 생존이라고 할 수 있다. 디지털 진화는 디지털 변혁(digital disruption)에 대한 대응이라고 할 수 있다. 현재 우리가 살고 있는 세상에서 가장 큰 리스크는 디지털 변혁과 코로나 바이러스이다. 여기에 대한 생존 전략은 디지털 전환과 코로나 백신이다. 디지털 전환은 현재 코로나 백신과 유사한 점이 있다. 우리 모두 임상 실험 중이다. 코로나 백신을 맞는 것과 디지털 전환을 하는 것이 비슷할 수 있다.

디지털 진화는 진보만이 아니다. 모든 기업들에게 디지털 전환을 요구할 수 없다. 디지털 전환에 성공하였다고 해서, 경쟁에서 살아 남을 수 있다고 100% 보장할 수 없다. 얼마나 디지털 전환을 해야 디지털 내성이 생긴다는 데이터도 없다. 어떤 코로나 백신을 얼마나 맞아야 나에게 안전한 내성이 생길 수 있다는 확실한 정보가 없다. 디지털 전환도 마찬가지이다. 이러한 혼란한 세상에 생명체는 어떤 생존 법칙을 가지고 진화했는지 겸손하게 생각해 볼 때인 것 같다.

디지털의 시작은 디지털 혁명이지만 과정은 디지털 변혁이고, 끝은 디지털 진화가 될 것이다.

자료: 캐드앤그래픽스 조형식, 2021.09.01.

제1절 디지털 기술의 발전추세와 디지털 시대의 도래

아날로그 시대의 종말과 디지털 시대의 시작은 컴퓨터로부터 출발하였고 이후 네트워크 기술의 발전과 더불어 디지털 기술은 세상의 중심에서 사회 구성의 모든 것을 변화시키고 있다. 디지털 기술은 디지털 혁명이라 불리며 디지털 경제를 이끌고 있으며 4차 산업혁명 시대를 앞당기고 있다. 본 절에서는 디지털 기술의 실체와 이의 발전추세 그리고 디지털 시대의 도래에 따른 디지털 경제의 모습에 대해 살펴본다.

1. 디지털 기술의 발전추세

1946년 최초의 컴퓨터인 에니악(Electronic Numerical Integrator And Computer: ENIAC)이 개발된 이후 지난 70여 년간 컴퓨터기술은 급속도로 발전하였으며 기업들은 자료처리 목적으로 이를 도입해 활용해 오고 있다. 그러나 1980년대 초 인텔의 마이크로프로세서 개발과 마이크로소프트사의 PC 운영체제가 개발됨으로써 전통적 사회에서 정보화 사회로의 전환을 가속화시켰다. 특히 1990년대 들어 전 세계를 하나로 연결하는 인터넷 및 월드와이드웹 기술이 급속히 확산됨에 따라 정보혁명이 도래하여 정보화 사회로의 진전을 견인하는 역할을 하고 있다.

이와 같이 컴퓨터 및 정보통신기술의 급속한 발전으로 인해 정보화가 빠르게 진행되고 있는데 그 추세는 다음의 세 가지 트렌드로 설명할 수 있다.

첫째, 컴퓨터기술의 급속한 발전으로 성능이 하루가 다르게 향상되고 있는 반면 가격은 급격히 떨어지고 있다. 다시 말하면, 컴퓨터의 성능은 대폭 향상되었음에도 불구하고 가격은 크게 떨어져 큰 경제적 부담 없이 컴퓨터를 구입할 수 있게 되었다. 가격 대비 성능이 크게 향상됨에 따라 개인은 물론 기업들이 경영활동에 컴퓨터를 이용해 업무를 처리하는 양이 늘어남과 동시에 적용되는 분야도 점점 늘어나고 있다.

둘째, 정보통신 인프라의 구축으로 컴퓨터 간의 상호 접속이 용이해지고 세계 어느 곳에 있는 정보든지 실시간으로 자유롭게 접근이 가능하게 되었다. 컴퓨터는 정보를 처리하는 것은 물론 저장을 담당한다. 또한 통신망은 지리적으로 멀리 떨어져 있는 컴퓨터와 컴퓨터를 연결해 데이터 및 정보를 전달하고 공유할 수 있게 해준다. 컴퓨터기술이 끊임없이 발전한다 하더라도 컴퓨터와 컴퓨터를 연결하는 통로가 없다면 컴퓨터가 지니고 있는 데이터처리능력은 제한될 수밖에 없다. 초고속통신망이 구축됨에 따라 국내는 물론 멀리 떨어진 외국에 있는 정보라도 컴퓨터로 연결해 이용할 수 있게 되었다.

셋째, 최근 컴퓨터 하드웨어는 물론 소프트웨어도 사용자가 사용하기 쉽게 발전하고 있다. 초기에 개발된 컴퓨터는 컴퓨터의 전문지식을 가지고 있는 전문가들의 전유물이었다면 요즈음 컴퓨터는 나이에 관계없이 누구나 쉽게 사용할 수 있는 사용자친화적(User Friendly) 컴퓨터의 성격을 띠고 있다. 사용자친화적 컴퓨터환경의 대표적인 예로는 우리가 늘 사용하고 있는 마우스, 월드와이드웹, 그래픽중심의 운영환경(Graphic User Interface) 등을 들 수 있다. 최근에는 웹사이트의 범세계적 기준으로 접근성이 매우 중요하기 때문에, 시각장애인이나 청각장애인도 인터넷을 즐길 수 있는 시대가 열리고 있다.

이와 같이 환경 변화가 일어나고 있는 가운데 최근 주요 선진국을 중심으로 새로이 화두로 등장하는 키워드는 사물인터넷(Internet of Things: IoT)이다. 정보통신기술은 모든 문제해결의 조건이 되고 있고 디지털은 모바일이라는 이름으로 이미 우리 일상 속에 깊숙이 들어와 있으며 우리는 사람뿐만 아니라 사물들까지 연결되는 전환점에 서 있다.

1990년대 중반부터 시작된 인터넷의 급속한 확산은 우리의 삶을 엄청나게 바꾸어 놓았다. 원하는 자료를 찾기 위해서는 도서관에서 많은 시간을 보내야만 했으나 이제는 인터넷을 통해 전 세계에 흩어져 있는 모든 자료에 실시간으로 접근이 가능하게 되었다.

인터넷에 이은 두 번째 혁명은 2007년 1월 애플의 아이폰이 개발되고 급속히 보급됨에 따라 시작된 모바일 혁명이다. 이렇게 시작된 두 번째 모바일 혁명은 인터넷이 우리에게 가져다준 수많은 변혁을 손바닥 크기의 스마트폰에서 가능하게 되었다. 크기가 작고 사용하기 편리한 스마트폰으로 전 세계 어디에서나 필요한 정보도 얻고, 쇼핑도 즐길 수 있으며, 영화도 볼 수 있는 시대가 되었다. 다시 말하면, PC 없이도 스마트폰과 태블릿만으로도 우리가 원하는 것을 해낼 수 있는 세상이 바로 모바일인 것이다.

인터넷의 발전단계 측면에서 살펴보면 사물인터넷 시대는 세 번째 혁명이다. 모바일 시대까지는 PC와 스마트폰, 태블릿 등 기기들이 인터넷에 연결돼 우리의 삶에 큰 변화를 가져다주었다. 그러나 이제 스마트 기기가 아닌 우리 주변에서 볼 수 있는 모든 기기들이 인터넷에 연결되는 시대를 맞이하게 되었다.

사물인터넷 시대는 인터넷 시대, 모바일 시대와는 개념이 완전히 다른 새로운 시대라고 할 수 있다. 이와 같이 인터넷과 모바일 시대는 1차 디지털 혁명이라고 할 수 있으며,

그림 1-1 IoT가 가져올 디지털 혁명

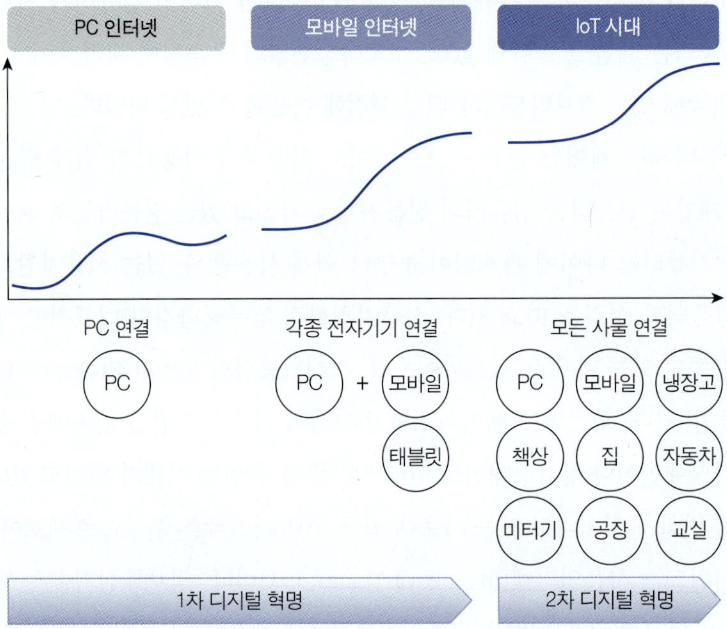

자료: 매일경제 IoT혁명 프로젝트팀, 모든 것이 연결되는 세상 사물인터넷, 매일경제신문사, 2014, p.43.

사물인터넷 시대는 2차 디지털 혁명이라고 부르는 것이 적절하다고 할 수 있다. 그렇다면 1차 디지털 혁명과 2차 디지털 혁명의 차이를 어떻게 설명할 수 있을까?

첫째, 제공되는 서비스 방식이다. 인터넷이나 모바일에서는 필요로 하는 정보를 얼마나 쉽게 그리고 얼마나 빠르게 얻을 수 있느냐가 우리의 만족도를 결정하였다. 다시 말하면, 서비스의 초점은 우리가 원하는 정보를 얼마나 빠르게 그리고 얼마나 쉽게 얻을 수 있느냐에 달려 있다. 여기서 정보를 얻는 방식은 정보를 끌어당기는 '풀(Pull)' 방식이다.

2차 디지털 혁명은 내가 원하는 무언가를 내가 찾는 것이 아니라 내가 원하는 무언가를 주변에 있는 것들이 알아서 찾아주는 '푸시(Push)'이다. 1차 디지털 혁명에서는 내가 필요한 정보를 직접 찾았다면 2차 디지털 혁명에서는 나를 둘러싸고 있는 사물이 나에게 조언(Advice)하고, 권하는(Recommend) 것이 가장 중요한 차이점이라고 할 수 있다. 정보에 대한 패러다임이 지능형으로 변화한다고 할 수 있다.

둘째, 모바일 시대에서는 필요할 때마다 원하는 것을 찾는 '온디맨드(On-demand)' 방식이었다면 사물인터넷 시대에서는 24시간 사물에 부착된 센서가 데이터를 교환하며 적

그림 1-2 IoT 시대의 패러다임 전환

	모바일 시대	➡ IoT 시대
연결주체	人 중심	人 중심 物 확대
서비스 방식	Pull (빠르고 쉽게 찾는)	Recommend (사물이 제안)
연결상태	On-demand	Always-on
콘텐츠	정보	지혜

자료: 매일경제 IoT혁명 프로젝트팀, 모든 것이 연결되는 세상 사물인터넷, 매일경제신문사, 2014. p.45.

절한 조언을 해주는 '24시간 서비스(Always-on)' 시대가 된다.

셋째, 모바일 시대에서는 단순히 우리가 원하는 정보를 얻는 데 그치는 반면 IoT 시대에서는 기기들이 정보를 조합함으로써 필요한 지혜를 제공해 준다. 모바일 시대에서는 학교나 기업에서 보고서를 작성할 때 정보 검색을 통해 필요한 데이터를 얻지만, IoT 시대에서는 제목만 입력하게 되면 이에 맞는 다양한 보고서를 알아서 제공하는 시대가 되었다.

2. 디지털 시대의 도래

디지털 기술이 사회 전반을 움직이는 오늘날 우리는 컴퓨터, 통신 그리고 인터넷이 가져온 디지털 혁명을 몸으로 느끼며 살아가고 있다. 이러한 디지털 혁명을 1만 년 전의 농업혁명, 그리고 200여 년 전의 산업혁명에 이어 인류역사의 세 번째 큰 변혁으로 보고 있는데 이는 우리의 삶과 기초적인 산업의 틀을 완전히 바꾸어 가고 있다. 과거 새로운 혁명적인 변화가 발생하는 데 소요되었던 시간과 달리 디지털 기술에 의한 혁명은 불과 30여 년 만에 전 세계와 인류에 엄청난 영향을 미치게 되었다.

통신을 통해 컴퓨터와 컴퓨터를 하나의 망으로 연결시켜 24시간 활동이 가능한 가상공간을 제공해 주는 인터넷으로 인해 디지털 혁명은 촉발되었다고 할 수 있다. 인터넷에 의해 생겨난 가상공간에서 창조된 3C(Content, Community, Commerce)의 발생과 이동은 전통적인 생산요소나 수단을 혁신적으로 바꾸었을 뿐만 아니라 동시에 유통, 소비과정에서의 새로운 변혁을 가져왔다. 미국의 사회학자 토마스 쿤은 패러다임을 한 시대를 지배하고 있는 사고와 인식의 체계로 정의하였는데, 디지털 혁명은 과거와는 완전히 다른 새로운 패러다임을 형성하고 있다.

인터넷은 1980년대 초부터 국방 및 학술용으로 서서히 쓰여지기 시작하였는데 1993년 웹 브라우저 넷스케이프(Netscape)가 개발되어 보급되면서 일반인들도 널리 사용하기 시작하였다. 인터넷이 가지고 있는 탁월한 개방성과 글로벌한 네트워크의 속성은 전 세계의 모든 사람과 경제주체들을 하나로 묶게 되었으며 사람들은 서로 간의 교신은 물론 전 세계에 산재되어 있는 각종 정보의 검색과 교환을 손쉽게 할 수 있는 사이버 공간을 탄생시켰다.

인터넷의 출현은 컴퓨터와 통신기술의 발전속도를 더욱 가속화하고 있다. 인터넷이 새로운 기반이 되면서 새로운 컴퓨터기술과 통신기술들이 등장했고, 기존의 각종 컴퓨터와 정보통신기술들은 인터넷 환경에 적합하게 변화되었다. 인터넷의 장점과 특성을 담아낼 수 있는 다양한 하드웨어와 소프트웨어가 하루가 멀다 하고 시장에 쏟아져 나왔으며, 인터넷 자체도 한층 다양한 모습으로 그 진가를 발휘하고 있다.

디지털 혁명은 다음과 같은 현상으로 정의해 볼 수 있다.

첫째, 디지털 혁명으로 기존 제품과 서비스가 디지털화되는 것으로 문자, 소리, 동영상 등 정보재의 디지털화와 소비재와 산업재를 포함하는 하드웨어의 디지털화로 구분할 수 있다.

그림 1-3 디지털 혁명의 전개도

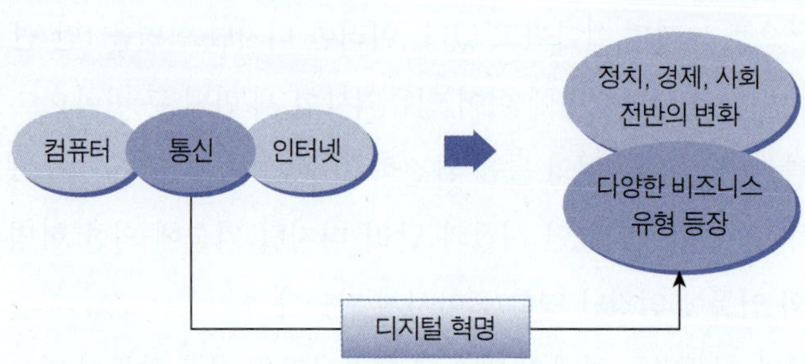

자료: 윤종훈 외, 경영정보시스템, 학현사, 2011. p. 5.

정보재의 디지털화는 모든 데이터와 정보가 디지털화되는 것으로 문자가 디지털북으로, 소리가 MP3와 같은 음악파일로, 동영상이 MPEG와 같은 형식으로 전환되는 것을 말한다. 이와 같은 정보재의 경우 '수확체증의 법칙'이 적용된다. 하드웨어의 디지털화는 소비재의 경우 디지털 기기의 컨버전스가 지속적으로 이루어지고 있으며, 반도체와 같은 산업재는 '무어의 법칙'에 따라 급속한 발전이 이루어지고 있다.

둘째, 디지털 혁명으로 산업 전반의 비용을 낮추었다. 디지털 혁명을 통해 제품의 조달과 생산, 마케팅 등의 일련의 생산과정 전반에 걸쳐서 비용 절감의 기회를 갖게 되었다.

대부분의 기업들은 생산을 위해 원자재나 부품 등을 조달하게 되는데 기업은 과거와 달리 인터넷이라는 사이버 공간을 통해 보다 많은 공급자를 알게 될 뿐만 아니라 공급자들의 정보를 알 수 있어 적은 비용과 시간을 들여 좋은 거래 조건으로 협상이 가능하게 되었다. 또한 기업은 자사의 부품 조달을 위한 웹 사이트를 직접 개설해 많은 공급자들이 웹 사이트를 통해 기업이 원하는 부품의 규격이나 가격, 운송과 같은 거래 조건을 조회할 수 있어 최적의 조건으로 거래계약을 체결할 수 있게 되었다.

디지털 혁명을 통해 기업은 고객과의 의사소통 비용을 낮추게 되었다. 과거에는 기업이 판매한 제품에 대한 유지 및 보수와 같은 사후 서비스는 전담부서를 통해 이루어졌으나 디지털 기술의 도움으로 웹을 통해 많은 부분의 서비스가 대체되고 있다. 특히 전화나 담당 직원의 방문 없이도 자사 제품에 대한 최신 정보 전달 및 진단을 할 수 있을 뿐만 아니라 제품의 최신 정보를 인터넷을 통해 제공할 수 있게 됨으로써 비용을 절감할 수 있게 되었다.

셋째, 디지털 혁명은 기업의 마케팅 차별화를 가능하게 하였다. 기업은 보유하고 있는 고객정보를 기반으로 고객들을 분류하고 이들의 구매가 일어나도록 하기 위해 이메일을 통한 마케팅이 일상화되었다. 또한 다양한 디지털 기술의 발전으로 기업들은 다양한 미디어를 이용한 차별화된 마케팅 방식으로 고객들의 관심과 흥미를 유발하고 있다.

3. 디지털 경제의 등장

20세기 후반 컴퓨터, 정보통신 그리고 인터넷기술이 급속히 발전하면서 디지털 기술에 기반을 둔 다양한 제품과 서비스가 시장에 등장하게 되었다. 또한 전문적인 지식이 없는 개인이라도 인터넷을 이용한 정보검색과 자료전달이 용이해지면서 제품에 대한 정보 습득이 쉬워지고 개인은 물론 기업의 경제활동이 근본적으로 변화하였다. 디지털 경제는 재화와 서비스의 생산, 분배, 소비 등 주요 경제활동이 디지털화되고 네트워크화된 정보와 지식이라는 생산요소에 주로 의존하는 경제를 의미한다.

디지털 경제(Digital Economy)는 디지털 기술과 관련되어 나타나는 일련의 경제적 현상으로 정의할 수 있다. 미 상무성의 보고서인 「떠오르는 디지털 경제(*The Emerging Digital Economy*, 1998)」에 의하면 인터넷의 확산으로 기업은 인터넷을 통해 문서를 교환하고, 데이터를 수집하고, 기업을 홍보하는 것은 물론 거래계약을 맺고, 부품을 구입하고, 일대일 마케팅을 하고, 고객을 관리한다. 심지어 인터넷으로 제품의 배달까지 이루어짐으로써 개인의 일상생활 및 기업의 사업방식을 크게 바꾸어 놓았다.

산업사회의 기반은 19C에 이루어진 철도망 구축과 20C의 도로망 확충으로 자본과 노동의 효율적 배분이 가능해지고 상대적으로 자본의 가치가 급증하면서 형성되었다. 그러나 디지털 경제의 기반은 정보통신기술(Information Communication Technology)의 발전과 컴퓨터, 통신 그리고 정보가 인터넷을 통하여 효율적으로 배분되기 시작하면서 막대한 부가가치가 창출되고 있다. 유통구조의 혁명과 생산성 향상을 견인하고 있는 디지털 경제는 보다 역동적인 '원자적 경쟁(Atomistic Competition)체제'로 재편되고 있다. 또한 정보의 확산으로 민주주의 원리 강화 등 사회적 변화가 급속하게 초래되고 있다. 따라서 경제 전반에 영향을 미치는 디지털 경제를 '디지털 혁명'이라고 부른다.

디지털 혁명은 창조적인 지식인과 기업이 주체이며 수평적 구조를 가지고 있다. 이는 생산요소 · 수단의 혁신이라기보다는 유통 · 소비과정의 변혁이라고 할 수 있다. 디지털

그림 1-4 디지털 경제

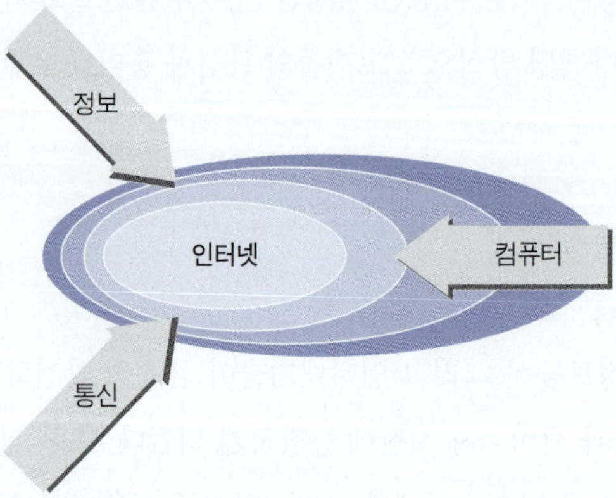

자료: 윤종훈 외, 경영정보시스템, 학현사, 2011, p.8.

혁명은 농업혁명과 산업혁명에 이어 인류사에 있어서 세 번째 큰 변혁을 의미한다. 디지털 혁명은 기술, 산업, 경제, 사회, 문화, 나아가 국가 간 관계에까지 총체적이며 획기적 변화를 유발시키고 경제 · 사회현상의 변화는 새로운 패러다임에 대한 논란을 초래한다. 따라서 디지털 경제는 신경제의 필요조건이면서 디지털 혁명으로 인한 경제 · 사회적 변화를 가져온다.

디지털 경제의 주요한 특징은 다음과 같다.

첫째, 정보의 신속한 공유가 이루어진다. 디지털 기술의 발전으로 정보의 생산, 분배, 소비 및 공유가 쉬워질 뿐만 아니라 실시간으로 이러한 정보들이 상호 교환됨으로써 정보의 자유로운 교류가 이루어지고 있다. 또한 경제주체인 소비자와 생산자, 공급자와 생산자, 정부와 국민, 개인과 개인 등 여러 수요자와 공급자의 정보 공유는 수요자로 하여금 최적의 선택을 가능하게 했다.

둘째, 디지털 시대에는 자료의 생산, 가공 및 공유 그리고 거래가 네트워크를 통해 이루어질 수 있으므로 공간의 제약이 줄어든다. 따라서 물리적인 공간의 중요성이 줄어들어 경제 및 경영활동이 글로벌화되고 있다. 정보와 지식의 생산, 가공 및 분배가 주요 경제활동이 되는 디지털 경제에서 정보와 지식의 거래는 공간의 제약이 없다고 해도 틀린 말이 아니며 이러한 공간의 제약이 없어지면서 기업들의 범세계적인 활동이 가능하다.

표 1-1 디지털 경제와 변화의 내용

구분	변화의 내용
신경제	• 경제성장률 상승, 물가안정 • 지식기반 경제로의 전환 가속 • 디지털 격차로 인한 계층 간 차이 확대
IT산업 발전	• IT산업 팽창, 산업의 IT 집약화, 제조업 · 서비스업의 융합 • 전자상거래 확산과 유통 · 통신 · 금융의 융합
디지털 기업	• 네트워크형 기업 주류, 비즈니스 모델 선점을 둘러싼 경쟁 • IPO, 매각 등을 통한 조기 자금 회수와 공격적 다각화 • 전자상거래를 이용한 외주 확대 • 사무, 공장, 디자인의 자동화, 정보 공유 확대
디지털 정부	• 국가권력의 약화 • 정부조직의 전자화와 전자민주주의 확산
디지털 공동체	• 취미, 오락 등 가상체험과 온라인 쇼핑 확대 • 사회 · 문화적 공동체가 가상공간에서 확대

자료: 삼성경제연구소, 2000년 1월(www.seri.org).

셋째, 기술의 발전속도가 가속화되고 있다. 불과 몇 년 전에 비하면 기술이 비약적으로 발전함으로써 점차 미래를 예측하는 것이 불가능해지고 있다는 것이 또 다른 디지털 경제의 특징이라고 할 수 있다. 특히 디지털 제품의 경우 라이프사이클이 점점 짧아지고 있으며 여러 제품의 기능을 하나의 제품으로 통합하는 컨버전스(Convergence)가 활발히 진행되고 있어 앞으로 다가올 미래에는 어떤 제품이 새로운 시장을 창출할 것인지 예측하는 것이 더욱 어려워지고 있다.

잠시 쉬어가기

사물인터넷의 사례 9가지 – 스마트 홈, 스마트 팜 등

사물인터넷은 사람과 사람 간 또는 컴퓨터 간 상호 작용 없이도 네트워크를 통해 데이터를 전송할 수 있는 고유한 식별자와 기능을 제공하는 기계와 디지털 기계, 물체, 동물 또는 사람들이 상호 연관된 컴퓨팅 장치입니다.

뭐라고요? 이걸로 뭘 할 수 있다는 걸까요? 예를 들어보겠습니다.

- 우산이 소리를 내며 날씨를 알려 주고 가져가라고 하면 좋지 않을까요?
- 앱을 통해 집에 가는 길에 뜨거운 커피를 준비하고 싶지 않으세요?
- 집에서 모든 애플리케이션을 원격으로 제어할 수 있다면 얼마나 좋을까요?
- 알람 시계가 사무실 위치와 경로, 교통 상황을 알고 있으며 도착 시간을 예측해서 여러분을 깨울 수 있다면 어떨까요? 더 많은 잠을 잘 수 있겠죠?

사물인터넷(Internet of Things: IoT)은 인터넷 혁명의 다음 단계를 나타냅니다. 이 기술은 물리적 장치와 디지털 세계의 연결을 가능하게 합니다. IoT 확산에도 불구하고 많은 사람들이 기술에 대해 모르고 있습니다. 여기서는 IoT의 개념을 설명하고, 현재 존재하는 네트워크 및 연결 솔루션의 실제 사례도 살펴보겠습니다.

사물인터넷(Internet of Things: IoT)의 개념

IoT는 비교적 최근의 혁신기술이지만, 개념은 80년대 초까지 거슬러 올라갈 수 있습니다. 1982년 카네기 멜론 대학의 컴퓨터 공학 대학원생들이 코카콜라 자판기를 인터넷에 연결한 것입니다. 프로그래머들은 음료의 구매 가능 여부와 온도를 확인할 수 있는 프로그램을 코딩했습니다.

IoT는 1999년 공식적으로 차별화된 기술로 인정받았습니다. 그 후 몇 년 동안 기술의 적용이 증가했고 IoT는 무선 통신, 임베디드 시스템, 마이크로 전기 전자 시스템에 사용되었습니다. IoT는 연결된 기기의 거대한 네트워크로 간주될 수 있습니다. 인터넷에 연결된 장치는 데이터를 수집하여 서로 공유합니다.

IoT 기반 솔루션을 사용하면 일상적인 작업을 자동화하고 연결된 장치를 효과적으로 모니터링하고 제어할 수 있습니다. 따라서 작업의 효율성과 편의성이 향상됩니다.

실생활의 IoT 애플리케이션

IoT 기술의 개념은 간단할 수도 있지만 그 영향은 충분히 큽니다. 이 기술은 의료, 제조업, 소매업, 에너지 및 농업 분야에서 혁명적인 변화를 이끌고 있습니다. 많은 기업들이 경쟁 우위를 확보하기 위해 IoT를 채택하고 있습니다. 실시간 데이터 관리 및 작업 자동화를 통해 운영 효율성을 높이는 데 주력하고 있습니다. 이를 통해 비즈니스를 성장시키고 발전시키기 위해 보다 혁신적인 접근 방식을 취할 수 있습니다.

조직은 새로운 IoT 기술 애플리케이션을 통해 보다 강력한 리스크 관리 전략을 설계 및 구현할 수 있습니다. 기업은 기술을 활용하여 운영 성능을 개선하고 있습니다. 사물인터넷(IoT) 기기는 업무 자동화, 원격 제어 등 고급 기능을 지원합니다. 결과적으로, 기업들은 에너지 사용과 보존 사이에서 최적의 균형을 유지할 수 있습니다.

사물인터넷의 사례 9가지를 알아보겠습니다.

1. 스마트 팜(Smart Farm)

농부들은 스마트 IoT 농업 애플리케이션을 활용하여 식물 수확 시기를 결정하고, 토양의 화학 성분을 기반으로 비료 프로필을 만들고, 토양의 영양분과 수분 수준을 감지하는 등 다양한 활동을 최적화할 수 있습니다. IoT 기술을 적용하면 농업 생산의 질과 양을 모두 높일 수 있습니다.

더 자세한 내용은 다음 포스트를 확인해 보세요.

스마트 팜(Smart Farm)이란?

사물인터넷(IoT)은 농장의 관개나 비료와 같은 성장 요인을 더 잘 측정하고 통제할 수 있는 방법을 제공했을 뿐만 아니라, …

my-encyclopedia.tistory.com

2. 스마트 홈(Smart Home)

스마트 홈은 모바일 등 네트워크 기기를 이용해 인터넷 연결만 하면 어디서든 기기와 기기를 원격으로 자동 제어할 수 있는 편리한 홈 세팅을 말합니다. 스마트 홈의 기기들은 인터넷을 통해 상호 연결되어 있어 사용자가 가정으로의 보안 접근, 온도, 조명, 홈씨어터 등의 기능을 원격으로 제어할 수 있습니다.

더 자세한 내용은 다음 포스트를 확인해 보세요.

스마트 홈(Smart Home)이란?

스마트 홈(Smart Home)이란? 스마트홈은 모바일 등 네트워크 기기를 이용해 인터넷 연결만 하면 어디서든 기기와 기기…

my-encyclopedia.tistory.com

3. 스마트 시티, 스마트 도시(Smart City)

스마트 시티란?

스마트 시티, 스마트 도시는 다양한 유형의 사물인터넷(IoT)을 이용하여 자산과 자원을 효율적으로 관리하는 데 필요한 정보를 제공하는 도시 지역을 말합니다.

스마트 신호등

신호등은 IoT 기반 트래픽 제어 시스템에서 중요한 역할을 합니다. 신호등에는 기상 감지기가 장착되어 있습니다. 이렇게 하면 자동으로 빛의 강도를 높이거나 낮추는 데 도움이 됩니다. 이 센서들은 때때로 빛의 밝기를 조절하는 데 도움을 줄 뿐만 아니라, 흐린 날씨를 감지하고 그 시간 동안에도 빛을 조절합니다. 이러한 신호등은 특정 지역의 혼잡을 기록하는 데 사용될 수도 있습니다.

이러한 신호등에 장착된 CCTV는 특정 도로에 존재하는 교통량을 포착하고 이 데이터를 관리 그룹에 전송합니다. 그런 다음 교통 관리 그룹은 교통의 방향을 전환하고 교통 체증의 가능성을 효과적으로 줄일 방법을 결정할 것입니다. 여기서 IoT의 가장 좋은 점은 빅데이터 분석을 통해 다른 경로를 자체적으로 분석할 수 있다는 것입니다.

스마트 주차

주차는 교통관리팀에게 가장 큰 문제로 여겨질 수 있습니다. 도시의 인프라는 사람들이 아무 데나 주차하는 것을 허용하지 않고 있습니다. 평행 주차와 주차 공간 부족은 도시의 혼잡한 지역에서 많은 교통 혼잡을 초래했습니다.

어떻게 사물인터넷이 이 스마트 주차를 가능하게 하고, 어떻게 주차 문제를 실제로 해결할 수 있을까요? 이에 대한 답은 매우 간단합니다. IoT 장치는 주차장에 있는 모든 빈 지점의 데이터를 수집하고 주차장에 들어간 차들은 이 데이터를 얻습니다.

이렇게 하면, 차들은 주차 공간을 찾을 필요가 없습니다. 단지 주차장에 들어가서 빈 곳으로 바로 갈 수 있습니다. 이것은 주차장의 혼잡을 줄일 것이고 자동차 소유자들이 주차장에 차를 주차하는 것을 쉽게 만들 것입니다.

일부 유럽과 미국의 도시들은 이미 이 스마트 주차 기술을 시행하고 있으며, 주차 문제를 줄이는 데 상당한 개선이 이루어졌습니다. 그들이 주차 문제를 통제하는 데 걸린 시간은 1년도 채 되지 않습니다. IoT를 트래픽 관리에 통합하는 것은 입증된 이점이 매우 많습니다.

스마트 응급 지원

도로 사고는 요즘 매우 흔한 문제 중 하나가 되었습니다. 이유가 무엇이든 간에, 교통사고로 목숨을 잃는 것은 슬픈 일입니다. 제때 치료를 받지 못해 목숨을 잃은 경우가 몇 가지 있습니다. 주위에 아무도 없을 것이기 때문에, 도움을 받는 것이 어려워집니다.

그러나 IoT 기반 트래픽 제어 시스템은 이 문제를 상당히 효과적으로 해결합니다. 도로 위에 있는 센서들은 발생한 모든 종류의 사고를 감지하고, 그 문제는 즉시 교통관리시스템에 보고되며, 이것은 문제를 해결하기 위한 추가적인 조치를 취합니다.

여기서 기본적인 것은 제때에 의사소통을 하는 것이고, 만약 누군가가 이것을 달성한다면, 나머지 것들을 작동시키는 것은 쉽습니다. 따라서, 사물인터넷 기반 기술이 활용된다면 고립된 장소나 늦은 밤에 발생하는 사고는 더 이상 방치되지 않을 것입니다.

4. 스마트 공급망 관리

공급망 관리자는 스마트 라우팅 및 라우팅 알고리즘을 통해 개선된 예측을 할 수 있습니다. 패키지에 연결된 스마트 IoT 기기는 GPS와 RFID 신호를 통해 사고 후 즉각적인 사실을 제공하여 공급망의 정보에 입각한 결정을 내릴 수 있습니다.

IoT 애플리케이션은 공급망 관리의 불확실성 위험을 완화하는 데 도움이 될 수 있습니다. 공급망 관리자는 분산을 최소화하고, 비용을 절감하며, 수익성을 개선하기 위해 스마트 공급망 관리 프로그램을 활용할 수 있다. 이 프로그램은 재고 관리, 공급 업체 관계, 비행대 관리 및 예정된 유지 보수 작업에 도움이 될 수 있습니다.

5. 스마트 헬스케어 시스템

IoT는 의료산업에 수많은 애플리케이션을 제공합니다. 이 기술은 스마트 의료 기기를 사용하여 고품질의 의료 서비스를 제공하는 데 사용될 수 있습니다.

IoMT(Internet of Medical Things)라고도 하는 이 기술은 임상 의사 결정에 도움이 되는 중요 데이터를 모니터링하고 지원하는 데 도움이 될 수 있습니다. IoT 의료 기기는 환자를 원격으로 실시간으로 모니터링하는 데 도움이 될 수 있습니다. 이 장치는 천식 발작, 심부전 등과 같은 응급 상황을 즉시 의사에게 보고할 수 있습니다. 이것은 잠재적으로 많은 사람들의 생명을 구하는 데 도움을 줄 수 있습니다.

6. 스마트 바코드 리더

IoT 바코드 리더는 소매 업체의 재고 관리를 개선하는 데 도움을 줄 수 있습니다. 리더는 인공 지능 기반의 디지털 신호처리를 지원합니다. 이러한 장치는 소매, 물류, 창고 등을 포함한 많은 분야의 운영을 최적화할 수 있습니다.

IoT 기반의 바코드 리더는 클라우드 데이터 연결 기능을 통해 다른 시스템과 연결할 수 있습니다. 연결된 바코드 판독기를 사용하면 인벤토리를 쉽게 관리할 수 있습니다.

IoT 바코드 판독기를 쇼핑 카트에 통합할 수 있습니다. 판독기는 인공 지능(AI) 기반 센서를 사용해 카트에서 떨어뜨리거나 떼어낼 때 제품을 감지합니다. 판독기는 데이터를 컴퓨터로 자동 전송할 수 있으며, 이는 체크 아웃 시 많은 시간을 절약하여 고객의 경험을 향상시킬 수 있습니다.

7. 스마트 팩토리(Smart Factory)

스마트 팩토리는 제조에서 디지털화의 최종 목표를 표현하기 위한 개념입니다. 이 역시 IoT가 활용됩니다. 인공지능, 빅데이터 분석, 클라우드 컴퓨팅, 산업 사물인터넷(IoT) 등 다양한 기술이 스마트 제조 환경을 만들었습니다.

스마트 공장은 물리적 세계와 디지털 세계를 연결함으로써 제조 도구와 공급망에서 공장 현장의 개별 운영자에 이르기까지 전체 생산 과정을 모니터링할 수 있습니다.

스마트 공장은 완전히 통합된 협업 제조 시스템을 사용하여 운영을 유연하고, 적응 가능하며, 최적화할 수 있습니다. 또한 기업은 Azure IoT와 같은 IoT 연결 공장 솔루션을 사용하여 산업용 IoT 기기를 관리할 수 있습니다. 연결된 클라우드 소프트웨어는 다양한 장치를 제어할 수 있는 다양한 리소스로 채워질 수 있습니다.

연결된 공장 솔루션은 장비 효율성 및 원격 측정 데이터를 포함한 주요 메트릭 데이터를 보고할 수 있습니다. 다른 지리적 위치에 있는 자산의 데이터를 수집할 수 있습니다. 원격 산업용 장치의 연결, 모니터링 및 제어에 연결된 공장 솔루션을 사용할 수 있습니다.

스마트 팩토리의 네 가지 레벨

4단계의 레벨을 통해 스마트 팩토리로 전환하는 과정과 다음 단계로 발전하기 위해 취해야 할 단계를 평가할 수 있습니다.

- 레벨 1: 사용 가능한 데이터가 있음.

  이것이 대부분의 공장의 현황일 가능성이 높습니다. 데이터를 사용할 수 있지만 액세스 할 수는 없습니다. 데이터를 정렬하고 분석하려면 수작업이 필요하고 시간이 많이 소요될 수 있으므로 생산 개선 프로세스에 의도하거나 필요한 것보다 더 많은 비효율성이 발생할 수 있습니다.
- 레벨 2: 액세스 가능한 데이터가 있음.

  이 단계에서 데이터는 더 소화하기 쉬운 형태로 표시됩니다. 데이터를 시각화하고 대시보드를 표시하는 데 도움이 되는 추가 시스템을 통해 데이터가 구조적으로 한 위치에 적절하게 정렬되고 정렬됩니다. 공장에서는 사전 분석을 수행할 수 있지만 여전히 시간과 노력이 필요할 수 있습니다.
- 레벨 3: 유요한 데이터가 생산되고 있음.

  액티브 데이터란 머신러닝과 인공지능을 활용한 사전 분석을 통해 사람의 감독 없이도 통찰력을 얻을 수 있는 데이터를 의미합니다. 이 시스템은 주요 문제와 이상 징후를 정확히 파악하여 오류를 정확하게 예측하고 관련 사람들에게 적절한 시기에 귀중한 통찰력을 제공할 수 있습니다.
- 레벨 4: 데이터 분석 결과를 작업에 반영함.

  이 단계에서 머신러닝은 초기 단계에서 확인된 문제에 대한 실행 가능한 해결책을 생성할 수 있습니다. 이 모듈 또는 시스템에 연결된 제조 기계 및 장치는 사람의 개입 없이 이러한 변경 사항을 실행할 수 있습니다. 사람의 입력이 거의 또는 전혀 없이 데이터를 수집하고, 문제를 식별하고, 솔루션을 생성하는 작업이 순차적으로 이루어집니다.

8. 스마트 그리드

스마트 그리드는 또 다른 산업용 IoT 응용 분야입니다. 그리드를 통해 전기 공급 및 수요에 관한 데이터를 실시간으로 모니터링 할 수 있습니다. 자원을 효율적으로 관리하기 위해서는 인공 지능의 적용이 필요합니다.

유틸리티 기업은 가동 중단을 보다 효율적으로 관리하기 위해 IoT 스마트 그리드 기술을 사용할 수 있습니다. 이들은 이 기술을 사용하여 부하 분산을 식별하고 신뢰성을 개선할 수 있습니다. 이 기술은 결함 감지 및 수리에도 도움이 될 수 있습니다. 스마트 그리드를 통해 전력회사는 계량기와 변전소를 포함한 모든 자산을 상호 연결할 수 있습니다. 전력 회사들은 송전망 생태계에 IoT 기술을 적용하여 전력 인프라와 자원을 더 크게 제어할 수 있습니다.

9. IoT 센서

IoT 센서는 아두이노 또는 라즈베리 파이와 같은 회로판에 연결된 수동 또는 디지털 센서로 구성됩니다. 회로 기판은 일산화탄소, 온도, 습도, 압력, 진동 및 움직임과 같은 센서 장치에서 수집된 데이터 범위를 측정하도록 프로그래밍 할 수 있습니다. IoT 센서가 단순 센서와 차별화되는 것은 서로 다른 물리적 환경에서 데이터를 수집할 수 있을 뿐만 아니라 연결된 기기로 데이터를 전송할 수도 있다는 점입니다.

IoT 센서는 자동화를 통해 데이터를 완벽하게 제어하여 실행 가능한 통찰력을 제공합니다. 기업은 이러한 툴을 예측 유지 보수, 효율성 향상 및 비용 절감을 위해 사용할 수 있습니다.

자료: https://my-encyclopedia.tistory.com/entry/iot-examples

제2절 디지털 시대의 경영환경 변화

정보기술의 급격한 발전으로 오늘날 경영환경은 하루가 다르게 변화하고 있으며 이는 모든 기업에게 어려운 문제를 안겨 주고 있다. 교통과 통신의 발달, 무역 장벽의 철폐 등으로 인해 세계는 점차 좁아지고 있고, 시장의 글로벌화로 인해 기업들은 보다 치열한 경쟁환경에 처해 있으며, 이러한 경쟁양상은 기업의 생존을 위협하고 있다. 반면에 정보기술의 발전은 이러한 경쟁환경에서 기업에 새로운 경쟁도구를 제공하고 있으며 이는 결과적으로 기업의 새로운 사업기회를 제공하고 있다.

본 절에서는 오늘날 경영환경 변화의 주요 내용인 시장의 글로벌화, 변화의 가속화, 고객 중심 경영, 정보기술 중심 경영, 산업 간 통합화 및 네트워크화에 대해 살펴보고자 한다.

1. 시장의 글로벌화

디지털 시대가 확산되면 될수록 경제활동의 글로벌화는 더욱 빠르게 진행될 것으로 예상할 수 있다. 인터넷과 초고속통신망을 통해 정보의 생산 및 공유가 시간과 공간의 제약 없이 이루어지고 있으며 이에 따라 기업들은 별다른 추가적인 비용 없이 글로벌 경영환경에서 기업활동을 할 수 있는 체제가 만들어지고 있다. 이와 같은 현상은 전 세계 대부분의 기업들의 경영활동에서 상당히 진전되고 있다. 또한 기업들은 정보의 공유가 자유롭게 이루어지는 만큼 규제 완화, 시장의 자유화 및 무역 장벽의 철폐 등을 통해 효율을 높일 수 있는 가능성도 그만큼 커지게 된다. 따라서 시장 메커니즘과 기업 간 경쟁구도도 더욱 빠르게 전환될 것이다.

시장의 글로벌화는 전 세계가 하나의 시장이라는 것을 의미한다. 국내에서 생산된 상품이 국내뿐만 아니라 세계 곳곳에서 팔리는가 하면 세계 각국의 상품이 국내에서 자유롭게 팔리게 되는 것으로 시장의 글로벌화는 국경에 따른 시장 구분이 더 이상 의미가 없음을 뜻한다.

오늘날 국내 기업뿐만 아니라 외국 기업들도 전 세계에 지사를 두고 현지를 직접 관리하고 있으며 현지에서 제품을 직접 생산 · 수출함으로써 물류비용을 절감하고 있다. 삼성이나 현대자동차와 같은 국내 기업들도 미국이나 유럽에 현지공장을 갖고 있으며 현

그림 1-5 디지털 시대의 경영환경 변화

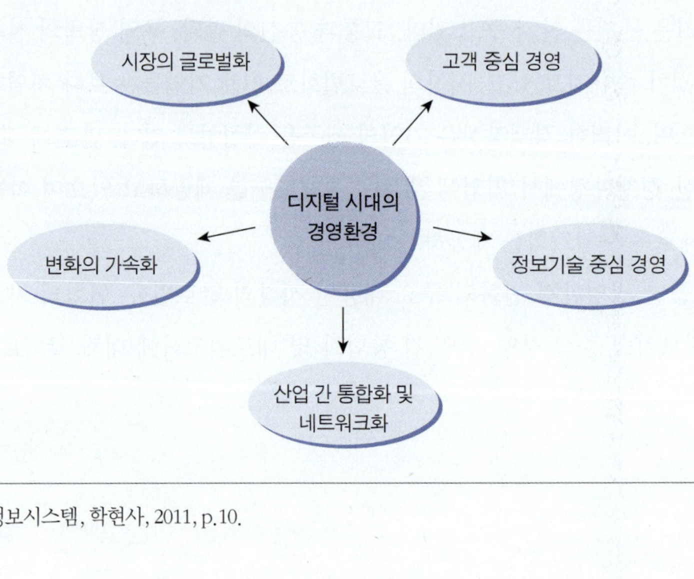

자료: 윤종훈 외, 경영정보시스템, 학현사, 2011, p.10.

지의 높은 임금에도 불구하고 물류비용의 절감과 현지의 시장 개척으로 활로를 모색하고 있다. 임금이 저렴한 중국을 비롯한 동남아시아에는 많은 국내 기업뿐만 아니라 외국 기업들이 진출해 있으며 시장 개방 정책에 힘입어 지속적인 진출을 꾀하고 있다. 전 세계를 하나의 시장으로 그리고 전 지구인을 고객으로 여기는 시대가 도래한 것이다. 따라서 기업들이 생존하고 성장하기 위해 기존 시장뿐만 아니라 미개척시장에 대한 지속적인 노력과 투자로 시장의 글로벌화는 더욱더 가속화될 것이다.

이와 같이 시장의 글로벌화를 촉진하는 요인으로는 다음과 같은 것들이 있다.

첫째, 커뮤니케이션 기술의 발전으로 소비자의 수요나 구매 행태가 전 세계적으로 동질화되고 있다. 한국에서 발표된 신곡을 미국, 유럽, 중국이나 동남아시아 등의 젊은이들이 거의 동시에 듣고 즐길 수 있게 되었다. 미국에서 아이패드가 출시됨과 동시에 전 세계의 젊은이들이 열광하는 것도 커뮤니케이션의 영향이라고 할 수 있다. 이와 같은 커뮤니케이션 기술의 발달은 전 세계적으로 소비자 수요의 동질화를 촉진시키고 있다. 따라서 기업들은 전 세계를 단일 시장으로 파악하고 전 세계 소비자들의 수요에 부응할 수 있는 제품을 만들어야 성공할 수 있게 되었다.

둘째, 기술개발을 위한 연구개발(R&D) 투자가 증대되고 있다. 연구개발비의 증대는 기술개발의 고정비용을 증가시켜 내수 수요만으로는 높은 연구개발비 소요를 충족시키기가 힘들다. 따라서 첨단산업에서는 전 세계 시장을 상대로 하여 규모의 경제가 달성되어야만 지속적인 연구개발에의 투자가 가능하다. 또한 고가의 생산자동화 설비 투자로 인한 자본재 비중의 증가도 기업들의 세계시장 진출에 하나의 동인이 되고 있다.

셋째, 세계경제의 활성화를 위한 WTO체제의 출범과 국가 간의 FTA(Free Trade Agreement)가 확산됨에 따라 각국의 무역 장벽이 허물어지고 있고, 지식재산권의 보호가 강화됨에 따라 기술 이전이 자유로워지고 있으며, 자본시장의 개방으로 국가 간 자본이동이 더욱 광범위하고 활발하게 일어나고 있는 것도 시장의 글로벌화를 촉진시키는 요인 중 하나이다.

2. 변화의 가속화

오늘날 기업을 둘러싸고 있는 경영환경은 급속도로 변하고 있다. 이러한 경영환경 변화의 특성은 변화의 속도가 매우 빠르다는 것이다. 안정적 환경에서는 기업이 직면하고 있는 경영환경 변화의 속도가 느리지만 역동적 환경에서는 경영환경 변화의 속도가 매우 빠르다. 안정적 환경이란 시장에 진입하는 새로운 경쟁자도 없고 시장에 엄청난 영향을 미칠 수 있는 현재의 경쟁자에 의한 새로운 기술적 도약도 없을 뿐만 아니라 기업에 영향을 미치는 압력단체들의 어떠한 활동도 없는 경우를 말한다.

이와 반대로, 경영환경의 역동성이란 기업을 둘러싸고 있는 다양한 경영환경들이 복합적으로 작용하여 매우 빠른 속도로 변하면서 경영활동에 영향을 미치는 것을 의미한다. 따라서 이러한 환경변화를 미리 정확하게 예측하기도 힘들 뿐만 아니라 이에 대한 대응조치를 강구하는 것도 쉬운 일이 아니다. 그러므로 기존의 경영시스템으로는 역동적인 환경에 적응할 수 없으므로 신속히 변화에 대응할 수 있는 새로운 경영시스템이 요구되고 있다.

3. 고객 중심 경영

우리는 '고객은 왕이다'라는 말을 오래전부터 자주 들어왔다. 그러나 기업들이 오늘날처럼 고객에 대해 관심을 가진 적이 없었다. 기업들은 모든 경영활동 측면에서 고객 중심적 사고를 강조하고 있다. 최근 들어 기업경영에서 정보기술의 활용이 증가하면서 정보기술을 통한 고객관리 역량을 향상시키기 위한 노력을 경주할 뿐만 아니라 다양한 기법을 개발하는 데 많은 노력과 막대한 재원을 투자하고 있다.

이러한 현상이 나타나게 된 근본적인 이유는 인터넷환경에서 고객이 제품과 서비스에 대한 정보를 시간과 공간의 제약 없이 얻을 수 있어 항상 최상의 제품과 서비스를 선택할 수 있는 능력을 가지게 되었기 때문이다. 또한 소비자들은 원하는 제품과 서비스를 사용해 본 적이 있는 지인을 찾아 그들의 의견을 들을 필요 없이 전국 각지에서 제품을 사용해 본 경험이 있는 소비자들이 올린 의견과 평가를 인터넷을 통해 바로 접할 수 있기 때문이다. 이와 같이, 기업에 대한 평판 또는 제품에 대한 평가가 인터넷상에서 빠른 속도로 전달되는 상황에서 기업은 고객의 반응에 민감하게 되었다.

고객만족이란 고객이 제품 또는 서비스에 대해 기대하는 것 그 이상을 충족시킴으로써 자사가 제공하는 제품과 서비스의 재구매율을 높이고 고객의 선호도가 지속되도록 하는 것을 말한다. 따라서 기업이 다양한 고객의 요구를 충족시키고 지속적인 구매를 유도하기 위해서는 고객의 기대를 충족시킬 수 있는 품질의 제품과 서비스를 제공하여야 한다.

과거에 고객만족을 위한 기업활동은 소비자가 자사의 제품을 구매한 후에 그 제품에 문제가 일어난 경우 행해지는 애프터서비스가 전부였다. 그러나 최근 들어 기업들이 애프터서비스에 대한 문제점을 인식하고 이에 대한 대책을 마련하고자 하는 노력을 진행하고 있다. 이는 고객만족을 위한 기업활동이 다차원으로 이루어지고 있다는 것을 반증하는 것이며 이렇게 해야만 기업들이 경쟁에서 살아남을 수 있다는 것을 인식하고 있다.

이제 기업이 생존을 보장받을 수 있는 경쟁의 성패는 품질과 생산효율성 이상으로 기업의 고객관계능력에 달려 있다고 해도 과언이 아니다. 최근 시장점유율보다 고객점유율이 더 중요한 기업의 성과지표라는 공감대가 형성되는 것도 이러한 인식에 기반한 것이다. 따라서 고객을 이해하고 고객과의 신뢰를 기반으로 하여 밀접한 관계를 유지할 수 있는 능력을 신장하기 위한 노력을 기울이는 것이 기업들에게는 무엇보다도 중요하다고 할 수 있다. 이러한 고객만족경영은 오늘날 기업경영에서 필수적인 요소이기에 이를 보다 전략적이고 장기적으로 추구하기 위해서는 체계적인 관리가 요구된다.

4. 정보기술 중심 경영

제2차 세계대전 이후 에니악(ENIAC) 컴퓨터의 등장으로 정보기술은 비약적으로 발전해 왔다. 급속하게 발전하고 있는 정보기술을 활용함으로써 기업들의 경쟁은 과거에 비해 더욱 심화되었다. 즉 정보기술을 활용함으로써 국가 간의 시장 장벽이 낮아졌을 뿐만 아니라 반대로 시장 확대의 기회를 제공하고 있다. 또한 제품수명주기를 단축시키고 양보다는 질을 중시하는 추세는 경쟁의 기본 원리가 변화하고 있음을 보여주고 있다.

과거 경쟁의 기본 원리는 생산에 기초한 자원의 효율성에 의존하였으나 새로운 경쟁의 기본 원리는 제품의 질, 양질의 고객서비스, 정보의 활용에 있다. 이러한 경쟁원리에서는 정보기술의 활용이 무엇보다도 중요한 역할을 수행하게 된다.

통상적으로 기업 측면에서 정보기술의 활용은 정보시스템의 구축을 의미한다. 현대의 경영환경하에서 기업이 다양한 경영활동을 수행하기 위해서는 정보의 신속한 수집과 활용이 필수불가결하다고 할 수 있다. 이와 같이, 정보시스템 구축은 단순히 생산성을 높이기 위한 프로세스를 자동화할 뿐만 아니라 기업전략에 입각한 프로세스 개선으로 기업의 전략적 효과를 극대화하여 경쟁우위를 얻기 위해 이루어지기도 한다. 또한 시장에서의 기술의 변화, 경쟁사에 대한 분석, 고객 요구의 다양화와 변화에 대처하기 위해서는 시장 및 고객의 정보를 효과적으로 관리할 수 있는 정보관리기술이 필요하며, 기업은 이러한 기술을 활용하여 신제품 개발 및 시장 확보가 가능하게 된다. 그리고 정보기술의 사용은 시간적 · 공간적 한계를 극복할 수 있게 해주며, 기업의 가치 있는 정보를 공유할 수 있게 해준다.

예를 들어, 세계 각국에서 활동하고 있는 조직 구성원들에게 신속하게 정보를 보내고자 할 때는 정보통신 네트워크를 활용하는 것이 필수적이며, 정보기술을 활용함으로써 전 세계 여러 곳에 흩어져 있는 고객을 지원할 수 있고, 분산되어 있는 활동들을 최적으로 활용할 수 있으며, 제품생산 계획도 조정할 수 있다.

최근 기업에서 경쟁적으로 구축하고 있는 대표적인 시스템은 전사적자원관리(Enterprise Resource Planning: ERP)시스템이다. 이 시스템의 구축 목적은 기업의 다양한 프로세스들을 통합적으로 지원하기 위함이다. ERP시스템은 통합 데이터베이스를 기반으로 기업의 기능들을 지원할 수 있는 모듈들이 효율적으로 상호 연동이 가능해 기업의 내부 정보화 효율성을 극대화할 수 있다는 점 때문에 그 중요성이 인식되고 있다. ERP시스템이 기업 내부 정보 흐름의 효율성에 초점을 맞춘 반면 SCM(Supply Chain Management)시스템과 CRM(Customer Relation Management)시스템은 기업의 대외적인 정보 흐름 및 정보자산관리의 효율성에 초점을 맞춘 시스템이다.

5. 산업 간 통합화 및 네트워크화

디지털 혁명으로 급속히 발전하고 있는 디지털 기술은 다양한 산업의 통합화와 네트워크화를 가능하게 하였으며, 이는 결국 이종 산업 간의 경계를 낮춤으로써 경쟁을 심화시키고 있다. 과거에는 산업 간 경계가 명확하였으며 특정 산업의 경우에는 정부의 규제로 인해 시장 진입이 자유롭지 못했다. 과거에 명확했던 산업 간 경계가 디지털 기술의 등장으로 점차 그 구분이 모호하게 되기 시작하였다. 이러한 현상은 산업 간의 경계가 명확해 서로 영향을 주지 않던 산업들이 영향을 주기 시작해 결과적으로 기업의 경쟁이 심화되는 결과를 낳게 되었다.

최근에는 디지털 기술로 인해 과거에 서로 다른 기능을 하던 기기들이 하나의 기기로 통합되는 디지털 컨버전스(Digital Convergence)가 일어나고 있다. 대부분의 사람들이 이용하고 있는 스마트폰의 경우 하나의 기기가 여러 기기에서 제공하는 다양한 기능을 제공하고 있다. 스마트폰이 제공하는 다양한 기능은 가장 기본적인 기능인 음성통화, 데이터를 저장할 수 있는 저장장치, 음악을 감상할 수 있는 MP3 플레이어 기능, 동영상을 촬영하고 감상할 수 있는 캠코더 기능, 사진을 촬영하여 저장할 수 있는 디지털 카메라 기능, 인터넷에 접속해 정보를 검색하고 온라인으로 상거래를 수행할 수 있는 인터넷 정보 검색 기능 및 전자상거래 기능, 교통비를 결제할 수 있는 전자지불 기능까지 다양한 기능이 하나의 기기로 이루어지고 있다. 이러한 다양한 기능은 디지털 기술을 사용함으로써 다양한 정보와 서비스들이 하나의 기기에서 사용될 수 있는 환경이 만들어졌기 때문에 가능하게 되었다.

이와 같이, 서로 다른 기능을 하던 기기들이 하나의 기기로 통합되는 디지털 컨버전스는 과거에는 개별적으로 분리되었던 산업 간의 경계를 허물어 보다 치열한 경쟁을 낳게 되었다. 과거 DVD 플레이어를 생산하던 업체는 게임 콘솔 기기 산업과 경쟁하지 않을 수 없으며, MP3 플레이어는 스마트폰이나 아이패드와 같은 디지털 기기와 경쟁을 할 수밖에 없다. 따라서 디지털 컨버전스는 시장 간 경계를 허물어 기업이 고려해야 할 경쟁자의 범위를 확장시켰다.

디지털 기기 시장뿐만 아니라 정보시장도 산업 간 경계가 무너지는 좋은 예라고 할 수 있다. 과거 신문이나 잡지는 종이라는 오프라인 매체를 통해 구독자와 커뮤니케이션을 하였다. 그러나 오늘날은 많은 포털 사이트들이 신문과 잡지의 기능을 온라인으로 제공하고 있다.

디지털 기술은 포털 사이트의 다양한 형태의 정보를 디지털화할 수 있는 특성을 가지고 있다. 따라서 포털 사이트는 하나의 디지털 기기를 통해 여러 형태의 정보를 제공할 수 있는 검색 기능 이외에 다양한 기능을 추가하고 있다. 예를 들면, 신문이나 잡지 등의 정보를 온라인에서 편집하여 제공하는 기능뿐만 아니라 오프라인 동호회 활동과 오프라인 사전을 통해서 얻을 수 있는 전문지식을 온라인상에서 제공하고 있다. 이와 같이, 포털 사이트는 오프라인 혹은 온라인상에서 개별적으로 존재하던 각종 산업들을 하나의 장소에서 제공하는 컨버전스 기능을 수행하고 있다. 이는 포털 사이트가 과거에 하나의 검색 기능에 집중했던 것과는 다르게 다양한 기능을 제공함으로써 이들 개별 산업의 경쟁자로서 자리잡게 되었음을 의미한다.

이와 같이, 통합화의 결과는 산업 간 경계를 허물어 이종 산업 간의 경쟁 구도를 심화하는 결과를 낳았다. 그에 반해, 네트워크화는 이종 산업 간의 협력을 통해 만들어진 상품과 서비스의 부가가치를 높여 기업들 모두가 혜택을 보는 형태라고 할 수 있다. 디지털 기술은 기업 간 네트워크 확대에 큰 기여를 함으로써 새로운 비즈니스 분야로의 진출을 도모한다.

디지털 기술 기반의 디지털 환경은 언제, 어디서나, 누구와도, 필요한 정보를 상호 교환할 수 있는 것이 주요 특징이다. 지난 십 수 년 동안 급속히 확산되고 있는 인터넷 인프라는 다양한 형태의 기업 간 상호 협력관계를 가능하게 하고 있다. 특히, 정보의 중요성이 점차 높아지면서 인터넷은 기업 간 정보 교류 및 정보 상품 교환 채널로 적극 활용되고 있다. 이제는 기업들이 어떤 기업과 협력적 관계를 구축하느냐가 중요한 전략적 이슈가 되었다. SKT나 KT와 같은 이동통신회사들은 수십 개의 콘텐츠 제공업체들과 네트워크를 기반으로 협력적 관계를 가지고 있는데, 어떤 콘텐츠 회사와 협력적 관계를 구축하느냐에 따라 기업의 성과가 달라질 수 있다. 이미 많은 기업들은 주거래 금융기관과의 네트워킹을 통해 재무 관련 업무를 협조하고 있다. 또한 제품을 생산하는 기업과 유통업체 간의 상호 협력적 관계 구축을 통한 제품, 주문, 재고, 판매 정보의 교환 및 협력은 점차 일반화되어 가고 있는 추세이다.

e-비즈니스 기업의 경우, 링크를 통한 협력적 관계가 일반화되어 있는데, 1995년 창업한 전 세계에서 가장 큰 유통기업인 아마존(www.amazon.com)은 전 세계 수많은 기업들과 협력적 관계를 구축하고 있다. 이 협력업체들은 자사의 웹 사이트에 아마존닷컴으로 연결되는 링크를 가지고 있으며, 이 링크를 통해 아마존닷컴을 방문한 소비자가 제품을 구입하는 경우 구입 금액의 일정 비율을 협력사들에게 지불하고 있다(Malaga, 2005). 네트워크를 통해 공유하게 되는 정보는 기업의 경제활동에서 매우 중요한 의미를 갖게 되는데, 이는 네트워크를 통해 공유하는 정보가 과거보다 훨씬 효율적으로 활용되어 생산성 향상으로 연결될 수 있기 때문이다. 따라서 생산과정에서 분업과 협업의 범위가 상상을 초월하는 수준으로 확대되고, 이것이 새로운 산업의 출현이나 전통적인 산업의 혁신으로 연결될 수 있다. 향후 기업 간 네트워크화는 구조적으로 더욱 복잡해지고 협력 수준도 고도화될 것으로 전망된다.

잠시 쉬어가기

포스트 코로나 시대를 구원할 '디지털 트랜스포메이션'의 모든 것

전 세계에 커다란 타격을 준 코로나19 사태는 여전히 현재진행형이다. 수많은 방역 전문가들은 코로나19 이전의 세상으로 돌아가기 어려울 것이라고 입을 모은다. 백신이 개발돼도 팬데믹 사태가 재발할 가능성이 높은 만큼, '포스트 코로나' 시대를 대비해야 한다는 것. 지금의 상황은 두 차례의 세계대전 이후 급속도로 과학기술이 발전한 1900년대 초・중반과 일맥상통하는 부분이 있다. 코로나19 사태는 디지털 트랜스포메이션(Digital Transformation, 디지털 전환)의 실현을 앞당기는 4차 산업혁명 시대의 트리거(Trigger) 역할을 할 가능성이 크다.

인터넷과 함께 시작된 '디지털 트랜스포메이션'의 역사

'디지털 트랜스포메이션(Digital Transformation)'은 인터넷 혁명 시대라고 불리는 1990년대 처음 등장한 개념으로, 디지털 기술을 사회 전반에 적용해 전통적인 사회구조를 혁신한다는 뜻을 담고 있다. 제한된 분야에 적용되는 단순한 기술 혁신과 달리, 디지털 트랜스포메이션은 기업 경영 전반에서 광범위하게 이루어지며 비즈니스 모델을 변화시킨다는 특징이 있다.

디지털 트랜스포메이션은 오늘에 이르기까지 3단계의 진화를 거쳤다. 첫 번째는 1990년대 말 이루어진 '디지털인프라 기반 구축' 단계. 본격적으로 인터넷이 도입되면서 MP3, VOD 서비스와 같은 디지털 상품이 등장했고, 서버, 네트워크와 같은 디지털 인프라가 구축됐다. 이어 2000년대 초반 이루어진 두 번째 변화는 구축된 인프라를 기반으로 한 e-커머스 시장 활성화가 핵심. 인터넷 보급이 확산하면서 전자상거래의 비중이 폭발적으로 늘어났고, 이에 따라 기업들은 온라인 시장에서 경쟁력을 갖추기 위한 디지털 마케팅을 적극적으로 추진하게 된다.

디지털 트랜스포메이션은 2010년대 초반 사물인터넷(IoT), 클라우드 컴퓨팅, 인공지능(AI), 빅데이터 솔루션과 블록체인 등 첨단 정보통신기술 플랫폼의 등장으로 정점에 이르렀다. 기업들이 '전산화(computerization)'와 '디지털화(digitization)' 과정을 통해 새로운 산업 생태계를 구축하기 시작한 것. 경영전략 및 비즈니스 모델의 총체적인 '디지털 트랜스포메이션화'다. 이러한 경향은 최근 코로나19 사태로 인한 언택트(Untact) 기술의 수요 증가와 맞물려 점점 더 가속화하고 있다.

이러한 비즈니스 모델 변화는 우리의 일상 속 라이프스타일 변화와도 밀접한 연관이 있다. 특히 나이키, 샤오미, 스타벅스, 테슬라 등 각 산업 분야를 대표하는 공룡 기업들의 디지털 트랜스포메이션 사례는 다가올 '포스트 코로나' 시대의 청사진을 보여준다.

끊임없는 기술 혁신으로 사용자 경험 개선한 나이키

마이클 조던, 타이거 우즈 등 '스타 마케팅'의 대명사인 스포츠용품 브랜드 나이키는 2006년 최초로 디지털 웨어러블 제품을 출시한다. 바로, 나이키의 자체 디지털 센서인 '나이키 플러스'와 애플의 아이팟 나노가 결합된 '나이키+아이팟'. 신발

속 나이키 플러스 센서가 사용자의 발걸음을 측정해 아이팟으로 전달하는 일종의 피트니스 기능이 내장됐다. '웨어러블 디바이스'의 개념조차 생소했던 당시, 사용자의 성취감을 고취하는 '나이키+아이팟'의 기능은 매우 혁신적이라는 평가를 받았다.

이후 2010년 독립적인 디지털 스포츠 부서를 신설한 나이키는 '나이키+GPS', '나이키+스포츠워치' 등 다양한 제품군에 디지털 기술을 접목하는 시도를 한다. 특히 ICT 기업과의 전략적인 제휴를 통해 운동의 가치를 전파하는 다양한 서비스를 개발했는데, 그 대표적인 결과물이 바로 2012년 출시된 'XBOX 키넥트 트레이닝(Nike+kinect training)'이다. 마이크로소프트사의 동작 인식 기술인 키넥트(Kinect)를 활용한 이 게임은 가상 트레이너의 코칭을 받으며 목표 운동량을 달성하는 프로그램으로, 오늘날 홈 트레이닝의 원조라고 할 수 있다.

2016년 애플과 콜라보한 2세대 스마트 밴드 제품 '애플워치 나이키 플러스'를 통해 소프트웨어 역량을 과시한 나이키는 마침내 2019년 '나이키 핏(Nike Fit)'이라는 자체 인공지능 서비스를 출시한다. 머신러닝 기반의 추천 알고리즘을 통해 매장에 방문하는 고객의 발 사이즈를 자동으로 찾아낼 수 있게 한 것. 이처럼 사용자의 편의를 위해 끊임없이 고민과 혁신을 거듭한 나이키의 디지털 전략은 브랜드에 대한 고객 충성도를 높이는 동시에 끊임없이 새로운 고객을 유치하는 결정적인 역할을 수행하고 있다.

사물인터넷의 저력 보여준 샤오미의 '올 인 원(all–in–one)' 시스템

샤오미는 중국의 오피스 프로그램 개발 기업 '킹소프트(Kingsoft)'의 최고경영자(CEO) 레이쥔이 2010년 창업한 신생기업이다. 삼성이나 LG 등 자체 제조 시설을 갖춘 전자회사들과 달리 별도의 제조 공장이 없는데, 이는 부품 조립부터 생산, 배송까지 외부 업체에 위탁하는 외주 생산 방식(EMS)을 채택하고 있기 때문. 거의 모든 제품군을 EMS 제조를 통해 생산할 경우 약 10%에 달하는 생산비 절감이 가능하다. 샤오미의 최대 경쟁력으로 꼽히는 저렴한 가격대 역시 이러한 생산 방식 덕분.

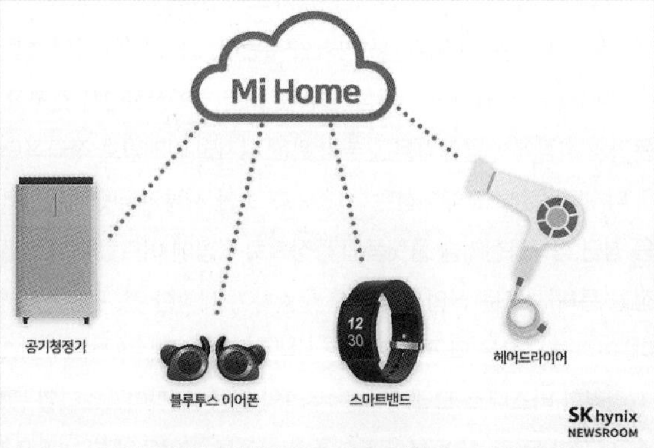

생산비용이 줄어든 덕분에 샤오미는 제품에 내장되는 소프트웨어 개발에 주력할 수 있게 됐다. 샤오미의 전용 모바일 애플리케이션 'Mi Home'은 소비자가 구입한 제품명을 등록하기만 하면 블루투스 기능을 통해 모든 기기를 손쉽게 작동할 수 있도록 해준다. 이러한 원격 제어 시스템은 제품 하나를 사용할 때보다 여러 개를 사용할 때 더욱 빛을 발하므로, 사용하는 제품 수가 많을수록 사용자가 체감하는 효용가치가 더 커진다. 2018년 말 기준 샤오미 사물인터넷(IoT) 서비스에 등록된 기기의 수는 8,500만 개로, 이른바 '샤오미 생태계'가 얼마나 잘 구축되어 있는지 보여준다.

샤오미 소프트웨어의 특징인 뛰어난 호환성은 샤오미의 스마트폰 기종에 자체적으로 탑재되는 운영체제(OS) 'MIUI'에서도 잘 나타난다. MIUI는 업데이트 등 사후지원뿐만 아니라 자체 앱스토어(Mi 앱스토어)와 클라우드(Mi 클라우드) 서비스를 제공한다. 규제 때문에 구글 서비스를 제대로 이용할 수 없는 중국 소비자들을 위해 별도의 플랫폼을 구축해 자사 콘텐츠를 활용할 수 있게 한 것. 우회접속 등 까다로운 방법을 사용하지 않아도 '샤오미 하나면 다 되는' 사용자 경험은 전자제품과 모바일 시장에서 비교적 후발주자인 샤오미가 무서운 속도로 경쟁사들을 따라잡게 만드는 원동력이 되고 있다.

'사용자 중심' 디지털화의 모범 사례 보여준 스타벅스

명실상부한 세계 최대 커피 전문점 스타벅스는 2009년 최고정보책임자(CIO)로 임명된 스테판 질렛이 디지털 벤처 부서를 신설하며 본격적인 디지털 트랜스포메이션을 단행했다. 그 대표적인 결과물이 바로 'e프리퀀시' 서비스와 '사이렌 오더' 시스템. e프리퀀시 서비스가 도입되기 전까지 스타벅스의 대표적인 굿즈인 스타벅스 플래너를 받기 위해서는 누구나 17장의 종이 스티커를 손수 모으는 수고를 감내해야 했다. 고객의 입장에서 음료를 시킬 때마다 일일이 종이 쿠폰을 챙겨야 한다는 건 작지 않은 부담이었고, 몇 장 모으다 쓰레기통으로 직행하기 일쑤였다.

이런 문제를 해결하기 위해 2013년 4월 스타벅스는 전용 모바일 앱과 함께e프리퀀시 서비스를 시작했다. 종이 스티커를 모바일 앱에 내장된 바코드로 바꿔 간편하게 사용할 수 있도록 한 것. 분실 우려가 없는 데다, 기간 안에 e프리퀀시를 모으지 못해도 메신저나 SNS로 바코드 번호를 주고받는 '품앗이'가 가능해 스타벅스 플래너를 갖고 싶어 하는 수많은 이용자가 스타벅스앱으로 유입됐다. 사용자 편의를 고려한 기술 개발이 그 자체로 강력한 마케팅 수단이 된 셈.

여기에 더해 2014년 5월 론칭한 '사이렌 오더(Siren Order)'는 모바일 앱을 통해 주문하고 매장으로 받으러 가는 시스템으로, 이용자의 수령 시간을 단축해 준다는 점에서 확실한 편익을 제공했다는 평가를 받는다. 2018년 6월 선보인 드라이브스루(Drive Through) 서비스 'MY DT Pass' 역시 차량 정보를 등록하면 매장 진입 시 자동 인식을 통해 결제가 이뤄지도록 해 편의성 측면에서 사이렌 오더와 일맥상통한다.

올해로 출시 10주년을 맞이한 스타벅스 앱은 주문부터 포인트 적립, 모바일기프트와 이벤트 참여 등 다양한 소비자 활동이 선순환 구조를 이룰 수 있도록 하고 있다. 디지털 기술로 브랜드의 감성과 문화를 녹여내는 동시에 끊임없이 새로운 고객을 모바일 앱 생태계로 끌어들인다는 점에서 스타벅스의 디지털 트랜스포메이션 사례는 F&B 기업들에 시사하는 바가 크다.

디지털 전환 시대의 새로운 국면, 테슬라의 완전 자율주행 혁명

영화 〈아이언맨〉의 실제 모델인 일론 머스크가 이끄는 전기차 회사 테슬라는 기술력 자체가 디지털 트랜스포메이션이라고 할 수 있다. 테슬라의 전기자동차는 자동 운행(automatic operation)과 완전 자율주행(FSD, Full Self Driving)이라는 두 가지 운전 방식을 지원하는 것이 특징. 차체에 탑재된 8개의 카메라가 360도 각도로 최대 250m 전방의 물체를 인식하며 주행한다. 아직은 개발 단계에 있지만, 추후 테슬라의 완전 자율주행기술이 완벽하게 구현되면 자동차의 개념은 단순 이동

수단을 넘어 거주 공간, 프라이빗 오피스까지 확장될 것으로 보인다.

테슬라는 단순히 전기 자동차를 대중화하는 데 그치지 않고 그것을 매개로 한 거대한 엔터테인먼트 산업 생태계를 구축하는 데 궁극적인 목표를 두고 있다. 오너 드라이버가 직접 차를 운전하지 않는 '완전 자율주행'이 실현되면, 더 이상 자동차는 '탈 것'뿐만 아니라 이동과 동시에 영화 감상, 게임, 비즈니스 업무 등 다양한 활동을 할 수 있는 종합 플랫폼이 되기 때문.

이러한 '특별한 차량 이용 경험'의 시대를 앞당기기 위해 테슬라는 세 가지 축을 중심으로 기술 안정화에 박차를 가하고 있다. 첫 번째는 자율주행에 필요한 시스템을 온라인으로 간편하게 업데이트하는 OTA(Over-the-air) 기술. 차량 내 탑재된 인포테인먼트 스크린(infotainment screen)이 필요한 업데이트 요소를 알려주면, 와이파이 연결을 통해 마치 스마트폰처럼 자동으로 소프트웨어 업데이트를 할 수 있게 하는 기능이다.

두 번째는 배터리 등 하드웨어의 스펙을 업그레이드하는 것. 배터리 용량을 혁신적으로 늘림으로써 1회 충전당 주행거리, 즉 연비를 높이겠다는 계획이다.

마지막 세 번째는 바로 테슬라만의 '오리지널 콘텐츠' 개발이다. 현재의 테슬라는 정차 상태일 때 자체 탑재된 스크린으로 유튜브나 넷플릭스 등 동영상 스트리밍(OTT) 서비스를 이용할 수 있다. 테슬라는 앞으로 이러한 OTT 서비스뿐만 아니라 자체적으로 개발한 오락 콘텐츠들을 소비자에게 제공할 계획이다. 작년에 출시된 레이싱 게임 '비치 버기 레이싱 2'가 대표적. 이렇게 차 안에서 콘텐츠를 소비하는 시간이 점차 늘어나게 되면 그동안 PC와 모바일 기기를 중심으로 운영되어 온 엔터테인먼트 산업에도 큰 변화가 생길 것으로 보인다.

이처럼 새로운 비즈니스 모델 구축을 넘어 현대 라이프스타일의 패러다임을 바꿔가고 있는 이들 기업의 사례는 우리에게 많은 시사점을 준다. 마이크로소프트(MS)사의 최고경영자(CEO) 사티아 나델라는 2020년 1분기 실적 발표 후 가진 기자회견에서 "2년치 디지털 트랜스포메이션이 두 달 만에 일어났다"고 말했다. 코로나19라는 예측하지 못한 변수가 더욱더 빠른 사회 변화속도를 이끌어내고 있다는 것. 디지털 전환으로의 골든 타임은 얼마 남지 않았다. 예측이 어려운 포스트 코로나 시대, 결국 디지털 트랜스포메이션은 불가항력적인 시류라는 것을 명확하게 인식하고 신속하게 대응해야 살아남을 수 있다.

자료: 비에르쥬, 2020.05.20.

제3절 정보기술을 통한 경영환경 변화에의 대처

기업의 경영환경은 정보기술의 도입과 활용에 영향을 크게 받고 있다. 정보기술은 빠르게 변화하는 경영환경의 변화에 대응하는 전략적 도구로서의 역할을 수행하고 있는 것이다. 본 절에서는 정보기술의 개념과 내용, 정보기술의 진화와 더불어 발전 동향에 대해 분석하고 정보기술이 가져온 기업경영의 기회와 위협에 대해 살펴본다.

1. 정보기술의 개념과 내용

오늘날 정보기술(Information Technology)이라는 용어는 일상적으로 사용되고 있으며 하루에도 여러 번 듣게 된다. 그러나 이러한 용어를 접하게 될 때 그 개념을 컴퓨터 또는 정보통신과 관련된 기술을 의미하는 것으로 막연하게 생각하는 경우가 많다.

정보기술에 대한 정의는 보는 관점에 따라 두 가지로 설명할 수 있다. 먼저, 정보기술의 구성요소 측면에서의 정의는 기업이 사용하는 정보를 처리하는 기술과 관련된 하드웨어와 소프트웨어는 물론 통신기술, 자동화기술 및 기타 관련 기기를 포함하는 포괄적 개념이다. 그런데 최근 들어 과거에는 독립적인 기술로 인식되던 정보기술의 요소들이 통합·발전되면서 나타나게 된 시너지효과에 따라 정보기술의 전략적 잠재력이 더욱 커지게 되었다.

또 다른 정의는 정보기술을 이용하는 목적으로 설명할 수 있다. 기업이 정보기술을 이용하는 근본 목적은 사람 또는 조직이 갖는 제약을 극복하고 성과를 향상시키는 데 있다. 다시 말하면, 정보기술은 기업의 데이터 또는 정보의 저장, 처리 및 의사소통 기능을 지원하기 위한 컴퓨터 및 정보통신기술과 관련된 하드웨어와 소프트웨어 그리고 데이터 등의 콘텐츠와 관련된 제반 기술로 정의될 수 있을 것이다(Bakos & Treacy, 1986).

정보기술의 혁신적 발전에 따라 경영방식이 변하고 있다. 정보기술은 조직, 기능, 프로세스 등 다양한 경영활동을 대상으로 다양한 형태로 활용되고 있는데 업무의 효율적인 처리를 위한 업무 자동화로부터 정보의 처리 및 관리 그리고 경쟁우위의 획득 수단으로 정보기술을 활용하고 있다.

2. 정보기술의 진화

1946년 에니악(ENIAC) 컴퓨터가 개발된 이후 기업이 이러한 정보기술을 도입해 활용하기 시작한 것은 1950년대이다. 그러나 에니악이 등장한 지 60여 년이 지난 오늘날 엄청난 규모의 자본이 컴퓨터 하드웨어, 소프트웨어를 포함한 다양한 정보기술 개발에 투입되고 있다. 이와 같이 빠르게 발전하고 있는 정보기술의 변화는 대규모의 정보기술에 대한 투자의 결과이다. 불과 몇 년 전에는 불가능했던 응용시스템이 수년 후에는 가능해질 뿐만 아니라 또다시 몇 년 후에 그 기술은 진부화되어 새로운 기술이 이를 대체하게 된다. 이렇게 급속히 발전하는 정보기술에 따라 새로운 유형의 소프트웨어가 기하급수적으로 증가하였다.

정보기술의 급격한 발전에 따라 이를 전사적 차원에서 통합적으로 관리해야 할 필요성이 점차 높아지고 있는데 그 이유로는 다음과 같은 두 가지를 들 수 있다. 첫째, 정보기술의 물리적 융합이 이루어지고 있다. 둘째, 정보기술을 사용하면서 직면하게 되는 경영문제를 들 수 있는데, 즉 정보기술 사용에 따른 막대한 비용 발생, 정보기술 자체의 급속한 변화 그리고 정보기술 도입에 따른 조직 구성원들의 업무 변화이다.

3. 정보기술의 발전동향

컴퓨터가 처음 개발된 이후 60여 년이 지난 지금까지 정보기술의 발전은 그 속도와 범위 면에서 사람들의 예상을 크게 뛰어넘었다. 따라서 미래의 정보기술을 예측하는 것은 대단히 어려운 일이다. 그러나 경영자에게는 정보기술을 예측하는 일이 매우 중요한데 그 이유는 기업이 생존과 성장을 유지하기 위해서는 정보기술의 발전방향을 예견하여 기업활동에 적용할 수 있는 능력을 갖추어야 하기 때문이다. 정보기술의 발전에 따른 기업활동의 변화에 대한 정확한 이해는 기존 기업활동의 경쟁력 제고와 기업경영에서의 새로운 기회 창출에 도움이 될 것이다.

지금까지의 발전방향에 따라 정보기술의 미래를 예측해 보면 크게 지능화, 통합화 및 네트워크화로 요약할 수 있다. 지능화란 컴퓨터의 구성요소인 중앙처리장치, 기억장치, 입출력장치와 통신장비 등이 더욱 고성능화, 대용량화, 다양화, 소형화됨으로써 인간의 지능을 더욱 확장시키는 데 기여할 것이라는 점을 의미한다. 통합화는 소프트웨어보다는 하드웨어 중심으로 다양한 기기나 장치들이 통합되고 모든 유형의 정보도 멀티미디어 형태로 통합되어 가는 추세를 의미하는 말이다. 네트워크화는 컴퓨터기술과 정보통신기술이 급속도로 발전하면서 컴퓨터의 정보처리 기능과 통신기술의 정보유통 기능이 통합되어 다양한 조직의 다양한 자원을 통신망을 통해 서로 공유할 수 있다는 것을 의미한다.

4. 정보기술을 통한 기회와 위협

(1) 경쟁원천의 변화

급속하게 발전하고 있는 정보기술을 활용함으로써 기업들의 경쟁은 과거에 비해 더욱 심화되었다. 즉 국가 간의 시장 장벽은 정보기술을 활용함으로써 낮아졌을 뿐만 아니라 반대로 시장 확대의 기회를 제공하고 있다. 또한 고객의 요구와 욕구가 다양해지고, 고객이 제품을 선택할 때 정보기술을 활용해 제품에 대한 많은 정보를 가지고 선택하게 되므로 제품수명주기가 단축되고 있으며, 경쟁사에 비해 제품설계와 생산 그리고 유통과정에 소요되는 시간에서 우위를 유지해야 하는 시간경쟁의 가속, 그리고 양보다는 질을 중시하는 추세는 경쟁의 원천이 변화하고 있음을 나타내고 있다.

과거 산업사회에서 기업들의 경쟁의 기본 원천은 제품이나 서비스를 생산하는 데 드는 비용 및 각종 자원에 대한 신뢰성 그리고 고객에게 제품이나 서비스를 전달하는 납기시간 및 제품이나 서비스의 차별화와 같은 생산에 기초한 가치에 따라 경쟁이 결정되었다. 그러나 디지털 시대가 도래하면서 경쟁원천에도 변화가 나타나게 되었다. 새로운 경쟁원천으로는 무엇보다도 제품이나 서비스의 질이 중요할 뿐만 아니라 양질의 고객서비스, 소비자의 요구에 맞는 제품을 신속하게 생산할 수 있는 시간경쟁의 가속 그리고 기업의 경영관리능력을 향상시킬 수 있는 정보의 활용이라고 할 수 있다. 새로운 경쟁원천에서 정보기술이 핵심적인 역할을 수행하게 되는 이유는 고객들의 불만이나 다양한 고객들의 기호 및 기호의 변화에 즉각적으로 대응할 수 있는 각종 정보를 제공하기 때문이다. 또한 기업을 효율적으로 운용하기 위해서 필요한 다양한 정보가 실시간으로 제공될 수 있어야 하기 때문이다. 이와 같이, 양질의 제품과 서비스를 요구하는 소비자의 요구 증대는 기업들의 이윤감소로 이어지고 이는 많은 기업들에게 상당한 부담을 주고 있어 기업은 더 이상 과거에 안주해 전통적인 방법을 고수할 수 없게 되었다. 따라서 기업들은 산업 내에서 고유 업무 영역을 넘어 새로운 경쟁의 틀을 만들어 나가고 있다.

(2) 경영환경 변화에 따른 정보기술 활용

오늘날 기업의 경영환경 변화는 시장의 글로벌화, 변화의 가속화, 고객 중심 경영, 정보기술 중심 경영, 산업 간 통합화 및 네트워크화 등으로 설명할 수 있다. 이와 같은 경영환경하에서 기업이 다양한 경영활동을 수행하기 위해서는 신속한 정보의 수집, 처리 및 활용이 무엇보다도 중요하다. 기업이 생존과 성장을 유지하기 위해서 정확하고 빠른 정보의 수집, 처리 및 활용은 대용량 및 고속처리가 가능한 컴퓨터와 통신기술의 발전으로 가능하게 되었다. 다양한 고객의 욕구를 충족시키고, 지속적인 구매를 유도하기 위해서는 고객이 원하는 제품과 서비스를 제공해야 하는데 이러한 상황을 효과적으로 관리할 수 있기 위해서는 정보기술이 필요하다.

기업은 정보기술을 활용해 새로운 제품을 개발하는 것뿐만 아니라 새로운 시장을 확보하게 된다. 인터넷과 같은 네트워크를 통해 실체적 사물이 가상화되고 있으며, 이로 인해 조직의 유형 및 관계가 변화하고 경제활동 자체의 속성도 달라지고 있다. 새로운 경영조직 형태인 디지털 기업이 생겨나고 이는 고객, 공급업체, 종업원 사이에 발생하는 중요한 비즈니스 관계의 대부분이 디지털 형식으로 맺어지는 것을 말한다.

디지털 기업은 전통적인 기업보다 환경변화를 훨씬 신속하게 감지하고 반응하며, 이는 오늘날과 같은 격변의 시대에 생존을 위한 유연성을 제공한다. 디지털 기업은 유연한 글로벌 조직과 경영을 위한 특별한 기회를 제공한다. 인터넷을 통해 제품과 서비스를 판매하는 전자상거래가 활발히 이루어지는 등 정보기술의 변화가 경영환경의 변화를 주도하는 모습을 보이고 있다.

(3) 정보기술 기반의 경영혁신 가능성 증가

오늘날 수많은 기업들이 생존하고 성장하기 위해 정보기술을 활용하여 기업경영의 효율성과 효과성을 증진시키고자 한다. 또한 어떤 기업은 시장에서 경쟁우위를 확보하기 위해 정보기술을 전략적으로 활용하기도 한다. 이와 같이 경쟁우위를 확보하기 위해 기업이 개발하고 활용하는 정보시스템을 전략정보시스템이라고 한다. 이 시스템은 단순히

그림 1-6 경영상의 혜택 및 정보기술 프로젝트 목표

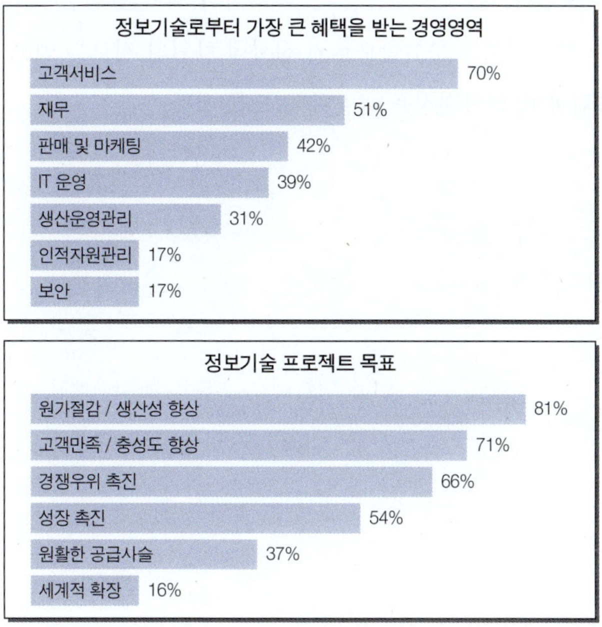

자료: 윤종훈 외, 경영정보시스템, 학현사, 2011, p.21.

조직의 업무 효율성 제고나 단기적 비용절감을 이루고자 하는 데서 벗어나 장기적인 기업성과를 증진시키기 위해 전사적 또는 전략적 차원에서 고려되고 있다. 아울러 정보기술을 기반으로 하여 기업의 전반적인 업무 프로세스를 혁신하기 위해 프로세스를 재구성하고 조직체계를 쇄신하고 있다.

1903년 최초로 모터사이클을 세상에 발표함으로써 시작된 할리데이비슨은 독특한 외관, 느낌, 그리고 소리로 지난 100여 년간 고객들의 사랑을 받아 왔으며 오토바이 산업에서 가장 훌륭한 기업으로 포춘지에 선정되었다. 또한 컴퓨터월드가 선정한 IT를 잘 활용하는 상위 100대 기업 중 2위를 차지하기도 하였다. 이 회사가 지금까지 성장할 수 있었던 경쟁원천의 하나는 연매출액의 2%에 해당하는 연간 5천만 달러의 기술 관련 예산의 50%를 정보의 공유와 비지니스 인텔리전스를 확보함으로써 의사결정을 향상시키기 위한 신기술을 개발하는 데 사용한다는 것이다. 예를 들면, 전략정보시스템을 이용하여 회사의 운영비용을 연간 4천만 달러 절감한다는 것이다.

할리데이비슨은 대리점을 관리하기 위해 텔론이라는 정보시스템을 개발해 사용하고

있는데 이 시스템을 이용해 모든 대리점들의 재고관리, 차량등록, 품질보증, POS 거래처리 등을 수행한다. 이 시스템은 모든 대리점의 재고를 점검하고, 부품주문을 생성하고, 전 세계의 조직 정보를 분석함으로써 전사적 차원의 정보를 얻고, 전사적 수준에서 전략목표를 수립하며, 의사결정을 내릴 수 있도록 한다.

토의해 봅시다

- 아날로그와 디지털을 비교 설명하시오.
- 농업사회, 산업사회 그리고 정보화 사회로의 진화과정에 대해 설명하시오.
- 디지털 경제의 기반이 되는 정보기술에 대해 설명하시오.
- 디지털 시대의 경영환경 변화에 대해 설명하시오.
- 정보기술이 가져온 기업의 기회와 위기에 대해 설명하시오.

참고문헌

- 고석하 외, 비즈니스 정보시스템, 생능출판사, 2008.
- 김갑중 외, e-비즈니스 원론, 사이텍미디어, 2004.
- 김성희 · 장기진, e-비즈니스.com, 도서출판 청람, 2008.
- 김의창 외, u-Business를 위한 정보관리론, 학현사, 2009.
- 매일경제 IoT 혁명 프로젝트팀, 모든 것이 연결되는 세상 사물 인터넷, 매일경제신문사, 2014.
- 미국 상무성, Modelling of the Digital Economy, 1999.
- 박용찬, e-비즈니스 파워, 시그마인사이트, 2000.
- 비에르쥬, 포스트 코로나 시대를 구원할 '디지털 트랜스포메이션'의 모든 것, 2020. 05. 20.
- 서의호, e전략정보시스템, 홍릉과학출판사, 2007.
- 오재인, 유비쿼터스 시대의 경영정보학 개론, 박영사, 2009.
- 유필화 외, 디지털 시대의 경영학, 박영사, 2006.
- 윤종훈 · 김용민, 글로벌시대의 전자상거래, 학현사, 2009.
- 정경수 외, 인터넷시대의 정보시스템, 이프레스, 2010.
- 최동수, 정보화시대를 위한 디지털경제, 박영사, 2007.
- 최하눌, 디지털 시장의 경쟁전략, 도서출판 두남, 2008.
- 캐드앤그래픽스 조형식, 디지털혁명과 디지털 진화, 2021. 09. 01.
- 커넥팅랩, 모바일트렌드 2015, 2014.
- 커넥팅랩, 클라우드와 빅데이터를 뛰어넘는 거대한 연결 사물인터넷, 미래의 창, 2014.
- 홍일유 · 이지은, 경영자 관점의 전자상거래, 법문사, 2008.
- Bakos, J. Y., & M. E. Treacy, "Information Technology and Corporate Strategy: A Research Per-sprctive," MIS Quarterly, 1986.

- https://my-encyclopedia.tistory.com/entry/iot-examples
- Malaga, R. A., Information Systems Technology, Pearson Prentice Hall, 2005.
- www.amazon.com
- www.seri.org

CHAPTER

02

4차 산업혁명 시대의 출발

KT "5G로 고객의 삶을 바꾸고 국가산업 발전 이끈다"

세계 첫 5G 상용화 1년… 베트남 · 필리핀 · 사우디 등에 4차 산업혁명 인프라 수출 추진

한국이 세계 최초로 5G(5세대) 이동통신 서비스를 상용화한 지 3일로 1주년이 된다. 세계 첫 5G 상용화에는 대한민국 통신 역사와 함께 해 온 KT의 역할이 적지 않았다. 특히 4차 산업혁명의 인프라인 5G를 다양한 산업군에 적용하면서 국가산업 발전에 기여하고 있다.

상암 완전자율주행 셔틀 시연

KT는 5G의 시작과 동시에 스마트팩토리, 커넥티드카, 실감미디어, 관광, 물류 · 유통, 재난관리, 공공안전 7대 영역을 중심으로 모든 산업을 5G로 변화시키겠다는 계획을 여러 차례 밝혔다. 특히 올해에는 현대중공업과 삼성서울병원 등과 협력해 5G 기술 적용을 고도화하면서 산업 전반의 변화를 이끌어 나간다는 목표다.

KT는 현대중공업과 지난해 5월 업무협약을 맺고 스마트팩토리 사업을 추진하고 있다. 현대중공업그룹이 보유한 로봇 개발 기술, 선박 건조 기술과 KT가 갖고 있는 5G 네트워크, 빅데이터, AI(인공지능) 기술을 결합해, 생산성과 효율성을 높이고 제조업 혁신을 선도하기 위한 AI 음성인식 협동로봇, 클라우드 기반의 로봇관리 시스템 등 다양한 기술을 개발하고 있다.

KT는 또 국내 최초 자율주행 실증단지인 경기도 판교에서 5G 자율주행 버스를 선보였으며, 현대모비스와 손잡고 커넥티드카 영역에서 5G를 적용하고 있다. 지난 1월 충남 서산 현대모비스 주행시험장에 5G 네트워크를 구축하고, 실시간 내비게이션 업데이트 기술과 '5G C-V2X' 기술을 구현했다. 올해 안에 서울 상암 C-ITS 단지, 자율주행 규제자유특구 세종시 등에서 레벨4 수준의 완전자율주행셔틀(운전석이 없는 6인승 차량) 서비스를 선보인다.

삼성서울병원에는 '기업전용 5G' 네트워크를 구축하고 5G 디지털 병리 진단, 5G 양성자 치료정보 조회, 5G 수술 지도, 병실 내 AI 기반 스마트 케어 기버(Smart Care Giver) 구축, 수술실 내 자율주행 로봇 등의 과제를 개발해 검증을 마치고 세계 첫 '5G 스마트혁신병원' 실현을 위해 협력하고 있다.

실내 인빌딩 5G 솔루션을 구축 중인 KT 엔지니어들

KT 경제경영연구소는 5G 상용화로 인해 유발되는 사회경제적 가치가 2030년까지 약 42조 원에 달할 것으로 전망한 바 있다. 5G가 B2B에 적용되어 변화할 산업영역과 그 가치를 환산한 것으로, 이 같은 직접적 효과 외에도 5G 투자를 통해 약 115조 원의 경제적 파급 효과가 예상된다. 5G 혁신은 B2C(기업-소비자)보다는 B2B(기업-기업) 및 B2G(기업-공공) 중심으로 이뤄질 전망이다. 글로벌 통신장비기업 에릭슨은 2026년까지 5G로 디지털 변혁이 진행돼 1조3,070 달러의 매출이 발생할 것이라고 전망했다.

KT는 지난해 기준으로 150개의 기업 간 적용사례(B2B Use Case)를 발굴했으며, 기업전용 5G 고객사 53곳을 확보하는 등 B2B 시장을 주도하고 있다. 5G 파트너 기업 확대 및 적용사례 지속 발굴로, 5G의 꽃으로 불리는 B2B 영역의 성장을 일구고 다른 산업의 혁신을 이끌어 대한민국 발전에 기여한다는 목표다.

KT는 2018년 2월 5G 평창 동계올림픽 시범서비스로 쌓아 온 5G 리더십을 기반으로 2019년 4월 세계 최초 5G 상용화에 성공했다. 국내 최대 주파수 대역과 국내 최다 엣지 통신센터(8개), 5G 최초 C-DRX(배터리절감기술) 전국 상용화를 통해 5G 품질 확보를 위해 노력하고 있다.

2019년 4월 5G 상용화 시점에는 기지국 장비 3만 개를 구축했으며, 업계에서 처음으로 '5G 커버리지맵'을 공개했다. 이후 지난해 4월 25일에는 더욱 정확한 커버리지 정보를 제공하기 위해 '5G 커버리지맵 2.0'을 공개했으며, 실제 개통을 완료한 5G 기지국 장비 수를 지역과 제조사별로 안내하고 있다.

지난 3월 26일에는 개통 기지국 장비 수 기준으로 7만 3,000개 이상을 구축해 KTX 서울역과 공항 등 누적 500개 건물에서 KT의 5G '인빌딩 서비스(In-Building Service)'를 이용할 수 있도록 했다. 인빌딩 서비스는 전파가 닿지 않는 건물 안에 있는 가입자를 위해 무선 중계기 신호를 건물 안까지 전송하는 것을 말한다.

서울 전역, 수도권, 6대 광역시 및 85개 시 주요 지역과 대형 쇼핑몰, 백화점, 산업현장 건물에 5G 네트워크를 우선 구축했으며, KTX와 SRT 역사・지상구간과 경부・호남・서해안・영동고속도로 전 구간과 전국 6개 공항에도 구축했다. 2020년에도 고객 밀집지역, 지하철 등 고객이 체감할 수 있도록 계속 5G 커버리지를 확대해 나갈 계획이다.

SRT 수서역 5G 구축 현장

KT는 우면동 연구개발센터에 KT의 ICT 혁신기술 체험관인 퓨처온(Future-On)과 '5G 오픈랩(Open Lab)을 운영하고 있다. 2018년도 5G 오픈랩이 개소된 후 KT 연구개발센터를 방문한 해외 ICT 리더들은 1,698명에 이르며, 국내외 정부기관 및 기업체 466 곳에서 KT 연구개발센터를 방문해 기술 전시를 둘러봤다.

KT 엔지니어들이 고성능 광중계기 품질 테스트를 하고 있다

5G 오픈랩은 5G와 관련된 기술자원을 중소 파트너사에 제공하는 개방형 협업 지원 공간으로 머신비전으로 불량품을 자동 탐지하고 로봇으로 이동시키는 '스마트팩토리', 공장 내 소리 측정만으로도 기계 내부의 어느 부품에 이상이 있는지 예측하는 '기가사운드닥터', 5G 통신을 활용한 무인 비행선 '5G 스카이십' 세계 최초 '28GHz 기업 전용

5G 네트워크' 기반 시스템 등 차세대 서비스가 전시됐다.

KT는 5G를 글로벌에 확산 전파하는 데도 앞장서고 있다. 글로벌 ICT 기업들과의 활발한 제휴도 이를 염두에 둔 행보다. 지난 3월 4일, KT는 스페인 '텔레포니카(Telefonica)', 호주 '텔스트라(Telstra)', 중국 '차이나유니콤'과 협업해 특정 이용자가 만들어 낸 콘텐츠(데이터)를 전 세계의 5G 에지(Edge)로 전송하는 5G '모바일 에지 컴퓨팅(Mobile Edge computing, MEC)' 기술을 검증하는 데 성공했다.

KT는 특히 베트남 통신기업 VNPT(Vietnam Post and Telecommunication Group)에 5G 네트워크 설계 방안을 컨설팅했으며, 사우디아라비아 국영 통신기업 STC에는 5G를 비롯한 유무선 통신 인프라 고도화를 위한 상호 협력을 진행한 바 있다. 필리핀 통신사 'PLDT'와 5G 도입관련 논의를 진행 중에 있으며, 홍콩 통신사 'CSL'과 5G 협력을 논의하고 있다. 중국 차이나모바일의 콘텐츠 계열사 '미구'와 5G 기반의 뉴미디어 콘텐츠 협약을 체결했으며 360도 VR과 고화질 영상, 게임 등 5G 미디어 분야에서 협력하고 있다.

KT의 5G를 배우기 위해 직접 찾는 국제인사들의 발길도 줄을 잇는다. 지난해 12월 한국-스웨덴 수교 60주년을 기념해 한국을 방문한 스웨덴 대표단이 KT 연구개발센터를 방문해 5G 기반 혁신기술과 AI, 융합플랫폼 등 미래 서비스 관련 전시를 관람했다. 전 세계 빈곤 퇴치와 개발도상국의 경제 발전을 지원하는 '세계은행'의 부총재 일행도 지난해 10월에 KT 연구개발센터를 방문하고, 5G 기반 혁신기술을 확인했으며, KT의 사례를 향후 개도국 5G 도입정책과 디지털 지원 정책 등에 반영할 계획이다.

KT는 세계 최초 8K VR 스트리밍 서비스를 시작했다

자료: 조선비즈, 2020.04.02.

제1절 정보화 사회의 IT인프라

정보화 사회의 출현은 정보통신 인프라를 기반으로 하고 있다. 인터넷이 중심인 정보통신 인프라의 덕분으로 아날로그에서 디지털로의 혁신은 새로운 디지털 문화를 만들어 가고 있다. 본 절에서는 정보통신기술의 출발과 이를 통한 혁신을 살펴보고 정보통신 인프라를 활용한 플랫폼비즈니스와 이를 활용한 기업의 혁신과 성장 · 발전에 대해 살펴본다.

1. IT인프라의 출발과 혁신

정보통신기술(ICT: Information Communication Technology)이 발전함에 따라 각종 정보는 아날로그에서 디지털로 변화하고 있으며 이는 개인 차원의 공유를 넘어 기업 차원의 비즈니스로 확대되고 있다. 기존 아날로그 시대의 정보전달 매체인 책과 신문은 디지털화된 지 오래이며 오늘날 화폐까지 디지털화되어 현금을 주고받지 않고도 상거래가 가능한 세상이 되었다.

특히, 4차 산업혁명의 도래와 함께 오늘날 정보기술은 산업화되어 정보통신서비스, 정보통신기기, 소프트웨어, IT 서비스 분야의 비즈니스로 확대되어 개인 간, 사회 간 정보공유 기반의 비즈니스를 구현하고 있다. 스마트폰으로 촉발된 모바일 비즈니스는 정보통신기술, 임베디드 소프트웨어, 센서, 사물인터넷(IoT), 클라우드, 빅데이터, 인공지능(AI), 로봇공학, 핀테크, 메타버스 등 범용 IT기술 기반 산업은 플랫폼 기반 비즈니스로 혁신하고 있으며 이는 의료, 금융, 제조업, 에너지, 물류, 자동차 등 다양한 분야와 융합하여 새로운 수익모델과 시장이 창출되는 산업 구조를 만들어 내고 있다.

이러한 변화를 정보화 사회 또는 디지털 사회라 부르고 있으며 컴퓨터, 인터넷 및 스마트폰은 그 중심에서 우리나라의 정보기술 발달과 함께 정보활용 문화를 만들어 가고 있다.

오늘날 4차 산업혁명 시대는 과거 산업사회와 달리 기업의 경쟁우위가 자본, 인적자원 그리고 기술력에서 지식과 정보의 활용이 추가되어 비즈니스의 무게중심이 지식과 정보의 소프트웨어로 옮겨가고 있는 추세이다.

지식기반의 정보화 사회는 그 나라의 발전 정도를 나타내는 지표로 사용되고 있을 정도로 사회발전의 원동력이 되고 있으며 국가 및 기업 경쟁력을 결정하는 핵심 요인으로 취급되고 있다. 이에 오늘날 사회는 지식과 정보를 활용하여 새로운 부가가치와 상품 및 서비스를 창출하는 능력이 요구되고 있으며 기업은 이런 변화에 가장 발빠르게 움직여 정보기술 분야에 막대한 투자를 통해 미래사회를 선점하기 위한 노력을 아끼지 않고 있다.

이런 변화에 우리나라는 2004년 3월 IT839 전략을 수립하고 실천하여 4차 산업혁명 시대의 기반을 마련하였고 향후 융복합 중심의 IT전략을 수립하고 미래에 중심이 될 빅데이터, 로봇, 자율주행, 메타버스 등에 집중 투자를 하고 있다.

IT839는 2004년 3월 국민 소득 2만 달러 조기 달성을 위한 정책의 일환으로 정보통신부가 수립한 IT산업 개발 전략이다. 새롭게 부각되는 8대 신규 서비스, 3대 인프라, 9대 신성장 동력으로 구분하고 이들 간의 유기적인 연계를 통해 오는 2007년 IT 연간 생산 380조 원, 수출 1100억 달러 달성을 목표로 하고 있다. 이 전략의 핵심은 IT 산업의 '가치사슬 효과를 극대화' 하는 것이다. 8대 신규서비스에는 ▲휴대인터넷 ▲DMB ▲홈네트워크 ▲텔레매틱스 ▲RFID활용 서비스 ▲WCDMA ▲지상파 디지털TV ▲인터넷전화가 포함되고, 3대 인프라는 ▲광대역통합망 ▲유비쿼터스센서네트워크 ▲인터넷주소체계 IPv6를 말한다. 한편 9개 신성장동력 사업은 ▲차세대 이동통신 ▲디지털TV ▲홈네트워크 ▲IT Soc ▲차세대PC ▲임베디드 소프트웨어 ▲디지털콘텐츠 ▲텔레매틱스 그리고 ▲지능형 로봇을 들 수 있다

2000년대 초반, 국가 차원의 초고속정보통신망의 구축으로 다양한 산업에서 변화가 일어났다. 통신 인프라를 통해 다양한 정보를 실시간으로 주고받을 수 있게 되면서, IPTV, 스트리밍 영상 서비스, 화상통화 문화가 생활 속으로 들어오기 시작하였다. 국내·외 인터넷 기업들이 여러 가지 새로운 정보 공유 기술들을 내놓았고 일반 국민들은 인터넷을 활발히 이용하면서 개인일상과 비즈니스를 연결하기 시작하였다. 이 시점, 2000년 초 우리나라 벤처·닷컴 기업 열풍은 '정보의 바다' 인 인터넷 활용을 촉발하였고 전자상거래, 온라인뱅킹, 온라인증권 등 e-비즈니스라는 새로운 개념이 일반화되었다.

한편, 향후 미래 사회가 멀티미디어 정보산업사회로 변할 것을 전망한 정부는 IT839 전략 수립을 통해 IT인프라 고도화를 추구하였고 이는 멀티미디어 서비스의 전달 품질 등을 고려한 초고속화·대용량화, 농·어촌지역까지 확대된 통신 인프라를 광케이블 기술로 구축하였다.

이후 2009년 실시간 지상파방송을 포함한 IPTV 상용서비스가 시작될 무렵을 전후로, IT인프라 기반의 비즈니스 사업자들에게 규제 완화, 유선통신사업자와 무선통신사업자들의 인수 · 합병, 2010년 스마트폰 도입 등으로 IT인프라를 기반으로 한 인터넷, 전화, 이동통신 등이 획기적으로 개선되었다. 이후 국내 · 외적으로 4세대 이동통신망이 보급되면서 기가인터넷 상용화, 학교 및 공공Wifi 등이 IT인프라의 핵심으로 자리잡았다. 2009년은 지능화라는 4차 산업혁명 기반 IT인프라인 5세대 인프라망이 구축되면서 미래 초연결, 초대용량, 초지능형 구현 e-비즈니스가 본격화되었다.

이런 IT인프라의 구성 요소로는 하드웨어, 소프트웨어, 네트워크, 운영체제(OS), 데이터 스토리지를 들 수 있다. IT 인프라 제품은 인터넷을 기반으로 실행되는 다운로드 가능한 소프트웨어 애플리케이션이나, 서비스로서의 인프라(Infrastructure-as-a-Service: IaaS)처럼 서비스 공급업체가 제공하는 온라인 솔루션의 형태이다.

IT 인프라 기반의 IT기술은 개인의 일상생활부터 비즈니스까지 거의 모든 측면에 커뮤니케이션 향상과 생산성을 높이고 있다. IT 인프라가 유연하고 안정적이며 안전한 경우 기업은 이를 활용해 시장에서 경쟁우위를 확보하는 데 활용할 수 있으나, IT 인프라가 제대로 안 될 경우 기업들은 연결성, 생산성 및 보안 문제에 직면할 수 있다. 이처럼 IT인프라는 비즈니스의 수익성에 결정적인 역할을 수행하고 있다.

IT인프라는 개인 및 기업들에게 다음의 경험을 제공한다.

- 웹 사이트와 온라인 상점에 대한 제약 없는 접근을 제공하고 이는 고객경험을 통한 고객만족을 실현한다.
- 빠르게 시장에서 요구하는 제품과 서비스를 기획 · 생산 · 공급할 수 있어 기업의 매출 극대화를 추구할 수 있다.
- 급변하는 경제환경하에서 실시간으로 데이터를 수집하여 신속한 의사결정을 도와준다.
- 개인의 생산성을 향상시켜 부서 및 기업의 경쟁력을 개인 차원에서 또 조직 차원에서 높여준다.

IT인프라의 구성요소는 크게 다음과 같이 3가지로 구분할 수 있다.

① 하드웨어 : 하드웨어에는 서버, 데이터센터, 개인용 컴퓨터, 라우터, 스위치, 기타 장비를 말한다. 데이터센터 자체 그리고 데이터센터에 동력을 공급하는 시설 또한 하

드웨어 인프라로 취급한다.

② 소프트웨어 : 소프트웨어란 웹 서버, 콘텐츠 관리 시스템, Windows, Linux와 같은 운영체제(OS) 등 기업에서 사용하는 애플리케이션을 의미한다. 운영체제(OS)는 시스템 리소스 및 하드웨어를 관리하며, 애플리케이션과 하드웨어 사이에서 모든 소프트웨어와 작업을 수행하는 물리적 리소스를 연결한다.

③ 네트워크 : 상호 연결된 네트워크 구성 요소는 네트워크 운영, 관리, 내부 및 외부 시스템 간 커뮤니케이션을 지원한다. 네트워크는 인터넷 연결, 네트워크 활성화, 방화벽 및 보안을 비롯해 라우터, 스위치, 케이블 같은 하드웨어로 구성된다.

표 2-1 정보기술분야 글로벌 산업 표준(GICS)

부분	산업그룹	산업	하위산업
정보기술	소프트웨어 및 IT서비스	인터넷 소프트웨어와 서비스	인터넷 소프트웨어와 서비스
			IT 컨설팅과 기타 서비스
		IT서비스	데이터처리와 아웃소싱 서비스
			애플리케이션 소프트웨어
		소프트웨어	시스템 소프트웨서
			홈 엔터테인먼드 소프트웨어
	하드웨어 및 IT장비	통신장비	통신장비
		컴퓨터와 주변기기	컴퓨터 하드웨어
			컴퓨터 저장장치와 주변기기
		전자장비와 기기, 부픔	전자부품
			전자제조 서비스
			기술 판매업체
		사무용 전자제품	사무용 전자제품
	반도체 및 반도체장비	반도체와 반도체장비	반도체 장비
			반도체
통신서비스	통신서비스	다각화된 전기통신 서비스	대안 통신업체
			통합전기통신 서비스
		무선 전기통신 서비스	무선전기통신 서비스

출처 : 한국거래소(www.drx.co.kr)

2. IT인프라 기반의 서비스혁신

아날로그 환경하에서의 IT인프라는 전신 · 전화 기반의 의사소통 도구에 지나지 않았다. 아날로그 환경하에서의 경제기반은 전통적인 생산과 소비에 있었고, 기업의 제품과 서비스는 공급을 따라가지 못하는 상황이었기에 생산하면 소비가 이루어지는 환경하에서 제품 및 서비스의 혁신을 이룰 필요가 없었다.

그러나 산업이 점점 고도화되고 컴퓨터, 인터넷의 등장으로 촉발된 디지털 환경은 정보를 수집 · 처리 · 저장하고 이를 정보통신기술을 통해 공유하는 등 디지털 기술의 등장으로 새로운 비즈니스 환경이 만들어지면서 본격적인 경쟁체제의 사회구조로 바뀌게 되었다.

IT인프라 기반의 디지털 환경은 과거와 달리 정보처리 비용을 감소시켰고 인력규모와 시설 보유를 최소한으로 할 수 있어 젊은 창업가들에게 시작과 성장의 발판을 마련해 주었다. 이를 통해 경제활동이 가상의 공간인 온라인에서 이루어지는 e-비즈니스 환경을 창조했고 인터넷 쇼핑몰을 중심으로 활발한 경제활동이 이루어지게 되었다.

이처럼 새로운 경제 패러다임을 이끈 인터넷은 정보의 통합과 융합이라는 새로운 4차 산업혁명의 물결 아래서 새로운 비즈니스 혁신을 가져오고 있다.

(1) 플랫폼 비즈니스

플랫폼은 정비되어 구분된 땅이라는 Plat과 형채라는 의미의 Form이 합성된 말로서 경계가 없던 땅이 구획되면서 용도에 따라 다양한 형태로 활용될 수 있는 공간을 상징하는 단어가 되었다. 이러한 의미의 플랫폼이 IT인프라를 기반으로 공급자와 수요자가 직접 참여해서 각자가 얻고자 하는 가치를 거래할 수 있도록 만들어진 비즈니스 공간 및 환경의 의미로 수정되었다.

이런 플랫폼의 개념은 하드웨어 플랫폼, 소프트웨어 플랫폼, 응용소프트웨어 플랫폼의 3가지 유형으로 구분할 수 있다. 하드웨어 플랫폼은 실제 상황의 다양한 부분에서 우리가 접하는 물리적 구조물을 의미하며, 소프트웨어 플랫폼은 다양한 애플리케이션이 작동하는 기반이 되는 운영체제를 말한다. 응용소프트웨어 플랫폼은 자체적인 생태계를 구축하고 플랫폼화된 서비스를 말한다.

이때 하드웨어적 플랫폼이 점차적으로 범용화를 이루면서 기본 소프트웨어로 이동이 되고 응용소프트웨어로 계속해서 확장을 해나가고 있으며 이런 범용화를 이루는 데 가장 큰 역할을 한 것이 IT인프라이며 스마트폰의 등장은 이 IT인프라를 활용한 것이다.

결국 스마트폰을 활용한 비즈니스 구현환경인 앱(애플리케이션)의 등장은 플랫폼 비즈니스라는 새로운 경제용어를 탄생시켰다. 흔히, 파이프라인이라 불리는 전통적인 오프라인 비즈니스는 원자재를 가공하고 완제품을 생산하고 이를 소비자에게 판매하는 일방통행식 비즈니스 모델이 IT인프라(IT기술, 데이터기술, 모바일 환경)의 혁신으로 시간과 공간의 한계를 뛰어넘어 생산자와 소비자들의 연결이 수월해지면서 비즈니스 환경도 크게 변화하였다.

양면시장이라고도 불리는 플랫폼 비즈니스는 수요자 측면인 Demand Side는 플랫폼에 수익을 가져다 주는 고객을 뜻하고 공급자 측면인 Supply Side는 고객에게 제공하는 제품이나 콘텐츠, 광고 등을 공급하는 파트너를 의미한다. 플랫폼 사업자는 플랫폼 이용이 지속 가능한 생태계 창조가 중요한데 이를 위해 소프트웨어, 하드웨어, 서비스의 요소들을 활용해 플랫폼에 다양한 이해관계자들을 끌어 모으며 이를 비즈니스로 활용하게 되는 것이다.

플랫폼의 유형은 플랫폼 경제의 성장과 4차 산업혁명이 도래할 것이라는 희망찬 기대로 인해 매우 다양한 형태로 발전을 거듭하고 있다. IT인프라에 기반을 둔 플랫폼이 새로운 가치창출과 함께 기존 시장의 변화를 주도하면서 경제활동의 주축이 되고 있는데 IoT, AI, 빅데이터, 로봇 등과 융합되면서 4차 산업혁명을 주도하고 있다. 애플, 구글, 아마존 등의 거대기업과 페이스북, 에어비앤비, 우버 등의 창조기업이 무한경쟁을 하고 있는 실정이다.

플랫폼의 기능은 5가지로 정리할 수 있다. 첫째, 연결 기능으로 복수의 그룹이 서로 교류를 할 수 있도록 장소를 제공하고 서로를 연결시킨다. 둘째, 비용감소의 기능으로 개별기업 또는 개인이 처리해야 할 비용을 플랫폼 사업자가 대신 제공함으로써 비용감소의 효과가 뚜렷하다. 셋째, 브랜드 신뢰 기능으로 플랫폼 브랜드가 참여자들에게 브랜드에 대한 신뢰감을 주기 때문에 일정 수준의 질을 보장받게 된다. 넷째, 커뮤니티 형성 기능으로 구전(입소문)을 통해 네트워크 효과는 플랫폼에 대한 애착심을 갖게 하며 이는 지속적으로 머무르는 효과를 만들어 낸다. 다섯째, 이질적이고 배타적이었던 부류와의 교류를 통해 제3의 서비스 특히, 광고주와 시청자와의 연결을 통해 새로운 콘텐츠 생산이 가능해진다.

이처럼 비즈니스로서의 플랫폼은 공급자와 소비자를 동시에 하나의 장소인 플랫폼에 모아놓고 소통, 교류 기반의 비즈니스로 연결하여 비용절감, 입소문 등의 효과를 창출하여 결과적으로 기존에 없던 새로운 비즈니스 성과를 창출할 수 있다는 점을 들 수 있다.

(2) 플랫폼 비즈니스 기업

① 넷플릭스

CEO 헤이스팅스가 1997년 설립한 넷플릭스의 가장 큰 성공요인을 꼽으라면 우리 모두가 알고 있는 '섭스크립션 모델(Subscription)' 이다. 넥플릭스 이전에 콘텐츠 소비자들은 콘텐츠를 대여하거나 구매해서 소비했지만 이제는 넷플릭스에서 스트리밍 형태로 콘텐츠를 소비하고 있다. 이런 모델은 이젠 대중화된 모델이라고 해도 과언이 아니며, 모든 사람들이 이러한 형태의 서비스에 익숙해졌다.

헤이스팅스는 단순 DVD 대여 우편배송 사업으로 넷플릭스를 시작하였고 설립 이후 10년이 지난 후에야 인터넷으로 드라마, 영화 등을 보는 스트리밍 서비스를 시작하였다. 처음부터 '스트리밍'으로 승부를 걸지 않은 이유는 인터넷 인프라가 부족했기 때문으로 창업할 당시부터 스트리밍 시대가 올 것이라 예상했지만, 스트리밍은 빠른 인터넷 환경이 필수요건이기 때문에 그 시대를 기다리며 준비했다.

2007년 인터넷 인프라가 미국 내 전국적으로 깔리기 시작하면서 스트리밍 서비스를 제공할 수 있는 환경이 갖추어졌고 비로소 넷플릭스는 섭스크립션 플랫폼 모델의 서비스를 시작하였다.

그 결과 넷플릭스는 큰 성공을 하게 되었고 스트리밍 서비스 런칭 이후 넷플릭스는 단순 콘텐츠 대여가 아닌 독립 콘텐츠(Original Contents)를 만들며 현재 190여 개국에서 서비스를 제공하고 있으며 2020년 현재 국내에서만 결제액 1조 원을 돌파하고 있다.

② 아마존

플랫폼 기반 기업의 또 다른 성공사례로 '아마존(Amazon)'을 들 수 있다. 1994년 제프 베조스가 온라인 서점을 창업하면서 단순 인터넷 주문에 의한 책 판매를 시작하였다. 현재는 상상할 수 있는 모든 것을 제공하고 있는 '아마존'은 e커머스 플랫폼을 통해 현재 전 산업에 막대한 영향을 끼치고 있으며 '아마존 이펙트(Amazon Effect)'라는 신조어가 생겨났다.

아마존의 플랫폼 전략은 첫째, 다양한 플랫폼을 통해 고객과의 접점을 늘리고 여기서 확보한 데이터를 바탕으로 사업을 확장하고 있다는 점으로 고객 중심 경영을 핵심으로 하고 있다. 아마존은 데이터가 4차 산업혁명 시대의 핵심 연료가 될 것이라는 확신으로 고객과의 접점을 늘려갔으며, 이를 바탕으로 더 나은 제품과 서비스를 창출했고, 고객에게 혜택이 돌아갈 수 있도록 초점을 맞췄다.

둘째, 아마존이 추진하고 있는 클라우드 사업을 하나의 기술 플랫폼으로 활용하고, 클라우드 위에서 개발자나 기업이 자체적으로 애플리케이션을 구축할 수 있도록 기술 인프라를 제공하고 있다. '아마존웹서비스(AWS)'는 데이터센터의 운영비가 고정비에서 변동비로 이동하고, 클라우드로 마이그레이션하는 대형 기업도 증가하면서 클라우드 사업으로 각광받고 있다. 아마존은 클라우드상에 기본 IT 인프라뿐 아니라 인공지능, 보안, 모바일, 사물인터넷, 가상현실(VR) 기능까지 추가하며 클라우드 플랫폼 사업자로서의 경쟁력을 강화하고 있다.

셋째, 인공지능, 사물인터넷과 같은 4차 산업혁명 시대의 신기술을 자사의 플랫폼에 접목하며 전통산업의 지각변동을 일으키고 있다. 가장 직접적으로 반향을 일으킨 분야가 유통산업이다. 2015년 시가총액으로 월마트를 추월하였고, 2017년 미국 유기농 식품 유통 기업 홀푸드마켓(Whole Foods Market)을 인수하였다. 현재 아마존의 기술을 집대성한 '아마존고(Amazon Go)' 매장을 만들고 있는데 매장 곳곳에 비치된 마이크와 카메라 센서가 고객의 미세한 움직임을 감지해 저절로 계산하는 시스템이다. 카메라로 습득한 영상 정보를 학습해 자동으로 결제하는 '저스트 워크아웃(Just Work Out)' 기술은 계산대에서의 시간을 감축시켜 준다.

미국 아마존 프라임 회원들은, '프라임 나우(Prime Now)' 서비스를 통해 생필품 등 일부 품목을 온라인 주문 후 2시간 내로 배송받을 수 있다. 최근 아마존은 드론을 활용한 배송 서비스 '프라임 에어(Prime Air)'를 출시하며 고객의 마지막 1마일까지 배송하는 라스트마일 딜리버리 서비스도 준비 중이다.

아마존은 자사의 인공지능 플랫폼 '알렉사(Alexa)'를 이용하여 고객과의 접점을 늘리는 용도로 활용한다. 알렉사는 현재 아마존의 인공지능 스피커 '에코(Echo)'를 포함한 여러 가전제품, 자동차까지 탑재되며 일상까지 깊이 침투하고 있다. 아마존의 인공지능 플랫폼의 고객 데이터는 아마존의 제품과 서비스를 점진적으로 개선시키고 혁신적인 상품을 개발하는 데 큰 동력이 되고 있다.

③ 배달의민족

배달의민족은 디자이너 출신인 김봉진 대표가 설립한 스타트업 '우아한형제들'에서 개발했으며, 애플리케이션은 2010년 6월에 먼저 출시되었고, 회사는 애플리케이션이 출시된 지 5개월 뒤에 설립되었다.

현재는 국내 배달앱 1위로 압도적인 시장 우위를 유지하고 있으며 지속적으로 높은 매출 성장률을 기록 중이다. 시장 형성 초기 시장 우위를 점하기 위한 공격적인 마케팅으로 오래도록 적자를 봐 왔으나 2016년 연간 흑자를 달성한 후 흑자 기조를 이어가고 있다. 2017년에는 전체 주문수 1,500만 건을 넘겼으며 2018년 1월 기준 점유율은 다른 두 앱을 제치고 51%라는 우위를 점하고 있다.

창업 당시 배달의민족은 배달 앱이 많지 않은 상황이었고 모바일 시장이 부흥기에 접어들기 시작하면서 입소문 즉, 맛집 번호가 가장 많은 앱이라는 입소문에 힘입어 성장가도를 달리게 되었다. 스마트폰에 익숙한 젊은 20~30대 소비자층을 대상으로 사용자 경험을 강조한 디자인과 이용할 수 있는 매장의 개수를 강조한 전략으로 소비자들로 하여금 큰 호응을 얻고 있다.

국내 굴지의 O2O(online to offline) 기업이며, 성공한 스타트업의 롤모델이 되고 있는 배달의민족은 국내 IT 인프라를 발판삼아 기존 사업영역이었던 동네 수첩, 지역신문(광고 BM)을 없애버렸다.

IT인프라의 발달은 넷플릭스, 아마존, 배달의민족 등 '플랫폼 비즈니스'를 탄생시켰고, 이 플랫폼은 우리가 상상했던 것보다 훨씬 더 큰 파급력과 영향력으로, 기존 동일 카테고리의 사업자들의 진입장벽과 경계를 허물어버리고 결국엔 그들을 없애버렸다. 유수의 기업들, 지금도 몇 만 개씩 생겨나는 스타트업들이 '플랫폼' 비즈니스를 지향하는 이유이다.

잠시 쉬어가기

AI 용광로 뽐내는 포스코… 기술로 위기 돌파 나섰다

포스코는 인공지능(AI) 용광로, 스마트 팩토리 등 4차 산업혁명의 핵심기술을 도입하며 위기 극복에 나서고 있다. 포스코는 세계경제포럼에서 선정한 '등대공장'으로 이름을 올리는 등 스마트 혁신을 이뤄내고 있다.

포스코 스마트팩토리 광양제철소 도금공장 운전실

등대공장은 어두운 밤하늘에 '등대'가 불을 비춰 길을 안내하듯 4차 산업혁명 기술을 적극적으로 도입해 세계 제조업의 미래를 혁신적으로 이끌고 있는 공장을 말한다. 세계경제포럼은 2018년부터 전 세계 공장들을 심사해 매년 2차례씩 등대공장을 발표하고 있다.

포스코 등대공장의 핵심에는 철강 공정 데이터를 수집하고 정형화하는 플랫폼 '포스프레임'이 있다. 사물인터넷(IoT), 인공지능(AI), 빅데이터 등 신기술을 이용해 최적의 공정 조건을 내놓고 공장을 제어한다. 직원들의 경험에 의존하는 의사결정을 최소화하고, 단순 반복 업무도 줄이는 데 도움을 준다.

포스프레임은 수주 · 제선 · 제강 · 도금 공정에 모두 관여하며 효율성을 높이고 있다. AI 용광로인 포항 2고로는 연, 원료양, 노열 등을 데이터화하고 딥러닝하는 기술 적용 후, 일일 용선량이 240톤 늘었다. 포스프레임이 적용된 뒤, 제강공정의 전로 최종 온도 적중률은 기존 80%에서 90%로 올랐고, 도금공정의 도금량 제어 적중률을 89%에서 99%까지 높였다.

포스코는 스마트 CCTV 기술로도 안정성도 높이고 있다. 스마트 CCTV는 일반 CCTV와 달리, 제철소 현장의 특정 문자, 형상, 움직임을 자동으로 감지하고 수집한 정보에서 이상이 있으면 관리자에게 알려준다. 열화상 등 다중 영상 장치로 화재 위험을 사전에 감지해 예방한다.

포스코는 스마트 데이터 센터도 운영하며 데이터를 모으고 있다. 스마트 데이터 센터는 포항제철소 내 공장에 설치된 사물인터넷 센서를 통해 얻은 빅데이터를 실시간으로 수집 · 저장하는 곳이다. 포스코가 추진하는 스마트 팩토리 사업의 컨트롤타워 역할을 하는 핵심 인프라로 인정받고 있다.

포스코는 데이터와 인공지능을 토대로 위기를 기회로 전환하겠다는 계획이다. 포스코는 글로벌 철강 공급 과잉에 따른 경쟁 심화, 기존 철강기술의 한계 봉착 등 돌파구가 절실한 상황이다. 포스코는 2016년부터 4년간 스마트 팩토리 구축을 위해 321건의 과제를 수행하며 총 2,520억 원의 원가절감 효과를 거두는 등 해결책을 찾고 있다.

포스코는 세계의 등대공장과도 협력을 강화하겠다는 목표를 세웠다. 포스코는 등대공장 선정으로 세계지식포럼에서 관리하는 '등대공장 협력 네트워크'에 참여할 수 있는 자격을 얻었다. 포스코는 전 세계 20여 곳의 등대공장과 기술 경험을 공유하고, 철강에 특화된 스마트 팩토리 구축에도 앞장설 예정이다.

최정우 포스코 회장은 "포스코는 철강기술을 선도하는 글로벌 철강사로서의 롤모델 역할을 적극적으로 수행해 왔다"며 "앞으로도 생산성 · 품질 · 원가경쟁력 측면에서 좋은 성과가 예상되는 중점 공장을 대상으로 AI 기반의 스마트 팩토리를 확산하겠다"고 말했다.

자료: 조선비즈, 2020.04.21.

제2절 4차 산업혁명 시대의 기업경영

정보통신 인프라를 기반으로 하는 융합과 통합의 4차 산업혁명 시대는 기업의 입장에서 새로운 기회이자 위기로 다가오고 있다. 최근 기업들은 인공지능, 로봇, 사물인터넷, 빅데이터 등 기업의 혁신적 변화 도구들의 활용에 있어 선점하고 발전해 나가며 4차 산업혁명 시대의 주인공이 되고자 노력하고 있다. 본 절에서는 4차 산업혁명 시대의 출발을 알리고 이를 준비하는 기업들의 혁신적 노력에 대해 살펴본다.

1. 4차 산업혁명 시대의 시작

2016년 1월 다보스에서 개최된 세계경제포럼(WEF: World Economic Forum)에서 처음으로 언급된 제4차 산업혁명이라는 개념은 '디지털혁명(제3차 산업혁명)에 기반하여 물리적 공간, 디지털적 공간 및 생물학적 공간의 경계가 희석되는 기술융합의 시대'라고 정의하였다.

2016년 다보스 포럼에서 발표된 4차 산업혁명 개념은 초연결성(Hyper-Connected), 초지능성(Hyper-Intelligent)의 특성을 가지고 있으며 물리공간과 가상공간 그리고 생물학적 공간에서 인간과 사물이 촘촘히 연결되고 고도로 지능화되면서 초융합을 통해 개별 개체는 물론이고 전체도 함께 고도화되는 특징을 보여주고 있다.

이런 4차 산업혁명 시대의 주요 특징으로는 물리적 공간의 개체들이 사물인터넷에 의해 사이버세상과 연결된다는 것이다. 과거 물리적 공간에서 벌어진 일들이 사이버상에서 일어남을 의미하는 데 이러한 개념을 산업현장에서는 사이버물리시스템(Cyber Physics System)이라 부른다. 사이버물리시스템이란 물리적 현실세계에 속한 사람과 센서 및 기기를 인터넷서비스, 인공지능시스템, 각종 정보망이 존재하는 사이버 세계와 연결해주는 매개체를 말하는데 스마트 홈, 스마트 그리드(Smart Grid) 같이 스스로의 동작이나 에너지 효율 같은 것을 제어할 수 있는 하나의 자율생태계를 의미한다.

또한 산업기기나 공장 등의 물리적 공간을 사이버상에 그대로 재현하는 것을 디지털 트윈(Digital Twin)이라고 하는데 이러한 디지털 트윈이 구현되면 무한한 상상력으로 현실세계와 똑같은 프로세스를 사이버상에서 자유스럽게 시도해 볼 수 있게 된다. 물리적인 소비가 없는 이런 과정을 사이버상에서 반복함으로써 물리환경을 스마트하게 할 수 있는 것이다.

스마트 시티(Smart City)의 개념은 도시가 거대한 사이버물리시스템으로 변화되는 것이라 볼 수 있는데 도시의 각종 개체들이 사물인터넷에 의해 연결되어 보다 도시 관리가 정교하게 최적화되는 것을 의미한다. 특히 블록체인(Block Chain)기술은 '공공거래장부' 또는 '분산거래장부'라고도 하는데, 스마트 시티에서 사용되는 각종 데이터를 관리하는 데 유용하게 사용될 것이다. 이러한 기반기술과 시설이 마련되면 교육, 의료, 제조, 공유경제 등 다양한 플랫폼에서 양질의 콘텐츠를 민주적으로 수용 가능하게 하며, 도시기반의 스마트화로 기반시설 및 보안기능 등이 최적화된 첨단의 소규모 도시 건설이 가능해질 수 있다. 이러한 도시를 창조할 수 있는 기술혁신이 이루어지고 있음이 4차 산업혁명의 특징이라고 할 수 있다.

한편 인류가 해결해야 할 시급한 과제로서, 물질적 풍요를 추구하는 가운데 촉발한 지속 불가능성 문제를 해결하는 기술혁신도 4차 산업혁명의 또 다른 특징이라고 할 수 있다. '지속 가능성'이란 "미래세대로 하여금 그들의 필요를 충족시킬 능력을 저해하지 않으면서, 현재 세대의 필요를 충족시키는 발전"을 말한다. 이러한 지속 가능성의 개념은 경제성장을 우선으로 한 산업화 과정 중 파괴된 환경과 그로 인해 위협받는 인류 미래에 대한 대안으로 발제되었는데, 2002년 요하네스버그에서 열린 UN 지속가능발전 세계정상회의(UN WSSD)는 지속 가능한 발전을 3가지 중추적 요소인 경제발전과 사회통합 그리고 환경적 지속 가능성을 아우르는 총체적 개념을 제시하였다.

그리고 2015년에는 195개국 정상이 파리에 모여 파리기후협약에 합의하면서 '인류의 지속 가능성'을 해결하기 위한 지구적 접근이 시작되었다. 기술적으로는 신재생에너지, 에너지저장장치, 폐기물의 자원화 기술(Waste to Energy) 그리고 생명과학 등에 의해 지속 가능성에 필요한 대안이 제시되고 있으며 스마트 시티 기반의 최적화 기술로 에너지 효율성을 제고하고 지속 가능성을 획기적으로 향상시킬 수 있을 것으로 보인다.

농업분야에서는 스마트 팜, 수직농장, 수경농장 등의 첨단농업기술을 적용하여 식량자급을 꾀할 수 있으며 또한 생명과학의 발전에 따라 세포 배양방식으로 양식 고기(Cultured Meat)를 생산하여 지속 가능성에 기여하려는 기술혁신도 추진되고 있다. 온실가스의 배출 감소, 같은 양의 생산에 드는 에너지 소모의 감소 등 기술혁신은 에너지와 식량 등의 문제를 해결하며 인류의 지속 가능성을 향상하는 데 기여할 것으로 기대되고 있다.

2. 4차 산업혁명 시대와 기업의 혁신

인공지능, 로봇기술, 사물인터넷, 빅데이터, 생명과학이 주도하는 4차 산업혁명의 시대는 우리가 이제껏 상상하지 못한 세상으로 기존의 전통 산업에 새로운 위기이자 기회를 제공하고 있다.

디지털 기술의 발전은 지능화, 융합화를 가속화시키고 비즈니스 모델, 기술, 인프라, 프로세스, 플랫폼 등 모든 측면에서 기존 방식을 초월한 새로운 변화를 요구하고 있는 것이다. 전통 산업은 기술의 발전으로 더 빠르게, 더 편리하게, 더 효율적으로 변하고 있으며 전에 없던 새로운 기업으로 변신과 더불어 새로운 산업을 만들어 가고 있다.

최근 인공지능, 클라우드, 빅데이터, IoT 등의 디지털 혁신이 가속화되면서 기존 산업의 경계가 무너지고 비즈니스 모델이 급격하게 변화하고 있다. 즉 디지털 기술을 활용하는 능력이 경쟁 우위를 확보하는 핵심으로 나타나고 있다. 세계적으로 유명한 전통적인 제조업체 GE는 디지털 기술을 통해 소프트웨어 업체로 변신하면서 더 이상 GE는 하드웨어 생산업체가 아닌 소프트웨어 기업이 될 것이라 천명하였는데 그 결과는 GE의 매출액으로 확인되고 있다. 하드웨어 제품판매가 아닌 제품의 데이터를 분석하고 관리하는 서비스에서 매출의 75%를 올리고 있다.

우버(Uber) 또한 기존 산업의 경계를 흔들어 놓고 있다. 우버는 차량공유서비스를 제공하는 IT업체로 앱 하나로 택시와 소비자를 연결시켜 주고 수수료를 얻는 비즈니스 모델을 운영하고 있으며, 저렴한 가격을 앞세운 카풀 형태(일반차량과 고객을 연결하여 공급수요원칙에 따라 가격이 책정)의 서비스도 제공하고 있다.

우버의 등장으로 기존 택시업계에서는 카풀 형태의 서비스 때문에 불만의 목소리가 높아졌다. 그러나 소비자 입장에서는 기존의 택시 서비스보다 우버의 저렴하고 품질 좋은 서비스를 선택하는 것이 당연하다. 최근 우버는 자율주행차를 선보이며 자동차사업 및 운송사업으로 사업을 확장하려는 움직임을 보이고 있다.

P2P금융 플랫폼업체 '에잇퍼센트'는 기존 금융기관에서 대출을 받기 어려운 소상공인에게 사업의 활로를 찾아주고 있다. 에잇퍼센트는 소카, 야놀자, 패스트파이브 등 유망기업의 스페셜 투자유치를 진행하거나 개인 간의 대출을 알선해 주고 수수료를 받는 비즈

니스 모델을 가지고 있다. 저금리 시대에 마땅히 투자처가 없는 소비자와 소상공인을 온라인으로 손쉽게 이어주며 비즈니스를 키워가고 있다.

MIT Technology Review가 선정한 혁신기업 이커머스 업체 '쿠팡'은 직접 배송 서비스만으로 혁신기업이 된 것이 아니다. 철저한 고객 데이터 분석을 통해 물류센터의 제품을 고르고 포장하는 시간과 동선을 효율적으로 단축했고, 배송트럭의 예상분량까지 정확하게 계산, 분류하여 소비자에게 제품을 전달하는 과정을 혁신시켰다.

온라인 쇼핑몰 아마존(Amazon)은 오프라인 식료품 매장 '아마존고(Amazongo)'를 열었다. 계산대도, 계산대를 기다리는 줄도 없다. 단지 제품을 진열하는 점원만 있을 뿐이다. 매장 입구에 들어설 때 모바일 앱 체크인만으로 자동으로 상품을 장바구니에 담고 결제까지 할 수 있도록 하였다. 상품이 진열된 선반에 센서가 탑재되어 있기 때문에 상품을 들고 그냥 매장 밖으로 나가는 것만으로 결제가 이루어진다. 이러한 비즈니스 모델은 비용을 감소시키고 수익성을 증대시킬 것이다. 그 외에도 숙박공유업체인 '에어비앤비(Airbnb)는 유명 호텔체인인 메리어트(Marriott)의 기업가치를 넘어섰다.

이렇듯 전통 비즈니스 모델에 IT기술을 접목하여 전통산업을 뛰어넘는 혁신기업의 등장으로 경쟁은 가속화되고 있다. 금융혁신으로 불리는 '비트코인'은 디지털 통화이다. 비트코인은 발행처가 통화를 발행하고 관리하는 대신 한정된 공급량으로 개인 간 거래의 수요공급 법칙에 따라 그 가치가 보존된다. 비트코인에서 주목할 만한 것은 발행처가 없고 소유주 개개인의 암호화된 서명이 있기 때문에 이해관계에 따라 임의로 환율을 조작할 수 있는 기존 화폐보다 자율성과 투명성이 높다는 것이다. 이러한 비트코인의 등장으로 비트코인 거래소, 비트코인 채굴사업 등 새로운 비즈니스 모델들이 등장했다. 비트코인을 유효한 화폐로 만들어 주는 기술 '블록체인' 또한 눈여겨볼 만하다. 블록체인은 비트코인에 참여한 모든 사용자의 거래내역이 담긴 거래원장이라고 할 수 있는데, 네트워크상에서 이루어지는 모든 거래를 엮어 체인의 형태로 만들어 주는 기술이다. 이러한 검증된 암호화 기술을 기존 금융시장에서는 실제 금융사업에 도입하고 있으며, 금융시장뿐만 아니라 전 사업 영역에 블록체인 기술이 적용되고 있다. 한 예로 KB국민카드는 블록체인을 활용해 공인인증서가 없는 간편인증 서비스를 선보이기도 했다.

가상현실(VR) 또는 증강현실(AR)의 제품들도 4차 산업혁명을 이끄는 혁신제품으로 손꼽히고 있다. 글로벌 기업들이 연이어 가상현실(VR)회사를 인수하거나 가상현실(VR)산업을 준비하고 있다. 증강현실(AR)게임 '포켓몬고'가 전 세계 대중으로부터 큰 인기를 끌면서 가상현실(VR)과 증강현실(AR)기술은 게임산업을 넘어 영화나 뉴스 등의 미디어 산업, 제품체험 등의 커머스산업, 구글글래스와 같은 의료사업 등 전 산업에 걸쳐 적용되고 있다.

4차 산업혁명 시대에는 사물끼리 연결되는 사물인터넷 세상에서의 빅데이터가 새로운 부가가치를 창출하게 될 것이다. 사물인터넷을 통해 수집된 빅데이터를 인공지능이 분석, 처리하는 데이터 기술 시대가 일반화되고 있다.

아마존이나 우버 등의 사례 등을 통해 볼 수 있듯 산업구조 시스템이 하나의 플랫폼에서 확장되고 있음을 알 수 있다. 이렇듯 디지털 시대 플랫폼의 특성상 영향력이 큰 플랫폼을 가지고 있는 기업이 경쟁우위를 지속할 가능성이 높다는 것이다. 또한 고객경험을 높이기 위해서는 데이터를 많이 수집하고 제대로 분석하여 활용할 수 있어야 한다. 데이터의 홍수 속에서 빅데이터 기반의 지능형 분석을 통해 소비자의 성향을 파악하고 행동을 사전에 예측하여 고객맞춤형 마케팅과 서비스를 제공하는 것이 중요한 것이다. 따라서 4차 산업혁명 시대에는 플랫폼과 데이터가 경쟁력이다.

플랫폼 기반의 CRM기업인 Salesforce(이하 세일즈포스)는 클라우드를 기반으로 CRM솔루션을 제공하고 있는 회사이다. Customer Success Platform이라는 모토 아래 마케팅, 영업, 고객서비스 등의 고객 성공을 위한 하나의 플랫폼을 제공하고 있다. 세일즈포스의 경쟁요소는 플랫폼에 쌓인 빅데이터를 AI기능과 결합시켜 고객 성공에 영향을 미치는 다양한 요인들을 파악하고 개선함으로써 플랫폼을 이용하는 고객들의 비즈니스 성공을 돕는다는 데 있다.

또한 플랫폼을 개방하여 구글이나 MS 등 타 사업자들과의 사업을 연계하여 영향력이 큰 플랫폼으로 변모하고 있다. 카카오톡은 스마트폰 사용 인구가 증가됨에 따라 모바일 무료메신저 및 다양한 이모티콘을 기반으로 많은 고객을 확보하였다. 초창기 수익모델은 다양한 작가의 이모티콘과 제휴업체 상품 이모티콘을 판매하는 것으로 이루어졌고, 카카오톡 고객을 기반으로 '선물하기', '스타일' 등의 이커머스 사업 확장으로 고객을 유지, 확장해 갈 수 있었다. 또한 한때 붐을 일으켰던 '애니팡' 게임과 결합하여 더 많은 고객을 확보하고, 게임산업까지 사업영역을 넓히게 되었다. 현재 카카오톡은 영향력 있는 플랫폼을 기반으로 카카오택시, 카카오페이, 카카오헤어 등 다양한 산업으로 확장하며 비즈니스 경쟁우위를 확보해 나가고 있다.

아마존(Amazon)은 단골고객의 취향을 파악하고 구매이력을 분석하여 향후 구입 가능성이 높은 제품을 추천하고 미리 쿠폰을 제공하는 방법으로 전체 매출의 30% 이상을 올렸다. 이마트는 3년간의 블로그와 트위터 게시물을 바탕으로 소비자의 소고기 선호도를 분석한 결과 소고기의 부위가 아닌 스테이크 조립법이 관심 키워드 상위에 있다는 사실을 알게 되었다. 이를 이용해 이마트는 전국 80여 개 매장 정육 코너에 '스테이크 존'을 설치하고 카드사와 제휴를 통해 소고기와 돼지고기 할인을 하는 '스테이크 위크' 행사를 진행하였고 전년 대비 가파른 성장세를 지속적으로 이어가고 있다.

잠시 쉬어가기

구자열 회장 아래 뭉친 LS그룹 … 스마트 공장 구축으로 생산성 확대

LS그룹이 구자열 회장을 중심으로 디지털 기업으로의 변신에 나섰다.

LS일렉트릭 충북 청주 스마트공장에서 무인운반차가 전자접촉기를 실어나르고 있다.

변화의 시작은 지난해 9월 열린 LS그룹의 기술 올림픽이라 불리는 성과공유회 'LS T-Fair'다. 당시 우리나라는 미·중 무역 전쟁과 한·일 경제 갈등으로 수출과 통상 리스크가 부각된 상황이었다. 이 자리에서 구자열 LS그룹 회장은 "R&D와 혁신으로 위기를 극복하자"고 강조했다. 위기를 극복할 수 있는 해결책은 결국 '기술 자립'뿐이고, 4차 산업혁명 흐름에 대응해 미래성장동력을 창출해야 한다는 절박감에서 나온 말이었다.

이후부터 T-Fair에선 변화한 LS그룹 미래 기술이 등장하기 시작했다. LS전선은 생산 제품에 사물인터넷(IoT)을 적용해 실시간 위치, 재고, 도난 여부 등의 정보를 관리하는 시스템을 개발했고, LS일렉트릭(옛 LS산전)은 소비자들이 실시간 태양광과 에너지저장장치(ESS) 사용 현황 및 제품 상태 등을 모니터링하는 클라우드 시스템을 선보였다. LS엠트론은 자율주행 트랙터와 농업용 드론 등 스마트 농업 솔루션 기술을 전시했다.

변화를 주도하는 것은 구자열 회장이다. 구 회장은 2015년부터 'R&D Speed-up'과 '디지털 전환'을 그룹의 연구개발 및 미래 준비 전략으로 삼고, 전통적인 제조업 분야에 AI(인공지능), 빅데이터, 스마트에너지 기술을 접목해 디지털 기업으로의 변신을 꾀하고 있다. 올해 1월부터는 지주사 내에 미래혁신단을 신설, 구자은 LS엠트론 회장도 가세해 그룹의 중점 미래 전략인 '디지털 전환' 과제에 대한 실행 촉진과 계열사 간 시너지 창출, 인재 양성 등을 중점적으로 추진 중이다.

LS일렉트릭은 충북 청주사업장에 '스마트 공장'을 구축했다. 부품 공급부터 조립, 시험, 포장 등 전 라인에 걸쳐 자동화 시스템을 적용했다. 이후 저압기기 라인 38개 품목의 1일 생산량이 기존 7500대 수준에서 2만 대까지 확대되고 에너지 사용량 역시 60% 이상 절감됐다. 불량률도 글로벌 스마트 공장 수준으로 줄이면서 생산효율을 획기적으로 개선했다.

LS니꼬 제련도 온산제련소에 생산 전 과정을 통신으로 연결해 공정이 자동으로 이뤄지는 스마트 팩토리 시스템인

ODS(Onsan Digital Smelter) 추진에 나섰다. 세계 2위 생산량을 자랑하는 온산제련소를 생산 효율성과 안정성 강화는 물론 안전확보와 환경보호까지 아우른 글로벌 제련업계 최초의 제련소로 만드는 게 목표이다.

LS엠트론은 실시간 생산 정보 모니터링 시스템 및 설비 예방 보전시스템 활용 등의 디지털 전환 기술을 적용하고 있다. 이를 통해 스마트 팩토리 기반을 구축, 낭비는 절감시키고 생산 효율성을 극대화해 국내 최초로 트랙터 연 2만 대 생산에 성공했다. 8년 만에 연 1만 대 생산에서 2만 대를 돌파하는 성과였다.

LS그룹 관계자는 "LS는 전통적인 제조업 분야에 자동화 · 빅데이터 · AI 기술 등을 활용해 획기적으로 디지털 역량을 강화하고 있다"며 "앞으로도 스마트 R&D 방식을 통해 디지털에 강한 LS로 탈바꿈 할 것"이라고 말했다.

자료: 조선비즈, 2020.04.22.

제3절 4차 산업혁명 시대 혁신의 과제

4차 산업혁명 시대 사람과 사람과의 연결을 넘어 사람과 사물, 사물과 사물 간의 연결로 확장되는 초연결사회가 시작되고 있다. 초연결을 통해 생산되는 데이터의 양과 질, 네트워크로 연결되는 새로운 비즈니스 모델, 사용자 중심의 맞춤형 서비스 제공으로 인한 삶의 질 향상 등 상상하기 힘들었던 일들이 초연결사회에는 실현 가능해지고 있다. 본 절에서는 초연결의 시작을 알리고 초연결을 통해 미래사회의 변화에 대해 살펴본다.

1. 초연결사회의 시작

최근 '초연결사회'란 말을 주위에서 심심치 않게 들을 수 있다. 인터넷을 통해 사람 간의 연결은 물론 사람과 사물, 심지어 사물 간 연결 등 말 그대로 '연결의 영역 초월'이 이뤄지고 있다. 과거 수차례의 산업혁명이 사회와 산업의 구조를 바꿔 놓았던 만큼 이에 대한 관심이 많아지고 있다.

4차 산업혁명이란 정보통신기술(ICT)이 제조업 등 다양한 산업들과 결합해 새로운 형태의 제품과 비즈니스를 만들어 내는 것을 뜻한다. 기계화에 따른 1차 산업혁명, 전기 에너지에 기반한 2차 산업혁명, 컴퓨터 · 인터넷에 기반한 3차 산업혁명에 이어 현재는 4차

그림 2-1 사회 변화와 초연결사회의 도래

〈사회 변화와 초연결사회의 도래〉

	정보화사회	모바일사회	초연결사회
수단	컴퓨터	스마트폰	초연결 네트워크
패러다임	디지털화, 전산화	온라인화, 소셜화	지능화, 사물정보화
시스템 (유통, 교육, 공공)	오프라인(물리적 공간)	온라인(가상공간)	오프라인과 온라인 융합
통신	유선전화	무선전화(3G, LTE)	무선전화(5G)
커뮤니케이션	우편	E-mail	SNS
교통	내연기관	그린카, 내비게이션	ITS, 자율주행차

출처: 삼정KPMG 경제연구원, 4차 산업혁명과 초연결사회, 2017.

산업혁명이 시작되고 있다. 인류는 이러한 산업혁명에 의한 생산성이 고도화되고, 그때마다 사회와 산업의 구조를 획기적으로 바꿔 놓았다.

4차 산업혁명 시대는 대표적으로 사물인터넷, 5G, 자율주행 등 새로운 혁신 기술들이 주목받고 있으며 이러한 기술들의 핵심은 연결에 있다. 이제는 연결을 통해 우리의 사회구조가 어떻게 변화할지 시장의 관심이 쏠리고 있다.

전 세계 50억 명의 인구가 인터넷에 연결돼 있으며, 디지털기기의 수는 전 세계 인구의 수를 뛰어넘은 지 오래다. 인터넷은 24시간 개방돼 있으며 다양한 디바이스를 통해 여러 정보를 확인하는 것은 더 이상 낯설지 않다. 사람, 사물, 공간 등 세상 만물이 인터넷을 통해 소통하는 초연결사회에 진입했다. 초연결사회란 사람, 사물, 공간 등 모든 것이 인터넷으로 서로 연결돼, 모든 것에 대한 정보가 생성 및 수집되고 공유·활용되는 것을 말한다. 모든 사물과 공간에 새로운 생명이 부여되고 이들의 소통으로 새로운 사회가 열리는 것이다.

초연결사회에서는 인간 대 인간은 물론, 기기와 사물 같은 무생물 객체끼리도 네트워크를 바탕으로 상호 유기적인 소통이 가능해진다. 컴퓨터, 스마트폰으로 소통하던 과거의 정보화 사회, 모바일 사회와 달리 초연결 네트워크로 긴밀히 연결된 초연결사회에서는 오프라인과 온라인의 융합을 통해 새로운 성장과 가치 창출의 기회가 더욱 증가할 전망이다.

표 2-2 국내 · 외 기관들의 초연결사회 정의 및 중요성

구분		정의 및 중요성
해외 기관	이코노미스트(2011)	네트워크에 연결된 기기의 수가 증가함에 따라 기존보다 높은 수준의 성장과 가치있는 거시 경제 트렌드 변화를 전망
	CISCO(2011)	네트워크에 연결된 사물(Things)이 2008년과 2009년 사이 전 세계 인구를 이미 초과하여 초연결 시대로 가고 있음을 제시
	세계경제포럼(2012)	새로운 기회와 도전 과제를 제공할 수 있는 초연결이 개인 · 개인, 소비자 · 기업, 국민 · 정부 등의 관계를 재정립하는 데 깊이 관련되어 있으며, 경제 · 사회적 변화의 근본적인 원인으로 강조
	세계경제포럼(2016)	글로벌 위기 대안으로 4차 산업혁명을 강조하고 4차 산업혁명의 핵심으로 초연결에 주목
	클라우드 슈밥(2016)	예측 불가능한 초연결사회가 자리 잡게 하기 위해서는 전 세계적인 공동 담론을 형성해야 한다는 점을 거듭 강조
국내 기관	서울디지털포럼(2011)	'초연결사회 · 함께하는 미래를 향하여'를 주제로 기술 진보 및 사회와의 관계성을 논의
	정보통신정책연구원(2015)	'초연결사회'라는 변화된 환경을 국민 편익과 산업발전으로 연결시키기 위한 다양한 정책 지원과 전략 마련의 필요성 강조
	미래부, 산자부(2016)	'제4차 산업혁명을 이끄는 초연결사회로의 도래'를 중심으로 다른 구체적인 전략과 대표적인 사례들이 제시

출처: 삼정KPMG 경제연구원, 4차 산업혁명과 초연결사회, 2017.
자료 : 이코노믹리뷰(http://www.econovill.com)

무엇보다 사물인터넷, 인공지능, 센서 등 기술발달로 제조, 유통, 의료, 교육 등 다양한 분야에서 지능적이고 혁신적인 서비스 제공이 가능해진다. 초연결사회가 가져올 변화는 단지 기존의 인터넷과 모바일 발전의 맥락이 아닌 우리가 살아가는 방식 전체, 즉 사회의 관점에서 큰 변화를 가져올 전망이다.

세계경제포럼에서 제시한 초연결사회는 2025년을 기점으로 1조 개의 센서가 인터넷에 연결되고 인체 삽입형 휴대폰이 등장하는 등 새로운 초연결사회가 구현될 예정으로 초연결사회가 구축할 높은 상호 연결성은 사람들이 더욱 긴밀히 협력하고 소통할 수 있게끔 함으로써 시대의 변화를 공유하고 더 나은 미래를 만드는 데 기여할 것이다.

2. 초연결 기술을 통한 미래 서비스

초연결사회의 핵심은 연결을 통해 나오는 데이터와 저장된 데이터 속에서 나오는 데이터를 분석하여 새로운 콘텐츠와 서비스를 창출한다. 즉, 모든 것을 연결하는 사물인터넷과 사물인터넷에서 산출되는 다양한 데이터를 저장 · 처리하는 클리우드 컴퓨팅, 클라우드에 저장된 방대한 데이터를 연결하여 새로운 가치를 창출하는 빅데이터가 새로운 콘텐츠와 서비스를 만들어 낼 것이다.

초연결 기술이 가져오는 새로운 산업과 서비스는 다음과 같다.

(1) 디지털 네트워크 경제 활성화

다양한 사물인터넷 기술은 창의적인 아이디어와 결합하여 더욱 창의적이고, 저비용이며 새로운 서비스를 발굴하는 지속적인 경제성장을 도모한다. 사물인터넷 및 네트워크는 가치연결 역할을 통해 비즈니스 간의 협력을 가능하게 해주는 비즈니스로 성장이 가능하다. 사물인터넷은 자동차, 의료, 전력, 에너지 등 초연결 환경을 기반으로 하는 모든 산업 간 융합으로 새로운 부가가치를 창출할 수 있으며, 구글이 인수한 네트스 사례처럼 사물인터넷을 비롯한 초연결기술 분야는 기기 자체보다 기기가 생산하는 데이터를 분석해 만들어 낼 수 있는 잠재성에 많은 가치를 부여할 수 있다.

다양한 산업분야에서 제공되고 있는 서비스는 수많은 사례가 있는데, 그중 구글이 인수한 네스트의 네스트 학습 온도조절기는 사용자의 일정을 학습하고 스스로 프로그램하며 스마트폰으로 제어가 가능하다. 이 서비스로 난방과 냉방에 들어가는 비용을 20% 절감할 수 있었다. GE는 산업용 인터넷(Industrial Internet)을 통해 주요 산업에서 효율성 중 1%를 끌어올려 수십억 달러의 비용 절감을 이루고 있다.

가트너는 2020년을 기점으로 초연결 주요 부품의 가격이 경쟁력 있는 수준으로 하락함에 따라 사물인터넷이 창조하는 세계시장의 부가가치는 타 산업의 부가가치를 상회할 것이라 전망하고 있다. 이에 저상장 기조 극복을 위해서는 이처럼 창의성 기반의 경제 · 산업 생태계가 부상함에 따른 ICT분야의 스타기업이 많이 육성되어야 한다.

(2) 지능화 · 연결된 네트워크를 기반으로 국가사회 현안 해결

국가사회 현안을 해결하기 위해 네트워킹된 정보 및 기기의 활용으로 유연하고 혁신적인 디지털 정부를 구현하여 살기 좋고 안전한 사회를 실현할 수 있다. 즉, 지능화된 여러 시스템과 제반 기술을 활용하여 불확실성을 통제하고, 위험에 대한 사전예측 및 선제적 대응으로 사회질서를 확립하고 범죄 없는 사회를 구현할 수 있다.

미국 뉴욕시는 범죄지도 외에 지능형 도시통합관리를 위해 마이크로소프트와 협력하여 DAS(Domain Awareness System)라는 대테러 감지시스템을 구축했다. 이 시스템은 맨하튼 지역에 설치된 4,000여 대의 CCTV, 600여 대의 방사능 감지기, 100여 대의 자동차번호판 인식장치를 연계하여 의심스런 사람이나 물품, 차량 관련 정보를 분석해 현장경찰과 소방서 등 관련기관에 즉시 제공하고 있다. 또한, 911 긴급전화와 연계돼 시민이 신고하면 즉시 카메라가 현장을 포착하며, 지나가는 차량 중 수배차량이나 테러의심 차량이 있는 지도 번호판으로 확인이 가능하다.

브라질 리우데자네이루는 지능형도시통합센터를 운영하여 도시문제를 해결하기 위한 노력을 하고 있다. 지능형도시통합센터는 기상데이터 분석을 통해 구역별 폭우 가능성을 40시간 전에 90% 정확도로 예측할 수 있고, 응급상황에 대한 대응시간을 약 30% 개선 및 사망자 수를 10% 감소시켰다.

미국 신시내티는 각 가정의 쓰레기 배출량을 모니터링하여 처리비용을 부과하는 쓰레기종량제 프로그램에 사물인터넷을 적용하여 도시 내 쓰레기 배출량을 17% 감소시키고, 재활용 비율을 49% 증가시켜 도시환경 문제를 해결하고 있다.

이처럼 초연결기술은 범죄문제만 해결하는 것이 아니라, 도시의 교통, 쓰레기 및 환경, 에너지 관리 등 다양한 사회현안을 해결하기 위해 적용할 수 있다.

(3) 사용자 중심의 개별 맞춤형 서비스로 개인 삶의 질 향상

지능화된 사물과 서비스의 등장으로 사용자 중심의 보다 편리하고, 쾌적한 생활을 향유할 수 있는 사회문화 환경을 조성할 수 있다. 이는 맞춤화 서비스를 넘어 개인화의 수준으로 누구나 적용 가능한 보편적 서비스에서 개인의 상황과 요구를 반영한 개별맞춤형 서비스화로 진전이 가능하다. 개별 맞춤형 서비스 중에서 가장 활발히 이루어지고 있는 서비스는 헬스케어 분야이다. 개인의 건강과 관련된 임상정보를 24시간 실시간으로 모니터링하는 외래환자 관리 솔루션 제공업체인 카디오넷(CardioNet)사는 심혈관 모니터링환자 원격측정(MCOT: Mobile Cardiac Outpatient Telemetry) 서비스를 제공하고 있다.

카디오넷의 MCOT는 헬스케어 진료 분야에 셀룰러 기술의 장점을 제공하는 대표적인 예로서, 환자의 입원비용을 감소시키고 의사의 즉각적인 대응이 가능한 모니터링 기능을 제공하는 모바일 헬스 솔루션이다. 이를 활용해 만성 질환자에게 병원에서만 가능했던 의료 서비스를 일상생활을 하면서도 서비스 제공이 가능하다. 현재는 iPhone App을 다운로드 받아 스마트폰으로 환자 및 의사들에게 관련 데이터를 제공하고 있다.

또한 바이탈리사는 약 뚜껑에 센서를 부착한 스마트 약병 서비스인 글로우캡 서비스를 제공한 결과 사용자의 98%의 복약 이행률을 발생시켰으며, 코벤티스(Corventis)사는 환자의 심장 부위에 붙여 심장의 운동 상황을 감지하여, 이를 의사에게 통보하는 이동형 심장박동 모니터링 기기를 개발하였다.

초연결은 사물인터넷, 클라우드, 빅데이터 등 새로운 기술들이 결합하여 만들어 내는 새로운 서비스의 모습과 사회현상이다. 초연결사회에서는 다양한 센서와 단말을 이용해 언제 어디서나 인터넷에 연결된 수많은 데이터를 효율적으로 관리하고 분석하여 유의미한 서비스를 만들어 낸다. 경제 · 산업적으로 다양한 산업분야와 비즈니스 간 협업과 결합을 통해 새로운 비즈니스와 산업을 창출한다. 사회적으로는 치안, 안전, 환경 등 기존 사회문제를 해결하는 새로운 대안을 제시하기도 한다. 특히, 일반생활에 있어서는 개인화된 서비스를 통해 최적의 의료, 복지 서비스 등을 제공해 줌으로써 저비용 고효율 서비스를 완성한다.

이처럼 초연결은 이제 먼 미래가 아니라 곧 우리 사회에 영향을 미칠 새로운 변화의 시작을 알리고 있다. 지금은 초연결사회로의 성공적인 진입과 확산을 위해서는 기술적, 사회적으로 체계적인 준비와 계획이 필요하다. 세계 주요국은 초연결기술의 개발과 서비스 발굴을 통해 초연결사회 실현의 주도권을 잡고자 정책적 노력을 기울이고 있다. 세계 정보통신 일등국가로서 새로운 IT기술이 가져올 사회변화를 적극적으로 연구하고 그 변화를 이끄는 새로운 준비가 필요한 시점이다.

토의해 봅시다

- 정보통신기술 기반의 융합과 통합의 비즈니스 사례를 설명하시오.
- 4차 산업혁명 시대 주목받고 있는 정보통신기술을 설명하시오.
- 플랫폼 기업은 무엇이며 기존 온라인 기업과의 차이점에 대해 설명하시오.
- 초연결사회란 무엇이며 정보통신기술은 초연결사회에서 어떤 역할을 담당하는지 설명하시오.

참고문헌

- 박정은, 윤미영. 초연결사회와 미래서비스. 한국통신학회지, 2014.
- 삼정KPMG, 4차 산업혁명과 초연결사회, 2017.
- 이미정, 4차 산업혁명시대 콘텐츠 글로벌 플랫폼 구축방안, 2020.
- 조선비즈, AI 용광로 뽐내는 포스코 … 기술로 위기 돌파 나섰다, 2020. 04. 21.
- 조선비즈, 구자열 회장 아래 뭉친 LS그룹 … 스마트 공장 구축으로 생산성 확대, 2020. 04. 22.
- 조선비즈, KT "5G로 고객의 삶을 바꾸고 국가산업 발전 이끈다", 2020. 04. 02.
- 톱뉴스, 아마존 플랫폼 기반 테크 비즈니스의 성공 전략모델, www.seoultopnews.kr
- 한국거래소(www.drx.co.kr)

CHAPTER

03

MANAGEMENT INFORMATION SYSTEMS

경영혁신과 정보기술

제1절 경쟁전략과 정보기술

제2절 정보기술과 경영혁신

제3절 정보기술이 가치사슬에 미치는 영향

미국 1위 유통업체, 월마트의 전략과 전망

미래 유통업계를 이끄는 선두주자, 월마트

'Save money, Live Better'를 슬로건으로 걸고 있는 미국의 월마트(Wal-Mart)는 현재 28개국 11,718개의 점포에 230만 종업원이 일하고 있는 세계적인 규모의 기업이다. 월마트는 1962년 창립되어 월마트 슈퍼 센터, 월마트 할인점, 월마트 인근 시장의 형태와 같이 다양하게 발전해 왔다. 월마트 슈퍼 센터는 전자제품, 의류, 장난감 및 가정용 가구와 신선한 농산물, 제과점, 델리 및 유제품을 식료품 가게와 결합하여 원스톱 쇼핑 경험을 제공한다. 월마트 할인점은 약 200명의 직원을 고용하고 전자제품, 의류, 장난감, 가구, 건강 및 미용 서비스를 제공한다. 월마트 인근 시장은 1998년 약국, 저렴한 식료품점 및 상품이 필요한 커뮤니티를 위한 작은 발자국 옵션으로 설계되었다.

월마트가 자체적으로 도입한 시스템은 현재 우리나라에서도 많이 활용되고 있다. 대표적인 예시는 POS 시스템이다. 월마트는 금전 등록기를 컴퓨터 POS 시스템으로 대체하여 신속 정확한 결제를 가능하게 하였다. 또한, Walmart.com이 설립되어 미국 고객이 온라인 쇼핑을 할 수 있도록 하였고 고객이 온라인으로 제품을 구입하고 매장에서 상품을 수령할 수 있게 하는 Site to Store 서비스도 도입하였다.

2018년 기준 월마트의 매출액은 약 5,000억 정도였지만 2019년 3월 기준 월마트의 매출액은 약 567조로 증가하였다. 매출액에 따라 주가도 폭등한 바 있다. 월마트가 매출액 기준 유통업체 1위가 될 수 있었던 주요 성공요인으로는 효율적인 배송시스템을 꼽을 수 있다. 1969년 월마트는 최초로 물류센터를 세웠고 크로스 도킹 배송시스템을 구축하여 저비용 원가 구조를 지향했다.

또한, 제조업체와의 직접거래를 통해 많은 제조업체와 공급업체가 매출의 상당 부분을 월마트에 의존하도록 하였고 직원이 소매업의 성공에 매우 중요한 역할을 한다는 사실을 염두에 두고 직원을 동료라고 부르며 직원 동기부여에도 힘썼다. 월마트 전략의 초석이라고 할 수 있는 EDLP(Everyday Low Price)도 빼놓을 수 없다. 저가격 전략은 경쟁우위를 차지할 수 있도록 해주고 차액효과를 낳기 때문에 많은 자본을 바탕으로 경쟁자들에게 최저가를 강요하기도 하였다. 과거 대부분의 미국인들은 1주일에 한 번 정도 장을 보기 위해 차량을 끌고 외출하였다. 필요한 생필품을 미리 구매 후 가정에 쌓아 놓았으며 온라인 물건의 배송 기간은 최소 2주였다. 반면, 최근에는 필요할 때마다 빠르고 쉽게 생필품을 구입할 수 있게 되었고 온라인으로 구매하는 경우 한두 번의 클릭만으로 몇 시간 만에 배송이 가능해졌다.

이뿐 아니라, E-commerce가 활성화되면서 유통체계가 온라인 중심으로 재편되었고 따라서 오프라인 매장 중 상당수가 폐업하는 지경까지 이르렀다. 미국의 소매 판매는 증가하였지만, 온라인 쇼핑이 소비자들의 지갑을 잠식시켜 특히 의류, 신발 업계에서 매장의 폐업이 가장 빠르게 늘어나고 있다.

월마트의 대표적인 경쟁사는 아마존인데, 아마존은 저비용 구조를 갖추고 있으며 온라인 판매에 주력하고 있어 소매점 운영비용을 절약하였고 거대한 제품 범위로 이커머스 시장에서 1위를 선점한 바 있다. 반면, 아마존은 PB상품의 측면에서 실패하였고 따라서 부채비율이 증가하기도 하였다.

최근 코로나로 인해 소매 및 유통환경이 급격하게 변화하는 추세를 보이고 있는 가운데 월마트가 경쟁우위를 잃은 것은 아닌지 우려가 쏟아져 나오고 있다. 월마트의 매출이 정체된 대표적인 원인은 연말 시즌을 잘못 예측한 데 있다. 연말 시즌에 대한 데이터가 부족하여 수요예측이 빗나갔고 아마존과의 가격경쟁을 위한 가격 인하로 인해 수익성 또한 악화되었다.

매출 부진을 극복하기 위해 월마트는 다양하고 새로운 전략들을 시도하고 있다. 첫째, 아마존에 맞선 차별화 전략인 O2O는 매장 안에서 상품과 배송 처리를 하여 추가적인 물류비용이 들지 않는다. 이커머스를 통해 주문한 상품을 픽업하러 월마트 매장을 방문하면 다른 상품들도 그 매장에서 추가로 구매할 수 있는 가능성이 높기 때문에 이 부분을 이용하여 매장혁신 및 리모델링을 진행하기도 하였다.

또한, 실제 제품을 매대에 진열해 놓지 않고 대시보드에서 제품을 구매하도록 하여 직원이 창고에서 제품을 꺼내 오는 유통방식인 엔드러스 아일(Endless Aisle) 전략을 도입하기도 하였다. 월마트는 이미지의 개선에도 노력하였다. 월마트 포함 월마트 관련 브랜드뿐만 아니라 명품부터 다양한 먹거리, 백화점 등을 입점시켜 기존 월마트의 고객층을 확장하였고 한국에서는 신세계그룹이 스타필드라는 이름으로 원스톱 쇼핑 유통업의 새로운 방향을 제시하였다. 앞서 언급한 바 있는 도시형 슈퍼마켓인 Wal-Mart Neighborhoods는 약 3만 8,000제곱피트 규모의 도시형 마트로 약국이 위치하고 있고 소규모 식품류를 판매하고 있다. 중국에서는 5명 중 1명이 월마트를 애용한다고 할 정도로 그 인기가 커지고 있다.

소비자들이 저관여 제품 구매습관을 보이고 있는 추세에 월마트도 그에 대비하고 있다. 고객들은 제품에 대한 중요도가 낮고, 값이 싸며, 상표 간의 차이가 거의 없고, 잘못 구매해도 위험이 별로 없는 제품을 구매할 때 소비자의 의사결정 과정이나 정보처리 과정이 신속하게 이루어지기 때문에 저관여 제품 구매습관을 보이고 있다. 이러한 상황에서 월마트는 식료품 픽업 서비스를 활발히 진행하고 있고 이는 미국 가정의 69%를 수용하고 있다. 또한, Meal(식사)과 Kit(키트, 세트)의 합성어인 식사키트, 즉 밀키트에 열광하는 소비자들이 많아지면서 식료품 시장의 확장과 발전에도 주목하고 있다.

OECD 국가 중 미국은 비만율이 가장 높기 때문에 미국인들의 의류 사이즈가 점차 커질 것이라고 예측되는 상황에서 월마트는 플러스 사이즈 의류에 대해서도 고민하고 있다. 플러스 사이즈 시장은 작년을 시작으로 연평균 0.8%씩 증가해 오고 있으며 2021년에는 약 100억 달러를 기록할 전망이라고 보았기 때문에 플러스 사이즈 시장을 공략하는 것도 하나의 전략이 될 수 있었다.

일반 의류 매장은 다른 패턴과 추가섬유로 인해 발생하는 비용이 부담스러워 플러스 사이즈 의류 취급을 꺼리기 때문에 기존의 사이즈 공개를 꺼리던 고객층과 온라인 쇼핑을 통한 구매를 선호하는 소비자들에게 플러스 사이즈 시장은 좋은 선택지가 될 수 있을 것이다.

코로나19로 인해 온/오프라인 양극화가 심화되었고 이는 전 세계 유통 업체들에게 발 빠른 변신을 강요하고 있다. 반면, 월마트는 코로나 상황 속에서 호황을 누리고 있다. 자택대기령으로 인한 생필품 수요가 증가하고 미국 정부의 긴급 부양책으로 현금이 유입되면서 오프라인 매출이 증가하였고 아마존 프라임과 유사한 택배 서비스, 옴니채널 전략을 위해 제트닷컴 서비스를 종료하여 온라인 매출도 증가하였다.

포스트 코로나 시대에 월마트는 이커머스 시장에 성공적으로 안착할 것이고 제품 라인업을 확장하고 경제적 타격을 입은 소비자들을 공략하며 외부업체와의 과감한 제휴를 통해 높은 수익성을 보일 것으로 예측되고 있다.

자료: 대한민국청소년의회기자단, 2021.11.11.

제1절 경쟁전략과 정보기술

최근 급격한 정보기술의 발전은 기업의 업무구조나 생산방식을 근본적으로 바꾸어 놓았고 산업 전반에 엄청난 영향을 미쳤다고 할 수 있다. 시장의 글로벌화와 경쟁의 심화로 인해 기업들은 정보기술의 활용을 단순히 조직의 업무 효율성 제고나 단기적 비용절감을 이루고자 하는 것이 아니라 장기적인 기업성과를 제고시키기 위해 전사적 또는 전략적 차원에서 고려해야 한다.

본 절에서는 경쟁과 전략에 대한 개념을 소개하고 이에 따른 경쟁세력 모형에 대하여 살펴보고자 한다.

1. 경쟁전략의 개념 및 유형

(1) 경쟁전략의 개념

경쟁은 제품의 가격, 품질, 유통채널, 그리고 신제품의 개발, 고객과의 친밀성, 효율적 의사결정 등 다양한 차원에서 이루어지고 있다. 기업은 어떠한 경우라도 경쟁기업보다 더 나은 조건에 제품을 제공하기 위해 경쟁을 하고 있으며, 이러한 조건에서 하나 이상의 보다 나은 경영목표를 달성하고 있다면 그 기업은 이미 경쟁우위를 확보하고 있을 가능성이 많다. 이와 같이 경쟁우위를 확보하고 있다는 것은 경영을 더 잘하고 있다는 것을 의미하며 이는 경쟁자보다 높은 매출과 이익을 가져다줄 가능성이 있다. 마이클 포터(1985)는 경쟁이 기업의 생존과 성장을 결정하는 가장 핵심적인 요소라고 주장하였다. 기업들은 격심한 경쟁 속에서 살아남기 위해 경쟁우위를 확보하는 데 최선의 노력을 다하고 있다.

전략이란 조직의 목적과 목표를 달성하기 위한 조직의 경영자원을 최적화하여 운영하는 것을 말한다. 이 개념은 기업의 장기적인 경영계획을 수립하여 조직의 경영자원을 효율적이고 일관성 있게 운영하고 외부환경에서 오는 위협과 기회에 대처하게 함으로써 기업이 추구하는 경영활동의 목표를 달성하고자 하는 것이다.

기업이 경영활동을 통해 조직의 목적과 목표를 달성하는 데 있어 전략의 수립이 무엇보다도 중요한 것은 전략 수립에 따라 경영활동이 이루어지기 때문이다. 최근 급격한 정보기술의 발전은 과거에는 상상할 수 없는 전략적 기회를 제공하고 있으며, 중장기적인 전략 수립에 따라 경쟁우위를 확보하기 위해 새로운 정보기술의 활용에 대한 기업의 관심이 그 어느 때보다 높다고 할 수 있다. 또한 정보기술의 전략적 활용의 성공적인 사례로 인해 정보기술 활용의 가능성 및 전략적 중요성에 대한 기업들의 관심이 높아지고 있다.

(2) 마이클 포터의 본원적 전략

경쟁전략의 핵심은 기업의 중장기적 생존과 성장 및 단기적인 이익 확보 등의 목표를 실현하기 위해 조직의 경영자원을 효율적이고 일관성 있게 운영하고 외부환경에서 오는 위협과 기회에 대처하는 데 있다. 따라서 기업이 보유하고 있는 자원에 따라 전략의 유형을 여러 가지로 구분해 볼 수 있다.

그중에서도 마이클 포터의 견해가 가장 널리 받아들여지고 있는데, 그는 기업이 택할 수 있는 전략으로 비용우위전략, 차별화전략, 그리고 집중화전략을 제시하였다.

① 비용우위전략(Cost Leadership Strategy)

비용우위 또는 원가우위전략은 경쟁업체보다 낮은 가격으로 제품과 서비스를 생산하거나 공급함으로써 원가 측면에서 경쟁우위를 확보하는 전략이다. 이 전략을 실천하는 구체적인 방법은 규모의 경제를 달성하는 생산설비나 새로운 기술로 생산성 향상을 통한 원가절감, 정보기술을 이용한 인건비 절감 등을 들 수 있으며, R&D나 광고 등의 분야에서도 비용최소화를 통해 비용우위전략이 가능하다. 예를 들면, 미국의 월마트는 경쟁업체에 비해 저렴한 가격으로 제품을 공급하는 비용우위전략을 택하고 있다.

② 차별화전략(Differentiation Strategy)

차별화전략이란 자사의 제품과 서비스를 경쟁업체와 다르게 인식시켜 경쟁우위를 확보하고자 하는 전략이다. 차별화전략에는 제품 차별화, 시장 차별화 그리고 서비스 차별화 등이 있다.

차별화전략을 통해 특이한 이미지가 부각되는 경우, 브랜드에 대한 고객의 충성도가 높아지고 가격민감성은 낮아지기 때문에 경쟁업체로 고객이 이탈하는 것을 막아주는 보

그림 3-1 마이클 포터의 본원적 전략 유형

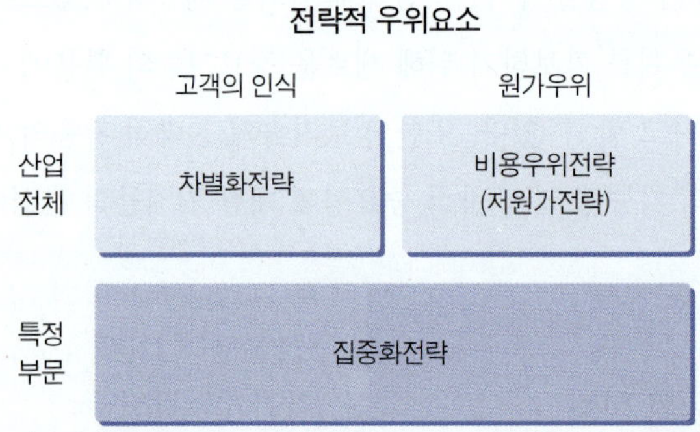

자료: 윤종훈 외, 경영정보시스템, 학현사, 2011, p.51.

호막을 형성하게 된다. 따라서 차별화된 제품이나 서비스는 모방하기 어려울 뿐만 아니라 대체재로 전환하기가 어렵게 만들어져야 한다. 이러한 경우 차별화에 대한 프리미엄을 요구할 수 있기 때문에 더 높은 이윤과 지속적인 수요창출을 할 수 있는 경쟁우위를 유지할 수 있게 된다. 예를 들면, 한국야쿠르트의 야쿠르트 아줌마를 통한 방문판매는 서비스의 차별화라고 할 수 있다. 독일의 메르세데스 벤츠사는 자동차의 성능과 디자인으로 고급 승용차의 이미지를 굳혀 제품 차별화를 이룬 예라고 할 수 있다.

③ 집중화전략(Focusing Strategy)

집중화전략은 특정 구매집단이나 생산라인별 혹은 지역적으로 한정된 시장을 집중적으로 공략하는 전략을 말한다. 이 전략이 앞의 두 가지 전략과 근본적으로 다른 이유는 그 전략적 대상을 산업 전체가 아니라 자신들이 경쟁우위를 가지고 있는 산업 내 특정 부분으로 한정한다는 데 있다.

예를 들면, 무공해식품 시장 또는 건강식품 시장을 개척하고 계속적으로 확대해 나가고 있는 풀무원을 들 수 있다.

2. 마이클 포터의 경쟁세력 모형과 정보기술

마이클 포터(1980)는 특정 산업 내에서의 경쟁은 산업의 경쟁구조와 기업을 둘러싼 경쟁요소들 간의 상호 대응방식에 의해 결정된다고 주장하였는데 이를 기반으로 하는 경쟁의 기본 논리로 경쟁세력 모형과 가치사슬 모형을 제시하였다.

포터가 제시한 경쟁세력 모형은 모든 산업에 있어서 다섯 가지 경쟁세력, 즉 새로운 진입 기업의 위협, 산업 내 기업의 경쟁 정도, 대체품의 압력, 공급자의 교섭력 및 구매자의 교섭력에 의해 산업 내에서의 기업경쟁력이 결정된다고 하였다.

경기변동이나 단기적인 원자재 수급 불일치로 인한 가격 급등 등은 산업의 단기적인 수익성에 영향을 주는 반면 다섯 가지 경쟁세력은 장기적인 경쟁전략 수립에 영향을 미친다. 따라서 이와 같은 요소들과 산업 내에서의 상대적 위치를 분석함으로써 효과적인 경쟁전략을 수립해야 한다.

(1) 새로운 진입 기업의 위협

산업 내에 기존 기업들은 종종 진입장벽을 세움으로써 신규 기업의 시장 진입 위협을 줄이려는 노력을 하게 되는데, 그 이유는 어떤 특정 산업 분야에서 사업전망이 좋고 진입장벽이 낮으면 새로운 진입 기업의 위협이 높아져 기존 기업들의 생존이 그만큼 어려워지기 때문이다.

특정 산업에서 새로운 기업이 시장에 진출할 가능성은 진입장벽 또는 철수장벽의 크기와 시장 진입 시 기존 경쟁사들이 보이는 반응 정도에 따라 달라진다. 새로운 기업이 시장에 진입할 때 막대한 설비자금이 소요되거나 고도의 기술이 필요하거나 경쟁사들의 대응이 치밀하거나 또는 정부의 허가를 받아야 하는 경우는 진입장벽이 더욱 높아지는 반면, 새로운 진입 기업의 위협은 상대적으로 낮아진다.

예를 들면, 우리 주변에서 쉽게 볼 수 있는 소규모 소매점과 같은 산업은 진입장벽이 낮기 때문에 경쟁이 치열한 반면 이동통신산업, 철강산업 및 자동차산업 등은 막대한 자금이 필요할 뿐만 아니라 고도의 기술 및 정부의 허가로 인해 새로운 진입 기업의 위협은 상대적으로 낮은 편이다.

(2) 산업 내 기업의 경쟁 정도

산업 내 기존 기업들 간의 경쟁으로 기업들은 시장에서 저마다 유리한 위치를 확보하기 위해 다양한 전술적 활동들을 수행한다. 이러한 전술적 활동은 가격경쟁이나 광고경쟁, 신제품 개발, 고객에 대한 서비스 개선, 제품의 보증기간 연장 등의 형태로 전개되는데 특히 가격인하경쟁은 모든 기업의 수익성을 악화시키는 결과를 초래하게 된다. 반면 광고경쟁은 시장의 수요를 증대시킬 뿐만 아니라 제품 차별화의 정도를 제고시켜 모든 경쟁기업에 도움이 되기도 한다. 이와 같이 경쟁사의 다양한 전술적 활동들은 그와 경쟁 관계에 있는 기업들에 영향을 미치는 것은 물론 대응활동을 유발하게 한다.

기존 기업들 간의 경쟁 정도는 경쟁업체의 수나 시장점유율의 정도, 산업성장률, 철수 장벽의 정도에 따라 영향을 받게 되는데 정보기술의 활용을 통해 경쟁사의 동향 분석, 고객의 기호 변화에 대처, 제품 차별화 및 원가우위를 달성함으로써 경쟁사의 위협을 대처하는 것뿐만 아니라 극복할 수 있다.

(3) 대체품의 압력

특정 산업에서 활동하는 기업들은 넓은 의미에서 대체품을 생산하는 산업 혹은 기업들과 경쟁을 하게 되는데, 거의 모든 산업에서 제품의 가격이 높아지거나 질이 현저하게 떨어질 때 혹은 공급량이 수요를 따라가지 못하는 경우 고객들은 대체품을 사용하게 된다.

예를 들면, 자동차산업에 있어 철강제품의 가격이 오르는 경우는 제조원가를 낮추기 위해 가격이 저렴한 플라스틱이나 알루미늄 대체재로 전환이 가능해 플라스틱 생산자나 알루미늄 생산자가 경쟁자가 될 수 있다. 또 다른 예로는 정보통신과 인터넷기술의 발전으로 인터넷 전화가 전통적인 가정의 유선 전화를 대체하고 있으며, 아이팟으로 음악 파일을 다운로드받는 인터넷 음악서비스는 CD 음반산업을 대체한다. 대체품의 위협이 높아질수록 경쟁이 심화될 뿐만 아니라 기업의 수익성이 악화될 수 있다.

(4) 공급자의 교섭력

공급자란 생산에 필요한 부품, 원자재 및 기타 생산요소 등을 공급하는 기업을 말하는데, 시장지배력이 높거나 제품의 차별화 등으로 강력한 힘을 가지고 있는 공급자들은 가격인상이나 제품의 품질 저하 등에 대한 위협으로 교섭력을 발휘할 수 있고, 이는 구매기업의 수익성에 영향을 미치게 된다.

공급자들의 교섭력을 증대시키는 요인으로는, 규모가 큰 소수의 공급자가 시장을 지

그림 3-2 마이클 포터의 경쟁세력 모형

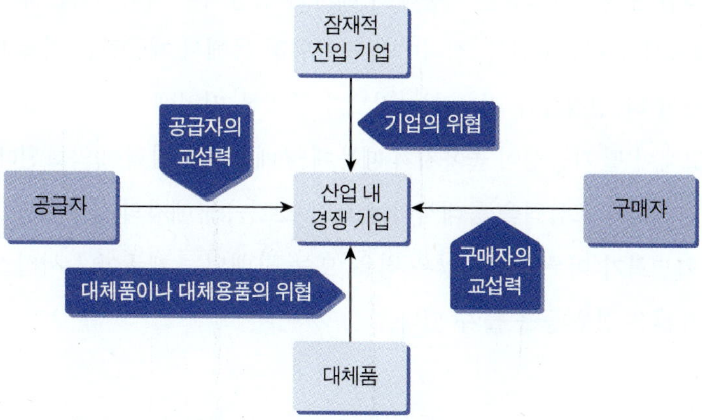

자료: Porter, M. E., *Competitive Strategy: Techniques for Analysing Industries and Competitors*, NY: Free Press, 1980.

배하는 경우, 대체할 수 있는 제품이 없는 경우, 또는 제품의 차별화가 이루어져 있는 경우 등을 들 수 있다.

공급자들의 교섭력이 커지게 되면, 기업들은 원가부담과 제품가격 상승으로 인해 산업 내에서의 경쟁력이 떨어지게 된다. 따라서 무엇보다도 중요한 것은 공급자와 교섭력을 유지하고, 공급선의 다변화 등의 전략을 수립하는 것이다.

(5) 구매자의 교섭력

구매자의 교섭력은 제품이나 서비스를 판매하는 판매자가 많아 선택의 기회가 많은 경우에는 강해지지만 반대로 선택할 수 있는 기업이 적은 경우에는 약해진다고 할 수 있다. 구매자의 교섭력을 약화시키기 위해서는 기업의 제품이나 서비스가 경쟁업체보다 경쟁우위를 확보할 수 있어야 한다. 다시 말하면 경쟁사의 제품이나 서비스를 구입하는 것보다 자사의 제품이나 서비스를 구매하는 것이 구매자에게 더 매력적이거나 유익하다는 것을 인식할 수 있어야 한다. 그 예로는 정보기술을 활용해 많은 조직에서 도입하고 있는 우수고객관리 프로그램(Loyalty Programs)을 들 수 있다.

우수고객관리 프로그램은 고객이 특정 기업과 거래하는 구매량에 따라 고객에게 보상을 해주는 프로그램으로 수천 수백 개의 활동내용과 계정을 기록, 추적하는 일 그리고 수

백만 명의 고객을 관리하는 일은 정보시스템의 지원 없이는 불가능하다. 우수고객관리 프로그램은 정보시스템을 이용해 구매자의 협상력을 약화시키는 좋은 예라고 할 수 있다. 항공사나 이동통신사, 심지어 대형할인점 등에서 제공하는 각종 마일리지 서비스는 고객들이 타 경쟁사와 거래하는 것보다 동일한 기업에 계속적으로 거래하게 함으로써 우수고객이 될 가능성이 높아지기 때문에 구매자의 협상력이 약화된다.

구매자들의 교섭력을 증대시키는 요인으로는, 구매자의 규모가 크고 소수인 경우, 제품의 차별화가 이루어지지 않은 경우, 또는 구매되는 제품이나 서비스가 구매자에게 중요하지 않은 경우 등을 들 수 있다.

잠시 쉬어가기

넷플릭스, 파괴적 혁신으로 시장을 지배하다

미국의 클레이튼 크리스텐슨 교수는 그의 저서 〈혁신기업의 딜레마〉를 통해 파괴적 혁신이라는 개념을 소개하는데요. 파괴적 혁신은 기존 제품이나 서비스를 조금 개선해 기존 고객을 만족시키는 것이 아니라, 전혀 다른 기술이나 비즈니스 모델로 시장을 장악하게 되는 개념을 뜻합니다.

넷플릭스는 1997년 DVD대여점으로 시작해 2019년 매출 20조 원을 달성하는 글로벌 기업으로 성장했는데요. 현재 넷플릭스는 전 세계 스트리밍 서비스 시장을 장악함은 물론이고 기존 영화관까지 경계를 뛰어넘는 경쟁 구도를 만들어 내고 있습니다.

넷플릭스의 성공 비결에는 지속적인 파괴적 혁신이 있었다고 하는데요. 파괴적 혁신은 새로운 시장을 창출하기 때문에 기존 시장의 판을 뒤흔드는 모습으로 나타납니다. 그래서 파괴적 혁신이 뭐냐고요? 네, 얼마전 출판된 넷플릭스 인사이트에서 소개된 내용에서 그 실마리를 찾아보도록 하겠습니다.

DVD 배송 시스템

넷플릭스는 비디오 콘텐츠를 담는 매체로 기존 비디오 테이프 대신에 DVD를 선택했습니다. 또한 당시에는 흔치 않았던 온라인 주문 시스템을 구축하고 배송서비스를 제공했는데요. 이로써 이용자는 매장에 방문할 필요 없이 원하는 영화를 편리하게 볼 수 있게 됩니다.

처음에는 고객들은 온라인 대여방식을 매우 낯설어 했는데요. 온라인 쇼핑이 막 시작되던 때 온라인으로 제품을 구입하려면 품질과 결제에 대한 막연한 두려움이 있었던 것을 기억하실 겁니다. 사람이 새로움을 경험하고 익숙해지려면 시간이 걸리기 마련이죠?

시간이 지나면서 고객들은 점차 DVD와 온라인 주문방식에 익숙해졌고 높은 품질과 편리성으로 이용객이 빠르게 확대됩니다. 당시 시장을 지배했던 블록버스터, 월마트를 비롯한 경쟁사들은 6년이 지난 후 넷플릭스의 비즈니스 모델을 모방해 경쟁하려고 했는데요. 하지만 시장 선점효과를 누리며 급성장하고 있는 넷플릭스의 기세를 꺾지는 못했습니다.

DVD에서 스트리밍으로

넷플릭스는 1998년 인터넷을 DVD 사업에서 주문과 결제에만 사용했다면, 2007년부터는 스트리밍 서비스로 활용이 진화합니다. 넷플릭스의 스트리밍 서비스는 온라인에서 실시간으로 콘텐츠를 재생할 수 있기 때문에 DVD조차 대여할 필요가 없어 이용자들에게 높은 편의성을 제공하는데요.

아직 준비가 안 된 경쟁사들은 이용자가 줄어드는 것을 손놓고 바라볼 수밖에 없었습니다. 넷플릭스의 스트리밍 서비스는 여전히 기존의 비디오 테이프와 DVD를 고집한 기존 시장의 강자 블록버스터가 내리막길을 가게 하는 데 큰 역할을 하기도 합니다.

선택과 집중

넷플릭스가 처음 사업을 시작했을 때 DVD 판매와 대여 사업을 병행하고 있었는데요. 1999년 6월, 당시 넷플릭스의 월 매출액은 약 1억 원을 넘어서고 있었습니다. 이러한 추세가 지속된다면 경영진의 매출 목표였던 연매출 10억 원 달성은 어렵지 않아 보였습니다.

하지만 그들은 매출 내역을 보면서 고민에 빠집니다. 매출의 99%가 DVD 대여가 아닌 판매에서 나왔고 대여에서 나온 매출은 전체 매출 1억 원 중에 100만 원 정도뿐이었기 때문입니다.

애초에 넷플릭스의 핵심 비즈니스 모델은 판매보다는 DVD 대여에 있었기에 DVD 판매사업을 중단하게 됩니다. DVD 대여사업에 더 집중하기 위한 경영진의 과감한 결단이었는데요. 아무리 그래도 그렇지 어떻게 매출의 99%나 차지하는 사업을 접을 수 있었을까요?

넷플릭스의 공동 창업자 마크 랜돌프는 자신의 책에서 당시의 결정에 대해 이렇게 이야기합니다. "우리는 집중해야 합니다. 그것이 기업가가 지닌 비밀 무기입니다. DVD 판매가 폭발적이고 대여수익이 하락하더라도 우리는 미래 서비스를 위해 과거에 잘나가던 부분도 기꺼이 포기해야 합니다."

기업을 운영하는 데 있어서 하나의 아이디어에 집중하는 것이 필수적이라는 경영진의 굳은 믿음은 2000년 새로운 방식을 도입하게 되는데요. 당시에는 생소했던 구독방식을 선택하게 됩니다.

이용자가 월 2만 원의 정기이용료를 지불하면 매월 3장의 DVD를 연체료 없이 배송 받는 방식이었습니다. 반납했을 때 다음 DVD가 배송되는 시스템이었는데요. 기존 DVD를 반납을 하지 않아도 구독료는 매월 지불하기 때문에 연체료를 받을 필요가 없어진 것입니다.

오리지널 콘텐츠

넷플릭스의 사업은 콘텐츠 확보가 무엇보다 중요합니다. DVD 대여 사업자는 영화 제작사로부터 DVD를 구입할 수도 있고, 유통업체로부터 저렴하게 공급받을 수도 있습니다. 하지만 2007년 넷플릭스가 스트리밍 사업을 시작하면서 사정은 달라지게 됩니다.

영화 제작사나 콘텐츠 소유자와 라이선스 계약을 맺는 일이 쉽지 않았다고 하는데요. 이들로부터 라이선스 허가를 받지 못하면 스트리밍 서비스 자체가 불가능합니다.

제작사들은 자신들의 유리한 위치를 적극 활용하는데요. 매번 새로운 콘텐츠가 출시될 때마다 협상을 하게 됐는데, 제작사 측은 넷플릭스의 이익이 늘어나면 그 이익을 같이 먹기 위해 라이선스 비용을 올려서 제시했다고 합니다. 이로 인해 넷플릭스는 이익구조를 개선하기가 어려웠고 증가하는 라이선스비용을 어떻게든 해결해야 한다는 필요성이 생겨납니다.

넷플릭스는 자체 콘텐츠를 제작해 기존 제작사에 대한 의존도를 낮추자는 생각을 하게 되는데요. 이렇게 되면 제작사와의 라이센스 협상 대응력도 높아져 터무니 없는 요구에 대해 단호하게 대처할 수 있다고 판단한 것입니다.

그렇게 새롭게 시도된 것이 넷플릭스 오리지널 프로그램 제작이었습니다. 2013년 하우스 오브 카드를 시작으로 2019년까지 80여 편의 오리지널 프로그램을 제작했고 영미권뿐만 아니라 한국을 비롯한 전 세계에서 오리지널 프로그램을 제작하고 있습니다.

스트리밍 서비스 분야에 경쟁도 점점 치열해지고 있는데요. 이미 아마존 프라임, 디즈니+, 애플TV, HBO 맥스 등 거대기업들이 시장에 진입해 있고 앞으로도 다수의 경쟁업체들이 생겨날 예정이라고 합니다.

새롭게 스트리밍 서비스에 진입한 디즈니는 넷플릭스에 공급해 왔던 자신들의 콘텐츠를 가져와 디즈니+에만 공급하기로 했다고 하는데요. 이에 맞서 넷플릭스는 기존 방대한 콘텐츠 라이브러리로만은 앞으로 경쟁할 수 없다고 판단하고 오리지널 콘텐츠 제작과 홍보에 더 많은 투자를 진행할 예정이라고 합니다.

파괴적 혁신을 통해 기존의 판을 뒤집고 지속적으로 새로운 시장에 도전장을 내미는 넷플릭스는 우리 예비창업자들에게도 많은 인사이트를 주고 있는데요.

사업의 핵심은 비즈니스 모델이나 수익창출이 아닌 이용자 편의성에 있음을 다시금 깨우치게 합니다. 그리고 그 핵심에 집중해 혁신적인 가치를 만들어 내는 것이 창업가 소명이겠죠?

최근 팬데믹으로 인해 우리 사회, 경제적인 기반은 또 한 번 새로운 변화를 맞게 됐는데요. 포스트 코로나라 불리는 가까운 미래에 넷플릭스는 어떤 변화를 만들어 갈지 그 행보가 기대됩니다.

자료: 창업워너비, 2020.08.06.

제2절 정보기술과 경영혁신

국내에서는 1980년대 후반부터 대기업을 중심으로 시작된 경영혁신이 2000년대 들어 본격화되었다. 기업을 둘러싼 역동적인 경영환경은 혁신과 변화를 요구하게 되었는데 이에 따라 선진기업들은 지금까지 끊임없는 경영혁신을 통해 불황과 경쟁 격화에 대처해 왔다. 더욱이 21세기의 개방화와 세계화로 기업들은 무한경쟁의 새로운 환경변화에 직면하게 되었으며 새로운 패러다임을 요구하게 되었다. 새로운 환경에 맞는 새로운 경영관리, 즉 경영혁신만이 기업의 생존과 지속적 성장을 보장한다.

경영혁신은 매우 다양하고 복잡한 성격을 가지고 있고, 또한 대상 영역이나 현장 적용에서도 다양하고 광범위하게 추진되고 있기 때문에 직 · 간접적인 정보기술의 활용이 필수적이다. 따라서 정보기술을 도입해 정보시스템을 구축하는 그 자체가 경영혁신활동이라고 할 수 있다. 이러한 경영혁신은 기업의 경영전략과 긴밀한 관계를 가지고 추진되어야 한다는 면에서 '정보기술의 전략적 활용'의 한 가지 유형이라고 볼 수도 있다.

이러한 관점을 바탕으로 본 절에서는 경영혁신의 등장배경, 개념, 필요성, 영향요인, 그리고 경영혁신에 있어서의 정보기술의 역할과 비즈니스 프로세스 혁신에 대하여 살펴보고자 한다.

1. 경영혁신의 등장배경

1990년 초반부터 국내 · 외에서 활발히 적용되기 시작한 경영혁신은 모든 영리 및 비영리기업에 있어 보편화된 용어로 사용되고 있다. 과거에도 경영환경의 변화에 따른 기업의 변신은 지속되어 왔으나 오늘날 기업의 경영환경 변화는 과거와는 다른 급격한 변화를 초래하고 있다.

(1) 경영환경의 변화

기업을 둘러싼 경영환경은 끊임없이 변하고 있다. 산업 및 시장의 변화, 과학적 · 기술적 지식의 변화, 법제도적 · 정치적 변화 등의 외부환경의 변화는 물론 경영다각화, 흡수 및 합병, 조직구조 및 사업구조 개편과 같은 조직 내부의 변화도 끊임없이 일어나고 있다. 기업은 이러한 변화에 끊임없이 적응해야 한다.

오늘날 세계의 우량기업들은 급변하는 경영환경에 유연하게 적응하면서 자기 기업 특유의 국제경쟁력을 강화하기 위해 끊임없는 변화와 혁신을 추구하고 있다. 현재와 같이 변화의 질 · 폭 · 속도가 전과는 판이하게 다를 때 기업의 변신 노력도 단순한 경영개선에 그치지 않고 경영혁신, 경영혁명으로 이어져야 한다. 오늘날 경영혁신의 필요성 자체를 부인하는 기업은 없을 것이다. 마이클 해머(1993)는 현재의 기업 경영환경을 3C, 즉 고객(Customer), 경쟁(Competition), 변화(Change)의 세 가지로 설명하고 있다.

시장조건이 공급자 중심에서 수요를 창출하는 소비자 위주의 시장으로 전환되었고, 기업경영의 국제화와 함께 보호장벽이 무너지면서 1등만이 생존할 수 있다는 위기감과 함께 경쟁이 심화되고 있다. 이러한 변화 속에서 고객의 요구에 신속히 대응하고 고객의 만족도를 극대화할 수 있는 새로운 접근법으로 경영혁신이 등장하게 되었다.

표 3-1 경영환경의 변화

구분	내용
고객	고객들의 요구가 점점 까다로워질 뿐만 아니라 정보기술의 발달로 인해 고객은 더 많은 정보를 갖게 됨으로써 선택의 폭이 넓어져 예전처럼 대량 생산으로는 고객의 취향을 맞추기 힘들기 때문에 기업 스스로 고객만족을 위해 혁신을 해야 한다.
경쟁	예전에는 자기 나라 안에서 지역적으로 경쟁하던 것이 개방화로 인해 경쟁무대가 세계화되고 이익 폭도 줄어드는 등 치열한 경쟁에 직면하게 되므로 기업은 경영혁신을 해야 한다.
변화	예전에는 계획 · 지시 · 통제를 통해서 우리가 전년 대비 얼마나 성장했는가를 중요시했는데, 이제는 기업경영의 유연화가 중요해지고, 서비스경쟁 등으로 인한 변화에 적응하지 않을 수 없으므로 기업은 경영혁신을 해야 한다.

(2) 기존 업무공정의 개선

기존의 작업설계, 업무흐름, 통제기능 및 조직구조는 현재와 전혀 다른 경쟁환경하에서 출현한 것으로서, 대부분의 개념들이 조직의 효율성과 통제를 목적으로 도입된 것이다. 그러나 앞으로는 효율성과 통제 대신에 혁신, 신속성, 서비스, 품질 등이 새로운 기업의 목표로 등장하게 될 것이다. 이에 기민하게 대응할 수 있도록 업무공정을 개선하고, 제품과 고객을 가장 가까이 접할 수 있는 사람들에게 책임과 권한 그리고 정보를 이양해야 할 필요성이 대두되었다.

(3) 정보기술의 새로운 활용

최근 세계시장이 다변화되고 글로벌 경쟁이 격화되는 기업환경의 변화는 기업의 생존과 성장을 위해 혁신을 필요로 한다. 또한 소비자 기호의 다양화 및 요구되는 서비스 증대로 인해 기업은 더더욱 어려운 상황에 직면하고 있다. 이러한 상황에서 기업의 경영자는 시장환경의 변화, 기술의 변화 그리고 소비자 기호의 변화와 같은 문제에 대해 능동적이고 신속하게 대응하기 위해 많은 노력을 하고 있다. 그러나 이러한 환경하에서 경영자는 정보기술을 기업의 혁신의 툴로서 단순히 업무처리의 자동화로 인한 비용절감 차원이 아니라 고객서비스 증대, 새로운 상품 및 서비스 개발, 고객과의 관계 개선 등 경쟁우위를 확보하기 위한 경영혁신에 많은 시간과 노력을 쏟고 있다.

특히 정보통신기술의 발전과 인터넷의 급속한 확산, 정보시스템의 분산화 등으로 인해 기업의 구성원들은 시간과 공간의 제약 없이 네트워크로 연결해 정보 공유와 업무처리가 가능하게 되었다. 따라서 기업의 경영자들은 정보기술을 기업의 성패를 좌우하는 전략적 무기로 인식하고 있다. 최근 선진국은 물론 우리나라에서도 정보기술을 전략적으로 활용해 성공한 사례들이 소개됨에 따라 기업의 경영자들은 정보기술의 전략적 활용의 중요성이 무엇보다도 강조되고 있는 것이 현실이다.

2. 경영혁신의 개념

경영혁신의 개념은 경영과 혁신을 보는 관점에 따라 매우 다양하게 정의될 수 있다. 경영혁신은 '경영'과 '혁신'이라는 두 단어의 합성어로 기술혁신과 대비되는 개념이다. 우선 각각의 낱말이 지니는 본래 의미를 살펴보면, 경영이란 사전적 활동, 현장활동, 사후적 활동으로 구성되어 있으며 사후적 활동은 다음 경영의 사전적 활동에 대한 기초가 된다. 이러한 의미에서 경영이란 여러 가지 경영요소가 수평적으로 분화된 활동이 아니라 역동적으로 결합된 과정이다.

혁신이란 '새로운 것'을 의미하는데 슘페터(1939)는 신결합이라는 말을 사용했다. 슘페터는 기존 방식에서 출발하여 점진적인 변화를 통해 지속적인 개선을 이루는 데에는 큰 가치를 두지 않는다. 전통적인 대량생산체제의 목표는 생산성 향상이었다. 표준화를 통한 생산성 증대로 인하여 기업들은 시장점유율을 높일 수 있으며 가격경쟁으로 이윤을 향유할 수 있다. 이러한 세계는 혁신을 창출하는 경영풍토로는 적합하지 않다. 혁신적 경영풍토의 조성을 위해서는 다음과 같은 조건이 필요하다. 첫째, 새로운 아이디어를 도출할 수 있는 창의성, 둘째, 참가자가 다양한 행동을 할 수 있는 자율성, 셋째, 정형화된 관성을 타파할 수 있는 유연성이다.

김승일(1995)은 "새로운 제품이나 서비스, 새로운 생산공정기술, 새로운 구조나 관리시스템, 조직 구성원을 변화시키는 새로운 계획이나 프로그램을 의도적으로 실행함으로써 기업의 중요한 부분을 본질적으로 변화시키는 것"으로 정의하고 있는데 이는 경영혁신을 광의의 개념으로 표현한 것으로 볼 수 있다.

국내에서는 이처럼 경영혁신의 개념을 비교적 폭넓게 정의하는 경향이 있는데, 이범일(1996)은 "환경이 창출하는 기회와 위협을 적절히 활용함으로써 지속적인 고도성장을 하는 초일류기업이 되기 위해 요구되는 사상 및 방법 · 시스템을 채택하여 전사적 차원에서 구체적으로 실천하는 것"이라고 정의하고 있다. 이 정의에서 의미하고 있는 경영혁신의 핵심은 기업경영의 3대 요소라고도 할 수 있는 상품(Product), 경영방식(Process) 및 사람(Person)의 근본적이고 혁신적인 변화를 지향하는 데 있다고 하였다.

이상의 논의를 종합해 보면 경영혁신이란 조직의 목적을 달성하기 위하여 새로운 생각이나 방법으로 기존 업무를 다시 계획하고 실천하고 평가하는 것이라고 할 수 있다.

3. 경영혁신의 필요성

1990년대 국내 1,000개 기업을 대상으로 실태를 조사한 결과 경영혁신을 추진하고 있는 기업이 매년 증가하고 있다는 사실을 보여주고 있다. 이처럼 기업들이 경영혁신에 대하여 깊은 관심을 갖고 적극적으로 추진하게 된 이유는 무엇인가? 이는 국내 · 외 선진기업들이 급격한 경영환경의 변화에 따른 경쟁의 심화를 극복하는 데 있어 그때그때 등장했던 경영혁신기법들을 적극적으로 활용하고, 고유한 방식으로 이를 실천하여 탁월한 경영성과를 창출했기 때문이다.

기업들이 경영혁신을 도입하게 된 중요한 이유를 기업의 내적 요인과 외적 요인으로 구분할 수 있는데 기업의 외적 요인은 다음과 같다.

첫째, 기업을 둘러싸고 있는 경영환경의 변화가 급격하게 일어나고 있으며, 21세기 개방화와 세계화로 기업의 경쟁이 날로 격화되고 있다.

둘째, 소비자의 기호가 더욱 다양화되고 있을 뿐만 아니라 기호의 변화 속도 또한 점점 빨라지고 있다.

셋째, 경쟁원천이 가격이나 생산량에서 대고객 서비스, 품질, 시간경쟁으로 변화하고 있다.

넷째, 정보기술의 급속한 발전과 활용으로 경영혁신이 가능하게 되었다.

다섯째, 삶의 가치관 변화로 단순노동 기피, 여가 선호 등 조직 구성원들의 의식이 크게 변화하고 있다.

한편, 경영혁신의 추진을 유발하는 기업의 내적 요인은 다음과 같다.

첫째, 생산성의 저하 등으로 기업의 경쟁력이 약화되고 있다.

둘째, 경영성과의 목표가 양적 성장에서 질적 성장으로 변화하고 있다.

셋째, 최고경영자들은 탁월한 경영성과를 창출하기 위해 경영혁신을 추진하는 경향이 증가하고 있다.

넷째, 재무성과가 우수한 선진기업이 여유자원을 효과적으로 활용하고 미래를 대비하기 위한 목적으로 경영혁신을 최고수단으로 인식하게 되었다.

4. 경영혁신에 영향을 미치는 요인들

(1) 시장요인

현대 기업의 존립 기반은 시장에 있다. 기업이 기술이나 생산 또는 다른 면에서 아무리 뛰어난 강점을 가지고 있다 하더라도 그러한 강점을 시장에서 경쟁우위로 전환시키지 못한다면 의미가 없다. 그 이유는 오늘날 본격적인 시장 개방과 세계화에 따른 단일시장화, 소비자 욕구의 다양화, 시장의 성숙화 및 공급과잉, 제품 품질의 동질화로 말미암아 시장의 변화 속도가 빨라지고 있으며 시장에서의 경쟁도 나날이 치열해지고 있기 때문이다.

(2) 기술요인

새로운 기술이 개발된다고 하더라도 그것이 시장의 욕구에 맞는 것인지는 알 수 없으며, 회사 보유의 기존 기술 또는 개발 중인 기술이 언제 진부화될지 알 수 없다는 면에서 불확실하다. 이에 대응하기 위해서 기업은 기간기술, 핵심기술을 개발하고 이를 심화시키는 방법, 또는 여러모로 병행 개발하는 방법, 예컨대 긍정기술(자사의 기존 제품, 기존 기술의 연장선상에 있는 기술)과 부정기술(기존 제품이나 기술에 대체되든지, 이의 존재가치를 0으로 만드는 기술)을 조합하는 방법 등을 활용할 수 있다.

그러나 자체 기술개발에는 위험이 뒤따르게 마련이다. 그러므로 가능하다면 선진기업으로부터 기술을 도입하는 일도 기술개발비용을 절감할 수 있고, 기업 측면에서도 확실한 수요를 기대할 수 있다는 이점(Merit)이 있어 정확히 고려해 봐야 할 방법의 하나가 아닌가 생각된다.

(3) 조직요인

기업의 내부구조와 그 특성은 기업 경영혁신의 형성 · 전개에 영향을 미친다. 조직특성의 일환으로서 조직문화가 혁신에 커다란 영향을 미칠 수 있다. 일반적으로 관료화되거나 침체된 조직문화를 가진 기업보다 도전과 실험정신이 풍부한 혁신지향적 문화나 활성화된 조직문화를 가진 기업이 혁신에 성공적이며 성과도 매우 좋은 편이다.

혁신이 가능한 조직이란 정태적이며 기가 죽어 있는 조직이 아니다. 기세가 살아 있는 구동력(Driving Power)이 있는 조직을 말한다. 이러한 조직은 젊고, 활성화되어 있어 생명력이 넘치는 조직이다. 이러한 조직이 아니고서는 자기부정, 자기초월을 통한 혁신, 즉 슘페터가 말하는 '창조적 파괴'가 일어나지 않는다.

(4) 최고경영자의 특성과 리더십요인

초우량기업의 리뉴얼경영(Renewal Management)에서 예외 없이 공통적인 것은 이들 기업에는 변혁을 리드하는 최고경영자가 존재한다는 것이다. 기업 변신의 출발은 고객의 변화라는 외부 시장의 변화에서 비롯되지만 이것이 기업 내부에 실제로 영향을 미치기 위해서는 최고경영자의 역할이 중요하며, 조직의 변화는 최고경영자에 의하지 않고는 불가능하다.

최고경영자의 역할도 과거의 통제 위주의 관리자적인 역할에서부터 이제는 비전을 제시하고 변화를 주도하는 변혁추구형 리더(Transformational Leader)로 그 역할을 바꾸어야 할 때가 온 것이다.

(5) 경영전략

기업은 제품혁신 및 공정혁신 등 기술혁신의 능동적 형성자이다. 기업의 경영전략 전개와 혁신과의 관련성은 실로 다양하다. 따라서 기업(전사)전략, 사업부전략 내지 경쟁전략 및 기능별 전략이 혁신에 어떠한 영향을 미칠 수 있는가를 검토하는 일은 매우 중요하다.

경쟁전략의 구체적인 모습은 다양하게 나타나지만 기본적으로 포터가 말하는 바와 같이 원가절감을 추구하여 전반적인 원가우위(Cost−Leadership)를 지향하든지, 또는 제품차별화(Product Differentiation)를 지향하든지, 두 가지 중 어느 한 쪽을 선택해야 하기 때문이다.

(6) 기업의 자원 및 능력

기업이 효과적인 경영혁신전략을 수립하기 위해서는 기업환경의 변화로부터 오는 위협과 기회를 기업의 자원 및 능력과 조화롭게 결합하여야 한다. 기업의 자원 및 능력은 가치활동(Value Activities)과 더불어 기업의 경쟁우위의 내부원천이다.

기업의 능력은 기업의 자원을 통합하여 생산적으로 사용할 수 있는 기술을 말한다. 이러한 능력에는 연구개발능력, 생산능력, 마케팅능력, 직무능력 등을 들 수 있으나 기업능력의 관점에서 중요한 것은 차별(고유)역량(Distinctive Competence)과 핵심역량(Core Competence)이다. 차별역량은 독특한 경쟁적 우위성, 즉 경쟁자에 대해 차별적으로 보유하고 있는 그 기업 특유의 자원과 능력을 의미하며, 이것이 경쟁우위에 핵심적 역할을 담당할 때 핵심역량이라 한다.

(7) 기업간부의 특성

조직의 혁신은 기본적으로 최고경영층이 보여주는 혁신에 대한 의지와 의욕뿐만 아니라 중간관리자인 간부 및 구성원의 혁신에 대한 각오와 열정에 의해 결정된다. 중간관리자들은 혁신의지를 전파하는 역할을 하게 된다. 혁신을 주도하고 지속적으로 추진해 나가기 위해서는 혁신을 이끄는 리더의 역할이 가장 중요한 요소가 되며, 이들의 존재가 성공적인 혁신에 필수불가결한 요소라고 할 수 있다.

조직의 혁신활동이 성공적이려면 혁신지향적 간부들의 역할은 물론 조직 구성원들의 참여가 필수적이며 전 구성원 및 혁신추진자들의 혁신에 대한 몰입이 중요하다. 최고경영층의 혁신선도와 적극적인 지원, 일반 구성원의 혁신에 대한 몰입 및 참여가 이루어져야 혁신이 성공할 수 있는 것이다. 혁신리더뿐만 아니라 구성원들을 변화시켜 혁신을 선호하고 지지하는 세력을 형성하는 것이 필요하다.

(8) 정부의 정책

정부의 정책은 기업의 경영혁신, 특히 기술혁신에 매우 큰 영향을 미친다. 왜냐하면 정부는 기업의 기술혁신 노력을 지원하거나 규제하는 역할을 수행하고 있기 때문이다.

정부의 지원과 관련된 제도 및 정책으로는 조세지원, 자금지원, 구매지원, 기술보호, 기술 및 관련 정보 제공 등을 들 수 있고, 정부의 규제로는 시장규제와 기술규제가 있다. 시장규제에는 수출제한규제와 부품 및 원료 구입에 관한 규제가 있고, 기술규제로는 노하우의 공개 금지, 이전된 기술의 재이전 금지, 계약기간 종료 후 해당 노하우의 사용 금지 등이 있다.

일반적으로 정부의 지원은 기술정보 및 자원을 제공하고 보호하여 줌으로써 기술적 불확실성을 감소시키거나 완화시켜 주며, 자금지원 및 조세지원 등을 통하여 기술개발에 따른 재정적 압박감을 감소시켜 주기 때문에 기술혁신을 촉진하는 데 상당한 도움을 준다. 반면 정부의 규제는 기업의 기술학습활동과 자체 기술개발을 위한 노력에 저해요인이 될 수도 있다.

5. 경영혁신과 정보기술의 역할

경영혁신활동은 20세기 초 기본 개념이 출현한 이후 네 단계를 거쳐 발전해 왔다. 지금까지 활용해 왔거나 활용하고 있는 대부분의 경영혁신기법은 기업경영의 3대 요소라고 할 수 있는 제품 혹은 서비스, 비즈니스 프로세스, 인력에 관한 근본적이고 획기적인 변화를 추구해 왔다. 이에 정보기술을 직접적인 도구로서 활용하거나 혹은 최소한 정보기술이 이들 기법의 적용을 용이하게 하는 기반환경을 제공해 주고 있다. 특히 1990년대 초에 비즈니스 프로세스 리엔지니어링(Business Process Reengineering: BPR) 개념이 등장한 이후 경영혁신에 있어서 정보기술은 그 중요성뿐만 아니라 핵심적 기반기술로서 인식되기 시작했다(김은홍 · 김화영, 2006).

이와 같이 정보기술을 경영혁신의 핵심적 기반기술로 활용하는 두 가지 근본적인 이유는 다음과 같다.

첫째, 기업의 생존이나 성과 향상은 조직의 제반 요소들(목표, 구조, 인력, 기술, 과업 등)과 정보기술을 조정 · 연계 및 통합하는 조직의 능력에 의해 결정된다. 정보기술은 이러한 제반 요소들을 상호 연계시켜 통합할 수 있는 기능을 원활히 수행할 수 있기 때문이다.

둘째, 정보기술은 경영혁신을 추구하고자 하는 여러 차원의 목적들, 예를 들어 환경변화에의 대응, 기업성과의 향상, 종업원의 생활 향상 등을 동시에 성취하는 데 기여할 수 있는 거의 유일한 핵심적 기반기술이기 때문이다(Venkatraman, 1994).

이 밖에도 정보기술을 활용한 측면에서의 경영혁신이 전통적 경영혁신과 비교할 때 다른 점은 다음과 같다.

첫째, 기술 · 직무 · 조직의 통제 과정을 변화시키는 속도가 매우 빠르다.

둘째, 동시에 여러 기능 및 조직에 걸친 변화를 유발한다.

셋째, 업무 수행과 관련된 지식과 권한을 변화시킨다.

넷째, 업무 프로세스의 처리 주기를 크게 단축시킬 수 있다.

다섯째, 업무를 수행하는 방식 그 자체를 변화시키는 것이 용이하다(김은홍 · 김화영, 2006).

6. 비즈니스 프로세스 혁신

1990년대 초에 등장한 비즈니스 프로세스 리엔지니어링(BPR) 또는 프로세스 혁신(Process Innovation: PI)은 지금까지 가장 폭넓게 활용되고 있는 경영혁신기법이다. 지금까지 활용해 왔거나 활용하고 있는 대부분의 경영혁신기법들은 업무 또는 부서단위로 생산성 및 효율성을 개선하는 방안으로 이루어졌다. 그러나 새로운 경영혁신기법은 비즈니스 프로세스가 효율적으로 유지되고 관리되도록 감독 및 통제하는 측면에서 경영혁신의 패러다임 전환을 가져왔다고 해도 지나친 말이 아니다.

기업의 성과는 비즈니스 프로세스를 어떻게 잘 설계하고 관리하느냐에 달려 있어 최근에는 프로세스 혁신을 일회성 프로젝트로 생각하지 않고, 전사적 차원에서 전체 업무 프로세스를 지속적 · 효율적으로 관리하고 최적화하기 위한 BPM(Business Process Management)시스템을 도입하는 기업이 점차 늘어나고 있다.

(1) 비즈니스 프로세스의 정의

비즈니스 프로세스는 가치 있는 제품이나 서비스를 생산하기 위하여 조직이 업무와 정보, 지식을 관리하는 독특한 방식과 경영층이 업무를 조정하기 위해 선택하는 방식을 의미한다. 모든 기업은 비즈니스 프로세스의 집합체로 볼 수 있으며 규모가 큰 기업은 수천 개의 비즈니스 프로세스들이 있다. 일부 프로세스는 더 포괄적인 다른 프로세스의 일

그림 3-3 인터넷 쇼핑몰 사이트 예시

부분이 되기도 하며 많은 프로세스들은 특정 기능 영역(Functional Area)과 연관되어 있다. 예를 들어, 신입사원을 채용할 때 기업 자체적으로 사용하는 직원채용방식이 있다. 이러한 신입사원 채용 프로세스는 회사가 직원을 채용할 때 사용하는 활동들의 집합이라는 측면에서 비즈니스 프로세스라고 할 수 있다. 이러한 프로세스는 여러 단계를 거쳐 이루어지는데 구인공고, 이력서 접수 및 검토, 후보자 면접, 후보자 순위 결정, 채용 의사결정, 인력 배치, 급여, 연금, 인력관리시스템에 등록하는 단계를 거치게 된다. 또 다른 예로 전형적인 인터넷 쇼핑몰에서 주문을 처리하는 절차를 생각해 보자.

국내 대표적인 인터넷 쇼핑몰 업체인 G마켓의 주문처리 절차를 통해 비즈니스 프로세스를 관리하기 위해 무엇이 필요한지 살펴보기로 하자. [그림 3-3]은 G마켓의 웹 사이트 화면이다. 만약 여러분이 디지털 카메라를 사고 싶다면 홈페이지에 접속해 다음과 같은 절차를 따르게 될 것이다. 먼저 제품을 선택하고, 장바구니에 담은 후에, 결제 부분에서 지불방법이나 배송방법 등에 대한 처리를 할 것이다. 이제 당신의 디지털 카메라 구입을

그림 3-4 주문 처리를 위한 순서

1. 고객의 의도를 파악
   - 무엇을 구매할 것인가?(제품 종류, 기능, 색상, 디자인)
   - 어떻게 지불할 것인가?
   - 어디로 보낼 것인가?
   - 어떻게 배송할 것인가?
   - 특별한 요구사항은?

2. 재고처리 확인
   - 재고수량 확인
   - 재고로부터 해당 품목 선택
   - 구매발주 처리
   - 필요시 재주문 처리

3. 신용대금 청구

4. 포장 및 배송
   - 주문 품목 포장
   - 배송 스케줄 확인
   - 특별 취급 품목 처리

5. 회계, 마케팅, 사후 서비스를 위한 거래 기록

6. 사후 고객서비스 제공(필요한 경우)

위해서 인터넷 쇼핑몰에서 어떠한 프로세스가 진행되는지를 생각해 보자.

[그림 3-4]에 보여지는 것처럼 해당 웹 사이트는 당신의 구매의도를 만족시키기 위해 풍부한 내용을 담고 있어야 한다. 어떤 제품을 구매할 것인지? 색상은? 기능은? 그리고 어떻게 지불할 것인지? 어디로 배송되도록 할 것인지? 혹은 특별한 요구사항이 없는지? 일단 요구하는 데이터를 입력하기만 하면, 정보시스템은 목록에서 해당 제품을 선택하고, 신용카드 결제를 요청하고, 해당 제품이 포장 후 배송될 수 있도록 하며, 회계, 마케팅, 서비스 등의 목적을 위해 모든 데이터들이 기록될 것이다. 또한 해당 웹 사이트의 정보시스템에서 어떤 문제가 발생했을 경우 고객 지원을 위해 해당 주문과 관련된 충분한

데이터를 저장해야 한다.

처음에는 간단하게 보였던 주문처리 프로세스가 주요 기능부서들의 긴밀한 협조가 필요한 매우 복잡한 단계들로 구성되어 있음을 알 수 있다. 이러한 프로세스는 기업에 따라서 느리고 비효율적일 수도 있고 반대로 신속하고 효율적으로 진행될 수도 있다.

기업의 성과는 비즈니스 프로세스를 어떻게 설계하고 관리하느냐에 따라 달라진다. 만약 기업이 사용하고 있는 비즈니스 프로세스가 경쟁사보다 더 혁신적일 뿐만 아니라 효과적으로 업무 수행을 지원한다면, 그 회사의 비즈니스 프로세스는 경쟁회사의 프로세스보다 경쟁력이 높다고 할 수 있다. 이와 반대로 비즈니스 프로세스가 낡은 업무 수행 방식으로 인해 신속성과 효율성을 저해한다면 그 조직은 무한경쟁 속에서 살아남기 어려울 것이다.

(2) 비즈니스 프로세스 혁신의 장점

비즈니스 프로세스 혁신은 기존의 경영혁신기법과 비교해 볼 때, 다음과 같은 세 가지 장점이 있다(이재남, 2005).

첫째, 전체 프로세스 관점에서 큰 성과를 기대할 수 있다. 기존의 경영혁신기법은 어느 한 부문에서 큰 성과를 얻은 경우라도 고객 또는 기업 전체의 입장에서 느끼는 효과가 미미한 경우가 많았다. 이러한 결과가 나타나게 되는 이유는 특정 업무나 부서, 부문 등에 초점을 맞춰서 경영혁신을 추진하게 되는 경우, 직원 간, 부서 간 또는 부문 간의 업무 연계를 위해 기다려야 하는 시간이 실제 업무시간보다 긴데도 불구하고 이를 제외한 순수 업무시간만을 개선 대상으로 인식하기 때문이다. 그러나 프로세스 혁신은 기다려야 하는 시간은 물론 전체 프로세스 관점에서 개선을 추진하게 됨으로써 전체적인 효과를 높일 수 있다.

둘째, 기존의 경영혁신기법에서는 고객 중심의 평가척도를 정의하기가 어려웠으나 프로세스 혁신에서는 정의하기가 쉽다. 예를 들면, 다양한 업무를 수행하는 구매부서에 대한 평가척도를 정의하기란 쉬운 일이 아니다. 이와 반대로 구매 프로세스는 각 부서에서 필요한 물품, 부품이나 원자재를 요구에서 배달이 완료되기까지의 전 과정으로 정의하기 때문에, 프로세스 관점에서의 평가척도는 최초 요구 시점에서 배달 물품을 받을 때까지 걸린 시간, 배달된 물품, 부품이나 원자재의 불량률 등으로 손쉽게 정의될 수 있고 또 이들 항목을 측정하기도 쉽다.

셋째, 프로세스 혁신에서는 고객을 명확하게 정의할 수 있다. 예를 들면, 프로세스 관점에서 접근하지 않을 경우에는 구매부서의 고객이 회계부서가 될 수도 있고 생산부서, 배송부서가 될 수도 있다. 그러나 구매 프로세스에서는 프로세스의 마지막 단계를 담당하는 현장 담당자가 고객으로 정의되어 그에 맞춰 서비스를 정의하게 되며, 또한 현장 담당자의 피드백을 통해 구매 프로세스를 객관적으로 평가한다.

(3) 비즈니스 프로세스 혁신을 위한 정보시스템

최근 국내 · 외 선진기업에서 각광을 받고 있는 경영혁신기법들의 대부분은 정보기술을 직접적인 도구로 활용하거나 혹은 경영혁신기법을 용이하게 적용하기 위한 기반환경을 제공해 주고 있다. 이와 같이 경영혁신에 있어서 정보기술의 중요성이 인식되기 시작한 것은 1990년대 초에 비즈니스 프로세스 리엔지니어링 기법이 등장한 이후부터이다. 이 기법에서 정보기술은 경영혁신을 가능하게 하는 '핵심적 기반기술'로 정의되고 있다.

해머와 챔피(1993)는 정보기술에 대한 인식을 바꿀 수 없는 기업은 프로세스 혁신을 추진할 수 없다고 주장하고 있는데 이는 프로세스 혁신에 있어서 정보기술의 중요성을 잘 설명해 주고 있다. 프로세스 혁신을 적용하는 데 있어서 적절한 정보기술의 선택은 효율성을 높여 주고, 프로세스 혁신의 성공 여부를 결정하는 중요한 요인으로 간주되고 있다(Taylor, 1998). 프로세스 혁신에 있어서 정보기술이 지니고 있는 진정한 힘은 전통적인 업무과정을 더욱 효율적으로 작동하게 하는 것(Automate)이 아니라 조직이 전통적인 규칙을 깨뜨리고 새로운 업무방식을 재구축 또는 창조하는 수단으로서의 역할을 수행하는 데 있다. 예를 들면, G마켓에서 온라인으로 컴퓨터를 주문하거나 아이튠즈(iTunes)에서 음악파일을 다운로드하는 것은 정보기술의 도움 없이는 불가능한 새로운 비즈니스 모델에 기반을 둔 비즈니스 프로세스이다. 여기서 정보기술은 새로운 업무수행방식을 구축하거나 또는 창조하는 수단으로서의 역할을 수행한다. G마켓과 아이튠즈는 정보기술을 활용한 과거의 전통적인 프로세스가 아닌 새로운 비즈니스 프로세스 혁신을 이룬 사례라고 할 수 있다.

표 3-2 정보기술에 의해 와해되는 과거 규칙의 예

과거의 규칙	정보기술 활용	새로운 규칙
정보는 한 번에 한 장소에만 존재할 수 있다.	공유 데이터베이스	정보는 필요할 때 동시에 여러 장소에 존재할 수 있다.
전문가만이 복잡한 전문지식이 요구되는 일을 수행할 수 있다.	전문가시스템	비전문가도 전문가의 일을 할 수 있다.
기업은 집중화 또는 분산화 중 하나를 선택해야 한다.	정보통신네트워크	업무의 집중화와 분산화가 동시에 이루어질 수 있다.
경영관리자가 모든 의사결정을 수행한다.	의사결정지원시스템, 전사적지원시스템	모든 조직 구성원은 의사결정을 내릴 수 있다.
현장의 종업원들은 정보의 수신·저장·검색·전송을 위한 사무실이 필요하다.	무선 데이터통신 및 휴대용 컴퓨터, 전자메일	현장 종업원들은 어느 장소에서도 정보를 주고받을 수 있다.
작업자들은 공동작업을 한 장소에서만 해야 한다.	그룹웨어, 통신, 전자메일, 클라이언트/서버	작업자들은 서로 다른 장소에서도 함께 일할 수 있다.
잠재적 고객과의 가장 좋은 접촉방법은 개인적 접촉이다.	대화식 비디오 디스크, 탁상원격회의, 전자메일	잠재적 고객과의 가장 좋은 접촉방법은 효과적 접촉이다.
사물의 위치를 파악하려면 찾아보아야 한다.	자동식별 및 추적기술	사물이 스스로 위치를 알려 준다.
계획은 주기적으로 수정한다.	고성능 컴퓨팅기술	계획은 필요시 즉시 수정된다.

잠시 쉬어가기

'글로벌 가구 공룡' 이케아 상륙에도 매출 30% 증가 디자인 경쟁력 강화해 중국 시장 공략 나서

한샘의 핵심 경쟁력 가운데 하나는 한국 가구 산업을 선도하는 디자인과 제품을 내놓는다는 것이다. 동서양의 건축양식을 융합한 서울 종로구 한샘 DBEW 디자인센터. 〈사진 : 한샘〉

국내 가구·인테리어 1위 업체 한샘은 2010년 이후 가장 빠르게 성장한 기업 가운데 하나다. 2009년 매출 5471억 원으로 5000억 원을 돌파한 이후 2015년에는 1조7105억 원을 기록하면서 6년간 연평균 20.9% 성장했다. 영업이익률이 4.2%에서 8.6%로 두 배 이상 뛰었다. 전 세계를 제패한 스웨덴 가구 회사 이케아(IKEA)가 한국에 진출한 2014년 이후에도 한샘의 고성장은 이어졌다. 한샘은 어떻게 글로벌 공룡인 이케아의 도전을 이겨냈을까.

이케아의 도전에 대항해 한샘은 2011년 이후 개발·생산·유통·시공·고객서비스 등 사

업 전 과정에 거쳐 혁신을 이뤄냈다. 제품력・영업력・원가경쟁력을 모두 끌어올렸다. 최양하 한샘 회장은 "가구・인테리어 사업은 단순한 상품 판매와 다르다"며 "제품 자체의 부가가치, 소비자 니즈(needs)를 만족시키는 영업과 상담, 시공을 얼마만큼 잘해주느냐 등의 세 박자가 잘 맞아떨어져야 한다"고 강조했다. 한샘은 경영학에서 말하는 가치사슬(value chain) 모형의 교과서적인 적용 사례다. 가치사슬 모형은 생산・유통・고객서비스・제품개발 부문을 '주요 활동(primary activities)'으로 분류하고, 각 단계별로 부가가치 창출을 위한 핵심 활동을 도출하는 게 중요하다고 강조한다. 한샘은 △생산 부문에서는 자동화 △유통 및 고객서비스 부문은 고객 중심 영업과 시공(施工)의 연계 구축 △제품 개발에서는 사회 변화를 감지하는 디자인 중심의 신제품 개발이라는 해결 방안을 제시하고 실행했다. 사업 혁신으로 경쟁 업체와 차별화하고 더 많은 부가가치를 창출해 소비자에게 전달하는 데 성공했다. 또 가치사슬상 각 프로세스를 긴밀히 연계시켜 기업 경쟁력을 지속적으로 강화시키는 선순환 고리를 만들어 냈다.

성공비결 1. 공장 자동화로 원가 30% 절감

한샘의 핵심 제품인 주방 가구와 대형 수납 가구를 생산하는 경기도 안산 제3공장. 1만7532㎡의 공장에는 마치 전자제품 조립 공장같이 자동화된 생산 설비가 여러 개 쭉 늘어서 있다. 약 60m 길이의 붙박이장 생산 라인의 경우 단 2명의 검사 요원만 일하고 있었다. 가로 1.2m, 세로 2.3m의 재료 합판이 로봇에 의해 들여올려져 가공 기계에 투입되면 표면 가공→재단→테두리 가공→조립용 구멍 뚫기 등의 공정이 자동으로 진행된다. 가구업은 다품종 소량 생산이고 기계로 대체될 수 없는 노동집약적 산업이라는 상식을 깬 모습이다. 남윤호 생산관리부장은 "공장 가동 전에 생산해야 하는 물품 종류와 숫자를 입력하면 MES(생산관리시스템)가 자동으로 목재를 어떻게 재단・가공할지 계산해 설비를 작동시킨다"고 말했다.

한샘이 공장 자동화에 나선 것은 2011년 말. 이케아의 한국 진출에 대응하기 위해 먼저 원가 절감이 필요하다는 판단에 서였다. 안흥국 부사장은 "하청업체가 재단한 판을 납품받아 조립했던 당시 생산 방식으로는 이케아에 맞설 원가경쟁력을 가질 수 없었다"고 말했다. 그래서 공장 자동화 작업이 시작됐다.

주요 공작 기계는 사오고 자재 투입・포장・물류 시스템 등 공장 자동화 설비와 소프트웨어(SW)는 한샘이 직접 개발했다. 안 부사장은 "먼저 책장 생산부터 자동화했고, 그 과정에서 확보된 노하우를 기반으로 다른 품목으로 대상을 넓혔다"고 말했다. 한샘은 이를 통해 30% 이상 원가를 낮출 수 있었다. 기계화된 대량 생산으로 가격과 품질이란 두 마리 토끼를 잡으면서 판매량도 늘었다. 책장의 경우 '싸고 질 좋은 제품'이라는 입소문이 퍼지면서 지금도 꾸준히 월 4만 대씩 판매된다. 국내 단일 가구 품목으로는 가장 많다. 한샘은 부엌 가구, 수납 가구 등 핵심 제품 20%는 자체 생산하지만 나머지 80%는 외주 업체에 맡긴다. 사업 영역을 넓히고 소가구, 생활용품으로 취급 품목을 대거 늘리며 2011년 60% 정도였던 외주 생산 비율이 크게 높아졌다. 한샘은 단일 제품으로 전문화한 외주 업체들과 장기간 계약을 하고 생산성을 끌어올린다는 전략을 펴고 있다.

안 부사장은 "품질을 끌어올리고 생산성을 높이기 위해서는 외주 업체들도 오랫동안 한 제품만 생산하면서 노하우를 습득해야 한다"며 "이 방식이 가격을 낮추기 위해 공급선을 계속 변경하는 것보다 장기적으로 보면 효과적인 전략"이라고 말했다.

성공비결 2. 1 대 1 상담으로 고객 20%를 구매로 연결

'공간을 판매하는 기업'이라는 한샘의 슬로건은 일선 영업 현장에서 분명하게 드러난다. 한샘은 6월 말 현재 9개 대형 직영 매장(서울 5곳, 경기도 2곳, 대구·부산 각 1곳)을 운영하고 있다. 매출은 월평균 210억 원가량으로 한샘 전체 매출의 14.5%를 차지한다. 직영점이 높은 성과를 낸 비결은 방문 고객을 실제 구매로 연결시키는 영업능력이다. 1명당 평균 구매액(250만~300만 원)과 월평균 방문자(3만 4000명) 숫자를 토대로 계산하면, 방문 고객 가운데 20% 가량을 실제 매출로 연결시키는 데 성공하고 있다.

영업력의 비밀은 영업사원들이 '인테리어 컨설팅'까지 해준다는 것이다. 한샘은 영업사원들을 SC(Space Coordinator)라고 부른다.

고객들의 니즈에 맞춰 집을 꾸밀 수 있는 가구, 소품, 커튼, 벽지까지 '세트'로 제공해 준다는 점을 강조한 명칭이다. 한샘은 방문 고객에게 영업사원이 일대일로 붙어 고객들의 필요에 맞는 인테리어와 가구 배치에 대해 상세한 정보를 제공하는 걸 원칙으로 하고 있다. 이를 돕기 위해 PC나 태블릿PC에서 가상의 가구 배치를 할 수는 소프트웨어도 개발했다.

인테리어 사업자들을 대상으로 한 'IK사업부' 영업도 비슷한 방식으로 전개된다. 한샘은 2008~2010년 가구 제조 위주에서 벗어나 인테리어 전반으로 사업영역을 확대했다. 부엌 가구 중심에서 소가구, 생활용품까지 포괄하면서 취급 물품수를 늘렸고 건자재 시장까지 진출했다.

또 건설사 중심의 영업과 대리점을 통한 판매 모델에서 벗어나 인테리어 전문점을 직접 공략하면서 자사 제품들을 '종합서비스' 형태로 판매했다. 한샘은 이 과정에서 자사 브랜드 제품으로 편리하게 원스톱 쇼핑이 가능하다는 점을 경쟁 우위로 내세우고 있다.

한샘의 이케아 대응 전략

이케아(IKEA)	한샘
제품 가격 경쟁력	2011년부터 공장 자동화 (가격차 5~10%)
북유럽 디자인	디자인 경쟁력 강화
생활소품 경쟁력	생활소품 부문 전문 외주회사 글로벌 발굴
외곽 대형 매장	도심 중대형 매장 운영
직원 없는 셀프 쇼핑	전문 영업사원 육성
출고, 배송, 설치 DIY	3일 납기, 1일 시공 직영 시공 서비스로 고객만족 극대화

한샘 매출 및 영업 이익률

〈자료 : 금융감독원 전자공시〉

성공비결 3. 구매 후 4일 내에 제품 공급 후 시공까지 마무리

한샘은 제품을 가정에 설치하는 시공 조직도 주된 경쟁력 원천으로 삼고 있다. 최양하 회장은 "제품 품질이 50%라면 시공이 50%"라고 말한다. 한샘 제품을 구입하면 직영점, 대리점을 불문하고 한샘 자회사 ㈜한샘서비스원 소속 시공기사가 방문해 제품을 설치한다. 한샘의 시공 인력은 3500명으로 현대리바트, 에넥스 등 경쟁 회사들과 비교할 수 없을 정도로 대규모다. 한샘은 이들 시공기사들을 직접 관리하면서 기술과 서비스 숙련도에 맞춰 급여를 인상하는 등 인센티브 제도를 운영한다.

이 밖에도 영업사원으로 전직(轉職)하거나 직접 대리점을 차릴 수 있도록 돕기도 한다. 2년 전 한 지역에서 대리점과 시공소 간의 갈등이 불거졌을 때 최 회장은 "시공에서 문제가 될 수 있는 현장은 시공기사가 시공을 거부할 수 있도록 하라"고 말하기도 했다.

한샘은 생산과 물류 분야 자동화, 표준화를 통해 주문이 들어오면 3일 내에 제품을 공급하고, 1일 내에 시공을 완료한다는 원칙으로 스피드와 생산성을 강조한다. 고객이 주문하면 공장 및 물류센터에 주문 정보가 바로 전달된다.

한샘은 과감한 공장 자동화로 비용을 30% 이상 줄이는 데 성공했다.
〈사진 : C영상미디어 양수열〉

물류센터는 이를 바탕으로 주문 한 건에 파레트(대형 물품을 운반하기 위한 받침대) 하나를 할당해 물품을 미리 적재한다. 그리고 주문 후 3일째 오전 6시 전후 이를 배송 차량에 싣는데, 적재에 걸리는 시간은 10초 내외에 불과하다.

한샘은 이러한 가치사슬 단위의 혁신을 달성하기 위해 '목표필달'을 전면에 내걸고 조직을 관리한다. 그 내용으로, 모든 직원은 매달 1~2가지 업무 목표를 설정한다.

필요하다면 별도 교육이나 지원이 이뤄진다. 정해진 목표를 달성하면 새로운 목표를 정하고, 실패하면 재도전의 기회를 부여하게 된다. "팀 단위 업무 혁신 과정을 세부 목표로 쪼개, 직원들의 목표 달성을 유도하고 회사 차원의 지원을 용이하게 하기 위한 것"이라는 게 한샘의 설명이다.

성공비결 4. 소비자 분석 토대로 디자인 개발

제품 개발에서도 한샘 특유의 '철저함'은 두드러진다. 핵심은 소비자에 대한 다각도의 연구조사다. 임차혁 개발실 수석연구원은 "한샘처럼 제품 디자인 단계에서 '왜 그 가구가 그곳에 놓여야 하느냐'는 원론적인 질문을 집요하게 던지는 곳은 없다"며" 어떤 디자인이 채택되기 위해서는 그것이 사용자의 공간 사용 방식을 편리하게 바꾼다는 점을 분명한 논리와 폭넓은 데이터로 입증해야 한다"고 말했다.

임 수석연구원이 속한 고가 주방 가구 브랜드인 '키친바흐' 개발팀은 제품 개발을 위해 타깃 소비자층의 주방에 카메라를 설치하고 주부가 부엌을 어떻게 사용하는지 세밀하게 관찰・분석했다. 또 실제 타깃에 속한 고소득 계층을 대상으로 집중 인터뷰를 실시하고 실제로 주방을 방문해 부엌 사용 행태를 조사하기도 했다.

한샘은 주택 골조를 제외한 인테리어・건자재・가구・생활용품 등을 포괄하는 '주거환경 전문기업'이 되겠다는 목표를 갖고 있다. 또 중국 시장 진출도 준비 중이다. 한샘은 이를 위해 한 가정에 23대의 카메라를 설치해 중국과 한국에서 가족들이 어떻게 생활하고, 동선은 어떠하며, 어떤 물건들을 사용하는지 세밀하게 분석하는 연구를 진행하고 있다.

중국 시장 진출에 초점이 맞춰져 있지만 한국에서도 새로운 형태의 공간 디자인을 제시하기 위한 것이다. 집 안에서 가족 구성원들의 행동 방식과 사용 물품을 하나하나 뜯어서 보겠다는 게 한샘의 목표다.

권영걸 최고디자인책임자(CDO・사장)은 "지금까지 진행된 연구 결과, 한국의 경우 거실・주방・욕실에 여러 방들이 붙어 있는 1970년대 이후 주거 양식이 실제 생활을 반영하고 있지 못한 것으로 나타났다"고 전했다.

기존 가구들이 제대로 이용되고 있지 않다는 의미다. 권 사장은 "1970년대 이후 30~40년간 계속된 기존 가구 패러다임을 대체할 새로운 공간 솔루션을 내놓는 게 한샘의 목표"라고 말했다. 그는 "인테리어나 가구로 사업 영역을 좁혀 생각하는 시대는 지났다"며" 사회 변화에 발맞춰 거주 공간의 패러다임을 새롭게 제시할 수 있는 디자인을 내놓아야 한다"고 강조했다. '주(住)'에 관한 모든 걸 혁신하는 기업이 되겠다는 목표다.

자료: 이코노미조선, 2016.07.04.

제3절 정보기술이 가치사슬에 미치는 영향

기업은 경쟁우위를 창출하기 위한 전략을 수행하는 데 있어 정보기술이나 정보시스템을 활용하게 된다. 이런 경우 어떤 전략으로 경쟁우위를 확보할 것인지 결정하고, 어떠한 정보시스템을 개발해야만 전략 수행에 적절한지를 먼저 파악해야 한다. 특히 기업의 가치활동 중 어느 부분을 미리 수립한 전략에 맞게 재구성할 것인지, 그리고 정보시스템을 이용해 실행할 것인지를 파악해야 한다. 만일 기업이 원가우위전략으로 경쟁우위를 유지하기 원한다면, 좀 더 구체적으로 기업의 가치활동 중 어느 부분에서 원가우위를 달성할 수 있는 경쟁원천을 찾을 것인지를 먼저 파악해야 한다. 이와 같이 기업의 가치창출을 위해 수행되는 활동들의 전략적 중요성과 연계성을 고려하여 핵심역량을 파악하기 위한 분석에 가치사슬 모형이 활용된다.

본 절에서는 가치사슬 모형과 가치사슬상에서 정보기술이 개별 활동에 어떻게 영향을 미치는지 그리고 기업의 전략과 연계하여 정보기술이 어떻게 활용되는지에 대하여 살펴보고자 한다.

1. 마이클 포터의 가치사슬 모형

마이클 포터가 제시한 가치사슬 모형은 기업에서 생산하는 제품이나 서비스에 가치를 가장 많이 부가시키는 기업의 활동에 정보기술을 전략적으로 적용시키는 것이다. 이 모형은 기업이 경쟁우위를 유지하기 위해 정보기술을 가장 효과적으로 활용할 수 있는 구

그림 3-5 가치사슬 모형

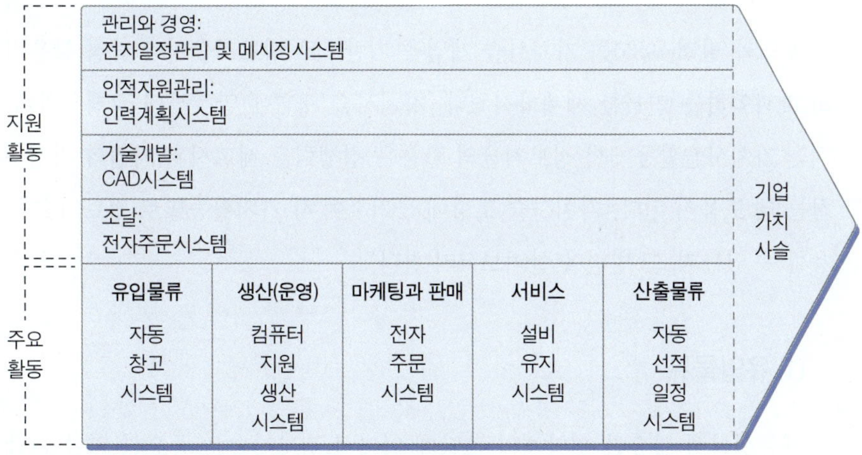

자료: 윤종훈 외, 경영정보시스템, 학현사, 2011, p.71.

체적이고 핵심적인 활동들을 파악한다. 또한 이 모형은 제품이나 서비스에 가치를 부가하기 위해 기업에서 이루어지는 모든 활동들을 주요활동과 지원활동들의 연쇄 또는 사슬로 간주한다.

주요활동은 제품과 서비스의 생산 및 유통에 가장 직접적으로 관련된 활동들로 유입물류, 생산(운영), 마케팅과 판매, 서비스, 산출물류 등으로 구성된다. 유입물류는 제품 생산에 필요한 원자재의 수령 및 저장과 관련된 중요한 역할을 담당하는 활동이며, 생산(운영)은 유입된 원자재를 완제품으로 변형시키는 활동이다. 마케팅과 판매는 회사의 제품을 판매하고 촉진시킨다. 서비스활동은 회사의 제품가치의 유지나 개선을 위한 서비스 및 수리를 포함한다. 산출물류는 완제품을 창고에 보관하고 유통시킨다.

지원활동은 주요활동의 효과적 수행을 보장하기 위한 활동으로 조직의 기반구조(관리와 경영), 인적자원관리, 기술개발, 조달활동 등으로 구분한다.

기업이 수행하는 가치사슬상의 모든 활동들은 서로 밀접하게 연관되어 기업의 경쟁력을 만들어 낸다. 기업의 경쟁우위는 각 가치활동에서 만들어지기도 하지만 또한 활동들 간의 연계를 통해서 발생되기도 한다. 이로 인해 기업들은 각각의 개별 활동뿐만 아니라 활동 간의 연계를 통해서 발생하는 시너지효과를 파악하고, 이들 활동들 간에 연계 정도가 높은 부분을 분석함으로써 기업의 핵심역량을 규명할 수 있게 된다.

2. 가치사슬상에서의 정보기술 활용

포터와 밀러(1985)는 가치사슬 개념을 기반으로 정보기술의 전략적 활용기회를 분석하고 파악하는 연구를 체계화시켰다. 가치사슬 개념에 입각하면 경쟁우위에 영향을 미치는 가치사슬활동에서 정보기술의 활용은 경쟁력을 제고시켜 기업의 경쟁우위를 유지하는 데 도움이 된다. 가치사슬 모형에 근거하여 각 가치활동별로 정보기술을 어떻게 활용할 수 있는지, 그 방안을 살펴보고자 한다.

(1) 유입물류

제품생산에 필요한 원자재의 조달에 있어서 정보기술은 중요한 역할을 담당하게 된다. 대표적인 예로, JIT(Just In Time)를 구축해 활용하고 있는 기업에서는 온라인 주문 방식으로 원자재를 주문할 수 있음은 물론 공급업체는 네트워크로 직접 재고를 확인하고 필요한 원자재를 적시에 공급할 수 있다. 따라서 기업과 공급자 모두 재고의 양을 줄여 재고비용을 절감할 수 있고 동시에 최종소비자의 요구에 민감하게 대처할 수 있게 하여 양자 모두의 경쟁력을 높여 주는 효과를 기대할 수 있다.

(2) 생산(운영)

정보기술은 제조업체의 생산과 제품에 영향을 미칠 뿐만 아니라 기타 운영활동을 촉진시키는 수단으로 사용될 수 있다. 기업이 생산라인에 도입한 CAD/CAM(Computer Aided Design/Computer Aided Manufacturing)과 같은 자동화 설비는 주문처리 시간을 단축시키고 제품의 품질 향상에도 기여하지만 효율적이고 정확한 제품설계를 위해서도 꼭 필요한 기술이다.

컴퓨터, 팩스, 복사기 등 사무자동화 기기의 기술용역회사인 Pitney Bowes사는 고객의 문제를 신속하게 처리하기 위해 자동진단시스템과 전문가시스템을 개발해 운영하고 있다. 이 시스템은 본사, 지사 그리고 파견센터와 통신망으로 연결해 고객의 문의가 오면 우선 자동진단시스템을 통해 문제를 해결하고, 만약 자동진단시스템이 문제를 해결할 수 없는 경우, 데이터베이스 검색을 통해 문의한 고객과 가장 가까운 곳에 위치한 기술자를 파견해 기술자의 파견 횟수를 줄이면서 서비스 제품의 전문성도 높일 수 있었다.

(3) 마케팅과 판매

정보기술은 제품의 마케팅 및 판매활동에 있어서도 영향을 미치는데, 이 분야는 전통적으로 정보기술 활용이 가장 미미했던 분야였으나 최근 정보기술 활용이 가장 강조되는 분야이다.

미국의 의료용품 제조업체인 AHSC사는 영업사원이 하던 마케팅 및 판매활동을 주문처리시스템을 개발함으로써 온라인으로 제품정보 조회 및 발주를 할 수 있어 주문 과정이 보다 쉽게 이루어질 수 있었으며, 또한 제품의 납품이 보다 조속히 이루어질 수 있어 시장점유율 증대 효과에 큰 영향을 미쳤다.

백화점은 판매시점시스템(POS)을 통해 제품별 · 지역별 · 연령별로 매출을 분석하여 어떤 제품이 어떤 지역에서 어떤 연령층에게 잘 팔리는지를 알 수 있어 마케팅전략을 수립하는 데 있어 매우 중요한 역할을 한다.

(4) 서비스

정보기술은 서비스 제공 활동에도 많은 영향을 미칠 뿐 아니라 혁신을 가능하게 한다. 엘리베이터 제조업체인 OTIS사는 엘리베이터의 이상 유무를 진단할 수 있는 온라인진단시스템을 개발해 장착함으로써 문제를 파악하는 것은 물론 본사에 수리를 의뢰할 수 있도록 했다. 이 시스템은 문제를 미리 파악해 고객의 불편을 최소화하고 수리비용을 절감할 수 있어 고객의 만족도를 높였다.

또한 OTIS사는 무선통신으로 판매된 제품에 대한 A/S 서비스를 지원하고 있다. 전화나 팩스를 이용해 기술자가 회사 본부의 지시사항을 받거나 수리상황을 보고할 수 있으나, 보다 신속한 서비스와 더 향상된 고객만족을 제공하기 위해 이동 중에도 통신이 가능한 소형 무선단말기는 효과적인 정보교류 수단이라고 할 수 있다.

(5) 산출물류

정보기술은 제품과 서비스를 소비자에게 전달하는 방식을 지원할 수 있다. American Airlines의 Sabre라는 항공예약시스템은 여행사의 단말기와 네트워크로 연결되어 항공기 좌석을 예약하는 데 있어 시간과 노력을 현저하게 줄일 수 있어 항공산업 내의 경쟁관계에 엄청난 영향을 미쳤다. 자동창고관리, POS, EDI, RFID 등의 정보기술을 활용한 물류

관리는 제조업과 유통업의 혁명을 가져왔다. Wal-Mart는 정보기술 도입으로 월마트 유통센터 및 매장에서 입출하 작업의 신속화와 재고관리의 효율화를 이루었다. 이는 결국 대고객 서비스 향상으로 이어져 최고의 경쟁력을 확보하게 되어 기업역량의 새로운 기준을 형성해 지속적인 고성장을 누릴 수 있었다.

(6) 기업의 지원활동

정보기술은 주요활동뿐만 아니라 지원활동(관리와 경영, 인적자원관리, 기술개발, 조달활동)에 대해서도 중요한 영향을 미친다. 관리와 경영 부문에서는 전자우편, 그룹웨어시스템을 통해 조직 구성원들 간의 의사소통 및 정보교류를 원활하게 하고 협업 업무를 크게 향상시킴으로써 경영관리업무를 촉진시킬 수 있다.

인적자원관리 부문에서도 정보기술을 이용하면 합리적인 관리를 할 수 있다. 인사고과 DB를 구축해 각 조직 구성원에 대해 효과적으로 업무실적을 모니터해 나가는 것은 물론 인적자원관리와 관련된 주요 의사결정을 보다 효율적으로 수행할 수 있다.

기술개발활동에서도 정보기술을 이용해 공정개선이나 재품개발을 위한 기술의 확보와 창출 그리고 관리를 지원한다. CAD/CAM은 제품을 연구 · 개발하는 데 중요한 역할을 한다.

정보기술의 이용은 조달활동의 변화를 지원한다. 전국 각지의 최근 가격을 제공하는 온라인 전자게시판은 기업으로 하여금 전국에서 가장 저렴한 가격을 제시한 업체로부터 구매를 할 수 있게 해 구매효과를 대폭 향상시켰다. 또한 유통업체는 공급업체의 재고 상황과 제조 일정을 온라인으로 확인할 수 있는 시스템에 접근함으로써 자사의 재고 수준을 획기적으로 낮출 수 있게 되었으며, 가격이나 제품 재고 등의 측면에서도 공급업체에 설득력 있는 교섭력을 가질 수 있게 되었다.

가치사슬은 독립된 활동들을 하나로 모아 놓은 단순한 집합체가 아니라 상호 관련된 활동들로 이루어진 시스템이기 때문에 가치활동들 간에 상호 보완적인 관계가 존재하며, 또한 상호 모순적인 관계도 작용한다. 예를 들어, 품질이 좋은 제품을 만들기 위해 좋은 원자재와 부품을 사용한 경우, 품질이 향상되어 사후관리비용은 줄어들지만 이와 반대로 제품의 원가가 상승하는 결과를 초래한다. 이러한 상황에서 기업은 시장 상황에 따라 '원가'와 '품질' 중에서 선택해 전략을 수립하고 실행해야 한다. 그러므로 경쟁우위를 얻기 위해 기업이 선택할 수 있는 전략은 각 가치활동들 간의 관계와 기업의 목표를 고려하여 어떠한 가치활동에 더 높은 우선순위를 둘 것인가에 대해 중요한 의사결정을 수행해야 한다. 또한 그 가치활동에서 경쟁우위를 도출하기 위해 정보화에 대한 투자가 이루어져야 하는지 전략 차원에서 판단이 이루어져야 한다.

3. 가치시스템상에서 정보기술의 전략적 활용

한 기업의 가치사슬은 자사, 공급자, 유통업자 그리고 구매자에 이르는 가치사슬의 흐름으로 구성되는데, 이를 가치시스템이라 한다. 이러한 가치시스템은 제품을 생산하기 위해 필요한 원재료, 부품 및 서비스 등을 제공하는 공급자의 가치사슬과 생산된 제품이나 서비스를 구매하는 구매자의 가치사슬을 통해 가치가 어떤 경로로 부과되는지 설명해 주고 있다.

정보시스템의 전략적 활용은 자사의 가치사슬활동으로 제한되지 않는다. 자사는 물론 공급자와 구매자의 가치사슬을 포함한 전체 가치시스템 측면에서 본다면 정보시스템의 활용은 공급자 가치사슬활동의 경쟁력을 제고시키거나, 구매자 가치사슬활동의 경쟁력을 제고시킴으로써 공급자나 구매자와의 교섭력을 향상시킬 수 있는 동시에 자사의 경쟁력도 강화시킬 수 있다.

예를 들면, 정보시스템을 통해 구매자의 구매활동을 자사의 주문처리활동과 연결하여 구매자의 구매비용을 줄여주거나 타사와 견주어 차별화된 서비스를 제공한다면 이는 가치시스템의 관점에서 정보기술을 전략적으로 활용하는 것이다.

이와 같이 가치시스템상에서 정보기술의 전략적 활용을 종합해 보면 크게 두 가지 관점에서 분류할 수 있다. 정보기술의 활용지향적 측면에서는 기업 내부 활동의 효율성 제고를 통해 경쟁우위를 확보하는 내부지향적 활용방안과 경쟁시장에서 경쟁세력에 대해 효과적으로 대응하게 함으로써 경쟁우위를 확보하는 외부지향적 활용방안이 있다. 정보

그림 3-6 가치시스템

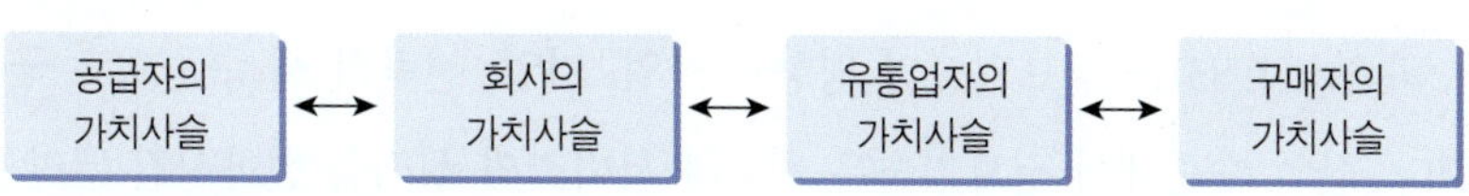

자료: 윤종훈 외, 경영정보시스템, 학현사, 2011, p.75.

그림 3-7 가치시스템과 정보기술의 전략적 활용

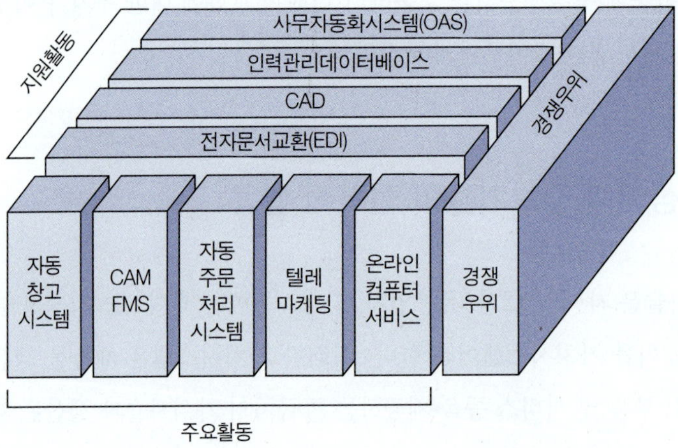

자료: 윤종훈 외, 경영정보시스템, 학현사, 2011, p.76.

기술의 활용을 경쟁전략 측면에서 보면, 정보기술을 활용해 원가를 낮춤으로써 경쟁우위를 확보하는 원가우위전략과 차별화를 통해 경쟁우위를 확보하는 차별화전략이 있다.

4. 정보기술이 기업에 미치는 영향

정보기술은 제품의 개발과정에서부터 창고관리에 이르기까지 기업의 모든 가치활동에 지대한 영향을 미친다. 또한 각각의 가치활동을 수행하는 방법에도 영향을 미치고 가치사슬상의 각 활동 사이에 연계능력을 향상시켜 통합적인 경영기능을 수행하는 데까지 활용된다. 정보기술은 가치사슬상의 각 활동 간의 새로운 관계를 창출하는 것뿐만 아니라 구매자, 공급자와 보다 긴밀한 협력관계를 이룰 수 있도록 지원함으로써 기업의 경쟁우위를 유지하고자 한다. 정보기술은 기업의 가치활동을 지리적으로 널리 퍼져 있는 관련 장소와 연결하고 사업 간의 새로운 관계를 창출함으로써 기업의 경쟁범위에 영향을 미칠 뿐만 아니라 각 가치활동의 물리적 구성요소에 변화를 유발하기도 한다.

파슨스(1983)는 정보기술의 영향을 산업, 기업, 전략의 세 수준으로 구분하여 설명하였다. 산업 수준에서 정보기술은 제품과 서비스의 성격을 변화시킬 뿐만 아니라 제품의 생명주기를 단축시키고 유통속도를 빠르게 변화시킨다. 또한 산업 내 기존 시장의 영역

을 변화시킬 뿐만 아니라 새로운 시장을 창출하기도 하며, 생산의 경제성을 제고시킴과 동시에 새로운 경제성의 원리를 창출한다. 기업 수준에서는 산업 내 경쟁세력 간의 상호 작용을 지원함으로써 경쟁환경의 변화를 일으켜 경쟁우위를 확보하는 데 활용된다. 전략 수준에서는 서로 다른 특성을 가지고 있는 기업의 전략유형, 즉 원가우위전략, 차별화 전략 그리고 집중화전략에 맞는 정보시스템의 구축과 실행을 지원한다.

잠시 쉬어가기

가치사슬 산업의 디지털 전환 사례 분석

국내 가구·인테리어 1위 업체 한샘은 2010년 이후 빠르게 성장한 기업 가운데 하나다. 2009년 매출 5,471억 원으로 저서 〈플랫폼 비즈니스의 미래〉(이성열, 양주성 저)에서는 산업 디지털화 모델을 통해 고객 디지털 전환도와 디지털 경쟁 강도 두 축으로 기업의 디지털 수준을 분석한다. 이 중에서 고객 디지털 전환도와 디지털 경쟁 강도가 모두 낮은 유형을 가치사슬 산업이라 판단한다. 이 유형에 속하는 기업은 디지털화가 디지털 기술을 바탕으로 산업 자체가 혁신이 이뤄지기보다는 프로세스 혁신이나 디지털 전환을 통한 효율성 향상을 중심으로 디지털화가 진행된다. 제품을 구매한 고객 대상으로 추가적인 서비스를 제공하고 이를 통해서 추가적인 매출을 올리거나 서비스 만족도를 높이는 수준의 디지털화가 이뤄진다.

하지만 가치사슬 산업에서도 고객의 디지털 경험을 바탕으로 새로운 비즈니스 모델을 창출하고 이를 바탕으로 기존 가치사슬을 강화하는 '순환형 비즈니스 모델'을 구축하는 사례가 늘어나고 있다. 이들 기업은 기존의 제품 기능 향상 및 제품과 연관된 서비스에 구독 모델을 적용하거나 다른 산업과 결합해 새로운 비즈니스 모델을 구축하고 있다. 이 중 몇 가지 사례를 살펴보고자 한다.

1. 구독 상품 구매 통한 기존의 제품 기능 향상 (테슬라)

테슬라는 전기 자동차를 생산, 판매하는 기업이다. 하지만 테슬라를 단순한 자동차 메이커로 생각하는 사람은 아마 없을 것이다. 테슬라 자동차를 거대한 IT 기기라고 부를 정도로 테슬라 자동차는 하드웨어와 소프트웨어의 통합이 가장 잘 이뤄져 있다는 평을 듣는다. 테슬라는 OTA(Over The Air) 소프트웨어 업데이트를 통해 제품의 성능을 지속적으로 향상시킨다. 그중에서 일부 업그레이드를 구독 모델로 만들어 새로운 비즈니스 모델을 창출했다.

기존의 자동차 업체는 최초 판매 시에 옵션을 선택하고 옵션을 선택하지 않으면 해당 기능을 사용할 수 없게끔 설계된다. 테슬라 역시 자율주행 등 기능을 옵션 형태로 판매한다. 하지만 해당 기능을 최초에 선택하지 않았더라도 추후에 업그레이드를 통해서 해당 기능을 사용할 수 있게끔 설계했다. 대표적인 것이 프리미엄 커넥티비티라는 상품이다. 테슬라 차량 내 인포테인먼트 통해서 월 단위 구독 상품을 가입하면 위성 사진 제공, 실시간 교통 정보 제공 및 음악/비디오 스트리밍 등을 추가적으로 제공한다. 최근에는 자율주행 기능을 월 구독형 상품으로 출시해 서비스를 제공하고 있다. 이 외에도 테슬라는 성능 업그레이드를 통해 기존 차량의 제로백 시간을 약 15% 단축했고, 해당 기능을 추가 소프트웨어 업그레이드 구매를 통해 기존에 판매된 차량에 장착해주는 업그레이드 모델 등도 발표하고 있다.

이를 통해서 테슬라는 자동차 판매 이외 다양한 수익 모델을 구축할 수 있고, 테슬라 차주(고객)는 추가 비용을 지불하면 신규 자동차와 동일한 성능을 지속적으로 누릴 수 있게 된다.

2. 기존 제품과 연관된 서비스 구독 모델 도입 (롤스로이스)

롤스로이스 하면 최고급 자동차가 많이 알려져 있지만 사실 롤스로이스는 전 세계 항공기 엔진 시장에서 46%의 시장 점유율을 차지(2020년 기준)하는 엔진 제조 업체이다. 항공기 엔진 시장은 크게 항공기 엔진 제품을 고객(항공사)에 인도하고 이후 유지보수를 위한 소모성 자재를 공급하는 것으로 이뤄진다. 항공사 입장에서는 항공기 엔진이 고장나면 엔진이 수리 완료될 때까지 비행기를 운항할 수 없어 타격일 수밖에 없고 만약 항공기 운항 도중에 고장이 나면 항공기 자체의 안전에도 치명적이기 때문에 엔진의 수명에 관심을 가질 수밖에 없다. 롤스로이스는 이 부분을 착안해 '토탈 케어'라는 구독형 상품을 출시했다.

'토탈 케어'란 엔진을 사용하는 시간당 일정 금액을 롤스로이스에 지불하면 롤스로이스가 엔진을 지속적으로 관리해 주는 구독형 상품이다. 이를 가능하게 하는 것은 롤스로이스 엔진 내에 탑재된 수백 개의 센서에서 수집된 데이터 덕분이다. 전 세계 항공사에 탑재된 롤스로이스 엔진 내 센서는 운항 시 수집되는 데이터를 실시간으로 롤스로이스 본사로 전송한다. 수집된 데이터를 바탕으로 엔진별 결함 및 교체 시기를 추정하고 이를 항공사에 전달한다. 항공사는 예측된 시기를 바탕으로 엔진 수리 및 교체 시기를 고려해 항공 스케줄을 세운다.

롤스로이스에 따르면 '토털 케어' 도입한 항공사의 경우 평균 엔진 수명이 25% 정도 늘었다고 한다. 결함 시점을 예측해 지속적인 유지 보수를 받음으로써 항공사 입장에서는 엔진 교체 비용 또한 절감할 수 있는 것이다. 그리고 롤스로이스 입장에서는 '토털 케어' 서비스라는 신규 비즈니스 모델을 통한 수익 창출은 물론 해당 서비스를 구독하는 항공사의 지속적인 신규 엔진 구매라는 '락인' 효과까지 누릴 수 있게 되었다.

3. 기존 제품과 연관된 서비스를 통한 타 산업과의 결합

요새 2차전지 업계에서는 BaaS(Battery as a Service)라는 단어에 주목한다. 2차전지 산업 역시 대표적인 가치 사슬 산업으로 원재료를 수급해 배터리 셀을 만들고 이를 자동차 업체에 공급하는 비즈니스 모델이다. 하지만 최근에는 이미 판매가 된 배터리를 기반으로 다른 산업과 협업해 새로운 비즈니스 모델을 만드는 데 집중하고 있다.

대표적으로 렌터카 업체와의 협업을 꼽을 수 있다. LG에너지솔루션은 롯데렌탈과, SK온은 SK렌터카와 협약을 맺고 렌터카 업체가 보유 중인 전기차 수명 예측 서비스를 개발, 제공하고 있다. 렌터카 업체 입장에서는 전기차의 수명을 예측할 수 있다면 유지 보수를 잘 해서 최대한 전기차의 수명을 늘리고 싶을 것이다. 그리고 향후에 렌터카를 중고차 시장에 매각할 때 최대한 비싸게 팔고 싶을 것이다. 이를 위해서는 전기차 배터리의 수명을 잘 측정하는 것이 무엇보다 중요한데 이 부분에서 협업을 진행하는 것이다. 이 과정에서 이차전지 업체들은 모델에 대한 일정 구독료를 받는 비즈니스 모델을 생각할 수 있을 것이다.

2차전지 업체들은 배터리 셀의 수명 예측 모델을 바탕으로 배터리 재사용, 렌탈 등 더 많은 비즈니스 모델을 구상하고 있다. 배터리 재사용이란 노후 전기차 배터리 셀을 ESS(Energy Storage System) 등에 활용하는 것이다. 전기차에 비해 ESS의 경우 요구되는 셀의 사양이 낮은데 전기차 배터리 노후 셀을 회수해서 ESS로 활용한다면 기존 제조된 셀을 바탕으로 추가적인 수익을 기대할 수 있다. 배터리 렌탈은 자동차 구매 시 배터리는 리스 형태로 별도 구매해 성능이 떨어진 배터리를 교체하는 방식의 비즈니스 모델로 최근에 현대차-LG에너지솔루션이 사업 추진을 위한 MOU를 체결하고 SK온은 중국의 배터리 재사용 기업(블루파크스마트에너지)의 지분을 취득하는 등 사업 추진을 준비 중이다. 이 외에도 배터리 수명 예측 모델로 운전자 운전 성향을 파악해 이를 보험 서비스로 확장한다든지 이종 산업 간 결합 방식은 무궁무진하다고 할 수 있다.

어찌됐든 배터리와 관련된 비즈니스 모델을 확장하기 위해서는 배터리의 수명을 예측해야 하고 이를 위해서는 배터리 셀 주행 시 데이터 확보는 필수적이라고 할 수 있다. 2차전지 업체는 정교한 예측 모델을 만들기 위해 해당 데이터를 최대한 많이 확보하고자 할 것이다. 그 첫 단추로 전기차를 다수 보유 중인 렌탈 업계와 손을 잡은 것이라고 볼 수 있다. 최근에 SK온은 일반 전기차 사용자 대상으로까지 배터리 수명 진단 서비스를 확대해 데이터 확보에 열을 올리고 있는 상황이다.

지금까지 가치사슬 산업의 디지털 기반 비즈니스 모델 확장에 대한 사례를 확인했고 여기서 몇 가지 공통점을 확인할 수 있었다. 우선 세 사례 모두 기존의 단방향적인 가치사슬을 순환 구조로 전환하려 노력했다는 점이다. 가치사슬 산업은 원재료부터 완제품 판매까지 단방향으로 구성되었다. 고객과의 접점은 완제품 판매 시이고 그동안 디지털화는 단방향 프로세스 내 디지털 기술을 도입해 효율성을 제고하거나 고객 접점 등에 디지털 기술을 도입 서비스 만족도 향상 수준에서 이뤄진다고 보았다. 하지만 앞서 언급된 사례의 공통점은 제품이나 제품과 연관된 서비스를 매개로 고객과 끊임없는 고리를 계속 만들어 간다는 것이다. 테슬라의 경우 자동차 그 자체이고 롤스로이스와 배터리는 제품에서 파생된 서비스를 통해서 고객과의 접점을 유지한다. 그리고 그 접점에서 고객은 '데이터'라는 고객 경험의 정형화된 결과물을 생산하고 이를 업체에 제공한다. 업체는 데이터를 기반으로 더 나은 기능, 서비스, 경험을 다시 고객에 제공한다.

물론 위의 사례들을 본업인 '제조 판매업'의 고객 관리 차원에서 제공하는 부수적 서비스이고 새로운 비즈니스 모델 수립이나 비즈니스 모델 전환으로 보기는 어렵다고 말할 수도 있다. 적어도 위의 서비스들이 한 기업의 온전한 비즈니스 모델이 됐다고 보려면 적어도 기존 업만큼은 벌 수 있어야 된다고 생각을 한다. 애플의 경우에도 초기에는 아이폰 판매가 위주였지만 지금은 상당 수의 매출이 앱스토어나 아이폰 기반 구독형 상품에서 나온다고 한다. 이 정도 되면 사람들은 해당 회사를 단순한 제조 판매업이라고 보지 않을 것이다. 이미 롤스로이스의 경우 신규 엔진을 제작해 판매하는 비율보다 토털 케어를 통한 수익이 더 크다고 한다. 이 쯤 되면 롤스로이스의 주된 수익 구조를 엔진 판매업보다 엔진 서비스업이라고 보는 게 맞지 않을까? 위의 사례에 언급된 기업뿐 아니라 가치사슬 산업이 데이터를 기반으로 순환형 사슬을 구축해 제품 판매업이 아닌 제품 서비스업으로 진화하는 과정을 지켜보는 것도 매우 흥미로울 것 같다.

자료: DIRI Sight, 2021.12.07.

토의해 봅시다

- 마이클 포터의 경쟁전략 유형에 대해 설명하시오.
- 기업의 경쟁우위 확보에 있어 정보기술의 역할에 대해 설명하시오.
- 경영혁신에 있어 정보기술의 역할에 대해 설명하시오.
- 비즈니스 프로세스 혁신에 있어 정보기술의 역할에 대해 설명하시오.
- 가치사슬상에서 정보기술의 활용에 대해 설명하시오.
- 오늘날 기업은 정보기술의 전략적 활용이 중요시되는데 그 이유에 대해 설명하시오.

참고문헌

- 고석하 외, 비즈니스 정보시스템, 생능출판사, 2008.
- 권순범 외, 경영정보시스템의 전략적 활용과 관리, 생능출판사, 2009.
- 김계수 외, 프로세스 중심의 경영혁신, 대경, 2008.
- 김성근 · 양경훈, 경영정보관리, 문영사, 2006.
- 김세중 · 송철호, 디지털경영시대의 경영정보시스템, 무역경영사, 2009.
- 김승일 · 한국 기업의 도전과 응전: 경영혁신의 주체와 프로세스, 국제기업전략연구소, 1995.
- 김우주 외, 경영정보시스템, 시그마프레스, 2007.
- 김은홍 · 김화영, 경영정보학개론, 다산출판사, 2006.
- 김의창 외, u-Business를 위한 정보관리론, 학현사, 2009.
- 노규성 · 조남재, 경영정보시스템, 사이텍미디어, 2010.
- 대한민국청소년의회기자단, 미국 1위 유통업체, 월마트의 전략과 전망, 2021. 11. 11.
- 문용은 외, 사례로 배우는 경영정보시스템, 시그마프레스, 2009.
- 양정식 외, 정보시스템, 한경사, 2010.
- 오재인, 유비쿼터스 시대의 경영정보학 개론, 박영사, 2009.
- 이범일, 혁신의 늪: 혁신이 실패하는 8가지 이유, 21세기북스, 1996.
- 이봉주, "경영혁신과 정보기술의 활용," 시사금융, 1998. 6.
- 이양규 외, 경영정보시스템의 이해, 사이텍미디어, 2007.
- 이재남, UIT를 위한 경영정보학원론, 국민대학교출판부, 2005.
- 이코노미조선, '글로벌 가구공룡' 이케아 상륙에도 매출 30% 증가 디자인 경쟁력 강화해 중국 시장 공략 나서, 2016. 07. 04.

- 이팔훈, 선진기업으로부터 배우는 경영혁신 사례, 정보화사회 170, 2004.
- 임규건 외, e-Business 시대를 위한 경영정보시스템, 2003.
- 정경수 외, 인터넷시대의 정보시스템, 이프레스, 2010.
- 창업워너비, 넷플릭스, 파괴적 혁신으로 시장을 지배하다, 2020. 08. 06.
- 최재화 외, 글로벌 경영을 위한 정보시스템, 북넷, 2009.
- 한재민, 경영정보시스템, 학현사, 2008.
- 현대경영, 경영혁신 보고서, 1994.
- DIRI Sight, 가치사슬 산업의 디지털 전환 사례 분석, 2021. 12. 07.
- Hammer, M., & J. Champy, "Reengineering the Corporation: A Manifesto for Business Revolution," Harper Business, New York, 1993.
- Parsons, G. L., "Information Technology: A New Competitive Weapon," Sloan Management Review, Fall 1983, pp.3–14.
- Porter, M. E., & V. E. Millar, "How Information Gives You Competitive Advantage," Harvard Business Review, July–August, 1985, pp.149–160.
- Porter, M. E., Competitive Advantage: Creating and Sustaining Superior Performance, NY: Free Press, 1985.
- Porter, M. E., Competitive Strategy: Techniques for Analysing Industries and Competitors, NY: Free Press, 1980.
- Schumpeter, J., Business Cycles, John Wiley & Sons, 1939.
- Taylor, J. C., "Participative Design: Linking BPR and SAP with an STS Approach," Journal of Organizational Change Management, 11(3), 1998, pp.233–245.
- Venkatrman, N., "IT–Enabled Business Transformation: From Automation to Business Scope Redefinition," Sloan Management Review, Winter, 1994, pp.73–87.
- www.gmarket.co.kr

MANAGEMENT INFORMATION SYSTEMS

PART 02

경영정보시스템을 활용한 기업의 경영혁신전략

CHAPTER

04

MANAGEMENT INFORMATION SYSTEMS

정보, 시스템 및 정보시스템의 관계

강동석 국가정보자원관리원장
"지능형 클라우드 서비스 전문기관으로 디지털 정부 선도"

강동석 국가정보자원관리원장(사진=박지호기자 jihopress@etnews.com)

국가정보자원관리원이 올해 말 대구센터(제3센터)를 완공한다. 대전·광주센터에 이어 재해복구(DR)센터로 지어지는 공주센터(제4센터)까지 완공되면 디지털 정부 구현을 위한 지능형 클라우드 센터가 오는 2025년 완성된다.

디지털 정부 방어를 위해 인공지능(AI) 기반 보안 체계로 전환한다. 일부 기능이 아닌 전체 시스템에 AI 보안 체계를 적용하는 것은 국가정보자원관리원이 세계 최초다. 인적 방어 비율을 줄이고 AI 방어 체계로 전환하는 사례에 국내뿐 아니라 해외 기관과 기업도 주목한다.

지난해 3월 취임한 뒤 코로나19 위기 속 디지털 정부 구현에 매진하고 있는 강동석 국가정보자원관리원장을 만나 올해 계획과 비전에 대해 들어봤다.

취임 1년이 지났다. 지난 1년간 어떤 부분에 중점을 뒀나.

▲지난 1년은 코로나19 확산에 따라 국가적으로 힘든 시기였다. 국가 정보 시스템을 운영하는 기관장으로서 무거운 책임감과 부담감을 가졌다. 비상 대책을 수립하고 운영에 차질이 생기지 않도록 철저하게 준비했다. 실제로 대전센터와 광주센터가 협력해 상호 관제를 수행했다. 대전센터가 격리될 경우 광주센터가 원격 운영할 수 있도록 했다.

비대면 전환으로 공직사회도 재택근무, 영상회의 시스템을 쓰게 됐다. 시스템 이용자 폭증에 따라 긴급한 용량 확충, 이용 편의성 개선, 모니터링 강화 등을 추진했다. 기존에 공직사회에서 재택근무 시스템은 해외 출장 시 이용하는 수준에 불과했지만 급격하게 이용자가 증가하면서 자원과 라이선스 등을 추가 확보했다.

긴급재난지원금 지급 시스템 역시 관리원에서 잘 준비해 국가 위기 극복에 기여했다. 자가격리자 관리 애플리케이션(앱) 등 관리원이 보유한 자원 인프라와 그간 축적한 기술 역량을 바탕으로 위기 대응에 일조했다.

이 과정에서 코로나19 위기 극복에 정보기술(IT)이 큰 역할을 한다는 사실을 다시 한 번 깨달았다. 중심에 국가정보자원관리원(이하 관리원)이 있고 어떤 상황에서도 국가 주요 정보 시스템의 안정적 서비스를 제공하는 것이 가장 중요한 임무라는 점을 느꼈다. 관리원 전문성이 우리나라 정부 수준을 결정짓는 요소이기에 직원에게도 자부심을 가지고 업무에 임해주기를 당부했다. 이 같은 노력은 정보 시스템 운영 안정성 향상, 정부 데이터센터(IDC) 관리 체계 개 등으로 나타나 3년 연속으로 최우수 책임운영기관으로 선정되기도 했다.

지난해 '지능형 클라우드 서비스 전문기관'으로 비전을 설정하고 센터 전환을 본격화하고 있다. 배경과 전략은 무엇인가.

▲우리 기관은 서비스 마인드를 갖고 있어야 한다. 1차적으로는 정부 부처가 고객이지만 정부 서비스를 받는 최종 수혜자는 국민이다. 부임 이후 비전을 기존 '지능형 클라우드 컴퓨팅 센터 구현'에서 '지능형 클라우드 서비스 전문기관'으로 수정했다.

대전・광주센터에 입주한 부처 레거시 시스템 클라우드 전환을 가속화할 예정이다. 공공기관 정보 시스템 수용을 위한 클라우드 전용 대구센터, 정부 서비스 연속성을 위한 재해복구 전용 공주센터, 48개 부처 개별 통신망을 통합하는 국가융합망을 완성할 계획이다.

전자정부 클라우드 플랫폼을 대구센터에 우선 적용하고(PaaS), 전자메일・지식관리・기록물 등 30여 개에 달하는 부처 공통 업무를 클라우드 서비스로 제공(SaaS)하기 위한 준비도 하고 있다. 최종적으로 2025년까지 4개 센터가 하나의 센터처럼 유기적으로 동작하고 다양한 클라우드 서비스를 제공하는 '지능형 클라우드 서비스 전문기관'으로 나아가고자 한다.

올해 업계가 가장 주목하는 사업은 클라우드 기반 대구센터다. 특히 오픈소스 도입을 적극 지원하면서 새로운 바람을 일으키고 있다. 추진 현황은 어떤가.

▲대구센터는 특정 회사 제품 종속성을 탈피하고 비용을 절감하고자 공개 SW 기반 클라우드 컴퓨팅 전용센터를 구축하기로 결정했다. 현재 대구센터 신축 공사 공정률은 지난달 말 기준으로 53% 수준이며 올해 말 준공을 눈앞에 두고 있다. 다음달 사업자를 선정한 뒤 오는 10월부터 공통 인프라 등 대구센터 전산환경 구축 공사를 추진할 예정이다. 빠른 시일 내에 포털 서비스와 사전 테스트베드를 제공, 입주대상 기관 편의와 클라우드 전환 관련 안정성을 높일 방침이다.

내년 하반기부터는 보건복지부・교육부・국토교통부・산업통상부 등 15개 중앙행정기관 50여 개 소속 및 산하기관에 우수한 품질의 클라우드 서비스를 제공할 수 있을 것으로 기대하고 있다. 2025년까지 약 80여 개 기관으로 서비스 대상기관을 확대할 계획이다.

사이버 보안에 대한 고려도 필요할 것 같다. 관리원 사이버공격 방어체계는 어떤가.

▲지금까지는 사람이 공격을 인지하고 분석・방어하는 체계로 대응, 한계가 있었다. 관리원에서 매일 발생하는 보안 이벤트는 적을 때 2000만 건, 많게는 5000만 건에 달한다. 모든 이벤트가 공격은 아니지만 관제 요원이 대응하기에 역부족이다. 사람이 대응한다고 가정하면 10만 명 정도가 필요하다. 전통적 방식으로는 더 이상 보안 문제를 해결할 수 없다.

보안 공격이 지능화한다는 점도 문제다. 사람은 이미 세상에 알려진 공격 위주로 방어할 수밖에 없다.

알려지지 않은 공격에 대응하려면 AI 기반 보안 체계가 필요하다고 판단했다.

관리원은 2018년부터 3년 동안 AI 기반 보안 시스템 구축을 추진했다. 올해 3월 세계 최초로 AI 기반 디지털 정부 보안 체계를 갖추고 보안관제와 분석 업무에 본격 활용하고 있다. IBM, 시스코 등 글로벌 IT 기업이 신규 위협정보 분석에 AI를 활용한 사례는 있으나 AI를 보안 체계 전면에 적용한 것은 관리원이 처음이다. 국내·외 콘퍼런스에도 여러 차례 소개됐으며 실제 문의도 매우 많다.

AI 기반 보안 체계는 알려진 공격을 방어하는 것에서 나아가 AI가 방대한 데이터를 스스로 학습한 뒤 보안 이상 징후를 감시하고 공격을 예측하고 자동 차단한다. 일일 평균 30억 건 이상 데이터를 전부 분석할 수 있다. 위험도 높은 공격을 선별하면 사람이 집중 분석하는 방식이다.

올해는 도입 첫해로 AI와 사람이 공동 대응하는 체계를 시범 적용하고 2023년까지 AI 학습을 강화하려고 한다. AI가 중심이 되는 사이버 위협 방어 체계를 전체 4개 센터에 전면 적용하는 것이 목표다.

클라우드와 AI는 하드웨어(HW)뿐만 아니라 SW 등 다방면 역량이 중요하다. 내부 인력 전문성이 뒷받침돼야 하는데 현재 관리원 직원 역량은 어떻게 평가하나.

▲원장 부임 전에는 전문 영역은 사업자가 맡고 공무원은 감독·관리 업무를 한다고 생각했다. 취임 이후 실제 일하는 모습을 보니 전문성이 기대 이상이었다. 운영·보안·클라우드·통신망 관리 등 각 분야에서 전문 역량을 갖춘 공무원이 업무에 열중하는 모습을 보고 요즘도 놀란다. 일부 전문성이 강한 직원은 필요한 솔루션이 있으면 오픈소스를 가져와서 직접 만들어서 쓴다.

코로나19 이후 긴급재난지원금 시스템 구축도 어려운 작업이었지만 관리원에서 동시접속자 100만 명 시스템을 만들어 냈다. 위기 대응 능력과 책임감이 뛰어나고 전문성도 높다.

신기술에 대한 전문성은 지속 향상시켜야 한다. 클라우드, AI, 빅데이터 등 신기술 관련 내부 교육 프로그램을 올해 확대하려고 한다. 클라우드 분야에 대한 수준 높은 전문 역량이 요구됨에 따라 그간 클라우드 역량 향상에 많은 노력을 해 왔다. 직원 역량이 향상된 만큼 올해부터는 클라우드 심화 교육 과정까지 개발하려 한다.

이외에도 사이버 보안, 자원 통합, 클라우드 등 여러 분야에서 민·관 합동 세미나를 개최해 민간 최신 기술을 신속하게 접하고 외부 전문가와 소통·교류할 수 있는 기회도 마련하고 있다.

관리원은 디지털 정부 구현 과정에서 어떤 역할을 하고 있나.

▲디지털 정부 목표는 결국 공공 서비스를 디지털로 전환하고 데이터를 활용, 국민에게 양질 서비스를 제공하는 것으로 요약할 수 있다. 관리원은 공공 서비스를 제공하는 정보 시스템과 데이터가 모여 있는 집합소로서 디지털 정부 구현을 위한 공통 인프라를 제공한다. 공통 인프라를 안정적이고 효율적으로 제공하기 위해 클라우드 전환, AI 기반 사이버 보안, 운영 체계 고도화 등 다양한 활동을 수행하면서 정부 서비스의 구조적 문제점을 진단하고 개선방향을 제시해 각 부처와 합동으로 정부 서비스 품질을 개선하는 컨설팅 기능도 확대하고 있다. 이 같은 역할을 앞으로도 충실히 수행해 범국가적으로 추진 중인 디지털

정부 혁신이 성공적으로 완성될 수 있도록 적극 지원하려 한다.

관리원은 공공 클라우드센터로 지난달 지정됐으며 많은 공공기관과 지방자치단체가 공공 클라우드 센터 도전장을 내밀고 있다. 이를 두고 추후 생겨날 공공 클라우드센터와 관리원이 경쟁 관계에 놓일 것이라는 시각도 있다.

▲국가 클라우드 경쟁력 강화라는 큰 틀에서 볼 때 공공과 민간 클라우드 서비스는 상호 보완적인 관계에 있다. 국가 안보, 국민 권익 등 중요 정보 시스템은 공공 클라우드를 활용하고 일반 공공 시스템은 민간 클라우드를 활용해야 한다.

중요 정보 시스템 서비스 측면에서도 관리원과 추후 생겨날 공공 클라우드센터는 상호 협력 관계다. 관리원은 중앙행정기관, 공공기관 정보 서비스를 중점 운영해 현실적으로 모든 공공 시스템 수용은 어렵다. 지자체 고유 업무와 같이 공공 클라우드 센터를 통해서 서비스해야 할 수많은 공공 시스템이 있다. 관리원과 다른 공공 클라우드 센터 연계를 통한 상호 운용성 확보는 공공 시스템 안정성에 크게 기여할 수 있다. 멀티·하이브리드 클라우드 등 관리원과 타 센터 상호 협력이 가능한 영역은 많이 존재한다.

범정부 클라우드 확산과 발전, 공공과 민간 상호 협력 관계 강화를 위해 관리원은 공공 클라우드 센터 표준화와 센터 간 시스템 연계 등 상호 운용성을 확보할 계획이다. 전자정부플랫폼과 파스타(PaaSTA) 등 클라우드 고도화 플랫폼도 확산하겠다.

데이터 3법 시행 이후 공공에서도 데이터 결합전문기관 신청 등 데이터 관련 신규 서비스, 기술 개발 등에 투자하고 있다. 관리원은 이와 관련해 어떤 서비스나 계획을 갖고 있나.

▲데이터 3법과 '한국판 뉴딜' 정책에 따라 관리원도 IT 인프라 관리·운영을 넘어 데이터 활용까지 업무 확장이 필요하다는 내부 공감대가 형성됐다. 관리원은 45개 중앙행정기관의 1300여 개 업무 서비스가 집중돼 있다. 올해 대구센터가 준공돼 공공기관이 입주하게 되면 데이터 집중은 더욱 가속화할 전망이다. 이런 데이터 활용을 위한 첫 걸음으로 가명정보 결합전문기관을 준비하고 있다.

관리원이 가명정보 결합전문기관으로 지정된다면 관리원에 입주한 모든 기관이 활용할 수 있는 가명처리와 결합을 위한 시스템과 절차 등을 마련, 데이터 처리 신뢰를 높이고 예산을 절감할 수 있다. 특히 가명처리와 결합 시 국가 핵심 데이터를 외부에 반출하지 않고도 내부에서 안전한 서비스 제공이 가능해진다.

가명정보 결합전문기관을 시작으로 공공 데이터 활용을 통해 진정한 의미의 국가 데이터센터로 발돋움하기 위한 계기를 마련할 계획이다. 지난해 제정된 데이터 기반 행정 활성화에 관한 법률에 의해 향후 설치될 분야별 데이터 분석 센터와 정부 통합 데이터 분석 센터와도 상호 협력을 추진, 공공 데이터 이용 활성화를 위한 시너지 효과를 기대한다.

자료: 전자신문, 2021.05.06.

제1절 데이터, 정보 및 지식의 개념

오늘날 우리는 '정보(Information)'라는 용어를 말하기도 하고 듣기도 하면서 생활하고 있다. 더구나 늘 중대한 의사결정을 해야 하는 경영자에게는 정보가 없어서는 안 될 중요한 경영자원으로서 막중한 역할을 수행하고 있다. 이제 모든 기업은 정보 없이 하루도 운영될 수 없다. 따라서 정보는 기업뿐만 아니라 모든 조직을 운영하는 데 있어서 필수적인 요소가 되었음에도 불구하고 대부분의 경우 정보의 개념에 대해 정확히 알고 있거나 정보의 중요성에 대해 인식하고 있는 사람이 그리 많지 않은 것 같다. 따라서 본 절에서는 정보의 개념, 특성 그리고 왜 정보를 자원과 같이 관리해야 하는지에 대하여 살펴보고자 한다.

1. 데이터, 정보, 지식의 개념과 관계

우리가 일상에서 자주 사용하는 '데이터(Data)'와 '정보(Information)'는 같은 의미로 혼동되는 경우가 많다. 그러나 개념적으로 볼 때, 데이터와 정보는 분명히 차이가 있다. 데이터는 라틴어의 'do', 'dare'에서 유래했으며 '주다(to give)'라는 의미를 가지고 있다. 일반적으로 특정한 일에 사용될지도 모르는 사실, 이미지, 소리 등을 말하며 정보를 생산하는 데 필요한 원재료라고 할 수 있다. 즉 단순한 사실들에 대한 기록으로서 그 사실만으로는 큰 의미가 없는 것이다. 예를 들면, 어떤 가구회사의 전국 대리점 수, 매출액, 각 상품별 재고량, 영업사원의 사원번호, 판매되는 상품의 번호 등은 그 자체만으로는 특별한 의미가 없으므로 데이터라 할 수 있다.

정보는 라틴어 'informo', 'informare'에서 유래했으며 '형식을 주다(give form to)'라는 의미를 지니고 있다. 정보는 그 형식이나 내용이 특정한 목적이나 용도에 적합하게 사용될 수 있는 데이터를 의미한다. 정보란 의사결정에 유용하도록 구성하고, 추출하고, 요약된 데이터라고 할 수 있다. 즉 정보란 의사결정자에게 유용할 때에만 그 의미를 갖게 되고 별 의미를 갖지 못하는 사람에게는 단순한 데이터에 불과하다. 예를 들어, 이른 아침 직장에 출근하려는 사람에게 그날의 일기예보는 우산을 준비해 나가야 할지 말지를 결정

그림 4-1 데이터, 정보, 지식의 관계

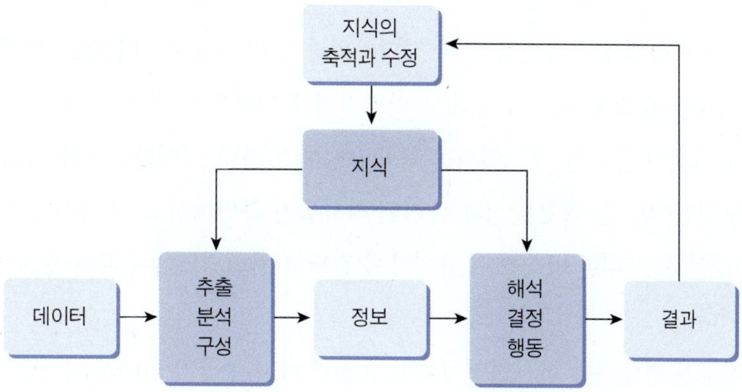

자료: 한재민, 경영정보시스템, 학현사, p.81.

하는 의미 있는 정보이지만, 밖에 나가지 않고 하루종일 집에 있게 될 사람에게는 단순한 데이터에 불과하다.

데이터와 정보 외에 인간의 행동이나 의사결정에 직접적인 영향을 미치는 것이 지식(Knowledge)이다. 지식이란 행동과 의사결정에 지침을 제공하는 본능, 아이디어, 규칙 그리고 절차 등을 의미하는데 정보를 획득한 이후에 사용자로 하여금 해석하고, 결정하고, 행동한 결과가 인간의 뇌에 축적되고 저장되는 것을 말한다.

[그림 4-1]은 데이터, 정보, 지식 간의 개념적 관계를 나타낸 것이다. 데이터는 특정한 목적을 위하여 구성, 추출, 분석과정을 거쳐서 정보로 만들어진다. 그리고 만들어진 정보를 기반으로 하여 정보이용자는 해석하고, 의사결정을 하게 된다. 또한 의사결정을 통한 행동은 결과를 낳게 된다. 그 결과는 예상했던 기대치와 비교 · 분석해 향후 어떻게 정보를 해석하고 의사결정을 하고 행동할 것인가에 관한 새로운 지식으로 축적되거나 기존 지식을 수정하게 된다.

이러한 데이터, 정보 그리고 지식은 경영관리기능과 계층에 따라 서로 요구되는 형태와 내용이 다르기 때문에 이들을 처리하고 가공하고 제공하는 정보기술이나 정보시스템은 각기 상이한 요구를 충족시킬 수 있게 개발되어야 한다.

2. 정보의 특성

정보사회에서는 정보를 다른 경영자원과 같이 중요한 자원으로 인식하고 있다. 이러한 정보는 수많은 데이터 중에서 의사결정에 활용되기 위해 유용한 형태로 가공되어지는데 이것이 유용한 정보인지는 목표달성에 얼마나 기여하는가와 밀접한 관련이 있다. 물론 모든 정보는 목표달성과 관련된 의사결정 측면에서 보면 가치가 모두 동일할 수 없으며, 언제, 어떠한 방식으로 자료가 수집되고 처리되느냐에 따라 정보의 가치는 달라지게 된다.

정보가 경영자나 의사결정자에게 유용한 가치를 갖기 위해서는 다음과 같은 일반적인 특성을 가지고 있어야 한다.

(1) 정보의 정확성(Accuracy)

정보의 정확성이란 정보에 오류가 없다는 것을 의미한다. 의사결정을 하려는 정보이용자는 항상 정확한 정보를 원하지만 직면하는 의사결정이나 문제에 관련된 데이터를 정확하게 수집하는 것이 매우 어렵기 때문에, 또는 처리방법이 적절하지 못해 정보의 정확도가 달라질 수 있다. 이러한 부정확성은 정보의 사용목적에 큰 영향을 주지 않는 한 심각한 문제로 제기되지 않는다. 의사결정자가 허용할 수 있는 정보의 정확성 정도는 직면하게 되는 상황에 따라 달라지게 되는데, 시간적으로 긴급을 요하는 정보인 경우 오류가능성이 상대적으로 높기 때문에 의사결정자는 적시성과 정확성 사이에서 절충해야 한다. 그리고 관련성이 적은 정보인 경우 의사결정에 영향이 크지 않기 때문에 정보의 정확도가 떨어진다 해도 그 정보를 활용하게 되고, 반대로 관련성이 높아 정보의 정확도가 의사결정에 중대한 영향을 미치게 되는 경우에는 정보의 정확도를 중요한 질적 특성으로 고려해야 한다.

(2) 정보의 신뢰성(Reliability)

정보는 신뢰할 수 있어야 하며, 데이터의 원천과 수집방법에 따라 정보의 신뢰성이 달라질 수 있다. 예를 들면, 어떤 근거나 자료를 갖고 있지 않은 고등학생이 국제유가가 급등할 것이라고 했을 때, 이 정보는 신뢰성이 없다고 할 수 있다. 그러나 에너지 전문연구기관의 연구원이 국제유가에 대한 정확한 데이터를 수집하고 분석한 후에 국제유가가 급등할 것이라고 했다면, 이 정보는 신뢰성이 있다고 할 수 있다.

(3) 정보의 관련성(Relevance)

정보의 관련성은 정보가 필요로 하는 목적에 맞게 사용될 수 있는지의 여부에 따라 결정된다. 의사결정과정에서 특정 정보가 절대적으로 필요하거나 혹은 어떤 정보의 사용으로 의사결정의 결과가 향상된다면 그 정보는 관련성이 있다고 할 수 있다. 그러나 정보의 관련성은 절대적인 기준으로 평가하기가 어려운데 그 이유는 동일한 내용의 정보도 그 정보를 사용하는 목적에 따라 관련성의 정도가 달라지기 때문이다. 예를 들면, 국제 목재가격이 하락할 것이라는 정보는 가구업체에는 관련성이 있으나, 컴퓨터 칩을 제조하는 회사에는 관련성이 없다고 할 수 있다. 또 다른 예로, 항공회사의 좌석예약 업무를 담당하는 직원에게 빈 좌석 수는 관련성이 있는 정보이지만, 잠재고객의 개인적 특성인 성별, 직업, 소득 등과 같은 정보는 관련성이 없다고 할 수 있다. 그러나 잠재고객의 개인적 특성과 관련된 정보는 고객의 특성을 분석해 마케팅전략을 수립하는 데는 관련성이 있는 정보라 할 수 있다.

(4) 정보의 적시성(Timeliness)

정보는 필요할 때 필요에 맞는 정보가 제공되어야 한다. 정보는 적시성 여부에 따라 가치가 변할 수 있기 때문에 시간적 가치를 가지고 있다고 할 수 있다. 일반적으로 의사결정을 하는 데 있어서 정보의 가치는 시간이 흐를수록 떨어지지만, 정보이용자가 속한 계층과 수행하는 업무에 따라 적시성의 정도가 달라질 수 있다.

예를 들면, 최근 소비자의 기호 변화나 시장의 변화와 관련해서 의사결정을 할 때는 가장 최근의 정보가 필수적이지만, 장기적인 수요예측이나 판매예측 등에는 시간이 어느 정도 지난 정보도 활용될 수 있다.

(5) 정보의 검증가능성(Verifiability)

정보의 검증가능성은 정보의 정확성을 확인할 수 있는 능력을 말하는 것으로 정보의 정확성을 검증할 수 없다면 그 정보를 신뢰할 수 없게 된다. 따라서 신뢰할 수 없는 정보는 상대적으로 적시성과 관련성이 높다고 하더라도 정보의 가치는 매우 낮게 평가될 수밖에 없다.

일반적으로 정보의 정확성을 검증하는 방법은 이미 정확하다고 알려져 있는 정보와 비교하는 방법, 정보의 원천을 확인하는 방법, 혹은 정보의 원천으로부터 자료를 역추적하거나 데이터로부터 정보를 추적하여 일치 여부를 확인함으로써 검증하는 방법이 있다.

3. 정보자원의 관리

과거 산업사회에서는 전통적인 경영자원인 사람, 기계, 자금(3M: Man, Machine, Money)을 얼마나 효율적으로 운영하느냐에 따라 기업의 생존이 결정되었다고 해도 과언이 아니다. 그러나 정보사회에 진입하면서 정보는 기업에 그 무엇보다도 중요한 경영자원으로 인식되는데 그 이유는 정보 없이는 기업이 가지고 있는 경영자원을 효율적으로 활용할 수 없기 때문이다. 이와 같이 정보가 기업의 중요한 자원이라면 정보도 다른 경영자원과 동일하게 관리되어야 한다.

기업경영에서 정보자원관리의 필요성은 크게 다음과 같은 두 가지로 요약될 수 있다. 첫째, 과거에 비해 경영관리의 복잡성이 증대되었기 때문에 체계적인 정보자원관리가 필요하다고 할 수 있다. 둘째, 복잡한 경영문제를 보다 효과적이고 효율적으로 해결하기 위한 수단으로 정보기술의 활용이 그 어느 때보다 절실히 요구된다고 할 수 있다.

(1) 경영관리의 복잡성 증대

오늘날 기업의 경영관리가 과거 어느 때보다 어려울 뿐만 아니라 점점 더 복잡해지고 있는데, 그 이유는 글로벌 경영환경하에서 경쟁을 해야 하고, 기술이 발전함에 따라 더욱 복잡해지는 기술로 경쟁을 해야 하기 때문이다. 또한 환경변화에 민첩하게 대응하기 위해 보다 빠른 의사결정을 해야 하는 것은 물론 환경오염이 중요한 사회적 이슈로 떠오름에 따라 사회환경문제에 대처해야 하는 어려움에 직면하고 있기 때문이다.

1) 경영환경의 글로벌화

정보기술의 급격한 발전으로 디지털 시대가 확산되면서 경제활동의 글로벌화는 더욱 빠르게 진행될 것으로 예상할 수 있다. 특히 인터넷과 초고속통신망을 통해 기업들은 별다른 추가 비용 없이 글로벌 경영환경에서 기업활동을 할 수 있는 체제가 만들어지고 있다. 이와 같은 현상은 전 세계 대부분의 기업들의 경영활동에서 상당히 진전되고 있다. 따라서 규제의 완화, 시장의 자유화 및 무역 장벽의 철폐 등을 통해 효율성을 높일 수 있는 가능성도 그만큼 커져 시장 메커니즘과 기업 간 경쟁구도도 더욱 빠르게 전환될 것이다.

2) 가속화되는 기술의 복잡성

최근 기업들에 더 복잡하고 과학적인 경영관리에 대한 필요성이 증대되고 있는 이유는 첫째는 고객의 기호가 변화하고 있을 뿐만 아니라 점점 더 다양해지고 있으며, 둘째는 급변하고 있는 시장환경에 신속하고 유연하게 대응하기 위해 다양한 정보를 빠른 시간에 분석해야 하는 것은 물론 경쟁이 심화되고 있는 가운데서도 이익을 달성해야 하고, 셋째는 생산을 비롯한 경영기능의 효율성 증대를 위해 도입되는 각종 기술들을 관리하는 문제가 예전보다 훨씬 복잡해지고 있기 때문이다.

3) 보다 빠른 의사결정 요구

고객 요구에 대한 신속한 대응, 시장 변화 및 경쟁사에 대한 능동적이고 즉각적인 대응, 경영환경의 급격한 변화로 인해 기업활동의 템포가 과거에 비해 가속화되고 있다. 최근에는 기업이 새로운 제품을 개발할 때 설계에서 생산까지 걸리던 시간이 대폭 줄어들어 새로운 제품이 시장에 나오는 기간이 점점 짧아지고 있다. 과거에 비해 고객서비스에 대한 대응이 신속하게 이루어지고 있는 것은 그만큼 서비스에 관련된 업무처리 시간이 단축되었다는 것을 보여주고 있는 것이다. 따라서 경영자나 관리자들의 업무처리나 의사결정은 더욱더 빠르게 이루어져야 한다.

4) 경쟁의 심화

경쟁의 정도가 가속적으로 심화되고 있는 상황에서 기업들은 경쟁력을 향상시키기 위해 효율성 극대화를 위한 무한한 노력을 하고 있다. 특히 과거에는 생각하지도 못했던 미미한 부분까지 효율성을 높여 이윤을 향상시켜야 하는 상황에 처해 있다.

과거에는 관세 장벽으로 상대적으로 보호된 시장환경하에서 기업활동을 하던 국내 기업들은 시장개방으로 인해 경쟁우위에 있는 세계적인 선진기업들과 살아남기 위해 치열한 경쟁을 해야만 한다. 또한 후발 개발도상국들의 저가 상품 유입으로 가격경쟁력이 떨어져 시장에서의 입지가 점차 좁아지고 있으며, 고부가가치 상품의 경우는 선진기업들과의 품질경쟁으로 어려움이 가중되고 있다. 특히 소득수준 향상으로 고객들의 기호가 점점 다양해지고 있는 가운데 이들의 요구를 만족시킬 수 있는 기업활동이 요구된다. 따라서 기업의 경영자들은 경쟁에서 살아남기 위해 경쟁사의 한계점을 넘을 때까지 기업의 효율성을 극대화해야 하는 상황에 직면하고 있다.

5) 환경보존에 대한 사회적 관심 증대

기업의 목표는 이윤을 추구하는 것이지만 이윤의 극대화만을 고집해 사회와 공존하지 못하는 기업은 더 이상 존재하기가 어렵다. 기업은 제품이나 서비스의 생산을 통해 이윤을 창출하게 되는데 생산과정에서 배출된 환경오염에 대한 사회적 관심이 점점 커지고 있다. 따라서 기업의 경영목표나 기업활동 방식이 과거와 다른 모습으로 바뀌어야 한다. 종종 기업은 환경보존 측면에서 좋지 않은 이미지로 인해 기업의 존폐에 영향을 받기도 한다. 또한 지역사회나 지역환경에 부정적 영향을 미치는 기업활동들로 인해 기업이 문을 닫아야 하는 상황이나 공장을 이전해야 하는 어려움을 겪을 수도 있다. 이러한 새로운 요인들이 새로운 공장입지 선정, 제품설계, 제품생산 및 판매활동에 영향을 미치는 중요한 요인들이기 때문에 기업들은 환경에 대한 사회적 관심을 경영활동에 반드시 고려해야만 한다.

(2) 정보기술 활용을 통한 효율적 문제해결

경영환경이 급속하게 변화하고 더욱더 복잡해짐에 따라 경영관리자가 직면하는 문제를 효과적으로 해결하는 것이 훨씬 어려울 뿐만 아니라 더 많은 노력과 시간이 요구된다.

표 4-1 정보 활용의 국내 · 외 대표적 사례 기업

기업	정보활용 형태	정보활용 내역에 대한 개략적 묘사
삼성물산	맞춤 마케팅	기성복 가운데 고객이 원하는 옷이나 색상이 없을 경우 공장에서 만들어 이를 가정으로 배달해 주는 서비스 운영
삼왕인터내셔널 / 끌레벨 / 유로메이트	맞춤 마케팅	고객의 체형에 맞게 속옷을 맞춰 주는 기능성 속옷 제조
토요타 자동차	맞춤 마케팅	주초에 고객이 제시한 차종, 엔진, 색상, 선택사양 등을 토대로 그 주 금요일에 배달해 주는 맞춤 생산 서비스 실시
델 컴퓨터 말레이시아 공장	맞춤 마케팅	아시아 지역에서 주문한 개별 고객의 주문사양에 맞게 조립하여 국제특급배달 서비스를 이용하여 고객에게 직접 배달
국내 이동통신	업체 간 정보 공유	통신요금 체납자 정보 및 분실 또는 도난된 이동전화 단말기 정보를 토대로 만들어진 데이터베이스를 가입신청 시 불량고객 색출에 활용
	맞춤 마케팅	다양한 고객을 동시에 끌어들이고 고객이탈을 방지하기 위해 다양한 요금옵션과 할인제도를 도입한 서비스 프로그램을 제공
모토로라	맞춤 마케팅	고객이 고른 호출기 기능에 대한 정보를 전화나 전자사서함을 통해 입수하여 이를 바로 생산현장으로 넘겨 제품을 조립한 후 그 다음날 배달해 주는 서비스
Levis Strauss	맞춤 마케팅	고객의 취향과 체형에 맞는 청바지 맞춤 서비스
Tesco PLC (www.tesco.co.uk)	표적 마케팅	고객의 식료품 구입기록을 토대로 취향에 맞는 제품에 대한 할인 쿠폰만을 배달해 주는 서비스
Experian Information Solutions (www.experian.com)	정보의 상품화	고객의 신용거래실적 정보를 가공하여 타 업체에 서비스
Merck–Medco Managed Care	정보의 상품화	의료보험 클레임 기록자료를 분석하여 특정 처방의 효과를 제약업체에 판매
Wal–Mart	표적 마케팅	일기 변동에 따른 음료수 재고 확보량의 정확한 예측
컨티넨탈 항공	신속한 대처	매 시간마다 지역별, 국가별, 노선별 실적사항을 파악하여 필요한 대처를 신속하게 수행함
Travelocity	맞춤 마케팅	특정 목적지의 항공권 구입을 위해 5일 이내 3회 이상 검색할 경우 맞춤형 여행 제안을 제시함

자료: 김성근 · 양경훈, 경영정보관리, 문영사, p.6.

이에 문제해결을 합리적으로 하기 위해 과학적인 기법이 활용되는 것은 물론 더 신속하고 정확하게 문제를 풀고 답을 구하기 위해 정보기술을 활용하고 있다.

생산현장의 문제를 해결하기 위해 응용수학을 이용한 과학적 경영기법이 1950년대 기업에 도입되어 적용되기 시작하였으며, 1960년대 들어 적용범위가 기업의 모든 영역으로 확대되면서 경영과학이란 학문으로 체계화되었다. 이와 같이 계량적이고 과학적인

기법들은 컴퓨터 활용의 확산으로 효용성이 더욱 높아졌고, 1980년대 이후 개인용 컴퓨터 보급이 확산되면서 활용이 더욱 가속화되었다. 그 이후 사무자동화시스템의 발전으로 경영관리자의 문제해결 노력은 훨씬 효율적으로 수행되고 있다. 이와 같이 점점 복잡해지는 경영환경에서 경영관리자는 다양한 정보기술을 적절하게 활용함으로써 문제해결을 보다 효율적으로 수행할 수 있다.

잠시 쉬어가기

'교통의 미래' 지능형 교통시스템(ITS)

임규건 한양대 경영대학 교수, "첨단기술 확보보단 기업 수준에 맞는 정보관리체계 구축을"

자율주행자동차 시대가 다가오면서 자율주행차의 최대 기능을 발휘하며 안전하게 달릴 수 있는 교통 인프라가 절실해지고 있다. 현 수준의 도로, 철도, 항공, 대중교통의 '일반 인프라'에서 업그레이드된 '디지털 인프라'가 필요한 시점이다. 이에 차량과 도로가 실시간으로 통신하는 '지능형 교통 시스템(ITS)'이 차세대 먹거리로 관심을 받고 있다.

'지능형 교통시스템(ITS)'의 정의와 목적

'지능형 교통시스템(ITS, Intelligent Transportation Systems)'은 교통수단 및 교통 시설에 전자 · 제어 및 통신 등 첨단 기술을 접목해 교통정보 및 서비스를 제공하고 이를 활용함으로써 교통 체계의 운영 및 관리를 자동화해 교통의 효율성과 안전성을 향상시키는 교통 체계를 뜻한다.

버스 정류장의 버스 도착 안내 시스템, 교차로에서 교통량에 따라 자동으로 차량 신호가 바뀌는 시스템, 내비게이션의 실시간 교통 정보, 하이패스 등이 ITS 서비스이다.

ITS 국가교통정보센터는 ITS 서비스 분야를 교통 관리, 대중 교통, 전자 지불, 교통 정보 유통, 여행 정보 제공, 지능형 차량 · 도로, 화물 운송 7개 분야로 나누어 개발하고 있다. ITS 이용으로 물류비, 시설 유지 관리, 에너지 등을 절감하여 경제력이 강화되고, 교통 혼잡과 사고를 예방하는 등 교통안전을 개선시키고 있다.

ITS는 가속화되고 있는 정보화 사회에 맞는 신속, 안전, 쾌적한 차세대 교통체계를 구현하는 데 목적을 두고 있다.

ITS 서비스는 크게 △ATMS(Advanced Traffic Management System) △ATIS(Advanced Traveler Information System) △APTS(Advanced Public Transportation System) △CVO(Commercial Vehicle Operation) △AVHS(Advanced Vehicle and Highway System)로 분류된다.

ATMS는 도로상에 차량 특성, 속도 등의 교통 정보를 감지할 수 있는 시스템을 설치하여 교통 상황을 실시간으로 분석하고, 이를 토대로 도로 교통의 관리와 최적 신호 체계의 구현을 꾀하는 동시에 여행시간 측정과 교통사고 파악, 과적 단속 등의 업무 자동화를 구현한다. 예로 요금 자동 징수 시스템과 자동단속시스템이 있다.

ATIS는 교통 여건, 도로 상황, 출발지에서 목적지까지의 최단 경로, 소요 시간, 주차장 상황 등 각종 교통 정보를 FM 라디오방송, 차량 내 단말기 등을 통해 운전자에게 신속, 정확하게 제공함으로써 안전하고 원활한 최적 교통을 지원한다. 예로 운전자 정보 시스템, 최적 경로 안내 시스템, 여행 서비스 정보 시스템 등을 들 수 있다.

APTS는 대중교통 운영체계의 정보화를 바탕으로 시민들에게는 대중교통 수단의 운행 스케줄, 차량 위치 등의 정보를 제공하여 이용자 편익을 극대화하고, 대중교통 운송 회사 및 행정 부서에는 차량관리, 배차 및 모니터링 등을 위한 정보를 제공함으로써 업무의 효율성을 극대화한다. 예로 대중교통 정보 시스템, 대중교통 관리 시스템 등을 들 수 있다.

CVO는 컴퓨터를 통해 각 차량의 위치, 운행상태, 차내 상황 등을 관제실에서 파악하고 실시간으로 최적운행을 지시함으로써 물류비용을 절감하고, 통행료 자동 징수, 위험물 적재 차량 관리 등을 통행 물류의 합리화와 안전성 제고를 도모한다. 예로 전자 통관 시스템, 화물차량 관리 시스템 등이 있다.

AVHS는 차량에 교통상황, 장애물 인식 등의 고성능 센서와 자동제어장치를 부착하여 운전을 자동화하며, 도로상에 지능형 통신시설을 설치하여 일정 간격 주행으로 교통사고를 예방하고 도로소통 능력을 증대시킨다.

정보통신기술과 교통의 접목

빠르고 안전한 교통소통을 도와주는 지능형 첨단교통망인 ITS는 기존 교통시설의 이용효율을 극대화하는 차세대 교통체계다. 자동차 운행 중 전국의 도로, 교량 등의 상황을 실시간으로 알게 해주는 것도 ITS의 기능 중 하나다.

특히 도로는 지능형 교통 시스템 (ITS)에서 가장 빠르게 성장하는 부문이다. 상업용 차량이 늘어남에 따라 많은 물류 업체가 자산 모니터링 및 관리 시스템을 도입하도록 권장하고 있는 것으로 알려지고 있다. GE Capital, AT&T와 같은 회사는 함대 배출 및 실시간 위치 상태를 지속적으로 모니터링하기 위해 텔레매틱스 차량 솔루션을 채택해 회사가 전체 차량을 진단한 후 유지보수 비용을 절감하고 운전자의 생산성을 높일 수 있는 일정을 잡을 수 있도록 지원한다.

이외에 ITS는 교통량의 변화에 따른 실시간 교통신호 제어, 요금징수 자동화, 사고 등 돌발 상황에 대한 신속한 조치, 실시간 교통정보 및 우회경로 정보를 제공함으로써 교통 체증을 감소시키기도 한다. 또 차량뿐만 아니라 지하철, 철도, 비행기 등 타 교통수단과의 정보교류를 통해 종합적인 교통 정보망을 구축해 언제 어디서든지 현재 교통상황을 알 수 있도록 해준다.

무엇보다 국내・외적으로 정보통신기술과 교통의 접목을 위한 수많은 연구가 이뤄지고 있다. ITS의 등장은 자동차 및 도로 교통을 중심으로 기술이 발달하고 있는 현실에서 곧 철도, 해상, 항공 교통 분야로 확대될 예정이다.

지능형 교통 체계 구축 사업에는 차량번호 자동 인식, 돌발 상황 관리, 도로 교통 정보, 실시간 신호 제어, 버스 정보, 버스 전용 차로 단속, 자가 통신망 등 최첨단 시스템도 포함되어 있다.

자료: 도시미래신문, 2018.12.28.

제2절 시스템의 개념, 특성 및 유형

우리는 컴퓨터시스템, 교육시스템, 경영시스템, 기계시스템 등 '시스템'이라는 용어를 자주 듣게 된다. 기업도 하나의 시스템으로 기업경영은 조직이라는 시스템을 통해 이루어지는 것은 물론 정보기술을 이용한 정보시스템은 조직의 경영활동을 효율적으로 지원함으로써 목적달성에 도움을 준다. 본 절에서는 시스템은 무엇인지, 목적과 기능이 다른 시스템들을 어떻게 구별할 수 있는지, 또한 공통적으로 가지고 있는 특성은 무엇인지에 대해 살펴보고자 한다.

1. 시스템의 정의

1930년대 폰 베르탈란피(L. von Bertalanffy)에 의해 일반 시스템 이론이 제시되었는데, 이는 시스템이라 불릴 수 있는 실체에 공통적으로 적용할 수 있는 기본 개념이라 할 수 있다.

그 후 1950년대 중반 보울딩(K. Boulding)이 시스템 이론의 목적과 기본 골격을 재구성하면서 일반 시스템 이론은 더욱 체계화되었다. 이후 여러 학자에 의해 일반 시스템 이론은 경영학 분야에 적용되었으며, 에코프(R. Ackoff)와 사이먼(H. Simon) 등은 의사결정과 정과 정보시스템을 파악하는 데 시스템 이론을 적용하였다.

시스템이란 '가공 · 처리기능을 통하여 입력물(Input)을 출력물(Output)로 전환함으로써 공통의 목표나 기능을 달성하기 위하여 상호작용하는 요소 또는 실체들로 구성된 집합체'로 정의할 수 있다. 이러한 시스템 이론에 기업을 적용해 보면, 기업은 이윤창출이라는 기업의 목표를 달성하기 위해 사람, 자금, 원자재, 기계, 절차 등의 다양한 요소로 구성된다. 기업의 경영기능이라 할 수 있는 구매, 생산, 마케팅, 회계 및 인력관리 등은 이윤창출이라는 기업의 목표를 달성하기 위한 구성요소들 간의 상호작용이라고 할 수 있다.

[그림 4-2]에서 보는 바와 같이 시스템은 환경으로부터 제공받은 입력물을 가공 · 처리과정을 통해 시스템의 목적에 맞게 출력물을 생산하여 다시 환경에 제공하는 기능을 수행한다. 이러한 기능을 효과적으로 그리고 효율적으로 수행하기 위해서는 일정한 규

그림 4-2 시스템의 모형

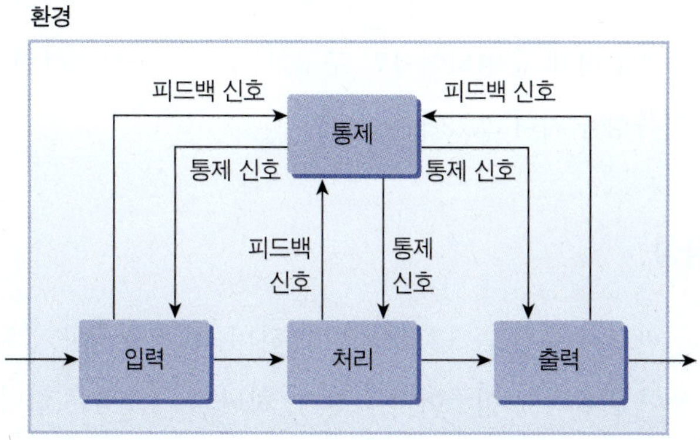

자료: 한재민, 경영정보시스템, 학현사, p.39.

칙과 절차에 의해 주어진 역할과 기능을 수행하고 상호작용하도록 통제받게 되며 목표 달성 여부에 따라 평가를 받게 된다.

환경으로부터 제공받은 입력물의 가공·처리과정을 통해 생산된 출력물이 목표치와 차이가 나거나 입력물을 출력물로 전환하는 과정이 바람직하지 않은 경우가 있게 되는데, 이러한 경우는 사이버네틱(Cybernetic) 시스템을 통해 교정하고 통제하게 된다.

시스템을 구성하는 구성요소를 살펴보면, 어떤 시스템이든지 목표가 있는데 여기서 목표의 의미는 시스템의 성공 여부를 가늠하는 기준을 제공함과 동시에 시스템이 존재해야만 하는 이유이기도 하다. 하위시스템은 시스템을 구성하고 있는 구성요소로서 시스템이 목적을 달성할 수 있도록 입력물을 출력물로 전환하는 데 필요한 기능을 제공한다. 시스템과 환경을 구분하는 영역을 시스템 경계라고 하며 경계 내부는 시스템, 그리고 외부는 환경이라고 한다. 이러한 환경은 시스템 외부에 존재하면서 시스템에 영향을 미치며 시스템이 필요로 하는 입력물을 제공하기도 하고 출력물을 제공받기도 한다. 시스템의 구성요소인 하위시스템들은 서로 연결되어 상호작용(Interface)함으로써 시스템의 목적에 맞는 역할과 기능을 수행하게 된다. 또한 하위시스템들은 일정한 규칙과 절차에 의해 주어진 역할과 기능을 수행하고 상호작용하도록 통제(Control)된다.

2. 시스템의 특성

시스템이 원활하게 운영되어야만 추구하는 목적을 달성하게 되는데 이를 위해서는 다음과 같은 특성을 지니고 있어야 한다.

(1) 목적성

시스템은 반드시 목적을 가지고 있어야 하며, 이를 달성하기 위해서는 구성요소들 간의 상호작용이 원활하게 이루어져야 한다. 하나의 시스템은 하나 이상의 하위시스템으로 구성되므로 전체 목적은 물론 각각의 하위시스템이 추구하는 목적이 있다.

(2) 자동성

시스템은 환경과 상호작용을 통해 영향을 받는다. 이로 인해 시스템의 조건이나 상황의 변화가 일어날 가능성이 항상 존재하므로 변화에 대해 시기적절하게 대응 · 처리할 수 있도록 설정되어야 한다. 다시 말하면, 자동성을 갖추고 있는 시스템이란 업무상의 판단, 결정, 선택 등이 자동적으로 처리되도록 고려된 시스템을 의미한다.

(3) 제어성

정해진 규정이나 궤도로부터 이탈되는 사태나 현상의 발생을 사전에 감지하여 수정해 나가는 시스템을 말하는 것으로 높은 제어성을 갖추고 있는 시스템일수록 신뢰성이 높은 시스템이라고 할 수 있다.

(4) 종합성

시스템은 하나 이상의 하위시스템으로 구성되고, 이들 시스템 간의 상호작용을 통해 목적을 달성하게 된다. 따라서 시스템을 구성하고 있는 하위시스템들은 시스템의 목적 달성을 위해 필요한 기능을 수행해야 한다.

(5) 시너지효과(Synergy Effect)

시너지효과란 시스템을 구성하는 개별 개체가 전체로 통합된 개체로서 얻은 결과가 전체를 구성하는 개별 개체의 합을 초과하여 나타나는 현상으로 정의할 수 있다. 다시 말하면, 시스템을 구성하는 요소들이 개별적인 노력으로 얻을 수 없는 결과를 하나의 시스템으로 달성할 수 있다는 의미로 해석할 수 있다.

지금까지 설명한 특성 외에도 시스템은 많은 특성을 포함하고 있는데 더 많은 특성을 포함하고 있는 시스템일수록 의사결정자와 외부환경과의 인터페이스를 원활하게 수행하도록 해준다.

3. 시스템의 유형

시스템은 물리적 실체의 존재 여부, 환경과의 상호작용 여부, 시스템 행태의 규칙성, 시스템 구성요소, 그리고 환경변화에의 적응 여부에 따라 구분한다.

(1) 추상적시스템과 물리적시스템

추상적시스템은 시스템으로서 특성과 구성요소를 갖추고 있으나 물리적인 형태가 존재하지 않는 시스템으로 학문체계, 사고체계, 개념체계 등이 있다. 물리적시스템은 물리적인 형태가 존재하는 시스템으로서 컴퓨터시스템, 기계시스템 및 경영시스템 등이 있다.

(2) 개방시스템과 폐쇄시스템

개방시스템은 환경과의 상호작용을 통해 입력물, 즉 자원, 정보, 에너지 등을 주고받는 시스템으로 기업, 정보시스템, 학교 등을 들 수 있다. 개방시스템은 생존을 위해 계속적으로 외부환경 변화에 대처하고 적응해 나간다. 이와 반대로, 폐쇄시스템은 환경과의 상호작용이 없는 시스템으로서 미리 프로그램된 교통신호체계나 생산설비의 제어시스템 등으로 이들은 교통량이나 생산현장의 변화에 의해 영향을 받지 않는다.

(3) 확정적시스템, 확률적시스템, 그리고 무작위시스템

확정적시스템, 확률적시스템, 그리고 무작위시스템은 시스템이 지니고 있는 결과 예측력에 의해 구분할 수 있다. 확정적시스템은 입력과 처리과정에 따라 출력 결과를 예측할 수 있는 시스템으로 컴퓨터시스템은 입력되는 자료와 프로그램의 논리를 미리 파악할 수 있으면 처리과정을 거쳐 출력되는 결과를 예상할 수 있다.

확률적시스템은 출력되는 결과를 확률적으로만 예측할 수 있는 시스템을 말하는데, 이 시스템의 경우 출력되는 결과에 대한 예측에 오차가 발생할 수 있어 오차를 반영해 출력되는 결과를 예측하게 된다. 또한 어느 정도의 오차로 인해 불확실성이 존재하게 된다. 특히 특정 상황에서 정확한 결과를 예측할 수가 없다.

무작위시스템이란 확률적으로 결과를 예측하는 것이 불가능한 것으로, 이는 그 구성요소들 간의 활동규칙이나 상호관계가 불확실하기 때문이다.

(4) 인간시스템과 기계시스템

인간시스템은 시스템을 구성하고 있는 요소가 사람들인 시스템을 말한다. 가장 대표적인 시스템으로는 사단법인이 있다. 이와 반대로 기계시스템은 시스템을 구성하고 있는 요소가 기계들인 시스템을 말한다. 사람의 도움 없이도 운영될 수 있는 완전한 기계시스템으로 자동화된 생산설비가 대표적인 예이다. 그러나 기계시스템의 경우 대부분의 기능이 기계에 의해 자동으로 처리된다 해도 사람에 의해 처리되어야 하는 기능이 있어 인간과 기계의 상호 협력으로 운영된다. 이러한 시스템을 인간 · 기계시스템이라 한다.

(5) 적응시스템과 비적응시스템

적응시스템이란 환경변화에 시스템이 스스로 적응할 수 있는 능력을 갖춘 시스템을 말하며, 이와 반대로 변화에 적응할 수 있는 능력이 없는 시스템을 비적응시스템이라 한다.

지금까지 시스템을 다양한 기준으로 분류해 보았는데, 그 이유는 시스템의 종류에 따라 운영방식이 달라져야만 하고 이에 따라 시스템의 성공과 실패가 결정되기 때문이다. 예를 들어, 정보시스템을 기계시스템의 관점에서 보고 구축하게 되는 경우, 주요 관심의 대상은 어떤 하드웨어를 구입하고 어떤 프로그램을 개발할 것인가가 될 것이다. 이러한 관점에서 정보시스템을 개발해서 활용하게 되면 기존의 업무방식, 제도, 그리고 조직체계 등에 대한 고려가 부족하게 되어 시스템을 운영하게 될 조직 구성원들로부터 환영을 받지 못해 성공적으로 구현되지 못할 가능성이 높아진다. 또한 기업을 적응시스템이 아닌 비적응시스템으로 인식하고 운영하게 되는 경우, 환경변화에 적응하지 못해 경쟁에서 살아남지 못하게 될 것이다.

4. 시스템 접근법

시스템 접근법(System Approach)이란 시스템을 파악하고자 할 때, 시스템을 구성하고 있는 개별 개체활동과 전체 시스템의 활동을 동시에 고려해 종합적인 관점에서 문제를 분석하고 해결하고자 하는 방법이다. 이와 같이 시스템을 개별 요소뿐만 아니라 전체적인 관점에서 이해하는 것은 물론 환경 파악, 시너지효과 추구를 적절하게 적용하게 되면 문제해결을 위한 접근이 보다 쉽고 효율적일 뿐만 아니라 효과적이라서 성과가 높아질 수 있다.

시스템 접근법을 활용하게 되면 문제해결 대상을 전체의 관점에서 접근하기 때문에 각각의 개별 요소들에 집착하는 경우 발생할 수 있는 부분최적화의 문제를 피할 수 있다. 또한 개체를 전체와 개별 요소로 분석해 전체시스템을 구성하는 하위시스템들의 역할을 분석함으로써 시스템 분석을 보다 용이하게 할 수 있어 복잡한 문제를 보다 쉽게 해결할 수 있는 가능성을 높일 수 있다.

5. 시스템 관점에서 본 기업

시스템 관점에서 본다면 기업은 기업을 둘러싸고 있는 경영환경으로부터 입력물을 제공받아 가공 · 처리과정을 거쳐 제품과 서비스라는 출력물을 생산하고 이를 다시 환경에 제공하는 시스템이라고 할 수 있다. 기업이 제품이나 서비스를 산출하기 위해 환경으로부터 제공받는 필요한 입력물은 인력, 기술, 원자재, 자본 등이 있으며 기업이 가공 · 처리과정을 통해 생산하는 출력물은 제품과 서비스, 그리고 부산물이 있다. 기업이 환경

그림 4-3 시스템 관점에서 본 기업

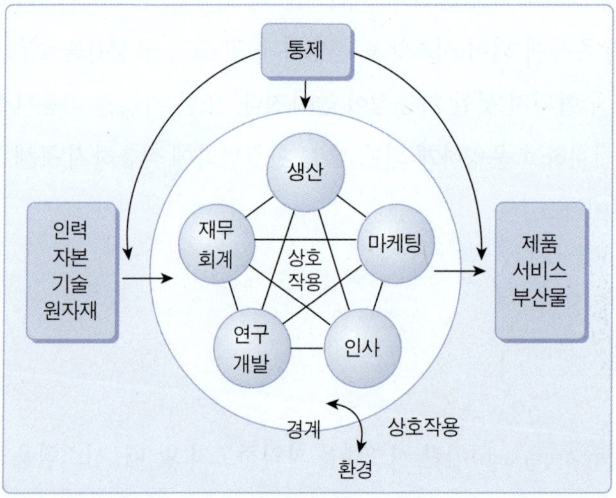

자료: 한재민, 경영정보시스템, 학현사, p.44.

에 산출하는 부산물에는 기업의 이익을 사회에 환원하는 것과 같은 바람직한 산출물도 있지만 우리가 살고 있는 환경을 오염시키는 부정적인 산출물도 있다. 과거에는 기업시스템의 산출물로 제품과 서비스만을 고려하였으나 최근 들어 환경오염에 대한 중요성이 강조됨에 따라 환경오염과 같은 부산물에 대한 인식이 더욱더 높아지고 있다.

기업시스템은 제품과 서비스 생산을 통해 목표를 달성하게 되는데 이를 위해 필요한 기능과 역할을 수행하는 하위시스템들로 구성된다. [그림 4-3]에서 보듯이 기업시스템은 다양한 형태의 하위시스템들로 구성되는데 각 하위시스템들은 각기 독립적인 기능과 역할 등을 수행한다. 또한 기업시스템은 하위시스템들 간의 상호작용을 통해 시스템의 성과를 높인다. 예를 들면, 기업은 생산과 마케팅 기능의 상호작용, 생산과 연구개발 기능 등의 상호작용을 통해 더 높은 경영성과를 산출해 낼 뿐만 아니라 환경과 상호작용을 통해 환경변화를 파악하고 변화에 적응할 수 있는 대응책, 즉 기업전략을 수립하게 된다. 기업시스템은 기업 전체가 추구하는 목표, 그리고 그에 따른 각 하위시스템들의 목표 및 목표달성을 위한 기능과 역할, 다른 하위시스템들과의 상호작용에 대한 통제를 통해 효율적인 목표달성을 추구한다.

6. 시스템 엔트로피

엔트로피(Entropy)란 시스템의 부조화 및 무질서를 말하는 것으로 안정된 균형상태를 잃어버리는 것을 의미한다. 모든 시스템은 시간이 지남에 따라 점차 기능이 쇠약해져 결국은 정지됨으로써 균형상태를 잃어버리는 경향을 나타낸다. 이를 엔트로피의 증가현상이라고 한다. 그러므로 시스템을 오래 방치하게 되면 결국은 엔트로피가 최고수준까지 도달하게 되고 이는 시스템의 기능을 정지하거나 해체하게 된다. 따라서 시스템이 계속 존재하는 것은 물론 주어진 목적을 달성할 수 있도록 하기 위해서는 부의 엔트로피(Negative Entropy)를 수행함으로써 엔트로피가 증가하는 것을 억제해야만 한다.

표 4-2 엔트로피의 예

시스템	엔트로피의 징후	부의 엔트로피
기업조직	종업원의 이직 · 퇴직, 사기 저하	신규채용, 동기부여
정보시스템	• 프로그램 오류 • 자료 처리 시간 지연	• 프로그램 수정 • 정보시스템 재구축

잠시 쉬어가기

신세계백화점, '디지털 신세계' 꿈꾼다

신세계백화점이 유통과 IT의 결합으로 4차 산업혁명의 가속 페달을 밟고 있다.

디지털과 친환경이 우리 사회 주요 이슈로 떠오른 만큼 새로운 경영 전략을 모색 중이다.

신세계백화점은 지난달 처음 선보인 전자가격표시기(ESL: Electronic Shelf Label)를 올해 점포별로 확대 설치한다는 계획이다.

3월 본점 신선식품 코너를 시작으로 강남, 광주, 영등포, 경기점에도 순차적으로 도입한다.

전자가격표시기는 과거 종이에 표시했던 상품의 가격 등을 전자 종이와 같은 디지털 장치를 활용해 표시하는 방식이다. 중앙 서버에서 상품 정보를 변경하면 무선 통신을 통해 매장 내 전자가격표시기에 자동 반영된다. 기존 종이 가격표의 경우 용지, 코팅 등 소모품이 많았다.

신세계백화점은 불필요한 인쇄 작업을 디지털로 전환하면서 친환경이라는 두 마리 토끼까지 잡았다는 평가다.

실제로 지난해 12월 본점 가공식품 코너에 전자가격표시기를 선보인 이후 한 달을 분석해 보니 업무시간은 혁신적으로 줄었다. 기존 시스템의 경우 매주 평균 3,700여 개의 종이 가격표를 교체했는데 평균 31시간이 걸렸다. 매번 컴퓨터로 상품 정보를 입력하고 인쇄, 코팅까지 하면서 불필요한 업무시간이 가중되곤 했다.

전자가격표시 도입 이후 관련 업무에 투입되는 시간은 일주일에 3.8시간으로 10분의 1 수준으로 단축됐다. 정보 업로드부터 인쇄, 제작, 교체 등 비효율적인 업무 프로세스도 간소화되면서 사소한 실수도 사라졌다. 무엇보다 직원들의 만족도가 가장 높았다.

현장에서 근무하는 사원들은 세일 행사 직전엔 30분~1시간 일찍 출근하거나 전날 늦게 퇴근해 가격을 점검해야 했다. 전자가격표시기를 도입한 이후 업무가 간소화되면서 정시 출퇴근도 수월해졌다는 반응이다. 종이 가격표 제작과 교체에 투입하는 시간이 사라지면서 고객 응대 업무에 쓸 수 있는 시간도 늘었다.

지난해 1월 1일부터 주 35시간 근무제도를 시작한 신세계백화점은 그동안 업무 효율화 방안을 찾기 위해 노력해 왔다. 점포 영업시간도 30분 단축하면서 매장 관리자들의 작업 또한 간소화하기 위해 시스템도 개발했다.

신세계는 이번 전자가격표시기 운영 데이터를 바탕으로 업그레이드 버전을 확대 적용할 방침이다. 그동안 쌓은 정보를 데이터베이스화해서 앞으로 상품 관리를 체계화하는 것은 물론, 원산지 등 다양한 제품 정보를 시각화할 수 있도록 만든다는 계획이다.

백화점 식당가에 도입한 '스마트 대기 서비스'도 반응이 뜨겁다.

작년 9월 신세계 강남점과 경기점에서 처음 선보인 '스마트 대기 서비스'는 줄을 서지 않아도 식당가를 이용할 수 있는 시스템이다. 식당 앞에서 기다릴 필요 없이 이름만 올려놓으면 모바일로 알려주는 서비스로 고객들의 호응이 높다. 신세계는 이번 달 본점을 시작으로 다음 달 센텀시티점, 5월 광주점, 7월 의정부점까지 순차적으로 스마트 대기 서비스를 시작하기로 했다.

스마트 대기 서비스를 이용하는 고객은 모바일을 통해 실시간 대기 정보뿐만 아니라 메뉴도 미리 확인할 수 있다. 기다리는 동안 쇼핑을 하는 등 효율적으로 시간을 활용 가능한 것도 장점이다.

백화점의 입장도 긍정적이다.

우선 대기 중 해당 매장을 이탈하는 고객을 최소화할 수 있고, 매장 관리자 역시 상황을 실시간으로 확인할 수 있다. 무엇보다 대기시간이 쇼핑시간으로 전환되면서 매출 증대로도 이어졌다는 평가다.

신세계백화점 디지털이노베이션 담당 조우성 상무는 "디지털 혁신 기술을 유통 현장에 접목시키기 위해 노력하고 있다"며, "고객 편의와 직원들의 업무 효율을 높이는 다양한 디지털 시스템을 개발해 나갈 것"이라고 말했다.

자료: 신세계그룹 뉴스룸, 2019.01.15.

제3절 기업에서의 정보시스템의 역할

정보는 기업의 중요한 자산으로 정보시스템으로 정보를 관리하고 있는 기업의 현재 모습을 조명하고 향후 기업의 경쟁우위를 예측할 수 있는 지표인 것이다. 본 절에서는 정보시스템의 개념을 정의하고 그 구성요소를 분석하고 정보시스템의 역할을 시대별로 살펴본다.

1. 정보시스템의 개념

정보시스템(Information Systems: IS)이란 경영자가 경영활동을 수행하는 과정에서 요구되는 의사결정, 조정 그리고 통제를 지원하기 위한 정보의 수집, 분석, 저장, 배분과 관련된 모든 구성요소들의 집합이라고 할 수 있다. 정보시스템은 경영자와 근로자가 직면하는 문제를 분석하고, 복잡한 주제를 구체화하고 명료화하며, 새로운 제품을 설계하고 생산하도록 지원한다. 이를 위해 정보시스템은 조직이나 조직을 둘러싸고 있는 환경에서 의미 있는 인적·물적자원과 장소, 사실, 사물에 관련된 정보를 포함하고 있다.

그림 4-4 정보시스템의 기능

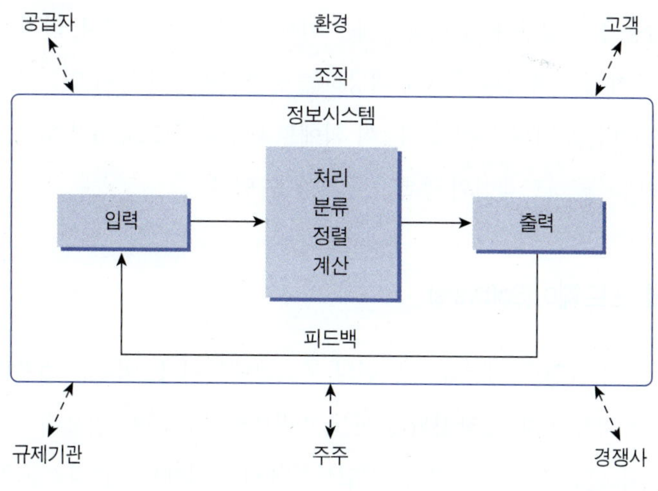

자료: 이양규 외, 경영정보시스템의 이해, 사이텍미디어, p.12.

정보시스템은 세 가지 활동, 즉 입력, 처리, 출력으로 구성된다. 정보시스템의 이러한 활동은 조직이 의사결정을 하고, 운영을 통제하며, 문제를 분석하고, 새로운 제품과 서비스를 개발하는 데 필요한 정보를 생산한다.

입력은 조직 내에서 또는 외부환경으로부터 데이터를 획득하거나 수집하는 것을 의미한다. 처리는 이러한 원시 입력 데이터를 의미 있는 형태로 변환시키는 과정을 말한다. 출력은 처리된 정보를 사용할 사람이나 사용될 활동에 유용한 형태로 전달하는 과정을 의미한다.

그리고 정보시스템은 출력된 정보를 평가한 다음 피드백을 하게 된다. 피드백은 입력단계를 평가하거나 교정하는 데 도움이 되도록 조직의 해당 구성원에게 반송되는 출력을 말한다.

2. 정보시스템의 구성요소

정보시스템이 지향하는 목표를 원활하게 달성하기 위해서는 다음과 같은 여섯 가지 구성요소가 필요하다고 할 수 있다.

(1) 하드웨어(Hardware)

하드웨어란 물리적인 구조를 가지고 있는 컴퓨터 장비를 말하는 것으로 입력, 처리, 출력 활동을 수행한다. 입력장치에는 키보드, 마우스, 스캐너, 터치스크린 등이 있으며, 처리장치에는 컴퓨터의 두뇌에 해당하는 중앙처리장치 등이 있고, 출력장치에는 대표적으로 프린터, 모니터 등이 있다. 이 외에도 다양한 하드웨어가 있으며 사용자의 필요에 따라 선택되는 하드웨어의 종류가 달라질 수 있다.

(2) 소프트웨어(Software)

컴퓨터의 작업을 지시하는 일련의 프로그램들이다. 이들은 컴퓨터로 하여금 새로운 문서를 작성하게 하고, 작성된 문서를 프린트하기도 하며, 필요에 따라서는 저장된 문서를 불러와 편집을 하기도 한다. 영업부서에서는 마케팅정보시스템을 이용해 월별 영업실적을 처리할 뿐만 아니라 영업보고서를 작성해 경영자에게 보고하기도 한다. 소프트웨어는 크게 시스템 소프트웨어와 응용 소프트웨어로 나누어진다. 시스템 소프트웨어는 중앙처리장치의 운영관리, 입출력 및 파일관리, 각종 자원과 컴퓨터시스템의 활동, 통제 등의 기능을 수행한다. 응용 소프트웨어는 특정 업무의 수행을 위해 작성된 모든 프로그램을 말하며, 응용범위에 따라 모든 분야에서 활용할 수 있도록 작성된 범용 소프트웨어와 특정 요구에 맞추어 작성된 전용 소프트웨어로 분류된다.

(3) 데이터베이스(Database)

여러 사람에 의해 공유되어 사용될 목적으로 통합하여 관리되는 데이터의 집합을 말하며, 데이터 항목의 중복을 없애고 데이터를 구조화하여 저장함으로써 데이터 검색과 갱신의 효율을 높인다. 여기에는 고객, 종업원, 판매정보, 상품정보, 거래처리 기록, 경쟁 업체의 매출액 등의 다양한 내용이 들어 있다.

데이터베이스를 운용하고 관리하는 시스템을 데이터베이스관리시스템(Data Base Management System: DBMS)이라고 하며, 이 시스템 없이는 데이터베이스를 실제적으로 운영하기가 어렵다. 또한 DBMS는 사용자와 응용 프로그램에 편리하고 효율적인 데이터베이스 사용환경을 제공한다.

(4) 통신 및 네트워크(Communication & Network)

통신은 하드웨어와 소프트웨어로 구성된 조직의 컴퓨터시스템을 서로 연결시켜 주며 네트워크는 데이터 또는 프린터와 같은 자원을 공유하기 위하여 2개 이상의 컴퓨터를 연결하는 것을 말한다. 통신은 기업의 시간과 공간의 제약을 없애 제품 생산을 더욱 빠르게 할 수 있도록 할 뿐만 아니라 신속한 의사결정과 새로운 시장으로의 진출을 가능하게 한다. 또한 기업이 고객이나 공급업자와의 관계를 새롭게 구축할 수 있는 기회를 제공한다.

전 세계 2백여 국가에서 사용하고 있는 인터넷은 수억 개가 넘는 호스트 컴퓨터를 가지고 수백만 개의 네트워크를 연결하는 글로벌 네트워크이다. 급속히 확산되고 있는 인터넷은 기술의 발전과 함께 기존의 조직 구조와 비즈니스 프로세스 및 관행을 빠르게 바꿔 놓고 있어 기업경영에 새로운 가능성을 제시하고 있다.

그림 4-5 정보시스템의 구성요소

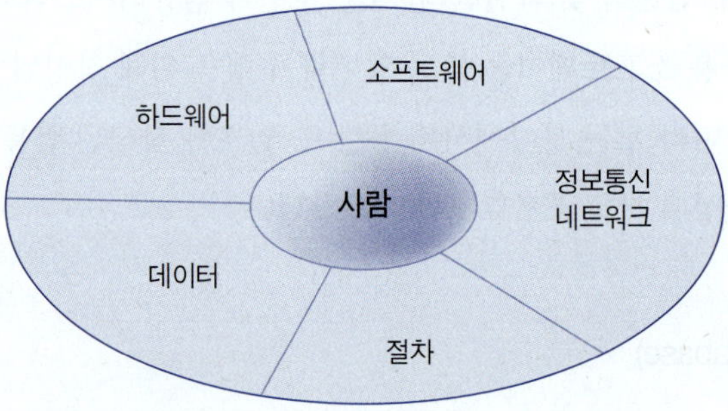

자료: 노규성 외, 경영정보시스템, 사이텍미디어, p.169.

(5) 사람(Person)

정보시스템을 구성하고 있는 요소 중 가장 중요한 요소는 무엇보다도 사람이다. 정보시스템은 그것을 구축하고 유지하는 숙련된 기술을 가지고 있는 정보시스템 전문가와 개발된 정보시스템을 이용해 비즈니스 목표를 달성하기 위하여 재무, 인사, 생산, 마케팅 부서의 경영자나 관리자 또는 일반종업원들이 사용하게 된다.

정보시스템을 구축하고 운영할 수 있는 사람도 없고 그 시스템을 이용해 업무를 수행하는 사람이 제공되는 정보를 어떻게 이용해야 할지 모른다면 아무리 완벽하게 구축된 시스템이라도 가치가 없는 무용지물이 되기 때문이다.

(6) 절차(Procedure)

절차는 정보시스템을 개발하고 활용하기 위한 전략, 정책, 방법, 규칙, 순서 등을 말하는 것으로 프로그램들이 언제 실행되어야 하는지, 어떤 사람이 데이터베이스에 접근할 수 있는지, 그리고 재난이 발생했을 때 어떻게 해야 하는지를 기술한다.

표 4-3 정보시스템의 물리적 구성요소

물리적 요소	내용
하드웨어	물리적인 컴퓨터 기기 및 관련 기기를 말하며, 5가지 주요 요소(입력장치, 출력장치, 주기억장치, 보조기억장치, 중앙처리장치)로 구성된다.
소프트웨어	하드웨어의 동작과 작업을 지시하는 명령어의 모음인 프로그램 및 절차를 의미한다.
정보통신 네트워크	컴퓨터 및 전송기기의 연결을 통해 데이터의 공유와 다양한 형태의 의사소통을 가능하게 하는 통신망으로서 정보통신용 하드웨어와 소프트웨어를 포함한다.
데이터	응용 소프트웨어에 의해 생성되고 저장되는 모든 데이터를 의미하며, 이 데이터가 처리되어 정보로 활용된다. 일반적으로 데이터는 보조기억장치로 사용되는 물리적인 기억 매체에 수록된다.
절차	매뉴얼이나 지침서와 같이 물리적인 형태를 가지는 공식적인 운영 절차 등을 의미한다. 주요 절차 형태는 사용자 지침, 입력자료 준비를 위한 지침, 컴퓨터 운용을 위한 지침 등이다.
사람	시스템 분석가, 시스템 설계자, 프로그래머, 컴퓨터 운영요원, 데이터 준비요원, 정보시스템 관리요원, 데이터베이스 관리자 등이 있다.

자료: 노규성 · 조남재, 경영정보시스템, 사이텍미디어, p.169.

3. 기업에서의 정보시스템 역할

오늘날 컴퓨터 성능의 혁신적인 발전과 가격 하락으로 정보기술 적용 분야가 확산되면서 기업의 경영방식에도 큰 변화를 보이고 있다. 정보기술의 급격한 발전에 따라 기업의 환경이 급격히 변화하고 있으며 이러한 변화의 양상들이 가지고 있는 공통된 특징은 변화에 적절히 대응하기 위해서 방대한 양의 정보처리능력을 요구하고 있고 기업들은 이러한 요구를 충족하기 위해 정보시스템 활용에 박차를 가하고 있다.

이와 같이 기업은 정보시스템의 효율적 활용을 통해 기업의 디지털화를 촉진하고, 세계화의 기회를 갖게 되며, 업무의 자동화로 비즈니스 목적과 문제를 해결하고, 경쟁우위를 획득하는 수단으로서 그 역할이 강조되고 있다.

(1) 디지털 기업의 등장

1990년대 들어 급격한 정보기술의 발전과 인터넷 확산으로 조직을 혁신하려는 움직임이 일어나면서 산업사회에는 없었던 '디지털 기업(Digital Enterprise)'이라고 하는 새로운 형태의 기업이 나타나게 되었다.

여기서 말하는 디지털 기업은 고객, 공급업자, 조직 구성원들과의 비즈니스 관계를 주로 디지털 기술을 이용해서 관리하는 기업을 의미한다. 이 기업의 특징은 개별 조직 규모의 네트워크나 조직 간을 연결하는 네트워크를 통해 핵심 비즈니스 프로세스가 수행된다는 점이다. 이것의 의미는 새로운 제품을 개발할 때 공급업자와 정보를 공유하거나, 고객의 주문을 접수하고 처리할 때, 생산과 관련된 활동들 그리고 심지어는 종업원의 채용과 같은 비즈니스 프로세스들을 정보기술을 통해 보다 효율적으로 처리할 수 있다는 것이다.

디지털 기업은 회사의 주요 자산인 지식재산권, 특허권, 인적자원 및 비즈니스 모델 등을 디지털 기술을 이용해 관리하며, 경영자의 합리적 의사결정을 지원할 뿐만 아니라 주요 의사결정에 필요한 정보를 항시 제공할 수 있어야 한다. 디지털 기업은 전통적 기업보다 환경변화에 보다 신속하게 대응할 수 있기 때문에 기업이 생존하는 데 필요한 환경변화에 대한 유연성이 높으며, 글로벌경영을 할 수 있는 기회 및 환경을 풍부하게 제공한다. 결과적으로 기업이 비즈니스 프로세스를 디지털 방식으로 전환하면서 효율성이 제고됨에 따라 기업의 경쟁력을 향상시키는 데 기여할 수 있을 것이다.

(2) 세계화의 기회

인터넷의 출현으로 기업과 소비자들은 거의 비용을 들이지 않고 시간과 공간의 제약 없이 의사소통을 할 수 있게 되었다. 소비자들은 전 세계 어디에 있든지 하루 24시간 1년 365일 제품과 서비스를 구입할 수 있을 뿐만 아니라 제품이나 서비스에 대한 정보를 실시간으로 제공받을 수 있다. 이와 반대로 기업은 정보기술을 활용함으로써 자사의 해외 지점망이나 전략적 제휴기업과의 네트워크화 또는 해외 데이터베이스 등을 통해 시시각각 변화하는 다양한 국제정보를 얻을 수 있어 해외기업들의 관리상의 어려움을 극복할 수 있게 되었다. 또한 기업은 인터넷을 활용함으로써 세계 여러 곳에 흩어져 있는 고객을 지원할 수 있고, 분산되어 있는 활동들을 최적으로 활용할 수 있으며, 제품생산계획도 조정할 수 있다. 또 다른 측면에서는 정보통신기술을 활용함으로써 가장 저렴한 가격으로 물품을 공급할 수 있는 공급자를 짧은 시간에 쉽게 찾을 수 있게 되었다. 따라서 오늘날 기업은 시간과 공간의 제약 없이 언제 어디서나 지구촌에서 경영활동을 수행할 수 있게 되었다.

(3) 업무의 효율적 처리

정보기술의 발전에 따라 기업 업무 수행에 정보기술이 그 대상과 범위를 넓혀 다양한 분야에서 활용되고 있다. 경영환경이 급변하고 불확실성이 증대되고, 이에 따라 조직 내 단위부서 간의 상호 의존성이 높아지면, 업무 간, 프로세스 간, 조직 간의 조정을 위해 다양한 데이터의 처리가 요구된다. 이러한 상황에서 정보시스템은 자동화를 통한 업무처리의 효율성을 증대시키는 데에 주요한 목적이 있다. 생산시스템, 주문처리시스템, 판매시스템 그리고 회계시스템 등과 같은 거래 처리의 효율화를 위한 정보시스템은 가장 기본적인 기업활동을 처리하기 위한 시스템으로 조직의 일상적인 활동을 지원한다. 이들 시스템은 기업이 원활히 운영되기 위해 지속적으로 사용되어야 하는 시스템으로 정보시스템의 근간이 된다.

(4) 의사결정의 효율적 지원

현대 조직은 규모가 점점 커지고 있을 뿐만 아니라 복잡해지고 있다. 이로 인해 조직은 설정한 목표를 달성하기 위해서 조직을 둘러싸고 있는 불확실성이 크고 급변하는 환경에 대한 정확한 판단을 바탕으로 적절하고 효율적인 의사결정을 내려야만 한다. 이와 같은 상황 속에서 신속한 의사결정을 내릴 수 있도록 해주는 정보기술의 지원은 기업에 경쟁우위를 가져다줄 수 있을 것이다.

적절한 정보기술의 활용은 효과적인 의사결정을 지원할 수 있고 경영자로 하여금 합리적인 경영을 가능하게 할 것이다. 기업은 ERP와 같은 전사적 시스템을 활용하여 복잡하고 불확실성이 커지고 있는 경영환경 속에서 적절하고 신속한 의사결정을 내릴 수 있도록 한다.

(5) 공급자와 소비자의 관계 강화

정보기술은 조직부서 간의 의사소통을 원활하게 할 뿐만 아니라 공급자, 소비자 등과 같은 외부 이해관계자들과의 관계를 강화시킨다. 공급업자와의 관계에서 기업은 정보통신기술을 활용함으로써 제휴나 협조관계를 통하여 시장에 관련된 정보나 기술에 관련된 정보 그리고 거래에 관련된 정보를 보다 원활하게 공유하게 된다. 이에 따라 공급업자와의 관계가 더욱 강화된다고 할 수 있다. 소비자와의 관계 또한 인터넷과 같은 정보통신기술을 활용하여 보다 강화된 서비스를 제공함과 동시에 고객 요구의 변화를 즉각적으로 파악하고 대응할 수 있어 고객들과의 관계도 강화된다고 할 수 있다.

(6) 경쟁무기로서의 역할

오늘날 컴퓨터의 고성능화, 대용량화 그리고 다양한 기능을 수행하는 소프트웨어의 비약적 발전과 더불어 인터넷 활용이 일반화되면서 정보기술은 이제 어느 조직에서나 없어서는 안 될 중요한 비즈니스 인프라로, 그리고 기업의 비즈니스 운영을 재설계하는 데 무엇보다도 중요한 도구로 인식되었다. 특히 디지털 기업이나 전자상거래의 경우, 정보기술 자체가 기업의 비즈니스 환경의 핵심 인프라이며 또한 비즈니스 가치를 창출하는 데 있어 경쟁무기로서 가장 중요한 역할을 하고 있다.

(7) 새로운 사업영역으로의 진출

정보기술을 활용하여 기업의 중요한 경영자원인 인적 · 물적자원, 자금, 정보 등을 결속함으로써 종합적인 관리가 가능하게 되었다. 이에 따라 기업은 새로운 사업영역으로의 진출이 기술적으로 가능하게 되었다. 예를 들면, 지금까지는 독립적으로 수행되는 연관 분야에서 정보기술을 활용함으로써 종합적인 서비스를 제공하는 새로운 상품을 개발할 수 있게 되어 새로운 제품에 대한 수요를 창출하게 된다. 따라서 정보기술은 기업으로 하여금 새로운 사업영역에 진출할 수 있는 가능성을 제공하고 있다. 또한 인터넷을 활용한 사이버 공간에서의 상거래나 무점포 판매 등의 새로운 유통경로와 기법의 개발로 기업이 고객에게 다가갈 수 있는 방법이 점차 다양화되고 있다. 이뿐만 아니라 기업은 정보기술을 활용함으로써 기업의 업태를 혁신시킬 수 있고 신상품을 제공할 수 있는 능력을 강화할 수 있다.

(8) 경쟁우위의 확보

오늘날 많은 기업들이 정보시스템과 정보기술에 그렇게 많은 투자를 하고 있는 이유는 비즈니스의 수행이 정보시스템에 전적으로 의존하고 있기 때문이다. 정보시스템이 기업의 전략적 목표달성을 위한 경쟁우위 확보와 전략적 비전 실현을 위한 전략적 수단으로서 중요한 역할을 담당해야 한다는 견해가 점점 부각되고 있다. 오늘날 많은 기업들은 경쟁의 심화, 소비자 요구의 다양성 등 환경변화의 도전에 따라 정보시스템을 활용해 가치 있는 정보를 적시에 생산하고 이를 기반으로 경쟁력 높은 제품이나 서비스를 생산함으로써 시장에서의 경쟁우위를 확보해야 한다는 인식이 확산되고 있는 실정이다.

예를 들면, Federal Express사는 정보기술을 사용하여 모든 화물의 위치를 추적할 수 있는 서비스를 고객에게 처음으로 제공한 기업으로서 정보시스템 그 자체가 경쟁우위를 가져다주었다.

4. 정보시스템 역할의 변화

처음 컴퓨터가 개발되어 기업에 활용되기 시작했을 때 컴퓨터의 역할은 단순히 거래처리의 효율성 증대에 있었다. 즉 급여를 계산하고 고객의 주문을 처리하는 등 수작업으로 처리하는 경우 많은 시간이 걸리던 것을 신속하고 정확하게 처리하기 위해 컴퓨터를 도입해 활용하기 시작하였다.

그 이후 업무의 효율성을 높이기 위해 생산, 판매, 인사, 재무 그리고 회계 등 업무 전반에 걸쳐 컴퓨터의 적용을 확대시켜 나갔다. 이와 같이 컴퓨터를 이용한 거래 및 업무의 자동화를 통해 거래 처리의 효율성을 제고시키기 위해 개발된 시스템을 거래처리시스템(Transaction Processing Systems: TPS)이라고 부른다.

(1) 거래자료처리 중심(1950년대 중반)

1956년 미국의 GE(General Electric)사가 기업으로는 처음으로 컴퓨터를 기업에 활용하기 시작하였다. 도입 초기에는 경영활동의 단순작업들을 자동화하는 데 중점을 두어 다량의 회계자료를 신속 · 정확하게 처리하는 데 기여하였다. 이와 같이 많은 양의 회계자료를 단순히 신속하고 정확하게 처리하는 데 중점을 둔 시스템을 전자자료처리시스템(Electronic Data Processing System: EDPS)이라고 하였으나, 점차 거래처리시스템이나 자료처리시스템(Data Processing System: DPS)과 같은 용어로 사용하게 되었다. 그러나 이와 같이 구축된 정보시스템은 전사적인 계획과 통제 없이 기업 내 각 부서의 필요에 의해 독자적으로 구축되었기 때문에 서로 상이한 하드웨어와 소프트웨어가 사용되었다. 이로 인해 시스템 상호 간의 호환성과 투자가 중복되는 문제를 야기하였다.

(2) 관리정보 제공의 중요성 인식(1960년대 중반)

1960년대 중반 컴퓨터 성능이 향상됨과 동시에 컴퓨팅 비용이 감소함으로써 기업경영에 있어서 컴퓨터 활용은 단순한 자료처리 수준을 넘어서 조직의 관리를 위한 정보를 제공할 수 있다는 인식이 널리 확산되기 시작하였다. 개별 업무를 중심으로 업무의 효율성을 증대시키기 위해 개발된 거래처리시스템과 기업 전체를 대상으로 효과적인 정보제공에 목적을 두고 개발된 시스템을 구분하기 위해 경영정보시스템(Management Information Systems: MIS)이라고 부르게 되었다.

경영정보시스템은 기업의 단순 · 반복적인 업무의 자동화는 물론 업무수행의 효율적 평가, 통제 및 관리에 필요한 정보를 경영자에게 제공하게 된다. 이를 위해서는 기업활동에서 발생되는 데이터를 체계적으로 저장 · 관리할 수 있는 통합데이터베이스가 필요하다. 따라서 경영정보시스템은 데이터베이스를 이용해 경영층을 위한 보고자료, 즉 일일 직원 현황, 근무시간, 예산 대비 월 지출 보고서와 같은 주기적인 보고서나 하부 업무의 평가와 통제를 위한 종합적이고도 요약된 정보를 손쉽게 만들어 낼 수 있게 되었다.

(3) 의사결정지원의 필요성 인식(1970년대 초반)

1970년대 초반에는 컴퓨터 비용의 감소와 성능 향상으로 정보기술의 활용이 가속화되기 시작하였으며 비일상적인 업무에 컴퓨터의 지원이 가능하게 되었다. 또한 1970년대 초 미국의 MIT(Massachusetts Institute of Technology)대학의 교수들을 중심으로 정보시스템에 대한 새로운 개념이 제시되었다. 고리와 스캇 몰턴(1971)은 경영자에 대한 정보지원은 그가 처한 문제와 관련된 의사결정에 중점을 두어야 하며, 정보시스템 또한 각 문제 상황에 맞도록 개별적으로 설계해야 한다고 주장하였다. 이들의 견해에 따르면 경영정보시스템은 조직의 일상적 운영 업무의 수행을 지원하는 데 비해 의사결정지원시스템은 의사결정에 필요한 계량적인 기법이나 통계적인 기법을 컴퓨터에 저장하여 의사결정 대안들을 비교 · 검토하거나 의사결정에 필요한 정보를 제공하는 시스템으로 경영정보시스템과는 근본적인 차이가 있다.

(4) 사무자동화 및 정보통신기술의 보급(1980년대 초반)

1980년대 초 저가의 소형 또는 개인용 컴퓨터의 보급이 급속히 확산되고 동시에 정보통신기술이 빠른 속도로 발전되면서 사무자동화(Office Automation: OA)에 대한 관심이 높아지기 시작하였다. 사무자동화 개념은 처음에는 문서편집으로 시작되었으나 그 후 많은 발전을 하게 되었으며 무엇보다도 팩시밀리, 전자우편, 화상회의 또는 원격회의와 같은 새로운 정보통신기술을 활용함으로써 사무 업무의 생산성이 획기적으로 향상되었다.

사무자동화시스템은 크게 문서관리, 의사소통, 그리고 일정관리의 세 가지 기능으로 나눌 수 있다. 그러나 최근에는 이러한 기능을 통합한 상업용 소프트웨어 패키지들이 시장에 출시되면서 널리 활용되고 있다. 일반적으로 그룹웨어라 불리는 이 패키지들은 문서의 편집과 관리, 전자우편과 원격회의는 물론 일정관리 등 대부분의 사무 관련 기능을 종합적으로 지원함으로써 사무생산성을 획기적으로 향상시키는 계기를 마련한 것으로 평가받고 있으며, 최근 인터넷 기반의 패키지들이 점차 개발되면서 그 활용범위가 대폭 확대되고 있다.

(5) 인공지능 활용에 대한 관심(1980년대 중반)

1976년 미국 스탠포드대학에서 MYCIN이라는 인간의 뇌수막염을 진단하는 전문가시스템(Expert Systems: ES)을 개발함으로써 관심을 갖기 시작하였으며 그 이후 이를 조직의 정보시스템에 활용할 수 있는 방법에 대한 연구가 활발히 진행되기 시작하였다. 전문가시스템이란 전문가의 지식과 경험을 컴퓨터가 이해할 수 있는 형태로 체계적으로 표현하고 저장해 컴퓨터에 구현시킴으로써, 비전문가인 일반인도 전문가의 지식과 경험을 빌려 의사결정을 할 수 있도록 개발한 컴퓨터 소프트웨어를 말한다. 전문가시스템은 인공지능(Artificial Intelligence: AI)의 응용분야 중에서 가장 활발하게 응용되고 있다. 즉 인간이 특정 분야에 대하여 가지고 있는 전문적인 지식을 정리하고 표현하여 컴퓨터에 기억시킴으로써, 일반인도 이 전문지식을 이용할 수 있도록 하는 시스템이다.

(6) 정보시스템의 전략적 활용에 대한 인식 확대(1980년대 후반)

기업들이 효율적 업무 처리에 중점을 두고 시스템을 개발해 오던 것이 종래의 개념이었다. 그러나 1980년대에 들어 정보기술의 급격한 발전으로 기업 내에 정보기술의 확산이 빠르게 이루어졌으며, 경쟁의 심화, 소비자 요구의 다양성 등 환경변화의 도전에 따라 정보기술을 시장에서 경쟁우위를 확보하기 위한 전략적 수단으로 인식해야 한다는 견해가 제기되기 시작하였다. 특히 기업들이 정보시스템을 전략적으로 활용해 경쟁우위를 확보한 성공사례가 나타나게 됨에 따라 정보시스템에 대한 전략적 활용에 대한 인식이 크게 확산되었다.

이와 같이 정보시스템이 경쟁우위를 확보하기 위해 전략적으로 활용되었을 때, 이를 전략정보시스템(Strategic Information Systems: SIS)이라고 부른다. 전략정보시스템은 기존의 시스템과 독립적으로 존재하는 것이 아니라 기존의 시스템과 함께, 즉 기업의 궁극적 목표인 이익에 직접 영향을 줄 수 있는 시장점유율 향상, 매출 신장, 신상품전략, 경영전략 등의 전략계획에 도움을 주기 위한 정보시스템을 의미하는 것이다.

(7) 인터넷의 확산(1990년대 중반)

전 세계에 흩어져 있는 개별 컴퓨터를 하나의 통신망으로 연결한 인터넷의 보급은 개인의 삶과 기업환경에 근본적인 변화를 초래하였다. 인터넷은 기업경영과 업무 프로세스 전반에 걸쳐 일대 혁명을 가져왔다. 1990년대 중반 이후부터 급격하게 보급되기 시작한 인터넷과 웹기술은 변화의 속도를 가속화시켰으며, 기업과 소비자, 공급자, 정부기관 등 비즈니스 관련 경제주체들 사이에 시간과 공간의 제약을 받지 않고 거래 및 정보교환이 가능하게 되었다.

인터넷의 등장은 기술의 발전과 함께 비즈니스의 모습을 바꾸어 놓았다. 기업들도 인터넷이 등장하자마자 새로운 비즈니스 기반으로서의 인터넷이 지닌 잠재력을 간파하고 이를 비즈니스의 기회로 활용하기 위한 발 빠른 움직임을 보였다.

인터넷이 확산되기 시작한 지 얼마 되지 않아 인터넷이 가지고 있는 속성을 그대로 비즈니스의 개념으로 형상화한 다양한 비즈니스 유형들이 등장했다. Amazon이나 Priceline 등 기존의 유통구조를 인터넷으로 재단장한 많은 비즈니스 모델들이 등장하더니, 곧 금융, 제조업 전반으로 그 적용영역을 넓혀 나가며 수없이 많은 인터넷 비즈니스 모델들이 모습을 드러내기 시작했다. 이들은 인터넷의 글로벌한 네트워크와 저비용구조를 무기로 기업운영의 근본까지 흔들어 놓고 있으며 기존 기업들의 영역을 무자비하게 공략해 가며 빠른 속도로 성장을 거듭해 나가고 있다.

그림 4-6 정보시스템의 변천

1950년대	• 단계: 자동화 시기 • 구축목적: 단순 · 반복적인 업무처리 • 시스템 종류: 거래처리시스템
1960년대	• 단계: 경영정보시스템 시기 • 구축목적: 관리정보의 제공 • 시스템 종류: 경영정보시스템
1970년대	• 단계: 의사결정지원시스템 시기 • 구축목적: 정형화되지 않은 문제에 대한 의사결정지원 • 시스템 종류: 의사결정지원시스템
1980년대 초반	• 단계: 사무자동화시스템 시기 • 구축목적: 사무업무 생산성 향상을 위한 사무자동화 • 시스템 종류: 사무자동화시스템
1980년대 중반	• 단계: 인공지능시스템 시기 • 구축목적: 전문가의 지식, 경험을 비전문가인 일반인이 이용 • 시스템 종류: 전문가시스템
1980년대 후반	• 단계: 전략정보시스템 시기 • 구축목적: 경쟁우위를 얻기 위해 정보시스템을 전략적으로 활용 • 시스템 종류: 전략정보시스템
1990년대 중반	• 단계: 인터넷 확산 시기 • 구축목적: 새로운 비즈니스 모델을 개발 • 시스템 종류: 전자상거래
2000년대	• 단계: 글로벌 정보시스템 시기 • 구축목적: 경영혁신을 위한 전략적 도구로 활용 • 시스템 종류: ERP, SCM, CRM 등

(8) 정보시스템의 통합(2000년대)

2000년대 들어 세계시장이 다변화되고 글로벌 경쟁이 격화됨으로써 정보시스템에 대한 필요성이 더욱 강조되었다. 특히 정보통신기술의 발전과 인터넷의 급속한 확산, 정보시스템의 분산화 등으로 인해 기업의 구성원들은 시간과 공간의 제약 없이 네트워크로 연결해 정보 공유와 업무처리가 가능하게 되었다. 따라서 기업들은 정보시스템을 단순히 업무처리의 자동화로 인한 비용절감 차원이 아니라 정보자원의 개발 및 획득에 보다 효과적으로 활용하는 데 관심을 갖게 되었다.

오늘날 기업의 입장에서 정보기술과 관련된 가장 중요한 이슈는 정보시스템의 통합을 통해 기업의 경쟁우위를 확보하는 것이다. 정보시스템 통합이 대세를 이루면서 최근 ERP, CRM, SCM 등이 기업 내 또는 기업 간 통합을 위한 핵심도구로서 등장하게 되었다. 이러한 정보시스템 통합은 과거 기능 중심의 정보시스템이 안고 있는 연계나 통합이 되지 않아 야기되는 데이터 공유의 문제점과 원활하지 못한 업무 흐름의 문제를 해결하기 위해 많이 활용되고 있다.

이와 같이 전사적인 관점에서 정보시스템을 통합함으로써 기업은 경영자원을 전사적인 차원에서 계획하고 통제할 수 있으며, 이로 인해 경영목표를 달성하기 위한 최적의 시스템을 마련하고 통신 인프라와 연결해 독자적이 아닌 제휴와 통합으로 기업의 경쟁력을 유지하거나 제고한다.

토의해 봅시다

- 데이터, 정보 그리고 지식의 관계에 대해 설명하시오.
- 경영자원으로서의 정보의 특성에 대해 설명하시오.
- 기업에 있어 정보가 시스템으로 다루어져야 하는 이유에 대해 설명하시오.
- 시스템의 특성과 정보의 특성을 비교하여 설명하시오.
- 시스템의 관점에서 본 기업에 대해 설명하시오.
- 기업경영의 발전과 정보기술의 발전을 비교 설명하시오.

참고문헌

- 고석하 외, 비즈니스 정보시스템, 생능출판사, 2008.
- 김성근 · 양경훈, 경영정보관리, 문영사, 2006.
- 김세중 · 송철호, 디지털경영시대의 경영정보시스템, 무역경영사, 2009.
- 김은홍 · 김화영, 경영정보학개론, 다산출판사, 2006.
- 김의창 외, u-Business를 위한 정보관리론, 학현사, 2009.
- 노규성 · 조남재, 경영정보시스템, 사이텍미디어, 2010.
- 도시미래신문, '교통의 미래' 지능형 교통시스템(ITS), 2018. 12. 28.
- 서의호, e전략정보시스템, 홍릉과학출판사, 2007.
- 신세계그룹 뉴스룸, 신세계백화점 '디지털 신세계' 꿈꾼다, 2019. 01. 15.
- 안중호 · 양지윤, 경영정보론, 홍문사, 2005.
- 안중호 · 양지윤, 디지털 시대의경영혁신과 정보기술, 홍문사, 2009.
- 양정식 외, 정보시스템, 한경사, 2010.
- 오재인 외, 경영과정보시스템, 박영사, 2007.
- 윤종훈 외, 경영정보시스템, 학현사, 2011.
- 이상문 외, 경영정보시스템, 형설출판사, 2013.
- 전자신문, 강동석 국가정보자원관리원장 "지능형 클라우드 서비스 전문기관으로 디지털 정부 선도", 2021. 05. 06.
- 최재화 외, 글로벌 경영을 위한 정보시스템, 북넷, 2009.
- 한재민, 경영정보시스템, 학현사, 2008.

CHAPTER

05

MANAGEMENT INFORMATION SYSTEMS

경영정보시스템과 기업조직

월마트 '토탈 AI' … 유통판 뒤집다

모든 매장 AI 팩토리로 전환
AI가 상품 재고, 배송시간 분석

미국의 전통적인 소매업 강자 월마트가 AI기업으로 빨리 변하고 있습니다. 대규모 매장과 가격경쟁력을 갖고 있는 월마트는 이런 핵심역량을 유지하면서 온라인과 AI에 집중 투자하고 있습니다. AI기술을 모두 활용하는 '토탈 AI'전략을 채택하고 있고 건강, 금융 등 업종의 경계를 뛰어넘어 새로운 플랫폼 기업으로 도약도 꾀하고 있습니다. 전통 기업이 AI를 활용해 새로운 유통기업으로 변하는 파괴적 혁신이 일어나고 있습니다.

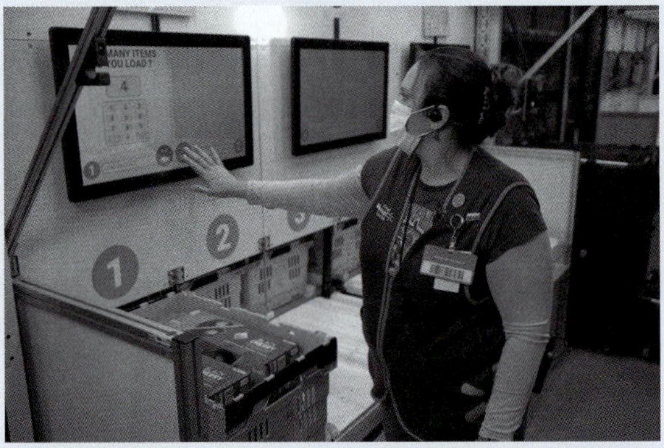

월마트 직원이 온라인 주문센터에서 물품을 자동처리하고 있다. ⓒ월마트

지난해 매출액 사상 최고치
온라인 매출이 지속적 성장

월마트가 지난 18일 발표한 2020년도 결산을 보면 매출이 전년 대비 6.8% 증가한 5591억 달러(한화 626조2000억 원)로 나타났습니다. 월마트 사상 최고치입니다. 지난해 4분기(지난해 11월~올해 1월)에 매출은 1521억 달러를 기록했습니다. 시장의 예상치(1483억 달러)보다 약 40억 달러가 증가한 수치입니다. 4분기 영업이익이 지난 3분기에 비해 20억 달러 떨어졌지만 이 수치는 영국과 일본에 있던 매장들을 매각한 결과였습니다. 월마트는 11년 전 93억 달러에 매입했던 영국의 슈퍼업계 3위 아스다를 영국 기업에 88억 달러에 매각했습니다. 일본의 월마트 매장인 세이유(西友)를 미 사모펀드인 콜버그 크래비스 로버츠에 넘겼습니다. 이 매각과정에서 월마트는 재정부담을 안게 됐고 그것이 결국 적자로 이어진 것이었습니다.

하지만 일본과 영국 매각에 따른 비용을 제외하면 오히려 흑자가 분명합니다. 인터넷 상거래의 매출액은 69%가 증가했습니다. 이처럼 미국 소매 판매 최고 기업의 자리를 놓치지 않는 월마트 성장의 비결은 무엇일까요.

1969년 설립된 월마트는 백화점 중심의 소매 유통산업이 근본적으로 할인형 소매점으로 바뀐다는 사실을 재빨리 알아차린 기업입니다. 1970년대부터 때마침 불어오던 IT를 활용해 철저히 고객의 성향을 살폈습니다. 품목별 재고관리와 배송에 각별히 신경을 쓰기 위해 미 전역에 일종의 창고 개념인 데이터 웨어 하우스를 1979년부터 세우기도 했습니다. 인터넷이 없던 시절 월마트의 매장들은 데이터 하우스에 쉽게 접근할 수 있었습니다. 1987년에는 인공위성까지 활용해 본사가 직접 재고 및 판매를 추적하고 매장과 즉시 통신할 수 있는 체제를 갖추었습니다.

이런 전통이 있었기 때문에 AI 혁명에 대해 재빨리 대처할 수 있었습니다. 월마트의 전략은 AI의 기술을 모두 활용하는 '토털 AI' 전략과 온라인-오프라인의 연계로 요약됩니다.

고객 90%가 10마일 내 거주
매장과 디지털을 직접 연계

더글러스 맥밀런 월마트 CEO는 지난 1월 세계 최대의 가전 시장인 CES의 기조강연에서 "월마트의 강점은 매장과 디지털을 연계한 것"이라고 했습니다. 월마트의 최대 라이벌인 아마존이 온라인 쇼핑에 역점을 두었다면 월마트는 미 전역에 있는 4700여 개의 매장을 거점으로 디지털과 AI를 연결하는 전략을 펼쳤습니다. 자사의 핵심역량이 무엇인지를 정확히 간파한 것이죠.

그리고 매장을 중심으로 고객의 동선도 살폈습니다. 이들은 빅데이터를 분석한 결과 월마트 고객들의 90%가 매장의 10마일(약 16㎞) 이내에 거주하고 있다는 사실을 알아냈습니다. 10마일이면 직선거리로 서울시청에서 양재IC까지 되는 거리입니다. 그만큼의 거리라면 고객이 원하는 시간 내에 배달을 충분히 할 수 있는 거리입니다. 월마트는 강점인 신선식품을 고객이 원하는 곳으로 택배하는 전략을 펴게 된 겁니다.

월마트는 이렇게 해서 택배서비스 '익스프레스 딜리버리'를 시작했습니다. 상품 재고와 배송용 차량, 직원들의 근무 상황만이 아니라 교통과 기상 정보도 AI가 분석하게 됐습니다. 가장 효율적인 배달경로를 계산해 주문 후 2시간 이내에 상품을 택배할 수 있게 된 것입니다. 물론 비용 측면에서도 이득을 보면서 경쟁상대인 아마존의 상품가격보다 훨씬 싼 물건을 많이 내놓게 됐습니다.

로봇 IoT 자율주행 등 총동원
신선식품 판매에 뛰어난 성과

월마트는 현재 AI기술로 나와 있는 빅데이터 분석과 로봇, IoT 자율주행 등 모든 기술을 동원해 업무에 활용하는 '토털 AI' 전략을 펼치고 있습니다. 앞으로 모든 매장을 'AI팩토리'로 부르기로 했습니다. 빅테크가 아닌 전통 아날로그업체가 이렇게 정교한 AI전략을 꾀하는 게 정말 쉽지 않은 일입니다.

앞서 얘기한 것처럼 월마트는 AI를 활용한 고객의 데이터 분석을 통해 수요예측을 정확하게 했고 구입에 걸리는 시간을 최소화하도록 했습니다. 월마트는 소형 로봇을 물류센터에 투입해 창고 내 운반작업의 자동화를 꾀했습니다. 매장 내 신규 공간을 추가해 창고를 건설했습니다. 소형 로봇은 사과, 주스, 시리얼 등 작은 상품들을 매장 직원에게 전달하는 역할을 맡게 됩니다. 창고 내 운반작업의 자동화는 인간보다 10배의 빠르기로 상품을 픽업합니다. 이전에 매장 재고를 관리하는 매장 로봇은 당분간 쓰지 않기로 했습니다.

월마트는 아울러 자율주행 트럭배송 기업 '개틱(Gatik)'과 함께 올해 아칸소주에서 안전요원이 탑승하지 않는 100%의 완전 자율주행 트럭을 배송작업에 투입할 계획입니다. 이미 지난해부터 개틱이 개발한 자율주행용 장치를 장착한 트럭에 안전요원을 탑승시켜 아칸소주에 있는 물류창고와 소매점 간 2마일 구간에 투입하는 연습을 해왔습니다.

또한 1월부터 일부 지역에서 고객들의 자택 현관에 IoT 박스를 제공했습니다. 이 박스는 냉동 · 냉장 · 저온 기능이 가능하고 살균 기능까지 갖춘 박스입니다. 스마트폰 앱에서 박스의 저장물을 관리할 수 있게 했습니다. 이용자가 집을 비워도 신선품 등 식료 배달이 가능하게 돼 배송비용 삭감에 큰 역할을 하고 있습니다. 고객들이 월마트의 신선 식료품을 많이 활용한다는 사실을 AI를 통해 알고 난 다음 곧바로 영업에 활용한 것입니다. 신선제품 판매는 현재 아마존보다 월마트가 많은 매출을 올리고 있습니다.

약국, 금융사업에도 진출
매장 확충 대신 온라인에 계속 투자

월마트는 한 걸음 더 나아가 헬스클리닉과 금융업무도 월마트에서 할 수 있도록 하는 등 온라인과 오프라인의 융합 전략을 펼치고 있습니다.

우선 월마트에는 현재 대부분 약국이 들어서 있습니다. 월마트는 약 1500명 이상의 약사를 보유하고 있습니다. 이 약국들이 미국민 헬스케어의 거점 역할을 할 수 있을 것으로 보고 있습니다. 병원까지 거리보다 월마트 거리가 가깝기 때문일 것입니다. 미국 매장 중 80%인 4000개가 의학적으로 취약한 곳에 자리잡고 있다는 보고도 있습니다. 월마트 일부 매장에선 엑스레이검사와 정신과 상담, 치과서비스 등을 이미 제공하고 있습니다. 고객들이 건강검진을 값싸게 하는 대신 고객이 건강관리 정보를 주면 또 다른 시너지가 날 것으로 월마트는 보고 있습니다. 미국 정부는 이번 코로나바이러스 백신 투여에도 월마트를 많이 활용하고 있는 실정입니다.

또한 매장 내 은행 지점을 설치해 다양한 은행업무 서비스를 하고 있습니다. 보험에이전시 월마트인슈어런스를 텍사스에 설립하기도 했습니다. 막강한 빅데이터를 기반으로 금융서비스를 제공하는 기업도 될 수 있다고 합니다. 노인정의 경로당 기능을 수행하는 24시간 오픈 커뮤니티도 제공할 계획입니다.

월마트의 미래는 CAPEX(기업이 미래 가치 창출을 위해 지불하는 비용)를 분석하면 확실히 드러납니다. 2015년 기준 CAPEX에선 전체 설비 투자액 82억3800만 달러(약 9조2260억 원)에서 절반인 41억2800만 달러를 신규 매장과 클럽을 개설하는 데 썼다면 2020년에는 이에 대한 투자는 전혀 없었습니다. 대신 전자상거래와 공급망 고도화에 전체 71.4%를 쓰고 있습니다. 아날로그 자산투자를 축소하고 디지털 자산투자 집중으로 신속 전환하고 있는 것입니다. 이제 월마트는 AI기업이라 불러도 조금도 이상하지 않게 됐습니다.

자료: 한경 IT · 과학, 2021.03.04.

제1절 경영정보시스템의 유형

최근 컴퓨터와 정보통신기술이 급속도로 발전함에 따라 정보기술이 거의 모든 분야에서 널리 활용되고 있다. 특히 기업은 물론이고 정부기관, 공공기관, 병원, 학교 등 다양한 분야에서 대부분의 조직이 정보기술을 이용한 경영정보시스템(Management Information Systems: MIS)을 구축해 업무에 활용하고 있다. 더 나아가 경영정보시스템을 경쟁전략의 주요 수단으로 활용하고자 하는 노력을 하고 있어 획기적인 경영혁신을 이룩해 나가고 있다. 따라서 현대에 있어서 경영과 정보기술은 떼어서 생각할 수 없는 불가분의 관계에 있다고 할 수 있다.

그러나 다양한 분야의 거의 모든 조직에서 활용하고 있는 경영정보시스템에 대한 구체적인 개념에 대해서는 실무자들은 물론 학자들 간에도 명확한 합의가 이루어지지 못하고 있다. 그 이유로는 학문의 역사가 아직 길지 않다는 점과 정보기술의 급속한 발전으로 MIS 개념의 범위가 계속적으로 변화·확장되어 왔다는 점을 들 수 있다.

본 절에서는 이러한 문제의식에 근거하여 MIS의 개념이 형성·발전되어 온 과정과 MIS 개념을 명확히 살펴봄으로써, MIS에 대한 올바른 이해와 더불어 효과적인 활용을 위한 개념적 기초를 얻는 데 그 목적이 있다.

1. 경영정보학의 발전과정

경영정보시스템의 학문적 발전배경은 경영학의 토대 위에 정보기술이 접목되면서 나타난 경영정보학이라는 학문 분야에서 찾아볼 수 있다. 경영정보학은 조직이론(Organizational Theory), 조직행동론(Organizational Behavior), 의사결정학(Decision Science)과 같은 경영학과 전산학(Computer Science)을 기반으로 탄생하게 되었다.

경영정보학은 경영학의 방법론이 발전하기 시작한 1970년대를 시작으로 하여 경영학 중에서 최첨단 학문 분야로 인식되기 시작하였다. 경영학은 사회과학의 한 분야로서 경제·사회적 현상을 일으키는 주체인 기업을 연구대상으로 하는 학문 분야이다. 경제주체인 기업은 생존은 물론 지속적인 성장을 위하여 경영활동을 수행하게 된다. 그러나 기술의 급격한 발전과 기업을 둘러싸고 있는 경영환경의 변화로 인해 기업이 수행해야 하는 업무의 기능이나 처리과정이 변해야 하는 것은 물론 처리해야 하는 정보의 양도 급속도로 증가해 인간의 업무처리능력에 한계를 드러내게 되었다.

경영정보학은 컴퓨터를 기반으로 한 정보시스템이라고 할 수 있다. 머딕(Murdick)은 컴퓨터가 없는 경영정보학도 가능하다는 의견을 제시하기도 하였지만 현재 컴퓨터가 없는 경영정보학은 상상할 수 없을 것이다. 경영정보학의 출발점은 조직이 목표를 달성하기 위하여 의사결정을 수행하는 경영관리자를 위한 정보의 제공이라고 할 수 있다.

김의창 외(2009)는 경영정보학의 발전단계를 4단계로 구분하여 제시하였다. 1단계는 1960년대 이전으로 이 시기는 경영정보학의 태동 단계로서 컴퓨터를 기반으로 하지 않는 경영정보학이 태동하는 단계라고 정의할 수 있다. 이 시기에 경영정보학의 주요 개념으로는 조직이론과 조직행동론에서 제시하는 업무의 효율성을 높이기 위한 조직구조의 설계나 정보처리 관점의 피드백 메커니즘을 들 수 있다.

2단계인 1960년대와 1970년대는 경영정보학의 도입 단계로서, 대형 컴퓨터를 기반으로 일상적으로 반복되는 급여, 회계, 인사 등의 업무처리를 위한 데이터처리시스템(DPS), 혹은 거래처리시스템(TPS)과 관련된 정보시스템을 개발하였다.

3단계인 1980년대와 1990년대는 경영정보학의 확산 단계라고 할 수 있다. 이 시기에는 클라이언트/서버 기반의 시스템을 구축하여 부문 단위의 응용시스템으로 생산, 판매 등의 업무기능을 연계하고 조직 내부의 정보화를 완성하는 경영정보학을 구축하였다. 또한 이 시기에는 정보보고시스템(IRS), 의사결정지원시스템(DSS), 중역정보시스템(EIS), 전략정보시스템(SIS), 전문가시스템(ES) 등과 같은 새로운 개념의 정보시스템이 개발되어 조직의 정보화 수준이 향상되었다.

마지막 단계인 4단계는 2000년 이후로 성숙 단계라고 할 수 있다. 이 시기의 특징으로는 네트워크 기반의 정보시스템을 구축함으로써 조직 단위의 응용시스템을 개발하여 조직과 조직 간의 정보교환 및 활용을 위한 조직 간 정보시스템(Inter-Organizational Information Systems: IOS)이 활성화되고 있는 실정이다. 또한 조직 간의 상거래뿐만 아니라 조직과 소비자의 직접 거래가 이루어지는 전자상거래가 더욱 활성화되는 것은 물론 스마트폰을 활용한 모바일 시대가 도래했다.

표 5-1 경영정보학의 발전단계

단계	시기	특징	관련 개념
1단계 (MIS의 태동)	1960년대 이전	컴퓨터 없는 MIS	
2단계 (MIS의 도입)	1960년대 ~ 1970년대	메인 컴퓨터 기반의 MIS • 단위기능의 응용수준 • 회계, 급여, 인사 등	• 데이터처리시스템(DPS) • 거래처리시스템(TPS)
3단계 (MIS의 확산)	1980년대 ~ 1990년대	클라이언트/서버 기반의 MIS • 부문단위의 응용수준 • 생산, 판매 등의 기능 연대 • 조직 내부의 정보화	• 정보보고시스템(IRS) • 의사결정지원시스템(DSS) • 중역정보시스템(EIS) • 전략정보시스템(SIS) • 전문가시스템(ES)
4단계 (MIS의 성숙)	2000년대 이후	네트워크 기반의 MIS • 조직단위의 응용수준 • 조직 간 정보시스템	• 전자상거래 • 스마트폰 기반의 모바일 시대

2. 경영정보시스템의 정의

오늘날 경영정보시스템(MIS)이라는 용어가 흔히 사용되고 있지만 이에 대한 내용은 학자마다 다르기 때문에 이로부터 오는 혼란과 오해의 소지가 많은 것이 사실이다.

경영정보시스템을 구체적으로 어떻게 정의할 것인가에 관한 문제에 대해서는 개념의 포괄성으로 인해 수많은 학자들이 다양하게 정의하였다. 그러나 경영정보시스템에 대한 기존의 다양한 정의를 살펴보면 크게 두 가지 관점으로 나눌 수 있다. 경영정보시스템의 구조나 설계 특성의 측면을 강조한 '설계지향적' 정의와 이용자의 활용 측면을 강조한 '이용지향적' 정의로 나눌 수 있다.

따라서 본서에서는 경영정보시스템의 정의를 정보시스템의 설계와 이용이라는 두 가지 관점을 포괄하는 가장 보편적인 개념으로 정의하기로 한다. 즉 경영정보시스템이란 "조직의 계획, 운영 및 통제 등과 같은 경영과정의 활동을 지원하기 위해 정보를 수집, 저장 및 처리하여 적절한 시기에 적절한 형태로 조직 구성원에게 제공함으로써 조직의 목표를 보다 효율적이고 효과적으로 달성할 수 있도록 조직화된 통합적 인간-기계시스템"으로 정의할 수 있다. 이와 같은 정의를 좀 더 구체적으로 이해하기 위해서 우리가 주목해야 할 점은 다음과 같다.

첫째, 경영정보시스템은 조직의 계획, 운영 및 통제 등과 같은 전반적인 경영과정의 활동 및 의사결정을 포괄적으로 지원한다는 것이다.

둘째, 정보는 그것을 필요로 하는 의사결정자(조직 구성원)에게 적시에 적절한 형태로 제공되어야 한다.

셋째, 경영정보시스템은 조직이 직면하고 있는 문제를 해결하기 위해 존재하는 것이며 그 목표는 궁극적으로 전체 조직목표를 달성할 수 있도록 지원하는 조직의 하위시스템이다.

마지막으로, 경영정보시스템은 인간과 기계가 상호 보완적으로 결합되어 과업을 보다 효과적으로 수행하는 인간-기계시스템이다.

잠시 쉬어가기

앱코 ERP 구축 성공사례 – 인터뷰

앱코, 글로벌 브랜드 갖는 ICT 제조기업으로 비상(飛上)
ERP 도입은 주식공개상장(IPO)과 글로벌로 가는 첫발
"ERP 도입 이후 효율성, 자산투명성, 경영투명성 등에서 만족도 높아"

- 회사명: ㈜앱코
- 웹사이트: www.abko.co.kr
- 사업부문: 제조업, 도소매, 무역업, 서비스업
- 사업현황: 매출액 700여억 원(2018년 기준), 종업원 130명
- 구축 솔루션: 영림원소프트랩 전사적자원관리(ERP) 'K-System Genuine Ace'

"주식공개상장(IPO)이라는 회사의 가장 중요한 일을 앞두고 첫 번째 투자한 것이 ERP이다. 급변하는 경영환경에 효율적으로 대처하기 위해서는 꼭 필요한 솔루션이라는 판단 때문이다. 특히 영림원소프트랩의 ERP를 선택한 이유는 회사가 성장하면서 예측할 수 없는 다양한 환경의 변화에 민첩하게 대응할 수 있는 확장성 높은 솔루션이라는 장점 때문이다."

"전 세계에서 인정받는 ICT(Information Communication Technology) 제조업체가 되겠다."

㈜앱코는 게이밍 기어, PC 케이스 등의 자체 브랜드로 글로벌 시장에서 인정받는 기업이 되겠다는 비전을 갖고 있다. 앱코는 이를 위해 2020년 주식공개상장(IPO; Initial Public Offering)도 추진하고 있으며 블루투스 이어폰 등 모바일 기기뿐만 아니라 소형가전 개발에도 집중하고 있다.

IPO 추진을 위해 처음으로 결정한 것은 전사적자원관리(ERP) 도입이었다. 변화하는 IT환경을 적극 수용해 업무에 활용하고 시스템에서 제공하는 업무기능 등의 활용도를 높이는 것이 당면 과제였기 때문이다. 특히 투명하고 예측 가능한 경영활동을 위해서는 ERP는 선택이 아닌 필수 조건이라는 경영진의 의지가 반영된 투자였다.

앱코의 오광근 대표이사는 “ERP 도입 이후 처음에 목적했던 효율성, 자산투명성, 모든 조직이 투명하게 운영되는 효과를 보고 있다”면서 “올해 5월~6월이면 상당한 수준의 결실을 맺을 것”이라고 기대했다. 오광근 대표이사를 만나 앱코의 비전과 ERP 도입 배경 등에 대해 들어봤다.

◇앱코는 어떤 회사인가?

2001년 컴퓨터 주변기기 유통으로 사업을 시작한 앱코는 이제 PC 케이스와 게이밍 기어 등에서 독보적인 브랜드로 인정받고 있다. 다른 사업군으로는 2012년에 시작한 ICT 부문이 있다. 다양한 모바일 기기 등을 충전할 수 있도록 지원하는 모바일 타워, 태블릿타워, 패드뱅크, 폰뱅크 등이 바로 그것이다.

2018년 매출은 700억 원이며, 2019년 매출 예상은 1100억 원으로 매년 두 자리 성장을 기록하고 있다. PC 케이스의 경우는 국내 시장의 70% 이상을 점유하고 있고, 게이밍 키보드, 게이밍 마우스, 게이밍 헤드셋 등 게이밍 장비 시장에서는 40% 이상의 시장을 점유하고 있다. 특히 국내 PC 방 시장에서는 1만여 개의 고객을 확보해 약 80%의 점유율로 주목받고 있다.

오광근 대표는 “국내 브랜드를 기반으로 글로벌 시장에 진출하고 있다” 면서 “2017년 중국 법인을 설립했고, 그곳을 기반으로 해외 시장 진출에 집중할 것”이라고 말했다. 그는 특히 2016년부터 추진해 온 주식공개상장(IPO)은 앱코의 새로운 변화를 모색할 수 있는 기반이 될 것이라고 강조했다.

◇앱코의 경쟁력은 무엇인가?

앱코는 PC케이스와 게이밍 장비 시장에서 높은 점유율을 갖고 있다. 오광근 대표는 이러한 경쟁력의 기반을 연구개발(R&D)에서 찾는다. 경쟁업체들이 단순 유통을 중점으로 하고 있다면 앱코는 직접 디자인하고 설계를 해서 소비자가 원하는 제품을 개발하고 있다는 것이다.

이러한 꾸준한 연구개발은 신제품을 기반으로 한 새로운 시장 진출에도 도움이 된다. 모바일 관련된 블루투스 스피커, 블루투스 이어폰뿐만 아니라 소형 가전제품도 개발하고 있다.

오광근 대표는 최근 대형 마트와 계약을 통해 오프라인 매장에서도 판매를 하기 시작했다고 밝혔다. 그동안 온라인쪽에만 진행돼 온 사업이 이제 국내 대형마트에서도 전 제품이 판매되기 때문에 매출도 크게 오를 수 있는 기반도 마련됐고, 회사와 제품 인지도도 크게 높아질 것으로 기대하고 있다.

◇ERP 도입 배경은?

앱코는 ERP가 회사의 비전을 실현하도록 도와주는 기반이 될 것으로 믿고 있다. 그래서 IPO를 준비하면서 첫 번째 투자

한 것이 바로 ERP다.

오광근 대표는 "전산회계를 개혁하지 않고는 앱코가 더 큰 회사로 성장하겠다는 목표를 추진하기 어렵다고 생각했다"면서 "물류관리와 조직관리 등에서 ERP는 꼭 필요한 솔루션이었다"고 말했다. 그는 "ERP를 도입하면서 모든 것을 전산화하고 시스템화해서 전 직원이 효율성을 극대화하는 환경을 만들어야 하겠다"고 결심하고 투자를 결정했다고 설명했다.

앱코는 ERP 도입을 위해 여러 기업과 접촉했지만 최종 결정한 회사는 영림원소프트랩이었다. 결정과정에서 회사 관계자로부터 영림원소프트랩의 K시스템에 대한 장점을 들었고 무엇보다 ERP 제품의 확장성에 높은 점수를 줬다. 앱코는 IPO 등을 진행하고 향후 사업이 커지면 계열사도 둬야 하는 등 회사 성장이 기대되는데, 지금과는 더 커진 규모에서도 잘 운영될 수 있는 ERP 제품이 필요했던 것이다.

◇ERP를 구축하며 중점을 둔 것은?

앱코는 영림원소프트랩과 수 차례 회의를 가지며 ERP 도입 가이드를 정했다. 첫 번째는 전 직원의 적극적인 참여와 협조를 얻어야 한다는 것. 오광근 대표는 "전 직원들이 7~8개월간 매일 회의를 하고, 회사 직원들이 적극적으로 참여할 수 있도록 했고, 특히 초기 데이터와의 전쟁이라는 표현이 나올 정도로 데이터 관리에 노력했다"고 말했다.

두 번째는 선택과 집중이었다. 모든 것을 다 하는 것보다 중요한 것을 더 잘하는 쪽으로 방향을 잡고 집중적으로 투자를 하자는 영림원소프트랩의 의견을 반영한 것이다. 회사 업무 프로세스에서 가장 중요한 수입관리, 외주관리, 수주관리, 바코드 시스템 연동 등에 중점을 뒀다.

세 번째는 변화를 위한 조직 차원의 합의과정을 만드는 데 중점을 뒀다. 오광근 대표는 직원들과 IPO를 앞두고 기업의 변화가 왜 필요한지에 대한 내용을 공유하고 ERP의 필요성을 강조했다.

"앱코는 ERP 도입 이후 데이터 실시간 관리, 효율적인 업무 프로세스 정립, 직원의 내부 투명성에 대한 신뢰도 확보 등의 효과를 거뒀다고 평가하고 있다."

◇ERP 도입 효과는?

앱코는 가장 큰 ERP 도입 효과로 데이터의 실시간 관리가 가능해진 점을 꼽았다. 이전에는 관리부에서 현업 담당자로부터 자료를 받아 데이터를 입력했으나, 이제는 현업 부서에서 바로 데이터를 입력하기 때문에 데이터의 오류를 줄일 수 있고, 실시간으로 데이터가 입력되고 바로 관리가 가능해진 것이다.

또한 관리하는 입장에서는 전체적인 프로세스를 한눈에 파악하면서, 마우스 클릭 한 번으로 여러 프로세스를 검증할 수 있다는 점도 주목할 만하다. 결과적으로는 실시간 경영과 맞물려 있는 셈이다.

직원의 인식도 크게 바뀌었다. 직원들이 데이터의 효율적인 관리에 대해 이해를 하면서 회계와 전산 처리에 대해 알게 되고 회사 내부의 투명성에 대한 신뢰도 커졌다는 것이 앱코 측의 설명이다. 오광근 대표는 "ERP로 나오는 회계 결과물을 보면서 이제 익숙해지기 시작했다" 면서 "경영 투명성과 예측이라는 측면에서, 또한 물류와 조직관리 차원에서도 효율성이 높아졌다"고 말했다.

자료: 영림원소프트랩, 2021.08.24.

제2절 경영관리와 정보시스템

기업은 목표를 가지고 있는 조직체이다. 이러한 조직체는 목표를 달성하기 위해 경영활동을 수행하게 된다. 따라서 조직체에 포함되어 있는 각 조직 구성원이 수행하게 되는 역할과 기능이 무엇인지를 파악하고, 이를 효율적으로 수행할 수 있도록 정보시스템이 어떤 역할을 하는지를 이해해야만 정보시스템을 성공적으로 구축할 수 있다. 본 절에서는 경영관리과정에 대한 개념을 이해하고, 정보시스템이 계층별 경영관리과정을 어떻게 지원하는지, 조직의 기능을 지원하기 위한 정보시스템들은 어떤 것들이 있는지, 그리고 시대에 따라 정보시스템의 역할에 어떠한 변화가 있었는지 살펴보고자 한다.

1. 경영관리의 개념

(1) 기획

경영관리의 가장 기본적인 기능 중의 하나는 모든 조직 구성원들이 조직의 목적이나 목표를 제대로 인식하게 함으로 해서 이를 달성할 수 있는 방법이 무엇인지를 이해하도록 하는 것이다. 기획은 언제, 누가, 무엇을, 어떻게 할 것인가 등을 미리 결정함으로써 조직의 목적이나 목표의 효과적인 달성 방안을 마련하는 과정이다.

미래에 발생하게 될 일을 정확하게 예측한다는 것은 대단히 어려운 일임에 틀림이 없다. 그렇다고 계획조차 수립하지 않는다면 추구하는 목적과 목표를 달성할 수 있는 기회조차 놓쳐버리는 일이 생기게 될 것이다. 그러므로 유능한 경영자라면 미래의 변화를 예측한 목적과 목표를 설정하는 것뿐만 아니라 달성할 수 있는 방안까지도 마련할 수 있는 기획기능을 수행할 수 있어야 한다.

경영자는 기획기능에 필요한 정보를 정보시스템을 통해 제공받음으로써 기획기능을 완벽하게 수행할 수 있다. 예를 들면, 자본예산수립 모형을 활용하여 새로운 공장을 설립하는 데 필요한 예산에 관한 정보를 얻음으로써 주요 지출에 대한 계획을 수립할 수 있다.

그림 5-1 경영관리의 과정

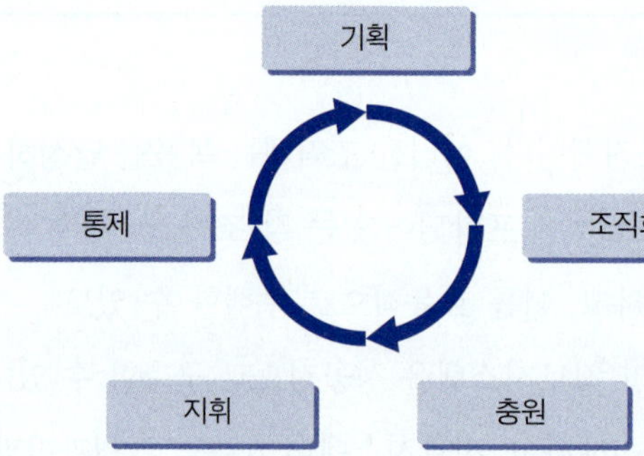

(2) 조직화

조직화는 기획과정을 통해 조직의 목표가 결정되면, 이를 가장 효과적으로 달성할 수 있도록 조직의 인적 · 물적자원을 체계적으로 배치하는 것을 말한다. 그러므로 조직화는 기획과정을 통해 수립된 조직의 목표달성을 위해 필요한 활동들을 결정하는 것은 물론 이를 조직의 부서나 과 단위로 분류해서 할당하게 된다. 또한 이러한 활동을 수행할 수 있도록 경영자에게 권한을 부여한다.

정보시스템을 활용해 조직화를 지원할 수도 있다. 인적자원관리를 위해 구축된 개인별 데이터베이스를 이용해 산출된 정보를 바탕으로 유능한 인재를 적재적소에 배치함으로써 능력을 발휘할 수 있도록 한다.

(3) 충원

조직화 단계에서 기업운영에 필요한 인력을 확보하기 위한 활동을 말한다. 따라서 충원은 조직화에서 정의된 직무의 수행에 요구되는 인력의 자격조건을 결정하고, 지원자들을 평가해서 선발하고, 할당된 임무를 효과적으로 수행할 수 있도록 교육 및 훈련을 시키거나 조직 구성원들의 능력을 개발하는 과정을 포함한다.

인적자원관리시스템을 통해 인적자원 소요 예측이 가능하고, 축적된 인사고과에 대한 분석으로 요구되는 자격조건을 제시할 수 있어, 선발기준에 따른 평가로 지원자 선발을 지원할 수 있다.

(4) 지휘

조직 구성원 간의 의사소통, 지시, 조정 및 동기부여를 통해 조직의 목표달성에 매진하도록 리더십을 발휘하는 것이다. 이러한 리더십을 발휘하기 위해서는 조직 구성원의 바람과 태도를 이해하고, 행위를 분석하여 조직 목표의 달성과 함께 조직 구성원의 바람과 욕구도 만족시킬 수 있는 능력이 필요하다.

전자우편은 조직 구성원들 간의 의사소통을 더욱 쉽게 할 수 있는 방법이다.

(5) 통제

조직의 성과와 계획된 기대치와 비교하여 기업활동의 성과를 향상시키기 위한 통제기능을 수행하게 된다. 통제기능에는 계획된 조직활동들이 계획대로 수행되었는지 여부를 판단하는 통제활동과 기업활동의 결과를 측정하고 평가하여 향후 더 나은 기업활동을 할 수 있도록 개선사항을 계획과정에 반영하는 교정활동이 포함된다.

기업활동의 실제 성과가 계획과 다르게 나타나는 두 가지 상황은 다음과 같다. 첫째, 실제 성과가 계획된 기대치보다 높게 나타나게 되는 경우이다. 이 경우는 통제의 대상이 될 수 없다고 생각할 수 있으나, 성과가 기대치보다 높게 나타나게 되는 경우라도 그 차이의 원인을 분석해야 한다. 예를 들면, 그 차이의 원인이 목표를 초과달성한 것인지 아니면 목표설정이 너무 낮기 때문인지 분석해야 한다. 둘째, 실제 성과가 기대치보다 낮게 나타나는 경우로서 그 원인과 문제점을 분석하고 제거함으로써, 적절한 목표의 설정 및 실행과정의 수정을 통해 조직 구성원들이 계획된 목표를 달성할 수 있도록 해주어야 한다.

대부분의 경우 조직 구성원들은 설정된 목표를 달성하기 위해 많은 노력을 하게 된다. 하지만 기업을 둘러싸고 있는 환경이 목표달성에 부정적 또는 긍정적 영향을 미칠 수 있어 실제 성과에 대한 평가가 다를 수 있다. 예를 들면, 갑자기 경제상황이 IMF나 최근 일어났던 금융사태처럼 나빠질 수도 있지만 반대로 예상과는 달리 경제상황이 좋아질 수 있다. 그러므로 일단 조직의 목표가 결정되면 조직 구성원 개개인의 목표뿐만 아니라 조직 전체의 목표를 달성할 수 있도록 경영여건 개선은 물론 조직 구성원들의 직무만족과 동기부여를 생각하면서 경영활동을 수행하여야 한다.

통제과정은 경영관리과정의 마지막 단계로서 모든 활동이 끝나는 것이 아니라 피드백 과정을 통해 다음의 기획과정에 다시 연결된다는 것을 고려해야 한다. 통제과정을 수행하는 데 있어서 실행이 계획된 대로 진행되고 있는지를 비교하고 평가할 수 있는 정보가 필요한데, 정보시스템은 이러한 통제과정을 수행하는 데 필요한 정보를 제공하게 된다.

2. 계층별 경영관리와 정보시스템

기업은 조직 구성원이 수행하는 활동들을 통해 목표를 달성하게 된다. 그러나 여러 부서에서 조직 구성원들의 활동들이 효과적으로 수행되기 위해서는 경영관리가 체계화되어야 한다.

경영관리는 조직계층에 따라 역할과 대상이 서로 다를 수밖에 없으며, 경영관리활동을 수행하는 조직계층을 경영계층이라고 한다. 일반적으로 구분하는 세 가지 경영계층은 최고경영층, 중간경영층, 그리고 하위경영층이다.

정보시스템을 경영계층에 따라 구분하면 하위경영층의 업무처리와 데이터를 처리하기 위한 거래처리시스템(Transaction Processing Systems: TPS), 중간경영층의 의사결정에 필요한 정보를 제공하기 위한 경영정보시스템(Management Information Systems: MIS), 그리고 최고경영층의 업무를 지원하는 목적으로 개발된 중역정보시스템(Executive Information Systems: EIS)으로 나누어 볼 수 있다.

(1) 거래처리시스템(TPS)

거래처리시스템은 조직의 운영상 기본적으로 발생하는 거래 데이터를 신속 · 정확하게 처리하는 데 그 목적이 있다. 예를 들어, 고객이 은행 창구에서 인출을 요청한 경우, 은행 창구 직원은 먼저 고객이 요청한 계좌에 충분한 잔고가 있는지를 확인한 후 요청한 금액을 지불할 것이다. 또한 예금을 인출한 계좌의 잔고가 줄어들고 거래와 관련된 내용은 데이터베이스에 기록될 것이다. 이와 같이 거래활동을 추적 · 기록 · 관리하는 활동을 지원해 주는 시스템을 거래처리시스템이라고 한다. 일반적으로 거래처리시스템은 거래처리와 관련된 사람, 절차, 데이터베이스, 소프트웨어, 하드웨어, 네트워크 등으로 구성되며, 정상적이고 구조화된 업무과정에서 발생하는 매일매일의 일상적인 활동을 정형화되고 표준화된 절차나 방법으로 지원한다. 조직은 여러 종류의 거래처리시스템을 활용하고 있는데 경영기능별로 구분해 보면 생산정보시스템, 마케팅정보시스템, 재무/회계정보시스템, 그리고 인사정보시스템 등이 있다.

거래처리시스템의 특징은 다음과 같다.

① **일상적인 거래처리**: 구조화된 업무과정에서 발생하는 매일매일의 일상적인 활동을 반복적으로 처리하기 때문에 운영절차나 처리방법이 정형화되고 표준화되어 있다.

② **운영요원이나 하위경영층이 사용**: 거래처리시스템의 이용자는 대부분 일선업무를 담당하는 운영요원이나 하위경영층이다. 이들은 시스템에서 생산된 결과를 이용하는 주요 주체가 아니라 자료입력과 자료처리업무의 운영 및 통제를 담당하는 역할을 수행한다.

③ **의사결정을 지원하지 않음**: 거래처리시스템은 정형화되고 표준화된 운영절차나 방법에 따라 데이터 처리업무를 수행할 뿐, 문제해결이나 새로운 기회의 추구와 같은 의사결정을 지원하지 않는다.

④ **많은 양의 자료처리**: 거래처리시스템은 매일매일의 일상적인 업무와 거래를 매일 또는 실시간으로 처리해야 하기 때문에 비교적 짧은 시간에 많은 양의 자료를 처리하게 된다.

⑤ **정보시스템에 자료 제공**: 거래처리시스템에서 제공하는 정보는 주로 운영 현황에 관한 것으로 관리업무를 지원하지만, 중간경영층이나 최고경영층의 의사결정에 필요로 하는 정보를 제공하는 데 없어서는 안 될 가장 기초적인 자료를 제공해 준다.

⑥ **지속적인 사용**: 거래처리시스템은 조직의 일상적인 활동, 즉 자재 구입, 청구서 발송, 급여 계산 및 고객에게 제공될 상품 선적 등과 같은 기업의 핵심적인 운영업무를 담당하기 때문에 기업이 원활하게 운영되는 데 중요한 역할을 담당하게 된다. 따라서 거래처리시스템은 지속적으로 사용할 수 있어야 한다.

이와 같은 특성을 가지고 있는 거래처리시스템은 조직의 업무를 원활하게 운영하는 데 있어서 매우 중요한 시스템이다. 예를 들면, 항공사의 항공예약시스템이 몇 시간이라도 작동하지 않는다면 항공예약업무에 막대한 영향을 미칠 수 있기 때문이다. 또한 거래처리시스템은 다른 종류의 정보시스템이 필요로 하는 자료를 공급하는 주된 공급원이라는 점에서도 대단히 중요한 역할을 담당하고 있다고 볼 수 있다.

(2) 경영정보시스템

거래처리시스템은 업무나 거래로부터 발생하는 자료를 자동화를 통해 신속 · 정확하게 처리함으로써 업무의 효율성을 높였지만, 중간경영층의 관리업무, 즉 하위경영층의 업무를 감독하고 통제하며, 최고경영층의 의사결정에 필요한 정보를 제공해 주는 역할에는 큰 도움이 되지 못했다. 이런 결점을 보완하기 위해 중간경영층의 경영관리업무에 필요한 정보를 제공하는 시스템을 경영정보시스템 혹은 정보보고시스템(Information Reporting Systems: IRS)이라고 한다.

정보보고시스템을 협의의 경영정보시스템이라고 하는 이유는 중간경영층의 경영관리업무에 필요한 정보를 제공하기 위해 구축된 시스템이기 때문이며, 이는 시스템 이용대상이 중간경영층인 반면, 광의의 경영정보시스템은 기업경영에 활용되는 모든 종류의 정보시스템을 포함한다.

경영정보시스템의 특징은 다음과 같다.

① **관리정보의 제공**: 경영정보시스템은 중간경영층의 경영관리업무를 지원하기 위한 시스템으로 각 부서별 성과를 비교 · 분석하고 평가하여 부서의 활동들을 관리하고 통제하는 데 필요한 정보를 만들어 내고, 최고경영층에 보고될 주요 정보를 제공한다.

② **종합적이고 요약된 정보**: 경영관리자의 임무 중의 하나는 조직을 관리하고 통제하는 것인데 이를 위해 제공되는 관리정보는 종합적이고 요약된 형태로 제공되어야 한다.

③ **보고서 형태의 정보제공**: 경영정보시스템은 경영관리자의 관리업무를 지원하기 위해 각 부서별 업무현황 등과 같은 관리정보를 제공할 때 보고서 형태를 취하게 된다. 보고서는 크게 주기적인 보고서와 예외적인 보고서가 있는데 주기적인 보고서는 경영자의 특별한 요청과 관계없이 주기적(매일, 매주, 매월, 매분기 등)으로 제공된다. 반면 예외적인 보고서는 미리 설정된 예외적인 상황이 발생하게 되는 경우 자동적으로 생성되는 보고서를 말한다. 예를 들면, 공급받는 원자재의 품질 저하로 인해 불량률이 갑자기 높아지는 경우 자동적으로 그 내용이 보고서로 출력된다.

표 5-2 MIS 보고서의 예: 지역별 판매실적 보고서

제품코드	제품명	지역	판매실적(대수)	판매목표(대수)
LTV0043	LCD TV	서울	92,543	80,000
		인천	33,457	34,000
		대전	19,879	20,000
		대구	31,134	30,000
		부산	41,214	45,000
		광주	25,742	25,000
소계			243,869	234,000
NC0021	Notebook	서울	123,639	130,000
		인천	48,734	45,000
		대전	25,692	23,000
		대구	51,253	50,000
		부산	89,623	90,000
		광주	26,992	25,000
소계			365,933	363,000

④ **자료의 통합저장**: 경영정보시스템은 경영관리업무에 필요한 정보를 제공하게 되는 데 이러한 관리정보는 조직 내 다양한 자료를 종합하고 요약함으로써 만들어진다. 따라서 관리정보를 생성하는 데 필요한 다양한 자료를 통합적으로 관리할 수 있는 통합 데이터베이스가 필요하다.

(3) 중역정보시스템

중역정보시스템(Executive Information Systems: EIS)이란 최고경영층의 전략적 기획과 각종 의사결정에 필요한 정보를 제공할 목적으로 구축된 시스템을 말한다.

과거에는 최고경영층이 정보기술을 활용하는 데 적극적이지 못했다. 그 이유는 최고경영층이 컴퓨터를 다루는 데 익숙하지 않았으며 또한 중간경영층이 의사결정에 필요한 정보를 주기적으로 또는 요구에 따라 수시로 제공하였기 때문이다. 최고경영층이 중간경영층을 통해 필요한 정보를 제공받게 되는 경우 시간의 지체로 인해 신속한 의사결정이 어려울 뿐만 아니라 왜곡된 정보가 제공될 수 있는 가능성이 항시 존재하게 된다. 따라서 이러한 문제점을 해결하기 위해 최고경영층이 보다 적극적으로 정보기술을 활용하게 된 것이 중역정보시스템이 등장하게 된 배경이다.

이러한 중역정보시스템의 특징은 다음과 같다.

① **전략적인 문제해결을 위한 정보제공**: 중역정보시스템은 최고경영층의 의사결정에 필요한 정보를 제공하는 것이다. 따라서 중역정보시스템은 최고경영층의 전략적 의사결정과 관련된 문제를 해결하는 데 요구되는 정보를 제공하여야 한다.

② **이해하기 쉬운 형태의 정보제공**: 중역정보시스템은 정보를 이용하는 최고경영층이 정보를 보다 쉽게 이해할 수 있는 그래프와 같은 형태로 제공하는 것이 중요하다. 왜냐하면 그래프 형태의 정보는 표의 형태보다 장기추세를 파악하는 데 훨씬 용이하기 때문이다.

③ **사용하기 쉬운 인터페이스(Interface)**: 최고경영층은 컴퓨터에 익숙하지 않으므로 컴퓨터활용능력이 떨어진다. 따라서 중역정보시스템은 다른 정보시스템에 비해 사용자의 편리성을 높이는 것이 무엇보다도 중요하다. 예를 들면, 키보드보다는 마우스나 터치스크린이 이용자에게는 더욱 편리할 것이다. 그러므로 중역정보시스템은 사용하기 쉬운 인터페이스가 필요하다.

④ **드릴다운(Drill-Down)기법**: 중역정보시스템은 정보를 제공하는 방법에서도 다른 정보시스템과 차이가 있다. 특히 중역정보시스템에서는 정보를 제공하는 데 있어 드릴다운기법이 반드시 필요하다. 여기서 말하는 드릴다운기법이란 처음에는 종합적이고 요약된 정보를 제공하고, 사용자의 요구에 따라서 점점 세부적인 정보를 제공할 수 있는 기법이다.

예를 들면, 다국적기업의 최고경영자가 아시아지역을 클릭하면 아시아 전체의 매출액에 관한 정보를 얻을 수 있는데, 만약 지역별로 더욱 세분화된 정보가 필요하다면 국가별로 한국, 일본, 또는 중국 등의 매출에 관한 정보를 얻을 수 있다. 이를 더욱 세분화하면 한국 내에서도 서울을 포함한 수도권과 기타 지역의 더욱 세분화된 정보를 얻을 수 있다.

3. 조직기능과 정보시스템

기업이 추구하는 목표를 달성하기 위해 수행하는 기업의 유사한 업무와 활동을 통합한 것을 조직기능이라 한다. 기업은 이를 통해 전문화와 분업화를 이룰 수 있으며 보다 효율적으로 업무를 수행할 수 있다. 조직기능은 각 기능별로 서로 다른 특성과 서로 다른 업무로 구성되므로 본질적으로 큰 차이가 있다. 따라서 기능별로 요구되는 정보의 내용이나 특성이 달라 이를 지원하는 정보시스템도 정보기술의 종류나 시스템의 구성에 있어 다른 형태로 구축되어야 한다. 이와 같이 조직기능별로 정보시스템을 적용하면 생산정보시스템, 마케팅정보시스템, 재무정보시스템, 회계정보시스템, 그리고 인사정보시스템 등으로 구분할 수 있다.

(1) 생산정보시스템

생산정보시스템(Manufacturing Information Systems)이란 생산기능을 지원하는 시스템으로 재화나 서비스를 생산하고 창출하는 생산계획, 작업관리, 공정운영 및 통제, 재고 및 실적관리 등과 관련된 활동을 지원하는 정보시스템을 말한다. [그림 5-2]와 같이 생산정보시스템은 계획시스템, 관리시스템, 그리고 현장시스템과 같이 크게 세 개의 시스템으로 구성된다. 계획시스템은 생산활동의 전반에 대한 계획을 수립하며, 관리시스템은 생산현장에서 일어나는 생산활동들의 내역을 분석하고 평가한다. 그리고 현장시스템은 일선 현장의 작업을 운영하고 통제한다.

조직에 따라 사용하고 있는 생산정보시스템은 매우 다양한데, 대표적인 예로는 제품설계를 위한 CAD(Computer Aided Design), 생산공정관리를 위한 CAPP(Computer Aided Processing Planning), 원자재관리를 위한 MRP(Material Requirements Planning), 작업장의 공정제어, 설비의 통제 및 제어 등을 통해 제조활동을 지원하는 CAM(Computer Aided Manufacturing), 그리고 작업현장의 통제에서부터 생산기획과 관리에 이르는 모든 활동을 정보시스템을 통해 통합하여 일관성 있고 효율적인 생산기능을 수행하게 하는 CIM(Computer Integrated Manufacturing) 등이 있다.

CAD는 뛰어난 그래픽 기능을 가진 컴퓨터시스템을 이용하여 설계도를 작성하거나 이미 작성되어 저장된 설계도면을 필요에 따라 수정하며, 설계과정에서 발생되는 모든 자료를 컴퓨터시스템으로 관리하는 것을 말한다. CAD시스템은 설계자의 생산성을 크게 향상시킬 수 있으며, 특히 작업이 어려운 고난도의 설계나 반복적인 설계의 경우 더욱 용이하게 이루어질 수 있다.

CAPP는 자재소요계획(MRP)이나 용량계획 등과 같은 공정기획업무를 지원하는 정보시스템을 말한다. 이를 통해 공정합리화나 표준화를 달성하게 되어 수작업을 하는 경우보다 공정기획업무를 더욱 효율적이고 일관성 있게 처리하게 된다. 또한 표준화를 통해 생산비용의 절감과 품질의 향상을 기할 수 있다. 또 다른 이점으로는 컴퓨터에 의해 작성

그림 5-2 생산정보시스템

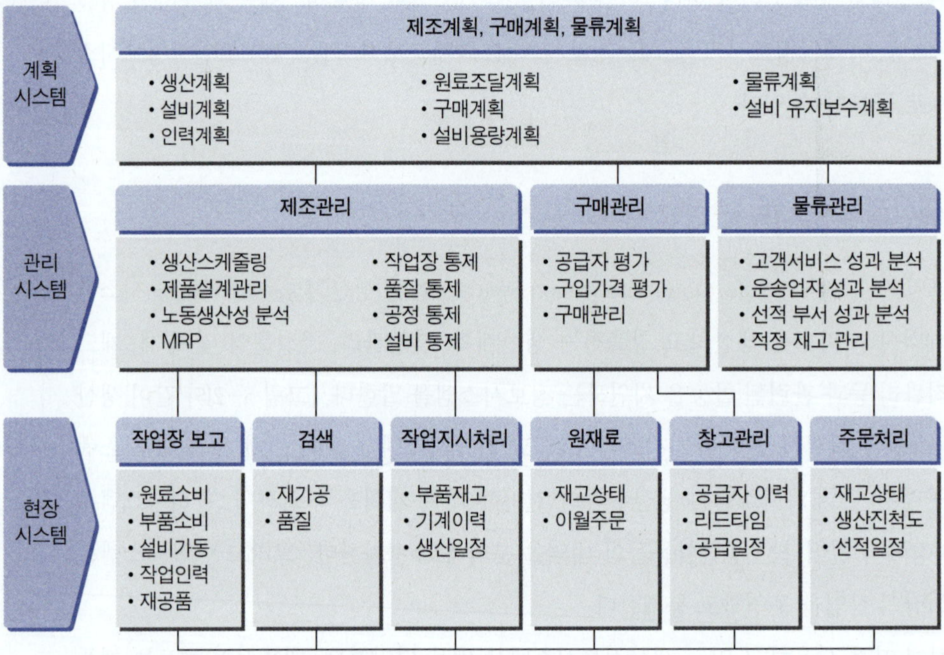

자료: 한재민, 경영정보시스템, 학현사, p.347.

된 각종 문서가 일관성 있게 표준화되고 이해하기 쉽게 구성되므로 문서의 체계화가 가능하다는 점을 들 수 있다.

CAM은 컴퓨터시스템을 이용하여 생산을 기획하고, 관리하고, 통제하는 것을 말하는데 이를 위해서는 수치제어기술, 유연제조시스템(Flexible Manufacturing Systems: FMS), 공정제어기술, 자재관리시스템, 자동검사시스템, MRP 등과 같은 다양한 기술이 요구된다.

CIM은 제품의 설계로부터 제품이 소비자에게 전달되기까지의 모든 기업활동을 기획하고, 관리하고, 통제하는 통합된 컴퓨터시스템을 말한다. 이 시스템은 생산 및 제조와 직접적으로 관계가 있는 시스템뿐만 아니라 구매, 판매 및 경영관리와 같은 관리시스템도 포함된다.

(2) 마케팅정보시스템

마케팅은 제품이나 서비스에 대한 대상 고객을 파악하고, 고객이 원하는 것이 무엇인지 결정하고, 그들의 요구를 충족시킬 수 있는 제품이나 서비스를 기획하고 개발하며, 광고를 통해 판매를 촉진하는 활동을 말한다. 마케팅정보시스템(Marketing Information Systems)은 이러한 활동들을 지원한다. [그림 5-3]과 같이 마케팅정보시스템은 경영활동 수준에 따라 계획시스템, 관리시스템, 그리고 거래처리시스템으로 구성된다. 계획시스템은 제품, 가격, 유통, 광고 등과 관련된 의사결정과 계획수립업무를 지원한다. 관리시스템은 마케팅의 성과들을 분석하고 관리하며, 거래처리시스템은 제품과 서비스 판매의 주문처리에서부터 판매 이후의 서비스를 관리하는 업무를 담당하게 된다. 마케팅정보시스템을 구성하는 대표적인 시스템은 다음과 같다.

주문처리시스템은 주문 관련 업무에 필요한 자료를 처리하게 되는데 고객의 주문이 입력되면 주문에 따른 문서작성에서부터 송장 발급, 판매분석, 재고통제 등의 업무가 처리된다.

판매관리시스템은 판매계획의 수립, 판매성과의 분석 및 평가, 마케팅 측면에서의 경

그림 5-3 마케팅정보시스템

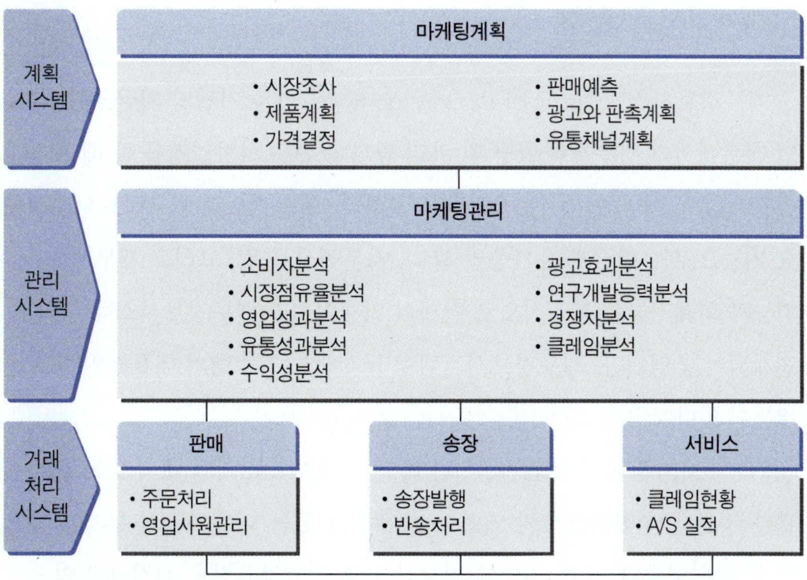

자료: 한재민, 경영정보시스템, 학현사, p.352.

영전략 지원 등에 필요한 정보를 제공한다. 이 시스템을 통해 제공되는 산출물로는 매출실적보고서, 매출분석보고서 등이 있으며, 주로 제품별, 지역별, 영업사원별, 고객별 영업실적을 분석하고 평가해 보고서의 형태로 만들어 제공하게 된다.

판매예측시스템은 시장조사를 통해 얻은 자료, 매출실적, 판매촉진계획들을 토대로 통계적 예측 모델을 이용하여 향후 예상되는 각 제품별, 기간별, 지역별 판매량을 추정하여 마케팅전략을 지원하는 시스템이다.

판매 · 생산연계시스템은 판매기능과 생산기능을 정보시스템을 통해 연결함으로써 마케팅활동들을 보다 더 전략적으로 수행할 수 있도록 지원하는 시스템을 말한다. 이 시스템을 통해 기업은 고객의 요구를 제품설계나 제조과정에 더욱 적극적으로 반영할 수 있을 뿐만 아니라 주문에 대한 예상되는 납기와 주문된 제품의 공정진척도를 고객에게 알려줌으로써 고객서비스에서 경쟁우위를 확보할 수 있다.

광고효과분석시스템은 기업이 제한된 자원을 가지고 가장 효과적인 광고 및 판촉활동을 할 수 있도록 필요한 정보를 제공해 주는 시스템을 말한다. 다시 말하면, 마케팅에서 광고와 판촉활동은 매우 중요한 기능 중의 하나이기 때문에 시장정보와 판촉 모델을 이용하여 매체나 판촉방법을 선택하는 것은 물론 제한된 재무자원을 할당하고, 결과를 통제하고 평가하게 된다.

(3) 재무정보시스템

재무정보시스템(Financial Information Systems)은 기업의 자금조달(Financing)이나 기업 내부에서의 재무자원 할당 및 관리 등과 관련된 의사결정을 할 때 유용하게 활용될 수 있는 정보를 제공하는 정보시스템을 말한다. 일반적으로 재무정보시스템에 포함되는 주요 기능으로는 현금과 유가증권 관리, 자본예산 수립, 그리고 재무계획 등이 있다. 재무기능과 회계기능은 본질적으로 별개의 기능이지만 재무정보시스템은 회계정보시스템과 연계되어 운영된다. 재무정보시스템을 구성하는 시스템의 대표적인 예로는 다음과 같은 것들이 있다.

현금 · 유가관리시스템은 실시간 혹은 주기적으로 기업 내의 모든 현금 수령과 지급에 관한 정보를 수집함으로써 기업이 보유하고 있는 여유자금의 투자로 수입을 증가시킬 수 있도록 해준다. 또한 기업에 필요한 최적 현금보유량을 결정하고 앞으로 예상되는 현금부족이나 과잉에 대처하기 위한 재무전략이나 투자전략의 대안들을 평가하고 최적안

그림 5-4 재무정보시스템

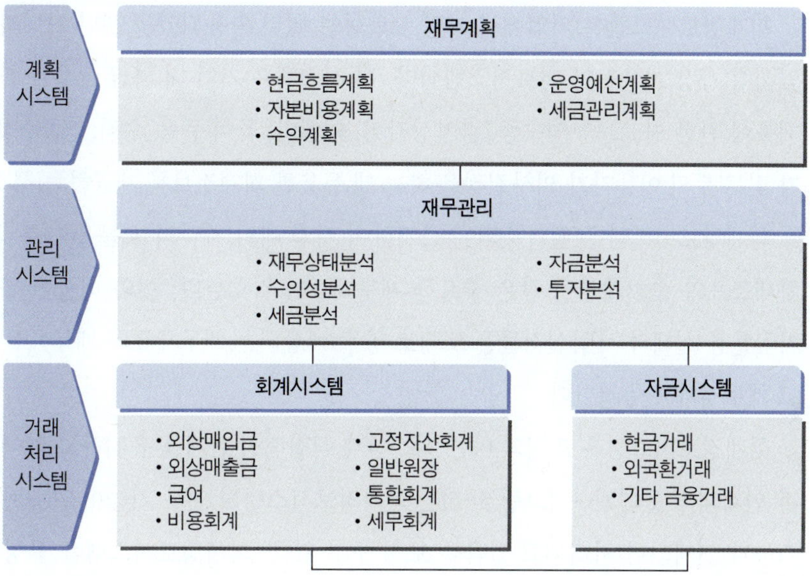

자료: 한재민, 경영정보시스템, 학현사, p.357.

을 결정하기 위한 정보를 제공한다.

자본예산수립시스템은 제안된 자본지출의 수익성과 재무효과에 대한 평가를 토대로 예상되는 현금흐름의 현재가치분석과 위험의 확률분석 등과 같은 계량적인 모델과 경영관리자의 경험적 지식이 요구된다. 이러한 업무를 위한 정보시스템에는 간단한 계산기 역할을 수행하는 스프레드시트와 복잡한 계량 모델들을 포함하고 있는 의사결정지원시스템, 그리고 재무계획과 관련된 전문가의 지식을 컴퓨터화한 전문가시스템 등이 사용된다.

재무계획시스템은 기업의 현재 재무성과와 미래에 기대되는 재무성과를 평가함으로써 기업의 자금조달 여부를 결정하는 것은 물론 자금조달의 대안들을 평가하고 분석하는 업무를 지원하는 시스템을 말한다. 이와 같이 기업이 재무계획시스템을 통해 최적의 재무계획을 수립하기 위해서는 경제상황, 기업운영상황, 자금조달방법, 이자율, 그리고 주식과 사채의 가격 등과 같은 각종 경영 · 경제정보가 제공되어야 한다. 이러한 자료를 이용하여 재무계획과 관련된 의사결정에 필요한 정보를 제공하기 위해서는 계량적 모델을 포함하는 의사결정지원시스템이 필요하다.

(4) 회계정보시스템

회계정보시스템은 기업에서 가장 오랫동안 널리 활용되었을 뿐만 아니라 기업경영에 있어서 가장 기본적인 정보시스템이다. 이 시스템은 기업 내 자금 흐름을 관리하기 위해 재무에 관한 자료, 즉 영수증, 감가상각비, 영업비, 급여 등을 수집, 기록, 정리하여 경영자 및 외부의 이용자가 의사결정을 하는 데 유용한 회계정보를 제공하는 시스템이다.

회계정보시스템은 원가주의에 근거하여 기업 내의 자금의 흐름을 기록, 보고하며, 대차대조표와 손익계산서 같은 중요한 재무제표를 작성한다. 이와 더불어 과거와 현재의 자금운용 실태와 사업실적들을 토대로 향후 예상되는 재무제표와 재무예산을 추정해 내고 재무성과를 측정한다.

회계정보시스템은 조직의 다른 시스템과 직접적인 관계를 유지하고 있어 다른 시스템과 연계되어 운영된다. [그림 5-5]는 회계정보시스템의 일부 기능이 판매처리, 구매처리 기능과 연계되어 처리되고 있음을 보여 주고 있다. 회계정보시스템을 구성하고 있는 주요 시스템들은 다음과 같다.

외상매출금시스템은 제품판매와 대금수령에 관한 자료에 의해 고객이 지불해야 하는 금액을 기록하는 것은 물론 고객별 외상매출금 현황과 신용관리보고서와 같은 관리용

그림 5-5 회계정보시스템과 다른 정보시스템의 관계

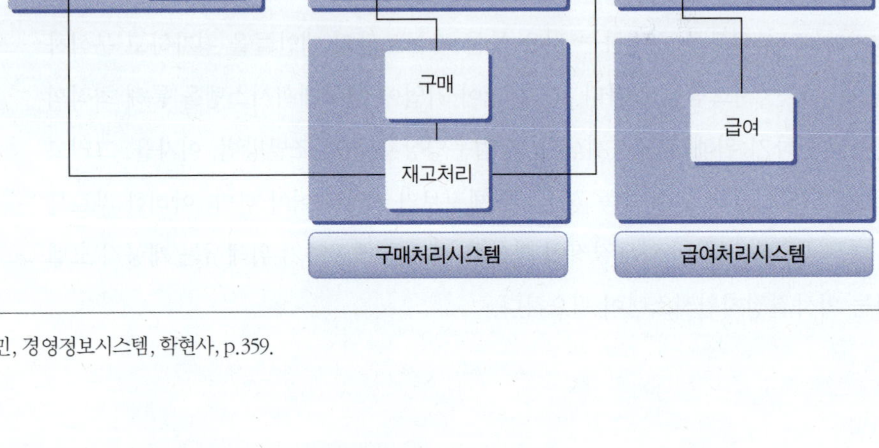

자료: 한재민, 경영정보시스템, 학현사, p.359.

보고서를 작성한다. 이를 통해 기업은 고객의 거래현황에 대한 정확하고 신속한 정보를 제공받게 되고 신속한 대금지급을 촉진한다. 이와 같은 기업의 활동은 대손(Bad Debt)으로 인한 손해를 최소화하는 반면 수익성 있는 외상매출을 극대화할 수 있도록 한다.

외상매입금시스템은 공급자로부터 물품구입과 관련된 대금지급에 관한 자료를 기록함으로써 결제되지 않은 송장의 지불을 준비하고, 이에 따른 자금관리보고서를 작성하여 조직의 현금운영에 대한 정보를 제공한다. 이 시스템을 통해 조직은 신속하고 정확한 대금지불이 가능하게 됨으로써 공급자와 좋은 신용관계를 유지할 수 있고, 이러한 좋은 관계는 결국 기업의 경쟁력을 제고시키는 데 도움이 된다.

급여처리시스템은 종업원의 근무기록을 근거로 정확한 급여계산을 해 종업원의 은행계좌로 입금시키는 업무를 처리하는 거래처리시스템으로 기업경영에 있어서 가장 기본적인 정보시스템이다. 또한 이 시스템은 노동비용은 물론 노동생산성과 같은 기업의 주요한 경쟁력 지표를 계산하는 데 필요한 자료를 제공한다.

(5) 인사정보시스템

일반적으로 조직의 인사관리기능은 인력의 선발, 배치, 교육훈련, 평가, 승진 및 보상 등과 같은 제반 기능을 수행한다. 초기의 인사정보시스템(Human Resource Information Systems)은 급여내역이나 기존 종업원들에 대한 인사기록 유지를 목적으로 활용되었다. 그러나 최근 인재의 중요성이 강조되면서 인력의 효과적인 활용을 위해 단순한 인사기록의 유지뿐만 아니라 인력의 모집, 선발, 고용, 직무배치, 평가, 종업원의 복지, 교육과 개발, 건강과 안전 등과 같이 기업의 장기적인 경영계획을 달성하는 데 필요한 종합적인 인력관리를 지원하는 시스템으로 발전하고 있다.

최근 인사정보시스템의 중요성이 크게 대두되는 이유로는, 첫째, 급격한 경영환경의 변화에 신속하고 능동적으로 대처하기 위해서는 무엇보다도 우수한 인력의 확보가 중요하다. 따라서 인력자원에 대한 정확하고 풍부한 정보가 제공되어야 하며 또한 잠재력 있는 종업원을 파악해 종업원들의 재능과 기술을 개발하는 것도 필요하다. 둘째, 최근 기업의 조직구조는 지속적으로 성장하고 있으며 환경변화에 따라 변화하고 있다. 그러므로 기업은 성장에 따른 조직구조 팽창에 대처해야 하는 것은 물론 환경변화에 따른 변화와 업무의 복잡성에 대처하기 위해서라도 종업원과 조직에 대한 정확한 정보가 제공되어야 한다.

그림 5-6 인사정보시스템

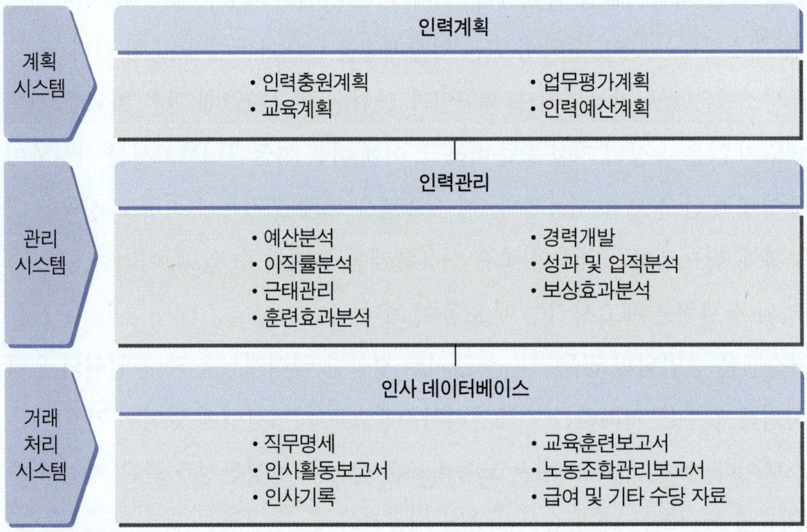

자료: 한재민, 경영정보시스템, 학현사, p.361.

토의해 봅시다

- 경영정보시스템의 발전과정에 대해 설명하시오.
- 경영관리에 정보기술이 어떤 역할을 하는지 설명하시오.
- 경영계층별 정보시스템의 역할에 대해 설명하시오.
- 마케팅활동에 정보시스템이 어떤 역할을 하는지 설명하시오.
- 정보기술을 통한 생산, 마케팅, 재무, 회계, 인사관리 등 경영활동의 통합이 필요한 이유에 대해 설명하시오.

참고문헌

- 고석하 외, 비즈니스 정보시스템, 생능출판사, 2008.
- 김세중 · 송철호, 디지털경영시대의 경영정보시스템, 무역경영사, 2009.
- 김은홍 · 김화영, 경영정보학개론, 다산출판사, 2006.
- 김의창 외, u-Business를 위한 정보관리론, 학현사, 2009.
- 김정욱 외, 경영정보시스템, 박영사, 2007.
- 문용은 외, 사례로 배우는 경영정보시스템, 시그마프레스, 2009.
- 안중호 · 양지윤, 디지털 시대의 경영혁신과 정보기술, 홍문사, 2009.
- 양정식 외, 정보시스템, 한경사, 2010.
- 영림원소프트랩, 앱코 ERP 구축 성공사례 – 인터뷰, 2021. 08. 24.
- 오재인 외, 경영과 정보시스템, 박영사, 2007.
- 오재인, 유비쿼터스 시대의 경영정보학 개론, 박영사, 2009.
- 이건창, 최신경영정보시스템, 무역경영사, 2009.
- 정경수 외, 인터넷시대의 정보시스템, 이프레스, 2010.
- 최재화 외, 글로벌 경영을위한 정보시스템, 북넷, 2009.
- 한경 IT · 과학, 월마트 '토탈 AI' … 유통판 뒤집다, 2021. 03. 04.
- 한재민, 경영정보시스템, 학현사, 2008.

CHAPTER

06

MANAGEMENT INFORMATION SYSTEMS

데이터 관리와 비즈니스 인텔리전스

제1절 데이터 생성 및 관리를 통한 경쟁력 강화

제2절 비즈니스 인텔리전스

서울시 빅데이터 활용 '심야버스 노선 수립'

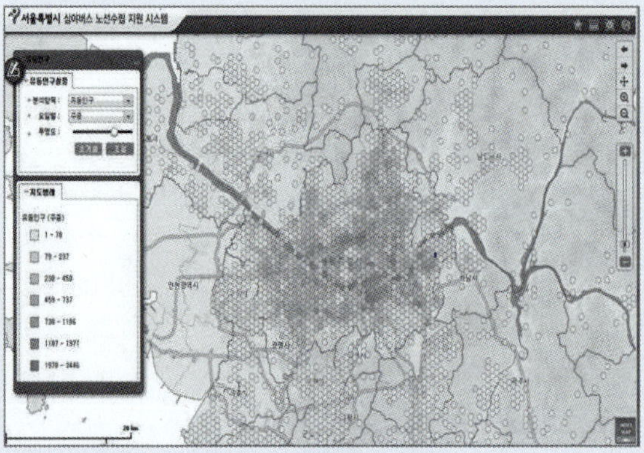
서울시 심야버스 노선수립 지원 시스템

서울시 '심야버스 노선 수립'은 공공 부문 빅데이터 사업 중 가장 성공적인 사례로 평가받는다. 종전 폐기되거나 의미 없이 쌓였던 데이터를 활용해 실제 시민 생활의 질을 높였다.

서울시는 KT의 통화량 통계 데이터와 시가 보유한 교통 데이터를 융합·분석해 심야버스 노선을 개선했다. 서울시 전역을 지름 1㎞의 1252개 구역으로 나눠 심야시간인 자정부터 5시까지 수집된 약 30억 건의 KT 통화량 통계 데이터에 대한 유동인구 밀집도 분석과 시각화 작업을 수행했다.

통화량 데이터를 바탕으로 유동인구가 홍익대, 동대문, 신림역, 강남, 종로 등의 순으로 많은 것을 파악했다. 심야택시 승·하차 데이터를 분석해 강남이 교통 수요가 가장 많고 신림, 홍대, 건대입구 등이 뒤를 잇는 것으로 판단했다. 데이터 분석 과정에서 활용된 제품이 KT넥스알의 빅데이터 플랫폼 '엔답(NDAP)'이다. NDAP은 빅데이터 활용을 위한 수집·처리·저장·분석 등의 작업을 수행한다. 글로벌 빅데이터 표준 기술로 정의된 하둡과 H베이스, 하이브, 플룸 등 다양한 오픈소스를 기반으로 개발됐다.

서울시는 시각화된 유동인구를 노선별, 요일별로 패턴을 분석해 심야버스 노선을 최적화했다. 정류장 단위로 통행량을 산출한 후 이를 선굵기로 표현해 요일별 배차간격 조정에 활용했다. 분석 결과와 시가 미리 만든 심야버스 노선안을 비교해 차이가 나는 부분을 개선했다.

서울시는 이번 사업을 바탕으로 7개 노선을 추가해 지난 9월부터 '올빼미 버스' 운행을 시작했다. 종전 시범운행 중이던 2개 노선과 함께 총 9개 노선이 운영되고 있다. 노선 이름에는 밤(Night)을 뜻하는 'N'을 붙였다. 추가된 노선은 N13번(상계동~송파차고지), N16번(도봉산차고지~온수동), N61번(양천차고지~노원역), N62번(양천차고지~면목동), N10번(우이동~서울역), N30번(강동차고지~서울역), N40번(방배동~서울역)이다. 서울시 발표에 따르면 9월 13일부터 11월 1일까지 올빼미 버스 9개 노선을 운영한 결과 50일 동안 총 30만4000명, 하루 평균 6079명이 이용했다. 하루에 버스 1대당 138명, 정류소 1개소당 5.8명이 이용한 것으로, 일반 시내버스 한 대당 하루 평균 이용승객 110명과 비교해 크게 높은 수치다.

서울시는 그동안의 운행 분석과 시민 의견을 바탕으로 개선 작업을 수행한다. 승객이 많은 노선의 첫차·막차 시간 조정, 승객 과소노선 운행경로 조정, 정류소 주변 불법 주정차 및 택시 장기정차 단속 강화 등에 나선다. 서울시가 올해 추진한 33개 정책에 대해 시민 4240명, 공무원 571명을 대상으로 조사한 결과 올빼미버스는 10대 뉴스 중 1위에 오르기도 했다.

자료: 전자신문, 2013.12.25.

제1절 데이터 생성 및 관리를 통한 경쟁력 강화

의사결정을 위한 정보는 가공처리된 데이터를 기반으로 구성된다. 세상의 모든 것들을 0과 1의 비트로 변환하여 다양한 파일의 형태로 저장하고 있다가 필요하면 정보로 활용하게 된다. 이런 데이터를 일정한 분류체계에 의해 대용량으로 저장하고 있다가 필요하면 제공하는 도구를 데이터베이스라 하며 이런 데이터베이스를 효율적이고 효과적으로 관리하는 시스템을 데이터베이스관리시스템이라 한다. 본 절에서는 데이터의 중요성을 출발점으로 하여 데이터를 파일처리시스템으로 관리하는 방법, 파일이 데이터베이스로 확장되는 체계, 데이터베이스를 시스템으로 관리해야 하는 이유에 대해 살펴본다.

1. 데이터 관리의 중요성

최근 정보기술의 급격한 발전으로 2016년까지 인류가 탄생하면서 만든 정보의 총량이 2017년 한 해 동안 만들어진 데이터의 총량과 맞먹는 것으로 조사되었다. 이와 같이 정보기술이 하루가 다르게 발전함에 따라 생성되는 데이터의 양도 급속도로 증가하고 있다. 이렇게 생성되는 데이터는 수집되어 여러 방법으로 다양한 위치에 저장되고 있다. 이렇게 저장되어 있는 데이터를 검색하는 데 많은 노력과 어려움이 따른다고 하면 이것은 그들이 원하는 답을 쉽게 찾을 수 없다는 것을 의미한다.

데이터 관리의 중요성이 강조되는 이유는 기업이 필요할 때 접근 가능한 고품질의 데이터 없이는 효과적인 기업이 될 수 없기 때문이다. 데이터 관리의 목적은 가공되지 않은 데이터를 사용 가능한 기업의 유용한 정보로 변환시키기 위한 기반 도구를 제공하는 것으로, 기업의 데이터는 조직의 정보자산이다. 이러한 자산은 기업의 다른 유용한 자산과 같이 잘 관리함으로써 자산의 가치를 높일 수 있다.

2. 파일처리시스템

데이터베이스를 사용하기 이전에는 기업들은 데이터를 파일 형태로 저장하고 필요에 따라 사용하였다. 이러한 파일시스템은 기본적으로 데이터를 비트(Bit)로 시작해서 바이트(Byte), 필드(Field), 레코드(Record), 파일(File), 그리고 데이터베이스(Database)로 확장시켜 나가는 계층적 구조로 조직하고 있다.

'비트'는 컴퓨터가 처리할 수 있는 가장 작은 데이터의 단위를 말하며, 0과 1의 값을 가진다. '바이트'는 여덟 개의 비트로 구성되며 하나의 문자, 숫자, 기호 등을 나타낸다. 이러한 문자, 숫자, 기호 등이 결합되어 하나의 단어가 되거나 하나의 수를 이루게 되는데, 이를 '필드'라고 한다.

여기서 '필드'는 어떤 개체의 특성을 나타내는 최소의 단위를 말한다. 예를 들면, '홍길

그림 6-1 파일의 데이터 계층구조

	학번	이름	전화번호	과목번호	과목명
파일	2011022	추신수	010-222-xxxx	201	경영정보시스템
	2011023	강정호	010-335-xxxx	322	인사관리
	2011024	이승엽	010-123-xxxx	436	마케팅원론
레코드	2011024	이승엽	010-123-xxxx	436	마케팅원론
필드		이승엽			
바이트	01000001-A				
비트	0 or 1				

그림 6-2 응용 프로그램을 위한 다양한 파일들

수강신청 파일	학번	이름	전화번호	과목번호	과목명
	2011022	추신수	010-222-xxxx	201	경영정보시스템
	2011023	강정호	010-335-xxxx	322	인사관리
	2011024	이승엽	010-123-xxxx	436	마케팅원론

도서대출 파일	학번	이름	전화번호	도서번호	과목명
	2011022	추신수	010-222-xxxx	5521457	마케팅전략
	2011023	강정호	010-335-xxxx	5523458	생산관리

자료: 홍일유 외, 경영정보시스템, 법문사, 2015, p.217.

동'은 학생의 이름을 나타내는 필드 값이며 더 나뉘어지면 그 고유의 의미를 잃게 되는 특성이 있다.

관련문자들이 결합되어 하나의 필드가 되듯이 학번, 이름, 전화번호, 과목번호, 과목명 등과 같은 관련 필드들이 하나의 '레코드'를 구성한다. 이렇게 동일한 형식으로 구성된 레코드들이 모여 하나의 집합체를 이룰 때 이를 '파일'이라고 부른다. [그림 6-1]에서 보는 것처럼 3개의 수강 레코드가 모여 하나의 파일을 구성한다.

파일은 서로 관련 있는 레코드들의 집합이므로, 특정 응용 프로그램과 관련 있는 레코드들은 몇 개의 파일로 나누어 관리할 수 있다. 즉 파일시스템에서는 응용 프로그램별로 서로 다른 별도의 파일을 사용한다. [그림 6-2]에서 보는 것처럼 학생들의 수강신청 관리를 위한 레코드들은 한 파일에 관리하였고, 도서관에서 도서 대출관리를 위해 또 다른 파일을 사용하고 있다. 이 경우를 기업에 적용하면 기업의 다양한 부서에서는, 즉 인사부서, 마케팅부서, 기획부서, 생산부서 등은 서로 다른 응용 프로그램을 사용할 것이고 따라서 각 부서는 서로 다른 파일을 사용할 것이다.

(1) 파일처리시스템의 한계

1) 프로그램-데이터 의존성

파일처리시스템에서는 응용 프로그램이 데이터 파일의 구조에 맞추어 설계되기 때문에 데이터 파일의 구조가 변경되면 이에 따라 응용 프로그램도 변경된 파일구조에 맞추어 수정되어야 한다. 이를 응용 프로그램과 데이터의 의존성이라고 한다. [그림 6-2]에서 보여주듯 수강신청 파일에 학번, 이름, 전화번호, 과목번호, 과목명에 대한 데이터뿐만 아니라 도서대출에 대한 도서번호 데이터가 추가되면 수강신청 관리를 위한 파일을 사용하던 응용 프로그램도 다시 수정되어야 한다.

2) 데이터의 중복성

[그림 6-2]에서 보는 것처럼 수강신청 파일과 도서대출 파일은 개별적으로 서로 다른 응용 프로그램을 통해 관리하지만, 이들 모두 공통적으로 학번, 이름, 전화번호 등 학생과 관련된 데이터를 포함하고 있다. 이는 부서별로 독립적으로 프로그램을 구축하다 보

니 당연히 데이터가 중복될 수 있다. 설사 부서별로 협의를 하여 데이터를 공유하기로 협의하였다 할지라도 각 프로그램에서 요구되는 데이터의 저장구조가 달라 기술적으로 공유하기가 불가능하다.

컴퓨터기술의 발전으로 저장매체의 가격이 저렴해져 많은 양의 데이터를 저장하는 것이 큰 문제가 되지 않을 수도 있다. 그러나 데이터 중복이 일어나는 경우, 다른 파일에 저장된 중복된 내용이 정확하게 갱신되지 않아 일시적으로 내용이 일치하지 않는 현상이 발생할 수도 있다. 이러한 경우 데이터의 불일치는 정확한 정보를 제공하여야 하는 정보시스템의 기본 요건을 충족시켜 주지 못하게 된다.

3) 데이터의 공유불가

파일처리시스템에서는 동일한 데이터가 중복해서 저장되어 있는 것은 물론 중복 저장된 데이터의 이름, 저장 공간의 크기, 코드 등이 다를 수 있어 여러 가지 혼란을 초래할 수 있다. 예를 들어, 성별을 나타낼 때 '남자/여자', '남/여', 'Male/Female' 등 여러 형태로 나타낼 수 있다. 이와 같이 데이터가 통합적으로 관리되지 않아 정보공유가 어려울 뿐만 아니라 그로 인해 필요한 사람에게 필요한 데이터를 적기에 제공하기가 어렵다.

4) 유연성 부족

전통적인 파일처리시스템에서는 미리 사전에 설계된 각종 보고서가 주기적으로 출력된다. 그러나 관리자는 종종 직면하는 문제를 해결하기 위해 새로운 보고서를 원할 수도 있고, 또는 내용은 같더라도 형태가 다른 보고서를 필요로 하는 경우가 있다. 최근 경영환경이 급속히 변화하고 있는 상황에서는 더더욱 예상하지 못한 문제에 직면하게 되고 이러한 문제를 해결하기 위해 다른 내용의 보고서나 다른 형태의 보고서를 필요로 하게 된다. 파일처리시스템에서는 이러한 문제를 해결하기 위해 새로운 프로그램을 짜야 하며 예상하지 못하는 많은 시간이 걸릴 수도 있다. 많은 경영자는 그들이 원하는 정보가 적시에 제공되지 않게 되면 불만이 커지게 된다. 이러한 이유로 대부분의 파일처리시스템에서는 유연성 부족이 나타나게 된다.

5) 데이터 보안문제

데이터에 대한 통제 또는 관리 메커니즘이 거의 없기 때문에 정보에 대한 접근 및 분배가 통제 밖에 있을 수 있어 파일처리시스템에서는 보안문제가 발생한다. 파일처리시스템의 경우 데이터 자체에 대한 별도의 관리가 없을 뿐만 아니라 파일단위로 권한을 부여하기 때문에 각 파일에 대한 사용자를 구체적으로 명시할 수 없다. 따라서 관리자는 조직의 데이터에 누가 접근하는지 또는 심지어 데이터를 누가 변경하는지 파악할 수 있는 방법이 없다.

3. 데이터베이스시스템

데이터베이스는 파일처리시스템의 다양한 문제점을 해결하기 위하여 1960년대부터 오늘날까지 이용되고 있다. 여기서는 데이터베이스의 정의 및 개념, 장점 등을 살펴본다.

(1) 데이터베이스의 정의 및 장점

데이터베이스는 여러 사람에 의해 공유되어 사용될 목적으로 통합하여 관리되는 데이터의 집합을 말한다. 즉 자료항목의 중복을 없애고 서로 관련 있는 데이터를 하나로 모아 놓은 집합체를 데이터베이스라고 한다. 이렇게 한곳에 저장된 데이터는 데이터베이스관

그림 6-3 데이터베이스시스템의 구성

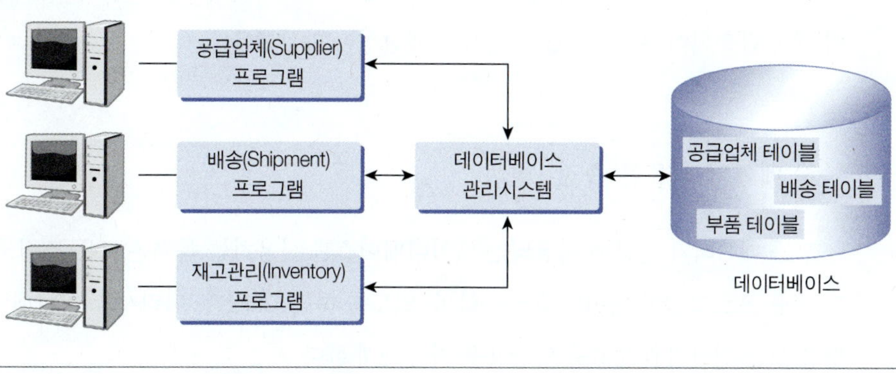

자료: 이상문 외, 경영정보시스템, 형설출판사, 2013, p.228.

리시스템(Database Management Systems: DBMS)에 의해 관리된다. 데이터베이스관리시스템은 프로그램을 통해 사용자들이 데이터베이스를 보다 쉽게 이용할 수 있도록 관리해 준다. 또한 데이터베이스와 데이터베이스관리시스템을 합하여 데이터베이스시스템이라 한다. [그림 6-3]에서 볼 수 있듯이 데이터베이스관리시스템은 데이터베이스와 각각의 응용 프로그램 사이에 존재하며 각 응용 프로그램이 데이터베이스에 저장된 데이터를 공유할 수 있게 해준다.

전통적인 파일처리시스템의 문제점을 보완하기 위한 데이터베이스시스템의 장점은 다음과 같다.

1) 데이터 중복의 최소화

파일처리시스템과는 달리 데이터베이스에서는 모든 데이터가 한곳에 저장되기 때문에 데이터가 중복으로 저장되는 문제가 발생하지 않는다. 따라서 데이터의 신뢰성과 일관성이 증가하며, 데이터의 중복성이 줄어들기 때문에 저장매체의 공간을 효율적으로 활용할 수 있다.

2) 데이터 독립성 지원 및 프로그램의 생산성 향상

프로그램과 데이터의 의존성이 떨어지게 됨으로써 데이터의 형식이나 필드의 위치가 변화해도 응용 프로그램을 새로 작성할 필요가 없다. 또한 프로그램의 변경이 데이터에 영향을 미치지 않기 때문에 데이터의 독립성이 유지된다. 프로그램을 개발할 경우 데이터에 관한 부분을 고려하지 않아도 되기 때문에 파일처리시스템보다 시스템 개발 기간이 대폭 단축되어 프로그램을 작성하는 생산성이 향상된다.

3) 데이터 공유를 촉진

모든 데이터가 한곳에 저장되는 데이터베이스를 사용하는 목적은 모든 조직 구성원들과 응용 프로그램이 데이터를 공유할 수 있도록 하는 데 있다. 따라서 데이터베이스시스템은 모든 전산자원의 효율적 활용을 가능하게 한다.

4) 데이터 접근의 용이성

데이터베이스의 접근은 데이터베이스관리시스템에서 제공하는 표준화된 데이터 질의어(Structured Query Language: SQL)를 이용하여 필요한 데이터에 쉽게 접근하고 정보를 생성하게 된다.

5) 높은 비용 부담

규모가 크고 업무환경이 복잡한 대기업일수록 데이터베이스관리시스템 구입에 드는 비용이 크다. 또한 대형컴퓨터에서 사용되는 데이터베이스관리시스템 같은 소프트웨어는 보다 뛰어난 성능을 갖고 있는 하드웨어를 필요로 할 뿐만 아니라 데이터베이스를 관리하고 운영할 수 있는 전문지식을 갖춘 전문요원을 고용해야 하므로 비용 부담이 클 수밖에 없다.

6) 시스템 유지 및 관리의 어려움

데이터베이스는 한곳에 대량의 데이터를 통합해서 관리하므로 관리가 용이하다고 할 수 있지만 프로그램이 매우 복잡하기 때문에 적절한 관리가 이루어지지 않으면 조직에 엄청난 영향을 미칠 수 있다. 특히 금융거래가 이루어지는 은행이나 증권사의 데이터베이스에 오류가 발생하게 되는 경우 금전적 피해뿐만 아니라 신뢰도에도 부정적 영향을 미치게 된다. 따라서 데이터베이스를 유지 · 관리하는 데 전문적인 지식을 가지고 있는 데이터베이스 관리자나 운영담당자가 필요하다.

7) 데이터 보안의 강화

데이터베이스에 접근하기 위해서는 누구든지 인증을 거치게 할 수 있기 때문에 통합적인 보안관리가 보다 용이하다.

(2) 데이터베이스의 설계

오늘날 기업에 구축된 정보시스템은 데이터베이스와 연동되기 때문에 데이터베이스 없는 정보시스템을 생각할 수 없다. 이렇게 정보시스템이 데이터베이스를 사용하는 것만으로 데이터 관리가 효과적으로 이루어지고 있다고 말할 수 없다. 데이터베이스 설계란 기업의 각 활동을 위해 사용자가 필요로 하는 정보를 효과적이고 효율적으로 제공해 주기 위해 어떠한 데이터를 어떠한 방식으로 구조화해야 하는지를 결정하는 과정이다. 다시 말하면, 필요한 데이터가 적절하게 저장되고 필요시에 신속한 접근이 가능하며 유지 · 보수가 용이하게 이루어질 수 있도록 설계되어야 한다는 것을 의미한다.

데이터베이스를 설계할 때 가장 먼저 해야 할 일은 데이터 사용자의 요구를 명확히 이해하고 이를 근거로 어떤 데이터가 저장되어야 하는지, 그 데이터는 누구에 의하여 그리고 언제 사용되어져야 하는지 등에 대한 충분한 검토가 이루어져야 한다. 좋은 데이터베이스는 기업이 필요로 하는 데이터 요구사항을 얼마나 잘 반영하느냐에 달려 있다. 따라서 데이터베이스 설계 작업은 집이나 건물을 짓기 위한 청사진을 그리는 작업과 같다고 할 수 있다.

[그림 6-4]에서 보는 바와 같이 데이터베이스 설계는 관련 조직 내의 업무에 관련된 사용자의 요구사항 분석이 이루어지고, 사용자 요구사항 분석을 토대로 개념적 설계가 이루어진다. 그리고 개념적 설계를 기반으로 논리적 설계가 이루어지고, 다시 이를 기반으

그림 6-4 데이터베이스 개발과정

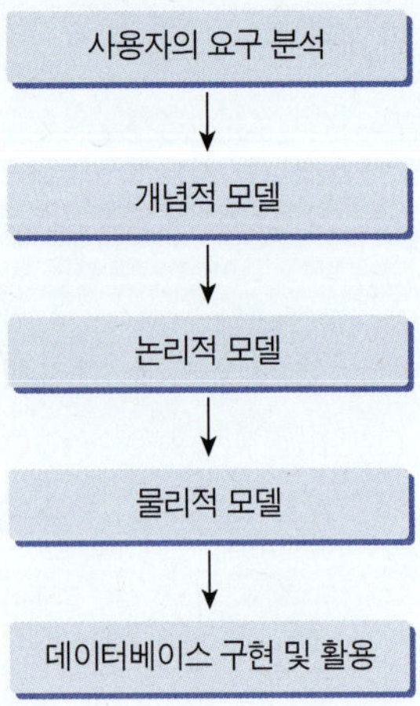

로 저장매체에 어떻게 물리적으로 구현할 것인가를 결정하는 물리적 설계가 이루어진다. 마지막으로 테스트과정을 거쳐 실무부서에 설치되고 사용자들이 사용하게 된다.

1) 개념적 모델

개념적 모델은 데이터베이스가 사용되는 현실세계의 관점에서 사용자 요구사항을 기반으로 데이터를 파악하고 데이터 간의 관계를 개체관계 모델(Entity Relationship Model)을 사용해 표시한다. 데이터와 데이터와의 관계를 다이어그램으로 표현하는 것을 개체관계도(Entity Relationship Diagrams: ERD)라고 한다. 개체관계 모델의 장점은 데이터를 표현하는 데 있어 단순하고 간결한 표기가 사용됨에도 불구하고 사용이 편리하고 표현력이 뛰어나다는 점이다. 이러한 장점으로 인해 가장 많이 사용되고 있는 설계방법이다.

개체관계도는 일반적으로 개체, 속성, 관계로 구성되며, 개체는 직사각형, 관계는 마름모꼴, 속성은 타원형으로 나타내고, 각 구성요소는 직선으로 연결된다. 개체란 우리가 데이터베이스에 의미를 가지고 저장하고자 하는 사람이나 사물 혹은 개념을 추상화시킨 것이라고 할 수 있으며 유형일 수도 있고 무형일 수도 있다. 예를 들면, 대학의 데이터베이스의 경우 학생, 교직원, 교과목 등이 개체가 될 수 있다.

개체가 어떤 의미를 갖기 위해서는 그 개체를 묘사하고 설명할 수 있는 특징을 기술해야 하는데, 이를 그 개체의 속성이라고 한다. 예를 들면, 학생이라는 개체는 학번, 이름, 생년월일, 주소, 전화번호 등의 속성을 가지게 되는데 각 개체는 서로 다른 속성 값을 가지게 됨으로써 의미를 가지게 된다. 속성은 크게 필수속성과 선택속성으로 나뉘게 되는데 필수속성은 반드시 값이 주어져야 하는 것이고, 선택속성은 값이 주어지지 않고 빈칸으로 남겨질 수도 있다.

관계란 개체와 개체 간의 연관성을 의미한다. 예를 들면, '추신수'라는 학생이 '경영정보시스템' 과목을 수강한다면, '추신수'와 '경영정보시스템' 사이에는 '수강하다'라는 두 개체 사이의 관계가 있다. 한 개체유형에 속하는 개체가 다른 개체유형에 속하는 몇 개의 개체와 연관관계를 가질 수 있는가를 나타낸 것을 카디널리티(Cardinality)라고 한다. 일반적으로 카디널리티는 일대일(1:1), 일대다수(1:N), 다수대다수(N:N)의 세 가지 유형을 가질 수 있다. 예를 들면, '한 교수는 여러 과목을 강의할 수 있고, 한 과목은 한 교수에 의해서만 강의된다'고 할 때 카디널리티는 1:N이다.

2) 논리적 모델

개념적 모델이 완성되면 다음 단계로 소프트웨어를 고려한 논리적 모델을 변형시키는 작업을 해야 한다. 논리적 모델 설계 단계에서는 앞으로 사용하게 될 DBMS의 종류에 따라 설계방법이 달라지게 되는데 관계형 DBMS를 사용하는 경우 개념적 스키마는 테이블로 전환해야 한다. CASE(Computer-Aided Software Engineering)를 사용하여 개체관계도를 작성한 경우 자동적으로 관계형 데이터베이스의 테이블로 전환시켜 준다.

[그림 6-5]의 개체관계도에서 개체를 나타내는 학생, 과목, 교수는 그 속성들을 필드로 하는 테이블 형태로 나타내고, 구체적인 데이터를 표시하는 레코드로 전환된다. 관계형 모델은 논리적 모델에서 가장 많이 사용되고 있는 모델로 수학의 집합 이론에 근거하고 있으며 데이터들은 테이블 안에서 표현되며 테이블은 관계에 의해 연결된다.

관계 테이블은 파일과 같은 개념이며 단순히 테이블로 불리기도 한다. 관계형 모델에서 데이터는 2차원적인 표(테이블)로 표현되며 표의 각 행은 튜플(Tuple)로 불리며 데이터 레코드와 유사한 개념이다. 표의 각 열은 속성(Attribute)으로 불리며 필드와 같은 개념이다.

[그림 6-6]을 통해 관계형 모델이 어떻게 작동하는지 살펴보도록 하자. 사원 관계 테이블에서 사번이 95326인 사원의 직위는 쉽게 알아볼 수 있다. 그러나 김건희 과장의 상사인 부장이 누구인지 알아보는 것은 사원 관계 테이블로는 알아낼 수 없다. 이러한 경우 관계형 모델은 가장 강력한 기능 중의 하나인 조인(Join) 기능을 이용해 두 테이블을 연결

그림 6-5 개체관계도(ERD)

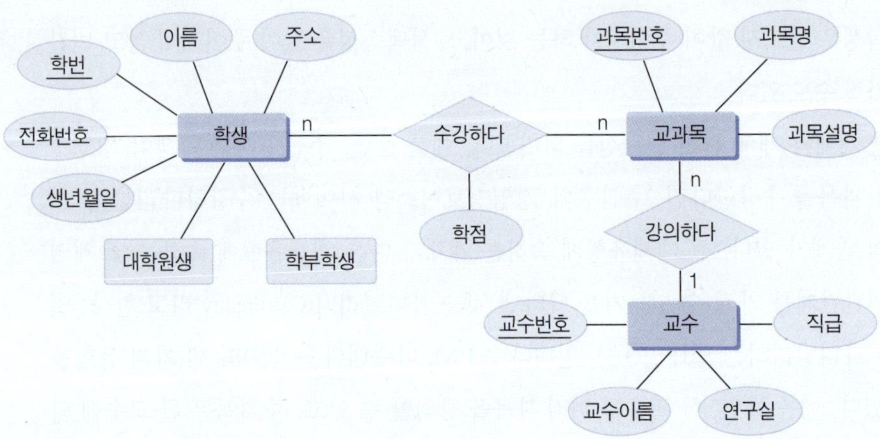

자료: 정경수 외, 인터넷 시대의 정보시스템, 2010, p.223.

그림 6-6 사원-부서 간의 관계형 모델

사번	성명	직위	부서코드	입사일자
95326	박철호	대리	321	90.1.1
25381	김건희	과장	123	85.1.1
34224	오장수	사원	248	96.1.1
53216	유상오	부장	123	80.1.1
68582	이진수	대리	321	89.1.1
21344	정상민	사원	248	97.1.1

부서코드	부서명	부서장	예산
123	기획실	유상오	50,000,000
321	영업부	박상만	250,000,000
248	MIS	조진호	100,000,000

시키는 특성을 통해 레코드를 검색할 수 있다. 다시 말하면, 시스템은 김건희 과장의 부서코드를 확인하고 부서 테이블에 가서 그 코드와 같은 번호를 갖는 부서의 부서장 이름을 찾아낸다.

3) 물리적 모델

물리적 모델은 논리적 모델을 통해 표현된 데이터 구조를 컴퓨터 하드웨어에 어떻게 표현할 것인가를 설명하는 것으로, 예를 들면 데이터를 저장할 때, 보조기억장치에 어떻게 저장해야 하는지, 그리고 저장된 데이터는 어떤 방식으로 접근해야 하는지를 결정하게 된다. 또한 물리적 모델을 통해 데이터의 구조, 파일의 구조, 그리고 색인방법 등 구체적 사항들이 결정되기 때문에 물리적 모델은 데이터베이스를 실제로 실행하는 경우 시스템의 성능에 크게 영향을 미칠 수 있다. 물리적 모델은 논리적 모델의 구조에도 영향을 미치기 때문에 물리적 모델과 논리적 모델 사이에는 상호 피드백이 이루어져야 한다.

물리적 모델의 설계를 마치게 되면, 사용하고자 하는 데이터베이스관리시스템을 이용해 데이터베이스를 생성한다. 주로 사용되는 데이터베이스관리시스템으로는 Oracle사의 오라클, Microsoft사의 MS SQL Server, MS Access, IBM의 Informix 등이 있다. 데이터베이스를 생성한 후 데이터를 입력하고 테스트를 거치게 되면 비로소 데이터베이스시스템 구축이 완료되고 시스템의 설치를 통해 사용자가 사용할 수 있다.

4. 데이터베이스관리시스템

데이터베이스의 생성이 완료되었다고 사용자가 바로 데이터베이스를 사용할 수 있는 것이 아니라, 사용자가 데이터베이스에 저장되는 데이터를 생성하고 접근하며 활용할 수 있게 해주는 소프트웨어가 필요한데, 이를 데이터베이스관리시스템이라고 한다.

데이터베이스관리시스템은 데이터베이스를 효율적으로 관리하고 응용 프로그램이나 사용자가 쉽고 간편하게 데이터베이스를 이용하도록 도와주는 소프트웨어를 말한다. 데이터베이스관리시스템은 사용자 편의를 위해 일반적으로 다음과 같은 기능을 제공한다.

(1) 데이터 정의

사용자는 데이터 정의를 해야 하는데 데이터 사전(Data Dictionary: DD)이 그 역할을 한다. 데이터 사전은 저장된 데이터에 대한 표현형태, 의미와 사용방식, 데이터와 데이터의 관계 등을 기술한다. 데이터에 대한 데이터(Data about Data)라고 불리는 데이터 사전은 시스템에서 유지 · 관리되고 있는 데이터는 물론 데이터베이스에 대한 정보가 수록되어 있다. 예를 들어, 사원에 관한 데이터를 데이터 사전에서 정의한다고 가정해 보면, 기본 키는 사번이고, 사번은 데이터 형태가 숫자형태이고, 크기는 8자리라는 것을 설명한다. 이와 같이 데이터 사전은 사용자가 데이터베이스 자원을 쉽게 이해하고 관리하기 위해 데이터에 대한 시스템 정보가 저장된 집합이라고 할 수 있다.

사용자는 데이터 사전을 통해 기업 내 어떤 데이터가, 어디에, 어떻게 보유되는지 한눈에 일목요연하게 알 수 있는 것은 물론 이는 데이터베이스관리에도 매우 유용하다. 또한 데이터베이스에 새로운 특성을 추가하는 프로그램이 설치될 때 그것이 어떤 데이터베이스에 어떤 영향을 미칠지 미리 파악할 수 있게 해줌으로써 매우 유용하다.

데이터베이스관리시스템에서 제공하는 데이터 정의어(Data Definition Language: DDL)를 통해 사용자는 데이터베이스 구조를 생성하거나 수정 · 삭제할 수 있다. 예를 들면, SQL 언어에서 제공하는 데이터 정의를 위한 명령어에는 CREATE TABLE, ALTER TABLE, DROP TABLE 등이 있는데 이를 통해 테이블을 생성하거나, 테이블 구조를 변경하거나,

테이블을 삭제할 수 있다.

(2) 데이터 조작

데이터 조작언어(Data Manipulation Language: DML)는 사용자가 데이터를 저장, 변경, 질의하는 데 사용되는 명령어이다. 이에 대한 예로는 INSERT, DELETE, UPDATE, SELECT 등이 있다. 사용자는 데이터 조작언어를 이용해 데이터베이스에 필요한 데이터를 입력하고, 검색하고, 수정하고, 불필요한 데이터를 삭제할 수 있다. 예를 들면, 데이터 정의기능에서 만들어진 테이블에 새로운 데이터를 입력하거나 수정 · 삭제 및 검색할 때 사용된다. 따라서 데이터 조작기능은 사용자와 데이터베이스 간의 인터페이스를 통하여 의도한 목적에 맞게 데이터를 처리하거나, 저장된 특정 데이터를 검색할 수 있도록 지원한다.

(3) 데이터 관리

데이터베이스관리시스템은 데이터의 정확성과 보안성을 유지하기 위해 다음과 같은 기능을 지원하고 있다. 즉 데이터의 무결성 유지, 보안 및 권한 검사, 백업 및 복구, 성능 관리기능을 제공하고 있다. 데이터의 무결성(Data Integrity)이란 저장된 데이터의 정확성과 일관성이 보장되어 사용자에게 신뢰성 있는 데이터를 제공하는 것으로, 예를 들면 생산하지 않은 제품이나 품절된 상품을 고객이 주문할 수 없도록 DBMS에서 제약조건을 부여함으로써 무결성을 달성할 수 있게 한다.

보안기능은 사용자의 신원이 확인되어야 데이터베이스에 접근할 수 있는 권한을 부여하는 것으로 권한 없는 사용자의 오남용으로 인해 접근, 변조, 파괴되는 것을 방지하는 기능을 말한다. 네트워크로 인해 시스템 접근 범위가 확대되는 것은 물론 인터넷으로도 언제 어디서나 접근이 가능하기 때문에 보안의 필요성은 더욱 커지고 있다. 또한 누가 어느 유형의 정보에 접근이 가능한지에 대한 조치가 필요한데 사용자와 정보에 등급을 부여해 정보의 접근을 제어한다. 예를 들면, 총무부서의 관리자는 총무부서 사원 파일에 접근할 수 있는 권한이 필요하지만, 영업부서 직원에게 총무부서 사원 파일에 대한 접근권한이 주어져서는 안 된다.

그 외에도 DBMS는 시스템에 장애가 발생할 경우 복구할 수 있는 백업기능과 데이터에 손상이 생겨 원래의 정상적인 상태로 되돌리기 위한 복원기능을 제공한다.

잠시 쉬어가기

중소기업 경영전략, '비즈니스 인텔리전스'에 주목하라

비슷한 자본 규모와 근로자 수를 가진 사업체의 성장 성패를 가르는 요인은 무엇일까요? 이 질문은 대부분의 기업 CEO가 가장 알고 싶어하는 부분이기도 합니다. 경영 컨설팅에 대한 필요성을 느끼면서도 정확히 어떤 부분을 점검하고 싶은지 제대로 짚지 못하는 기업의 특징은 문제점 역시 모호하게 느끼고 있다는 점입니다.

업무 생산성과 빠른 의사결정, 체계적인 협업 시스템 등 다각화된 경영 기반을 다지고 싶은 분들께 TPI Insight는 다시 기본으로 돌아가 고민해 볼 것을 추천합니다. 산재했던 문제에 대한 해답의 실마리를 찾기 위해 '비즈니스 인텔리전스(Business Intelligence, BI)'를 눈여겨볼 필요가 있습니다.

똑똑한 데이터 활용 방법 '비즈니스 인텔리전스'란?

BI를 잘 활용하는 기업은 산발적으로 쌓이는 내・외부 데이터를 기업 경영에 유의미한 행보를 돕도록 분석하고 저장하는 비즈니스 관련 기술적 용어입니다. 대량의 데이터를 모아 일정한 패턴을 집어내는 '데이터 마이닝'과 차트를 활용한 '데이터 시각화'는 분석 기법의 대표적인 예시입니다. 시작도 끝도 데이터가 중점인 BI는 단순 정보에서부터 세분화된 타깃을 충족할 수 있는 정제된 정보와 분석까지 단계별로 점진적으로 발전시키는 것이 가능합니다.

사용자 접근성을 높이며 발전한 BI 과거 및 비즈니스 분석과의 차이점

〈비즈니스 인텔리전스 프레임워크 구조〉

데이터 마이닝 → 설명적 /통계 분석 → 시각화 → 보고

지금으로부터 60년 전으로 거슬러 올라가는 BI는 산업 혁신과 함께 디지털 기술을 활용해 더욱 발전되었습니다. 이제 각 기업은 마음만 먹으면 자사의 상품과 서비스를 구매하는 고객의 피드백을 거의 즉각적으로 얻을 수 있으며 구조화되지 않은 텍스트까지 어렵지 않게 모으게 되었죠. 또한, 스마트해진 툴을 사용해 브라우저나 모바일, 문서 등 다양한 기기로 BI를 접할 수 있습니다.

한편, BI 개념을 처음 접하거나 이미 익숙한 분들 중에서 비즈니스 분석(Business Analytics: BA)와 종종 헷갈려 하는 경우가 존재합니다. 아주 간단하게 설명하자면 BA는 데이터를 검토해 아직 벌어지지 않은 상황을 예측하는 데에 방점을 둔다면 BI는 현재 운용하는 비즈니스 시스템을 더욱 생산적 혹은 효과적으로 정비할 수 있는 기준점을 제공합니다.

국내외 기업의 BI 적용 사례
경영 전략 수립을 위한 BI의 활약

과거부터 현재에 이르는 데이터를 다루는 BI를 통해 비즈니스 생산성을 높일 수 있는 범위는 꽤나 다양합니다. 소비자의 행동을 분석하거나 시장의 흐름을 파악하고 회사가 만들어 낸 실적을 역으로 추적함으로써 이윤은 늘리고 비용은 절감하는 최적화 모델을 꾸릴 수 있습니다.

여러 지점을 운영하고 있는 기업이 특정 지점에 집중할 사업 아이템을 도출해 내는 데에 잘 구축된 BI는 만족스러운 도구가 되어줍니다. 혹은 자꾸만 매출이 감소하는 원인을 BI를 활용해 종합적이고 연쇄적인 흐름을 추적해 밝혀내는 방법도 존재합니다.

그렇다면 실제 경영에서 BI는 어떻게 적용이 되고 있을까요? 국내 자동차 부품 기업인 만도는 1995년부터 디지털 경영 체제를 확립하기 위해 노력하던 중 BI 시스템을 도입했습니다. 이를 위해 뭉친 프로젝트 팀은 재무부터 원가, 경영관리와 같은 요소들을 데이터화한 끝에 업무 효율성을 크게 늘리는 결과를 얻었습니다. 의사결정을 위해 구태의연한 물리적, 시간적 낭비를 최소화하고 업무 현황을 빠르게 캐치할 수 있었던 덕분입니다.

해외에서는 2천 4백여 개가 넘는 지점을 가진 레스토랑 브랜드를 이끄는 Chipotle가 좋은 사례입니다. 이미 BI 솔루션을 사용하고 있었으나 변화의 필요성을 느끼고 보다 현대적인 BI 플랫폼으로 새롭게 경영에 접목하여 전국의 레스토랑 운영 현황을 살필 수 있는 체계를 확립했습니다. 시장의 트렌드에 민감하고 순환이 빠를수록 매출 상승이 뒤따르는 프랜차이즈 음식점에게 꼭 필요한 데이터를 BI 플랫폼으로부터 얻었기 때문입니다.

기업에서 알아두어야 할 BI 관리법
효율을 높여주는 통합 BI의 필요성

대부분 IT부서에서 총괄하던 BI 업무는 해당 데이터가 필요한 현업 부서에서 다루는 추세로 흘러가는 중입니다. 데이터베이스에 필요 사용자가 직접 접근하여 불필요한 요청-검토-보고 체계를 줄이기 위함입니다. '셀프 접근 방식'이 성립하기 위해서는 우수한 보안과 최적화된 형태의 데이터 관리가 핵심입니다. 어떤 BI 툴을 사용하느냐에 따라 기대 효율이 달라지는 것도 바로 이런 부분에서 기인합니다.

포레스터 리서치(Forrester Research)의 보리스 이벨슨(Boris Evelson)

세계적인 연구·자문기관인 포레스터 리서치(Forrester Research)의 수석 애널리스트 겸 부대표인 보리스 이벨슨은 BI를 실용적으로 활용할 수 있는 방법과 관련해 "IT부서가 데이터를 모니터링하는 부서가 어떤 소스에 접근하고 툴을 사용하는 방식을 주목해야겠죠. 또한, 사업 이슈를 또렷하게 인지한 다음 어떤 기준과 수치를 분석하고자 하는지 정해야 합니다."라고 강조했습니다.

자료: TPI INSIGHT, 2020.05.15.

제2절 비즈니스 인텔리전스

과거에는 기업이 정보시스템으로 업무를 처리하면서 거래에 관련된 데이터의 양이 증가하였음에도 데이터의 통합이 이루어지지 않아 그 데이터를 수집하여 분석하는 것이 쉽지 않았다. 이로 인해 데이터 분석을 통한 의사결정은 원활하게 이루어지지 않았으며 특히 장기적 의사결정에 국한되었다. 주로 단기적 의사결정은 수집된 데이터를 가공해 제공되는 정보에 의해 이루어지는 것이 아니라 의사결정자의 직감이나 경험 그리고 전문지식에 의존하였다.

그러나 정보기술의 급격한 발전으로 점차 비즈니스가 표준화되고 자동화되는 것은 물론 전문화된 소프트웨어를 사용하면서 대용량의 데이터를 추출, 전환, 적재과정을 거쳐 데이터웨어하우스를 만들어 분석할 수 있게 되었다. 이로 인해 최근에는 비즈니스 인텔리전스라는 광의의 의사결정지원시스템이 등장하게 되었다.

1. 비즈니스 인텔리전스의 개념

기업조직을 포함한 모든 조직은 실제로 환경으로부터 데이터를 수집하는 것은 물론 정보의 의미를 이해하려고 노력하며, 정보에 따라 의사결정을 하고 행동으로 옮기게 된다. 어떤 기업은 다른 기업에 비해 이런 작업을 잘하는 반면 또 다른 기업은 그렇지 못하다.

비즈니스 인텔리전스(Business Intelligence: BI)란 기업이 보유하고 있는 수많은 데이터를 정리하고 분석해 기업에서 신속하고 정확한 의사결정이 이루어지도록 활용하는 일련의 프로세스를 말한다(양정식 외, 2013; Turban & Volonino, 2010). 기업의 경영자가 양질의 의사결정을 내릴 수 있도록 데이터의 수집, 저장, 분석, 접근을 지원하는 응용시스템과 기술의 집합인 것이다. 오늘날 기업은 수많은 문제에 직면하게 되며 이를 해결하기 위해서는 방대한 양의 데이터를 통계적으로 분석하거나, 가공 · 분석된 정보를 이해하기 쉬운 보고서 형태로 작성하거나, 다양한 관점에서 데이터를 분석하거나, 데이터 간에 나타나지 않은 관련성을 도출해야 할 필요가 있다. 비즈니스 인텔리전스는 이러한 요구사항을 충족시켜 주는 도구인 것이다.

비즈니스 인텔리전스의 데이터 원천은 매우 다양하며 크게 내부 데이터와 외부 데이터로 구분할 수 있다. 내부 데이터는 기업의 거래로 인해 발생되는 데이터로서 제품, 고객, 공급업체, 프로세스 등에 대한 것으로 주로 운영 데이터베이스에 저장된다. 외부 데이터는 정부 보고서, 각종 통계조사, 상업용 데이터베이스 등 매우 다양한 형태를 취하고 있으며 대부분의 외부 데이터는 인터넷을 통해 접근이 가능하다.

대부분의 경우는 데이터베이스에 저장된 데이터를 직접 가공하여 원하는 정보로 전환시키지만 종종 데이터를 가공하여 원하는 정보를 제공할 수 없는 경우가 있다. 따라서 더 합리적인 의사결정을 내리기 위해서는 다양한 원천에서 데이터를 추출하고, 변환하는 것은 물론 이전하여 별도의 데이터 저장소인 데이터 웨어하우스 또는 데이터 마트를 구축하여 활용할 필요가 있다.

방대한 양의 데이터를 저장하고 있는 데이터 웨어하우스는 구축 그 자체만으로는 아무 의미가 없으며, 데이터 웨어하우스에 축적된 엄청난 양의 데이터를 온라인으로 신속하게 분석해 비즈니스 의사결정에 유용한 정보를 적시에 제공하는 것이 매우 중요하다. 이와 같이 방대한 양의 데이터를 분석하기 위한 도구로는 단순한 질의(Query), 보고서 작성, 온라인 분석처리(Online Analytical Processing: OLAP), 데이터 마이닝(Data Mining), 통계분석 등 다양한 비즈니스 인텔리전스 도구들이 사용된다.

비즈니스 인텔리전스의 목적은 판매, 생산, 재무 그리고 기타 분야에서 의사결정이 신속하고 정확할 뿐만 아니라 합리적으로 이루어지도록 정보를 지원하는 데 있다. 과거에는 이러한 정보가 조직의 분석 전문가 및 경영자에게 분석도구를 통하여 전달되었으나, 점차 비즈니스 인텔리전스가 널리 확산되면서 일반 직원들이 일상 업무를 수행하는 데 있어 사용할 수 있는 지능적 기능, 애플리케이션, 그리고 도구를 통합하여 조직의 다양한 부분에서 제공되고 있다. 따라서 성공적인 비즈니스 인텔리전스는 고급정보를 이용해 신속하고 정확한 의사결정이 이루어지도록 함으로써 최대의 이윤을 창출할 수 있도록 하거나 운영 프로세스와 실무성과를 향상시킬 수 있는 전향적 기회를 찾아내는 것과 같은 조직에 특별히 가치 있는 능력을 창조할 수 있다.

2. 비즈니스 인텔리전스의 요소기술

비즈니스 인텔리전스는 다양한 요소로 구성되어 있는데 주로 데이터 웨어하우스, 데이터 마트, 때로는 운영 데이터베이스로부터 수집된 데이터를 사용해 비즈니스 운용에 대한 유용한 정보를 제공한다. 비즈니스 인텔리전스의 주요 구성요소로는 데이터 웨어하우스, 업무분석 기법, 전략 및 성과관리 시스템, 유저 인터페이스 등이 있다. 다가올 미래에는 기술의 발전과 함께 비즈니스 인텔리전스 또한 지속적으로 진화할 것으로 전망된다.

(1) 데이터 웨어하우스(Data Warehouse: DW)

컴퓨터기술의 지속적인 발전으로 오늘날 많은 기업들이 분산처리환경에서 데이터를 관리하게 됨에 따라 지역적으로 분리된 데이터를 제각기 서로 다른 환경에서 서로 다른 방식으로 관리하게 된다. 이와 같은 환경에서는 데이터의 상호 호환이 어려워지는 것은 물론 데이터의 공유도 효과적으로 이루어지는 것을 기대할 수 없다. 따라서 기업들은 데이터 관리의 문제를 해결하기 위한 방안으로 전사적인 관점에서 다양한 데이터베이스를 통합해 데이터 분석을 가능하게 해주는 데이터 웨어하우스 기술을 활용하고 있다.

기업은 이미 구축된 기업의 운영시스템을 통해 축적된 데이터와 외부에서 구입한 데이터를 결합하는 것은 물론 이 데이터들이 일관성을 유지할 수 있도록 추출하고 변환하고 이전함으로써 비즈니스 분석에 보다 유용한 새로운 데이터베이스를 만들어 낼 수 있다.

데이터 웨어하우스는 대용량의 데이터베이스로 기업의 의사결정 프로세스를 지원하기 위해 다양한 데이터 원천으로부터 과거에서 현재에 이르기까지 데이터를 주제별로 통합하고 수집해 놓은 것을 의미한다. 즉 데이터 웨어하우스는 기업의 각 사업부문에서 수집된 모든 데이터를 저장한 창고라고 할 수 있다. 기업은 데이터의 처리 및 다양한 경영활동을 지원하기 위해 정보시스템을 구축해 활용하고 있다. 이 시스템은 데이터베이스를 통해 데이터를 저장하고 있는데 기업은 왜 데이터 웨어하우스가 필요한 것일까? 그 이유는 다름아닌 데이터베이스에 저장된 데이터만으로는 필요한 의사결정을 지원할 수 없기 때문이다.

예를 들면, 고객에게 신용판매를 할지 여부를 결정하기 위해서는 현재 고객이 갚아야 할 미수금 총액은 물론 과거의 미수금 총액의 변화과정(추세)에 대한 정보가 요구된다. 왜냐하면, 현재 미수금 총액이 많을지라도 지난 1년 동안 미수금 총액이 줄어드는 추세를 보여주고 있다면 해당 고객에게 신용판매를 해도 큰 문제가 없을 것이다. 그런데 데이터베이스로는 현재 고객이 갚아야 할 미수금의 총액만 저장되어 있기 때문에 지난

그림 6-7 데이터 웨어하우스의 구성도

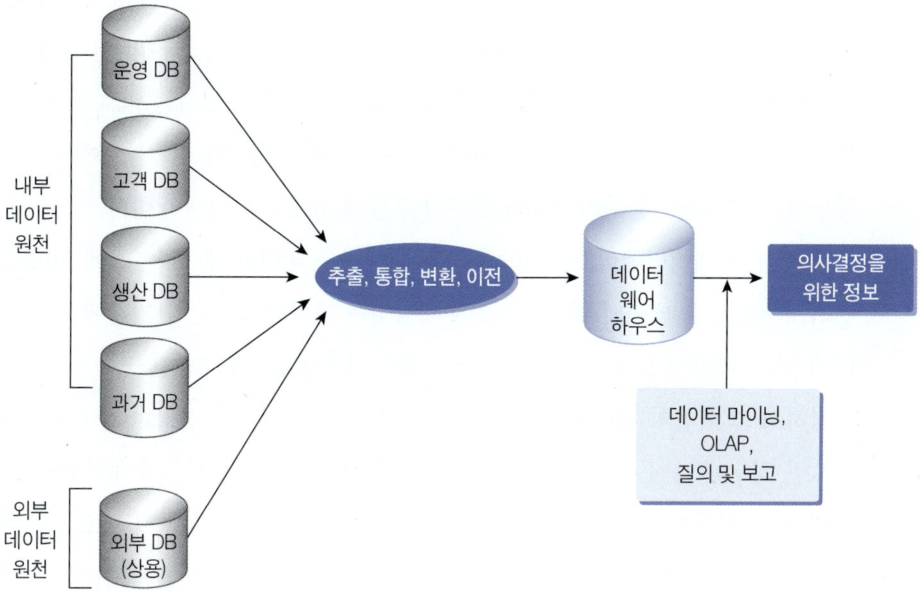

자료: 이상문 외, 경영정보시스템, 2013, p.236.

1년 동안의 미수금 총액의 증감 여부를 알 수가 없다. 따라서 이 문제를 해결하기 위해서는 주기적으로 고객의 미수금 총액을 추출하여 별도의 저장창고에 누적 저장해야 할 것이다.

[그림 6-7]은 데이터 웨어하우스의 구성요소를 설명하고 있다. 데이터 웨어하우스에는 누구든지 접속해 필요한 데이터를 이용할 수 있지만 데이터는 변경할 수 없다. 데이터 웨어하우스 시스템은 특정 범위의 표준화된 질의 도구, 분석 도구, 그래픽 보고서 기능 등을 제공하고 있으며, 현재 많은 기업들은 인트라넷 포털을 사용해 데이터 웨어하우스의 정보를 전사적으로 이용할 수 있도록 하고 있다.

데이터베이스에서 데이터를 추출할 때 직면하게 되는 문제는 데이터를 효율적으로 추출하기 위해 현재 시점에 로컬 데이터베이스에서 어떤 데이터만을 추출하여 데이터 웨어하우스에 보낼 것인가 하는 점이다. 즉 응용 프로그램이 데이터를 갱신할 때마다 그 갱신 시간을 기록하거나 델타 파일을 만들어 놓을 수 있으며, 또는 추출할 때마다 스냅 데이터를 만들어 변화가 있는 데이터만을 추출하는 방법 등을 사용할 수 있다.

또 다른 문제로는 추출된 데이터를 데이터 웨어하우스에 그대로 통합하는 데 있어서의 용어 표준화 미비, 코드체계의 불일치, 단위의 불일치 등을 들 수 있다. 즉 용어 표준화의 미비로 인해 같은 데이터가 다른 이름으로 존재하기도 하고, 다른 데이터가 같은 이름으로 존재하기도 한다. 또는 코드체계의 불일치로 인해 동일한 데이터인데 다른 키를 사용해서 문제가 야기되는 경우도 있다. 예를 들면, 성별을 구별하는 키로 Male과 Female, M과 F, 혹은 0과 1 등 다양한 코드체계를 사용할 수 있다. 이러한 상황에서는 데이터를 통합하는 것이 불가능하기 때문에 표준화를 통해 하나로 통일해야 한다.

각종 운영 데이터베이스로부터 추출된 데이터를 데이터 웨어하우스에 지속적으로 이전하게 됨으로써 데이터 웨어하우스에 저장되는 데이터의 양은 단기간에 급격하게 늘어나게 된다. 따라서 보통의 경우에는 현시점을 기준으로 지난 5년간 또는 3년간의 자료를 저장하고 그 이전의 데이터는 자기테이프와 같은 대용량의 저장장치에 저장해 놓았다가 필요한 경우에 다시 사용하게 된다. 또한 대용량의 데이터베이스에 대하여 질의를 하게 되면 계산 시간이 너무 오래 걸리게 되므로 대개는 원시자료로부터 필요한 요약자료를 미리 계산해 저장해 놓는다. 예를 들면, 기업이 생산하는 다양한 품목의 상품별 매출액을 주별, 월별, 분기별 또는 연도별로 미리 계산해 저장해 놓는다. 또는 지역별 매출액을 동별, 구별, 도시별, 또는 도별 등으로 계산해 저장해 놓으면 보다 빠르게 원하는 정보를 얻을 수 있다.

1) 데이터 웨어하우스의 특징

기업들은 하루가 다르게 변화하는 경영환경과 시장환경에 민첩하게 대응하기 위해 합리적인 의사결정이 요구되는데 이러한 결정을 하기 위해 다양한 정보에 신속하게 접근할 필요성을 느끼기 시작하였다. 기업이 합리적으로 올바른 의사결정을 내리기 위해서는 과거 실적에 대한 연구가 필요할 뿐만 아니라 이에 대한 추세를 파악하는 것이 필요하다. 따라서 기업이 어떤 종류의 추세분석을 수행하기 위해서는 도움이 되는 모든 정보에 접근할 수 있어야 하는데 이러한 정보는 대부분 데이터베이스에 저장되어 있다.

데이터 웨어하우스는 다양한 데이터베이스에 저장되어 있는 많은 데이터를 체계적으로 수집하고 요약하고 정리하여 의사결정에 필요한 정보를 효과적으로 제공할 수 있다. 그러므로 데이터 웨어하우스는 효과적인 의사결정을 가능하게 하는 방법이라고 할 수 있다. 데이터 웨어하우스는 다음과 같은 특성을 지니고 있다.

① 다양한 데이터 원천으로부터의 데이터 통합
② 과거부터 현재에 이르기까지의 시계열 데이터
③ 주제별로 정리된 데이터베이스
④ 기존 데이터 값에 대한 갱신이 없는 데이터베이스
⑤ 필요에 따라 미리 계산해 놓은 요약 데이터

데이터 웨어하우스는 온라인분석처리(Online Analytical Processing: OLAP)를 위해 상품, 고객, 지역, 기간 등 주제별로 정리해 놓은 데이터베이스를 전사적으로 통합해 놓은 대용량의 데이터베이스이다. 각각의 데이터베이스에 저장되어 있는 데이터는 주기적으로 또는 데이터 값이 변경될 때마다 새로운 값을 데이터 웨어하우스에 보낸다. 이때 새로운 값은 과거의 값을 지우고 새로운 값으로 저장되는 것이 아니라 그 시점에 있어서 시계열 데이터 값으로 저장되므로 갱신이 일어나지 않는 데이터베이스이다. 예를 들면, 2015년 6월 L기업의 청량음료 서울 지역별 매출액은 과거 어느 한 시점의 데이터 값으로 변하지 않는 동일한 값이다.

이와 같은 시계열 데이터에 대한 요구는 새로운 것이 아니며 과거에는 정기적인 주간, 월별 또는 분기별 보고서 형태로 제공되었다. 그러나 최근 기업들 간의 경쟁이 심화되고 시장의 변화에 따라 기업들이 신속한 대응이 필요해짐에 따라 기업의 경영자는 이러한 종류의 데이터를 수시로 요구하게 되었다. 또한 질의 후 며칠 혹은 몇 주 뒤에 보고서를 받기를 원하는 것이 아니라 온라인을 통해 실시간으로 받기를 원하기 때문에 데이터 웨어하우스는 필요에 따라 미리 계산된 요약 데이터를 저장해 놓기도 한다.

2) 데이터 마트

데이터 웨어하우스는 다양하게 분산되어 있는 데이터를 체계적으로 수집, 요약, 정리하여 효과적으로 활용하기 위해 전사적으로 모아 놓은 대용량의 데이터베이스이다. 이에 비해, 데이터 마트(Data Mart)는 데이터 웨어하우스의 부분집합으로서 조직 전체의 데이터 중에서 요약된 데이터 또는 가장 관심을 두고 있는 데이터로 구성된 작은 규모의 데이터 웨어하우스이다.

예를 들어, 어떤 회사에서 고객 정보를 다루기 위해 마케팅 및 판매 데이터 마트를 개발하였다면, 이는 특정 사용자 집단을 위한 개별 데이터베이스라고 할 수 있다. 또한 데이터 마트는 전형적으로 단일 주제 영역 또는 업무 영역에 초점을 맞추기 때문에 일반적으로 전사적 데이터 웨어하우스보다는 더 빠르고 저렴한 비용으로 구축될 수 있다.

데이터 웨어하우스의 구현방식은 크게 하향식, 상향식 그리고 이 둘을 절충한 방식으로 나누어서 설명할 수 있다. 하향식 접근(Top-down Approach)은 먼저 조직 전체 수준에서의 기업모델링을 기초로 전사적 데이터 웨어하우스를 구현하고 이어 목적별 데이터 마트를 구현하는 방식을 의미한다. 이에 비해 상향적 접근은 먼저 개별 데이터 마트를 구현하고 이를 기초로 하여 점진적으로 이들 데이터 마트를 기업 데이터 웨어하우스로 통합해 나가는 방식이라고 할 수 있다.

(2) 데이터 분석기법

1) 온라인분석처리(OLAP)

데이터 웨어하우스의 구축목적은 방대한 데이터를 축적하고 분석하여 사용자의 의사결정을 지원하는 것이다. 따라서 데이터 웨어하우스는 단순히 데이터를 저장하는 곳이 아니라 데이터의 변화 추이를 예측하거나 다양한 분석을 가능하게 하는 기반이 된다. 다양한 분석을 위해 사용되는 도구에는 OLAP, 데이터 마이닝 등이 있다.

온라인분석처리(Online Analytical Processing: OLAP)라는 용어는 1993년 E. F. Codd가 처음 사용했으며, 사용자가 동일한 데이터를 서로 다른 차원에서 분석할 수 있게 해준다. 다시 말하면, 다양한 비즈니스 관점에서 쉽고 빠르게 다차원적인 데이터에 접근하여 의사결정에 활용할 수 있는 정보를 얻을 수 있게 해주는 기술이다.

L기업이 국내에 네 가지 종류의 음료수, 즉 콜라, 사이다, 게토레이, 비타파워를 생산해 판매하고 있다고 가정해보자. 만약 지난 분기에 사이다가 얼마나 많이 팔렸는지 알고자 한다면, 판매 데이터베이스를 조회하면 자료를 쉽게 얻을 수 있을 것이다. 그러나 만일 각 판매지역별로 얼마나 많은 사이다가 팔렸는지 알고 싶다면, 또한 그 결과를 목표매출액과 비교하기를 원한다면 어떻게 해야 할까?

OLAP를 통해서 이러한 질문에 답을 얻을 수 있다. OLAP는 사용자들이 동일한 데이터를 서로 다른 차원에서 살펴볼 수 있게 함으로써 다차원의 데이터 분석을 가능하게 해준다. 정보는 다양한 측면을 내포하고 있는데 제품, 가격, 비용, 지역 또는 기간 등은 각각의

그림 6-8 다차원 데이터 모델

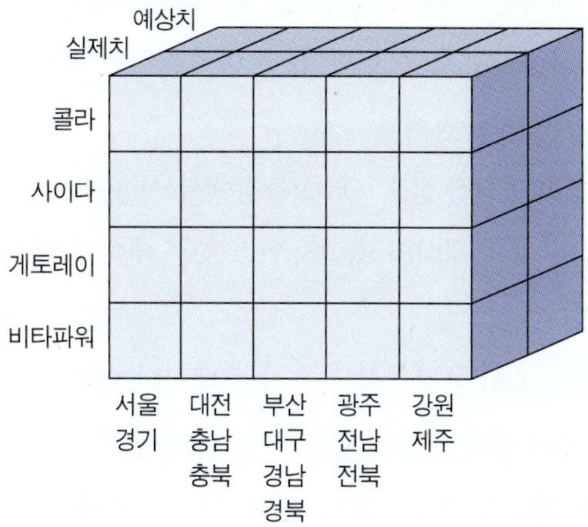

자료: 홍일유 · 차훈상, 디지털기업을 위한 경영정보시스템, 법문사, 2015, p.247; 백동현 외, 경영정보시스템의 이해, 한티미디어, 2011, p.188.

정보 측면을 나타낸 것으로 판매된 하나의 제품을 서로 다른 차원에서 표현한 것이다. 따라서 제품 관리자는 다차원의 데이터 분석 도구를 이용하여 지난 5월에 대전 · 충남지역에서 얼마나 많은 사이다가 판매되었는지를 파악할 수 있다. 또한 이러한 판매량은 그 전월 그리고 작년 5월과 비교할 수 있으며 그리고 이 판매량은 예상치와 얼마나 다른지 알 수 있게 해준다. OLAP는 수년간의 판매 자료를 저장하고 있는 대용량의 데이터베이스에 데이터가 저장되어 있다 하더라도 사용자들이 신속하게 온라인을 통해 질의 및 답변을 얻을 수 있도록 해준다.

[그림 6-8]은 제품, 지역, 실제 판매액, 예상 판매액을 표현하기 위해서 만들어진 다차원의 모델이다. 그림에서 보여주고 있는 관점은 제품 대 지역에 대한 것이다. 만일 이 입방체를 한 방향으로 90도 회전시켜 보면, 제품 대비 실제 및 예상 판매액을 볼 수 있다. 또다시 90도 회전시키면 지역 대비 실제 및 예상 판매액을 볼 수 있다. 그리고 원래 방향으로부터 180도 회전시키면, 예상 판매액 및 제품 대비 지역을 볼 수 있다. 데이터의 복잡한 관점들을 표현하기 위해 입방체 내에 또 다른 입방체가 존재할 수도 있다.

OLAP의 특징은 다음과 같다.

① **다차원 정보를 제공**: "지난 10년간 대전 · 충남북지역에서 판매된 사이다의 매출실

적을 상위 5대 고객별로 콜라의 매출실적과 비교하라"라는 질의가 주어졌을 때 대답하기 위해서는 기간, 매장, 제품, 고객유형, 매출액의 다섯 가지 차원에서 정보를 분석해야 한다. OLAP는 이와 같은 다차원적인 정보분석을 가능하게 하며 이것이 OLAP의 가장 큰 특징이다.

② **사용자의 데이터 직접 접근**: OLAP환경에서 사용자는 전산 부서의 도움 없이 원하는 정보를 얻기 위해 데이터 웨어하우스 또는 데이터 마트에 직접 접근해 데이터를 분석할 수 있다.

③ **대화식 분석**: OLAP환경에서 사용자는 데이터 웨어하우스 또는 데이터 마트에 직접 접근하여 시스템과 상호작용을 통해 정보를 분석하게 되는데 사용자는 원하는 정보를 얻을 때까지 계속적으로 질문을 하고, 이에 따라 분석이 수행되어 최종 결과를 얻는 형태를 말한다.

④ **의사결정지원**: OLAP시스템은 사용자가 직접 데이터를 분석함으로써 기업의 전반적인 상황을 이해하고 전략적인 방향을 설정하는 것은 물론 이를 의사결정에 활용하는 데 그 목적이 있다. 은행의 창구업무를 지원하는 온라인거래처리(Online Transaction Processing: OLTP)는 현재 거래 상태를 정확하게 기록하고 수정할 수 있도록 하는 데 그 목적이 있다면, 온라인분석처리는 사용자의 의사결정을 지원하는 데에 그 목적이 있다.

2) 데이터 마이닝

정보기술의 발달로 인해 엄청난 양의 데이터가 생성되고 있으며 기업은 이러한 데이터를 데이터베이스에 저장한다. 이와 같이 대용량의 데이터를 체계적으로 관리하는 것은 물론 보다 손쉽게 활용하기 위해서 데이터 웨어하우스가 필요하다. 방대한 양의 데이터를 저장하고 있는 데이터 웨어하우스에서 보다 가치 있는 정보를 찾아내는 주요한 도구 중의 하나로 데이터 마이닝이 활용되고 있다.

데이터 마이닝(Data Mining)이란 데이터 웨어하우스와 같은 대규모의 데이터베이스에서 통계학, 수학, 인공지능, 기계학습 기법 등을 활용해 숨겨진 패턴이나 관계를 찾아내고, 미래를 예측하기 위한 규칙들을 추론해 낸다. 이러한 패턴이나 규칙들은 기업의 중요한 의사결정 및 미래를 예측하는 데 매우 효과적이다. 데이터 마이닝에서 사용되고 있는 다양한 컴퓨터 분석기법은 연관규칙(Association), 순차패턴(Sequence), 분류분석(Classification), 군집분석(Cluster), 예측분석(Forecast) 등이 있다.

표 6-1 데이터 마이닝 기법

기법	설명	사례
연관규칙	하나의 단일 이벤트와 관련된 다른 모든 규칙을 찾음	장바구니 분석으로 슈퍼마켓에서 콘칩을 구매한 고객의 65%가 콜라를 같이 구매
순차패턴	시간의 흐름에 따라 이에 연관된 데이터들 간의 연관규칙을 찾음	집을 구매한 사람들의 65%가 2주 이내에 새로운 냉장고를 구매하고, 45%가 한 달 이내에 오븐을 구매
분류분석	기존의 아이템 관련 자료를 분석하여 분류함으로써 해당 아이템에 속하는 그룹의 특징을 발견	신용카드나 통신회사는 이탈 가능성이 높은 고객들의 특징을 찾아내 관리자에게 이탈 가능성이 높은 고객을 찾을 수 있는 모델을 제시해 사전에 고객 이탈을 방지하기 위한 특별 캠페인 등을 수립
군집분석	분류와 유사한 방법으로 이미 정해진 그룹이 없지만 데이터 마이닝을 통해 데이터를 서로 다른 그룹으로 나누어 분리	은행 카드 사용자들의 유사한 그룹을 찾거나 또는 하나의 데이터베이스를 인구통계학적 정보와 개인투자유형을 기반으로 나눔
예측분석	기존의 연속적인 값을 분석하여 다른 값들이 미래에 어떻게 변하게 될지 추측	데이터로부터 패턴을 찾아냄으로써 관리자들이 판매액과 같은 연속형 변수에 대한 미래의 값을 추정

자료: 이상문 외, 경영정보시스템, 형설출판사, 2013.

3) 텍스트 마이닝

비즈니스 인텔리전스에서 데이터 분석을 위해 사용되는 도구는 주로 데이터베이스와 파일 형식으로 구조화된 데이터를 가지고 실행된다. 그러나 대부분의 자료는 텍스트 파일 형태로 구조화된 형태보다는 비구조화된 형태를 띠고 있다. 이러한 데이터는 조직에서 유용하게 사용되는 정보의 80% 이상인 것으로 파악되고 있다. 예를 들면, 이메일, 메모, 콜센터 통화기록, 설문조사, 법률소송, 특허내역 및 서비스 보고서 등과 같은 비구조적인 데이터들은 조직의 구성원들이 더 나은 의사결정을 위해 중요한 데이터로서 경영의사결정에 유용한 패턴이나 추세를 파악하는 데 도움이 된다. 비즈니스 인텔리전스의 분석도구로서 텍스트 마이닝은 비구조적 데이터를 분석하는 데 매우 유용한 도구이다.

텍스트 마이닝은 대량의 비구조화된 데이터 집합으로부터 핵심요인을 추출하고 패턴과 관계를 발견하며, 이러한 정보를 요약할 수 있다. 따라서 기업이 비즈니스 의사결정을 위해 고객서비스센터의 통화기록을 분석함으로써 고객에게 중요한 서비스가 무엇인지 파악하는 것은 물론 개선해야 할 서비스의 내용을 파악하는 데도 활용할 수 있다.

4) 웹 마이닝

웹상에는 가치 있는 매우 다양한 정보가 있으며, 이 중 일부는 고객행동에 대한 패턴, 추세 및 통찰력을 얻기 위해 분석될 수 있다. 웹 마이닝(Web Mining)은 인터넷상에서 수집된 정보를 기존의 데이터 마이닝 방법으로 분석하고 통합하는 것을 의미한다. 기업들은 웹 마이닝을 통해 얻게 된 고객행동에 대한 구매패턴이나 추세를 통해 고객의 취향이나 행동을 이해하는 것뿐만 아니라 특정 웹 사이트의 효과성을 평가하거나 마케팅 캠페인의 성공 가능성을 계량화할 수 있다. 예를 들면, 구글 트랜드(Google Trend)와 구글 인사이트(Google Insight for Search)를 사용해 마케팅 담당자는 구글 검색 질의어에서 가장 많이 사용되는 단어 및 어구를 추적할 수 있으며, 이에 따라 사람들의 관심이 어디에 있는지 그리고 어떤 제품을 구매하려고 하는지 파악할 수 있다.

웹 마이닝은 크게 웹 콘텐츠 마이닝(Web Contents Mining), 웹 구조 마이닝(Web Structure Mining), 웹 사용 마이닝(Web Usage Mining)으로 구분할 수 있으며, 이를 통해 고객행동에 대한 패턴을 찾아낸다. 웹 콘텐츠 마이닝은 웹 페이지에 있는 콘텐츠로부터 검색엔진과 웹 스파이더를 통해 지식을 추출하는 것을 의미한다. 여기서 콘텐츠는 텍스트, 이미지, 음성, 비디오 데이터 등을 포함한다. 웹 구조 마이닝은 특정 웹 사이트 구조와 관련된 데이터를 조사하는 것을 말한다. 예들 들면, 어떤 문서에 나타난 링크 수는 그 문서의 대중성을 알려주는 것을 의미한다고 할 수 있으며 또한 특정 문서 내에 존재하는 링크 수는 그 문서에서 다루고 있는 주제의 풍부성과 다양성을 보여준다고 할 수 있다. 웹 사용 마이닝은 사용자가 요청한 웹 사이트의 데이터를 다운받을 때마다 웹 서버에 기록되는 사용자의 트래픽 데이터를 분석하는 것을 말한다. 웹 사용 데이터는 사용자의 행동을 기록한 데이터로서 서버 로그데이터에서 데이터를 수집한다. 즉 사용자가 웹 사이트를 방문하거나 그 사이트에서 거래가 이루어질 때 기록되는 고객에 관련된 데이터이다. 이와 같은 데이터를 분석하게 되면, 특정 고객의 가치를 파악할 수 있을 뿐만 아니라 제품별 교차 마케팅 전략과 효과적인 촉진 캠페인을 도출할 수 있다.

토의해 봅시다

- 의사결정지원시스템의 발전배경에 대해 설명하시오.
- 의사결정지원시스템에 사용되는 정보기술에는 어떤 것이 있는지 설명하시오.
- 의사결정지원시스템에서 데이터베이스의 역할에 대해 설명하시오.
- 개인의사결정과 그룹의사결정의 차이점에 대해 설명하시오.
- 그룹의사결정 시 구성원의 의견대립에 대한 해소 방안에 대해 설명하시오.
- 그룹의사결정에 사용되는 정보기술에 대해 설명하시오.
- 데이터 웨어하우스가 일반적인 데이터베이스와 어떻게 다른지 설명하시오.
- 비즈니스 인텔리전스가 기업 의사결정에 중요한 역할을 하게 된 배경을 설명하시오.
- 비즈니스 인텔리전스에 있어서 OLAP, 데이터 마이닝에 대해 설명하시오.

참고문헌

- 김국 외, "경영의사결정을 위한 비즈니스 인텔리전스 시스템 품질 평가에 관한 연구," 품질경영학회지, 제34권 제3호,
- 김기영 · 곽노균, 계량의사결정론, 법문사, 1985.
- 김용영 외, 경영정보시스템, 교보문고, 2013.
- 김우주 외, 경영정보시스템, 시그마프레스, 2008.
- 김종재, 의사결정의 분석, 한국경제신문사, 1986.
- 김충실, 의사결정지원시스템, 경북대학교출판부, 2007.
- 김현준 외, "비즈니스 인텔리전스 도입이 경영성과에 미치는 영향," 한국산학기술학회 논문지, 제9권 제2호, 2008.
- 노규성 외, 경영정보시스템, 사이텍, 2010.
- 라이터스 편집부, 기업경영과 의사결정 기법, 라이터스, 2005.
- 문용은 외, 사례로 배우는 경영정보시스템, 시그마프레스, 2014.
- 박홍국, 의사결정지원시스템, 경문사, 2004.
- 백동현 외, 경영정보시스템의 이해, 한티미디어, 2011.
- 신현우, 기업운영전략과과학적 의사결정의 기저, 대명, 2001.
- 오재인, 유비쿼터스 시대의 경영정보학 개론, 박영사, 2009.

- 이건창, 최신경영정보시스템, 무역경영사, 2005.
- 이봉노, 전략적 의사결정을 위한 문제해결 툴킷, 새로운제안, 2005.
- 이상문 외, 경영정보시스템, 형설출판사, 2013.
- 이석호, 데이터베이스시스템, 정익사, 2009.
- 이영재, 지능의사결정지원시스템, 생능출판사, 2009.
- 이원준, 효과적인 의사결정조정시스템 모형, 집문당, 2004.
- 이춘열 외, "비즈니스 인텔리전스 환경에서 변환 관리를 이용한 데이터 품질 향상에 관한 연구," Information Systems Review, 2004.
- 전자신문, 서울시 빅데이터 활용 '심야버스 노선수립', 2013. 12. 25.
- 정경수 외, 인터넷시대의 정보시스템, 이프레스, 2010.
- 조석환, 의사결정과 정보시스템, 동일출판사, 1998.
- 최재화 외, 글로벌 경영을위한 정보시스템, 북넷, 2009.
- 홍일유 외, 디지털 기업을 위한 경영정보시스템, 법문사, 2015.
- Davis, M., Applied Decision Support, Prentice Hall, 1988.
- Olson, D., & J. Courtney, Jr., Decision Support Models and Expert Systems, Macmillan Publishing Company, 1992.
- Sage, A., Decision Support Systems Engineering, John Wiley & Sons, Inc., 1991.
- Silverman, B., Expert Systems for Business, Addison-Wesley Publishing Company, 1987.
- Sprague, R. H., Jr., "A Framework for the Development of DSS," MIS Quarterly, Dec., 1980.
- TPI INSIGHT, 중소기업 경영전략, '비즈니스 인텔리전스'에 주목하라, 2020. 05. 15
- Turban, E., Decision Support and Business Intelligence Systems, Pearson Education, 2010.
- www.lgeri.com
- www.seri.org

CHAPTER

07

MANAGEMENT INFORMATION SYSTEMS

정보시스템 통합을 통한 경쟁우위전략

삼성전자, 차세대 'N-ERP' 글로벌 도입 완료

삼성전자가 미래 경영환경에 대응하기 위한 디지털 혁신 비즈니스 플랫폼인 차세대 'N-ERP' 시스템 구축 프로젝트를 최종적으로 완료하였다.

* ERP(Enterprise Resource Planning, **전사적자원관리**): 기업의 물적, 재무적 자원을 통합적으로 관리해 경영정보를 투명하고 효율적인 업무처리를 할 수 있도록 해주는 시스템

삼성전자는 2018년 10월 'N-ERP' 프로젝트에 착수해 지난해 4월 동남아 · 서남아 · 중국 등을 시작으로 올해 1월 1일 국내 사업장까지 순차적으로 적용했으며, 올 1분기 결산까지 안정적으로 완료하여 'N-ERP' 구축 프로젝트를 성공적으로 마무리했다.

삼성전자는 신규 비즈니스의 등장과 융복합화 등 경영환경이 변화하는 가운데 생산, 판매, 경영관리 전반에서 사업 혁신을 효율적으로 지원할 수 있도록 글로벌 ERP 기업인 SAP, 삼성SDS와 함께 3년간 차세대 비즈니스 플랫폼을 개발해 왔다.

삼성전자 'N-ERP'는 ▲새로운 비즈니스 대응을 위한 시스템 통합과 전문 솔루션 도입 ▲데이터 기반 의사결정을 위한 시스템 성능 향상 ▲인공지능을 통한 의사결정 지원과 업무 자동화 등 신기술 적용을 특징으로 한다.

인공지능 등 혁신 기능 접목해 신규 비즈니스도 신속하게 적용

'N-ERP'는 새로운 비즈니스 대응을 위해 판매 관리 등 분야별 시스템을 통합하고 프로세스를 효율화했다. D2C(Direct to Consumer), 온 · 오프라인 쇼핑 경험을 통합하는 옴니 채널(Omni Channel) 등 융복합 사업도 신속하고 유연하게 시스템을 이용할 수 있다.

그리고 SAP의 전문 솔루션을 도입해 혁신 기능을 신속히 접목할 수 있도록 했다. aATP(advanced Available To Promise, 납기약속 관리), EWM(Extended Warehouse Management, 창고관리), TM(Transportation Management, 배송관리) 등의 솔루션을 통해 물류 다변화 등 다양한 공급망 환경에서도 협력사들과의 효율적인 협업을 지원한다.

'N-ERP'는 데이터 기반 의사결정을 위해 데이터 처리 시스템 성능도 향상했다. 온라인 주문 현황, 공급망 현황 등 대용량 데이터를 실시간 분석해 경영 시뮬레이션과 리스크 센싱이 가능하도록 함으로써 임직원들이 더욱 합리적인 의사결정을 할 수 있도록 지원한다.

데이터 보관과 연산을 통합 처리하는 '인-메모리 데이터베이스'를 적용해 데이터 처리 속도를 높였고, 데이터베이스를 병렬로 연결한 고성능 · 고용량 체계를 구축해 급속한 데이터 증가에도 안정적으로 대응할 수 있다.

또한, 인공지능을 활용한 의사결정 지원과 업무 자동화 기술도 적용해 편의성을 높였다. 의사결정을 지원하는 머신러닝, 데이터 작업이나 반복적 업무를 자동화하는 OCR(Optical Character Recognition, 광학

적 문자 판독), RPA(Robotic Process Automation, 로봇 업무 자동화) 기술을 활용해 임직원들이 핵심 업무에 집중할 수 있도록 했다.

운영 결과 업무 처리 속도와 생산성 크게 높아져

N-ERP를 전 세계 법인에 적용한 후 3개월간 운영하고 분기 결산까지 완료한 결과 실제 업무 처리 속도가 빨라지고 업무 생산성도 높아진 것으로 나타났다.

삼성전자 임직원들이 새로운 비즈니스 플랫폼인 'N-ERP'를 사용하고 있다.

예를 들면, 시장환경 변화에 따라 새로운 공급 계획을 시뮬레이션할 때 필요한 자재가 수급될 수 있는지를 알아보려면 기존에는 1시간 이상이 걸렸으나 N-ERP로는 10분 이내에 가능해졌다. 그 결과 다양하고 정밀한 시뮬레이션을 할 수 있어 공급 계획을 더 정확하게 수립할 수 있게 됐다.

또한 D2C 확대로 급격히 증가하고 있는 소비자 직접 주문의 현황 파악도 기존에는 20분 이상이 걸렸으나 3~4분 이내로 단축됐다. 소비자가 직접 주문한 수량을 더 빠르게 파악하고 정확하게 대응할 수 있게 된 것이다.

삼성전자 경영혁신센터 문성우 부사장은 "N-ERP는 비즈니스 민첩성과 생산성을 강화할 수 있는 차세대 플랫폼"이라며 "삼성전자의 디지털 혁신을 지원하는 중추적 역할을 수행할 것"이라고 말했다.

자료: Samsung Newsroom, 2022.04.10.

제1절 전사적자원관리(ERP)

컴퓨터가 발명되고 기술이 급속히 발전됨에 따라 기업이 컴퓨터를 업무처리에 활용하기 시작한 지도 수십 년이 흘렀다. 오늘날 기업들은 다양한 시스템을 구축해 활용하고 있다. 이와 같이 기업이 활용하고 있는 정보시스템은 단순한 기능에서부터 특수한 기능까지 다양한 업무처리를 지원하며, 기업들은 다양한 업무를 편리하게 해결할 수 있는 많은 정보시스템을 보유하게 되었다.

기업들이 구축한 정보시스템은 산재된 채로 관리되기 때문에 데이터의 중복문제가 발생되기도 하지만 각각의 사업단위 부서에서 데이터를 공유하지 못하는 문제가 발생할 수 있다. 1990년대 중반부터 많은 기업들은 전사적자원관리(Enterprise Resource Planning: ERP)시스템을 도입하기 시작하였으며, ERP시스템은 기업의 전사적 데이터 통합관리를 통해 정보욕구를 만족시켜 주었다. ERP시스템은 데이터를 통합 데이터베이스에 저장함으로써 모든 데이터를 통합적으로 관리할 수 있게 해주었고, 기능 중심에서 프로세스 중심으로 정보시스템을 변화시켰다.

오늘날 기업은 전사적자원관리시스템 구축을 통해 기업활동에 필요한 모든 자원을 하나의 체계로 통합하여 운영함으로써 기업의 업무처리 선진화를 추구하고 있다. 이런 변화의 중심에 전사적자원관리가 있어 기업의 경쟁력 향상에 실질적 도움을 주고 있다. 본 절에서는 전사적자원관리의 등장배경 및 발전과정, 정의, 특징, 기능, 도입효과와 도입 시 고려사항 등에 대해 살펴보고자 한다.

1. ERP의 등장배경 및 발전과정

기업들은 극심한 경쟁 속에서 살아남기 위해 다양한 측면에서의 경쟁이 이루어져 왔으며 자신들의 경쟁력을 향상시키기 위해 많은 노력을 하고 있다. 특히 컴퓨터와 전산시스템의 발전으로 기업은 단순한 업무에서부터 매우 복잡한 업무에 이르기까지 보다 더 효율적인 처리가 가능해졌다. 기업의 업무는 생산, 마케팅, 재무, 인사, 회계 등 경영기능별로 이루어졌으며 이를 지원하기 위한 시스템도 독립적으로 구축되었다.

이로 인해 부서단위로 독립적으로 구축된 시스템은 해당 분야의 데이터를 관리하기 때문에, 이들 시스템에 존재하는 데이터는 부서단위 중심으로 관리되며, 시스템들 간에 데이터의 흐름이 원활하지 않아 비즈니스 프로세스들도 부서 간에 단절될 수밖에 없게 되었다. 또한 데이터가 기능 중심으로 구성됨에 따라 경영관리자들은 기업의 전반적인 운영현황을 한눈에 파악하기 위해 필요한 데이터를 추출하는 데 어려움이 많았던 것도 사실이다.

기업의 영업부서에서 고객의 주문을 처리하는 과정을 예를 들어 살펴보자. 영업부서에 고객이 주문하게 되면 주문내용은 한 부서에서 다른 부서로 이동하게 되며, 주문 관련 데이터는 이동 도중 서로 다른 부서의 컴퓨터에 입력되기도 한다. 또한 주문 데이터는 관련 부서를 따라 이동하는 과정에서 중간에 지연되기도 하고 또는 주문내용이 도중에 아무런 이유 없이 사라지는 현상이 발생하기도 한다. 영업부서 직원을 주문시점에 주문한 제품의 재고현황을 파악하기 힘들 뿐만 아니라 고객은 자신이 주문한 제품이 어떤 상황에 있는지도 알 수가 없는 경우가 대부분이다.

이와 같이 기업들은 조직 내부의 데이터는 물론 업무를 처리하는 데 있어 어려움을 겪게 되었으며, 이러한 내부의 어려움과 함께 외부고객이나 공급사, 협력사와의 협업이나 데이터를 공유하는 문제에 대해 더더욱 큰 어려움에 직면하게 되었다. 따라서 기업들은 이러한 문제를 해결하기 위해 불필요한 인력낭비를 하게 되었으며, 이로 인해 고객에 대

그림 7-1 ERP 도입 전후의 모습

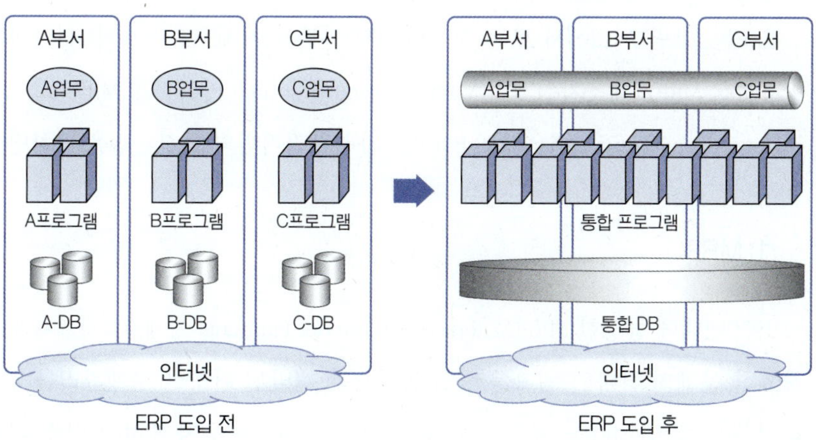

자료: 이상문 외, 경영정보시스템, 형설출판사, 2013. p.331.

그림 7-2 자원관리기법의 발전과정

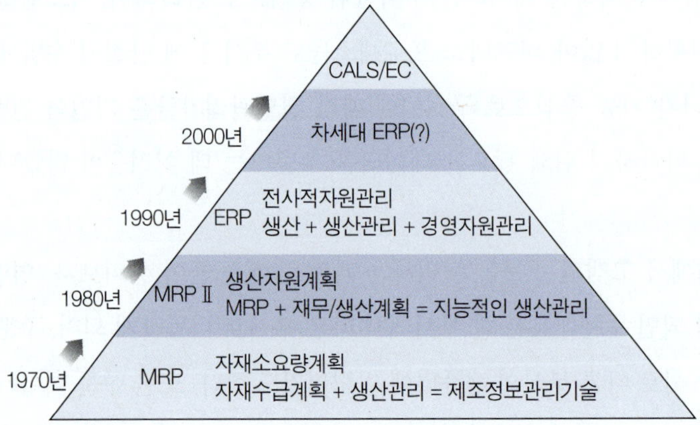

자료: 한국생산성본부, 1999(www.kpc.co.kr)

한 대응이 신속하게 이루어지지 못해 고객의 불만이 증대하였다. 이는 기업의 경쟁력을 약화시키는 결과를 초래하게 되었다.

또한 시장환경이 글로벌화됨에 따라 생산 및 물류의 거점이 국내외 여러 곳에 산재하게 되어 새로운 개념의 프로세스인 글로벌 전략자원관리 및 최적 공급체인 구축이 더욱 절실해짐에 따라 ERP가 발생한 것이다. ERP는 생산, 자재, 구매, 영업, 인사, 회계 등 일련의 기업활동에 필요한 모든 자원을 하나의 체계로 통합하여 운영하고 기업의 업무처리 방식을 선진화함으로써 한정된 기업의 자원을 효과적으로 관리하고 업무를 보다 원활히 수행할 수 있도록 지원하는 통합 정보시스템이다.

ERP는 [그림 7-2]에서 보는 것처럼 1970년부터 자재소요량계획(Material Requirement Planning: MRP), 제조자원계획(Manufacturing Resource Planning: MRP Ⅱ), 전사적자원관리(Enterprise Resource Planning: ERP) 등 자원관리기법의 발전과정을 거치면서 발전했다.

(1) MRP

1970년대에 등장한 MRP(Material Requirement Planning: 자재소요량계획)는 제조기업의 중요한 문제의 하나인 재고를 줄일 목적으로 개발된 단순한 자재관리를 위한 시스템이다. 다시 말하면 MRP는 제품을 구성하는 모든 요소, 즉 원자재, 반조립품, 완제품 등에 대한 자재수급계획과 생산관리를 통합시킨 최초의 체계적인 제조정보관리기술이다. MRP

시스템은 기준 정보를 근거로 어떤 물건(원자재, 가공품, 반제품 등)이 언제, 어느 단계에서 필요한지를 예측해 주고 모든 제조활동과 관리활동이 그러한 계획에 근거하여 움직이기 때문에, 기업자원의 비능률적인 활용이나 낭비를 제거할 수 있도록 해주었다. 초기의 MRP는 원활한 자재관리 및 구매활동을 지원하기 위한 관리기술로서 생성되었다. 그러나 초기에는 시스템 개념의 미정립, 컴퓨터 및 정보통신기술의 부족, 데이터베이스 기술의 미흡으로 인해 시스템을 구현하기에 여러 가지 어려운 점이 있었다.

(2) MRP Ⅱ

MRP Ⅱ(Manufacturing Resource Planning: 제조자원계획)는 MRP의 문제점을 보완한 한 단계 발전된 시스템으로 MRP의 범위를 더욱 확장하여 자재뿐만 아니라 생산에 필요한 모든 자원을 효율적으로 관리하기 위해 통합적으로 계획하고 통제하는 관리시스템이다. 이 시스템은 생산현장의 실제 데이터와 제조자원의 용량제한을 고려하고 자동화된 공정 데이터의 수집, 수주관리, 재무관리, 판매주문관리 등의 기능까지 제공하는 시스템으로 확장하고 실현 가능한 생산계획을 제시함으로써 제조활동을 더욱 효과적으로 관리할 수 있도록 하였다.

MRP Ⅱ는 제조자원이 한정되어 있다는 상황을 생산계획에 반영할 수 있도록 개선한 시스템이다. 이 시스템은 원가관리, 회계, 재고관리, 수주관리 등의 기능이 추가되거나 대폭 개선됨으로써 생산, 판매, 물류라는 3부분의 연계를 가능하게 하였다.

(3) ERP

ERP시스템의 기원은 제조기능에 중점을 둔 시스템으로 예를 들면, MRP, MRP Ⅱ가 여기에 해당된다. MRP는 주생산계획, 판매예측, 재고현황 파악, 개방형 주문, 자제소요명세서 등에 기반한 최적생산이 가능하도록 지원하는 시스템이다. MRP Ⅱ는 1980년대 지속적인 생산계획 수립의 필요에 의해 판매예측에 따른 변화를 파악하기 위해 개발되었고, 제조환경에서의 효율적인 업무관리 외에 기업의 전체 자원을 효율적으로 활용하기 위해 개발되었다.

소품종 대량 생산에서 다품종 소량 생산의 고객지향체제로 전환되는 1990년대 들어 컴퓨터기술의 발전이 더욱 가속화되면서 기업들은 올바른 의사결정을 위해 고객사, 협력회사 등 상·하위 공급체계와 설계, 영업, 원가회계 등 회사 내 연관부서의 업무를 동시에 고려해야만 했다. ERP는 생산 및 생산관리 업무는 물론 설계, 재무, 회계, 영업, 인사 등의 순수관리 부문과 경영지원기능을 포함하고 있다.

현재 ERP시스템은 빠르게 변화하는 글로벌 트랜드에 발맞추어 경쟁력을 유지하기 위해 효율적인 정보관리기능을 제공하고 있다. 오늘날 ERP시스템은 제조기업, 서비스기업, 하이테크기업, 유통업체는 물론 심지어 비영리조직인 학교, 정부기관 등 다양한 조직에서 도입해 활용하고 있다. 일부 벤더들은 ERP 솔루션을 특화된 산업영역에만 제공하고 있으며 전문화된 솔루션은 다양한 산업군으로부터 전수된 독창적인 프로세스와 특수한 기능을 제공하고 있다.

2000년대 들어 ERP시스템은 웹 브라우저의 유용성 덕분에 웹 기반 ERP시스템으로 재탄생하게 되었다. 이와 같이 웹 기반 접근이 가능한 시스템을 SaaS(Software as a Service)라고 한다. 기업들은 ERP시스템을 IT 벤더의 웹 사이트에 접근해 활용할 수 있게 되었으며, 이로 인해 기업들은 소프트웨어나 서버를 관리할 필요성이 없게 되었다.

SaaS의 활용이 기업에서 다양하게 이루어지고 있는 것과 동시에 문제점도 나타나고 있다. 이는 인터넷 접속에 따른 보안 및 프라이버시 문제이다. 그러나 이러한 문제점에도 불구하고 SaaS 모델은 여러 기업에 유용한 서비스를 제공함으로써 지속적인 관심을 받고 있다.

2. ERP의 정의 및 특징

ERP의 개념을 처음으로 제시한 Gartner Group의 정의를 보면 '기업 내의 각 업무기능들이 조화롭게 제대로 발휘할 수 있도록 지원하는 애플리케이션들의 집합으로 차세대 업무시스템'이라 하였다. 미국생산재고관리협회는 ERP를 '종래의 MRP시스템과는 다르며 그래픽 유저 인터페이스, 관계형 데이터베이스, 제4세대 언어, 케이스 툴, 클라이언트 서버 아키텍처, 개방형 시스템 등의 최신기술을 채택하고 고객주문부터 제조, 출하 그리고 회계처리에 필요한 전사적인 자원을 명확하게 하고 계획하기 위한 회계정보시스템'으로 정의하고 있다.

한편 Oracle사는 ERP를 '재무, 인사, 회계를 포함해 구매, 생산, 물류 등 기업의 전 업무를 포괄하며, 시스템 설치 및 실행 기간을 단축시키고 설치과정 중 기업의 프로세스를 재설계할 수 있는 능력을 가지고 있는 대형 소프트웨어'라고 정의하였다. 즉 ERP시스템이란, '기업이 경영활동을 위해 기업의 모든 자원을 계획하고 업무 프로세스에 따른 흐름을 관리 · 통제하는 자동관리시스템'이라고 정의할 수 있다. 관리 대상이 되는 자원은 물적 자원뿐만 아니라 인적자원과 정보자원 및 시간까지 포함한다. ERP는 고객 서비스는 극대화하면서 재고수준은 최소화하는 것이 가능하며 모든 자금의 흐름이 재무나 회계 모듈로 집결되면서 한눈에 파악이 가능하도록 지원해 준다.

ERP시스템이 갖는 특징을 살펴보면 다음과 같다.

첫째, 통합자원관리이다. ERP시스템의 가장 큰 특징 중의 하나는 영업, 생산, 구매, 재고, 회계, 인사 등 기업의 모든 프로세스를 통합적으로 관리한다는 점이다. 기업에서는 ERP시스템을 통해 비즈니스에서 발생하는 모든 자료를 한곳에서 처리함으로써 정보시스템의 전사적 최적화를 추구할 수 있게 되고, 다양한 측면의 정보를 공유함으로써 기업의 의사결정에 중요한 정보를 제공해 주기도 한다.

둘째, 표준화된 프로세스 적용 및 BPR 기능을 지원한다. ERP시스템은 표준화된 레퍼런스에 기반한 정보시스템이다. ERP시스템 개발은 세계에서 가장 성공적인 기업의 업무 프로세스에 기반해 레퍼런스 모델을 개발하고, 이 레퍼런스 모델이 적용된 ERP시스템을 도입하는 기업들을 대상으로 커스터마이즈함으로써 ERP시스템을 구축하게 된다. 그러므로 ERP시스템을 도입하는 것 자체가 BPR을 추진하는 것이고, 결국 기업의 업무 프로세스의 혁신을 가져오는 것이다.

셋째, 타기종 시스템과의 연동이 가능하다. ERP시스템은 기업의 레거시시스템과 연동 가능하고, 더불어 그룹웨어와도 연동 가능하다. 이는 ERP시스템이 다양한 업무 프로세스를 지원하기 때문이다. 예를 들면, 전자결제시스템을 내장한 그룹웨어의 경우, 이는 ERP시스템의 회계 모듈과 연동되기 때문에 기업의 모든 정보시스템을 연동시켜 사용할 수 있게 된다.

넷째, 파라미터 지정에 의한 개발이 가능하다. ERP시스템은 레퍼런스 모델에 기반한 시스템이다. 그러므로 ERP시스템의 구축은 레퍼런스 모델에 대한 커스터마이즈 수준에 따라 개발기간이 정해진다. 일반적으로 ERP시스템은 기존의 정보시스템과 비교해 볼 때, 빠른 시간 내에 구축이 가능한 특징을 가지고 있다. 더불어 ERP시스템은 시스템 유지 · 보수 부담에 있어 파라미터 지정(Parameter Setting)을 통해 프로세스 조정이 가능한 특징이 있다. 그러므로 ERP시스템은 다양한 업종, 다양한 규모의 기업에 적용시킬 수 있는 특징이 있다.

다섯째, 확장 및 연계성이 매우 강하다. ERP시스템은 개방형 구조를 채택하고 있기 때문에 커넥터(Connector)와 어댑터(Adapter)를 이용해 시스템의 확장 및 연계가 가능하다. 또한 시스템 플랫폼도 특정 하드웨어와 소프트웨어에 의존하지 않고, 다양한 운영체계를 지원하고 있으며, 데이터베이스와의 연동을 위한 인터페이스도 가지고 있다. 반면, 기존의 정보시스템의 경우 폐쇄적 구조로 다른 시스템과의 연동을 위해서는 대규모 수작업이 필요하거나 또는 처음부터 새로운 시스템을 구축해야 하는 문제점이 존재한다.

여섯째, 글로벌 대응이 가능하다. 글로벌 기업에서 출시하는 ERP시스템은 다국적 언어 지원기능을 내포하고 있기 때문에 전 세계에 산재한 본사와 지사를 갖춘 기업들에게는 매우 유용하다. 예를 들면, ERP시스템에서 사용하는 언어 또는 메뉴기능에 차이가 있지만, 회계처리, 업무처리, 회계관리, 제품구매 등 일반적인 업무와 관련된 모든 데이터를 통합적으로 처리할 수 있다. 이는 ERP시스템이 어떤 특정 국가나 특정 기업의 표준 프로세스를 구현시켜 놓은 것이 아니라 각 사업별 유형에 따라 가장 모범적인 프로세스를 내장하고 있기 때문이다.

일곱째, 의사결정을 위한 다양한 정보를 제공한다. ERP시스템은 기업의 모든 정보자원을 통합 데이터베이스를 이용해 관리하기 때문에 기업의 의사결정에 필요한 정보를

그림 7-3 ERP시스템의 구성도

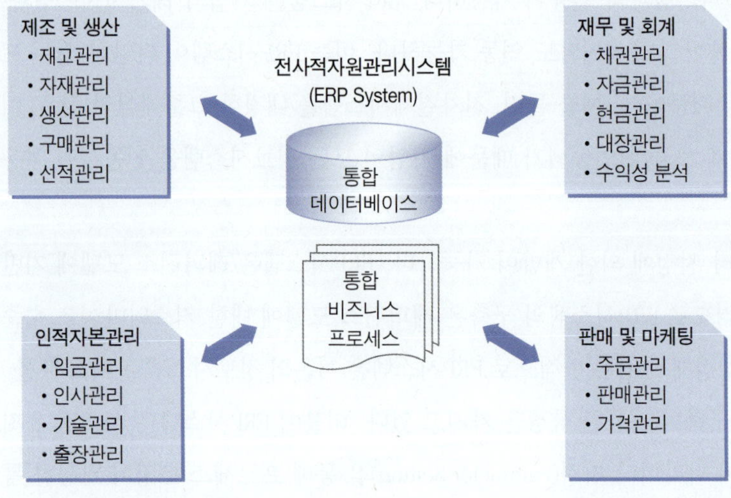

자료: 홍일유 외, 디지털 기업을 위한 경영정보시스템, 법문사, p.338.

추출하고자 할 경우 매우 유용하다. 즉 경영자 입장에서 핵심 정보를 추출함에 있어 다양한 정보시스템으로 정보를 추출하는 것이 아니라, 하나의 ERP시스템 내에서 정보를 추출함으로써 빠르고 정확하게 정보를 추출할 수 있다.

3. ERP의 도입효과와 고려사항

1990년대 들어 글로벌 경쟁체제로 들어서면서 기업을 둘러싼 경영환경이 급변하는 것은 물론 컴퓨터기술의 발전으로 인해 기업들은 막강한 컴퓨팅 파워를 활용할 수 있게 되었다. 또한 시장구조가 생산자 중심에서 소비자 중심으로 전환되면서 기업들의 생존은 과거보다 더욱 어렵게 되었다. 따라서 기업들은 기업의 내외적 환경변화에 유연하게 대처하는 능력을 확보하는 것이 무엇보다도 필요하게 되었으며, 이러한 문제를 해결해 줄 수 있는 해결방안으로서 자연스럽게 ERP가 주목을 받게 되었다.

(1) 도입효과

ERP의 도입효과를 경영적인 측면과 기술적인 측면에서 살펴보면 다음과 같다.

1) 경영적인 측면

첫째, ERP는 선진 프로세스를 내장하고 있는 BPR 지원도구로 기업의 업무처리방식을 최적화할 뿐만 아니라 정보시스템의 구축을 용이하게 하면서 도입비용을 절감시켜 준다.

둘째, 기업의 업무과정에서 발생하는 데이터를 일원화하여 관리하고 강력한 온라인분석(Online Analytical Processing: OLAP) 기능을 이용하여 계획 대비 실적을 분석함으로써 계속적으로 변화하는 경영상황에 대한 정보를 경영 하층부까지 제공하므로 신속하고 정확한 의사결정이 가능해진다.

셋째, 업무 프로세스의 정의, 실행 및 관리를 가능하게 함으로써 완벽한 시스템이 구현된다. 통계적 수치와 자료에 의한 시뮬레이션을 이용함으로써 기업환경변화에 사전적으로 대처할 수 있고 회계 등 관련 업무의 자동화로 경영의 투명성을 제고한다.

넷째, 업무의 표준화, 자료의 표준화에 의한 시스템 통합으로 기업 내 또는 기업 간 업

그는 "당일 오전 6시 30분에 주문을 받지 않은 상태임에도 전일 확정된 기초수요에 근거해 도시락을 만들기 시작한다. 오전 8시 30분경에 원거리 지역에 대한 배송차량이 도시락을 싣고 출발한다. 배송권역을 원거리・중거리・단거리도 나뉜다. 우선 싣고 간다. 8시 30분에 출발해서 10시 안에 자기들의 권역 안에 대기하고 있다. 이 차량은 운송용으로 사용하는 것이 아닌 바퀴 달린 '창고'형으로 사용하는 셈"이라고 설명했다.

이어 그는 "오전 9시가 돼서야 팩스, 전화, 인터넷을 통한 주문 접수를 개시한다. 10시 25분에 도시락을 주문받은 양과 10% 정도 여유분을 감안한 도시락을 싣고 출발한다. 근데, 흥미로운 점은 중간 권역을 가는데 왜 10% 정도 여유분을 갖고 가느냐이다. 이는 '5분 동안 자기들의 권역 안에서 고객이 주문을 많이 할 가능성', '8시 30분 원거리 권역으로 간 쪽에 부족분을 전달해주기 위함이다. 오전 11시가 돼서야 근거리 권역배송을 시작한다"고 말했다.

도쿄대 경영학과 출신인 타마고야 CEO, "정보는 IT시스템이 파악 못해, 고객과 소통하는 우리 직원에 의해서만 파악돼"

타마고야 최고경영자(CEO)에 대해 흥미로운 이야기도 들려줬다. 그는 "타마고야 CEO는 도쿄대 경영학과 출신으로서 처음엔 타마고야에 IT방식을 도입했지만, 지금의 SCM방식으로 선회하게 됐다"고 설명했다.

타마고야 CEO는 "오늘날의 정보통신기술은 우리의 수요예측 이슈에 대한 답을 제공하고 있지 못하다. 정보는 우리의 SCM에 있어 전부라 해도 과언이 아니다. 수요와 관련된 고급 정보는 고객과 직접 이야기하는 우리의 직원에 의해서만 파악될 수 있다"고 밝힌 바 있다.

결국, 오늘 민 교수가 말하고자 했던 건 'SCM전략'은 남들의 것을 모방하는 '벤치마킹'이 아닌 자신만의 철학을 기저로 단단한 스타일을 구축할 때 '빛'을 볼 수 있다는 것을 의미한다. 각계 기업 CEO가 주목해야 할 대목인 것이다.

SCM을 처음 접했던 순간은 2001년 가을, SCM은 글로벌 경영의 화두

그는 2001년 가을경이 SCM을 처음 접했던 순간이라며 회상했다. 그는 "1980년대에 'Lean'이라는 새로운 용어가 등장했다. 기업을 운영하는 프로세스에서 군더더기를 빼고 아주 효율적으로 경영을 하는 것이다. 주된 경영의 흐름이었다"며 "1990년대에 이르러선 '글로벌화가 전체적으로 확대', '제품의 종류 다양화', '제품의 수명 주기 단축', '공급망의 복잡함'으로 인해 SCM이 등장했다"고 설명했다.

그는 "현재 글로벌 환경에선 기업의 초점이 '제품' 자체에서 '생산' 방식으로 옮겨지게 된다. 무엇을 만드냐에서 어떻게 만들 것인가로, 무슨 서비스를 제공하느냐에서 어떻게 서비스를 전달할 것이냐로 이동하게 되며 이에 더 이상 국경은 의미를 잃게 된다"고 말했다.

민 교수는 "월마트에서 판매하는 5만 원 상당의 청바지를 보면 9개국의 국가를 통해서 만들어진다. 우리 일반인들이 몸으로 체감하는 '글로벌 현재 모습'이다"며 "이에 따라 글로벌화의 미래가 궁금해졌다"고 말했다.

그는 " 'Next Global Stage 책에서 "가장 중요한 건 가치 시스템 핵심가치'라는 말이 나온다"며 "SCM의 정확한 의미를 찾는 과정에서 글로벌화를 찾다보니까 '핵심가치'라는 용어에 의구심이 생기게 됐다"고 말했다.

SCM에 기업의 핵심가치를 담아내라

특히 '핵심가치'를 경영철학과 연계했다. 그는 "기업의 경영이념은 '사명'이다. 기업의 존재 이유를 외부에 알리는 것을 말한다. 삼성의 경우 '인재와 기술을 바탕으로 최고의 제품과 서비스를 창출해 인류 사회에 공헌한다'이다. 이는 기업들이 매 순간마다 결연한 의지를 보이겠다는 의미"라고 말했다.

이어 "경영이념은 창업자 본인의 노력도 중요하지만, 구성원 모두의 노력이 모아졌을 때 달성할 수 있다. 구성원들의 업무는 다양하지만, 업무의 공통점은 '누구나' 의사결정을 할 수 있다는 것"이라고 설명했다.

결국, 그가 말하는 '핵심가치'란 기업 내에서 업무상의 의사결정을 할 때 개인의 가치관이 아닌 회사에서 정해진 대로 의사결정을 한다는 것을 의미한다. 하지만, 과연 현재 국내 기업 중에서 '경영이념'과 '핵심가치'가 유기적으로 연결되는지에 대해선 생각해 볼 대목이라고 의문을 제기했다.

그는 "2000년대 초에 SCM 용어가 나왔는데, 현업에 있는 사람도 헷갈려 했다. 그 당시에 설문조사를 했는데 4가지의 설문조사 결과가 나왔다"고 밝혔다.

그는 "라벨을 다시 붙인 것이 'SCM'이다, '물류가 SCM보다 범위가 넓다', '물류가 SCM보다 범위가 좁다', 'SCM과 물류 사이엔 교집합이 있다"는 결과가 도출됐다"고 설명했다. 공급사슬을 둘러싼 전체 환경을 바라보는 것이 옳다"는 판단체계 하엔 SCM은 판단의 대상이 아닌 판단의 기준이다. 따라서 획일적인 정답은 없다. 산업별로 SCM이 존재하는 것이 아니라 SCM에 의해 산업이 정의된다는 시각인 것이다.

패스트 패션 시장의 빅3 ZARA, H&M, 그리고 UNIQLO, 그들의 SCM은 모두 옳다

민 교수에 따르면, 자라의 경우는 직접 옷을 만든다. 인디텍스 밑엔 100여 개의 기업들이 있다. 사실, '자라'는 브랜드명이다. 계열사에서 직접 옷을 생산해, 글로벌 체인 공장에 보관했다가 비행기로 옷을 공급한다. H&M의 경우엔 100% 아웃소싱을 통해서 옷을 만든다. 옷을 만들 때 필요한 자재는 알아서 하라고 맡긴다. 100% 방임 스타일에 해당한다.

유니클로는 자라하고 H&M을 섞은 모습에 해당한다. 유니클로는 옷을 직접 만들진 않지만 생산업체를 선정해 옷을 만들게 한다. 차이점은 '타꾸미(일본 의류업계에서 오래 일했지만 은퇴를 앞둔 전문가)'들을 파견해 '상주'하면서 '품질관리' 및 '프로세스' 관리를 할 수 있게 한다.

그는 "자라, H&M, 유니클로 중 누구의 공급사슬 운영방법이 정답인가?'라는 질문을 던졌다. 이어 "앞서 언급한 3개의 회사의 공급사슬 운영방식이 각각 다르지만, 패스트 패션 시장에서 잘 나가고 있다"며 "정답이 없다"고 스스로 답했다. 대부분 회사들이 새로운 대안을 찾아 벤치마킹을 고민한다. 그래야만, 리스크를 줄일 수 있다고 생각한다. 하지만 오늘날 경영환경에서 리스크를 줄일 수 있는 방법은 직접 방법을 만드는 것이라는 게 민 교수의 주장이다.

자료: 뉴스투데이, 2021.06.24.

제2절 공급사슬망관리(SCM)

오늘날 기업들은 혼자서 모든 기업활동을 하기보다는 다른 파트너 기업들과의 연계를 통해 새로운 경쟁력 향상 방안을 모색하고 있다. 공급사슬망관리(Supply Chain Management: SCM)는 이런 기업의 요구에 부응하여 공급업체, 유통업체 그리고 물류업체 등을 정보기술로 연결해 새로운 경영환경을 구축하고 있다. 본 절에서는 공급사슬망관리의 필요성, 모델, 도입효과 그리고 주요 성공요인 등에 대해 살펴보고자 한다.

1. SCM의 필요성

최근 급격한 글로벌화로 인한 경쟁 격화와 기업을 둘러싼 내부 및 외부환경의 변화는 보다 강도 높은 기업의 혁신을 요구하고 있다. 제품 및 서비스에 대한 고객의 기대는 더욱 높아지고 있으며 과거보다 짧아진 제품수명주기와 고품질, 저가격의 필요성이 과거 어느 때보다 더욱 시급하다고 할 수 있다.

일반적으로 제품 및 서비스의 제공은 공급업체, 제조업체, 물류 및 유통업체를 거쳐 고객에게 전달된다. 제조업체가 고객의 기대에 부응하여 경쟁력을 확보하기 위해서는 공급사슬망을 효율적으로 관리할 필요가 있으며 그 근거는 다음과 같다.

첫째, 제조과정 이외에서 발생하는 부가가치가 높다.

기업은 자금, 인력, 자원을 투입하고 조립, 가공을 통해 제품이나 서비스를 생산하고 고객에게 전달하는 운송과정이라는 공급사슬망에 의해 그 부가가치를 창출하게 된다. 그러나 이러한 부가가치의 60~70%는 제조과정 이외에서 창출되며 리드타임의 경우도 제조과정 이외에서 소요되는 것이 길다는 것이다. 또한 제조업의 경우 원가의 10~15%를 물류비용이 차지하고 있다. 따라서 공급사슬망에 대한 전반적인 관리가 필요하다.

둘째, 수요변동 등 불확실성이 증대되고 있다.

시장에서의 고객 수요는 시간이 흐름에 따라 변하게 된다. 이와 같이 변화하는 수요는 과거의 수요에 근거하여 예측된 수요정보를 활용하여 대처하기 때문에 수요변화에 따른 주문변화, 납기의 불확실성, 품질 그리고 수량의 변화는 더욱 심화될 수밖에 없다. 이러한 문제들을 단순히 제조과정에서 해결하는 데는 한계가 있기 때문에 전체적인 공급사슬망 내에서 불확실한 요인을 개선함으로써 문제를 해결할 수 있다.

셋째, 공급사슬망 구조가 확대되고 복잡해졌다.

공급업체, 물류업체, 유통업체, 글로벌화 등은 공급사슬망 구조를 확대시키고 복잡화시켰다. 따라서 복잡하고 확대된 공급사슬망은 과거와 다른 효율적인 경영을 필요로 하고 있다.

넷째, 고객의 요구가 증대되었다.

기업은 경쟁력을 유지하기 위해 고객의 요구에 신속하고 유연하게 대응할 필요가 있다. 이를 위해서는 다양한 제품을 공급해야 하기 때문에 더 많은 재고가 발생하게 된다. 이것은 기업의 재고비용을 증가시켜 제품의 원가가 높아지게 하는 요인이 된다. 그러나 기업은 신속하게 고객의 요구에 대응함과 동시에 저렴하게 공급해야 한다. 따라서 기업은 고객의 요구에 신속히 대응하는 것은 물론 저렴한 가격에 제품을 공급하기 위해서 공급사슬망에 대한 효율적인 경영이 필요하다.

다섯째, 공급사슬망 내의 복잡한 정보흐름을 지원할 수 있는 기반기술이 발전하였다.

최근 컴퓨터와 정보통신기술의 발전으로 공급사슬망 내의 복잡한 정보의 흐름을 지원할 수 있는 기반기술을 확보하게 돼 공급사슬망관리의 실제적 운용이 가능하게 되었다.

2. SCM의 개념

기업들의 최근 추세는 내부 직원은 점점 줄이고 같이 일해야 하는 외부 파트너는 점점 늘리는 경영환경 속에서 더욱 상호 의존적이 되어 가고 있다. 원자재 공급업체, 부품 공급업체, 유통업체, 물류업체, 나아가 고객과 긴밀한 관계를 유지해야만 보다 강력한 시장 경쟁력을 갖출 수 있게 된 것이다. 이러한 긴밀한 관계가 가능하도록 원자재 공급업체, 부품 공급업체, 유통업체, 물류업체, 고객을 하나의 유기체로 보고 이 유기체 속에서 정보와 물리적 제품의 흐름이 원활히 진행될 수 있도록 관리하는 것이 SCM(Supply Chain Management: 공급사슬망관리)이다. 즉 SCM이란 원재료 생산, 제품제조, 물류 및 유통업체 등 공급망에 참여하는 모든 업체들의 협력을 바탕으로 정보기술을 활용하여, 재고를 최적화하고, 리드타임(Lead-time)을 대폭적으로 감축하고, 결과적으로 양질의 상품 및 서비스를 소비자에게 제공함으로써 소비자 가치를 극대화하기 위한 21세기 기업의 생존 및 발전전략이다.

공급사슬망관리의 개념은 갑자기 등장한 것이 아니고 1970년대부터 북미 기업들이 물류의 총비용을 줄여 기업의 채산성을 높일 수 있다고 인식하면서 경영계획과 관리활동을 시작하였다. 1980년대 들어서는 단편적인 물류의 총비용을 줄이는 것이 아니라 전체 물류 프로세스를 효율화하여 전체 물류비용을 최적화하는 개념으로 확장 발전하였다. 1990년대 들어서는 기업환경이 글로벌화됨에 따라 경쟁이 더욱 심화되었다. 이러한 상황에서 기업은 고객이 원하는 제품을 얼마나 빠르고 정확하게 제공하느냐가 기업의 경쟁력에 매우 큰 영향을 미치게 되었다. 따라서 기업은 고객이 요구한 제품의 납기 시간을 줄이고, 고객의 요구에 즉각적으로 대응할 수 있는 유연성을 기업의 경쟁력을 결정짓는 중요한 요소로 인식하게 되었다. 이와 더불어 기술의 발전속도가 가속화됨에 따라 제품의 수명주기가 단축되는 것은 물론 고객의 기대수준은 갈수록 높아지고 있는 추세이다.

이와 같이 점점 격화되는 경쟁 속에서 기업들은 경쟁력을 높이기 위해 자사의 물류 최적화뿐만 아니라 기업 외부에 존재하는 공급업체, 물류업체, 유통업체 등과도 물류 프로세스 통합관리에 초점을 맞춘 공급사슬망관리의 개념을 기업경영에 도입하기 시작하였다. 최근에는 정보기술의 급격한 발전으로 기업 내부의 업무 프로세스를 효율적으로 수행할 목적으로 구축된 ERP시스템과 정보의 통합 개념으로서 공급망사슬관리가 더욱 주목을 받게 되었다.

3. SCM의 기능

기본적으로 SCM은 제품의 유통 사이클(Cycle)과 관련되는 파트너 간 최적의 공급/재고관리체계를 위한 전략이라고 할 수 있다. 즉 SCM이란 고객의 요구사항에 신속히 대응하기 위해서 자재조달에서부터 제품공급까지 일련의 기업활동을 효과적이고 효율적으로 관리하는 것이라 할 수 있다.

SCM의 기본 기능을 통하여 관리체계를 확립하기 위해서는 기업 내부의 프로세스를 개선해 왔던 종래의 혁신방법에서 탈피하여 조달, 생산, 판매와 관련된 모든 조직, 즉 공급망의 통합적 관리를 할 수 있도록 혁신해야 한다. 성공적인 SCM을 위해서는 공급업체, 생산업체, 도매업체, 소매업체, 고객 간의 요소들을 통합 · 관리할 수 있는 시스템이 구축되어야 한다.

SCM은 기능 중심의 공급망관리에서 프로세스 중심의 관리(Cross Functional Business

Process)로 변화함을 의미하며 단순히 기업 대 기업의 혁신이 아닌 공급망 대 공급망의 혁신을 의미한다. 더 나아가 공급망 대 공급망의 경쟁양상을 띠게 된다.

4. 푸시 모델과 풀 모델

기업에서 사용하고 있는 공급사슬망관리는 예측생산방식(Make-to-Stock)이라고 알려진 푸시 모델(Push Model)을 기반으로 한다. 예측생산방식은 고객의 수요를 과거의 경험에 비추어 예측하고 이 결과에 따라서 제조과정이 시작된다. 이 방식은 생산해야 하는 상품의 종류뿐만 아니라 생산할 각 상품의 양까지 예측할 수 있어야 한다. 기업은 이러한 예측결과에 따라 대량생산방식으로 상품을 생산하고 생산된 상품들을 고객들에게 공격적으로 판매한다.

그러나 현실은 이러한 예측결과가 시장에서의 수요와 정확히 일치하는 경우가 드물다. 예를 들어, 스마트폰 제조업체가 새로운 모델을 개발하는 방식을 생각해 보자. 마케팅 관리자는 고객 설문, 경쟁사 제품분석 등의 다양한 소비자조사를 실시하고, 판매량을 예측할 것이다. 하지만 만약 시장에서의 수요를 너무 높게 잡아 판매량이 거기에 미치지 못하는 경우, 스마트폰을 제조하는 제조사는 높은 수준의 재고를 보유해야 하고, 이에 따라 더 많은 재고유지비용을 지출해야 한다. 다시 말하면, 스마트폰 제조사에서 5,000만 대가 팔릴 것으로 예상했지만, 시장에서 실제 수요는 4,000만 대였다면, 1,000만 대의 재고를 보유해야 한다. 따라서 스마트폰 제조사는 재고를 할인된 가격에 처분해야 할 것이다.

이와 반대로 5,000만 대가 팔릴 것으로 예상했는데 실제 시장에서의 수요가 6,000만 대였다면, 시장의 수요를 충족시키기 위해 생산 시간을 늘려야 할 것이고 이에 따라 시간외 근무수당 비용이 발생할 것이다. 만약 시장에 충분히 스마트폰을 제공하지 못하는 경우, 고객을 경쟁사에 빼앗길 위험성도 존재한다.

이와 같이 푸시 모델과 관련된 불확실성을 피하기 위해 많은 기업들은 풀 모델(Pull Model) 기반의 공급사슬망관리를 도입하고 있으며, 주로 웹을 기반으로 한 정보 흐름을 활용하고 있다. 주문생산방식(Make-to-Model)이라고 알려진 풀 모델은 공급사슬상의 구성원들이 고객들이 주문한 것만 생산하고 전달하는 방식이다. 이와 같이 기업은 고객들이 주문한 것만을 생산하게 되는데, 이 과정은 대량맞춤생산과 밀접하게 연관되어 있다.

그러나 모든 회사가 풀 모델 기반의 공급사슬망관리를 사용할 수 있는 것은 아니다. 왜냐하면 제조과정이 복잡할수록 그리고 공급업체로부터 공급되는 부품의 수가 많을수록, 기업들은 추가로 제품을 생산하기 위해 더 많은 리드타임이 필요하게 돼 비용이 증가하게 된다. 따라서 자동차 제조업체와 같이 부품 수도 많고 제조과정에 드는 시간이 많이 소요되는 경우, 풀 모델을 사용하기도 하지만 특정 고객들이 주문하는 차종에 한해서만 적용한다.

5. SCM의 도입효과

SCM을 도입함으로써 기업이 얻게 되는 효과로는 다음과 같은 것들이 있다.

(1) 재고감소효과

SCM은 원자재 조달에서부터 제품의 생산과정을 거쳐, 유통망을 통해 고객이 원하는 제품을 고객에게 전달하기까지의 모든 과정을 효과적으로 관리한다. 따라서 재고관리 측면에서 생산, 유통, 판매를 위한 정보가 적시에 제공되기 때문에 공급사슬상의 원자재 및 제품의 흐름이 적정수준으로 원활하게 운영될 수 있다. 이와 같이 기업은 SCM을 활용함으로써 재고를 최적화할 수 있어 재고감소효과를 얻을 수 있다.

그림 7-4 SCM의 도입효과

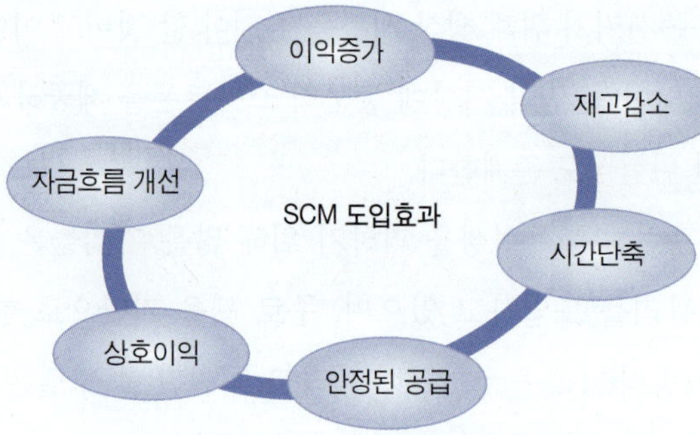

자료: 이상문 외, 경영정보시스템, 형설출판사, p.345.

(2) 업무 프로세스의 통합으로 인한 업무처리 시간단축

SCM은 공급사슬상의 모든 프로세스들이 통합돼 수행되기 때문에 기존의 독립적으로 업무를 수행하기 위해 구축된 프로세스보다 업무절차 및 처리시간이 단축된다. 향후 다양한 정보기술의 발전으로 SCM 운영으로 인한 업무처리 시간은 더욱 단축될 것이다.

(3) 안정적인 공급업체 확보

SCM을 통해 원자재 공급업체와 상호 신뢰관계를 형성해 장기적인 비즈니스 파트너로서 제휴관계를 맺는다면 상호 간에 안정적인 공급업체과 구매업체를 확보하게 돼 구매자는 저렴한 가격에 좋은 제품이나 원자재를 공급받을 수 있게 된다. 반면 공급자는 장기적인 구매자를 확보하게 됨에 따라 계획적이고 체계적인 생산활동을 할 수 있게 돼 생산원가를 절감할 수 있다. 따라서 공급업체나 구매업체 모두에 있어 사업의 수익성이 개선될 수 있다.

(4) SCM에 참여하는 기업의 상호이익

SCM의 기본 목적은 공급사슬상의 관리를 통해 원자재 조달에서부터 제품의 생산 및 제품을 고객에 전달하는 유통에 이르기까지의 모든 과정이 효율적으로 이루어지도록 하는 것이다. 이로 인해, SCM에 참여하는 모든 기업의 경쟁력이 강화됨으로써 혜택과 이익을 얻게 된다.

(5) 기업의 자금부담 감소

SCM를 통해 재고수준이 감소하게 됨으로써 재고를 유지하기 위해 발생되는 공간비용 및 인건비가 감소하게 된다. 또한 재고상품을 구매하기 위한 자금 및 재고유지비용이 줄어들어 기업의 자금부담이 줄어들게 된다.

(6) 원가절감 및 운영비 절감으로 인한 이익증가

SCM를 통해 기업은 재고수준을 낮춤으로써 재고비용을 줄일 수 있을 뿐만 아니라 원자재 공급업체, 물류업체 및 유통업체와의 안정적 관계를 구축하게 됨으로써 체계적이고 계획적인 생산계획을 통해 원가절감이 이루어질 수 있다. 또한 업무처리의 간소화로 인해 각종 업무처리의 생산성이 높아져 기업의 운영비를 절감하게 되고 이로 인해 이익은 더욱 증가하게 된다.

6. 채찍효과

공급사슬상에서는 불확실한 제품 수요, 공급업체의 선적 지연, 불량 부품이나 불량 원재료, 또는 생산 프로세스의 중단 등을 예측할 수 없기 때문에 불확실성이 존재한다. 따라서 제조업체는 불확실성과 예측할 수 없는 사건으로 인해 고객이 만족하지 못하는 상황이 발생할 수 있는데, 이와 같은 상황이 발생되지 않도록 하기 위해 필요한 것으로 예측되는 양보다 더 많은 재료와 제품을 보유하는 경우가 자주 발생한다. 그러므로 제조업체는 공급사슬망의 유연성 부족에 대한 완충 역할을 하는 안전재고량(Safety Stock)을 유지하게 된다. 그러나 이러한 안전재고량으로 인해 필요 이상의 초과 재고가 발생하게 되고 그에 따른 비용이 발생한다. 이에 반해 충분하지 못한 재고로 인해 주문이 취소되는 경우도 발생하게 되고 이는 사업상 더 큰 손실로 이어질 수 있기 때문에 안전재고량을 유지하는 것이 필요하다.

채찍효과(Bullwhip Effect)는 미국 스탠포드대학의 하우 리(Hau Lee) 교수가 미국의 P&G(Procter & Gamble)사와 공동연구를 통해 발견한 내용이다. P&G사의 대표적인 상품인 팸퍼스 기저귀 담당자들은 기저귀의 최종수요는 시간의 흐름에 따라 큰 변동 없이 일정하게 유지될 것으로 생각하고 있었다. 그러나 실제 P&G사에 도착한 기저귀의 주문량은 시간의 흐름에 따라 변동폭이 상당히 큰 것으로 나타났고, P&G사에서 공급사로의 주문량은 더욱 크게 변동하는 것으로 나타났다.

[그림 7-5]에서 보는 것처럼, 최종소비자에서 공급업체에 이르기까지 수요의 변동폭이 마치 채찍의 움직임과 유사하다고 하여 채찍효과라 부른다. 채찍을 휘두르면 채찍을 잡고 있는 손목 부분에서 시작된 파장이 채찍 끝으로 가면 갈수록 커지는 것과 마찬가지로 최종고객의 수요가 최종공급업체에 이르는 과정에서 유통단계별로 계속 과대평가되는 현상을 채찍효과라 한다.

공급사슬상에서 채찍효과를 완전하게 제거하는 것은 불가능하지만 공급사슬상의 모든 구성원이 정확한 정보를 공유할 수 있을 때 수요 및 공급에 대한 불확실성이 감소하게

그림 7-5 채찍효과

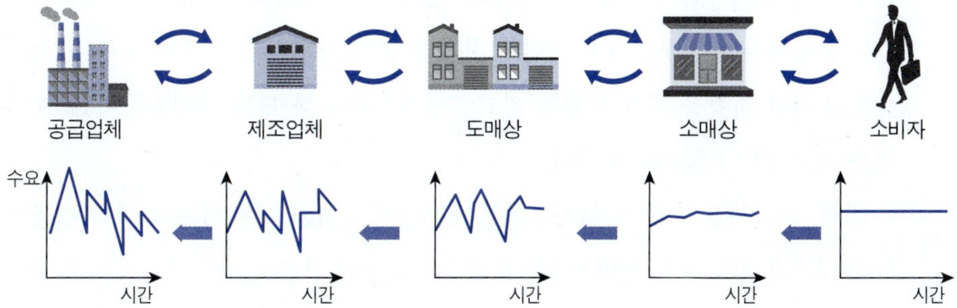

자료: 진현웅, 공급사슬관리의 주요개념과 활용, 도서출판 청람, 2012, p.51.

된다. 만약 공급사슬상의 모든 구성원들이 재고수준, 생산일정, 예측, 배송 관련 정보를 공유할 수 있다면 이는 공급망 전반에 걸친 계획을 신속히 조정하고 재구성하여 최적화하고 고객의 요구에 민첩하게 대응할 수 있는 능력을 갖추는 데 도움을 준다. 또한 적정 재고관리 도구를 제공해 줌으로써 원가절감 및 투자 회수를 신속히 할 수 있다. 납기예측과 리드타임 최소화를 통해 대외적으로는 고객만족도를 향상시키고 대내적으로는 생산능력 증대를 통해 경쟁력을 제고할 수 있다.

7. SCM의 성공요인

SCM은 원자재 공급업체로부터 유통소매점에 이르기까지 긴 물류 및 정보흐름을 체계적이고 원활하게 정비해 고객의 욕구에 부합하는 제품을 공급하고자 하는 데 목적이 있다. SCM을 성공적으로 이끌려면 다음과 같은 요소들을 고려해야 한다.

첫째, SCM은 기술적 이슈라기보다는 사업전략적인 이슈임을 인식해야 한다. 서로 다른 전략목표에 따라 여러 공급사슬구조의 선택이 가능하기 때문이다. 기업은 자사의 전략을 분석하는 동시에 수요, 생산규모, 전략적 스케줄링, 성과측정 방안 등 공급사슬과 관련된 기본 요소를 어떻게 운영할 것인가를 결정해야 한다.

둘째, 경쟁우위를 확보하는 원천으로서 IT 활용이 필수적이다. SCM을 위한 시스템을 구축하기 위해서는 여러 애플리케이션 패키지를 활용하여 기존 시스템 및 지역 간 통신 네트워크와의 통합이 필요한데 여기에는 IT의 활용이 필요하다.

셋째, 기업문화의 변화이다. SCM을 갖추었다고 성공이 이루어지는 것은 아니다. 시스템을 움직이는 기업의 구성원이 자신의 업무영역을 포함하는 시스템 전체적인 관점에서 업무를 수행하고 상황변화에 적절히 대응할 수 있는 지식을 갖추어야 한다. 특히 조직적 변화에 대한 저항을 피하기 위해 최고경영층을 비롯한 모든 구성원들이 SCM 구축의 초기 단계에서부터 참여해야 한다.

넷째, 공급사슬상의 비즈니스 파트너로서 참여하기 위해서는 자사의 제품과 서비스가 경쟁력을 갖추어야 한다. 아울러 공급사슬상의 파트너로서 공급망의 경쟁력 강화를 위해 기여할 수 있는 자사만의 경쟁우위를 보유하고 있을 때, 이로 인해 다른 참여자들이 공급사슬상의 파트너로서 가치와 매력을 느껴 적극적으로 비즈니스 파트너가 되기를 원하게 된다. 또한 자사와 같은 경쟁우위를 갖춘 능력 있는 파트너들이 참여하게 되어 공급사슬망관리를 성공적으로 수행할 수 있게 된다.

다섯째, 공급사슬상의 파트너로서 참여하는 기업은 공급사슬망관리의 중요성을 인식하는 것이 매우 중요하다. 공급사슬상에는 서로 다른 조직이 참여하게 되는 것은 물론 참여기업들 간의 새로운 관계가 설정되므로 공급사슬망관리가 원활하게 수행되기 위해서는 참여하는 각 기업들이 중요성을 인식하고 적극적인 참여가 필요하다. 다시 말하면, 참여하는 모든 기업들이 어떠한 노력을 보이느냐에 따라 공급사슬망관리의 성패가 달려 있기 때문에 전략적 비스니스 파트너로서의 중요성과 책임감에 대한 인식을 갖고 추진하는 것이 필요하다.

여섯째, 성공적인 공급사슬망관리를 구현하기 위해서는 무엇보다도 정보의 공유가 필수적이며 기본적인 요건이다. 공급사슬상에 참여하는 기업들의 성공적인 공급사슬망관리를 위해 필요한 정보는 별도의 절차 없이 제공되어야 하며, 제공받은 정보는 공급사슬망관리 수행목적에만 사용되어야 한다. SCM를 구현하기 위해 필요한 운영정보, 즉 판매정보, 재고정보 등의 제공은 물론 사업목표, 기술정보, 문제해결 사례 및 사내 혁신활동 등의 전략적 정보까지 제공이 확대되면 파트너들 간의 관계가 공고해질 뿐만 아니라 SCM 효과도 더욱 커지게 될 것이다.

일곱째, SCM에 참여하는 각 기업들은 경쟁우위를 확보하기 위해 다른 참여기업들과의 상호 보완적인 관계가 필요하다. SCM에 참여하는 기업들이 각자 보유하고 있는 자산, 정보, 기술들은 다른 기업과의 상호 보완적인 관계를 통해 한 기업이 해낼 수 없는 일을 공동의 노력으로 효율적으로 수행할 수 있으며, 이것이 경쟁우위를 가져다준다.

여덟째, SCM에 참여하는 각 기업들은 다른 기업들과의 업무연계와 통합을 통해 작업이 원활하게 이루어지도록 하여야 한다. 즉 SCM에 참여하는 각 기업들은 다른 기업들과의 접점이 되는 업무들을 상대방 업무와 유기적으로 연계하고 필요한 작업을 통합하여 공동으로 하는 작업방법을 개발하여 모든 작업이 원활하게 이루어지도록 하여야 한다.

아홉째, SCM에 참여하는 각 기업들은 SCM 추진을 위한 전략적 제휴 및 추진의 책임과 의사결정과정을 명확히 하여 업무규정을 제도화하여야 한다. 이렇게 함으로써 SCM이 특정인에게 영향을 받지 않고 제도적으로 유지될 수 있어 다른 파트너들의 신뢰를 얻을 수 있고 또한 그 효과가 더 높아질 수 있다.

열째, SCM에 참여하는 기업들 간의 신뢰형성은 SCM의 성패를 좌우하는 매우 중요한 요인이다. SCM에 참여하는 기업들은 서로 신뢰를 쌓기 위해 행동하여야 한다. 즉 SCM 실행과정에서 얻은 정보는 실행목적에만 사용하고 절대로 다른 목적으로 남용하지 말아야 한다. SCM에서 제공되는 정보에는 전략적으로 매우 중요한 정보도 있을 수 있으므로 상대방에게 피해가 가지 않도록 세심한 주의를 기울여 신뢰가 형성될 수 있도록 해야 한다.

공급사슬망관리의 개념은 사실 새로운 것이 아니라 기존 물류관리의 개념이 확장된 것이라 볼 수 있다. 물류관리가 주로 조직 내부의 물류흐름을 최적화하는 데 초점을 두었던 반면, 공급사슬망관리는 내부 물류흐름뿐만 아니라 외부 물류흐름의 통합에도 초점을 두고 있다. 여기서 외부 물류흐름이란 부품/자재 공급업체와 같은 상류기능과 도소매업체와 같은 하류기능을 포괄하는 것이다.

공급사슬망관리는 상류기능과 하류기능을 유기적으로 연결시켜 주는 것이기 때문에 일부에서는 수직적 계열화와 혼동하여 사용되기도 한다. 그러나 공급사슬망관리는 분명히 수직적 계열화와 다르다. 수직적 계열화는 보통 상류의 공급자와 하류의 고객을 해당 기업이 직접 소유하는 것을 의미한다. 이는 과거 기업성장을 위한 바람직한 전략으로 여겨지기도 했으나 최근 각 기업들이 차별적 우위를 확보하고 있는 분야만을 집중 육성 · 관리하고 그 밖의 것은 아웃소싱을 통해 처리함에 따라 그 중요성이 상대적으로 약해지고 있다. 특히 향후 아웃소싱 등을 통한 기업활동이 활성화될 경우 공급사슬망관리의 적용 범위 및 대상은 더욱 넓어진다고 할 수 있다.

다고 해요. 애프터샥은 구매 전 고객들과의 상담을 개선하면 구매전환율이 높아질 것이라고 예상했어요. 이때 사용한 기능은 채널톡의 캠페인 기능과 메신저입니다.

[참고]애프터샥에서 CRM 마케팅을 활용한 방법

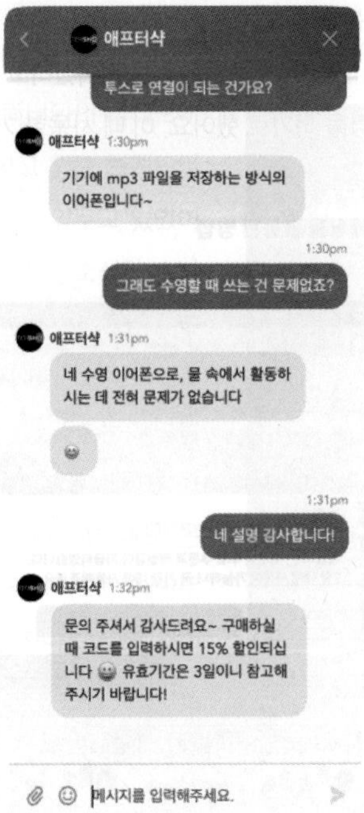

애프터샥에서는 구매 전 고객들의 궁금증을 해소해주는 상담과 즉각적인 쿠폰 지급으로 월 매출 2,000만 원이 상승했다

애프터샥은 구매 전 장바구니에 상품을 담은 고객에게 상담을 유도하는 마케팅을 했어요. 구매를 고민하고 있는 고객들에게 상담으로 궁금증을 해결하고 쿠폰을 드렸다고 해요. 객단가가 높은 제품 특성을 반영해 고객 정보를 활용한 사례인데요. 저는 애프터샥의 사례에서 주목할 부분은 고객의 궁금증을 상담으로 해결한 포인트예요. 오프라인 매장 경험 중에 제가 만족스러웠던 서비스 중 하나는 어떤 걸 살지 고민하고 있을 때 점원이 궁금증을 해결해 주는 것인데요. 애프터샥의 경우 온라인 쇼핑몰에서 이와 비슷한 경험을 고객에게 선사했다고 볼 수 있어요. 실제로 고객이 만족스러운 서비스를 경험했을 때 매장에 재방문할 확률은 40%가 된다고 합니다.

자료: 비즈인사이트, 2020.08.03.

제3절 고객관계관리(CRM)

시장에서 소비자들의 욕구 변화로 인해 기업들은 새로운 경쟁환경에 놓이게 되었다. 신규고객의 확보도 중요하지만 기존고객의 이탈을 방지하여 충성고객으로 만드는 일은 기업에 있어 무엇보다도 중요하다. 본 절에서는 고객관계에 있어 새로운 방법론인 고객관계관리(Customer Relationship Management: CRM)의 등장배경, 정의, 실시이유, CRM의 전제조건 및 기대효과 등에 대해 살펴보고자 한다.

1. CRM의 등장배경

먼저 CRM을 이해하기 위해서는 CRM이 등장하게 된 배경을 이해할 필요가 있다. CRM은 크게 시장환경요인의 변화, 고객요인의 변화 그리고 기술요인의 변화로 인해 등장하게 되었다.

(1) 유통채널의 다양화

최근 인터넷과 같은 정보기술의 급격한 발전과 이의 사용이 일반화됨에 따라 그동안 이용해 왔던 전통적인 유통채널인 영업점이나 세일즈 조직에 대한 의존도가 점점 약화되고 인터넷을 이용한 전자상거래에 대한 관심이 고조되고 있다. 다시 말하면, 그동안 전통적인 유통채널인 영업점이나 세일즈 조직을 통해 제품이나 서비스를 구입하던 것이 이제는 인터넷을 이용한 구입이 증가하고 있어 인터넷은 고객과의 접촉채널로서 매우 중요한 의미를 갖게 되었다. [그림 7-6]은 고객이 접촉할 수 있는 다양한 유통채널을 보여주고 있는데, 이러한 상황에서 기업은 지금까지와 다른 마케팅전략과 방법이 필요하다고 할 수 있다. 기업들은 고객에 관련된 다양한 정보를 획득하고 분석함으로써 기존고객의 이탈 방지와 신규고객 유치를 위한 고객 마케팅전략을 수립해야 하며, 이러한 전략은 고객과의 끊임없는 접촉을 통해 이루어진다. 따라서 기업은 다양한 방법으로 고객을 접촉할 수 있는 능력이 매우 중요하다.

그림 7-6 유통채널의 다양화

(2) 고객충성도의 변화

고객충성도란 고객만족의 실현을 통해 자사의 제품이나 서비스를 지속적으로 이용하게 하여 기존고객의 이탈을 방지하며 자사의 제품이나 서비스를 이용하는 고객을 늘리는 것을 의미한다.

최근 기업은 시장환경의 다변화뿐만 아니라 예전과는 사뭇 다른 고객충성도의 변화에 직면하고 있다. 과거와 같이 한 번 형성된 고객충성도가 오래 지속되지 못해 이러한 변화를 신속히 파악하고 적응하는 기업만이 생존할 수 있게 되었다. 따라서 기업들은 감각적인 마케팅에서 좀 더 과학적인 마케팅 방법을 찾게 되었다.

그림 7-7 고객충성도의 변화

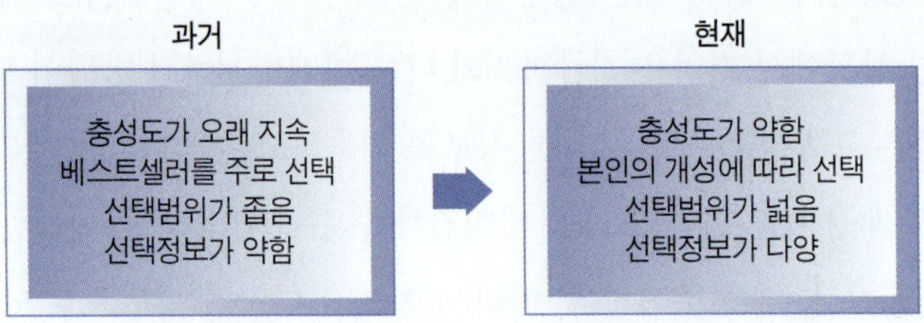

자료: 김영렬 외, ERP 중심 경영프로세스 통합, 대경, 2005, p.40.

(3) 시장포화와 경쟁심화

CRM이 등장하게 만든 가장 중요한 요인은 공급과잉으로 인한 시장의 포화와 글로벌화에 따른 경쟁의 심화이다. CRM은 일대일 커뮤니케이션을 바탕으로 주로 기존고객과의 관계유지 및 관계강화 활동을 의미한다. 이에 비해 매스 마케팅은 불특정 다수를 대상으로 광고, 홍보, 판촉활동 등이 이루어진다. 시장이 확대되는 상황에서는 시장선점을 위해 자사의 제품이나 서비스를 알리기 위한 매스 마케팅 활동이 일대일 마케팅보다 효율적이다. 그러나 시장이 포화상태인 상황에서 기업이 신규고객을 창출하기 위해서는 경쟁사의 고객을 빼앗아 오는 형태로 마케팅이 이루어지기 때문에 비용이 많이 들 뿐만 아니라 시간이 오래 걸릴 수도 있다. 따라서 기존고객의 유지와 활성화가 마케팅 및 영업활동에 있어 매우 중요한 사안으로 떠오르고 있다. 국내 기업들도 1990년대 중반부터 CRM에 대해 관심을 가지기 시작하였는데 이는 1990년대 들어 시장포화와 경쟁심화가 급속히 진전되었기 때문이다.

(4) 고객파워의 증대

정보의 비대칭 붕괴로 정보우위를 장악한 고객이 경영의 전 과정에 걸쳐서 영향력을 확대하면서 고객으로 권력이동이 본격화되고 있다. 즉 기존의 수동적인 고객만족과는 달리 상품기획은 물론 가격정책, 가격차별화 등 고객의 능동적 참여욕구가 강화되고 이에 기업은 정보우위를 상실한 상태에서 고객의 신뢰를 잃는 경우 파급효과의 강도가 과거와 비교할 수 없을 정도로 급증한다.

(5) 라이프스타일의 변화

라이프스타일의 변화도 CRM이 등장하게 된 또 다른 요인이다. 소비자행동에 영향을 미치는 라이프스타일은 과거에는 획일적이었지만, 새로운 라이프스타일은 다양화되고 있기 때문에 기업경영에서 차지하는 비중이 점점 커지고 있다.

21세기 사회 환경변화와 함께 개인화, 맞춤형 라이프스타일이 등장함에 따라 라이프스타일은 점점 복잡하고 다양화되고 있다. 이렇게 복잡하고 다양화된 라이프스타일은 과거의 획일적인 매스 마케팅으로는 고객의 변화에 신속하게 대응할 수 없어 고객을 개별적으로 마케팅하도록 한다. 다시 말하면, 고객을 분석하는 것은 물론 고객 개개인의 변화를 살펴가면서 일대일 마케팅으로 고객관계를 유지할 수 있도록 노력해야 한다.

(6) 정보기술의 발전

1980년대 이후에 데이터를 수집하고, 저장하고, 분석하는 데 필요한 정보기술(데이터웨어하우스, 데이터베이스관리시스템, 데이터 마이닝)들이 놀라운 속도로 발전하였다. 이와 같은 정보기술의 급속한 발전으로 인해 데이터 처리비용이 과거와는 비교할 수 없을 정도로 저렴하게 되었다. 따라서 과거의 컴퓨팅환경이나 수작업으로는 전혀 불가능한 대용량의 고객 데이터, 구매이력 데이터 등을 토대로 단순한 분류보다 정확히 세분화된 고객정보를 획득할 수 있게 되었다. 또한 통신기술의 발전은 고객과 기업, 영업사원과 기업을 실시간으로 연계할 수 있게 하여 고객접점 업무와 영업, 생산 등의 프로세스의 동기화가 가능하게 되어 각각 독립적으로 운영되던 운영업무를 CRM 기반의 고객 중심 프로세스로 단일화시킬 수 있게 되었다.

최근 인터넷과 스마트폰의 활성화로 e-CRM이나 m-CRM이라는 용어가 등장하게 되었다. 현재 인터넷과 휴대용 단말기는 고객과의 일대일 커뮤니케이션을 위한 가장 강력한 수단으로서 CRM 활성화에 큰 역할을 하고 있다. 이로 인해 고객들의 인터넷 주소와 스마트폰 번호가 마케터들이 가장 확보하기 원하는 고객정보가 되었다.

2. CRM의 정의

CRM은 다양한 요인들의 변화에 따라 지속적으로 변화해 왔으며 앞으로도 계속적으로 변화해 갈 것이다. CRM은 학자, 관련기관, 전문 컨설팅회사 등이 다양한 정의를 제시하고 있다.

CRM(Customer Relationship Management: 고객관계관리)이란 고객으로부터 수익을 창출하고 장기적인 고객관계를 가능케 하는 솔루션을 말한다. 즉 CRM은 고객과 관련된 기업의 내 · 외부 자료를 분석하고 통합해 고객 특성에 기초한 마케팅활동을 계획하고 지원하며 평가하는 과정이다. CRM의 특징은 고객의 요구를 파악해 시장세분화를 가능하게 하며 고객관계 프로세스를 관리함으로써 기존고객을 유지하고 새로운 고객을 유치할 수 있다는 데 있다. 즉 기업이 CRM을 도입함으로써 고객의 요구를 파악할 수 있으며, 고객과 지속적으로 상호작용을 할 수 있고, 고객 개인화를 통해 개별고객의 욕구를 충족시켜 줄 수 있다는 것이다(정경수 · 노미진, 2005).

과거의 대중 마케팅(Mass Marketing), 세분화 마케팅(Segmentation Marketing), 틈새 마케팅(Niche Marketing)과는 확실하게 구분되는 마케팅 방법론으로 최근에 등장한 데이터베이스 마케팅(Database Marketing), 일대일 마케팅(One-to-One Marketing), 관계 마케팅(Relationship Marketing)에서 진화한 요소들을 기반으로 등장하게 되었다.

CRM은 고객수익성을 우선하여 콜센터, 캠페인 관리 도구와의 결합을 통해 고객정보를 적극적으로 활용하며, 기업 내 사고를 바꾸자는 BPR(Business Process Reengineering)적인 성격이 강하게 내포되어 있다. 기업의 고객과 관련된 내 · 외부 자료를 이용하자는 측면은 데이터베이스 마케팅과 성격이 같다고 할 수 있다. 그러나 CRM의 경우 고객의 정보를 취할 수 있는 방법, 즉 고객접점이 데이터베이스 마케팅에 비해 훨씬 더 다양하다. 이와 같이 CRM은 다양한 고객의 정보를 얻기 위해 전사적으로 이루어진다.

CRM은 고객 데이터의 세분화를 실시하여 신규고객 획득, 우수고객 유지, 고객가치 증진, 잠재고객 활성화, 평생고객화와 같은 사이클을 통해 고객을 적극적으로 관리하고 유도하며 고객의 가치를 극대화할 수 있는 전략을 기초로 하여 마케팅을 한다.

3. CRM의 실시이유

기존의 마케팅방식은 마케팅부서만을 위한 마케팅이었다. 특히, 기존의 마케팅투자는 뚜렷한 방향이나 본질적인 필요조건을 정의하지 못한 채, 변화하는 시장환경을 따라잡는 데 급급하였다. 이러한 마케팅의 방향 · 환경 · 제도를 바꾸는 방안이 CRM이다. 고객에 대한 중요성을 마케팅의 전면에 배치해 사내 고객과 관련된 부서(예를 들면, 콜센터, 영업부서, 서비스센터, 마케팅부서 등)에서 발생한 모든 정보를 고객관계를 향상시키는 데 활용하는 것이다.

실제로 '회사를 떠나는 고객의 5%만 줄이더라도 기본 수익의 두 배를 얻을 수 있다', '우수고객 10%가 전체 매출의 80%에 기여한다' 등의 보고서에 나와 있듯이 현재 각 기업의 마케팅은 기존고객보다는 신규고객 획득에 초점이 맞춰져 있으며 기존고객의 요구를 파악하지 못하고 있다. 고객들은 광고와 정보의 홍수 속에 살고 있으며, 이들 고객은 어느 누구보다도 많은 정보를 갖고 있다. 이와 반대로 기업의 고객에 대한 분석력은 항상 제자리에 머물고 있다. 고객을 이해하기에는 많은 문제점이 있는 것이다.

고객의 요구를 파악할 수 있는 시스템이 기존에는 존재하지 않았다. 고객에 관한 정보는 하루가 멀다 하고 변하지만 이러한 고객정보를 뒷받침할 수 있는 시스템은 전혀 없었다. '어떻게 고객을 세분화할 것인가', '어떻게 목표고객을 설정할 것인가', '목표고객에 대한 포지셔닝은 어떻게 실시할 것인가', '고객에 대한 수익을 어떻게 증가시킬 것인가', 이러한 문제에 대한 해답을 제공할 만한 제반 인프라가 구축되어 있지 않기에 기반 조성을 통해 새로운 기회를 엿보며 기존고객 및 새로운 고객에 대한 전략을 실시하는 것이다.

지속적으로 고객에게 서비스를 제공할 방법이 없고, 고객에 대한 정보가 있어도 어떻게 서비스를 해야 할지를 모르고 있으며, 어떠한 방향으로 고객을 만족시킬 것인지에 대한 대책이 없다면, 아무리 좋은 투자라도 무용지물이 될 것이다. 지속적인 관리 방안을 통한 장기적인 계획을 수립함으로써 고객을 관리해야 한다.

전반적으로 고객지향적이어야 한다. 더 나은 고객관리를 위해서라면, 사내 어느 부서에 근무하는 그 누구라도 항상 고객을 위해, 고객에 대해 준비해야 한다. 예를 들어, A/S 부서에 근무하는 직원이야말로 고객을 가장 자주 접하는 사람으로 이 직원은 자주 방문하는 모 아파트 단지 내 고객들의 특성과 취향을 가장 많이 알고 있다. 그러나 대부분의 기업에서는 가장 확실하고, 가장 신뢰할 수 있는 정보임에도 이러한 정보를 제대로 활용하지 못하고 있다. 고객의 불만, 고객의 특징, 고객의 취향 등의 정보를 마케팅부서에서 활용한다면, 직접적인 시장의 변화를 느낄 수 있으며, 고객의 변화를 통한 새로운 마케팅이 가능하게 될 것이다.

CRM은 이처럼 전사적으로 고객에 대한 정보의 중요성을 인식하게 하였고, 고객정보의 관리가 필요함을 일깨워 주고 있다. CRM은 고객, 정보, 사내 프로세스, 전략, 조직 등 경영 전반에 걸친 관리체계이며, 이는 정보기술이 밑받침되어 구성되는 것이다. 이처럼 CRM은 바로 고객과의 관계(Relationship)를 바탕으로 평생고객가치인 LTV(Life Time Value)를 극대화하는 것으로 귀결된다. 단순하게 고객과의 관계에 머무르지 않고 신규고객 및 기존고객의 다양한 고객접점을 활용하여 여기서 발생한 수많은 데이터를 정리 · 분석해 마케팅정보로 변환한다. 이렇게 함으로써 고객의 구매 관련 행동을 지수화하고, 이를 바탕으로 마케팅 프로그램을 개발, 실현, 수정하는 고객 중심의 경영기법을 의미한다. 따라서 CRM은 고객정보, 분석, 그리고 이를 활용하는 마케팅채널을 통합하는 솔루션이다. CRM을 도입하기 위해서는 하드웨어, 데이터베이스, 툴, 텔레 마케팅, 고객서비스,

다이렉트 마케팅, 영업지원, 인터넷을 이용한 사이버 마케팅 등 그 도입범위가 매우 넓다. 고객의 요구에 초점을 두어 일대일로 차별화한 마케팅을 하는 것이 CRM이라고 할 수 있는데 기존의 마케팅이 단발적인 마케팅전술이라면 CRM은 고객과의 지속적인 관계를 유지하면서 '한 번 고객은 영원한 고객'이 될 기회를 만들며, 평생고객화를 통해 고객의 가치를 극대화하는 것이다.

4. CRM의 전제조건

CRM을 구현하기 위해 무엇이 필요한가? 선별된 고객과의 수익성 있고 장기적인 관계를 구축하여 고객의 평생가치를 증대시키기 위해 뒷받침되어야 할 것은 무엇인가? 최근 CRM에 관심을 두고 있는 많은 기업은 정보기술 측면에서 CRM을 구현하기 위해 다음 세 가지 정보기술이 필요하다고 생각하고 있다.

첫째, 고객 통합 데이터베이스가 구축되어 있어야 한다. 기업이 보유하고 있는 고객과의 거래 데이터와 고객서비스, 웹 사이트, 콜센터, 캠페인 반응 등을 통해 생성된 고객 반응 정보와 인구 통계학 데이터를 데이터웨어하우스(Data Warehouse) 관점에 기초하여 통합한다. 즉 CRM을 위해서는 고객과 관련된 전사적인 정보의 공유체계가 확립되어야 한다.

고객이 생각하고 표현하는 말 한마디, 한마디를 사내 정보망을 통해 공유하고, 이러한 정보가 충분히 분석된다면, 앞으로 마케팅을 할 때에 고객에 대해 훨씬 더 다양하고 의미 있는 분석을 할 수 있게 된다.

둘째, 고객특성을 분석하기 위한 데이터 마이닝(Data Mining) 도구가 준비되어야 한다. 구축된 고객 통합 데이터베이스를 대상으로 마이닝 작업을 통해 고객의 특성을 분석한다. 널리 알려진 최근구매시점(Recency Frequency Monetary: RFM) 분석 방식이나 주택담보인정비율(Loan to Value Ratio: LTV) 분석과는 달리 데이터 마이닝 작업은 고객 개개인의 행동을 예측하기 위한 목적으로 모형을 구축하는 것(Predictive Behavioral Modeling)으로서 신경망(Neural Network)과 같은 다양한 분석 모형을 활용하게 된다. 대용량 데이터를 분석하여 차별화한 정보를 획득하는 것은 마케팅우위를 차지하는 데 있어 큰 지렛대 역할을 한다.

셋째, 분석을 통해 세워진 전략을 활용하는 다양한 마케팅채널과의 연계를 들 수 있다. 마케팅채널로는 영업(대리점, 영업점), 콜센터, 캠페인 관리, 고객서비스센터의 시스템을 통해 활용될 수 있다. 분류된 고객 개개인에 대한 특성을 바탕으로 해당 고객의 접점이 발생하는 곳에서 전략에 따른 다양한 형식으로 관련 부서 및 사용자의 목적에 따라 이용할 수 있다. CRM을 구현하는 정보기술은 전사적으로 연계되어야 하고 고객지향적이어야 한다. 기업의 수익을 가져다줄 수 있는 고객관계를 위해서라면 사내 어느 부서에서 근무하는 그 누구라도 항상 고객을 위해, 고객에 대해 준비해야 한다. CRM은 이처럼 전사적으로 고객에 대한, 고객정보에 대한 인식을 바꾸고, 개선하며, 집중적인 관리를 통해 완전한 정착 단계에 이를 수 있다. CRM은 고객, 정보, 사내 프로세스, 전략, 조직 등 경영 전반에 걸친 관리체계이며, 이는 정보기술이 뒷받침되어 구성되는 것이다.

5. CRM의 기대효과

(1) 고객만족도 향상을 통한 기업성과의 향상

CRM은 기업 중심이 아니라 고객 중심적으로 일을 계획하고 업무를 처리하는 고객지향적 시스템이라고 할 수 있다. 따라서 CRM은 고객만족도 향상을 최고의 목표로 하기 때문에 고객의 요구에 부합하는 제품과 서비스를 제공하는 것은 물론 고객의 요구를 정확하게 파악하여 고객의 불만에 신속히 대응함으로써 고객만족도가 향상된다. 이와 같이 고객만족도가 높아지면 충성도가 높아져 고객과의 관계가 지속적으로 유지되며, 이는 결과적으로 매출증대, 시장점유율 증가 등의 성과향상으로 이어진다.

(2) 고객유지비용 감소

CRM은 고객과의 관계를 유지하기 위하여 컴퓨터, 데이터베이스, 데이터 마이닝, 통신기술 등 다양한 정보기술을 응용한다. 이와 같은 정보기술은 최근 급격한 발전으로 인해 데이터를 처리하는 비용이 상당히 저렴해져 과거에 고객을 관리하던 방식보다는 비용적인 측면에서 유리하다고 할 수 있다.

또한 CRM은 기업에 도움이 될 가능성이 높은 고객을 집중적으로 관리하기 때문에 모든 고객에게 동일한 서비스를 제공하지 않는다. 즉 고객에 대한 다양한 분석에 따라 고객을 관리하기 때문에 고객관리가 요구되지 않는 고객에 대한 유지비용이 절감된다.

(3) 신규고객 확보와 고객 수의 증대

과거에 기업들은 신제품 출시에 따른 판매증대나 신규고객을 확보하기 위해 불특정 다수를 대상으로 한 방송이나 신문광고 등 매스 마케팅에 의존하는 경우가 많았다. 그러나 CRM은 고객에 대한 정확한 분석에 기초해 고객이 원하는 제품과 서비스를 제공한다. 또한 충성도가 높은 고객을 우선적으로 고려한다. 결과적으로 이는 충성도가 높은 우량고객을 집중관리함으로써 고객을 확보하는 비율이 높아짐에 따라 고객의 수가 증대된다.

(4) 고객으로부터 신규사업기회 발견

CRM을 통해 고객과의 관계를 강화하면 고객으로부터 신규사업기회를 얻을 수 있다. 즉 단순한 동종 사업에서의 제품과 서비스를 제공하는 수준이 아니라 고객과의 정보교류를 통해 다양한 사업 아이디어와 가능성을 발견하는 효과를 기대할 수 있다.

토의해 봅시다

- MRP Ⅰ에서 MRP Ⅱ를 거쳐 ERP로 발전한 과정을 설명하시오.
- 현재의 ERP 기능을 기반으로 미래의 ERP 기능을 예상해 보시오.
- 회계정보시스템이 모든 정보시스템의 기초인 이유에 대해 설명하시오.
- SCM에 사용된 정보기술에는 무엇이 있는지 설명하시오.
- Bar Code를 활용한 POS시스템이 경영성과에 미치는 영향에 대해 설명하시오.
- 데이터베이스 마케팅과 CRM의 관계에 대해 설명하시오.
- ERP, SCM 그리고 CRM의 융합을 통한 새로운 발전에 대해 설명하시오.

참고문헌

- 공명달, 전사적자원관리ERP, 대명, 2009.
- 김승욱, 유비쿼터스 컴퓨팅 시대의 고객관계관리(CRM), 형설출판사, 2005.
- 김영렬, e-비즈니스 시대의 ERP & CRM, 대경, 2005.
- 김용철 외, EPR 실무, 우용출판사, 2009.
- 뉴스투데이, "배달의민족과 전혀 다른 일본의 타마고야는 SCM의 창조자", 2021. 06. 24.
- 미국 상무성, Modeling of the Digital Economy, 1999.
- 박병형, 한 권으로끝내는 e-ERP, 태영출판사, 2002.
- 비즈인사이트, CRM 마케팅 성공사례, 2020. 08. 03.
- 송상화, 토요타 SCM, 푸른물고기, 2010.
- 오재인, 유비쿼터스 시대의 경영정보학 개론, 박영사, 2009.
- 유필화 외, 디지털 시대의 경영학, 박영사, 2006.
- 이동걸, ERP 전략과 실천, 대청, 2001.
- 임세현 · 박연우, SCM과 유통정보관리, 한올출판사, 2010.
- 정경수 외, 인터넷시대의 정보시스템, 이프레스, 2010.
- 정경수 · 노미진, "프로세스 특성, 관리적 특성, 기술적 특성이 CRM 성과에 미치는 영향," 한국산업경영학회, 2005.
- 최동수, 정보화시대를 위한 디지털경제, 박영사, 2007.
- 최정환, 죽은 CRM 살아있는 CRM, 한언, 2003.

- 한국전자거래진흥원, 국내 기업의 e-비즈니스 활용 현황, 2007.
- 한동철, 공급사슬관리 SCM, 시그마인사이트컴, 2002.
- 홍일유 · 이지은, 경영자 관점의 전자상거래, 법문사, 2008.
- Bligh, P., et al., CRM Unplugged, John Wiley & Sons, 2004.
- Callaway, E., "ERP–The Next Generation," Computer Technology Research, 2000.
- Goldenberg, B. J., CRM Automation, Prentice Hall, 2002.
- Goldenberg, B. J., CRM in Real Time, Information Today, 2008.
- Hedges, P., & A. Race, SCM Reader, SCM Press, 2009.
- samsung newsroom, 삼성전자, 차세대 'N-ERP' 글로벌 도입 완료, 2022. 04. 10.
- Shtub, A., & R. Karni, ERP, Springer, 2009.
- Wallace, T. F., et al., ERP–Making It Happen, John Wiley & Sons, 2001.
- www.gartner.com
- www.kpc.or.kr
- www.lgeri.com
- www.oracle.com
- www.seri.org

PART 03

e-비즈니스로의 확장과 플랫폼 비즈니스로의 진화

CHAPTER

08

MANAGEMENT INFORMATION SYSTEMS

비즈니스 패러다임의 변화

제1절 정보기술과 e-비즈니스

제2절 정보기술과 m-비즈니스

제3절 소셜 커머스의 현재와 미래

한국의 아마존 될까 vs. 만년 적자기업 될까 … 쿠팡, 흥망성쇠의 기로

그래픽=김의균

쿠팡은 2010년 직원 7명짜리 스타트업으로 출발한 전자상거래 기업이다. G마켓이나 옥션 같은 오픈마켓을 이용하면 택배회사를 통해 사나흘 후에나 받아볼 수 있는 반면, 쿠팡은 주문 다음날 물건을 받아볼 수 있는 일명 '로켓 배송'을 들고 나왔다. 이를 위해 상품을 직접 사들여서 보관했다가 주문자에게 발송하는 시스템을 갖춰 나갔다. 전국 곳곳에 물류센터를 건립했고, 자체 배송 인력인 쿠팡맨도 채용했다. 시장을 빠르게 장악했고, 어느덧 규모로는 우리나라 1위 온라인 유통 기업이 됐다. 지난해 매출은 약 22조 원으로 이마트(16조4500억 원)와 SSG닷컴(1조4942억 원) 매출(별도 기준)을 더한 것보다 많다. 직원 수는 6만5700여 명에 달한다.

기세를 몰아 작년 3월에는 미국 뉴욕증시에 상장하는 데 성공했다. 공모가 35달러(약 4만5147원)에 5조 원 가까운 자본을 조달해 미국 증시에 상장한 아시아 기업 중 넷째로 컸다. 초기 시장 반응도 호의적이어서 공모가보다 81% 높은 63.5달러로 첫 거래를 시작했다. 기업 가치는 한때 630억 달러(약 81조2700억 원)에 이르렀다.

하지만 이후엔 줄곧 내리막이다. 상장 두 달 만에 주가는 30달러대로 내려왔고, 8월이 되자 20달러대를 찍었다. 올 들어서는 10달러 벽이 무너지기도 했다. 투자자들의 인내심이 바닥나고 있지만, 김범석 쿠팡 창업주는 지난달 초 실적 발표에서 "앞으로도 회사는 빠르게 성장할 것"이라고 했다. '한국의 아마존'이 되겠다는 쿠팡의 꿈은 과연 계획대로 진행 중인 것일까.

◇큰 손실 본 큰손들, 버티기 모드

지난해 상장 당시 세계 주요 투자은행(IB)들은 쿠팡에 대체로 박한 평가를 내렸다. JP모건・도이체방크・미즈호증권・크레디트스위스 등은 '중립'(보유) 투자 의견을 내놨다. 크레디트스위스는 당시 "쿠팡이

다른 주요 시장의 경쟁자들만큼 우위에 있지 않으며, 웃돈을 주고 살 만한 주식은 아니다"라고 했다. 투자은행 중 유일하게 쿠팡을 '사라'고 줄곧 권유한 곳은 상장 주관사를 맡은 골드만삭스다. 상장 초기 골드만삭스는 목표 주가를 60달러로 제시하며 '매수' 의견을 내놨다. 올해 3월 말에도 골드만삭스는 쿠팡에 대한 투자 의견을 '매수'에서 '강력 매수'로 상향하며 목표 주가를 52달러로 올려 잡았다. 이때 쿠팡 주가는 10달러대였다.

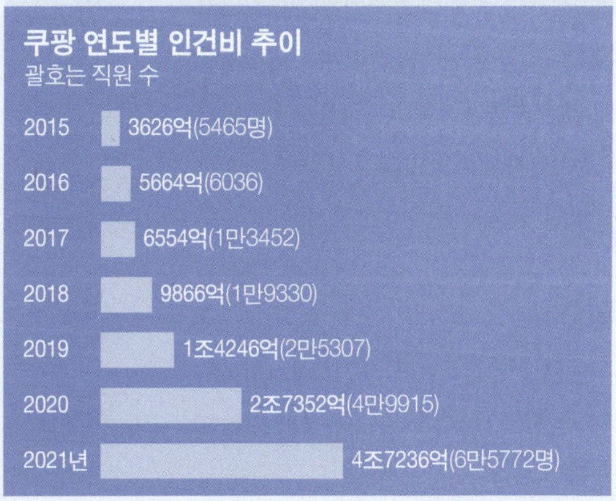

하지만 골드만삭스의 낙관적 전망과 달리 주가는 반등의 기미가 없다. 이 때문에 지난해 주가를 '바닥'으로 생각하고 쿠팡 주식을 매입한 내로라하는 투자자들은 엄청난 평가 손실에 직면했다. 미국증권거래위원회 등에 따르면, 지난해 3~4분기에 기관 106곳이 쿠팡 주식을 샀다. 미국 매사추세츠공대(MIT)의 경우 지난해 4분기에 주가 29달러일 때 쿠팡 주식 1619만 주를 매입했다. 원화로 환산하면 약 6053억 원어치다. 워싱턴대학교도 평균 28달러 수준에 543만 주(약 1961억 원어치)를 샀다. 빌 게이츠 마이크로소프트 창업자가 운영하는 빌앤드멀린다게이츠재단은 주가가 꼭대기에 있던 작년 1분기 49달러에 571만 주를 사들였다.

미국의 유명 헤지펀드 매니저인 스탠리 드러켄밀러는 작년 3분기에 이어 4분기에도 225만 주 넘게 추가 매입했다. 작년 말 기준으로 그가 보유한 쿠팡 주식은 1776만3525주, 지분 가치는 5억2189만 달러(약 6728억 원)에 달한다. 테슬라를 발굴한 것으로 잘 알려진 영국 자산운용사 베일리기포드는 작년 말 쿠팡 주식 6461만 주를 매입해 포트폴리오의 약 1.04%를 쿠팡으로 구성한 데 이어 올해 1분기에는 약 4500만 주를 더 사들였다. 지난해 1~2분기 쿠팡 주식을 관망하던 국민연금도 3~4분기에 평균 39.4달러 정도에 매수에 나섰다가 낭패를 봤다. 현재 주가로 따지면 손실이 70%에 가깝다. 아예 눈물을 머금고 손절한 곳도 있다. 성장주 투자 전문 헤지펀드 타이거글로벌은 지난해 평단가 49.35달러에 쿠팡 주식 357만 주를 매입했다가 올해 1분기 전량 매도했다. 추정 손실액은 1억 달러가 넘는다.

◇"공포 과도, 시장점유율 보라"

많은 큰손 투자자가 쿠팡 주식을 매수한 뒤 버티는 이유는 이미 손실이 너무 크기도 하지만, 언젠가 주가가 반등할 잠재력이 있다고 믿기 때문이기도 하다. 미국 증권 전문 매체 모틀리풀은 쿠팡의 주가매출비율(매출액 대비 주가 비율 · PSR)이 시장 평균(2.5)보다 낮은(1.2) 점 등을 들며 "쿠팡이 성장을 위해 투자하면서 지난 1년 간 약 10억 달러 현금을 쓰다 보니 투자자들이 불안해할 수 있지만, 여전히 30억 달러 넘는 현금을 보유하고 있어 문제가 없다"고 진단했다. 도이체방크도 "쿠팡과 같은 아시아 기술주에 대해 투자자들이 지나친 공포심을 갖고 있다"며 "주가가 10달러대에 있는 지금이 기회"라고 했다. 골드만삭스는 "전자상거래 업계가 경쟁이 심해지고 있고 성장은 둔화하고 있지만 쿠팡 주가에는 각종 악재가 이미 반영돼 있다"고 했다.

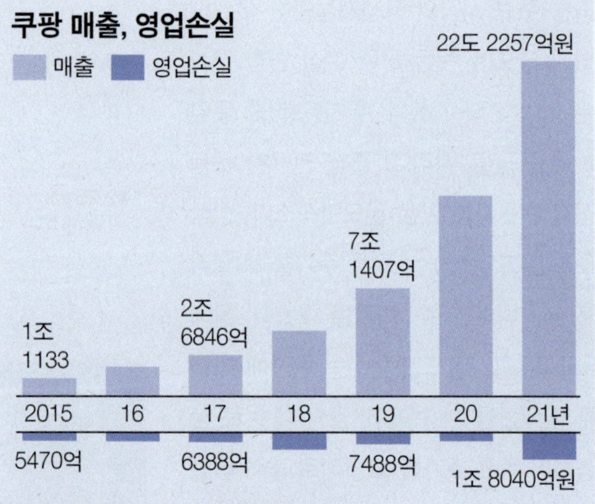

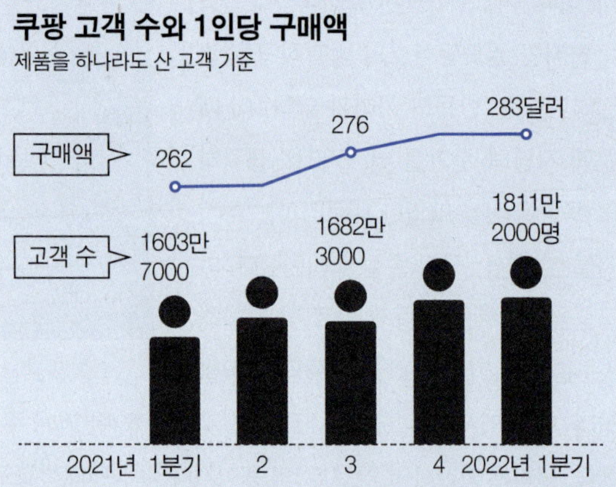

높은 시장점유율도 강점으로 꼽힌다. 하나금융투자에 따르면, 쿠팡이 지난해 국내 전자상거래 시장(포털은 제외)에서 차지한 점유율은 약 23%다. 2위인 이베이코리아(9%)보다 14%포인트나 높다. 박종대 하나금융투자 연구원은 "쿠팡처럼 미래를 보고 사업하는 기업이 살아남으려면 시장점유율이 절대적으로 중요하다"며 "2위 업체와 10%포인트 이상 격차를 유지하고 있어 한국의 아마존이 될 수 있는 가능성을 열어두고 있다"고 말했다.

이와 함께 빅테크주 상당수가 금리인상과 인플레이션으로 인해 하락세에 있는 만큼 쿠팡만 콕집어 주가 하락이 지나치다고 보기 어렵다는 시각도 있다. 실제 최근 6개월간 넷플릭스(70.45%), 이커머스업체 쇼피파이(76.8%)는 같은 기간 쿠팡 주가 하락폭(60.5%)보다 컸다.

◇"고비용 구조, 시장도 포화"

하지만 끊임없이 적자를 내며 외형을 키우는 쿠팡식 사업 방식이 지속 가능한지 의구심도 높아진다. 미국 경제 잡지 엔터프러너는 쿠팡의 지난 1년간 매출총이익률(매출에서 얼마만큼의 이익을 얻느냐를 나타내는 재무 비율)이 16.9%로 업계 평균인 35.8%의 절반 수준인 점을 지적하며 "쿠팡이 수익성을 개선하지 못하고 있기 때문에 주가가 회복되기는 쉽지 않다"고 진단했다. 실제 쿠팡은 창업 이래 단 한 해도 이익을 낸 적이 없다. 창업 초기인 2013년 160억 원 적자를 시작으로 2015년에는 5470억 원, 2018년에는 처음으로 1조 원을 넘어섰다. 지난해에는 적자가 1조8000억 원을 넘어서 사상 최대 규모를 기록했다.

2013년부터 지난해까지 낸 적자는 6조 1000억 원이 넘는다.

수익성이 좀처럼 개선되지 못하는 기본적인 이유는 물류센터를 늘리는 데 막대한 투자를 하고 있기 때문이다. 쿠팡은 창업 이래 전국 $300m^2$(약 121만 평) 부지에 물류센터 약 100곳을 지었다. 이를 바탕으로 전국 가구의 70%가 쿠팡 물류 시설과 10km 이내에 있다는 게 쿠팡의 설명이다. 작년에는 3200억 원을 들려 대구에 물류센터를 지었고, 향후 부산과 전북 완주, 경남 창원 등 6곳에 물류센터를 짓기 위해 1조 원 넘는 돈을 투입하겠다고 발표했다.

물류센터

- 전국 30여 지역 100여 곳
- 400곳 이상의 축구장 규모
- 인구의 70%가 쿠팡 물류센터에서 7마일(11km) 이내 거주
- 4만명 이상의 작업자와 배송 차량 수천 대가 매일 수백만 품목을 처리 · 배송

자료=쿠팡

국내 주요 전자상거래 업체 시장점유율

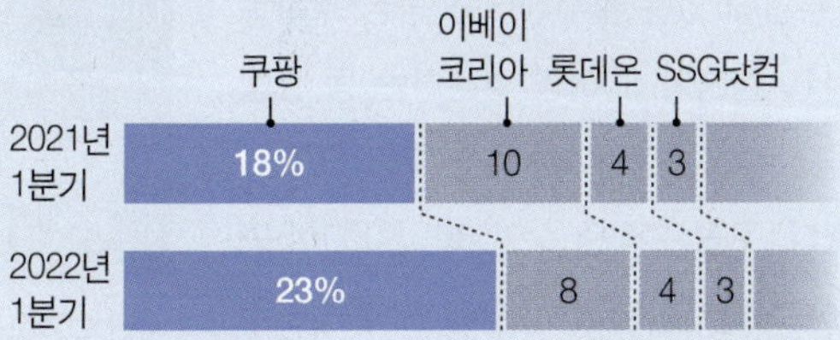

※네이버 등 포털은 제외

자료=하나금융투자

문제는 물류센터를 건설하는 것뿐 아니라 유지하는 데도 적지 않은 인건비가 든다는 점이다. 상품별로 정해진 공간에 물건을 차곡차곡 쌓아두는 일반적인 물류센터와 달리 쿠팡은 적은 양의 다양한 제품을 공간 구분 없이 센터 곳곳에 배치하는 랜덤 스토(random stow) 방식으로 물류센터를 운영한다. 더 많은 제품을 더 빨리 내보낼 수 있다는 장점이 있지만, 상대적으로 많은 인력이 필요하다는 게 큰 단점이다. 고객 주문이 늘어나면 늘어날수록 점점 많은 사람이 필요하다 보니 인건비가 늘어날 수 밖에 없다. 실제 쿠팡 인력은 해마다 크게 늘어, 작년 한 해 인건비로만 4조 7000억 원 넘게 썼다. 현병언 한국IT유통물류학회장은 "빠른 배송을 위해 배달 직원들을 직접 고용하고 랜덤 스토 방식을 채택하다 보니 물류 서비스 질은 좋아졌지만 인건비 부담도 커졌다"며 "빠른 배송 등을 자제하고 이익과 매출과 균형을 맞추는 식으로 전략 수정이 필요하다"고 말했다.

우리나라 전자상거래 시장이 이미 포화 상태에 이르렀다는 점도 장래를 어둡게 한다. 유엔무역개발회의(UNCTAD)가 작년 발표한 보고서에 따르면, 우리나라 전체 소매 판매액 중 전자상거래가 차지하는 비율은 2020년 현재 25.9%에 이른다. 중국(24.9%), 영국(23.3%), 미국(14.0%), 호주(9.4%), 싱가포르(11.7%) 등을 넘어 세계 최고 수준이다. 일본의 경우 전자상거래 비율이 6.7%(2019년 기준)에 불과하다. 전자상거래 시장이 이미 성숙 단계에 다다른 터라 앞으로 성장이 둔화할 가능성이 크다. 이는 실제 통계로도 나타난다. 통계청이 발표한 올해 3월 온라인 쇼핑 거래액은 17조 2324억 원으로 지난해 같은 기간보다 11% 증가했다. 작년 3월 온라인 쇼핑 거래액이 전년 대비 26% 성장한 것에 비하면 성장률이 반토막 난 셈이다. 미국의 투자 전문 매체 시킹알파는 올해 초 '쿠팡이 아시아에서 최고의 투자 대상이 아니다'라는 기사에서 "한국이 전자상거래가 가장 발달한 시장인데, 기존 사업자들이 각자 몫을 가져간 상황이어서 쿠팡이 성장을 위해서는 경쟁자들로부터 소비자를 끌어와야만 한다"고 했다. 하지만 쿠팡 못지않게 자금력이 탄탄한 경쟁자들은 쉽게 시장을 내주지 않을 태세다.

쿠팡이 각종 사건·사고로 꾸준히 구설에 오른 것도 리스크다. 작년 6월에는 경기도 이천에 있는 쿠팡 덕평 물류센터에서 불이 나 소방관 1명이 순직하는 사건이 벌어졌다. 이 밖에 새벽 배송 업무에 나선 배송기사가 사망하자 과로사 논란이 불거졌고, 부천에 있는 물류센터를 중심으로 코로나19 환자가 80여명 발생하는 등 논란의 중심에서 벗어난 적이 없는 기업으로 각인됐다. 쿠팡은 직원 수가 6만 5000여 명에 이르지만, 창업 후 업무상 재해 사고로 인정받은 사례는 1건에 불과하다는 입장이다.

지난 2015년 본지와 인터뷰를 가진 김범석 쿠팡 창업주의 모습. 당시 그는 "세계 자본의 투자를 받은 쿠팡의 도전이 실패하면 한국 경제에도 큰 상처를 입힌다는 생각에 죽기 살기로 뛰고 있다"고 했다. /고운호 기자

◇멤버십 요금 인상이 시험대

수익성과 지속 가능성 논란이 창업 초기부터 꾸준히 제기됐지만, 쿠팡은 신규 사업 투자 등으로 생긴 '계획된 적자'라는 입장을 고수해 왔다. 수조 원을 들여 물류센터를 확충하고 음식 배달 서비스 '쿠팡이츠', 온라인 동영상 서비스(OTT) '쿠팡플레이' 등 신사업에 뛰어들면서 발생한 적자일 뿐 곧 흑자로 돌아설 수 있다는 것이다.

실제로 올해로 창업 12주년을 맞는 쿠팡은 1분기에도 2억570만 달러(약 2648억 원) 영업 손실을 냈지만, 작년 1분기(2억6731만 달러)보다는 적자가 축소됐다. 당기순손실도 2억929만 달러(약 2693억 원)로 작년(2억9503만 달러)보다 30% 가까이 줄었다. 특히 로켓 배송과 로켓프레시 등 핵심 사업인 제품 커머스 부문에서 EBITDA(이자·세금·감가상각 전 이익·기업이 영업 활동으로 벌어들이는 현금 창출 능력을 보여주는 수익성 지표)는 287만 달러(약 37억 원)로 사상 첫 흑자를 냈다. 쿠팡 측은 "핵심 사업인 로켓배송 사업에서 돈을 벌기 시작했다"고 의미를 부여했다.

다만 이른 시일 안에 완전한 흑자로 돌아설 수 있느냐가 관건이다. 하나금융투자 박종대 연구원은 "시장점유율은 안정적으로 1위를 달리고 있는 만큼 영업 적자를 계속 줄일 수 있느냐에 따라 모든 게 결정될 것"이라고 했다. 삼성증권 박은경 수석연구위원은 "쿠팡이 지금까지 저금리 시대를 누리며 투자도 많이 받아 공격적인 투자를 할 수 있었지만, 앞으로 금리가 오르면서 현금 조달이 어려워질 수 있다"며 "투자자들이 현금 흐름을 더욱 눈여겨보게 될 것"이라고 말했다.

최근 멤버십 요금 인상은 쿠팡의 이익 창출 능력을 가늠할 시험대가 될 전망이다. 쿠팡은 멤버십 서비스인 '로켓와우' 한 달 이용료를 2900원에서 이달 들어 4990원으로 올렸다. 두 배 가까운 멤버십 요금 인상에도 회원수를 유지할 수 있을지가 초미의 관심사다. 로켓와우는 로켓 배송 무료 배송(건당 3000원)과 30일 무료 반품(건당 5000원), 로켓 직구 무료 배송(건당 2500원), 쿠팡플레이 무료 시청 등 혜택을 제공한다. 지난해 말 기준 로켓와우 회원 수는 약 900만 명인데, 초기 회원을 끌어모으려 요금을 상대적으로 낮게 책정했다. 이로 인해 매년 수천억 원씩 적자가 났고, 이를 유지하고자 지금까지 수조 원을 쓴 것으로 알려졌다. 골드만삭스는 "로켓와우 멤버십으로 충성도가 높은 고객이 있고, 효율적으로 사업을 확장하면서 시장점유율이 지속적으로 상승하고 있으며 생태계를 확장할 수 있는 잠재력이 있다고 믿는다"면서 요금 인상으로 약 525억 원의 현금이 들어올 것으로 전망했다.

자료: 조선비즈, 2022.06.16.

제1절 정보기술과 e-비즈니스

컴퓨터와 인터넷의 등장은 오프라인을 넘어 온라인이라는 가상공간의 출현을 이끌었다. 온라인은 사람과 자본이 집결되는 공간으로 새로운 비즈니스 기회를 모색하는 기업들에게 새로운 시장이자 성장을 위한 기회를 제공하였다. 본 절에서는 온라인상에서의 비즈니스를 의미하는 e-비즈니스에 대한 개념, 등장배경, 특징, 장·단점, 성공 요인 및 비즈니스 유형에 대해 살펴본다.

1. e-비즈니스의 개념

e-비즈니스의 목적은 거래의 시작에서부터 끝날 때까지 종이서류가 사용되지 않는 기업환경을 정보통신기술에 의해 달성하는 것이다. 초기의 전자상거래는 인터넷과는 별도의 영역인 구조화된 전자상거래인 VAN(Value Added Network)이나 EDI(Electronic Data Interchange) 형식이었으나 인터넷의 폭발적인 보급과 상업화가 시작되면서 인터넷상의 전자상거래에 대한 논의가 시작되었고 이는 디지털 경영, 디지털 경제, 지식경영 등과 함께 e-비즈니스를 탄생시켰다.

e-비즈니스는 넓은 의미에서 인터넷을 활용한 모든 경제활동을 의미한다. 즉 광고, 마케팅, 수·발주, 생산, 판매, 기술개발, 문서결재 등을 말한다. 기업 대 소비자(B2C) 간 거래, 소비자 대 소비자(C2C) 간 거래를 중심으로 발전한 e-비즈니스는 기업 대 기업(B2B) 간 거래, 기업 대 정부(B2G) 간 거래로 발전하고 있다.

인터넷 열풍을 타고 우후죽순처럼 생겨난 e-비즈니스 기업에 대한 옥석 가리기가 시작되면서 어떤 비즈니스 모델을 가진 기업이 살아남고 도태될지에 대해서도 서서히 윤곽이 드러나고 있다. 결국 e-비즈니스의 세계적인 추세는 온라인과 오프라인이 결합한 형태만 살아남고 있음이 분석되면서 e-비즈니스는 정부, 소비자, 기업 등 거래주체가 네트워크상에서 공존하는 새로운 모습으로 발전하고 있다.

2. e-비즈니스의 등장배경

e-비즈니스란 용어는 인터넷환경하에서 다국적기업인 IBM이 마케팅을 위한 용어로 처음 사용하였다. 그 당시만 해도 기업들이 관심을 갖던 분야는 전자상거래였으며, 체계화된 e-비즈니스 개념이 정립된 것은 아니었다.

인터넷이 폭발적으로 확산되었음에도 e-비즈니스라는 용어가 정착되기까지는 몇 단계의 변화과정이 있었다. 또 e-비즈니스의 개념체계와 구성체계가 제대로 된 모습을 형성하기까지는 주변 경영환경의 변화와 정보기술의 변화가 동시에 수반되었기 때문에 가능하였다. 따라서 e-비즈니스를 단순히 새로운 경영기법의 등장 또는 새로운 개념으로 이해하기보다는 경영패러다임의 변화와 경영방식의 변화로 이해하는 것이 필요하다.

비즈니스 관점에서 e-비즈니스의 등장과 발전은 몇 단계를 거치면서 현재의 모습을 형성하였다. 이 가운데 기업 입장에서 실제로 인터넷을 활용한 것은 기업이 홈페이지를 구축하고 이를 통해 상품과 서비스 정보를 제공하면서 시작되었다고 할 수 있다. 현재의 e-비즈니스 또한 최종적으로 완성된 형태가 아니라 지속적으로 발전해 가는 과정으로 이해하는 것이 필요하다. 즉 e-비즈니스는 완성된 형태가 아니라 정보기술의 발전에 따라 발전을 거듭하고 있는 미완성 형태인 것이다.

그렇지만 e-비즈니스가 미완성된 것이기에 유용성이 낮다거나 비효율적이라거나 하는 우려의 시각은 e-비즈니스의 역할을 과소평가하는 우를 범할 수 있다. 지금까지 e-비즈니스는 실제로 기업에 많은 긍정적 효과를 제공했을 뿐만 아니라 앞으로도 많은 기대를 제공할 수 있는 잠재력이 매우 큰 분야인 것이다. 현재까지도 큰 효과가 있었지만 앞으로도 더 큰 효과가 예상된다고 할 수 있다.

(1) 환경조성 1단계(사용자 편의성이 보장되는 월드와이드웹)

월드와이드웹(World Wide Web: WWW)의 등장에 따라 인터넷은 폭발적으로 확산되었다고 할 수 있다. 월드와이드웹(WWW) 이전에도 텔넷, 고퍼, 아키와 같은 프로토콜을 사용하는 인터넷은 존재해 있었다. 그러나 이 시기의 인터넷은 명령어를 일일이 외워야 하는 등 사용하기 불편해서 폭넓은 호응을 얻지 못했다. 일부 학술연구, 업무용으로 이용되었을 뿐 사용자를 많이 확보하지는 못했다. 그러나 HTTP(Hyper Text Transfer Protocol) 방식의 월드와이드웹(WWW)은 기존의 인터넷에 대한 평가를 급격하게 변화시켜 놓았다.

월드와이드웹(WWW)을 이용한 인터넷은 배우기 쉽고, 사용하기 편리하고, 다양한 이미지 제공이 가능하였기 때문에 순식간에 확산되었다. 즉 인터넷이 본격적으로 기업활동에 적용되기 전 환경조성단계로서 사용자 편의성이 보장되는 월드와이드웹이 있었다는 점이다. 한 가지 주의해야 할 점은 월드와이드웹과 인터넷을 동일시하는 것은 잘못된 이해라는 것이다. 월드와이드웹은 인터넷을 가능하게 하는 여러 프로토콜 또는 서비스 가운데 하나일 뿐이다. 과거의 서비스나 프로토콜보다 실질적으로 사용자를 위한 인터넷이 되기 위해 고안된 서비스라는 점이다.

인터넷에는 월드와이드웹 외에도 파일 전송에 사용되는 FTP(File Transfer Protocol), e-Mail에 사용되는 SMTP(Simple Mail Transfer Protocol), POP(Post Office Protocol), 인터넷상에서 온라인 채팅을 가능하게 하는 IRC(Internet Relay Chat)와 그 외에도 다수의 서비스와 프로토콜이 있다. 다수의 사용자가 손쉽게 이용할 수 있고 접근할 수 있는 환경이야말로, 기업 입장에서는 수요가 보장된 기회라고 할 수 있다. 이러한 환경하에서 배우기 쉽고 이용하기 쉬운 월드와이드웹이 있었기에 인터넷 중심 사회로의 이동이 가능했다고 할 수 있다.

(2) 환경조성 2단계(인터넷 중심 사회로의 이동)

인터넷이 본격적으로 경영활동에 활용되기 전 우리 사회는 이미 인터넷이 매우 중요한 역할을 하는 사회로 이동하였음에 주목할 필요가 있다. 즉 e-비즈니스가 정착되기 전 환경조성단계가 이미 있었음을 말한다. 인터넷기술을 기업활동에 적용해 성과를 내기 전에, 인터넷이 확산되었다는 점은 기업이 사회환경의 변화를 기회로 활용한 하나의 예가 되고 있다.

1969년 미국 국방부의 고등연구계획국(Advanced Research Projects Agency)에 의해 군사적 용도로 개발된 알파넷(ARPANET)으로부터 시작된 인터넷기술은 이제 더 이상 군사용 도구가 아니다. 일상화된 생활도구이고 경영활동의 핵심도구로 사회와 경제 및 경영체제를 변화시키고 있다. 산업사회에서는 표준화된 제품의 대량생산이 중요했지만 21세기는 인터넷을 성공적으로 활용한 개인과 기업이 부를 축적하고 성공하게 될 것으로 전망되고 있다. 인터넷이 발전함에 따라 사회·경제활동의 중심이 물질적인 것에서 고도의 인터넷기술을 기반으로 한 정보/지식 중심으로 변화하는 것이 인터넷 중심 사회인 것이다. 즉 인터넷기술을 응용해 사회 · 경제활동의 생산성과 편의성이 향상되고 인류사회의 삶의 질이 획기적으로 변하고 있다.

(3) 비즈니스 활용 1단계(홈페이지 구축 – 채널의 다양화)

월드와이드웹 방식의 인터넷은 HTML(Hyper Text Markup Language)을 이용한 홈페이지 구축으로 먼저 확산되었다. HTML은 과거 어떤 프로그래밍 언어와 비교해도 배우기 쉽고 활용하기 쉽기 때문에 많은 조직과 단체 및 개인까지도 홈페이지를 구축할 수 있게 되었다. HTML로 개발된 홈페이지는 하이퍼링크(HyperLink)에 의한 손쉬운 연결 때문에 사용자가 원하는 정보를 얻기가 매우 편리해졌고 검색엔진을 기반으로 한 자료검색의 편리함은 인터넷의 보급에 커다란 영향을 끼쳤다.

이와 같이 HTML을 이용한 기업 홈페이지 구축은 인터넷상에 기업의 존재, 제품과 서비스의 존재를 알리는 계기가 되었다. 기존 마케팅방식인 텔레비전, 라디오, 신문, 잡지 등은 시간적 · 공간적 제약이 많았다. 그러나 인터넷을 이용하면 365일 24시간 연속적으로 기업의 존재를 알릴 수 있었고, 네트워크만 연결되어 있다면 지역적 · 공간적 제약으로부터 자유로울 수 있다는 이점이 있었다.

기업의 존재를 알리기 위한 수단으로 인터넷은 접근방식에 따라 2단계의 변천과정을 거친다. 초기의 기업 홈페이지는 기업의 역사, 주요 업무, 제품 및 서비스, 최고경영자의 인사말, 조직도 등의 정보를 제공하는 형식이었다. 조직에 따라서는 추가적으로 유익한 정보를 제공하는 경우도 있었으나 이는 대부분의 조직이 자기 입장에서 일방적으로 자료를 제공하고 방문자는 이를 받아들이는 방식으로 진행되었다. 이를 단방향 의사소통 중심의 홈페이지라 한다.

이 시기의 홈페이지는 내용의 양적 풍부화, 질적 충실화, 구성의 다양화 등이 주된 관심사였기 때문에 화려한 그래픽기술 등을 이용해서 방문자를 많이 확보하고 오래 머무르게 하는 것이 과제였다. 그러나 기존 매체와 비교했을 때 기업 입장에서 얻을 수 있는 성과는 특별한 것은 아니었다.

여기에서 진일보한 것이 고객 및 방문자의 의견을 듣는 방식으로 변화된 쌍방향 의사소통 중심의 홈페이지라고 할 수 있다. 이는 인터넷기술의 발전과도 연결지어 생각해 볼 수 있는데 초기에는 인터넷 홈페이지 제작기술이 단순해서 쌍방향 의사소통이 불가능했지만, CGI, JAVA, ASP기술을 응용해서 게시판, 대화방과 같은 기능이 활성화됨에 따라 쌍방향 의사소통이 가능해진 것이다.

이와 같은 쌍방향 의사소통 홈페이지는 고객 중심 경영철학이 기술의 발전에 따라 가시화된 예라고 할 수 있다. 고객은 게시판, 방명록, 이메일 등을 통해 요구사항, 불만, 건의 및 새로운 아이디어 등을 손쉽게 전달할 수 있고 기업은 이를 체계적으로 관리해 유용한 정보를 산출할 수 있게 되었다. 일방적으로 자료를 전달하기보다는 고객의 반응을 신속하게 감지할 수 있으므로 고객의 요구에 부합되는 서비스와 상품을 제공하기가 쉬워졌다. 또 다양한 방법으로 고객정보를 얻을 수 있기 때문에 고객의 민감한 변화까지도 쉽게 파악할 수 있게 되었다. 이러한 일련의 효과는 시장조사, 마케팅, 고객관리 등의 비용절감으로 이어져 직접적인 경영성과 향상에 기여할 수 있게 되었다.

(4) 비즈니스 활용 2단계(전자상거래의 등장)

인터넷이 보편화되면서 기업들의 고민거리는 어떻게 하면 인터넷상에 자사의 홈페이지를 화려하고 보기 좋게 개설할 수 있는지 또는 고객의 반응을 신속하게 획득할 수 있는지에 그치지 않았다. 다시 말하면, 비즈니스 관점에서 향상된 활용방안을 모색하기 시작한 것이다.

새로운 방식에 대한 모색은 온라인으로 이루어진 가상시장에서 상품 및 서비스를 직접 판매하는 방식으로 연결되었고 이것이 인터넷 전자상거래의 등장이라고 할 수 있다. 많은 방문자와 고객을 확보한 기업의 홈페이지는 상품 및 서비스의 제공에만 신경 쓸 것이 아니라 직접 구매할 수 있는 기회를 제공하는 방식으로 홈페이지를 발전시킨 것이 인터넷 전자상거래의 등장이었다. 기업의 홈페이지가 자료를 전달하는 채널의 확대라는 관점에서 경영활동의 한 기능인 판매의 중요한 수단이 된 것이다. 이는 인터넷기술의 보편화라는 정보기술환경의 변화를 기업경영의 기회로 활용해서 전략적 경쟁우위의 확보를 꾀한 좋은 예라고 할 수 있다.

많이 알려진 예이지만 전자상거래방식으로 도서 판매를 선도했던 아마존의 성공이 전통적 도서 판매 형태를 고집했던 기존 서점들로 하여금 온라인 판매를 수용할 수밖에 없도록 한 것을 보면 전자상거래의 위력을 짐작할 수 있다. 전자상거래가 기존의 거래방식을 혁신적으로 변화시킬 수 있었던 것은 다음과 같은 점에서 기존의 상거래방식과는 다른 특징이 있었기 때문이었다.

첫째, 거래방식과 거래단계의 변화이다. 기존의 상거래 질서는 도매상과 소매상을 거쳐 최종고객이 상품과 서비스를 구매하던 형식이었다. 그러나 유통망이 정비된 분야에서는 생산자로부터 고객에게 전달되는 단계가 간단할 수 있으나, 농수산물과 같이 복잡하고 여러 단계를 거쳐야 하는 경우 생산자, 판매자 모두의 손실이 컸다. 그러나 사이버 공간을 매개로 진행되는 전자상거래는 거래당사자가 직접 참여하는 형태가 되므로 거래단계가 최소화되고 상호 간에 이익을 공유할 수 있다.

둘째, 자료관리의 용이성이다. 전통적 거래방식에서는 주문서를 비롯한 거래당사자 간 자료교환은 문서의 형태를 취하게 되고 이를 재사용하기 위해서는 다시 한 번 컴퓨터로 자료처리를 해야 하는 부담이 있었다. 그러나 전자상거래환경에서는 상품 및 서비스를 구매하는 고객으로부터 얻어지는 제품정보 및 주문내역이 디지털 자료로 관리되므로 이를 재사용하기가 용이해졌다. 이를 신제품 개발정보, 고객정보, 마케팅정보로 가공해서 경영활동에 대한 실질적이고 신속한 지원이 가능하다.

셋째, 시간적 · 공간적 제약으로부터 자유롭다. 전통적 상거래는 특정 공간에서 업무가 가능한 시간 내에서만 거래가 이루어진다. 그러나 전자상거래는 가상공간에서 거래가 발생하므로 시간적 · 공간적 제약을 극복할 수 있다. 그런 점에서 전통적 상거래에 비해 거래기회가 확대되고, 이는 성과로 직결된다.

(5) 비즈니스 활용 3단계(전자상거래에서 e-비즈니스로 발전)

전자상거래는 전통적 상거래방식을 변화시키고, 판매자와 구매자 모두에게 득이 되는 효과를 가져다주었다. 그러나 전자상거래와 그에 필요한 쇼핑몰 구축, 전자결제시스템 등이 인터넷을 활용한 경영의 전부가 아니라는 사실을 인식하면서 새로운 경영방식에

그림 8-1 국내 전자상거래 시장 전망(단위: 조원)

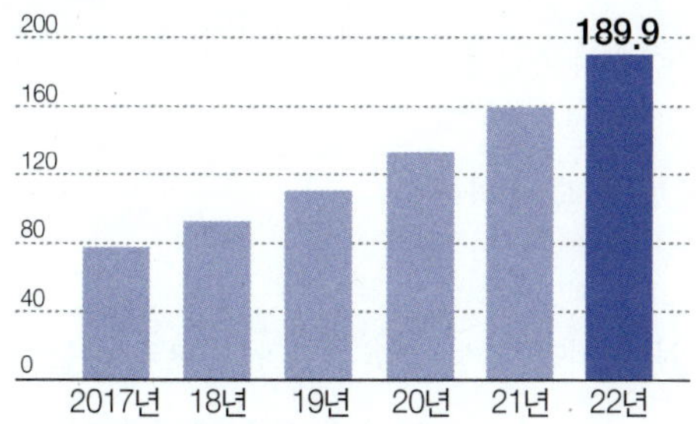

자료: 정보통신정책연구원(KISDI)

그림 8-2 국내 이커머스 시장 점유율 현황(단위: %)

자료: 통계청, 2020년 기준

대한 확대된 접근이 시작되었다.

기업이 인터넷을 이용하여 경영성과의 향상을 기대할 수 있는 분야는 전자상거래 외에도 마케팅, 고객관리, 재고관리, 회계처리, 조달관리 및 원가관리 분야 등 기업의 경영활동 전반으로 확대시킬 수 있는 가능성을 고려하기 시작한 것이다. 이러한 새로운 접근이 e-비즈니스의 등장이라고 할 수 있다. 전자상거래는 쇼핑몰을 구축하고 고객과의 판매행위를 수행해 나가지만, 판매를 증진시키기 위해 인터넷을 통해 고객 한 사람, 한 사람을 대상으로 하는 일련의 마케팅활동으로서 인터넷 마케팅이 등장하게 되었다. 또한 판매에 따른 회계처리는 별도의 추가 작업 없이 고객의 주문에 따른 디지털 자료를 재사용하게 됨으로써 시간 단축과 인건비 절감 등의 효과가 발생하게 되었다. 주문받은 상품은 고객에게 배달해야 하는 문제가 발생하는데 물류 및 택배업체와의 자료교환 시 인터넷을 활용하면 신속하고 정확한 자료교환이 가능하게 되기 때문에 궁극적으로 고객만족도 향상을 기대할 수 있게 되었다.

이와 같이 경영활동 전 분야에서 인터넷기술의 응용 및 디지털 정보기술의 적용을 통해 사무업무 생산성 향상 효과를 기대할 수 있게 되었다. 기업은 전통적 경영패러다임을 혁신적으로 변화시킨 e-비즈니스를 실질적으로 구현하기 시작한 것이다.

3. e-비즈니스의 특성

e-비즈니스의 특성을 이해하기에 앞서 인터넷을 이용하는 사람들의 특성을 살펴보면 다음과 같다.

첫째, 항상 새로운 변화를 추구한다.

둘째, 적극적이며 공개적이다.

셋째, 쌍방향을 추구한다.

넷째, 시간 절약을 원한다.

다섯째, 자신의 프라이버시나 정보를 보호받고 싶어 한다.

여섯째, 어디에서나 정보를 얻기 원한다.

이처럼 인터넷 이용자는 기존에 볼 수 없었던 여러 특성을 갖추고 있으므로 이들이 주 고객인 e-비즈니스도 기존의 전통적인 상거래와는 다른 독특한 특성을 가지고 있다. e-비즈니스는 기존의 전통적인 상거래와는 다르게 유통채널이 단축되고, 시간적 · 공간적 제약이 없으며, 고객에 대한 다양한 정보획득이 용이하므로 소비자와 쌍방향 맞춤형 마케팅을 할 수 있다는 장점이 있다. 이러한 e-비즈니스는 전통적인 상거래방식과는 많은 차이가 있는데, 전통적인 상거래와 e-비즈니스를 비교하면 〈표 8-1〉과 같다.

표 8-1 전통적 상거래방식과 e-비즈니스 방식 비교

구분	전통적 상거래	e-비즈니스 방식
유통채널	기업 → 도매상 → 소매상 → 소비자	기업 → 소비자
거래대상지역	일부 지역	전 세계 Global Marketing
거래시간	제약된 영업시간	24시간
고객수요 파악	영업사원이 획득한 정보 재입력 필요	온라인으로 수시 획득, 재입력이 필요 없는 Digital Data
마케팅활동	구매자의 의사와 상관없는 일방적인 마케팅	쌍방향 통신을 통한 일대일 마케팅
고객대응	필요의 포착이 어렵고 즉시 대응이 어려움	필요를 신속히 포착, 즉시 대응
판매거점	오프라인(판매공간 필요)	온라인(사이버공간)

자료: 윤종훈 · 김용민, 글로벌시대의 전자상거래, 학현사, 2009.

4. e-비즈니스의 장점

최근 소비자의 욕구는 급격하게 변화할 뿐만 아니라 점점 다양해지고 있다. 기업은 고객의 욕구를 경쟁회사보다 신속히 파악해 제품에 반영함으로써 고객만족도를 높일 수 있으며 이는 기업의 경쟁우위로 연결된다. 즉 기업은 빠르게 변화하는 소비자의 다양한 욕구를 경쟁회사보다 먼저 파악하고 내부운영의 효율성 및 물류와 마케팅을 효과적으로 수행함으로써 지속적으로 성장할 수 있다. 따라서 기업은 e-비즈니스를 기업의 경쟁우위를 가져다주는 전략적 도구일 뿐만 아니라 소비자의 다양한 욕구를 신속하게 충족시켜 주는 수단으로 활용할 수 있다. 이러한 이유로 e-비즈니스 도입이 가속화되고 있다. 따라서 e-비즈니스는 기업이 생존하고 지속적으로 성장하기 위해 필수적이며, 소비자는 시간과 공간의 제약 없이 거래할 수 있다는 장점과 더불어 다양한 욕구를 충족시켜 줄 수 있기 때문에 e-비즈니스를 이용하게 된다.

e-비즈니스 도입으로 인한 장점을 구매자와 판매자의 입장에서 살펴보자.

구매자 측 장점은 다음과 같다.

첫째, 시간적 · 공간적 제약을 받지 않고 상품을 구매할 수 있다. 상품구매를 원하는 사람은 매장에 나가 상품을 구매해야 하는 번거로움 없이 언제라도 원하는 시간에 편리하게 구매가 가능하다. 사이버공간 자체가 갖는 장점 중 하나인 시간적 · 공간적 제약을 받지 않기 때문에 하루 24시간, 1년 365일 언제든지 편리하게 원하는 상품을 구매할 수 있다.

둘째, 원하는 상품을 구매하는 과정에서 해당 상품에 대한 다양한 판매자들의 가격정보는 물론 다양한 유사상품에 대한 정보까지도 한번에 쉽게 확보할 수 있다. 가장 싸고 마음에 드는 제품을 선택할 수 있고, 이러한 기능은 판매자가 터무니없는 가격을 책정할 수 없도록 유도해 준다.

셋째, 장바구니 기능을 활용하면 여러 가지 상품을 구매한 경우 언제든지 확인할 수 있어 계획적인 구매가 가능하다.

마지막으로, 상품을 직접 눈으로 확인하지 않아도 관련 정보를 음성이나 상품의 입체적 모습을 보면서 구매할 수 있다. 여기에는 먼저 품질보증제도가 확립되어야 하는데, 이렇게 되면 오히려 전문적 지식이 없는 소비자 입장에서는 유리할 것이다.

판매자 측 장점은 다음과 같다.

첫째, 값비싼 물리적 전시공간이 필요 없어 상대적으로 운영비를 크게 줄일 수 있다. 사람들의 왕래가 많은 교통 중심지인 경우는 매우 비싼 전시장 임대료를 지불해야 하지만 이러한 전시장이 필요 없기 때문에 상품을 저렴한 가격에 판매할 수가 있다.

둘째, 광고비용이 상대적으로 저렴하다. 신문이나 TV 광고의 경우 한정된 지면과 한정된 시간 때문에 광고를 한 번 내기 위해 매우 비싼 비용을 지불해야 하지만 인터넷을 이용한 e-비즈니스 광고는 시간 및 공간의 제약이 없기 때문에 상대적으로 저렴한 비용으로 광고가 가능하다.

셋째, 언제, 어떠한 상황에서도 판매가 가능하다. 외부의 기후나 자연의 영향을 받지 않아 눈이 많이 오는 경우나 비가 많이 내려 기상이 매우 좋지 못한 경우에도 판매가 가능하다.

마지막으로 고객의 구매형태를 동적으로 분석할 수가 있어 적절한 판매전략 수립이 가능하다. 즉 어떤 고객이 언제, 어떤 물건을 구매했는지에 관한 정보를 모두 자동적으로 관리할 수 있다. 추석, 크리스마스, 결혼 및 졸업 시즌 등과 같은 명절이나 특정 시즌에는 어떤 상품을 많이 구매하는지, 어떤 고객은 어떤 제품을 구매하는지, 아니면 제품을 구매하지 않고 단지 쇼핑몰만 둘러보는지 등을 자동적으로 분석할 수 있어 개별 고객에 맞는 적절한 판매전략을 수립할 수 있다.

5. e-비즈니스의 단점

e-비즈니스는 구매자와 판매자 측면에서 다양한 장점을 가지고 있는 반면 많은 단점도 가지고 있다. e-비즈니스는 인터넷상에서 거래가 이루어지기 때문에 거래당사자를 서로 볼 수 없으며, 거래되는 상품도 직접 눈으로 확인할 수 없기 때문에 여러 가지 문제점이 발생하고 있어 이를 해결하기 위한 다양한 대책이 필요하다.

첫째, e-비즈니스의 가장 큰 문제는 신뢰성의 문제이다. 즉 거래당사자가 보지 않고 거래함으로써 발생할 수 있는 신뢰성의 문제를 극복하기 위한 수단이 도입되어야 한다. e-비즈니스 시장이 급속하게 커짐에 따라 인터넷 상거래 관련 범죄도 더불어 늘어나고 있다. 이의 해결방안으로는 e-비즈니스 거래활동을 보장하기 위해 인터넷상에서 물건을 사고파는 거래주체를 확인할 수 있는 전자서명과 상거래주체 간에 교환되는 정보를 보호해 줄 인증기술의 도입이 세계적으로 확산되고 있는 실정이다.

둘째, 정시 배달의 문제이다. e-비즈니스에서는 상품이 약속한 시간에 전달되지 않으면 배달에 대한 신뢰문제가 발생할 수 있으며 이것은 소비자의 만족도를 떨어뜨리게 된다. 미국의 경우, 연구결과에 의하면 소비자들은 약속한 시간 내 배달을 가장 중요한 서비스로 인식하고 있다는 것을 알 수 있다. 이의 해결방안으로는 최소한의 비용으로 효율적인 물류 및 배달체계 구축이 대안으로 제시되고 있다.

셋째, 대금결제의 문제이다. e-비즈니스에서는 현실세계와 같은 대금결제방식을 사용할 수 없기 때문에 전자적인 대금결제방식을 사용해야 한다. 그러나 여기에는 기술적인 문제(보안과 인증, 전자화폐, IC카드 등)가 있는데 이를 해결하기 위한 많은 노력들이 현재 진행되고 있다. 빠른 시일 내에 안전한 온라인 대금결제방식이 이루어질 때 e-비즈니스는 보다 활성화될 수 있을 것이다.

넷째, 상품 마케팅 관련 문제이다. 인터넷 상점은 물리적으로 존재하는 점포와는 달리 눈에 보이지 않기 때문에 마케팅이 더욱 중요한 사업요소가 된다. 기존의 오프라인 사업과는 다른 차원의 마케팅이 전개되어야만 할 것이다. 이의 해결방안으로 인터넷 마케팅은 전자우편, 상호 협력을 통한 교차 광고, 온라인 검색엔진 및 포털 사이트 등을 통한 광고 등 점차 다양한 방법이 시도되고 있다.

6. e-비즈니스의 성공요건

e-비즈니스의 장점과 단점을 통해 e-비즈니스가 성공하기 위한 조건을 정리해 보면 다음과 같은 것들이 필요하다.

첫째, 다양한 상품과 정보를 충분히 제공할 수 있어야 한다. 한 가지 상품을 판매하는 것보다는 다양한 상품을 구비하고 판매하는 것이 고객의 구매 가능성을 높일 수 있으며, 이런 다양한 상품정보를 고객에게 충분히 제공할 수 있는 차별화전략이 필요하다.

둘째, 상품의 품질보증이 우선되어야 한다. 상품의 품질보증은 e-비즈니스에서 약점이기도 하지만 적절한 메커니즘의 구축을 통해 더 나은 서비스를 제공하는 기회가 될 수도 있다. 예를 들어, 상품의 품질보증을 공신력 있는 조직이나 국가기관에서 인증과 보증을 해주고, 반품을 보장해 주는 제도 등을 마련하는 것이다.

셋째, 효과적인 물류체계를 통해 신속하고 안전하게 배달되어야 한다. 정보시스템의 활용과 유통업체, 생산업체, 물류회사 또는 정보통신회사가 협력관계를 맺거나 필요시 공동배달체계를 효율적으로 운영한다면 물류비 절감은 물론 고객의 기대를 만족시킬 수 있을 것이다.

넷째, 자유경쟁이 가능한 환경을 만들어야 한다. 모든 기업에 문을 열고 자유롭게 참여할 수 있도록 해서 사이버공간상에서도 현실세계와 마찬가지로 자유경쟁을 할 수 있는 환경을 제공해야 한다.

다섯째, 필요한 제도와 법률의 개선이 글로벌 차원에서 필요하다.

여섯째, 사회적 · 제도적 · 기술적으로 택한 표준이 국내 표준은 물론 세계 표준과 부합하도록 유도해야 한다. 특히 보안 관련 기술을 공동개발하여 공유할 때 더 나은 e-비즈니스의 발전을 가져올 수 있으며 e-비즈니스가 더욱 활성화될 것이다.

7. e-비즈니스의 유형

e-비즈니스의 유형은 거래주체와 수익을 창출하는 방식에 따라 나누어 볼 수 있다.

(1) 거래주체에 따른 분류

e-비즈니스의 유형은 기업, 정부, 소비자 등 거래주체 간의 관계에 따라서 분류할 수

있으며 크게 세 가지 유형으로 구분할 수 있다.

1) B2B(Business to Business)

기업과 기업(B2B) 간 거래로 부품의 상호 조달, 유통망 공유 등을 인터넷을 통해 처리하는 모든 거래를 포함하는 형태이다. 기업 간 e-비즈니스는 EDI방식에 의해 정보 및 데이터 교환을 한 것이 시작이며, 현재는 많은 기업이 인터넷을 통해 기업 내부의 정보시스템을 연결하는 인트라넷을 구축하고 있고 외부의 협력업체와는 엑스트라넷을 구축하여 상품 주문, 공급자관리, 재고관리 등을 하고 있다. 기업 간 거래 형태인 B2B는 최근 e-마켓플레이스로 점점 발전하고 있는 추세이며, e-마켓플레이스의 핵심요소는 상품 구매자 및 판매자에게 구매 및 판매비용 절감의 기회를 제공하는 것이며, 또한 상품 판매자 측면에서는 매출확대를 기할 수 있다.

2) B2C(Business to Customer)

기업과 소비자(B2C) 간 거래로 상품의 생산자나 판매자가 소비자를 상대로 가상의 공간인 인터넷에 상점을 개설하고 상품을 판매하는 전자소매에 해당하는 것으로서 월드와이드웹의 보급과 더불어 급속히 성장한 유형이다. 오늘날 인터넷 이용이 생활화됨에 따라 인터넷을 통해 상품과 서비스를 구입하는 경우가 대폭적으로 늘어나고 있기 때문에 B2C에서는 고객접점을 잘 찾아서 고객이 요구하는 다양한 상품 및 서비스를 보여주고 풍부한 정보를 제공하는 것이 경쟁력 확보의 수단이 되었다.

3) B2G(Business to Government)

기업과 정부(B2G) 간 e-비즈니스의 유형은 정부와 기업 사이의 전자적 거래과정을 모두 포함하는 거래를 의미한다. 조달청은 '나라장터'라는 사이트를 개설하여 조달 물자의 입찰 및 계약정보를 인터넷을 통해 제공하고 있으며, 시설 공사의 전산입찰시스템을 운영하고 있다. 또한 국세청은 자체 홈페이지를 개설하여 국세청 뉴스, 국세 정보, 조회 및 계산, 신고납부, 그리고 전자민원 등 각종 세무 관련 정보 및 세무서비스를 제공하고 있다. 기타 정부기관에서도 사이트를 통해 각종 정보를 제공하고 있다. 정부에서는 조달업무 관련 e-비즈니스시스템을 개발하여 조달청의 모든 구매계획을 전자적으로 공시하고, 전자공시를 통해 조달자들은 필요한 서류 제출과 조달행정서비스를 인터넷을 이용하여 이루어지도록 하고 있다.

B2G는 전자문서의 송 · 수신뿐만 아니라 전자상품 목록, 인증서비스, 전자지불시스템의 기능들을 매우 성공적으로 제공함으로써 공공 부문에서 업무의 효율성을 극대화하고, 국가경쟁력을 강화하는 데 크게 기여하고 있다. 지난 몇 년간 우리 정부가 강력히 추진해 온 전자정부(e-Government)의 핵심내용은 디지털화된 대민행정서비스를 한 번의 클릭으로 제공하는 원스톱서비스를 목표로 하고 있다. 전자정부 구현이 확산되면서 B2G와 G2C(Government to Customer)의 범위가 더욱 늘어나게 될 것으로 예상하고 있으며, 그 대상이 되는 정부 서비스로는 각종 증명서의 온라인 발급, 세금부과, 납부업무, 사회복지 급여 지급업무, 정보제공, 물품과 서비스의 조달 등 각종 행정정보 및 서비스 분야가 포함될 것이다.

(2) 수익 창출 방식에 따른 유형

e-비즈니스는 수익을 창출하는 방식에 따라 두 가지로 분류할 수 있다.

1) 직접 수익 방식(제품 및 서비스 판매형, 소비자=지불자)

직접 수익 방식은 소비자가 곧 지불자가 되는 형태로 제품을 판매하는 경우와 서비스를 판매하는 경우의 두 가지 형태로 구분할 수 있다.

① **제품 중심 판매의 경우**: 일반 시장의 모델을 인터넷에 그대로 적용해서 운영하는 경우로서, 주로 기업이 개인소비자를 대상으로 하는 기업과 소비자(B2C) 간 형태가 일반적이다. 이러한 제품 중심 판매형 모델도 취급품목 수를 기준으로 백화점식의 쇼핑몰 형태와 단일품목 중심의 전문형으로 나누어 볼 수 있다.

② **직접 서비스 판매형의 경우**: 웹 사이트가 정보와 서비스의 중심이 되고 이를 통해 직접 서비스를 제공하고 서비스비용을 받는 경우이다. 간접 서비스 판매형의 경우 서비스를 직접 제공하지는 않고 서비스를 연결만 해주고 중개수수료를 받는 형태로서, 온라인 브로커라는 표현이 더 정확하다. 오프라인 중개수수료보다 싼 비용으로 이용할 수 있어서 경쟁력을 가진 분야라고 할 수 있다.

2) 간접 수익 방식(다양한 부가서비스 제공, 소비자≠지불자)

간접 수익 방식은 주로 다양한 부가서비스를 제공하는 모델이며 소비자가 반드시 지불자가 되지는 않는다. 간접 수익 방식은 모든 비즈니스 모델이 취할 수 있는 일반적인 마케팅 형태로 볼 수 있으며, 배너광고, 스폰서십, 무료메일 제공, 사이버 커뮤니티 형성, 제휴 프로그램, 프로그램 무상 배포 등이 그 예이다.

표 8-2 쇼핑몰의 유형

백화점식의 쇼핑몰형	단일 품목 중심의 전문형
유통망을 가지고 있거나 백화점을 운영하던 업체가 기존에 있던 운영의 노하우와 유통망을 바탕으로 시작하는 경우와, 기존의 홈쇼핑업체가 고객에 대한 광범위한 자료를 토대로 쇼핑몰사업에 뛰어드는 경우로 나뉜다.	고객이 원하는 제품을 고객이 원하는 형태로 판매하는 것으로, 쇼핑몰형의 모델에서 찾을 수 없는 전문성과 개성을 가지고 있어야 한다.

자료: 윤종훈 · 김용민, 글로벌시대의 전자상거래, 학현사, 2009.

그림 8-3 2025년 세계 전자상거래 매출 전망

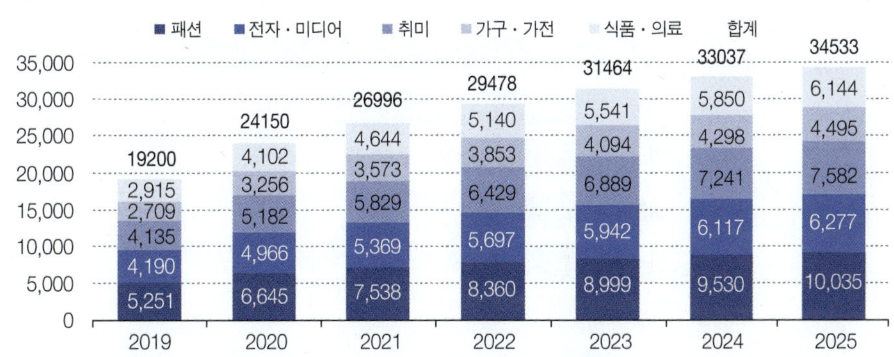

자료: 마켓리포트, 세계 전자상거래 매출 전망(2019-2025, 억 달러)

그림 8-4 주요국 전자상거래 시장 규모 및 비중(2019년) (단위: 억달러, %)

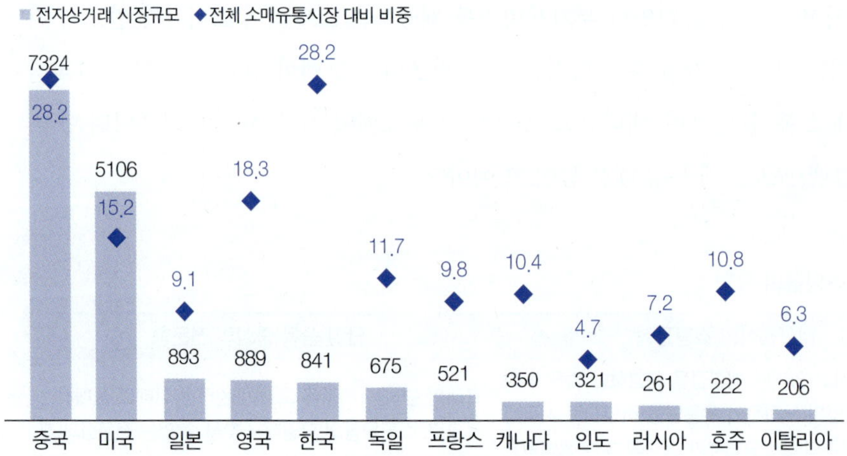

자료: 한국무역협회

그림 8-5 2021년 세계 전자상거래 소매판매 점유율 순위 상위 10개국 (단위: %)

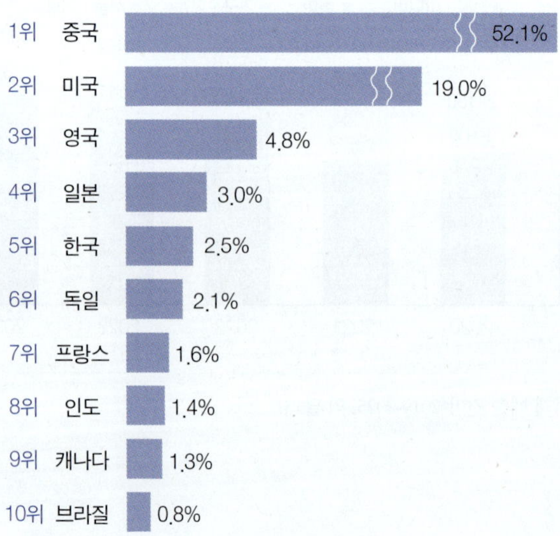

자료: 한국무역협회

잠시 쉬어가기

코로나19, 모바일 비즈니스에 미친 종합 판세 분석

사용자의 모바일 경험 가속화 … 기업에 기회

코로나19로 일상이 급격하게 변했다. 게임부터 화상회의, 쇼핑, 지불까지 모바일 비대면이 우리 삶의 구심점으로 자리잡음에 따라 새로운 앱 사용 습관이 형성되고 있다. 이러한 모바일 환경은 모바일 퍼스트 세상을 향해 더 빠르게 질주하고 있다.

자료제공: 앱애니

모바일 데이터 분석 플랫폼 앱애니가 발표한 '코로나19로 인한 모바일 소비자 행동의 영속적 변화' 보고서를 보면 올 상반기에에는 전 세계적으로 모바일 앱과 게임 다운로드 수가 급증한 것으로 나타났다.

전 세계 월별 다운로드

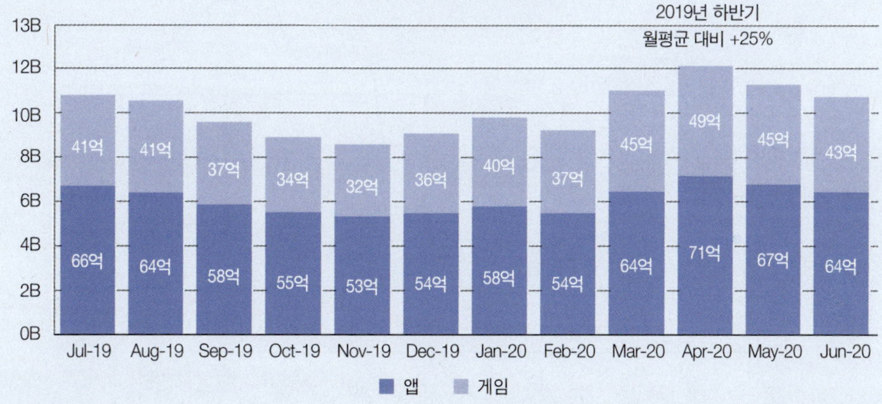

자료: 앱애니, 2020. 8

전 세계 월별 소비자 지출

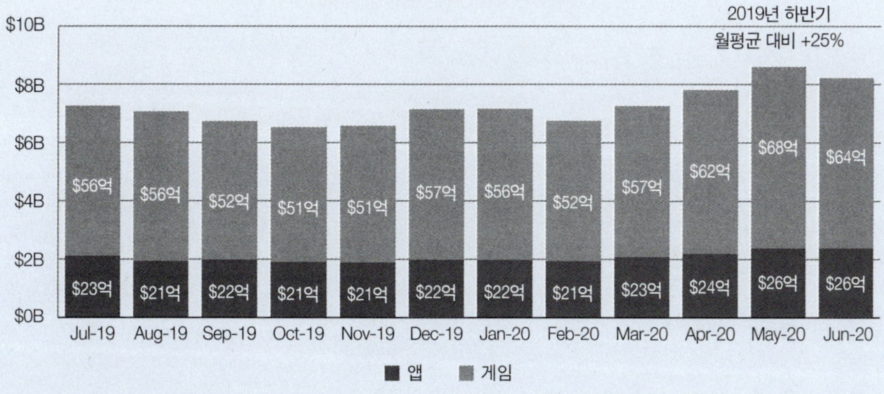

자료: 앱애니, 2020. 8

코로나19 팬데믹으로 지난 4월 이미 최고기록을 경신하며 지난해 상반기 월평균 앱 다운로드 규모 대비 25% 증가했다. 앱과 게임 등 전반적으로 수요를 보였다. 그중에서도 특히 게임 다운로드는 수요가 급증, 2019년 하반기 평균 대비 올 4월에는 무려 35% 성장세를 기록했다.

Lexi Sydow 앱애니 마케터는 "백 년에 한 번 발생할 글로벌 팬데믹으로 사회적 거리두기와 함께 외출 자제 및 재택근무 분위기가 확산되면서 삶의 모습이 급격하게 바뀌었다"면서 "이 어려운 상황에서 사람들은 스마트폰을 보다 많이 찾았다. 모바일이 연결, 엔터테인먼트, 탐색, 정보 및 창의성에 대한 창구로서 일상의 모든 부분에 스며들고 있는 지금은 소비자 니즈에 부응하기 위한 모바일 기능, 업데이트 및 출시에 우선순위를 둬야 하는 중요한 시기"라고 강조했다. Lexi Sydow의 말대로 이를 놓치게 되면 경쟁사에 뒤쳐지는 위기에 놓이게 될 수도 있다.

전 세계 주간 모바일 사용 시간

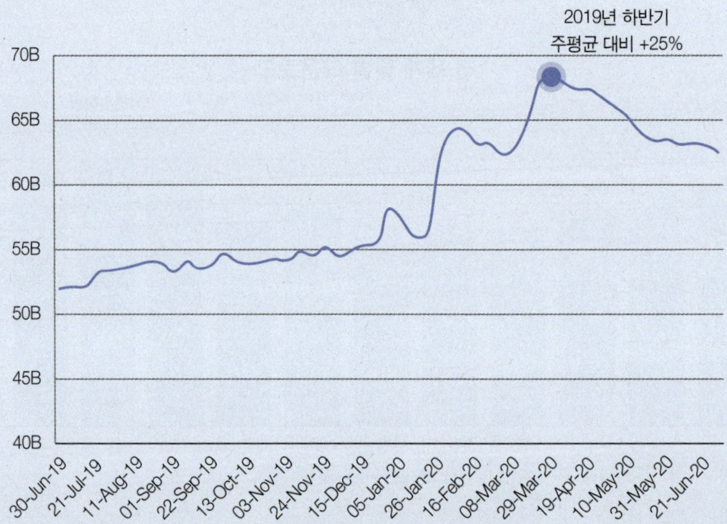

주: Android 폰; 날짜는 해당 주를 나타냄

자료: 앱애니, 2020. 8

소비자 지출, 4월부터 급증 … 모바일 비즈니스 다변화해야

2020년 상반기 전 세계 iOS와 구글 플레이의 모바일 앱과 게임에 소비자 지출액은 지난해 하반기 대비 10% 증가한 500억 달러를 넘어선 것으로 나타났다. 전 세계 소비자 지출액은 지난 4월부터 급증세를 보이기 시작했다. 앱애니 관계자는 이 같은 지출액 급증에 대해 "코로나19로 소비자들이 단순히 모바일 앱을 더 많이 사용하는 것에 그치지 않고 모바일 서비스로부터 가치를 찾으려 하는 데 있다고 본다"고 분석했다.

보고서는 이 같은 추이가 계속될 것으로 내다봤다. 기업들은 수익 창출 전략의 일환으로 모바일을 우선으로 광고수익과 앱스토어 내에서의 앱 구매, 구독, 모바일 커머스 등 다양한 비즈니스에 초점을 둬야 한다. 그동안 상당수의 기업이 변해가는 시장에 떠밀려 모바일을 단순히 마케팅 도구나 고객 정서를 관리하는 데만 집중해 왔다. 그러나 이제는 코로나19로 모바일 비즈니스와 이용 환경이 달라지고 있다. 이 때문에 소비자이 모바일 이용 행태와 정서를 이해하고 분석을 통해 모바일을 주요 수익 창출 수단으로 강화해야 한다고 보고서는 밝혔다.

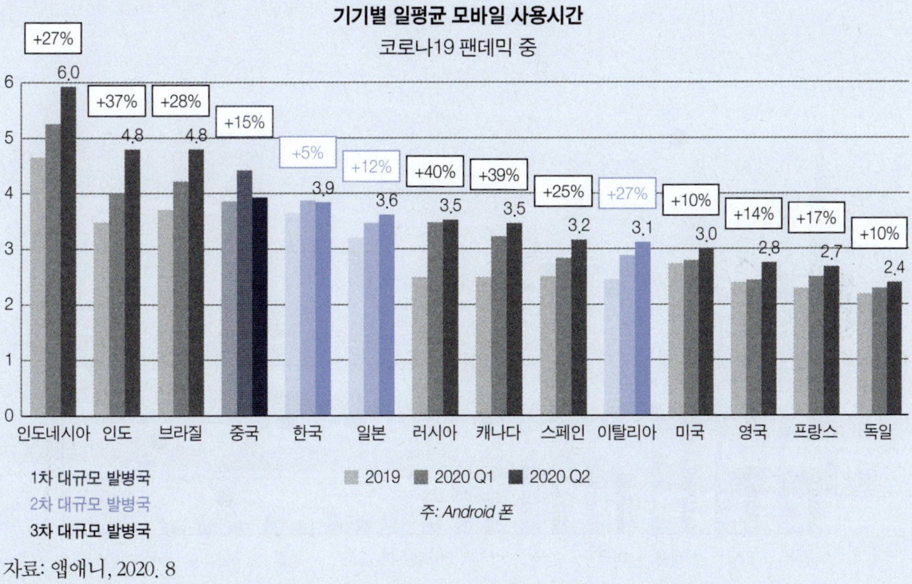

자료: 앱애니, 2020. 8

코로나19, 모바일 트렌드 3년 앞당겨

각 국가에서 코로나19 지역 감염을 막기 위해 물리적 거리두기와 지역 간 봉쇄, 격리조치를 취하는 사이 모바일 이용 시간도 크게 증가했다. 특히 우리나라를 비롯한 유럽, 미국, 남미 등이 올 2분기를 기점으로 성장세가 두드러졌다.

전 세계 안드로이드폰의 한 주간 평균 모바일 앱 사용시간은 3월 29부터 4월 4일 한주에만 지난해 하반기 평균 대비 25% 증가, 최고점에 달했다는 분석이다. 보고서는 "심리학자들의 연구를 보면 새로운 습관이 형성되는 데 평균 66일이 걸린다"면서 "올해 초에 첫 확진자가 발생한 이후 팬데믹이 올 3분기까지 지속되면서 앱 습관이 고착화돼 모바일이 우리 일상에 더욱 뿌리 깊게 내리고 있다"고 내다 봤다.

분명한 사실은 코로나19로 모바일 포스트 세상으로 전환이 더욱 가속화 됐고, 이로써 우리가 이미 경험하고 있던 모바일 트렌드가 2~3년 앞당겨 졌다. 장바구니를 들고 매장을 방문하던 소비자가 모바일 장보기를 경험하면서 모바일에 점차 익숙해지고 그 경험도가 갈수록 높아지면서 기업에도 큰 기회가 될 수 있다.

월평균 금융 앱 사용시간

코로나19 팬데믹 중

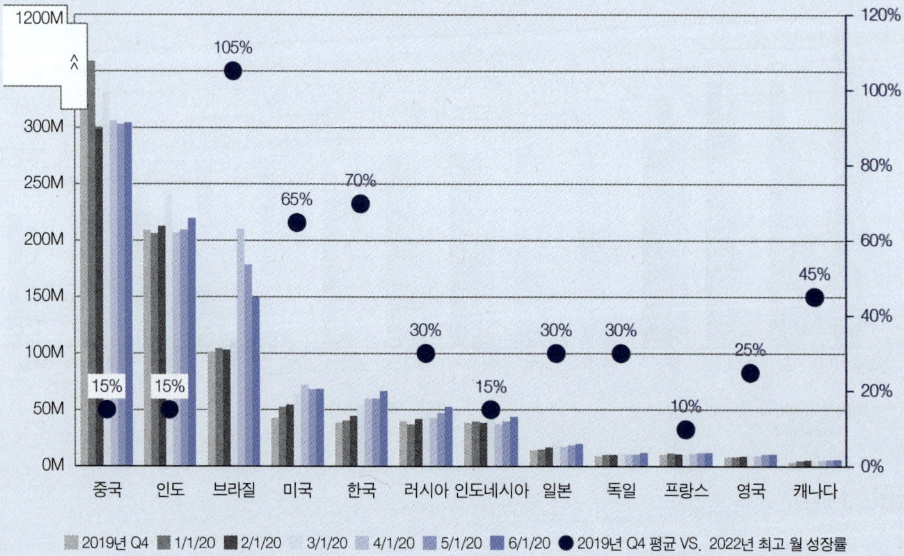

거시경제 주춤, 금융 앱 사용도 증가

거시경제가 주춤하면서 금융 앱 사용도도 증가한 것으로 나타났다. 코로나19로 인한 지점 폐쇄와 실업, 시장 불확실성으로 각 국의 경제가 둔화되고 있는 이때, 소비자는 모바일로 금융시장과 글로벌 경제 동향 정보를 수시로 접했다. 모바일은 그 어느 때보다도 모바일 뱅킹, 증시, 송금 등에 대한 접근을 제공, 개인 금융 허브로 자리매김했다.

미국의 경우를 보면 올 2분기를 기점으로 핀테크 앱의 다운로드가 가파르게 성장했다. 이를 주도한 것은 Cash App, Venmo 및 Zelle 등 P2P 지불 앱과 PayPal 등의 지불 처리 앱, 그리고 정부 혜택 및 기금 수령을 도와주는 핀테크 앱이었다.

Venmo의 모기업이기도 한 PayPal은 전자상거래 호황기 속에 지불액이 전년 대비 29% 증가, 분기 최고 실적을 기록했다. 이는 PayPal과 Venmo의 QR 코드를 통한 무접촉 지불, Venmo의 직접 예치 및 Business Profile, 그리고 Business Profile 범위 확대 등 코로나 시국에 적합한 기능에 우선순위를 둔 전략 때문인 것으로 보인다.

식음료 앱의 주평균 세션 수 증가

코로나19 팬데믹 중, 2019년 4분기 vs. 2020년 2분기

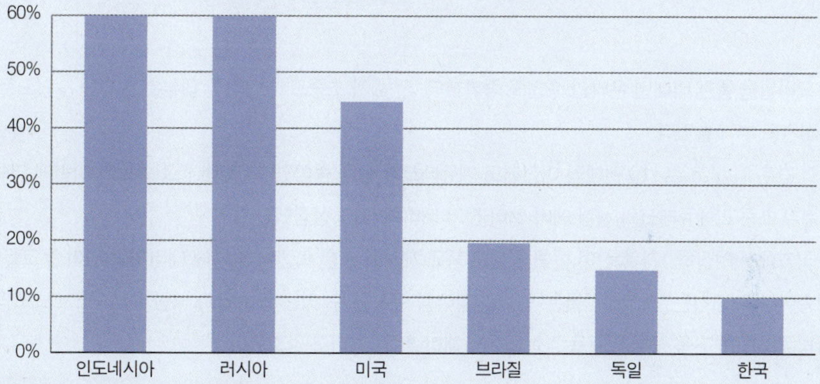

2020년 2분기 총 시간

배달 앱 1위	Grab	Delivery Club	DoorDash	IFood Delivery de Comida	Liferando.de	Baedal Minjok
패스트푸드 앱 1위	Pizza Hut Indonesia	Dodo Pizza	McDonald's	McDonald's App - Caribe/Latam	Burger King 독일	Starbucks Korea

주: Android 폰

자료: 앱애니, 2020. 8

모바일 쇼핑 시장도 덩달아 뛰었다. 보고서는 "2020년 상반기에 전자상거래는 외출을 자제하자는 사회 분위기 속에 생필품에 대한 니즈에 힘입어 큰 성장을 했다"면서 "코로나19만 없었다면 4~6년 정도 걸렸을 것"이라고 밝혔다.

음식 배달 앱의 주문도 급증했는데 배달 앱의 치열한 경쟁을 불러 일으키기도 했다. 앱애니가 보고서에서 밝힌 것처럼 코로나19 2차 확산에 대비할 2020년 하반기는 배달 앱의 경쟁력을 확보하고 시장을 재편할 최적의 기회이기도 하다.

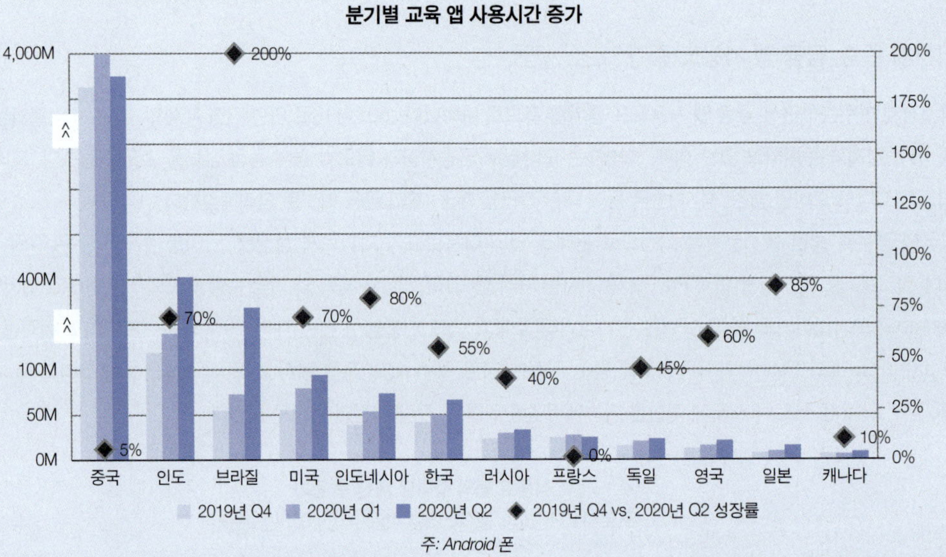

또한 모바일을 통한 비대면 온라인 수업도 증가했다. 전 세계 초중고와 대학이 대부분 온라인 수업으로 전환하면서 교육 앱 사용시간도 부쩍 늘었다.

인도의 경우 이번 코로나19 팬데믹 이전에도 에듀테크가 성장 중이었다. 그러나 그 속도가 이번에 더욱 빠라졌다. 그 결과 올 2분기 초중고 에듀테크와 시험 대비 앱이 전기 대비해 50% 성장했다.

많은 국가에서 여전히 1차 확산이 진행 중이고 등교 재개로 인한 확진자 증가에 대비하고 있어 등교를 둘러싼 논란이 치열한 상황이다. 보고서는 "퍼블리셔들은 학생의 참여를 유지할 수 있는 모바일의 역량과 비디오 스트리밍 및 게임화 등의 고급 기능을 추구해 더욱 풍부한 교육 경험을 제공해야 할 것"이라고 강조했다.

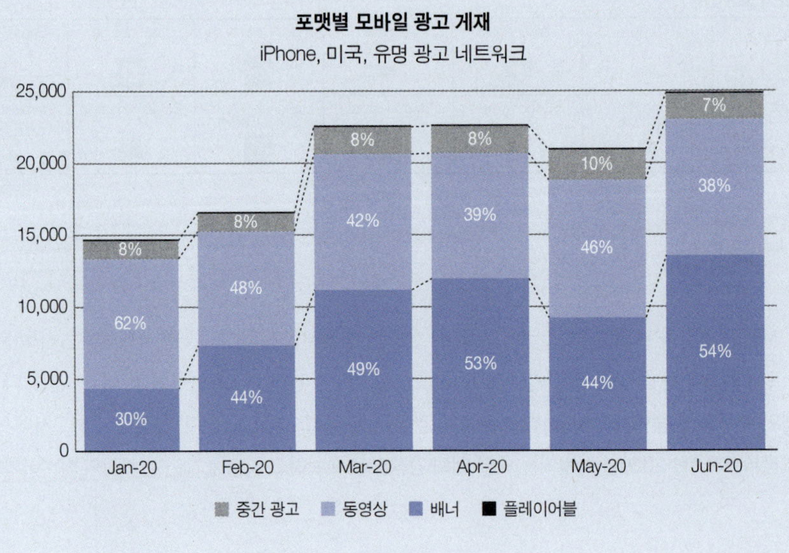

모바일 광고도 증가했다. 아이폰의 경우 미국에서만 주요 광고 채널에서 2020년 1월부터 6월까지 70% 상승했다. 해당 기간 중간광고는 205% 성장을 기록했다. 배너광고 역시 50% 성장했다. 동영상 광고는 5% 증가했으나 그 비중은 올 1월 62%에서 6월 38%로 감소했다.

이상으로 살펴본 바와 같이 코로나19로 사용자의 모바일 환경은 더욱 강세를 띠고 있다. 이는 모바일 비즈니스 측면에서 또 다른 기회임을 나타낸다. 사용자 분석과 수요도가 높은 산업군을 분석해 시장의 니즈를 반영해야 한다. 성공적인 모바일 비즈니스, 이제라도 출사표를 던져야 하는 이유다.

자료: Digital Insight, 2020.10.21.

제2절 정보기술과 m-비즈니스

유선인터넷의 약점인 이동성의 제약은 무선인터넷의 등장과 스마트폰 보급 확대로 인해 해결되었다. 휴대가 가능하고 이동하면서 인터넷을 활용할 수 있다는 특징은 m-비즈니스의 가능성을 활짝 열었고 쇼핑뿐만 아니라 고객 관계의 개선 및 업무 생산성 향상이라는 유선인터넷과는 다른 차원의 사회변화를 이끌고 있다. 본 절에서는 m-비즈니스의 개념, 특징, 소비자 특성, 필요조건 및 최근의 경향에 대해 종합적으로 살펴본다.

1. m-비즈니스의 개념

m-비즈니스는 무선통신 네트워크와 단말기를 통해 이루어지는 상거래 및 기업의 제반 부가가치 창출활동을 의미한다. 기업은 m-비즈니스를 경영에 적용함으로써 생산성 향상과 고객서비스 개선을 통한 효율성 증대 등 다양한 이익을 창출할 수 있게 된다.

m-비즈니스는 기존 e-비즈니스와 무선인터넷이 결합한 개념으로써 무선통신 네트워크와 멀티디바이스를 통해 이루어지는 상거래는 물론 기업의 제반 부가가치 창출과 연계된 비즈니스를 포함한다. 넓은 의미로는 스마트폰, 태블릿 PC, 노트북 컴퓨터 등과 같은 이동 가능한 단말기와 무선통신망상에서 이루어지는 모든 형태의 상거래활동을 말하며, 좁은 의미로는 이동단말기와 무선통신망상에서 이루어지는 물품과 서비스의 거래

에 금융서비스를 추가한 것을 의미한다.

기업은 이러한 m−비즈니스를 활용함으로써 생산성 향상과 고객서비스 개선을 통해 효율성을 증대시키는 등 다양한 이익을 창출할 수 있게 되었다. 정보기술의 발전추세에 따라 IT와 기업활동의 결합은 크게 다섯 단계로 구분되어 발전하고 있는데, m−비즈니스가 가장 최근에 나타나고 있는 정보기술에 의한 기업 경영혁신 방향이라 할 수 있다.

2. m−비즈니스의 특징

유선인터넷을 중심으로 획기적 발전을 거듭해 왔던 e−비즈니스는 이제 무선통신망의 진화와 무선통신 단말기의 급속한 보급, 그리고 이로 인한 무선인터넷환경의 조성으로 인해 새로운 비즈니스 영역으로 확장되고 있다. 기존의 e−비즈니스와 기본적으로 유사하지만, 모바일환경에서 이동통신 단말기를 활용하므로 제공되는 콘텐츠 및 애플리케이션, 수익기회를 비롯한 비즈니스 모델 측면에서 다르다고 할 수 있다. 이러한 m−비즈니스는 다음과 같은 속성을 기반으로 전개된다.

① **편재성**(Ubiquity): 어디에서나 실시간 정보유통 및 상거래 가능

그림 8−6 정보기술 발전과 기업 비즈니스 형태의 변화 추이

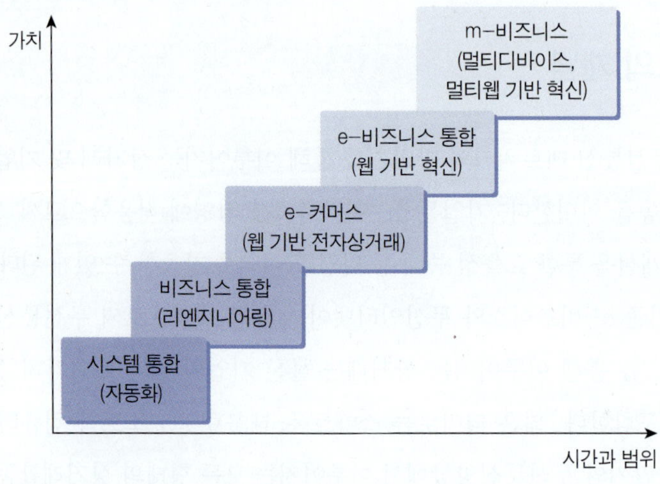

자료: 라비 칼라코나 · 마샤 로빈슨 저, 정만원 역, m−비즈니스, 물푸레, 2002.

② **접근성**(Reachability): 언제 어디서나 자유롭게 정보 및 거래원과 접속 가능

③ **보안성**(Security): 개인전용 단말기 사용에 따라 보안 가능

④ **편리성**(Convenience): 소형의 간편한 통신기구 활용

⑤ **지역성**(Localization): 실시간으로 사용자의 위치정보 파악 및 지역정보 제공

⑥ **즉시성**(Instant Connectivity): 필요시 언제든지 즉시 정보취득 및 거래 가능

⑦ **개인성**(Personalization): 이동통신 사용자의 특성에 맞는 정보제공 및 거래 차별화

m-비즈니스는 비즈니스 적용 단계별로 거래, 부가서비스, 거래지원, 기업혁신으로 구분할 수 있다.

① **거래**: 영화티켓 예매, 은행거래, 주식정보, 게임과 같이 최종 이용 대상자에게 무선 단말기를 통해 제공되는 서비스

② **부가서비스**: 광고, 마케팅 혹은 콘텐츠 제공, 검색과 같은 기본적인 거래나 서비스를 지원해 주는 정보화서비스

③ **거래지원**: 유통, 결제/인증과 같이 거래활동을 지원해 주는 서비스

④ **기업혁신**: 연구개발, 구매, 생산, 마케팅 등 기업의 부가가치 창출과정의 혁신을 지원하는 서비스

그림 8-7 m-비즈니스의 적용단계별 유형

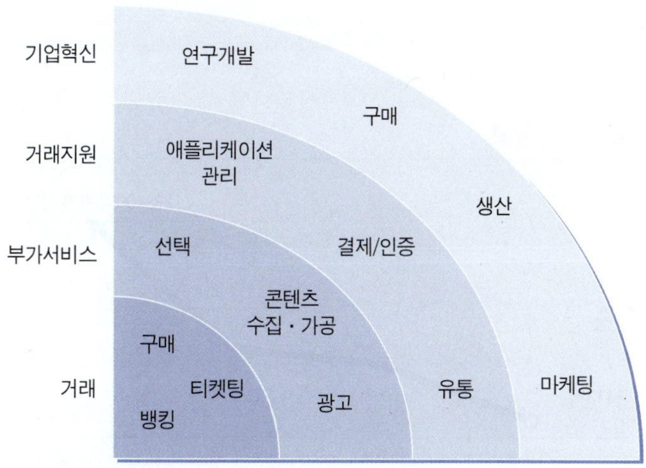

자료: e-Bizgroup, "Mobile Commerce 집중분석," 2001. 3.을 참고하여 재작성

그림 8-8 국내 주요 카테고리 별 모바일 사용시간

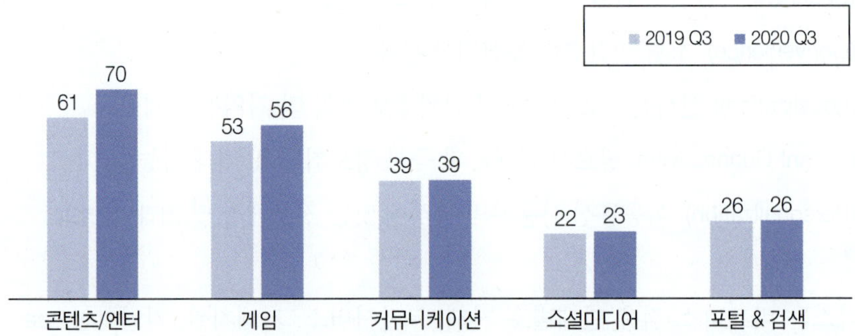

출처: 닐슨 미디어 디지털 데이터 기반 국내 콘텐츠 & 엔터테인먼트 앱 인더스트리 인사이트 조사, 구글 코리아 컨슈머 마켓 인사이트팀, 2021.

그림 8-9 성장하는 국내 모바일 콘텐츠 시장

자료: 한국모바일산업연합회

그림 8-10 2022년 디지털광고 시장 규모

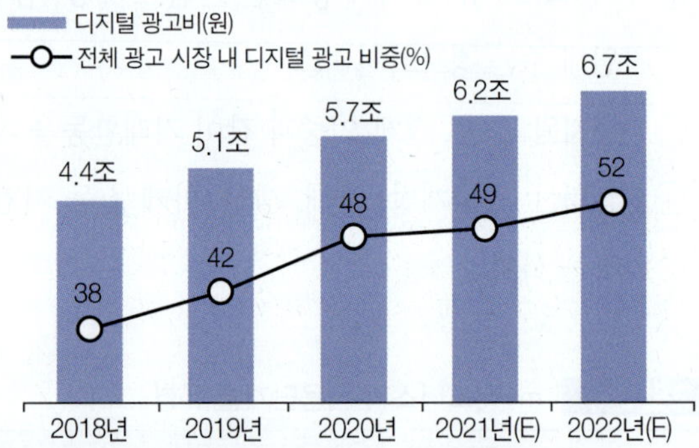

그림 8-11 모바일 상품권 시장 규모

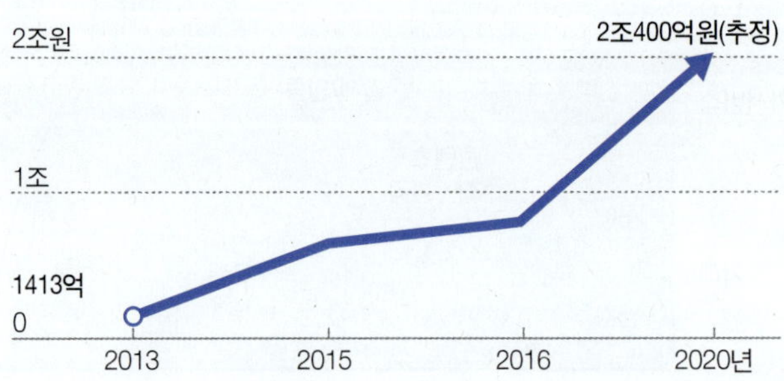

출처: 과학기술정보통신부, 업계 추정

3. m-비즈니스 소비자의 특성

국내 무선인터넷 사용자는 무선인터넷의 휴대성과 편리함에 만족하고 있으나 연결 품질, 요금 등 서비스 내용과 수준 자체에 대해서는 불만족을 느끼고 있는 것으로 조사되었다. 이와 같은 서비스 현황에서 현재의 5세대 서비스가 사용자들의 요구 수준에 맞는 서비스를 제공하고 있어 요금을 제외한 불만족 요인은 사라지고 있다.

무선인터넷서비스의 장점은 모바일 기기의 특성인 휴대성, 편리성, 보안성 등이며 이런 장점에 비해서 전송속도의 문제, 작은 화면, 비싼 요금 등은 단점으로 지적되고 있다. 모바일 기기의 장점을 최대한 강조할 수 있으면서 단점을 최소화할 수 있는 방안을 찾아주는 것이 성공의 관건이다. 또한 모바일을 통해 구매하는 소비자는 현재동기에 기초한다. 현재동기란 구매에 있어 소비자가 계획적으로 구매의사를 가지고 있는 것이 아니라 현재시점에 구매나 정보조회의 욕구가 발생한 것을 의미한다.

사용자가 가장 많이 사용하는 서비스가 현재동기와 위치기반서비스로 조사되었다. 이는 무선인터넷서비스 사용자가 구체적인 계획이 아닌 즉시적 요구에 의한 서비스를 주로 이용하는 것으로 고객 요구사항의 파악을 통한 적절한 서비스 도출이 필요함을 시사해 준다. 지불의사와 관련된 조사에서도 1만 원 이하의 소액지불이 가장 많은 것으로 나타났다. 무선인터넷은 유선에 비해 상대적으로 과금이 용이한 형편이다. 과금체계의 수립 및 적절한 금액의 산정은 서비스 개발 시 반드시 고려해야 할 요소이다. 콘텐츠가 아닌 상품 구매비용 관련 조사에서도 무선인터넷에서는 상당수가 5만 원 이하의 비용을 지불할 의사가 있음을 표현하였다. 또한 상품구매 시 정보의 내용이 가장 중요하다고 응답하였다.

이러한 조사결과는 무선인터넷을 통해 구매에 영향을 주는 정보내용을 적절히 제공하는 것이 쉽지 않으므로 현재 무선인터넷을 통한 상품판매를 시도하고 있는 기업들은 새로운 시각에서 전략을 보완해야 할 것이다.

4. m-비즈니스의 필요조건

(1) 기업의 내부적인 필요조건

첫째, 기업 내의 공감대 형성이다. 우선 기업 내의 모바일문화를 정착시키기 위한 효과적인 전술을 구사하여야 한다. 예를 들어, 스마트폰 등의 모바일 기기를 통해 이루어진 영업실적을 별도로 평가하는 등의 m-비즈니스 활성화를 위한 새로운 기준을 만들어야 한다. 또한 무엇보다도 의사결정권자가 먼저 유용성을 경험해야 하며, 구성원들에게도 m-비즈니스의 유용성을 체득해 나갈 수 있도록 해야 한다.

둘째, 모바일 관리환경의 구비이다. m-비즈니스가 활성화되면 모바일관리 및 운영환경이 필요한데, 단말기 고장이나 시스템 이상 등 직원들이 모바일 업무처리 중 발생할 수 있는 문제를 신속히 해결할 수 있는 커뮤니케이션 창구가 마련되어야 한다. 또한 단말기에 저장된 데이터와 소프트웨어의 복구, 백업, 삭제, 업데이트 처리기능이 완벽하게 구비되어야 하며, 단말기의 메모리와 배터리 모니터링을 통해 데이터 손실과 업무중단 사태가 발생될 것에 대비한 방책이 마련되어 있어야 한다.

셋째, 사용현황 파악도 중요하다. 조직 내 무선 단말기 사용현황을 파악하는 것도 중요한데, 모바일시스템을 이용하는 직원 수, 이용이 빈번한 정보, 주로 접근하는 시스템 등을 분석해 업무향상을 도모하여야 한다. 개별 단말기에 대한 중앙관제장치가 마련되어야 하며, 사용자의 단말기에 대한 이용도 분석을 통해 개인의 성과평가와 직무관리를 연계하는 방안도 추진되어야 한다.

넷째, 문화정착 및 교육이다. 각 분야별로 성공 사례를 취합해 성공 사례집을 발간하거나 관련 업무 담당자의 교육 프로그램으로 활용하는 것은 모바일문화 정착을 위해 의미 있는 일이다. 또한 모바일 관련 전문인력 육성 프로그램도 필요하며, 의사결정권자를 위한 모바일 도입 필요성을 홍보하고 교육 프로그램을 운영하는 것도 매우 중요한 일이다.

(2) 기업의 외부적인 필요조건

첫째, 공급자와 수요자 간의 채널 다각화이다. m-비즈니스가 성공적으로 활성화되기 위해서는 다양한 채널 구축이 필요하다. 이를 위해 채널사업자 간 주기적 컨퍼런스 및 전시회 개최를 통해 교류가 이루어지게 해야 한다. 또한 공인기관은 솔루션 검증을 통한 툴을 지원해야 한다. 마찬가지로 공급자와 수요자 간 만남의 장을 마련하고 서로에게 필요한 욕구를 파악해 이를 기반으로 서비스를 개발하여야 한다.

둘째, 정책적 지원이다. m-비즈니스를 활성화시키기 위해서는 업체들 스스로의 노력도 중요하지만 국가기술 발전 측면에서 정부나 관계부처의 지원도 필요하다. 특히 공인

기관에서 표준화 툴을 설정하는 문제나 업체들 간 경쟁 등을 조정하기 위한 일에 정부의 정책적 지원이 필수적이다.

셋째, 업체 간 공조이다. 기술개발 및 사용자 서비스 제공 측면에서 업체 간 공조가 잘 이루어져야 할 것이다.

넷째, 인프라 구축이다. m-비즈니스가 활성화되기 위해서는 모바일 오피스가 구축되어야 한다. 또한 소규모 사업자의 경우 모바일 인프라 구축에 부담을 갖고, 필요성에 의문을 제기할 수도 있겠으나, 모바일 인프라 구축을 통한 업무효율화는 경쟁력 향상에 필수적임을 잊지 말아야 한다.

5. m-비즈니스의 활용과 유용성

기업은 m-비즈니스를 경영활동에 적용함으로써 다양한 이익을 얻을 수 있다.

첫째, 근로자의 생산성 향상을 꾀할 수 있다. 실시간 생산, 영업, 고객 등에 관련된 정보교류를 통해 근로자들의 생산성이 향상된다.

둘째, 거래비용이 절감된다. 언제, 어디서든 손쉽게 정보교환이 가능함으로써 거래비용이 대폭적으로 축소될 수 있다.

셋째, 불필요한 자료관리에서 해방될 수 있다. 필요한 자료를 실시간에 사용자에게 전달 · 보관하게 함으로써 거대하고 복잡한 자료관리 부담에서 벗어날 수 있다.

넷째, 생산 · 공급 · 분배과정상의 효율성을 향상시킬 수 있다. 경영당사자들 간 정보교환의 원활화를 통해 경영활동의 효율성을 향상시킬 수 있다.

다섯째, 소비자 서비스 증대와 고객 만족 증대를 이끌 수 있다. 음성정보 제공 등으로 소비자 서비스 내용의 다양화와 이를 통한 소비자 만족 극대화를 꾀할 수 있다.

여섯째, 경쟁력 향상을 들 수 있다. 비용절감 등으로 경쟁력이 향상될 수 있다.

일곱째, 영업기회의 증가를 들 수 있다. 다양한 서비스 제공 등으로 인해 새로운 영업기회를 가질 수 있다.

표 8-3 기업의 m-비즈니스 활용내용

경영부문	활용내용
소비자	주문, 지불, 확인, 수령, 선적상황 정보 교환 등
근로자	이메일, 일정관리, 상품 및 고객, 인력 정보 교환 등
관계사	지역정보, 주문승인, 선적상태, 지불상태 정보 교환 등
주주	주식가격 정보 제공 등
구인	취업안내 등
퇴직자	기업소식 제공 등

자료: 라비 칼라코다 · 마사 로빈슨 저, 정만원 역, m-비즈니스, 물푸레, 2002.

6. m-비즈니스의 최근 경향

모바일시장에서 새로운 변화가 일어나고 있다. 지금까지 하드웨어 업그레이드와 외형 디자인 중심의 차별화가 스마트폰의 핵심가치였다면 향후에는 스마트폰의 콘텐츠 서비스 최적화가 그 자리를 대신할 수 있다.

이동통신사 또한 이를 어떻게 활성화시킬 것인가에 집중되었고, 포털업체도 이제 단순히 미래를 대비하는 차원이 아니라 미래사업의 핵심동력으로서 어떻게 대응해야 할지 고민하는 분위기다. 모바일시장에서 콘텐츠서비스 관련 움직임들이 보다 적극적인 형태로 나타나며 구체화되고 있는 것이다.

(1) 핵심가치의 중심이동

과거 휴대폰의 핵심기능은 음성통신이었다. 여기에 카메라와 음악, 게임 등 멀티미디어기능이 내장되면서 스마트폰의 가치는 점차 확대되었다. 이러한 조건을 만족시키기 위해 베이스밴드 칩의 성능을 비롯하여 카메라 모듈, 디스플레이, 메모리 등의 하드웨어 사양이 향상되었고 이는 소비자의 구매욕구를 충족시킬 수 있었다. 그러나 지금 이러한 기능들은 10년 전 인터넷이 보급되기 이전의 PC와 같은 특성을 지니고 있다. 스마트폰 내부의 멀티미디어 자체 기능만으로는 더 이상 소비자를 만족시키는 데 한계가 있다. 소비자들은 이제 스마트폰의 단순한 기능을 넘어 모바일 인터넷 기반의 'Connected World' 가치를 요구하고 있다. 스마트폰에서 기대되는 가치의 중심은 음성통신에서 인터넷과 연결된 데이터통신으로, 독자적인 멀티미디어 중심에서 온라인 형태의 '연결된 멀티미디어'로 변화되고 있다. 따라서 하드웨어 중심의 스마트폰 자체 기능보다는 콘텐츠와 서비스를 보다 즐겁게 사용할 수 있게 하는 '서비스의 최적화'와 '사용자의 편리성'이 중요하다.

(2) 모바일 핵심업체들의 움직임

2007년 탄생한 애플의 아이폰은 단순히 새로운 휴대폰의 탄생을 넘어 콘텐츠서비스의 현실화를 구현하고 있다는 점에서 혁신적인 스마트폰으로 평가받고 있다. 아이폰에서 인터넷 검색 빈도는 타 단말기에 비해 50배 이상 많고, 음악서비스 사이트인 아이튠스와 편리하게 연결되면서 소비자들의 모바일 콘텐츠서비스 소비가 증가되고 있다. 최근 세계 최대 인터넷기업인 구글도 이동통신시장의 가치사슬 변화에 적극적으로 동참하고 있다. 구글은 기존 PC상에서 사용하는 웹 기반의 콘텐츠와 서비스 사업영역을 모바일로 확장시키고자 '안드로이드'라는 서비스 플랫폼을 구축하였다. 모바일 콘텐츠서비스의 상용화를 빨리 앞당기고 보다 차별적인 서비스를 구현하기 위해 이동통신사 영역까지 그 사업영역을 확대하고 있다.

잠시 쉬어가기

"전 세계 소비자 75%, 소셜 커머스에서 쇼핑할 것" 에센스 보고서

지난 11월 22일 공개된 에센스의 최신 소셜 커머스 보고서(Social commerce: Meeting customers where and how they shop)에 따르면 전체 설문조사 응답자의 75%는 향후 소셜 미디어를 통해 쇼핑할 가능성이 있거나, (그럴 가능성이) 매우 높은 것으로 나타났다.

ⓒGetty Images

또한 이 설문조사에 참여한 전 세계 소비자의 41%는 소셜 미디어 채널을 통해 (제품을) 구매했거나 구매할 계획인 것으로 조사됐다. 이 밖에 전체 응답자 5명 중 4명은 강력한 구매 촉진 요인으로 라이브 스트리밍과 대화형 커머스를 꼽았다.

대부분의 소비자가 실시간 스트리밍 쇼핑 경험을 즐기고 있는 것으로 드러났다. 전체 응답자의 절반가량(43%)은 이를 '즐긴다'라고 말했으며, 39%는 '매우 즐긴다'라고 답했다.

소셜 채널을 통해 구매했거나 구매할 예정인 주요 품목은 의류가 가장 많았다. 음식 배달/테이크아웃, 뷰티가 그 뒤를 이었다. 호주에서는 음식 배달/테이크아웃(22%), 의류(19%), 식료품(19%), 가정용품(19%) 순이었다(한국의 경우 식료품(27%), 의류(26%), 뷰티(25%)가 상위권을 차지했다).

주목할 만한 또 다른 부분은 많은 국가에서 소셜 커머스의 평균 거래 금액이 전자상거래의 평균 거래 금액보다 높았다는 것이다. 일본이 미화 약 96~483달러로 가장 높았고, 그다음은 약 101~200달러 사이 수준인 미국이었다.

모바일 결제 앱과 디지털 지갑이 인기를 끌면서 현금 없는 결제가 늘고 있다. 소셜 미디어를 통해 쇼핑하는 소비자의 약 43%는 디지털 지갑, 모바일 결제 애플리케이션을 사용하는 것으로 조사됐다. 보고서에 의하면 이러한 추세는 아시아 시장에서 더욱 두드러졌다.

소셜 커머스에서 소비자의 의사결정에 가장 큰 영향을 미치는 요인은 평가 및 리뷰(36%)였다. 프로모션 및 할인(36%), 제품 페이지(35.5%)가 그 뒤를 이었다.

구매 여정 전반에 걸쳐 소셜 플랫폼에서 구매를 촉진하는 다른 요인으로는 소셜 미디어의 편의성, 배송 옵션, 광고, 결제 옵션, 브랜드 또는 판매자 인지도, 인플루언서를 통한 판매 전 인게이지먼트 및 홍보 등이 있었다.

중국은 소셜 커머스 분야의 확실한 선두주자였다. 중국의 올 한 해 소셜 채널 매출은 전체 전자상거래 매출의 13%를 차지할 것으로 예상된다. 에센스에 의하면 중국 소비자의 약 80%는 소셜 미디어에서 제품을 구매했다. 싱가포르, 인도, 인도네시아가 각각 50%, 49%, 28%로 그 뒤를 이었다.

돈을 가장 많이 쓰는 소셜 커머스 소비층은 25~44세 밀레니얼 소비자(72%)와 남성(35%)이었다. 남성과 25~44세 밀레니얼 소비자 모두 하드웨어, 집 청소, 사치품, 가구 등의 카테고리 구매에 치우쳐져 있었다.

한편 디지털 채널이 인기를 끌고 있긴 하지만 대면 쇼핑은 여전히 중요한 것으로 조사됐다. 보고서에 따르면 77%의 소비자가 오프라인 쇼핑을 하고 있다고 답했다.

이러한 결과는 모나시 비즈니스 스쿨(Monash Business School) 산하의 호주 소비자 및 소매 연구소(ACRS)에서 이번 주 발표한 보고서에서도 나타났다. 해당 보고서는 50%의 소비자가 주요 쇼핑 채널로 오프라인 매장을 선호한다고 밝혔다.

자료: CIO, 2021.11.25.

제3절 소셜 커머스의 현재와 미래

스마트폰의 등장과 보급의 확대는 사회 구성원의 관계형성에 새로운 변화를 가져왔고 소셜 네트워크 서비스(SNS)는 이런 사회변화에 발맞추어 등장하였다. 사회변화를 주도하는 소셜 네트워크 서비스(SNS)는 개방과 공유 그리고 연계와 입소문이라는 키워드를 중심으로 다양한 성장과 발전의 기회를 제공하고 있는데 소셜 커머스는 그 중심에서 우리 생활 깊숙한 위치를 차지하고 있다. 본 절에서는 소셜 커머스의 개념을 정의하고 소셜 커머스의 특성과 주요 트렌드를 기업 사례를 중심으로 살펴본다.

1. 소셜 커머스의 개념

(1) 소셜 커머스의 정의

소셜 커머스(Social Commerce)는 판매촉진을 목적으로 소셜 네트워크 서비스(SNS)를 활용하는 것을 의미한다. 소셜 커머스는 2005년경 야후가 회원들이 장바구니 목록을 공유하는 서비스인 쇼퍼스피어(Shoposphere)를 공개하면서 처음 사용되었다. 즉 소비자들이 각자의 상거래경험을 공개하고 서로 공유하는 것을 일컫는 말로써 개방과 공유라는 웹2.0 개념에서 출발했다고 볼 수 있다. 하지만 이후에 웹 트렌드의 주류가 웹2.0에서 SNS로 바뀌면서 소셜 커머스의 의미도 조금 변화하여, 지금은 '소셜 네트워크 서비스를 활용하는 전자상거래'라는 보다 폭넓은 의미로 쓰이고 있다. 다시 말해, SNS 내에서 상거래를 하거나, 상거래서비스 내에 소셜적 요소가 있으면 그것을 소셜 커머스라고 할 수 있다. 소셜 커머스는 단순히 상품을 파는 것뿐만 아니라 블로그, 트위터, 페이스북 등의 소셜 미디어와 연계함으로써 강력한 입소문을 유발하는 구조를 갖고 있다.

보통 국내에서는 소셜 커머스라 하면 'SNS를 활용한 새로운 형태의 전자상거래'로서 서비스 및 상품에 큰 폭의 할인율을 적용하고 웹 사이트에 등록한 후 일정 인원이 구매하면 판매가 성사되는 일종의 공동구매를 가리킨다.

(2) e-비즈니스와 소셜 커머스의 차이점

e-비즈니스와의 가장 큰 차이점은 판매자와 소비자 사이에 지속적인 대화가 이루어지면서 소비자가 판매자의 일부 역할을 대신한다는 점이다. 소셜 커머스에서는 소비자가 SNS를 통해 상품정보를 다른 사람에게 퍼뜨리는 역할을 하여 판매자가 해야 할 홍보에 대한 소비자의 기여도가 더욱 높아진다. 이는 기존 상거래의 판매자와 소비자 간 커뮤니케이션과 달리 개방적인 대화가 이루어지는 SNS를 주요 매체로 이용하기 때문에 나타나는 특성이라고 볼 수 있다.

표 8-4 e-비즈니스와 소셜 커머스의 차이

상거래 유형	주요 사용매체	판매자 vs. 소비자	쌍방향 커뮤니케이션의 형태
TV 홈쇼핑	TV, 전화	1 대 多	"내가 당신에게 이야기하겠습니다" (당신에게 이 물건을 팔고 있습니다)
전자상거래	특정 인터넷 사이트	1 대 多	"내가 당신에게 이야기하겠습니다" (당신에게 이 물건을 팔고 있습니다)
오픈마켓	특정 인터넷 사이트	多 대 多	"당신이 원하는 걸 우리에게 얘기해 주세요" (이 중에 당신이 원하는 물건이 있습니다)
소셜 커머스	특정 인터넷 사이트, SNS	1 대 (多) 대 多	"함께 이야기합시다" (우리가 물건을 함께 사고팔 수 있습니다)

자료: 현대경제연구원, VIP Report, 2012.

(3) 소셜 커머스의 대표 유형

소셜 커머스는 유형에 따라 크게 ① 전자상거래 사이트와 연결, ② SNS 안의 전자상거래, ③ 온라인 공동구매, ④ 온-오프라인 연동 형태로 분류할 수 있다. 전자상거래 사이트와 SNS의 연결(링크)을 통해 소비자가 SNS에서 상품에 대한 정보를 교환하고 전자상거래 사이트에서 구매하는 형태가 가장 기본적이나 최근에는 SNS 이용자의 증가와 함께 전자상거래기능이 SNS 안으로 들어가 시장이 형성되는 경우도 많다. 이 밖에 기존의 온라인 공동구매가 SNS를 활용하여 소비자를 모으는 방식으로 상품을 판매하는 공동구매형 소셜 커머스도 있다. 한편 가장 진화된 형태로 네트워크 기기 등을 통해 오프라인 매장과 SNS를 연결하여 온-오프라인을 연동하는 소셜 커머스도 등장하고 있다. 하지만 앞서 언급한 것처럼 현재 국내의 소셜 커머스 서비스는 온라인 공동구매형 소셜 커머스가 대부분이다.

(4) 소셜 커머스 비즈니스 모델

소셜 커머스 비즈니스 모델의 어떤 점이 이렇게 폭발적인 성장을 이끌고 있는 것일까? 소셜 커머스는 소위 윈-윈-윈 사업 모델로서 지역 소매업체, 소비자, 소셜 커머스 사업자 모두에게 상당한 이익을 제공한다. 각각의 관점에서 해당 내용을 정리해 보면 다음과 같다.

1) 소매업체

소셜 커머스 사업자는 지역별로 하루에 한 소매업체를 선정하여 반값 이상의 할인을 제공한다. 예컨대 서울 종로에 있는 한 레스토랑의 5만 원짜리 스테이크 식사를 2만 5천 원에 제공하는 식이다. 그런데 할인율이 너무 높기 때문에 소매업체는 소셜 커머스 사업자가 가져가는 수수료를 제외하고 나면 사실상 이익이 제로이거나 오히려 손해를 보는 경우도 많다. 그럼에도 불구하고 소매업체들이 너도나도 소셜 커머스 서비스를 이용하려는 이유는 직접적인 수익을 위해서라기보다는 광고효과를 위해서다.

그동안 지역 소매업체들은 마땅한 광고수단이 없었다. 기껏해야 전단지나 잡지 등을 이용하는 정도였으며, 인터넷 홍보는 가격이 상당히 비싸 이용에 한계가 있었다. 하지만 소셜 커머스를 이용하면 하루 동안 인터넷에서 크게 주목을 받을 수 있다. 소매업체와 그들이 취급하는 상품에 대한 정보가 SNS를 통해 퍼지게 되고, 매장을 방문한 고객들이 SNS에 후기를 남김으로써 이후에도 상당 기간 동안 광고효과를 누릴 수 있다. 결과적으로 광고효과 때문에 소매업체는 마진이 없거나 손해를 보면서까지 참여하게 되는 것이다. 실제로 그루폰의 경우 세일즈 전용 사이트를 통해 만족도를 공개하고 있는데, 그루폰에 참여한 업체의 만족도는 95%로 조사됐으며, 참여업체들은 인쇄물보다 86%, 검색광고보다 90%가 더 효과적이었다고 답했다.

2) 소비자

소비자 입장에서는 50% 이상이나 할인된 가격이 그 자체로 상당히 매력적이다. 소비할 생각이 없다가도 반값이라면 생각이 달라진다. 불필요한 소비를 유발하는 측면도 있지만, 기본적으로 소셜 커머스는 어느 정도의 충동구매를 전제로 하며, 강력한 충동구매 유발은 쇼핑사업에 있어서 아주 중요한 마법이다. 홈쇼핑이나 마트를 생각해 봐도 충분히 공감할 수 있을 것이다. 아무튼 소비자 입장에서 반값 이상의 할인가격에 상품을 구매할 수 있는 기회가 생겼다는 건 무척이나 매력적인 일이 아닐 수 없다.

3) 소셜 커머스

미국의 소셜 커머스 사업자들은 지역 소매업체와 소비자의 강력한 욕구에 개입함으로써 무려 50%의 수수료를 챙기고 있다. 반면 국내에서는 상위사업자들이 대략 20~30%

정도의 수수료를 받는 것으로 알려져 있으며, 하위사업자들은 수수료가 10% 이하이거나 아예 수수료 없이 낙전수입만으로 사업을 영위하고 있는 경우도 있다고 한다. 현재 관련 사업자들은 시장이 커지고 브랜드가 강화될수록 더 많은 수수료를 받을 수 있을 것으로 기대하고 있다.

2. 소셜 커머스의 특성

소셜 커머스는 SNS와 결합함으로써 실시간성과 확산성을 띤다. 또한 상거래가 이루어지는 공간이 기존 전자상거래 사이트에 국한되지 않고 SNS를 연결고리로 하여 소셜 웹으로 확장될 뿐만 아니라, 모바일 단말기와 위치기반서비스의 도움을 받아 오프라인까지도 아우른다.

웹2.0에서는 다수의 참여가 만들어 낸 집단지성이 합리성의 기준이었지만 소셜 커머스는 신뢰할 수 있는 지인들의 추천, 다시 말해 소셜지성이 집단지성을 대체한다. 또한 영향력을 가진 소비자라면 자신의 영향력이나 입소문을 화폐와 같이 활용하여 재화를 구매할 수도 있다. 무엇보다 중요한 점은 소비자들의 역할이 상당히 중요해진다는 점이다. 소비자가 커머스 플랫폼을 SNS로 확장하고 오프라인까지 통합시켜 주는 연결고리가 되며, 소셜지성이라는 합리성의 원천과 신뢰의 보증인이 되기 때문이다.

이처럼 소셜 커머스는 매우 포괄적이고 광범위한 개념이다. 국내에는 쿠팡, 티켓몬스터, 위메프 등 소셜 쇼핑 사이트들에 편중되어 있지만, 해외에서는 매우 다양한 방식으로 소셜 커머스가 구현되고 있다.

표 8-5 웹2.0에서의 e-비즈니스와 소셜 커머스 패러다임의 비교

구분	웹2.0	소셜 커머스
핵심개념	커머스 플랫폼의 개방과 공유	커머스 플랫폼과 SNS의 결합
변화동인	매쉬업, 오픈 API	SNS, 모바일, 증강현실, 위치기반서비스
합리성의 기준	Collective Intelligence	Social Intelligence
커머스 플랫폼	Web	Social Web, 통합된 온·오프라인
화폐	금전	금전, 입소문
주체	사업자	소비자

자료: KT경제경영연구소, 소셜 커머스 해외 추진 사례와 전망, 2012.

3. 소셜 커머스의 부상배경

오늘날 소셜 커머스가 이처럼 확산될 수 있었던 것은 전자상거래 이용자의 꾸준한 증가와 소셜 네트워크의 성장, 이를 지원할 수 있는 기술의 발전 덕분이다.

(1) SNS의 성장

2000년대 중반 이후 SNS 이용자가 급속하게 증가하고 페이스북, 트위터 등 서비스의 성격 역시 개방적으로 전환되면서 다수의 소통공간이 마련되었다. 특히, 소셜 네트워크 서비스는 어린 세대뿐 아니라 나이 든 세대들의 접속률 역시 높고 사용시간이 길다는 점에서 소비자들의 주된 정보교환공간으로 부상하였다.

또 하나 주목할 점은 상품을 살 때 동료를 찾아 정보를 교환하는 것은 오프라인에서도 흔히 일어나는 현상이지만, 전자상거래의 경우 동료의 의견에 의지하려는 경향이 훨씬 강하게 나타난다는 점이다. 전자상거래를 통해 물건을 살 때 다른 사람들의 의견이나 추천을 보는 소비자의 절반 정도는 자신이 어떤 상품을 살지 확실하게 정하지 못한 상태라고 한다. 이때 SNS를 통해 소비자가 자신이 믿고 있는 집단이 제공하는 상품정보를 접할

그림 8-12 대한민국 인터넷 이용자수

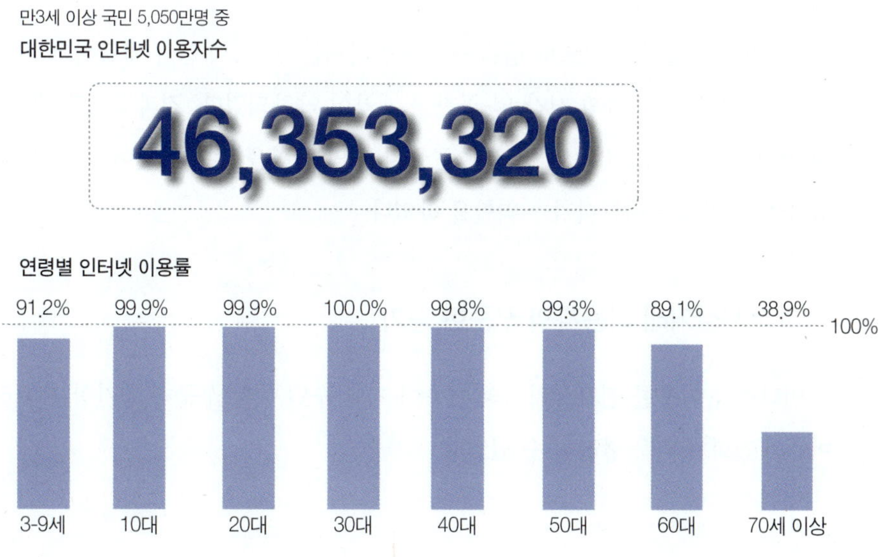

그림 8-13 연령별 인터넷 이용 서비스 현황

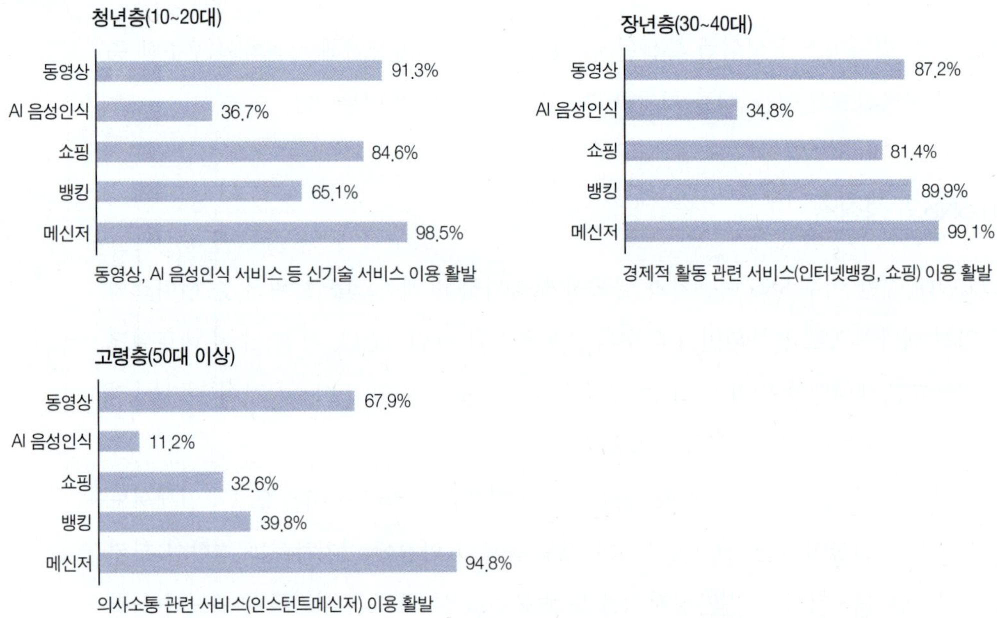

때 긍정적 영향을 받게 되며, 이 같은 신뢰가 구매결정에 큰 영향을 미친다고 한다.

(2) 지원기술의 발전

네트워크기술의 발전으로 접속속도가 빨라지는 한편, 개인의 네트워크 기기 보급 역시 확대되어 정보교환의 시간 및 공간적 제약이 약화되었다. 결과적으로 네트워크 기기의 발전과 보급은 소비자와 생산자, 공급자 간의 장벽을 낮추게 되어 기존의 전자상거래를 소셜 커머스로 전환시키는 역할을 하였다.

(3) 전자상거래 이용자의 꾸준한 증가

인터넷을 이용한 전자상거래의 이용이 지난 수년 동안 꾸준히 증가함에 따라 소셜 커머스의 진화가 더욱 빨라질 수 있었다.

4. 소셜 커머스 활성화의 의의

초기에 큰 주목을 받지 못한 전자상거래가 오프라인 소매의 증가속도를 앞서고 있고, 전자상거래의 작은 시장으로 분류되던 오픈마켓이 전자상거래를 주도하고 있다. 이처럼 아직 시장규모가 그리 크지는 않지만 최근 빠르게 성장하는 소셜 커머스는 장기적으로 온라인은 물론 오프라인에서의 소매행태에까지 영향을 미칠 전망이다.

하지만 소셜 커머스의 더 큰 의의는 정보교환의 양이 증가하면서 상품시장이 소비자 중심으로 이동하는 과정에서 형성되었다는 점에 있다. 소셜 커머스를 미국처럼 넓은 의미로 보든 국내에서와 같이 공동구매에 한정하든 가격결정권을 포함한 시장의 주도권이 소비자 쪽으로 이동했다는 것은 다르지 않다. 소비자들은 상품에 대한 평가, 추천 등을 쓰고 읽으면서 상품구매 후 얻게 될 가치나 원가 등을 포함한 구체적이고 다양한 정보를 접할 수 있게 된다. 이때 기업이 살아남기 위해서는 소비자의 가치가 커지는 만큼 상품의 원가 및 비용을 낮추거나 소비자가 납득할 만한 새로운 가치를 창출해 내야만 하는 것이다.

5. 소셜 커머스의 주요 트렌드 및 추진 사례

(1) 소셜 쇼핑의 대명사, 그루폰(Groupon)

소셜 커머스 중 가장 주목받고 있는 것이 소셜 쇼핑이다. 비즈니스 모델이 매우 단순하지만, 매출창출 능력이 뛰어나고 시장의 성장세 또한 매우 가파르기 때문이다. 가장 대표적인 기업으로는 그루폰을 들 수 있다. 전 세계적으로 논쟁거리가 된 그루폰은, 2008년 11월에 시카고에서 사업을 개시하여 한때 미국, 캐나다, 유럽, 남미, 일본 등 20여 개가 넘는 국가에서 230여 개 이상의 도시를 대상으로 사업을 진행하였으나 현재는 정체성 상실로 인해 실적 하락세가 뚜렷해 기업의 존망을 걱정해야 하는 상황이다.

그루폰은 지역별로 하루에 하나의 상품(쿠폰)을 50% 이상의 파격적인 할인가격으로 판매했는데 특히, 음식, 공연, 마사지, 숙박 등 지역을 기반으로 한 서비스상품을 쿠폰으로 판매했다. 소비자가 구매하는 쿠폰은 일종의 선불카드와 같은 개념이라고 볼 수 있는데 물론 소비자가 무조건 할인된 가격에 구매할 수 있는 것은 아니고, 사전에 고지된 일정 규모의 인원수에 도달해야만 구매를 할 수 있다. 만일 정해진 시간 내에 고지된 인원수에 도달하지 못하면 구매는 자동으로 취소된다. 또한 자신이 소개한 이용자가 구매하면 인센 티브를 받을 수도 있기 때문에 소비자는 혜택을 받기 위해 자발적으로 트위터, 메타(페이스북) 등의 소셜 미디어를 통해 해당 상품을 알리는 계기를 만들었다.

그루폰은 창업 2년도 안 돼 8백만 명 이상의 가입자를 확보했고 2013년 5억 달러 이상의 매출을 올렸으나 이후 지속적인 하락세를 보이고 있으며 구글의 60억 달러 인수제의 거절 후 급속한 내리막길을 걷고 있다.

GROUPON
Collective Buying Power

(2) 프라이빗쇼핑클럽

프라이빗쇼핑클럽은 멤버십으로 운영되는 쇼핑 사이트이다. 주로 유명 브랜드 상품을 할인판매를 하는데, 판매 수량이나 기간을 한정한다. 이미 회원할인 이벤트를 진행하고 있는 기존 e-비즈니스 사이트들과 다른 점은 오로지 초대에 의해서만 회원가입이 이루어진다는 점이다. 멤버십은 무료지만 회원의 초대를 받거나 대기자 명단에 등록한 후 운영자의 승인을 기다려야만 한다.

프라이빗쇼핑클럽을 소셜 커머스의 범주에 포함시킨 것은 회원초대와 상품홍보에 소셜 네트워크를 적극 활용하고 있기 때문이다. 소셜 쇼핑과 마찬가지로 상품 페이지마다 메타(페이스북)과 연동되는 버튼이 있는데, 그것을 클릭하면 회원계정으로 상품을 소개하는 문구와 페이지의 웹 링크를 자동으로 배포할 수 있다. 대개 초대받은 사람이 회원가입 후 상품을 구매하면 10달러 정도를 포상으로 주는 인센티브 프로그램을 운영한다.

다단계 네트워크 마케팅을 소셜 미디어와 결합한 것 같은 이 모델은 실제 놀라운 성과를 보여주었다. 프랑스, 독일, 영국 등 유럽을 주 무대로 세계 1위 규모를 자랑하는 Vente

Privee는 매년 40% 이상 고속 성장을 거듭하고 있다.

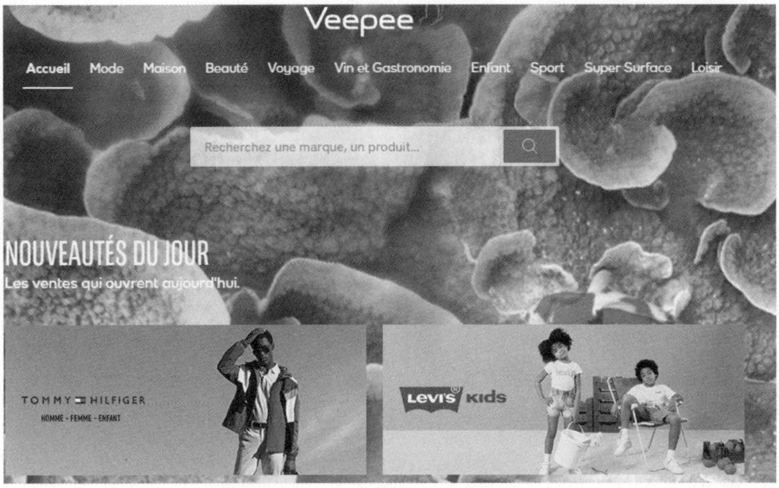

미국 1위 Gilt Groupe는 창업 원년인 2008년 3천만 달러였던 매출이 매년 급성장하고 있다. 회원 수는 2010년 6월 기준 3백만 명에서 현재 100배로 증가하였고 매일 17개, 주당 70개 정도의 새로운 상품이 업데이트 되고 있다. 매출의 50%가 상품정보가 등록되는 1 시간 안에 발생하며 순간 최대 트래픽은 아마존에 맞먹는 수준으로 알려지고 있다.

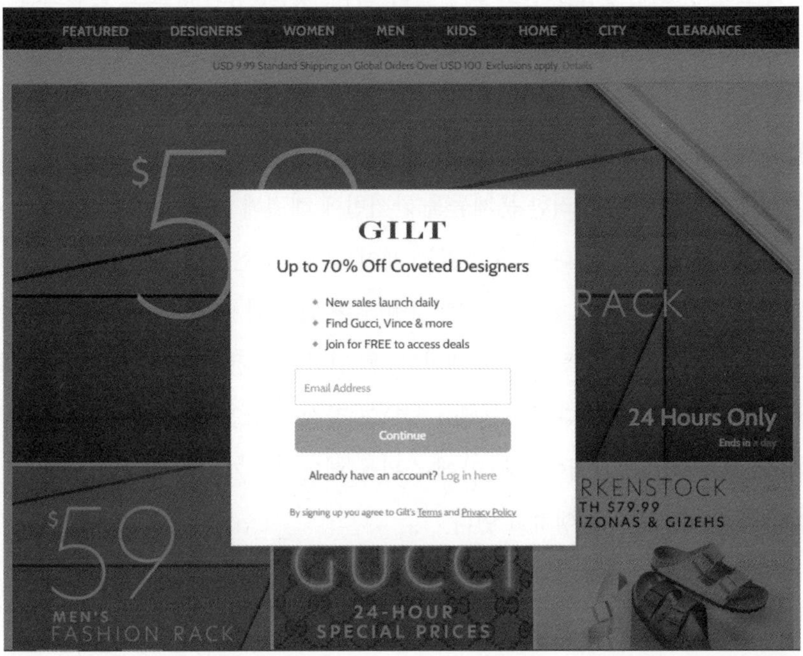

프라이빗쇼핑클럽은 수익성 또한 우수한 편이다. 기본적으로 광고비가 들지 않고, 주로 이익률이 좋은 고가의 브랜드 상품을 판매하기 때문이다. 이들이 소비자들의 폭발적인 인기를 끈 것도 좀처럼 할인을 하지 않는 명품 브랜드 상품을 싸게 팔기 때문이다. 때문에 상품수급에 어려움을 겪을 수도 있는데, 멤버십으로만 운영되는 폐쇄적인 방식 덕택에 브랜드 이미지와 가격관리에 까다로운 기준을 가지고 있는 브랜드들을 섭외 할 수 있었다고 한다. 주로 판매하는 품목은 의류, 패션 액세서리, 가전제품 등이다. 품목별이나 소비자 연령대별로 특화되기도 하며, 최근에는 지역으로 세분화한 사이트도 등장하고 있다.

(3) META－Commerce

META－Commerce는 메타(페이스북)에 쇼핑몰 페이지를 여는 것을 일컫는다. 초기 META－Commerce로 시작하여 현재 메타(페이스북)이 메타로 변경됨에 따라 META－Commerce로 운영되고 있다. 소셜 커머스라는 말이 있는데도 'META－Commerce'라고 따로 이름 지은 것은 META－Commerce의 기반이 되는 메타(페이스북)가 하나의 SNS를 넘어 월드와이드웹 (www)에 비견될 만큼 커다란 웹 생태계를 이루고 있기 때문이다.

전통적인 전자상거래는 쇼핑몰을 구축하고 검색 최적화나 검색 광고 등을 통해 고객 접점을 확보하며, 회원가입을 받고 회원들의 리뷰, 댓글, 평점 등으로 콘텐츠를 보강한다. 이 모든 과정에 투자와 개발이 필요하다. 프라이버시에 민감한 고객들을 회원으로 가입시키는 일 또한 쉽지 않다. 회원 아이디는 사실상 익명에 가깝기 때문에 상품평에 대한 신뢰문제도 생겨난다.

메타(페이스북)는 바로 이러한 문제들을 한꺼번에 해결해 준다. 계정은 물론 상품등록, 장바구니 등 웬만한 기능은 다 갖추고 있는 페이브먼트 같은 쇼핑몰 빌더도 공짜로 제공된다. 하지만 이보다 더 중요한 것은 이미 준비되어 있는 약 9억 명의 회원이다. 이들의 1인당 체류시간은 구글을 따돌린 지 오래이고, 총 인터넷 이용시간 점유율도 9.9%를 기록하면서 구글과 경쟁하고 있다. 메타(페이스북)의 장점에 힘입어 베스트바이, 까르푸, 델, 스타벅스, P&G 등이 메타(페이스북) 안에 쇼핑몰 페이지를 개설하였고, 델타항공과 픽사는 티켓 예매 서비스까지 진행하고 있다.

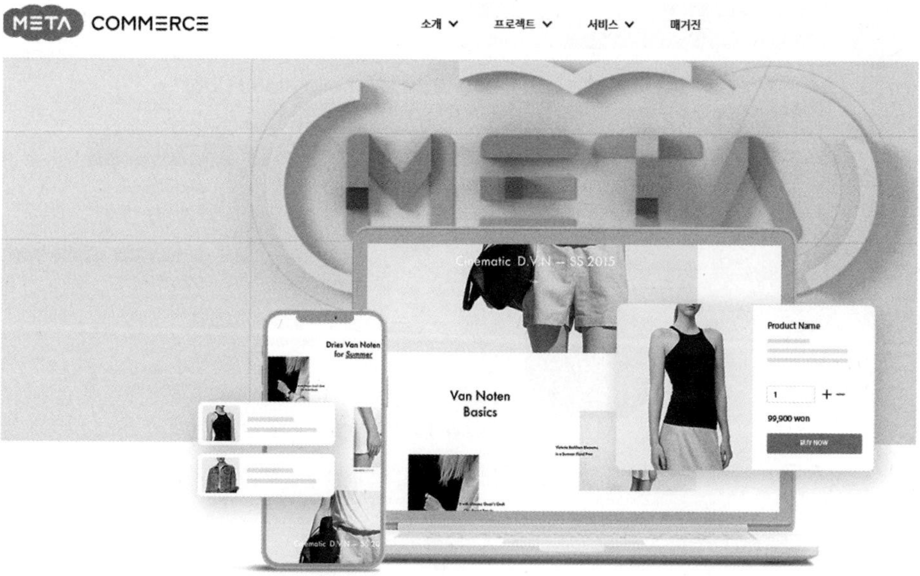

(4) 딜 어그리게이터(Deal Aggregator)

소셜 쇼핑이 난립하면서 소비자들은 이제 어떤 상품을 골라야 하는지를 고민하게 되었다. '기회는 단 하루!' 아주 싼 가격에 살 수 있는 상품들이 너무 많기 때문이다. 이러한 상황을 기회로 포착하여 만든 것이 딜 어그리게이터(Deal Aggregator)다. 딜 어그리게이터는 소셜 쇼핑 사이트들의 판매정보를 모아서 제공한다.

보통은 지역별, 상품 품목별로 카테고리를 구분해 놓고 있지만, 아예 특정 지역과 특정 품목에서만 한정지어 거래정보를 제공하는 경우도 있다. 최근 들어서는 개인들의 소셜 쇼핑 이용패턴과 본인이 공개한 개인 선호도를 기반으로 해서 맞춤구매 제안 서비스도 제공한다. 수익 모델은 광고다. 가장 눈에 잘 띄는 곳에 특정 소셜 쇼핑의 판매정보를 올려 주는 광고를 싣는다. 회원 기반이 충분해지면 직접 소셜 쇼핑을 시작할 가능성도 있다.

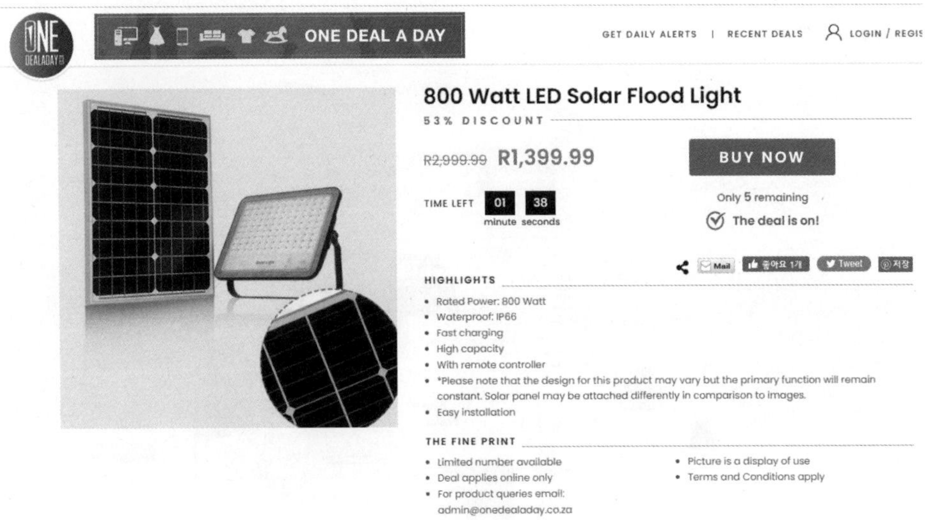

(5) 그룹탭(GroupTabs)

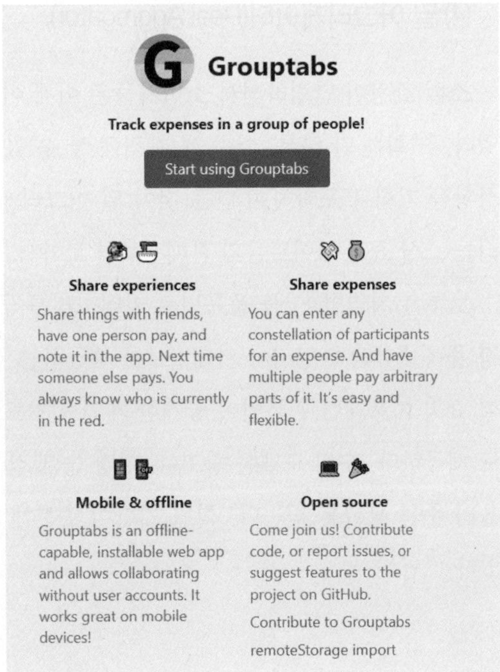

공동구매와 포스퀘어를 연계한 그룹탭이라는 서비스도 등장했다. 그룹탭의 작동방식은 다음과 같다. 소비자는 그룹탭서비스에 가입한 후 공동구매 목록에서 참여를 예약한 다음 해당 소매업체에 가서 포스퀘어를 통해 체크인을 한다. 예고된 시간 내에 체크인한 사람이 최소인원 수를 넘으면 소매업체는 할인 또는 특별서비스를 제공하게 된다. 예를 들어, 그룹탭에 참여한 뉴욕 맨해튼의 술집 '매케너즈 펍'의 경우, 그룹탭에 가입한 사람이 10명 이상 방문해 포스퀘어로 체크인을 하면 맥주 1잔당 추가 잔을 공짜로 준다.

6. 국내 소셜 커머스의 동향

국내 여러 벤처회사는 소셜 커머스 시장을 선점하기 위해 발 빠르게 움직였다. 그 결과 2010년 2월에 처음으로 위폰(wipon.co.kr)이라는 업체가 등장하였고 차츰 경쟁이 격화되기 시작하였으나 현재 위메프, 쿠팡, 티몬(티켓몬스터) 3개 기업으로 재편되었다.

'위폰'에 이어 '딜즈온', '티켓몬스터' 등 소셜 커머스 1세대들이 주축이 되어 국내 소셜 커머스 시장의 기반을 다지기 시작했고 이들은 구매력 높은 20~30대 여성 직장인을 목표로 '하루에 하나, 50% 할인된 가격'이라는 콘셉트로 국내 시장에 맞는 서비스를 소비자에게 제공했다. 특히 '티켓몬스터'는 창업주들의 독특한 이력을 바탕으로 한 언론홍보와 스토리텔링 마케팅으로 국내 소셜 커머스 시장의 스타트업 업체로 주목을 받으며 시장에서 입지를 넓혔다.

소셜 커머스 1세대를 통해 국내 소셜 커머스 시장의 가능성을 확인한 여러 벤처 업체들은 신속하게 움직였다. '쇼킹온', '슈가딜', '반토막', '쿠팡' 등 하루에 한 개꼴로 소셜커머스 업체가 생겨났다고 해도 과언이 아닐 정도로 많은 신생업체가 생겨났고, 이 과정에서 서울을 기반으로 시작한 기존 소셜 커머스 업체들과 달리 지방을 공략한 '할인의 추억', 직장인 여성 위주였던 시장에서 새롭게 육아시장으로 진출한 '스마트맘스' 등이 생겨나며 시장분할 현상도 일어났다.

그럼에도 불구하고 소셜 커머스 시장이 생각처럼 바로 활성화되었던 것은 아니었다. 사람들에겐 '소셜 커머스'란 용어 자체가 생소했고, 몇몇 업체를 제외하곤 하루 평균 구매

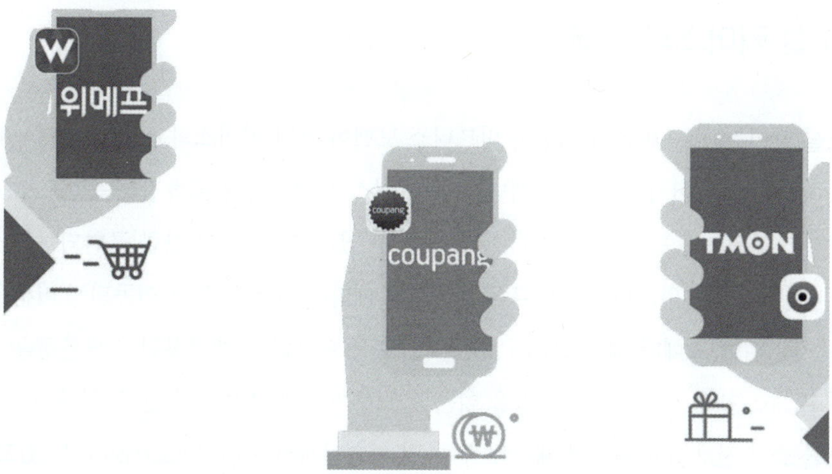

그림 8-14 SNS 쇼핑 및 피해경험(2016-2018)

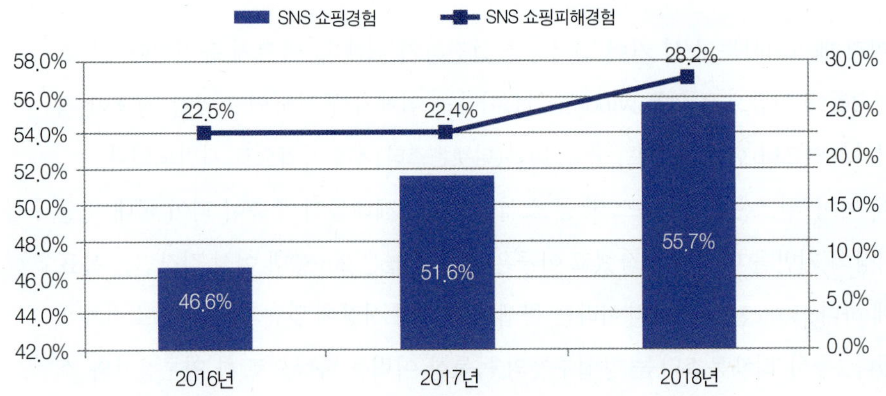

※피해경험은 SNS 쇼핑 경험자 '16년 1,507명, '17년 1,782명, '18년 2,009명을 대상으로 조사

자 수가 200명을 넘기기 어려웠다. 업체들은 트위터와 블로그, 메타(페이스북) 등에 홍보하기 바빴지만 생각보다 반응도 시큰둥했다. 그러던 중 KBS의 한 시사정보 프로그램에서 국내 소셜 커머스 시장을 집중 조명하였고, 이후 각종 포털 사이트에서 소셜 커머스가 인기검색어에 오르고 소셜 커머스에 관련된 수많은 기사와 웹 페이지들이 생성되면서 비로소 사회가 소셜 커머스를 주목하기 시작했다.

현재 국내 주요 사업자들을 살펴보면, 티켓몬스터, 쿠팡, 위메이크프라이스 3사가 시장 전체를 분할하고 있는 구조이다.

7. 소셜 커머스의 미래

소셜 커머스는 e-비즈니스의 한 비즈니스 모델이 아닌 커머스의 소비자 영역에 나타나는 하나의 흐름이자 포괄적인 개념이다. 커머스 사업자가 판매촉진을 목적으로 소셜 미디어를 활용하면 모두 '소셜 커머스'라고 할 수 있는 것이다. 그 만큼 구현되는 방식도 매우 다양하다. e-비즈니스 사이트에 트위터와 메타(페이스북) 등과 연동되는 버튼을 추가하는 것 외에도 메타(페이스북)의 오픈 그래프를 이용하여 개인화된 쇼핑환경을 만들어 주고, SNS 안에 상거래 전용공간을 여는 것 모두가 소셜 커머스라 할 수 있다.

소셜 쇼핑 정보들만 모아서 제공해 주는 딜 어그리게이터(Deal Aggregator)도 있고, 길트(Guilt Groupe)처럼 멤버십으로만 운영되는 소셜 쇼핑도 있다. 심지어는 카드결제 내역까지 SNS로 공유하는 서비스도 생겨났다.

이런 소셜 커머스의 변화를 만들어 내는 핵심동인은 소셜 네트워크 서비스(SNS)와 모바일이다. 다시 말해, 소셜 커머스는 그것이 기반하고 있는 소셜 네트워크의 소통방식과 구조의 틀을 벗어나기 힘들고 모바일기술이 지원해 주는 범위 내에서만 오프라인으로 확장될 수 있다는 얘기다. 즉 현재의 소셜 커머스는 메타(페이스북)와 트위터 같은 일부 SNS와 스마트폰의 기반 기술 안에서만 구현된 것들이다. 따라서 기존 SNS들의 진화, 새로운 형태의 SNS들의 등장, 그리고 모바일기술의 발전에 따라 소셜 커머스는 앞으로 더욱 정교해지고, 다양해지며, 더욱 깊숙이 일상 속으로 파고들게 될 것이다.

어쨌든 이미 소셜 커머스 업체 간 경쟁은 평소 부담스러운 가격으로 이용하기 어려웠던 상품과 서비스를 매우 저렴한 가격으로 즐길 수 있어 소비자들에게 특별한 혜택으로 다가오고 있다. 그러나 또 다른 측면에서 보면 상품과 서비스의 왜곡된 가격파괴가 나타나고 이를 이용하는 얌체 체리피커(cherry picker)형 소비자가 점점 많아지는 등 부작용도 심각해지고 있다.

이러한 소비행위가 소비자 사이에 만연해진다면 소셜 커머스 시장은 업체 간 경쟁을 넘어서 소비자를 잡기 위한 벤더 간 경쟁으로 확대되어 소셜 커머스가 '제 살 깎아 먹기' 식의 경쟁으로 전락해 버릴 것이다. 우리나라의 소셜 커머스 시장이 본질을 유지하고 성장하기 위해서는 소셜 커머스 제공자와 소매업자, 그리고 소비자가 서로 '윈-윈-윈'을 할 수 있는 상생의 마인드가 바탕이 되어야 한다. 소셜 커머스는 순간의 유행이 아닌 앞으로의 지속적인 성장을 유지하기 위해서는 현재의 모습에 안주하지 말고 사회구조, 소비자의 기호 변화 등에 민감하게 반응하여 미래의 모습을 발견할 줄 알아야 할 것이다.

토의해 봅시다

- e-비즈니스의 발전에 영향을 미친 정보기술에 대해 설명하시오.
- e-비즈니스 vs. m-비즈니스 vs. 소셜 커머스를 비교 설명하시오.
- 오늘날 기업이 소셜 커머스를 중요하게 취급하는 이유에 대해 설명하시오.
- 비즈니스 패러다임의 변화에 따른 기업의 고객관계 변화에 대해 설명하시오.
- 오프라인 비즈니스의 미래방향성에 대해 설명하시오.

참고문헌

- 과학기술정보통신부, 모바일 상품권 시장 규모
- 권오병, e-비즈니스 시스템, 도서출판 청람, 2015.
- 김성희 · 장기진, e-비즈니스.com, 도서출판 청람, 2015.
- 마켓리포트, 세계 전자상거래 매출 전망(2019-2025, 억 달러)
- 박태훈 · 이찬, e-비즈니스 실전창업, 일문사, 2015.
- 앱애니, 코로나19, 모바일 비즈니스에 미친 종합 판세 분석, 2020. 08.
- 오종현, 카카오 마케팅 컨설팅북, e비즈북스, 2015.
- 윤종훈 · 김용민, SNS 시대의 e-비즈니스, 학현사, 2013.
- 윤한상 · 박준철 · 정기호, 기업경영과 e-Business, 경문사, 2015.
- 이동훈, 전자상거래와 E-비즈니스, 한빛미디어, 2010.
- 정보통신정책연구원(KISDI), 국내 전자상거래 시장 전망
- 정석찬 · 배혜림 · 이문봉 · 박성재, 스마트경영시대의 e-비즈니스 이해, 생능, 2015.
- 조선비즈, 한국의 아마존 될까 VS 만년 적자기업 될까…..쿠팡, 흥망성쇠의 기로, 2022. 06. 16.
- 통계청, 국내 이커머스 시장 점유율 현황, 2020.
- 하계범, e-비즈니스 전자상거래, 이한출판사, 2009.
- 한국모바일산업연합회, 성장하는 국내 모바일 콘텐츠 시장
- 한국무역협회, 주요국 전자상거래 시장 규모 및 비중(2019년)
- CIO, "전 세계 소비자 75%, 소셜 커머스에서 쇼핑할 것" 에센스 보고서, 2021.11. 25.
- Digital Insight, 코로나19, 모바일 비즈니스에 미친 종합 판세 분석, 2020. 10. 21.
- www.nts.go.kr
- www.seri.org

CHAPTER

09

MANAGEMENT INFORMATION SYSTEMS

소셜 네트워크 사회로의 발전과 패러다임의 변화

제1절 소셜 네트워크 사회의 개념

제2절 소셜 네트워크 사회와 기업경영 변화

제3절 소셜 미디어의 사회적 영향

오바마 "SNS 운영 빅테크가 민주주의 훼손 … 독재권력 기반 역할"

지난 20일(현지 시각) 미국 캘리포니아주 스탠퍼드대에서 오바마 전 미국 대통령이 강연하고 있는 모습(사진=AP 연합뉴스)

"소셜네트워크서비스(SNS)는 인류가 가진 최악의 충동을 최대치로 충전해 민주주의를 훼손하고 있다. 대중들은 민주주의에 실망했으며, 이는 (푸틴 등) 독재자들이 권력을 잡는 기반이 됐다."

버락 오바마가 전 미국 대통령이 SNS 플랫폼을 운영하는 소위 빅테크(거대 IT기업)가 온라인 공간을 자극적이고 잘못된 정보의 유통장으로 만들어 민주주의를 훼손하고 있다고 거칠게 비판했다.

21일(현지 시각) 가디언지 등에 따르면 워싱턴포스트(WP) 오바마 전 대통령은 이날 스탠퍼드대 연설에서 "국민을 심각하게 분열시키는 온라인상 거짓말을 차단하기 위해 IT기업들이 시스템을 재설계해야 하고, IT기업의 의사결정 과정이 더 투명하게 되도록 규제해야 한다"고 말했다.

그는 IT기업이 민주주의 제도에 대한 신뢰를 훼손하고 잘못된 정보를 확산하면서 국민을 분열시키는 데 일조했다면서 "의도 여부와 무관하게 IT기업의 세세한 결정이 민주주의를 더 취약하게 만들었다"고 지적했다.

오바마 전 대통령은 러시아의 우크라이나 침공을 비롯해 현재 세계 각지에서 독재자들이 권력을 장악한 것을 예로 언급했다. 온라인상에서 사용자와 정보가 양극화되면서 민주주의에 대한 대중들의 인식이 회의적으로 바뀌게 됐다는 분석이다.

그는 SNS의 알고리즘 문제와 관련, "SNS에서의 조작된 정보 때문에 사람들이 죽기도 하는 등 피해를 보고 있는데 기업들은 서비스에서 정보를 확산시키는 알고리즘을 투명하게 공개하지 않고 있다"고 말했다.

그러면서 "알고리즘이 진화하면서 가끔은 알고리즘을 만든 사람들도 알고리즘이 어떻게 작동하는지 확신하지 못하고 있다"라며 "이것이 문제"라고 강조했다.

그는 신기술로 정보 조작이 더 정교해지고 있다고 지적한 뒤 "우리가 아무것도 하지 않는다면 상황은 더 악화할 것"이라면서 "어떤 기준이 마련되지 않는다면 이런 기술이 선거와 사법제도, 민주주의, 사회질서 등에 심각한 영향을 미칠 것"이라고 말했다.

자료: 조선비즈, 2022.04.22.

제1절 소셜 네트워크 사회의 개념

스마트폰으로 촉발된 소셜 네트워크 사회는 사회생활에 있어 사람과의 관계를 중시하는 우리 사회에 있어 새로운 관계형성, 새로운 커뮤니티 형성의 기초를 제공하고 있다. 본 절에서는 소셜 네트워크를 정의하고 특징, 장 · 단점 및 활용방안에 대해 살펴본다.

1. 소셜 네트워크의 정의

소셜 네트워크 서비스(Social Network Service: SNS)는 다양하게 정의될 수 있다. 위키디피아는 SNS를 '온라인 인맥구축 서비스로 1인 미디어, 1인 커뮤니티, 정보공유 등을 포괄하는 개념이며, 참가자가 서로에게 친구를 소개하여, 친구관계를 넓힐 것을 목적으로 개설된 커뮤니티형 웹 사이트이다'라고 정의하고 있다.

그리고 한국인터넷진흥원은 SNS를 '인터넷상에서 친구, 동료 등 지인과의 인간관계를 강화하거나 새로운 인맥을 형성함으로써 폭넓은 인적 네트워크를 형성할 수 있게 해주는 서비스로, 커뮤니티(카페, 클럽), 미니홈피, 블로그, 마이크로 블로그, 프로필 기반 서

그림 9-1 소셜 네트워크 서비스(SNS)

자료: www.google.co.kr

그림 9-2 국가별 소셜 미디어 이용률 및 국내 소셜 미디어별 순방문자 수

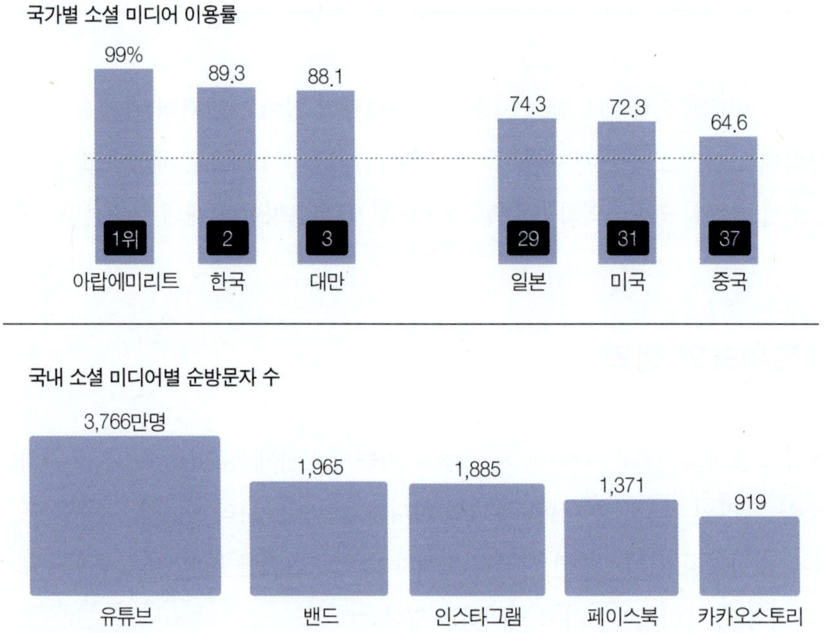

비스 등이 포함됨'이라고 정의하였다.

위의 내용을 종합해 보면 웹상에서 친구 · 선후배 · 동료 등 지인과의 인맥을 강화시키고 또 새로운 인맥을 쌓으며 폭넓은 인적 네트워크를 형성할 수 있도록 해주는 서비스이며 개인의 정보를 공유할 수 있게 하고, 의사소통을 도와주는 1인 미디어라 할 수 있다. 즉 SNS는 인터넷을 통해 사람과 사람을 연결해 주는 서비스라고 할 수 있으며, 이를 통해 사람들 간의 인적 교류와 함께 정보도 공유하도록 해주는 서비스를 모두 포함하는 개념이라고 할 수 있다.

우리나라는 '아이러브스쿨'이 대중적인 서비스로 처음 등장하였고 이어 '싸이월드'가 선풍적인 인기를 얻었다. 현재에는 트위터나 페이스북 그리고 인스타그램 등과 같은 SNS가 인기를 끌고 있다.

2. SNS의 특징

(1) 모바일환경을 이용한 즉시성

최근 스마트폰이 일반화되어 감에 따라 더욱 손쉽게 SNS를 이용할 수 있게 되었다. 스마트폰이 일반인들에게 많이 보급되었음은 물론 5G 통신망이나 Wi-fi 등 통신 인프라 또한 잘 구축되어 있기 때문에 우리는 더욱 손쉽게 SNS에 접속할 수 있게 되었다. 그에 발 맞추어 스마트폰에서 사용되는 애플리케이션도 보다 손쉽고 편리하게 SNS를 이용하도록 개발되었다.

(2) 공유, 실시간성

누구나 쉽게 콘텐츠를 제작할 수 있고 누구나 쉽고 간편하게 소비할 수 있다. 또한 기존 미디어시스템과 다르게 서비스를 제공할 수 있는 툴이 다양하기 때문에 자신이 만들어 낸 콘텐츠를 자신이 속한 소셜 그룹이 공유하는 것이 가능하고, 공유된 이 콘텐츠는 다른 사람에게 쉽고 간편하게 실시간으로 공유하는 것이 또한 가능하다. 이와 같이 정보제공자와 소비자를 실시간으로 연결함으로써 시・공간의 제약 없이 정보공유가 가능해졌다.

(3) 상호작용, 집단지성

쌍방향성을 활용하여 정보나 의견을 교환하고 이를 통해서 콘텐츠의 제작, 수정 등 일반적인 활동이 누구에게나 가능하게 된다. 이런 활동을 통해 얻게 되는 정보가 커뮤니티를 통해 개방적인 분위기에서 지속적으로 축적되고 발전됨으로써, 거대한 지식저장소가 만들어진다.

한 사건이 생기면 자연적으로 개인 간에 이 사건의 내용이 전달되고 반응을 주고받으며 대중의 관심으로 발전되기에는 적지 않은 시간이 소요된다. 반면에 발 빠르게 신속한 뉴스를 제공해야 하는 미디어는 이 사건에 대해서 즉각적으로 반응한다. 이러한 시간적 선후의 관계로 대중은 이제껏 선별된 정보를 받기만 하는 수동적인 입장을 취할 수밖에 없었다.

하지만 인터넷의 등장은 미디어와 공중의 이런 일방적 관계를 뒤바꿔 놓았다. 온라인을 통해 개인이 제기하는 의제는 즉각적으로 다른 이들의 반응을 이끌어 내고 이는 포털을 통해 뻗어나가 Public Agenda를 형성한다.

3. SNS의 장단점

(1) SNS의 장점

1) 인맥관리의 용이함

많은 사람들이 교제를 목적으로 블로그를 이용하는 것과 같이 소셜 네트워크는 대인관계 확장을 위해 만들어져 있다. 이를 통해 소셜 네트워크 이용자들은 '자기' 위주의 관계를 넓혀 나갈 수 있고, 쉽게 접하기 힘든 정치인, 연예인 같은 유명 인사들과의 접촉도 할 수 있게 되었다.

그 예로, 우리나라 정치인들은 소셜 네트워크의 일종인 트위터를 운영하며 일반 시민들과 직접 대화를 나누고, 정치적 · 사회적으로 이슈가 되고 있는 사안에 대해 토론하는 것을 볼 수 있다. 이것은 그만큼 소셜 네트워크가 성별이나 연령, 직업과 상관없이 누구나 평등하고 자유롭게 대화하며 친목을 쌓을 수 있는 장소임을 의미한다.

또한 특정 소셜 네트워크에서는 특정 목적을 위해 이용자들이 모여 만든 소모임이 있어 자신과 비슷한 취미와 공통점을 가진 사람들과의 소통이 가능하다. 이 소모임은 기존의 카페나 동호회처럼 가입이 번거롭지 않고 모임 내의 정보가 모든 사람들에게 열려 있어 정보가 신속하게 전달되며 공통점을 가진 다양한 계층의 사람들과 소통할 수 있는 장점이 있다.

2) 지식과 정보의 빠른 수집

스마트폰으로 SNS를 이용하면 시간과 장소에 구애받지 않고 빠르게 정보를 공유할 수 있다. 신속성과 이동성을 동시에 갖고 있기 때문에 뉴스보다 빠른 정보전달이 가능하다.

3) 심리적 만족감

소셜 네트워크 이용자들은 소셜 네트워크를 이용함으로써 심리적 만족감을 얻을 수 있다. 여기서 얻을 수 있는 심리적 만족감이란 이용자들이 일 대 다수의 소통형태를 지니고 있는 소셜 네트워크를 이용하면서 다른 이용자들을 의식하고 행동하는 데서 생겨나는 만족감이다.

소셜 네트워크를 통해 자기를 표현하거나 기분이나 감정을 표현하면서 다른 이용자들에게 댓글과 관심을 받고, 그를 통해 자신이 마치 유명해진 것 같은 만족감을 느끼게 되는 것이다. 소셜 네트워크의 일종인 트위터의 경우 자신의 팔로어가 늘고 자신의 글이 여러 번 리트윗될 경우 만족감을 느낀다는 이용자를 종종 볼 수 있는 것과 같은 맥락이다.

4) 여론 형성과 여론 결집의 창구 역할

SNS의 정보는 빠른 속도로 퍼지기 때문에 여론 형성에 효과적이다. SNS의 영향력은 이집트 민주화 사태에서 잘 드러났다. 이집트정부는 시위하는 시민을 무력으로 진압하고 언론을 통제했지만 시민들은 트위터로 시위현장을 실시간으로 전 세계에 알렸다. SNS로 모인 여론은 결국 이집트 독재정권을 무너뜨렸다.

5) 원활한 소통의 수단

SNS는 인맥을 기반으로 하기 때문에 소비자와 기업 간에 친밀한 소통이 가능하다. 기업은 비싼 광고비를 지불하지 않고 SNS로 소통할 수 있고, 소비자는 제품 소식을 빠르게 접할 뿐만 아니라 기업에 자신의 의견을 제시할 수 있다. 또한 팔로어가 되거나 누군가 자신을 팔로잉하기만 하면 상대방의 이야기를 듣거나 자신의 이야기를 남에게 들려줄 수 있기 때문에 기존 검색에 의존한 소극적인 소통보다는 쌍방향 커뮤니케이션이 더욱 활발해졌다.

6) 사용의 편의성

소셜 네트워크는 사용에 제약이 거의 없다. 메신저처럼 상대방이 들어오기를 기다릴 필요도 없고, 전화나 문자메시지와 달리 별도의 요금이 들지 않는다. 특히 트위터의 경우 140자 내외의 짧은 단문으로 이루어져 핸드폰으로도 이용이 간편해 어디서나 실시간으로 업데이트를 할 수 있다.

또한 스마트폰이나 무선인터넷이 가능한 휴대용 전자기기의 발달로 많은 사람들이 짧고 간편한 모바일형 소셜 네트워크에 주목하기 시작했고, 이런 기대에 맞춰 페이스북은 페이스북의 모바일 버전인 페이스북 라이트를 내놓기도 했다. 그리고 소셜 네트워크는 전화나 문자메시지처럼 자신이 원하는 사람과 직접적으로 연락을 할 수 있다.

또한 소셜 네트워크는 전화에서 어려운 일 대 다수의 정보전달이 가능하고, 문자메시지의 글자 수 같은 제한에 크게 구애받지 않아 더 빠르고 효율적으로 원하는 사람에게 정보를 전달할 수 있는 편리함이 있다. 거기다 소셜 네트워크는 별도의 요금이 들지 않는다. 즉 무선인터넷을 이용할 수 있는 모든 곳에서 무료로 정보를 공유할 수 있는데, 이 또한 소셜 네트워크의 장점이라 할 수 있다.

7) 비용절감의 효과

기존에 소셜 네트워크 서비스를 이용하지 않았을 때보다 비용절감의 효과를 누리게 된다. 여론조사나 고객과의 커뮤니케이션 통로로 이용되면서 사람이 직접 조사해야 할 때 소모되는 시간 및 노동, 비용 등의 절감효과가 나타난다.

8) 마케팅도구의 확장

이전까지 웹에서의 광고는 배너광고나 텍스트광고 등 한정된 모습이었다. 하지만 SNS를 마케팅도구로 활용하게 되면서 단순히 제품을 알리는 광고에서 벗어나 이벤트 등으로 친근하게 제품을 소개하고 고객에게도 쉽게 다가갈 수 있는 계기를 만들 수 있게 되었다. 그리고 여기서 자연스럽게 인식되어 이미지 쇄신과 같은 이미지 마케팅으로도 활용할 수 있다.

(2) SNS의 단점

1) 사생활의 침해

SNS의 특성상 개인의 정보를 개방한 상태에서 상호 신뢰성을 가지고 소통하게 된다. 이용자의 거주지역, 나이, 성별, 학력, 직장정보, 심지어는 무엇을 좋아하는지에 대한 취향 등의 개인정보가 요구되기도 한다. 그러나 과도한 개인정보 노출을 통해 개인정보의 위 · 변조, 오남용의 가능성이 증가했다.

SNS를 통한 정보 확산이 빠르기 때문에 명예훼손, 협박 등의 침해 위험성도 존재한다. SNS상의 개인정보가 서비스 탈퇴 이후에도 지속적으로 저장, 공개되어 이용자의 자기정보 통제권이 침해당하는 것도 큰 문제가 된다. SNS 사이트를 탈퇴한 후에도 개인의 정보가 지워지지 않고 돌아다니게 되면서 이 같은 정보가 악용될 수도 있다.

2) SNS를 통한 명예훼손

SNS는 인터넷과 달리 프로필이 공개되므로 완벽한 익명성을 가지고 있지는 않다. 그렇기 때문에 연예인을 비롯한 많은 유명인들은 과거 인터넷 댓글처럼 SNS를 통한 비방글에 시달리고 있다. 자신의 얼굴을 숨기고 이야기할 수 있는 SNS의 특성을 악용해 다른 사람의 명예를 심각히 훼손하는 경우가 빈번히 발생하고 있다.

3) 편향된 여론 형성

SNS는 20~30세대가 주 이용층이다. 사용자가 젊은 층에 집중되어 있다 보니 그들의 목소리가 SNS의 전반적인 분위기를 주도한다. 이렇게 하나의 성향과 가치가 SNS 내에서 분위기를 이끌게 된다면 서비스 안에서의 여론이 편향될 수 있다.

4) 제한적 글자 수로 인한 사실전달의 어려움

SNS는 글자 수가 제한되다 보니 정확한 사실에 대한 이해가 전달되기보다 단지 감성만이 전달될 가능성이 높다. 실제 가장 영향력 있는 트위터리안의 상당수는 소설가, 연예계 인사 등 예술 분야 종사자라는 점만 봐도 SNS가 감성적 차원의 전달수단임을 증명하고 있다.

이럴 경우 정치를 감성적으로 보게 만들 위험이 존재한다. 정치는 본래 이성적 시스템인데 이를 감성으로 접근하다 보면 정치를 단순화시킬 위험이 생겨나고, 그럴 경우 세상을 이분법적으로 보게 돼 상대를 타협의 대상이 아닌 제거 혹은 제압의 대상으로 바라보게 될 위험이 발생한다. 그렇기 때문에 SNS는 우리 정치문화에 활력을 줄 수 있을지 모르지만 분명 해악적 요소로도 등장할 수 있음을 알 필요가 있다.

5) 개인정보의 상업적 악용

SNS를 마케팅도구로 활용하는 기업이 늘면서 불법 · 과장광고가 늘어나 소비자에게 불편을 준다. 자극적인 광고는 청소년에게 좋지 않은 영향을 끼친다. 기업은 그들이 원하는 소비자를 찾기 위해 SNS에 등록된 사람의 정보를 이용한다는 점에서 개인정보가 상업적으로 악용될 수 있다.

6) SNS를 통한 범죄

최근에는 SNS를 통해 유명인을 사칭하는 경우도 늘어나고 있다. 그리고 지인을 가장해 돈을 빌리는 경우가 있는가 하면 성범죄 대상을 유인하는 데 SNS가 이용되기도 한다. SNS를 통한 신종범죄가 알려지면서 모방범죄까지 생기고 있다.

7) 저작권 침해

SNS 이용자들은 참여를 통해 정보를 생산한다. 그러나 이렇게 생산된 결과물의 가치에 대한 사회적 인식과 제도적 보호가 충분히 이루어지지 않고 있다. 또한 저작권에 대한 보상이 제대로 이루어지지 않은 정보나 내용이 SNS상에 올라오면 그 정보는 수많은 사람들에 의해 확산된다. 저작권 침해에 대한 처벌 또한 쉽지 않게 된다.

이렇듯 저작권에 대한 사회적 인식과 제도적 보호가 미약한 상황에서 SNS를 통해 저작권 침해는 더욱 사회적 문제가 될 수 있다.

8) 보안의 취약성

IT 보안업체 '소포스'가 500개 기업을 대상으로 조사한 결과 SNS 사용자의 57%는 SNS를 통해 스팸메시지를 받았으며, 36%는 악성코드를 받은 것으로 나타났다. 이렇게 SNS를 통한 보안위협이 급증한 것은 SNS의 특성에 기반한다. 인적 네트워크를 바탕으로 하는 SNS에서 인간적인 신뢰와 믿음을 악용한 것이다. 이러한 보안위협은 SNS뿐만 아니라 이를 다른 비즈니스 모델과 결합해 제공하는 형태의 비즈니스 플랫폼에서도 발생한다.

9) 유언비어의 확산

SNS는 정보를 신속하게 전달할 수 있는 장점이 있다. 반대로 허위정보도 SNS상에 올라오면 급속히 확산되는 단점이 있다. 이러한 SNS의 특징을 악용해 고의로 잘못된 정보를 유포하는 경우가 있다.

유명인사의 계정을 해킹해 그들과 관계있는 사람들을 통해 허위정보를 유포하기도 하고, 고의로 콘텐츠의 가치를 왜곡하거나 사실과 다른 정보를 만들어 배포하기도 한다. 확인되지 않는 루머나 왜곡된 정보가 확대 · 재생산되어 특정인 또는 기업의 이미지를 실추, 명예훼손 등의 피해를 유발하기도 한다.

그림 9-3 SNS를 통해 느끼는 피해사례

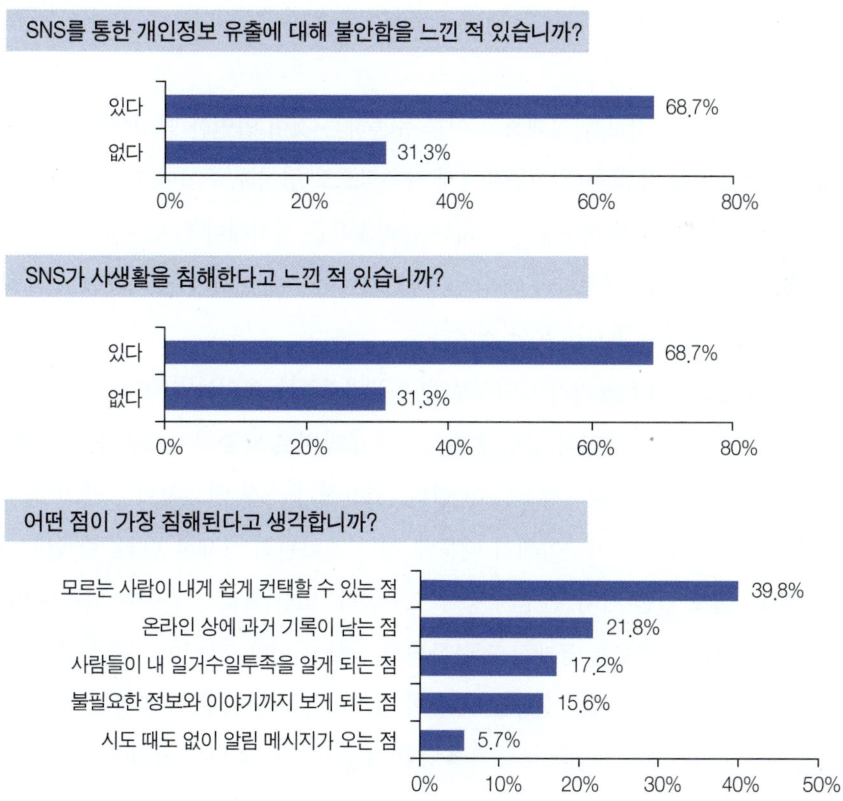

4. SNS의 효율적 활용방안

현대 사회는 컴퓨터, 네트워크기술 등의 발전과 함께 대중들이 무선 네트워크를 이용해 언제, 어디서나 전 세계의 사람들과 대화를 할 수 있는 소셜 네트워크 시대를 맞이하게 되었다. 대중들은 소셜 네트워크 서비스를 통해 자신의 의견을 표출하고, 다른 사람들과 소통하며 개인의 표현욕구를 충족시키고 있다. 그러나 이러한 순기능을 지닌 반면, 과도한 개인정보 유출과 개인정보 침해, 그리고 이를 이용한 악성범죄와 같은 새로운 위험에 직면하고 있으며 이들 역기능으로 인한 피해사례가 점차 증가하고 있다.

이러한 각종 범죄를 조금이라도 줄이기 위해서는, 첫째, 정부 차원의 노력이 불가피하다. 우리나라의 개인정보와 관련된 법제들은 산재되어 있으며 이로 인한 법적 보호의 공백과 사각지대가 발생할 수 있다는 문제점이 있다. 따라서 정부의 노력으로 「개인정보 보호법」과 같은 공공 및 민간 부문에 공통적으로 적용될 수 있는 실효성 있는 통합 법제가 구축되어야 한다.

둘째, 개인의 정보를 침해하고 이를 유출하는 것이 엄연한 범죄행위이며 그에 따른 처벌이 결코 가볍지 않음을 사용자에게 지속적으로 명시해 주어야 할 것이다.

셋째, 사용자에게 정보통신에 대한 윤리교육을 실시해야 할 것이다. 하지만 정부가 아무리 강력한 법을 제정한다 하더라도 개인의 의식이 변하지 않는다면 소셜 네트워크를 통한 범죄를 뿌리 뽑지는 못할 것이다.

소셜 네트워크 사용자가 개인정보 유출을 최소화할 수 있는 몇 가지 방안은 다음과 같다.

첫째, 사용자는 자신의 정보가 인터넷에 무방비로 노출될 수 있다는 사실을 자각하고, 주의와 감시를 게을리하지 않아야 한다. 일반적인 소셜 네트워크는 개인 회원의 정보를 바탕으로 서비스가 이루어지기 때문에 개인 프로필의 상세한 범위, 즉 연령대, 성별, 출신학교, 살고 있는 지역, 관심사 등을 요구한다. 또한 서로가 친구가 되는 것이 주된 목표이므로 개인의 정보를 공개하도록 동의를 구하고 있다. 하지만 사용자가 자신의 정보가 중요한 것임을 인지하고 함부로 자신의 아이디나 비밀번호, 주민번호 등 개인정보를 노출시키지 않는다면 개인정보를 유출당할 가능성 또한 줄어들 것이다.

둘째, 개인정보가 유출된 경우 해당 사이트 관리자에게 삭제를 요청하고 처리되지 않은 경우 즉시 개인정보침해 신고센터에 신고한다. 최근 포털 사이트인 '구글(Google)'을 통해 개인정보를 찾아내 유포하는 범죄가 빈번하게 일어나고 있다. 이처럼 사용자 자신의 개인정보가 대형 포털 사이트에 유출된 경우에 대한 관련법으로는 「정보통신망 이용 촉진 및 정보보호 등에 관한 법률」 제30조에서는 "이용자는 정보통신서비스 제공자 등에 대하여 언제든지 개인정보 수집 · 이용 · 제공 등의 동의를 철회할 수 있다"고 명시하고 있다. 따라서 자신의 정보가 대형 포털 사이트에 게재되어 있다면 지체하지 말고 삭제 요청을 해야만 한다.

셋째, 성숙한 사이버 윤리의식을 가져야 한다. 우선, 사이버공간에서는 통일적 정체감의 상실, 역할 상실에 따른 책임회피가 쉽게 일어날 수 있으므로 현실공간에 비해 더욱 수준 높은 책임의식을 가져야 한다. 그리고 모든 사용자는 각 개인의 기본적 자유를 최대한으로 펼칠 동등한 권리를 갖고 있으므로, 자신의 권리만을 내세우면서 타인의 권리를 함부로 침해해서는 안 될 것이다.

또한 사용자들은 현실에서 뿐만 아니라 소셜 네트워크상에서도 서로를 하나의 인격체로서 존중해야 할 것이다. 물론 소셜 네트워크가 사용자 자신의 생각을 자유롭게 전달할 수 있게끔 해주고, 다양한 커뮤니케이션을 활성화시켰다는 것은 부정할 수 없다. 하지만 반대로 생각해 본다면 이것은 서로 간의 방어벽이 허물어진 불완전한 공간이라고도 말할 수 있을 것이다. 그러므로 우리는 소셜 네트워크를 사용함에 있어서 책임감을 가지고 좀 더 신중함을 기해야 할 것이다.

잠시 쉬어가기

[페이스북 마케팅 7대 원칙] 사진 · 이모티콘 활용 중요, 오후에 올린 글 반응 좋아 … 인간적인 면 강조하고 '안티 세력'과도 적극 소통해야

'큰 비용 부담 없이 약 20억 명의 잠재적 고객과 소통할 수 있다면 마다할 이유가 있을까?'

업종과 규모를 달리하는 수많은 기업이 페이스북을 통한 홍보 · 마케팅에 관심을 가지는 이유다.

페이스북과 인스타그램, 트위터를 비롯한 소셜네트워크서비스(SNS)는 기업 경영에 도입 역사가 길지 않은 일종의 '신무기'다. 그중에서도 페이스북은 사용자 수와 다양한 기능에서 경쟁을 불허한다. 팔로어 수에 제한이 없는 트위터와 달리 페이스북의 경우 한 명이 맺을 수 있는 '친구' 수가 5000명으로 제한이 있다는 것 정도가 상대적인 약점으로 꼽힌다.

그러나 전문가들은 그저 '남들이 하니까 나도 해야지'

미국 캘리포니아주 멘로파크에 있는 페이스북 본사에서 방문객들이 대형 '좋아요' 간판 앞에서 기념 촬영을 하고 있다.(사진=블룸버그)

하는 생각으로 페이스북을 통한 홍보·마케팅을 시작해서는 곤란하다고 지적한다. SNS를 이용하고 관리하는 데 적잖은 시간과 노력이 드는 만큼 뚜렷한 목적이 없다면 아예 시작하지 않는 편이 나을 수 있다는 이야기다. 전문가들이 공통으로 지적하는 페이스북 마케팅·PR의 7대 원칙을 소개한다.

페이스북의 수익 구조

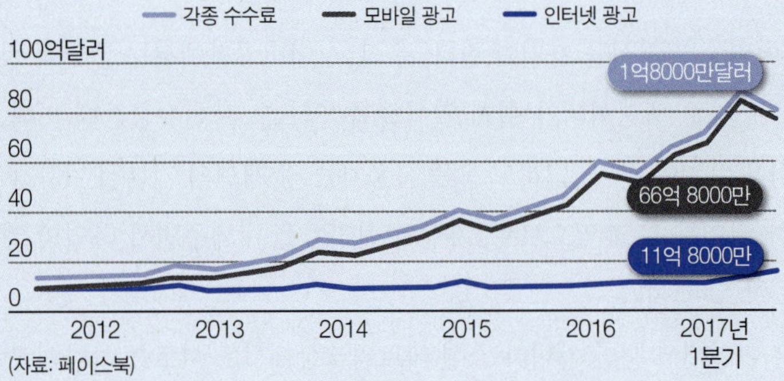

(자료: 페이스북)

1 '페친' 수보다 전문성과 꾸준한 활동 중요

'페친(페이스북 친구)'이 많은 이들을 팔로어(기업 계정의 경우)나 친구로 받아들이는 것이 언제나 바람직한 것은 아니다. 전문가들은 그보다 해당 기업이나 기업이 속한 산업 분야에 대한 관심과 전문성, 영향력이 훨씬 중요하다고 입을 모은다. 영향력이 비슷하다면 페친 수만 많고 활동이 뜸한 사람보다는 수는 적어도 양질의 콘텐츠를 가지고 지속해서 활동하는 이들과 관계를 형성하는 것이 홍보·마케팅 활동에 훨씬 도움이 된다.

2 '안티 세력'과도 소통

SNS를 이용하는 비즈니스 리더가 흔히 저지르는 실수 중 하나는 '안티 세력'을 차단하거나 피하는 것이다. 비즈니스 환경에서의 SNS 이용에 관한 연구의 권위자인 다비드 뒤부아 인시아드 경영대학원 교수는 이에 대해 "경영자는 자사 상품과 브랜드에 열광하는 팬들은 물론, 싫어하는 이들과도 적극적으로 소통해야 한다"고 지적한다. 싫어하는 이유가 있다면 그게 뭔지 파악해서 개선하기 위해 노력해야 하며, 이를 통해 잠재적인 위험요인을 새로운 기회로 바꿔 나갈 수 있다는 것이다. 물론 팬들을 통한 홍보도 소홀히 할 수는 없다. 수천 명의 영향력 있는 페친을 거느린 전문가의 긍정적인 멘트 하나가 제품과 서비스 관련 이미지 제고에 큰 도움이 되기 때문이다.

3 인간적이고 따뜻한 면 강조

전문가들은 기업의 페이스북 계정에서 강조해야 할 덕목으로 인간적인 따뜻함(warmth)과 유능함(competence), 투명성(transparency), 헌신(commitment)의 네 가지를 꼽는다. 특히 최고경영자(CEO)가 기업을 대표해 게시물을 올릴 경우 이 네 가지 중 하나를 부각시킬 수 있다면 금상첨화다.

인간적인 면을 강조하기 위해 가정생활이나 여가활동 등 업무와 관련 없는 게시물을 올리는 것도 나쁘지 않지만, 먼저 기업 경영이나 경영자가 처한 상황에 따라 분명한 목적과 기준을 세우는 것이 중요하다.

감정 표현 버튼 5개. 사랑(love), 웃음(haha), 놀람(wow), 슬픔(sad), 화남(angry).
자료: 페이스북.

4 게시물은 간결하게… 사진 · 이모티콘 활용

웹 분석 전문 기업 키스메트릭스의 조사 결과를 보면, 글자 수 250자 이하의 짧은 페이스북 게시물의 경우 250자가 넘어가는 게시물보다 '좋아요(like)'와 '공유(share)' 등의 반응 횟수가 60% 더 많았다. 길이가 비슷하다면 사진이 포함된 포스팅이 그렇지 않은 경우보다 반응이 39% 더 좋은 것으로 나타났다. 이모티콘(이모지 · emoji)이 있는 게시물은 없는 게시물에 비해 '좋아요'가 57% 많았던 조사 결과도 있다. 이모티콘 사용이 인간적인 느낌과 친밀감을 더해주기 때문이라는 분석이다.

5 이틀에 한 번 오후 시간에 올릴 것

키스메트릭스 조사에서 반응을 극대화할 수 있는 최적의 포스팅 빈도는 하루 0.5개로 나타났다. 이틀에 한 번꼴로 글을 올릴 경우 '좋아요'나 '공유' 횟수가 늘어난다는 이야기다. 시간대별 반응에 대해서도 다양한 조사가 이미 시행됐다. 대체로 점심시간 이후 오후 1~4시에 올린 게시물의 반응이 좋았다.

6 기업 공식 홈페이지 갖춘 후 페이스북 활용

페이스북의 등장으로 기업들이 마케팅 · PR에 드는 비용과 시간을 절약할 수 있게 됐지만 그렇다고 페이스북으로 기업의 공식 웹페이지를 대체할 수 있다고 생각하면 곤란하다. 캐나다 퀘벡에 본사를 둔 SNS마케팅 전문 기업 곤조마케팅의 프레데릭 곤살레스 대표는 관련 보고서에서 "SNS는 기업 관련 콘텐츠를 확대 재생산하는 수단"이라며 "SNS 활용에 앞서 공식 웹페이지나 블로그, 뉴스레터 등 기본적인 플랫폼을 갖추는 것이 중요하다"고 전했다.

7 마케팅 시작과 동시에 성과 측정

'페이스북 홍보 · 마케팅'의 성과 측정을 관련 캠페인이 끝난 이후로 미루면 성과를 제대로 파악하기 어렵다. 시간이 지날수록 걸러내야 할 변수가 많아지기 때문이다. 이 때문에 전문가들은 캠페인 시작 직후 상황 변화부터 시작해 종료 시점까지 지속적인 모니터링이 필요하다고 이야기한다.

Plus Point

페이스북 활용 잘하는 기업들

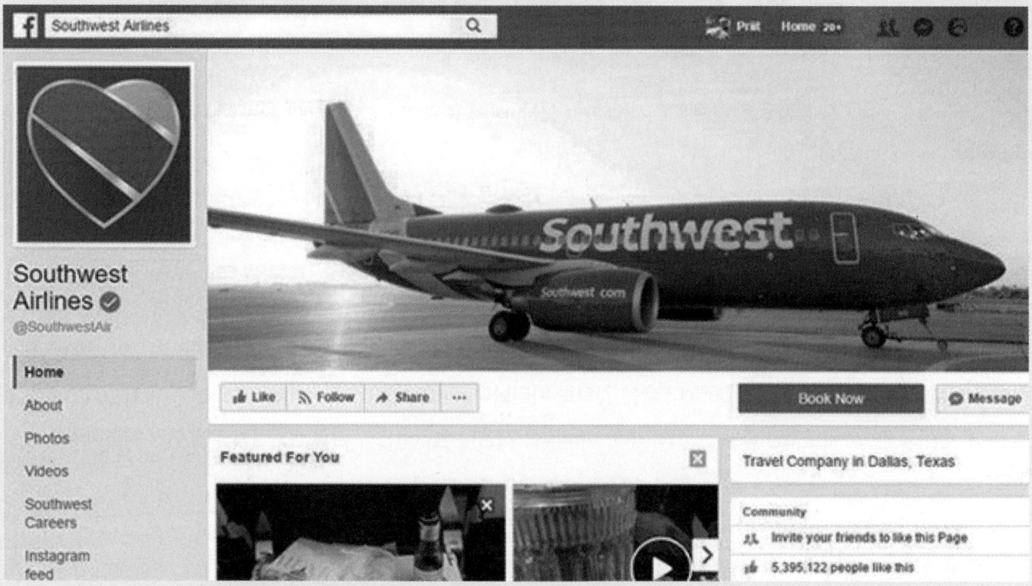

사우스웨스트항공의 공식 페이스북 계정.

미국의 대표적 저가항공사(LCC) 사우스웨스트항공이 페이스북을 비롯한 SNS 소통의 최고 모범 기업으로 꼽힌다. 2015년 10월 전산 장애로 약 800편의 사우스웨스트 항공기가 지연 운항됐지만, 당시 SNS에 올라온 고객 불평에 일일이 댓글을 달며 응대하는 등 민첩하고 효과적인 대응으로 오히려 찬사를 받았다. 자사 서비스 관련 SNS 활동에 적극적인 팔로어를 다양한 행사에 초대하는 등 충성 고객을 더욱 충성스럽게 만드는 데도 탁월한 능력을 발휘하고 있다. 사우스웨스트항공은 2014년 국내선 여행객 순위에서 1억2908만 명으로 1위를 차지했다.

'닉스(NYX) 코스메틱스'도 페이스북을 포함한 SNS 활용 '고수'로 꼽힌다. 닉스 코스메틱스는 세계 최대 화장품 기업 로레알이 2014년 5억 달러(약 5600억 원)에 인수한 미국 화장품 브랜드다. 이 회사는 현재 160만 명이 넘는 팔로어를 확보하고 있다.

맥도널드나 스타벅스처럼 팔로어 수가 수천만 명을 헤아리는 기업에 비하면 초라해 보일 수 있지만, 고객층과 브랜드 인지도를 생각하면 적은 수가 아니다. 페이스북과 인스타그램 등 SNS상의 두꺼운 팬층은 로레알이 닉스 인수를 결심한 중요한 이유 중 하나로 알려졌다.

이 밖에 세계적인 감자칩 브랜드 프링글스와 스포츠 브랜드 아디다스도 페이스북 활용 모범 사례로 자주 언급된다.

자료: 조선비즈, 2017.11.21.

제2절 소셜 네트워크 사회와 기업경영 변화

사회 구성원의 관계형성에 있어 새로운 중심이 되고 있는 소셜 네크워크를 기업의 비즈니스 관점에서 이론을 정립하고 실천의 사례를 분석하는 일은 소비자, 기업 및 정부 차원에서 의미있는 일이 될 것이다. 본 절에서는 기업경영 차원에서 소셜 네트워크를 분석하고 사회적 · 국가적으로 미치는 영향을 분석하며 기업의 마케팅으로서의 가능성, 소셜 네트워크 시대에 있어 기업의 역할에 대해 살펴본다.

1. 소셜 네트워크와 기업경영

소셜 네트워크는 많은 사람들과의 인적 교류의 의미로 시작되었으나 이제는 정보공유를 좀 더 편리하게 할 수 있도록 도와주는 서비스로 변화하였다. 이에 핵심적인 역할을 수행한 것은 '아이폰'의 등장부터라 할 수 있다.

스마트폰의 보급은 소셜 미디어 사용의 편리성을 가져왔고 이는 개인 및 조직의 생활 전반에 영향을 미치기 시작했다. 실례로 식사를 무엇으로 할지 고민되는 상황에서 스마

그림 9-4 소셜 미디어 활용 현황

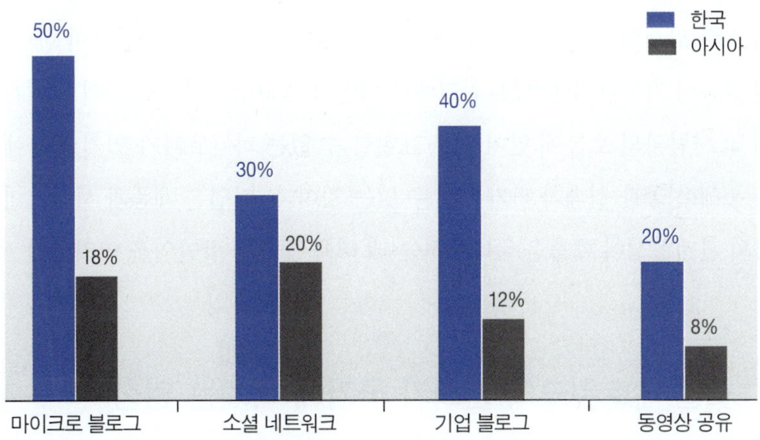

자료: http://www.boannews.com/media/view.asp?idx=23540&kind=1

트폰은 나의 위치를 파악하고 주변에 어떤 음식점들이 있는지 찾아준다. 또 언제든지 인터넷을 사용해 정보에 접근할 수 있다는 장점을 살려 그 음식점에서 미리 먹어본 사람들의 후기나 어떤 음식이 맛이 있는지 등의 정보를 실시간으로 확인할 수 있게 된다. 결국 서비스나 맛 등에 대해 부정적인 평가를 하면 매출이 감소하고, 잘못하면 가게 문을 닫아야 할 수도 있다.

이처럼 온라인상에서의 영향이 즉시 오프라인으로 나타나기 때문에 위치기반서비스가 발달함에 따라 작게는 작은 식당에서부터 크게는 기업까지 긍정적인 변화와 부정적인 변화를 줄 수 있다. 이런 점에서 소셜 네트워크의 발달은 기업에 위기와 기회를 동시에 제공한다고 볼 수 있다.

「월스트리트저널」이 선정한 아시아 200대 기업을 대상으로 소셜 미디어 활용에 대해 조사한 자료에 따르면 우리나라 기업들은 마이크로 블로그(트위터 형태), 소셜 네트워크(페이스북 형태), 기업 블로그, 동영상 공유(유튜브 형태) 등 전 부문에서 다른 아시아 기업들의 평균을 상회하는 수치를 나타냈다.

이를 반영해 주듯 트위터에서 우리나라 대기업 CEO들을 흔히 볼 수 있다. 이러한 소셜 네트워크 사용은 긍정적인 효과와 부정적인 효과를 동시에 제공하고 있다. 소셜 네트워크를 활용할 때 기업들은 정직하고 정확한 정보제공이 선행되어야 한다. 소셜 네트워크 중 하나인 블로그는 정확성과 진실성이 전제조건임에도 불구하고 기업의 마케팅수단으로 활용하면서 오히려 매출이 급감하는 기업의 사례를 많은 곳에서 볼 수 있다.

소셜 네트워크는 솔직함과 정직이 기반이며 변명은 통하지 않는다는 것을 기업은 알아야 한다. 또한 항상 고객과의 쌍방향 커뮤니케이션을 하면서 다수 고객의 의견을 따르되 소수 고객의 의견에도 귀 기울이고 있음을 실행을 통해 전달해야 한다. 고객과의 일대일 맞춤이 가능한 소셜 네트워크에서 기업의 최고경영자인 CEO의 노력은 온라인 관계형성 및 사람과의 소통에 있어 말로 표현할 수 없는 파급효과가 있기 때문에 소셜 네트워크를 통해 성공과 실패가 판가름날 수 있는 것이다. 기업은 제품과 서비스의 판매보다 고객과의 관계형성이 매출을 극대화하는 데 더욱 중요한 방안임을 인지하기 시작하였다.

2. 소셜 네트워크의 변화가 국가에 미치는 영향

소셜 미디어 또는 SNS는 기업의 마케팅 차원에서만 주목받는 것이 아니다. 미국은 물론 세계의 정치를 뒤흔드는 바탕에도 SNS가 있기 때문이다. 오바마 대통령의 당선에 큰 기여를 한 것으로 알려지면서 SNS의 활용에 정치인과 기업이 관심을 기울이고 있다. 오바마가 처음 대선에 나섰을 때는 고전이 예상되었는데 이는 그가 흑인이었으며 돈도 없고 조직도 없었기 때문이었다.

그가 대통령이 되기까지 결정적으로 큰 역할을 한 것은 SNS였다. 소셜 미디어는 오바마의 이야기를 확대 · 재생산하는 일등공신이 되었다. 오바마 진영이 공략한 온라인 SNS에서의 격차는 단순하게 온라인 지지자 수의 격차로 끝나지 않고 곧 민심이 되면서 이제 소셜 미디어를 얻는 사람이 대통령이 되는 시대가 된 것이다.

이렇게 소셜 미디어는 한 국가의 정치와 사회를 변화시킨다. 제대로 된 정치 블로그 사이트는 한 나라의 정치계에 큰 영향력을 행사하고 있다. 정치인들은 트위터로 네티즌과 상호 소통을 하고 있으며, 공무원들도 트위터를 통해 정부 행사를 홍보하고 있는 것이 현실이다.

예를 들면, 이란 대통령 부정선거 때 유혈시위 사태가 발생하였는데 정부의 통제로 시위현장의 소식을 알릴 수 없었지만 시위현장 소식을 세계에 알린 것이 SNS였다. 스마트폰을 통해 촬영된 사진과 동영상이 페이스북과 트위터, 유튜브에 올라오면서 이란 민주주의를 위한 녹색 리본운동은 일어났다. 중국 우루무치 유혈시위도 마찬가지로 트위터를 통해 알려지게 되었다.

3. 소셜 네트워크와 개인과의 관계

소셜 네트워크에 대한 욕구는 바로 접속에 대한 욕구와 소통에 대한 욕구에서 비롯된다. 이는 현대인, 도시인이 지닌 외로움에서 출발한다. 개인화된 사회에서 사람들은 외로움을 느끼고, 누군가와 대화를 나누고 싶어 한다. 그러나 현실에서 자신이 원하는 대로 소통하고 대화를 나누면서 위안을 얻기란 어려운 점이 많은데, 이는 사회적으로 보이지 않는 계급이 존재하기 때문이다.

사회적 계급은 다양한 형태로 사람들에게 스트레스를 주는데 외모, 돈, 권력, 신분 등이 사람들의 연결과 소통을 막는 장벽으로 나타난다. 그러나 SNS 공간 안에서는 이런 사회적 계급이 작동하지 않는다. 그렇기 때문에 현실에서 차별을 받던 사람들도 온라인 커뮤니티를 통해 다른 사람과 소통할 수 있고, 위안을 받을 수 있는 것이다. 소셜 네트워크를 통해 사람들이 위안을 얻고 외로움을 달래고 있다는 사실은 온라인을 통해 만나 결혼에 이른 사람의 수로 짐작할 수 있는데 정확한 통계는 아니지만 2008년 미국에서 결혼한 여덟 쌍 중 한 쌍은 소셜 네트워크를 통해 만난 것으로 알려졌다.

소셜 네트워크 사용자는 정보획득, 재미, 자기과시 등의 다양한 이유로 SNS를 사용한다. 만약 온라인공간에서도 오프라인처럼 부, 학벌, 외모에 의해 처음부터 연결이 차별화되고 속할 수 있는 온라인 계층이 구분된다면 지금처럼 개인에게 SNS가 확산되기 어려웠을 것이다. SNS가 지닌 가장 큰 장점은 차별 없는 '평등'인 것이다. 물론 소셜 네트워크에도 유명세가 있고 권력에 차이가 발생하기도 하지만 이는 현실과 달리 똑같은 하나의 계정에서 출발하는 것이다. 이 의미는 소셜 네트워크에서는 오프라인보다 더 많은 기회가 열려 있고, 좀 더 평등한 출발이 가능하다는 것이다.

그래서 사람들이 온라인 소셜 네트워크를 통해 소통하고자 하는 것이다. 그러나 이러한 자유롭고 평등한 SNS는 개인에게 부정적인 영향을 끼치기도 하는데, 다른 사람들에게 자기의 존재감을 인식시키고 관심을 끌기 위해 선정적 · 폭력적인 것들을 홍보한다든지, 알맹이는 없이 광고와 홍보만이 넘쳐나기도 한다. 또 정보 왜곡 현상이 일어나 SNS 특성상 다수 군중에 의해 소수가 지배될 수 있다는 점이다.

결론적으로 SNS는 개인에게 자유와 평등을 주지만 그에 반해 넘쳐나는 정보 속에서 실속 없는 많은 정보를 제공하기도 한다.

4. 소셜 네트워크와 마케팅과의 관계

다이어트 코카콜라에 멘토스를 넣으면 폭발하는 UCC를 본 적이 있는가? 두 과학자가 다이어트 콜라에 멘토스를 넣으면 폭발적인 화학반응이 일어난다는 사실을 발견했고, 이들은 유튜브를 통해 전 세계적으로 유명해졌다.

이 실험으로 사람들에게 "코카콜라는 독성이 강해서 사람 뱃속에서 이런 화학반응이 일어나는 것이 아닌가?" 하는 부정적인 인식을 줄 수 있었지만 코카콜라사는 위기를 기회로 삼았다. 두 과학자를 채용하여 이 폭발하는 모습을 이용해 UCC를 만들어 마케팅 관련 상을 여러 개 수상하였고, 이 동영상은 900만 건 이상의 조회 수를 기록하며 폭발적인 인기를 얻었다. 이로 인해 코카콜라에 대한 마케팅 효과는 상승하였고, 불신은 줄어들었다.

위의 사례는 SNS를 이용한 마케팅의 사례이다. 이는 소셜 커머스라는 범주에 포함되는데, 소셜 커머스란 소셜 미디어와 온라인 미디어를 활용하는 전자상거래의 한 분야로 '소비자의 경험을 소셜 네트워크와 실시간으로 공유하는 포괄적이고 광범위한 개념'이다.

소셜 네트워크와 커머스 중 결합주체가 무엇인지, 어떤 품목을 어느 공간에서 구매하는지, 소셜 네트워크가 커머스의 본질이든, 부분적으로만 적용되었는지도 상관없다. 야채장수가 트위터로 자신의 이동경로를 알리는 것이나, 소셜 네트워크로 제품을 홍보하는 것이나, 페이스북에 상점을 여는 것 모두 소셜 커머스라 할 수 있다.

소셜 커머스는 크게 다음의 네 가지 유형으로 구분해 볼 수 있으며, 경우에 따라 각각의 유형이 결합되기도 한다.

(1) 기본형(소셜 링크형)

커머스 사이트에 SNS로 이동할 수 있는 버튼 형식의 링크를 게재하는 방식이다. 버튼을 클릭하면, 웹 문서의 웹 링크가 생성되어 해당 SNS 글쓰기에 자동으로 삽입되거나, 자신의 SNS에 웹 문서가 그대로 복사되어 게시물로 생성된다. 소셜 커머스의 가장 기본적인 유형으로 '셰어디스(Share This: 사이트 링크 공유 서비스를 제공)' 등을 통하면 아주 손쉽게 적용할 수 있다.

(2) 소셜 웹형

커머스를 소셜 네트워크와 적극적으로 결합하는 것으로, 커머스 사이트 안에서도 소셜 네트워크의 기능을 구현해 주는 방식이다. 커머스 사이트에서 이루어지는 소비자의 구매, 평가, 리뷰 등의 활동이 소비자의 소셜 네트워크에 자동으로 반영되어 친구들과 공유된다.

또한 같은 소셜 네트워크의 친구들이 커머스 사이트에서 어떤 활동을 하는지 보여줄 수도 있다. 리바이스처럼 페이스북의 플러그인을 적용한 사이트나, 게시물을 작성하면 자동으로 트위터로 배포되는 기능을 적용한 사이트들이 대표적인 사례들이다.

(3) 공동구매형

공동구매 사이트가 소셜 네트워크와 결합한 형태이다. 제품별로 정한 최소 구매 수량

잠시 쉬어가기

"트위터 해킹은 대혼란 예고편 … 진짜 목적 따로 있다"

'비트코인 사기'는 표면상의 목적일 뿐
유명인 개인 메시지 · 사진 · 전화번호 등 다운 받았을 것
탈취한 개인정보 대선 앞두고 악용할 가능성

"당신이 페라리를 훔쳤다면, 동네를 드라이브하는 걸로 만족하겠나?" (소프트웨어 데이터베이스 업체 몽고DB의 켄 화이트 보안 총괄)

전 세계를 발칵 뒤집은 트위터 해킹의 진짜 목적은 따로 있다는 주장이 보안 전문가와 정치인들 사이에서 나오고 있다. 미국 대선을 불과 4개월 앞둔 중요한 시기에 발생한 해킹이 정치 · 사회적 대혼란의 예고편일 수 있다는 우려가 크다.

세계 3억 명 이상이 이용하는 소셜미디어 트위터가 15일(현지 시각) 해킹을 당했다.

16일(현지시각) CNN은 전날 버락 오바마, 조 바이든, 빌 게이츠, 일론 머스크, 칸예 웨스트 등 유명인의 트위터 계정을 탈취한 해커들이 "비트코인 계좌에 돈을 보내면 두 배로 불려준다"는 글을 남긴 건 진짜 목적을 감추려는 수단에 불과할 수 있다고 보도했다.

트위터가 이번 사건에 대한 조사를 진행 중이지만 현재까지 누가 해킹을 했는지, 어떤 정보까지 들여다봤는지, 진짜 목적은 무엇인지 밝혀지지 않았다. 미 연방수사국(FBI)과 연방거래위원회(FTC)도 조사에 나섰다.

전직 대통령은 물론 대기업 최고경영자(CEO)의 계정까지 해킹할 수 있었던 이들이 정작 더 큰 영향력을 가진 도널드 트럼프 대통령과 장녀 이방카의 계정은 건드리지 않았다는 점이 가장 큰 의문으로 남는다.

보안 전문가와 정치인은 비트코인 사기를 통해 얻은 11만6000달러(1억4000만 원)의 수익을 현금화하거나 이전하는 일이 정부의 철저한 감시로 인해 사실상 불가능하고, 금액도 그동안의 해킹 역사상 크지 않다는 점에서 해커들의 목적은 돈이 아니라 개인정보 탈취일 것이라고 분석했다.

공화당 조쉬 하울리 미주리 상원의원은 트위터 잭 도시 CEO에게 보낸 편지에서 "수백만의 이용자는 단지 트윗을 하기 위해서가 아니라 다이렉트 메시지로 소통하기 위해 트위터를 이용한다"며 "이번 해킹은 사용자의 개인정보와 데이터 보안이 위험에 처해 있음을 보여준다"고 썼다.

부시 행정부의 최고 정보 책임자(CIO)로 일했던 테레사 페이튼은 "해커들은 탈취한 계정을 비트코인 사기에 이용함으로써 대놓고 해킹에 성공했다고 광고했고, 트위터가 빠르게 대응할 수 있는 여지를 줬다"며 "진짜 목적이 이름을 알리거나 돈을 갈취하는 데 있지 않음을 보여준다"고 말했다.

해커들이 이미 사용자의 개인 메시지, 사진, 핸드폰번호, 이메일주소 등 각종 개인정보를 다운로드 받았을 수 있으며, 대선 기간 이를 집중적으로 악용할 수 있다고 페이튼은 우려했다.

이런 우려가 큰 건 트위터가 단순히 소셜네트워크(SNS) 플랫폼을 넘어 하나의 정보 전달 창구로 정치인은 물론 기업가, 투자자들, 언론 사이에서 광범위하게 활용돼 막대한 사회적 영향력을 갖는 매체가 되었기 때문이다.

트위터는 페이스북보다 사용자 수가 훨씬 적지만 트럼프 대통령이 새로운 정책을 가장 처음 발표하기도 하고, CEO들이 기업 경영과 관련한 성명을 내놓는 창구로 활용했다. 기업의 공시보다 트위터에서 전해진 소식이 기업 주가에 큰 영향을 미치기도 했다.

트위터의 한 전직 직원은 "만약 이방카의 계정에 '나는 우리 아버지가 이런 힘든 결정을 내린 것이 매우 자랑스럽다. 핵 전쟁은 결코 쉽지 않지만, 우리는 승리할 것이다'라는 글이 올라왔다면 어땠을까. 이건 정말 심각한 문제다"라고 말했다.

자료: 조선비즈, 2020.07.17.

제3절 소셜 미디어의 사회적 영향

소셜 네크워크 서비스를 구성하는 소셜미디어의 투명성과 개방성의 문화 변화와 확산 등 사회적 영향의 정도를 분석하는 일은 커뮤니케이션 관점에서 매우 중요한 일이다. 소셜미디어라는 도구는 단방향에서 쌍방향으로의 커뮤니티 환경을 바꾸었고 이런 변화는 과거 오프라인 시대에서는 상상하기 힘든 여러 사회적 변화를 이끌고 있다. 본 절에서는 소셜미디어가 가져온 사회적 변화를 개인 입장, 기업 입장에서 분석하고 주요 소셜미디어 기업의 사례를 들어 다양한 사회변화의 움직임을 살펴본다.

1. 사회 전 분야에 걸쳐 투명성 확대

웹환경이 메시지 중심에서 대화 중심으로 이동하면서 소셜 미디어(Social Media)의 투명성과 개방성의 문화가 점진적으로 확산되고 있다. 이러한 소셜 미디어 서비스의 활성화로 사회적 활동, 기업, 지역사회 및 개인의 삶 등 사회 전반에 걸쳐 투명성이 요구되고 있다.

소셜 미디어를 활용하는 기업, 조직 및 개인들의 진정성 및 투명성 확보는 상호 커뮤니케이션을 강화하여 신뢰 구축에 도움을 준다. 이용자들이 보유하고 있는 긍정적인 정보뿐만 아니라 부정적 · 비판적인 정보까지 다양한 소셜 미디어 채널을 통해 공유함으로써 네트워크화된 시장에서 정보력으로 무장한 이용자들은 사회 전반에 대한 감시자인 동시에 이슈 확대 · 재생산자로서 자리매김하였다. 향후 지식정보 사회에서 소셜 미디어로 인한 이용자의 영향력이 확대되면서 투명성 확보는 정부, 기업, 개인들의 새로운 경쟁력이 될 것이다.

2. 다방향 커뮤니케이션 환경 촉진

모바일 기기 및 모바일 웹환경 구축으로 소셜 미디어 사회는 실시간 연결성과 상호작용이 가능하게 되면서 새로운 소통의 기능을 수행하고 있다. 휴대전화, 스마트폰 등 관계적 매체 보급과 모바일 인터넷 이용의 증가로 사회적 소통과 관계 맺기, 자기표현과 관심사에 대한 추구, 현실인식과 참여과정 등을 실시간으로 표출이 가능하다.

소셜 미디어 사회는 집단적 이해나 주장 혹은 관심이 의미화되고 공유되는 다방향 커뮤니케이션 환경을 구성한다. '개인 미디어'에서 나아가 새로운 사회적 네트워크 형성을 촉진하는 '공동 미디어'로서 소셜 미디어 활용이 늘고 있다. 이용자와의 관계형성과 정보공유가 사회적 네트워크의 방문을 유인하게 되고, 다른 사람들과의 협력과 참여를 촉진함으로써 소셜 미디어는 강력한 네트워크로 발전하고 있다.

3. 이용자의 권한 강화로 영향력 증가

소셜 미디어 공간에서 분산된 네트워크 대중들은 사회적 상호작용을 통해 가상의 군중효과를 발생시킨다. 정보의 자유로운 흐름이 촉진되는 이용자들의 힘은 정보 습득, 형성, 확산 측면에서 크게 향상되며 더 많은 개인들과 조직, 사회는 네트워크화된 커뮤니티의 영향을 받는다. 네트워크 대중들은 형태 없이 조직된 상태를 유지하며 언론이나 지식산업, 경제에 커다란 압력을 행사하는 역할을 한다.

소셜 미디어 사회에서의 이용자 효용성은 네트워크 효과와 개방적이고 자발적인 참여 활용도에 따라 나타난다. 소셜 미디어는 전형적인 사회활동에 기반하지 않은 새로운 정치, 경제, 사회활동을 유도함으로써 이용자 권한 및 영향력 증가에 기여하고 있다. 네트워크를 통한 개인 혹은 집단 간 커뮤니케이션은 다양한 공적 담론으로 표출되고 수용되며 이용자의 사회적 영향력도 증가하고 있다.

최근 미국, 프랑스 등 주요 선진국 선거에서 유튜브와 같은 동영상 공유 사이트를 정치적으로 이용하는 현상이 크게 주목받은 바 있는데, 이 때문에 '유튜브 선거(YouTube elections)', '유튜브 정치(YouTube politics)', '정치의 유튜브화(YouTube-ization of politics)' 등의 신조어들이 생겨났다.

4. 개인과 사회의 융합 촉진

소셜 미디어 네트워킹 서비스는 개인적 미디어를 넘어 다양한 범위의 사람들과 연결하도록 하면서 개인화와 사회화의 융합을 촉진한다. 이용자들의 친화욕구를 증대시키고 선택적인 자기표현을 가능하게 하며 개인 창조활동의 유익한 영역으로서 활용되고 있다.

소셜 네트워킹에의 참여는 다양한 범위의 사람들을 연결해 줄 수 있는 사회통합의 기회를 마련한다. 공개된 커뮤니케이션 공간에서 일상적인 경험을 공유함으로써, 사적 공간과 공적 공간의 경계가 소멸된다. 소셜 미디어는 사적 공간으로서 개인의 일상적인 경험을 공유함과 동시에 이용자 간의 연결을 통해 사회적 이슈 및 논의를 주고받는 공적 공간으로도 활용된다.

사적 이슈와 공적 이슈를 구분하지 못해 사적인 표현이 공적 이슈가 되는 일이 빈번하게 일어나기도 한다. 개인들은 분절적으로 존재하는 지식들 간의 소통과 상호 협력을 가능케 하면서 지식창조에 기여하고 있지만 전문지성에 못 미치는 집단의 형태를 띠기도 한다.

5. 현실세계와 가상세계와의 새로운 관계 형성

서로의 공통적인 관심사에 대해 네트워크를 강화하면서 사회적 관계를 형성한다. 소셜 네트워크망을 통해 개인의 사회적 관심과 관련된 정보를 수집하고 네트워크 대중과의 정서적 교감을 나누는 사회적 관계가 자연스럽게 형성된다.

주로 자기표현과 전시를 위한 다층적인 1인 커뮤니티를 구성하기도 하면서, 네트워크 대중 간의 상호 이해와 친밀성에 근거한 의미공유체로서 사회적 관계를 형성하여 가상 공동체문화를 구축한다.

유·무선 연동의 소셜 미디어는 정보화 시대의 새로운 통합 커뮤니케이션 수단으로 각광받고 있다. 소셜 미디어 서비스와 미래 디바이스의 융합은 더 많은 일상생활을 전 세계적으로 공유하게 하며 실시간 모니터링을 가능하게 한다. 한편 오픈형 플랫폼으로서의 진화에 따라 타 플랫폼에서 이용자 커뮤니케이션을 연결·연동해 주거나 매개해 주는 매체 간 연계형 기술개발이 필요하다.

6. 주요 SNS

(1) 페이스북

1) 개요

페이스북(Facebook)은 사람들이 친구들과 대화하고 정보를 교환할 수 있도록 도와주는 세계 1위 SNS이다. 외국의 SNS임에도 불구하고 우리나라에서도 많이 이용되고 있다. SNS 중 가장 급격한 성장세를 보이며 빠르게 확산된 페이스북은 사용자 간 정보교환이 목적이며, 2004년 2월 당시 하버드에 재학 중이던 마크 주커버그가 하버드대학교 학생들만 이용할 수 있게 만든 것이 그 시작이다. 이후 3월에는 스탠퍼드, 컬럼비아, 예일까지 영역이 확대되었으며, 아이비리그 대학교들, 뉴욕대학교, 매사추세스 공과대학교, 미국과 캐나다 대부분의 대학교로 영역이 확대되었다.

2005년 9월에는 고등학교에까지 영역이 확대되어 2005년 말까지 2,000개 이상의 대학과 25,000개 이상의 고등학교의 네트워크가 생성되었다. 그 후로는 몇몇 기업에까지 회원 영역을 넓혔고, 마침내 2006년 9월에는 13세 이상의 전자우편 주소를 가진 사용자라면 누구나 페이스북에 가입이 가능하게 되었다.

현재 트위터(Twitter)와 더불어 최대 SNS로 꼽히는 페이스북은 현재 세계 9억 명이 넘는 사용자가 이용하고 있다. 특히 대학 중심 커뮤니티 중에서 가장 많은 가입자를 확보하고 있어 앞으로도 가장 발전 가능성이 높은 SNS로 전망되고 있다.

페이스북 가입은 전자우편 주소를 가진 사람이라면 누구나 가능하며, 사용자의 지역정보와 출신학교정보, 직장정보 입력 등을 통하여 친구 추천이 가능하다. 친구를 맺기 이전에 다른 사용자들에 대해 얻을 수 있는 정보는 프로필 사진들(Facebook)과 지역정보, 출신학교정보, 직장정보 등(해당 사용자가 프로필 작성 당시 입력하였을 경우에 한해서)이 전부이며, 친구 요청을 하여 상대방이 요청을 수락해야만 서로 간의 정보공유가 가능하다.

2) 특성

① **실시간 상호 커뮤니케이션**: 자신의 의사를 표현할 수 있는 담벼락 댓글과 '좋아요' 기능을 통해 상호 간의 쌍방향 커뮤니케이션이 실시간으로 가능하다.

② **다양성**: 짧은 단문 위주의 대화만 가능한 트위터와 달리 다양한 이미지와 텍스트를 게재할 수 있어 사용자들에게 호응을 얻고 있다.

③ **다양한 애플리케이션**: 페이스북 탭 내에 다양한 애플리케이션을 설치할 수 있어 사용자들에게 재미와 신선함을 주고 다양한 비주얼을 구현할 수 있다는 점에서 높이 평가받고 있다.

④ **친구 추천기능과 태그기능**: 페이스북은 사람 간의 관계를 중요시 여기는데, 자신의 친구를 추천해 줌으로써 사용자들의 유대를 강화시키고 태그기능을 통해 사람 간의 관계를 보여줌으로써 사용자들에게 만족감을 준다.

(2) 트위터

1) 개요

2006년 미국의 잭 도시(Jack Dorsey) · 에반 윌리암스(Evan Williams) · 비즈 스톤(Biz Stone) 등이 공동으로 개발한 '마이크로 블로그' 또는 '미니 블로그'로서 샌프란시스코의 벤처기업 오비어스(Obvious Corp.)가 처음 개설하였다.

트위터란 '지저귀다'라는 뜻으로, 재잘거리듯이 하고 싶은 말을 그때그때 짧게 올릴 수 있는 공간이다. 한 번에 쓸 수 있는 글자 수도 최대 140자로 제한되어 있다. 잭 도시가 아이디어를 제시하자 에반 윌리암스가 이를 구체화했다. 잭 도시와 비즈 스톤은 2주 만에 시제품을 만들어 냈다. 베타버전은 공동창업자 에반 윌리암스의 생일에 오픈하였고 잭 도시, 에반 윌리암스, 비즈 스톤, 세 사람은 오비어스(Obvious)란 회사를 설립하고 자신들이 다녔던 오데오를 인수하였다.

트위터닷컴 사이트를 일반에 공개하면서 Twttr.com으로 출발하였고, 이후 지금과 같은 Twitter.com으로 웹 사이트 이름을 바꿨다. 초창기에는 UI가 지금보다 복잡하고 엉성했으며, 인터넷을 통해 친구끼리 짧은 메시지를 주고받는 도구로 자리매김하려고 했다. 이때까지만 해도 트위터는 매년 등장하는 수많은 신생 서비스 중 하나였다.

2007년 들어 트위터는 단순한 인터넷 메시징 서비스에서 소셜 네트워크 서비스(SNS)로 거듭나는 대대적인 서비스 개편에 나선다. 복잡한 UI를 통합 및 단순화하고 개방과 공유의 개념에 입각, 제3의 개발자와 서비스의 참여도를 넓히기 위해 응용 프로그램 환경(API)도 공개했다. 트위터가 널리 알려진 것은 2007년 개발자들의 축제로 유명한 SWSX에서 소개되면서부터였으며, 트위터는 이 페스티벌에서 상(Web Award)을 받았다. 트위터 가입자가 폭발적으로 늘어난 건 2009년으로 오프라 윈프리 쇼에서 소개되고 스타들이 사용한 것이 큰 힘이 되었다.

2) 특성

① **정보교환의 즉시성**: 이메일이나 블로그 등과 비교해도 트위터 같은 SNS 사이트는 정보교환의 즉시성과 실시간성이 매우 높다. 이는 바로 모바일 인터넷과 결합돼 있기 때문이다. 실시간 정보 확산과 피드백은 사회적 부존재감이나 사회와 격리돼 있다는 불안감이 생길 시간을 주지 않는다.

② **무계층성**: 트위터 서비스에는 위계질서가 존재하지 않는다. 그 안에서 개인은 아무런 장벽 없이 누구와도 직접 대화를 나눌 수 있다. 현실에선 쉽게 만나기 어려운 유명 정치인이나 기업인들, 더 나아가서 대통령과도 직접 소통할 수 있다. 오프라인에선 생각도 할 수 없는 상황이다. 정치인 등 공적 인물과 직접 연결돼 있다는 생각은 트위터에 참여하는 개개인에게 자부심을 심어 주고 있다. 그리고 교환되는 정보를 통해 사회의 변화가 실제로 일어난다면 개인이 느끼는 효능감과 자긍심은 매우 커지게 된다. 불특정 다수에 대한 공허한 외침이 될 수 있는 게시판이나 블로그와는 큰 차이가 있다. 참여의 효능감과 자신감은 더욱 적극적인 참여로 이어질 수 있다.

③ **공개성**: 트위터는 각각의 개인이 맺고 있는 사회적 네트워크가 공개되며 공간의 투명성이 확보된다. 물론 비공개 운영도 가능하지만 그렇게 되면 네트워크의 확대가 제한되기 때문에 대부분의 이용자들은 공개된 상황에서 트위터에 참여한다. 공개적 정보의 교환은 정보의 전달을 더욱 빠르게 할 뿐만 아니라 정보의 진실성을 높이는 효과가 있다.

(3) 카카오톡

1) 개요

카카오톡은 무료로 스마트폰 사용자들 간 그룹 채팅 및 1:1 채팅을 할 수 있는 서비스이다. 또한 문자뿐만 아니라 사진, 동영상, 연락처, URL 링크 등의 멀티미디어를 첨부할 수도 있다. 스마트폰 애플리케이션(Application) 업체들은 2009년부터 급격히 성장하였다. 특히 스마트폰 사용자들이 늘어나면서 글로벌 애플리케이션(Global Application) 시장에서 가능성을 보여줬다. 그중에서 국내 앱(App) 1위 업체인 카카오톡은 세계시장으로 진출하고 있다. 스마트폰용 메신저 글로벌 애플리케이션 카카오톡은 벌써 중동 5개국 앱스토어(App Store)에서 무료 애플리케이션(이하 앱) 부문 1위에 올랐다.

2010년 12월 쿠웨이트, 아랍에미리트, 사우디아라비아, 카타르 등 5개국 앱스토어에서 무료 앱 다운 1위를 차지하였다. 카카오톡은 국내 최초로 세계시장에서 인정받은 애플리케이션이다. 또한 각종 Mobile Contents 상을 수상했고, 해외 매출도 급격히 증가했다. 카카오톡은 인지도가 계속 높아지면서 유럽, 미국으로 진출할 예정이며, 해외시장에서 더욱 큰 성과를 낼 것으로 예상된다.

2) 특성

① **전화번호만 있으면 자동으로 가입 OK**: 복잡한 회원가입과 로그인을 해야만 쓸 수 있는 온라인 메신저나 타 모바일 메신저와 달리 카카오톡은 가입절차 없이 자신의 전화번호만 입력하면 바로 사용할 수 있다. 연락처에 있는 지인을 자동으로 찾아주기 때문에 언제 어디서나 지인들과 무료로 메시지를 주고받을 수 있다. 예를 들어, 친구의 전화번호가 연락처에 등록돼 있으면 자동으로 친구로 등록해 바로 채팅을 할 수 있다.

그림 9-6 2021년 글로벌 SNS 인기순위 TOP 10 (단위: 백만 명)

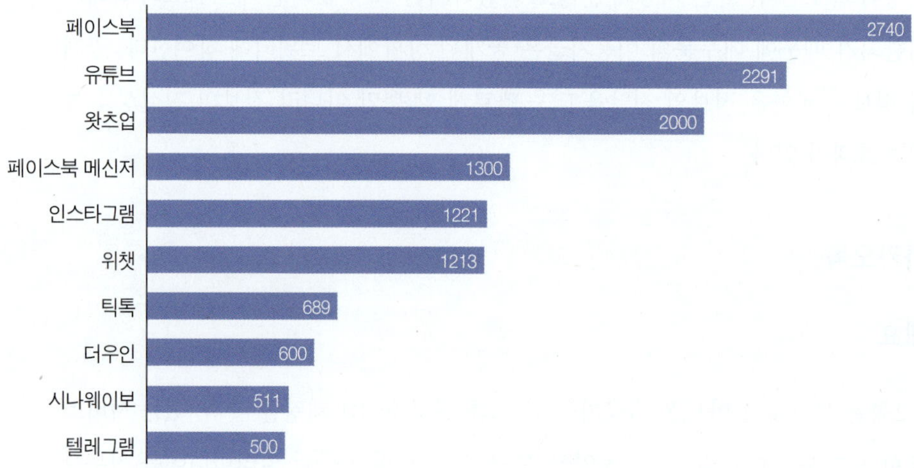

② **무료서비스, 문자메시지의 대체**: 스마트폰 사용자 간 모든 문자 메시지를 무료로 보낼 수 있는 시스템이다. 스마트폰 사용자들에게 있어 카카오톡이 문자를 대체하는 것이 너무나 자연스러워지고 있으며 이런 습관은 지인이나 가족들을 스마트폰을 구매하여 카카오톡에 가입하도록 유도하는 역할을 한다.

③ **24시간 온라인, 실시간 그룹 채팅**: 스마트폰 메신저 최초로 그룹 채팅을 제공해 친구들이 그룹 채팅방에 모여 언제 어디서나 대화를 나눌 수 있다. 데스크톱 메신저에서는 특정 그룹의 친구들이 모두 PC에 앉아 메신저에 온라인 상태에서만 그룹 채팅이 가능한데 스마트폰 메신저에서는 그룹의 친구들이 모두 스마트폰을 사용하면 24시간 항상 온라인 상태이기 때문에 언제 어디서든 함께 대화를 나눌 수 있다.

7. SNS 활용 사례

(1) 기업의 SNS 활용

1) 고객과의 소통창구로 활용된다

대부분의 기업들이 SNS를 고객과의 소통을 위해 사용하고 있으며 이는 가장 대표적인

SNS의 장점이라고도 할 수 있다. 기존 블로그와 카페의 경우 고객과의 쌍방향 커뮤니케이션이 어느 정도 이루어지고 있다. 그렇다고 해도 대부분의 경우 정보의 방향이 일방향적인 경우가 대다수이며 고객들은 그 일부분에 참여하는 정도에 머물렀다. 그러나 트위터 및 페이스북의 경우 실시간적인 커뮤니케이션을 실현할 수 있기 때문에 블로그 등과는 다르게 보다 큰 효과를 볼 수가 있다.

기업의 입장에서는 고객의 목소리를 들을 수 있으며 실시간으로 고객과의 소통을 이루어 냄으로써 CRM(Customer Relationship Management)의 실현과 기업이미지 향상에도 영향을 미치고 있다.

2) 고객들에 대한 정보제공이 용이하다

기존 기업에서는 고객들에게 어떠한 정보를 제공하려면 모바일을 통한 SMS서비스나 이메일을 통한 방법이 일반적이었으며 이러한 방법은 시간과 비용이 많이 들고 또한 고객들 역시 광고성 문자나 스팸으로 인식하는 경우가 많아 별로 효과적이지 못했다.

대표 SNS서비스인 트위터의 경우를 보면 우선적으로 정보에 대한 신뢰도가 높다. 고객들 스스로가 주체가 되어 정보를 얻고자 하기 때문에 스팸 오인이나 광고성 문자로 오해받을 염려가 없다. 더불어 기업은 물론 누구라도 무료로 사용할 수 있는 플랫폼이기 때문에 다수의 고객들에게 일일이 메시지를 전송하지 않고 정보를 작성함으로써 기업과 연관되어 있는 수많은 이용자들에게 정보를 무료로 전송할 수 있는 장점이 있다. 또한 기존고객들만 한정된 것이 아니라 누구라도 그 정보를 볼 수 있기 때문에 신규고객 유치에도 많은 도움이 된다.

3) 바이럴 마케팅에 날개를 달다

SNS는 바이럴 마케팅이 탄생할 수 있었던 원천과도 같다. 기존 블로그나 카페, UCC 등으로 대표되던 바이럴 마케팅은 트위터 등과 같은 '마이크로 블로그' 서비스가 등장하게 되면서 그 효과가 극에 달하게 되었다. 바이럴 마케팅이 입소문을 전제로 한 마케팅 방법이라고 한다면 '마이크로 블로그' 서비스는 그 입소문에 최적화되어 있는 서비스라고 할 수 있다.

트위터 등의 서비스는 140자라는 한계가 존재하기 때문에 한 번에 많은 정보를 담을 수 없지만 오히려 이러한 점이 소문이 빠르게 퍼져 나갈 수 있게 하는 원동력이 되어 준다. 또한 단문이라는 점을 보완하기 위해 기존의 블로그 등과의 연동을 통해 그 효과를 극대화하고 있다.

4) 직접적인 마케팅에 활용하다

최근 스마트폰 이용자가 급증하면서 기업은 이를 이용한 마케팅활동을 벌이기도 한다. 청바지 제조회사인 리바이스는 SNS와 스마트폰을 이용해 고객의 참여를 유도하였고 약간의 게임적인 요소를 가미하여 폭발적인 마케팅 효과를 얻은 사례가 있다. 이렇듯 SNS는 활용하기에 따라 높은 활용 가능성을 내포하고 있다.

SMM(Social Media Marketing)이라고도 불리는 '소셜 미디어 마케팅' 시장은 앞으로 기업들이 풀어야 할 과제이며 기발한 아이디어를 가지고 잘 활용한다면 기업발전에 큰 도움이 될 것이다.

5) 마케팅 광고효과로 손꼽힌다

SNS의 또 하나의 특성인 공감대를 이용하는 방법으로 기업은 블로그를 만들어 고객들 간의 공감대와 기업과 고객 간의 공감을 쌓을 수 있는 장소를 마련함으로써 타깃으로 잡은 고객들의 욕구를 적극적으로 반영할 수 있어 마케팅 효과가 더욱 커지게 된다.

특히, SNS는 주로 젊은 층이 많이 사용하므로 미래의 고객을 유치하기 위한 사전 마케팅 효과도 누릴 수 있다. 또한 블로그뿐만 아니라 트위터 등을 통해 디지털 마케팅을 비롯한 소셜 네트워크에 관심이 있는 젊은 세대들의 활발한 참여를 유도하고 다양한 이벤트를 통해 젊은 세대들이 좀 더 친숙하게 소통할 수 있는 통로를 마련해 소비자 욕구를 적극 반영하는 것은 물론 시대의 변화와 기술전략까지 동시에 마케팅에 이용할 수 있다.

6) 소셜 커머스에 활용하다

기존 상거래 형태와의 주요 차이점은 판매자와 소비자 사이에 지속적인 대화가 이루어지면서 소비자가 SNS를 통해 상품정보를 다른 사람에게 퍼뜨리는 역할을 하여 판매자가 해야 할 일부 역할을 대신하고 홍보에 대한 소비자의 기여도가 더욱 높아졌다는 점이다. 또한 상품을 사기 전에 SNS를 통해 상품의 가치나 가격 등의 정보를 미리 알 수 있다. 이는 기존 상거래의 판매자와 소비자 간 커뮤니케이션과 달리 개방적인 대화가 이루어지는 SNS를 주요 매체로 이용하기 때문에 가능하다.

(2) 기업형 SNS

기업 내에서 지식 공유가 중요하다는 건 어느 누구라도 잘 알고 있는 사실이다. 이러한 문제점을 보완하기 위해 그룹웨어나 지식경영시스템(Knowledge Management Systems: KMS)이 등장하였다. 많은 기업에서 이 시스템을 도입하였고 업무의 편리성은 높아졌다고는 하나 딱딱한 분위기에서 지식 공유가 사실상 원활하게 이루어지지 못했다. 이러한 단점을 보완하기 위해서 등장한 것이 기업형 SNS다. SNS가 정보 공유의 흐름이 그 어떤 미디어보다 뛰어나다는 점이 장점이라고 한다면 기업형 SNS의 등장은 당연한 결과라고 할 수 있다.

기업형 SNS는 기본적으로 일반적인 SNS서비스(트위터, 페이스북) 등과 기능적인 면은 같다. 하지만 기업 외부의 사람들은 접근이 불가능하다는 점과 친목과 교류의 목적보다 지식 공유 및 아이디어 창출의 목적이 더 크다는 점이 다르다고 할 수 있다. 기업형 SNS 서비스가 이처럼 각광받는 것은 기존의 협업 솔루션보다 더 쉽게 이용할 수 있으면서도 빠른 업무처리, 정보교환 등의 장점이 많기 때문이다. 기업형 SNS의 장점은 다음과 같다.

① 보다 생산적으로 동료들과 협업이 가능하다

- 과거의 조직적 혹은 주제별 정보에 대해 언제든지 취합 · 열람이 가능해진다.
- 조직적 · 지역적인 구분이 없어지면서, 서로 도움 및 협업이 가능해진다.
- 동료들이 무슨 일을 하는지, 어떤 이야기를 하는지 최신 상황을 공유할 수 있다.
- 전화나 복잡한 메일의 교환 없이 즉시적인 의사결정이 가능해진다.
- 스마트폰을 통해 시간 및 장소에 구애받지 않는 참여가 가능해진다.

② 원하는 정보에 대해 다각적인 시각으로 접근이 가능하다

- 사내 전문가에게 바로 질문하여 답변을 받을 수 있다.
- 복잡한 문제에 대해 즉시적인 협업체계를 통해 집단적 해결이 가능해진다.

- 메시지, 개인이력 및 주제별 태깅(Tagging)의 검색이 가능하다.
- 참여하지 못한 과거 대화내용도 언제라도 열람하여, 유용한 정보를 획득할 수 있다.
- 쌓여진 대화 이력이 지식DB가 되어, 언제라도 재활용이 가능해진다.
- 개인의 목표를 달성하기 위해, 영향력 있는 적임자를 찾아 도움을 받을 수 있다.
- 새로운 직원이 회사에 적응하는 속도가 적어도 10배는 빨라진다.
- 회사 내 임직원을 쉽게 찾고 접근할 수 있다.
- 조직적으로, 관계적으로 임직원의 사회관계망을 확인할 수 있다.

③ 회사를 보다 더 개선시킨다

- 회사를 보다 더 친근하게 느낄 수 있으며, 아이디어를 실현할 수 있는 창구가 된다.
- 토론의 참여기회를 높인다.
- 개인의 아이디어가 강화되며, 신뢰/명성이 쌓이게 된다.
- 동료의 일과 지식적 이력에 대한 식견이 높아진다.
- 대화와 관계 맺음이 보다 쉽게 이루어진다.
- 대화와 정보가 보다 더 자유롭게 공유되면서 협업적 문화 창출이 가능해진다.
- 부서/조직 간의 계층구조적 대화 단절이 열리게 된다.

④ 이메일을 감소시킨다

- 이메일보다 대화/소통이 빠르고 간편하게 이뤄진다.
- 수많은 동료들과의 의사소통/정보에 대한 토론이 빠르게 진행된다.
- 대화가 구체화되어 가면서 상호 간 대화적 오해를 줄일 수 있다.
- 누구에게 물어볼지 모르는 문제에 대해 쉽게 답을 구할 수 있다.
- 메일함에 묻혀진 귀중한 정보가 버려지지 않는다.
- 스팸 없는 그룹토론이 가능하다.
- 참여하는 동료가 많아지면 많아질수록, 유용성이 보다 더 강해진다.
- 스팸으로부터 해방된다.

⑤ 시간을 절약한다

- 이메일로 주고받는 의사소통시간이 60% 이상 감소된다.
- 불필요한 메일링 리스트로부터 해방된다.

(3) 기업의 SNS 적용 성공 사례

1) 스타벅스

SNS 마케팅의 성공 사례 중 가장 눈여겨볼 만한 기업은 바로 스타벅스이다. 스타벅스는 한때 감성 마케팅으로 우리나라를 강타했다. 이렇게 우리나라에서 소비자층을 확보하였으나 2007년 경기가 침체하면서 사람들은 비싼 커피를 부담스러워 하기 시작했다.

사람들이 경쟁업체의 질 좋고 저렴한 커피들을 선택한 것이다. 이로 인해, 스타벅스는 전 세계 600여 개 점포의 문을 닫고, 주가가 40%까지 폭락하면서 어려운 상황에 처했다. 세계경제를 강타한 미국발 금융위기 때인 2008년 스타벅스의 매출은 급락했다. 그해 104억 달러를 기록하던 글로벌 매출이 2009년 98억 달러로 떨어진 것이다. 획기적인 대책이 없다면 곧 문을 닫을 수도 있겠다는 위기감이 팽배하면서 스타벅스는 SNS 마케팅을 시작한다.

첫째, 스타벅스는 채널에 대한 철저한 분석을 시행하였다. 스타벅스 키르스 브루조 회장은 "채널들은 각각의 특징이 있습니다. 유저의 성향, 목적, 용도도 다릅니다. 이렇게 서로 다른 매체에 똑같은 내용을 적용하고 유저들의 긍정적 반응을 기다리는 것은 얼토당토 않은 말이지요. 이런 특징들을 잘 살리고 목적에 맞게 사용하면 결과물은 달라질 수밖에 없습니다"라고 말하였다.

이러한 경영자의 주문에 착안하여 스타벅스는 11개 채널을 철저히 분석하여 그에 맞는 최적의 전략을 들고 SNS 마케팅에 뛰어들었다. 즉 SNS마다 가진 특징을 파악해서 접근하는 것이 중요하다는 것이다. 그래서 스타벅스는 페이스북을 팬들과 소통하는 장으로 만들었으며, Twitter를 통해 140자의 단문으로 의사소통을 할 수 있다는 점을 활용하여 질문과 답변을 시시각각 전해주는 뉴스와 같은 콘텐츠를 제공했다.

즉 페이스북을 단순히 뉴스를 전달하는 형식이 아닌 '팬들과의 긴밀한 소통, 대화의 기회를 주는 역할'을 제공하는 수단으로 고객들에게 제공하였고, Twitter를 통해서는 스타벅스를 선호하는 소비자를 위해 Twitter를 열어두고 질문에 시시각각 답변함으로써 최신 콘텐츠와 뉴스를 실시간으로 제공하는 '커뮤니케이션 수단'으로 활용했다.

스타벅스는 실패 사례로 꼽히는 일본의 UCC 커피가게와 달리 SNS서비스의 성격을 이해하고 SNS를 단순히 뉴스나 정보를 전달하는 매체의 성격을 제공할 뿐만 아니라 팬들끼리 대화의 기회를 주는 역할을 하면서 소비자가 이에 대한 열정을 표현하게 했다. 즉 스타벅스의 풍부한 콘텐츠 공급에다가 고객들의 교감을 더하여 SNS 마케팅을 효율적으로 사용하였다.

둘째, 스타벅스는 마케팅의 일관성을 추구하였다. 직원과 고객 사이에 특정 분야에서 소통하되 전체적인 관리는 중앙에서 하는 것을 지향했다. 전문가로서 고객과의 의사소통은 장려하되, 광범위한 개인적 소통은 지양했다는 것이다. 즉 스타벅스는 고객과의 접근에 일관성이 있기를 원했다.

셋째, 스타벅스는 고객에게 자신들의 영상을 SNS를 통해 아무 제약 없이 공유할 수 있도록 해 직접적인 SNS 네트워크를 활성화시켰다. 다른 대다수의 기업은 불법적으로 유포된 영상으로 인해 이미지가 실추될까 염려해 전전긍긍하며 자사의 영상을 아무 제약 없이 공유하지 않지만, 스타벅스는 오히려 유포를 장려한 것이다. 현재 스타벅스 페이스북 이용자는 약 2,600만 명이 넘는 팬들을 보유하고 있었으며 Twitter의 경우에는 180만 명이 넘는 팔로어(Follower)를 보유하고 있다. 미국 경제가 심각한 침체에 빠진 2008년 이후 스타벅스는 처음으로 매출액 30억 달러를 돌파하면서 창사 이래 최고의 영업실적을 올렸다.

2) Kogi BBQ

Kogi BBQ는 미국 LA지역에서 트럭을 끌고 다니며 한국 포장마차처럼 길거리에서 불고기를 판매하는 곳이다. 처음에는 사람들이 많이 다니는 목 좋은 곳에 트럭을 세워 놓고 장사를 했지만 미국 역시 한국과 다를 바 없이 불법 주정차를 제어하기 위해 경찰이 단속하기 때문에 포장마차 트럭은 장사하는 곳을 매번 바꿔야 했다. 따라서 손님들은 Kogi BBQ의 불고기가 먹고 싶어도 가게가 어디 있는지 몰라 못 사먹는 상황이 발생하면서 Kogi BBQ는 Twitter를 활용했다.

첫째, Kogi BBQ는 다음에 장사를 어디서 할 것인지를 Twitter를 통해 알려주기 시작했다. 트럭이 어디로 출몰할지 Twitter를 통해 알려주어 Kogi BBQ의 불고기를 먹고 싶은 팬들은 시간에 맞추어 Kogi BBQ 트럭이 나타날 곳에서 기다리다 불고기를 구입할 수 있게 했다.

둘째, Kogi BBQ의 Twitter에서 사람들은 Kogi BBQ의 불고기 맛을 여러 사람들과 공유할 수 있었고, 트럭이 어디에서 나타나는지 실시간으로 서로의 상황을 전했다. 하다못해 트럭 창업정보나 샌드위치 재료로 사용된 불고기가 어디서 왔다는 것까지 설명해 주는 사람들이 Twitter에 많았기 때문에 Kogi BBQ가 인기를 끌었던 것이다.

Kogi BBQ의 Twitter는 현재 93,000명이 넘는 팔로어를 보유하고 있고 하루에도 몇 만 명이 넘는 인파가 몰려들어 다음에는 트럭이 어디에 나타날지 지켜보고 있다고 한다. 그래서인지 Kogi BBQ의 사례는 YouTube에 방송이 되었고 CNN 뉴스에 보도가 되기도 하였다. Twitter에 YouTube, CNN과 같은 대중언론매체의 힘까지 보태지면서 Kogi BBQ는 SNS를 이용해 큰 성공을 거두었다.

이런 Kogi BBQ의 SNS 마케팅전략은 궁극적으로 미국에 'Food Truck'을 유행시켰고 일부에서는 미국 음식문화를 바꾸었다는 평가를 받고 있다. 작은 트럭 하나로 사업을 시작한 셰프 로이 최는 '고기 타코'로 이름이 알려지면서 2009년 '본 에프티상'을 수상했으며 2010년 'FOOD & WINE'이 선정하는 '최고신인 요리사(Best New Chef)', 미국 톱10 레스토랑에 선정됐다.

호텔 · 식당 예약 사이트인 '가이오닷컴(Gayot.com)'은 고기 타코를 미 TOP 5 Food Truck 중의 하나로 이름을 올렸다. 대다수의 기업들은 Twitter를 마케팅을 성공하기 위한 하나의 도구로 사용하였지만, Kogi BBQ는 그렇지 않다는 것이다. 즉 보통의 SNS 마케팅은 기업을 알리기 위해서, 고객과 의사소통하기 위해서, 할인쿠폰을 제공하기 위해서 SNS를 이용하지만 Kogi BBQ는 고객에게 정말 필요한 기본적인 정보를 제공하는 특이한 SNS 마케팅 사례이다.

3) 리바이스

리바이스의 SNS 마케팅은 혁신적이었다. 많은 기업이 페이스북이나 Twitter를 통해 영화표, 연극표를 주거나 기프트콘, 화장품 샘플 등을 주기도 한다. 리바이스 역시 자사의 제품인 리바이스 청바지를 SNS를 통해 제공했다. 하지만 리바이스 청바지를 주는 방법이 다른 기업들처럼 추첨, 선착순 등이 아니라 아주 독특한 방법을 사용했다. 호주와 뉴질랜드 몇 백 곳에 각각의 리바이스 청바지를 입은 모델들을 배치시키고 스마트폰을 이용해 실시간으로 각각의 모델들이 자신의 위치를 알린다. 정해진 루트가 있는 것이 아니라 자신이 움직이고 싶은 대로 움직이는 것이다.

리바이스 청바지를 얻고 싶은 팔로어들은 해당 모델과 Twitter를 통해 소통하고 모델의 위치를 찾으려 한다. 즉 SNS를 통해 모델과 술래잡기를 하는 것이다. 찾아간 해당 장소에서 모델을 발견하게 되면 모델이 입고 있던 멋진 리바이스 청바지를 그 자리에서 공짜로 벗어주는 것이다.

아이템을 찾아나서는 게임 형태의 SNS 마케팅으로 좋은 평가를 받고 있다. 이 이벤트를 통해 Twitter에서 1,450명이 넘는 팔로어들이 30만 명이 넘는 사람들에게 리트윗되었다. 소비자에게 리바이스라는 브랜드가 의도한 대로 많이 노출되었고 그와 동시에 입에서 입으로 입소문이 퍼지면서 리바이스 전체 매출을 상승시키는 데 커다란 요인으로 작용하였다.

이 이벤트는 6주 동안 수백 벌의 청바지가 소요되었으나 엄청난 광고효과를 창출하였고 온라인 마케팅의 성공적인 교과서가 되고 있다.

(4) 기업의 SNS 적용 실패 사례

1) 도미노피자

도미노피자가 SNS 마케팅을 시작할 때쯤 홍대의 한 곱창집에서 팔로어 수만큼 곱창가격을 할인해 주는 이벤트가 있었고, 도미노피자도 팔로어들에게 직접적인 혜택을 주고자 '내 Twitter 팔로어 수만큼 추가로 할인받는 놀라운 세상!'이라는 이벤트를 시작하게 되었다.

도미노피자는 2010년 Twitter(@dominostory)를 오픈하여 약 2달 만에 7,700여 명의 팔로어들을 확보하게 되었다. 이렇게 단기간에 많은 팔로어를 확보한 도미노피자는 신제품 무료 시식 체험단 100명을 모집해 도미노 퀴즈 이벤트 등의 다양한 이벤트활동을 펼치고 있었다. 이 중 '내 Twitter 팔로어 수만큼 추가로 할인받는 놀라운 세상!' 이벤트는 Twitter 팔로어 수에 따라 최저 1,000원부터 최고 20,000원까지 할인쿠폰을 받을 수 있는 이벤트였다.

팔로어 수가 0~100명이면 1,000원을 할인받고 101~200명이면 2,000원을 할인받고 1,901명 이상의 팔로어를 가진 고객에게는 최대 20,000원을 할인해 주는 것이다. 게다가 중복할인 혜택까지 가능했기 때문에 고객 입장에서는 아주 획기적인 이벤트였다.

도미노피자가 이 이벤트를 통해 얻고자 했던 점은 도미노피자 상품의 노출 횟수를 늘리고 이로 인해 고객과 장기적인 관계를 유지하는 것이었다. 하지만 이 이벤트를 악용하는 참가자가 등장하면서 문제점이 발생하기 시작했다. 할인쿠폰을 받기 위해서 무조건 팔로어를 늘려가는 참가자들이 증가했다(심지어 Twitter를 이용하고 있지 않던 고객도 Twitter에 가입해 무작정 팔로어 수를 늘려가기 시작했다). 이런 참가자들로 인해 이른바 '무작정 맞팔'이 늘어난 기존의 Twitterer들은 도미노피자 Twitter에 불만사항을 토로했고, 허수 계정에 대해 '도미노 좀비'라는 이름을 붙여, Twitter상에서 도미노피자에 대한 부정적인 이슈가 생성되었다.

이처럼 '피자의 난' 사건은 SNS 마케팅의 대표적인 실패 사례로 꼽히지만 이 사건에 대한 도미노피자의 대응전략은 긍정적인 평가를 받고 있다. 도미노피자 측은 사태의 심각성을 느끼고 '내 Twitter 팔로어 수만큼 추가로 할인받는 놀라운 세상!' 이벤트를 중단하고 공식 홈페이지와 Twitter를 통해 사과문을 띄웠으며, '도미노피자의 트윗 마케팅 이야기'라는 글을 포스팅하였다.

블로그에 포스팅된 사과문은 단순히 죄송하다는 식의 형식적인 내용이 아니라 '피자의 난'에 대한 조사결과까지 첨부하여 '자사는 이 사건을 정확히 파악하고 있다'는 점을 고객에게 인식시켰고, 앞으로의 운영계획까지 밝혔다. 이 이벤트에서 도미노피자가 간과한 것은 바로 SNS는 실시간 의사소통이 가능하기 때문에 한 번 잘못하면 걷잡을 수 없는 속도로 문제가 확산된다는 것이다.

SNS 마케팅을 제대로 이해하지 못하면 실패 사례가 발생한다. 즉 도미노피자는 SNS의 성격을 잘 이해하지 못했고 SNS를 서둘러 시작해야 한다는 강박관념에 쫓겨 내부적으로 준비하지 못한 채 이를 도입했기 때문이다.

2) UCC 커피

Ueshima coffee, 흔히 UCC 커피라 불리는데 이는 일본의 한 커피전문점을 말한다. 이 커피 가게는 매년 '커피가 들려주는 멋진 이야기'라는 에세이 응모 캠페인을 해오던 가게로 유명하다. UCC 커피도 파급력이 빠른 Twitter 마케팅을 사용하여 가게를 홍보하려다가 한 가지 실수로 인해 SNS 마케팅 실패를 겪게 되었다.

그것은 바로 Bot이라는 프로그램을 이용하여 11개의 계정을 만들어서 계속해서 트윗을 올리며 항상 타임라인의 상단에 위치하도록 한 것인데 고정적으로 타임라인의 상단에 위치함으로 인해 정보가 많이 노출되는 전략을 생각해 낸 것은 좋지만, 고객의 입장에서는 스팸메일처럼 원하지 않는 트윗을 수차례 보게 되는 꼴이다. 결국 고객으로부터의 항의가 쏟아졌고 1시간 만에 UCC 커피가 진행했던 캠페인이 중단되고 5시간 만에 UCC 커피는 Twitter를 통해 사과문을 발표하기에 이르렀다.

LG경제연구원에서 발표한 보고서에는 'SNS 활용의 가장 큰 목적은 메시지 발신이 아닌 경청'이라고 분석하고 있는데, UCC 커피의 SNS 마케팅전략에 있어서 가장 큰 문제점은 고객과의 쌍방향 의사소통을 지향하지 않았다는 것이다. 즉 UCC 커피는 SNS를 고객과 소통하는 창구가 아니라 단순한 공식 홈페이지처럼 자사의 제품이나 서비스를 일방적으로 홍보하는 도구로 사용했기 때문에 실패한 것이다.

UCC는 몇 시간 만에 SNS 마케팅을 중단하였다. 이런 문제가 발생한 뒤 UCC 커피의 대응은 다소 미약했다고 볼 수 있으며 이런 문제가 다시 발생하지 않기 위해서는 시간을 가지면서 자사가 전달하고자 하는 내용을 잘 이해하고 자사의 타깃이 되는 대상이 누구인지 미리 정한 다음 SNS를 통해 마케팅활동을 하는 것이 기업이 원하는 긍정적 효과를 가져다줄 것이다.

3) 월마트

짐과 로라 부부는 캠핑카를 빌려 미국 전역의 월마트 매장을 방문한 뒤 경험담을 블로그에 연재하는 'Wal-Marting Across America'라는 블로그를 개설하였다. 이 블로그는 월마트에 대한 칭찬 일색이었기에 이에 의심을 한 네티즌들 사이에 짐과 로라가 과연 진짜인지 아니면 월마트의 고용인인지 설전이 벌어졌다. 결국 이들의 이야기가 가짜로 드러나면서 월마트의 신뢰도는 급속도로 추락해 버렸고 소비자들은 분개하게 되었다. 월마트는 브랜드 이미지에 정직하지 못하다는 상처만 남기고 블로그를 폐쇄하게 되면서 월마트의 소셜 마케팅은 실패하게 되었다.

토의해 봅시다

- 소셜 네트워크 사회가 가져온 개인의 생활 변화에 대해 설명하시오.
- 소셜 네트워크 사회가 가져온 기업의 생활 변화에 대해 설명하시오.
- 스마트폰과 소셜 네트워크 사회의 관련성에 대해 설명하시오.
- SNS를 통한 기업과 소비자 간의 소통의 변화에 대해 설명하시오.
- SNS 사회에서 정보통신기술의 활용가능성에 대해 설명하시오.

참고문헌

- 곽기영, 소셜 네트워크 분석, 도서출판 청람, 2014.
- 구교봉 · 이종호, 소셜 네트워크를 활용한 전자상거래, 탑북스, 2014.
- 김용성, 유비쿼터스 소셜 네트워크 시대의 인터넷 서비스, 생능, 2012.
- 다나보이드 저, 지하늘 역, 소셜시대 십대는 소통한다, 처음북스, 2014.
- 조나단 프롯킨 저, 이영구 역, 고객이 열성 주인이 되는 소셜 네트워크 시대, 골든어페어, 2014.
- 조선비즈, "트위터 해킹은 대혼란 예고편 … 진짜 목적 따로있다", 2020. 07. 17.
- 조선비즈, 오바마 "SNS 운영 빅테크가 민주주의 훼손 … 독재권력 기반 역할", 2022. 04. 22.
- 조선비즈, 페이스북 마케팅 7대 원칙, 2017. 11. 21.
- 최영, 공유와 협력 소셜미디어 네트워크 패러다임, 커뮤니케이션북스, 2013.
- 홍순만, 소셜 네트워크의 세계와 빅데이터 활용, 파워북, 2013.
- http://www.boannews.com/media/view.asp?idx=23540&kind=1
- PR.com
- www.kisa.or.kr
- www.kosna.org
- www.lgeri.com
- www.nsocialnetwork.com
- www.seri.org

CHAPTER

10

MANAGEMENT INFORMATION SYSTEMS

플랫폼 비즈니스의 등장과 발전

우리가 망할 줄 알았죠? 에어비앤비 퍼펙트 부활시킨 역발상

[WEEKLY BIZ] [Cover Story] 코로나 뚫고 사상 최대 실적, 에어비앤비 CEO 체스키

'여행'과 '공유 경제'. 신종 코로나 팬데믹(대유행)으로 직격탄을 맞은 두 산업의 교집합에 있는 에어비앤비에 작년 3월은 악몽과도 같았다. 당초 예정돼 있던 기업공개(IPO)가 무산됐고, 전 세계에서 밀려드는 환불 요청 건수가 예약 건수를 앞질렀다. 에어비앤비를 공동 창업한 브라이언 체스키(Brian Chesky · 40) CEO(최고경영자)는 "우리가 알고 있던 여행은 끝났다. 절대 돌아오지 않을 것"이라는 암담한 전망을 내놓기도 했다.

체스키 CEO의 우려대로 지난해 전 세계 호텔 · 리조트 매출은 6100억 달러(약 720조 원)로 전년(1조4700억 달러) 대비 반토막 넘게 쪼그라들었다. 2019년 14억6600만 명에 달했던 전 세계 국제여행객은 지난해 4억 명으로 수직 낙하했다. 그러나 에어비앤비는 작년 하반기 극적인 반전에 성공했다. 뼈를 깎는 구조 조정으로 3분기에는 흑자를 기록했고, 12월에는 나스닥에 성공적으로 상장했다. 16일 현재 에어비앤비 시가총액은 1316억 달러(약 156조 원)로, 전 세계 1 · 2위 호텔 체인인 매리엇(502억 달러)과 힐튼(395억 달러)의 시총을 합친 것보다 크다.

올해 3분기 에어비앤비의 매출은 1년 전보다 67% 증가한 22억3700만 달러(약 2조6419억 원), 순이익은 280% 증가한 8억3400만 달러(약 9850억 원)를 기록했다. 매출과 순이익 모두 사상 최대다. 팬데믹이라는 전례 없는 위기 속에서 에어비앤비가 괴물 같은 회복에 성공한 비결은 뭘까. 본격적으로 시작된 '위드 코로나(With corona)' 시대의 여행은 어떻게 바뀔까. WEEKLY BIZ가 지난 10일 화상 인터뷰로 체스키 CEO와 만났다.

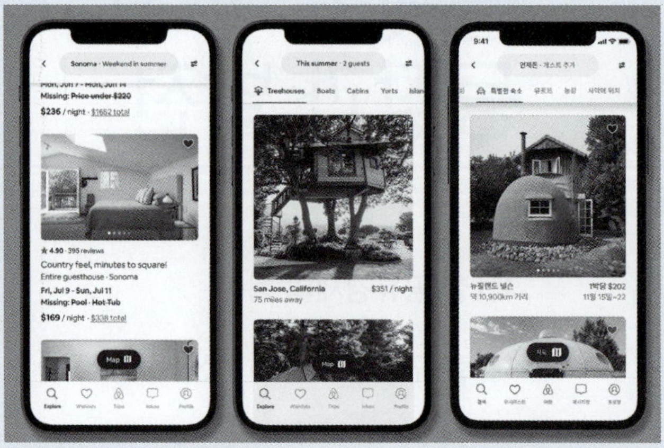

에어비앤비가 올해 새롭게 도입한 '유연한 검색(I'm flexible)' 기능 화면. 정확한 날짜나 여행지를 지정하지 않고 자유롭게 여행을 계획할 수 있게 도와준다. 브라이언 체스키 〈사진〉 에어비앤비 창업자는 "팬데믹으로 새롭게 발견된 '유연성'이 '여행 혁명'을 일으켰다"고 말했다. / 에어비앤비

◇괴물 같은 회복 비결은 '유연성'

에어비앤비는 지난해 다른 여행업계와 마찬가지로 혹독한 구조 조정을 거쳐야 했다. 체스키 CEO는 "지난해 우리는 8주 만에 사업의 80%를 잃었다"며 "구조 조정과 함께 회사를 바닥에서부터 새로 재건해야 했다"고 말했다. 먼저 종합 여행 플랫폼으로 발돋움하고자 팬데믹 이전에 추진하던 호텔, 럭셔리 숙박, 교통, 미디어 같은 사업을 중단하고, 주력 사업인 소형 주택 위주의 숙박 공유 사업에 집중하기로 했다. 비용 절감을 위해 회사 전체 인력의 4분의 1에 해당하는 1900명을 해고했고, 체스키 CEO를 포함한 임원들은 임금을 50~100% 삭감했다. 예정돼 있던 10억 달러 규모의 마케팅도 전부 취소했다. 운영 자금이 부족해 11%라는 높은 이율로 돈을 빌려 쓰기도 했다. "위기 상황에서 가장 관리하기 어려웠던 건 제 심리 상태였어요. 상황이 보기보다 좋지 않았지만, 그렇다고 나쁘기만 한 것도 아니었어요. 리더로서 길을 제시하고, 희망을 잃지 않으려 노력했습니다."

한창 구조 조정 중이던 작년 5월, 체스키 CEO는 에어비앤비 내 검색 트렌드에서 새로운 가능성을 발견했다. 거주지와 가까운 여행지를 중심으로 검색량이 회복되기 시작한 것이다. 그동안 대도시 중심의 장거리 여행에 집중해 왔던 에어비앤비는 재빨리 전략을 바꿔 6월부터 'Go near(가까운 곳으로 가자)' 캠페인을 시작했다. 웹사이트와 앱의 검색 알고리즘을 재설계해 잠재적인 여행자들이 거주지 근처의 여행지를 추천받을 수 있게 만들었다. 이 같은 변화가 여름휴가철과 맞물리면서 에어비앤비는 반등에 성공했다. 작년 상반기에는 7억6000만 달러(약 8976억 원)의 순손실을 기록했지만, 3분기에는 2억1900만 달러(약 2586억 원)의 순이익을 달성했다.

"에어비앤비의 적응력 높은 사업 모델과 혁신적인 문화가 이 같은 반등을 가능하게 했습니다. 에어비앤비에는 거의 모든 여행지의 숙소가 다양한 형태와 가격대에 걸쳐 존재하기 때문에 어떤 유형의 여행도 가능하게 해줍니다. 여행 환경이 어떻게 바뀌든, 호텔 등 다른 경쟁업체보다 새로운 환경에 적응하기 쉽다는 뜻이죠. 올 들어 에어비앤비는 150개 이상의 서비스 업그레이드를 실시했습니다. 제가 아는 한, 올 한 해 에어비앤비보다 많은 혁신을 이뤄낸 기업이나 산업은 없습니다."

◇팬데믹이 불러온 '여행 혁명'

그동안 직장에 묶여 주말이나 휴가철에만 여행을 갈 수 있었던 사람들이 팬데믹 이후 특정 시간, 특정 장소에서 일해야 할 필요성에서 해방됐다. 어디에서나 일하고, 언제든지 여행하고, 더 오래 머무를 수 있게 된 것이다. 체스키 CEO는 팬데믹으로 새롭게 발견된 유연성이 '여행 혁명'을 일으켰다고 평가했다. "사람들은 더 이상 일주일에 5일 사무실에 출근할 필요가 없습니다. 줌(Zoom)과 같은 기술이 재택근무를 가능하게 해주고, 에어비앤비가 어디에서나 일할 수 있게 해주기 때문이죠. 팬데믹 이전 '집'은 살기 위한 공간에 불과했지만, 지금은 업무 공간이자 여행 공간으로 바뀌었습니다. 유연성은 여행과 생활의 경계를 모호하게 만듭니다. 이 같은 추세는 더욱 가속화될 거예요."

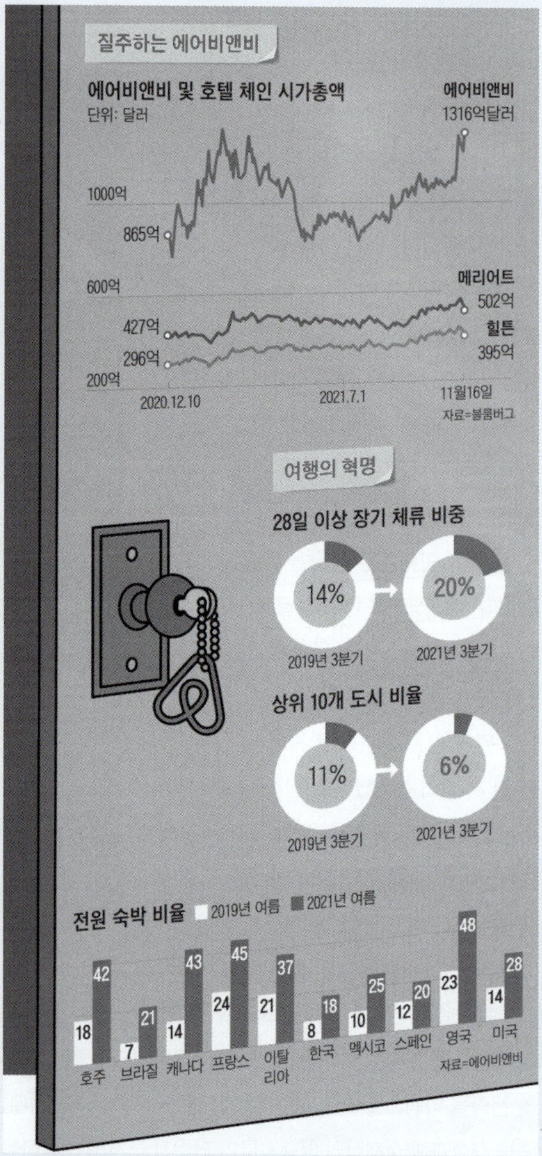

유연성은 여행의 선택지를 넓혔다. 전통적으로 에어비앤비에서 여행자가 몰리던 대도시 대신 근교나 전원을 찾는 수요가 늘었다. 올해 3분기 예약된 총숙박의 40% 이상이 집에서 300마일(약 483km) 이내였다. 전원으로 가는 여행자는 2019년 3분기 대비 40% 이상 증가했다. 같은 도시 여행이라 해도 누구나 다 아는 대도시 대신 숨겨진 중소 도시의 재발견이 활발해졌다. 2019년 3분기에는 상위 10개 도시가 에어비앤비 매출의 11%를 차지했으나, 올해 3분기엔 이 비율이 6%로 줄었다. 팬데믹 기간 6000개 이상의 도시와 마을이 첫 예약을 받았고, 여행자들은 총 10만 개 이상의 도시를 여행했다.

또 다른 눈에 띄는 변화는 '한 달 살기'식의 장기 체류 트렌드가 한국뿐 아니라 전 세계 공통으로 나타났다는 점이다. 올해 3분기 예약된 총숙박의 20%가 28일 이상의 장기 체류였다. 2019년 3분기에는 장기 체류 비율이 14%에 불과했다. 7박 이상 체류하는 여행자 비율은 45%나 됐다. 호스트들도 높아진 장기 체류 수요를 환영하고 있다. 현재 예약 가능한 숙소의 90% 이상이 장기 체류를 허용하고, 월 단위 예약 시 할인을 제공하는 숙소 역시 2019년보다 20% 증가했다. "사람들은 집을 오래 비울수록, 집과 비슷한 공간에 있고 싶어해요. 앞마당과 뒤뜰이 있고, 음식을 만들 수 있는 주방이 갖춰진 내 집 같은 공간 말이죠. 이게 바로 장기 체류에서 에어비앤비가 호텔보다 경쟁력이 있는 이유입니다. 하룻밤을 머문다면 호텔이나 다른 선택지가 있겠지만, 한 달이나 두 달을 머문다면 집을 선택할 수밖에 없어요."

에어비앤비는 올해 초 '유연한 검색(I'm flexible)' 기능을 도입했다. 유연한 검색을 선택하면 여행지를 정하지 않아도 해변・농장・통나무집 등 24개의 카테고리별 숙소를 살펴볼 수 있다. 일정 역시 정확한 날짜를 입력하는 대신 주말 휴가, 일주일 휴가 또는 한 달 살기 같은 방식으로 검색할 수 있다. 현재까지 유연한 검색 기능은 5억 회 이상 사용됐다. "고정된 여행지와 일정을 입력하던 기존 검색 기능을 사용하면 범위가 좁아질 수밖에 없어요. 반면 유연한 검색 기능은 여행자들이 더 많은 숙소를 살펴보고, 자신의 취향에 딱 떨어지는 숙소를 발견할 가능성을 높여주죠. 그래서 실제 예약으로 이어지는 경우도 더 많습니다. 에어비앤비가 단순히 숙소 검색만 제공하는 게 아니라, 여행자들에게 어디로 떠날지 '영감(靈感)'을 주기 시작했다는 뜻이기도 합니다."

◇새로운 해외여행이 돌아온다

팬데믹 이전 에어비앤비 매출의 절반을 차지하던 해외여행은 아직 완전히 회복되지 못했다. 올해 3분기 해외여행 매출 비율은 33% 수준이었다. 지난 1분기(20%)와 2분기(27%)보단 늘었으나, 여전히 저조한 수치다. 그러나 회복의 기미가 보이기 시작했다. 지난달 중순 조 바이든 미국 대통령이 국경 개방을 발표하자, 일주일 만에 미국을 목적지로 한 해외여행 예약이 44% 증가했다. 지난달 전체 해외여행 예약 수는 2019년 수준의 80%까지 올라왔다. "해외여행에 대한 억눌린 수요가 폭발하고 있습니다. 여행은 제한하면 할수록 억눌린 수요가 높아지는 경향이 있어요. 언제가 될지 장담할 수는 없지만 각국 정부가 국경을 완전히 열고, 사람들이 여행을 다시 안전하다고 느끼기 시작한다면 해외여행은 2019년 수준 이상으로 돌아올 것이라 확신합니다. 북미나 유럽보다 해외여행 의존도가 높은 아시아・태평양 지역에서도 뚜렷한 회복세가 나타날 거예요."

다만 해외여행의 모습은 예전과 다를 것이라 전망했다. "적어도 우리가 알고 있는 개념의 출장 목적 여행은 감소할 거예요. 원하지 않는다면 굳이 회의를 위해 여행을 해야 할 필요성이 없어졌으니까요. 줌과 같은 기술이 출장의 필요성을 대부분 대체했다고 생각합니다. 반면 새로운 유형의 출장 여행이 등장할 거예요. 예컨대 각국에서 원격 근무하는 직원들의 모임을 위한 여행 같은 것 말이죠. 업무보다는 관계 형성에 초점을 맞춘 출장이 되겠죠. 의미 있는 변화라고 생각해요." 여가를 목적으로 한 해외여행 역시 장기 체류가 대세가 될 것이라 전망했다. "국경이 다시 열린다면 몇 달이나 1년씩 다른 나라에서 사는 여행자가 늘어날 겁니다. 사람들의 유연해진 생활 패턴 덕분이죠. 이미 미국에선 이런 변화가 나타나고 있어요. 내년 여름에는 다른 나라에서 '디지털 노마드' 생활을 누리는 가족을 많이 볼 수 있을 것 같습니다."

최근 에어비앤비는 이 같은 변화를 반영해 50개 이상의 겨울 업데이트를 발표했다. 먼저 여행자가 숙박 기간 예정돼 있는 줌 회의 등에 대비해 에어비앤비 앱에서 숙소 와이파이 속도를 확인할 수 있게 했다.

올해 에어비앤비 여행자가 숙소를 검색하면서 와이파이 여부를 확인한 경우가 2억8800만 건에 달한다는 점에 착안한 것이다. 또 반려동물과 함께 에어비앤비에서 장기 체류하는 여행자가 늘면서 호스트가 반려동물 요금을 추가할 수 있게 하고, 반려동물에 의한 피해 보상도 받을 수 있게 했다. 본격적인 해외여행 재개를 앞두고 번역 엔진도 새롭게 개선했다.

◇"메타버스보다 실제 경험"

에어비앤비는 지난 여름 누적 여행자 수 10억 명이라는 이정표를 세웠다. 체스키 CEO는 "전 세계의 다른 문화권에 있는 사람들이 에어비앤비로 10억 번 넘게 교류했다는 뜻"이라며 "에어비앤비는 앞으로도 세상을 더 작게 만들고자 노력할 것"이라고 했다.

체스키 CEO는 앞으로 여행 산업에서 성공의 열쇠는 '누가 최고의 경험을 제공하느냐'가 될 것이라 봤다. "가장 간단하면서도 중요한 사업 원칙은 사람들이 좋아하는 것을 만드는 겁니다. 여행은 사람들이 가장 열망하는 서비스 중 하나예요. 누구나 돈이 있으면 여행을 가고 싶어하죠. 그렇기 때문에 실망스러운 경험을 하면 어떤 다른 서비스보다 오랫동안 기억에 남기도 합니다. 따라서 새로운 세계에선 최고의 경험을 제공하는 기업이 성공할 것이라 생각합니다. 에어비앤비가 호스트와 여행자를 위한 놀라운 경험을 디자인하는 데 집중하는 이유입니다."

에어비앤비가 요즘 대세로 떠오른 '메타버스(Metaverse · 3차원 가상 세계)'에 올라타지 않는 이유도 바로 '경험' 때문이다. "당장은 메타버스 사업에 진출할 계획이 없습니다. 메타버스 플랫폼 덕분에 인터넷 세상이 좀 더 3차원적이고, 몰입감 있게 변할 것이라는 데에는 이견이 없어요. 그러나 사람들은 여전히 현실 세계에 충실할 것이라 생각합니다. 우리는 삶에서 만나는 사람들과 함께 성장하고, 세상을 더 많이 경험할수록 더 많은 삶을 경험하게 됩니다. 이게 바로 에어비앤비가 해야 할 근본적인 일이라고 생각해요."

자료: 조선비즈, 2021.11.28.

제1절 공유경제의 등장

21세기 성장과 발전의 글로벌 경제 앞에 환경오염, 기후 변화, 생물 다양성 감소 등 기존 소유경제로 인해 발생한 전 지구적 문제의 해결방안으로 소유가 아닌 공유의 개념이 등장하였다. 과거 대여와 차용의 경제활동은 있어 왔으나 인터넷과 스마트폰으로 대표되는 정보통신기술은 소유가 아닌 빌려 쓰고 나누어 쓰는 사회적 경제모델의 발전과 성장을 이끌고 있다. 본 절에서는 공유경제의 등장배경 및 공유경제의 특징, 국내 · 외 공유경제의 현황에 대해 살펴본다.

1. 공유경제의 등장배경

공유경제는 2008년 하버드대 Lawrence Lessing 교수가 처음 사용한 용어로, 자신이 소유한 유형의 물품이나 무형의 지적재능을 다른 사람에게 빌려주거나 또는 필요한 만큼 차용하여 사용하는 IT인프라 기반의 사회적 경제 모델로 정의할 수 있으며 재화 및 서비스의 협력–창조–생산–유통–교환–소비의 전 과정을 포괄한다.

20세기 자본주의 경제의 한계가 가져온 경제위기와 환경오염 등의 문제, 그리고 글로벌 경제위기로 인한 저성장, 취업난, 가계소득 저하는 과다 소비에서 합리적인 소비로 전환하는 계기를 마련하였고 이는 IT인프라와 IT기술의 발달이 가져온 결과물로 다양한 공유경제(기업)활동을 가능하게 하였다.

공유경제가 등장하면서 빠르게 발전할 수 있었던 배경은 다음의 세 가지로 정리할 수 있다.

첫째, 무분별한 대량생산과 소비에 따른 환경오염 문제이다. 소유경제에서의 과잉소비는 자원의 낭비와 대량의 쓰레기를 발생시켰으며, 이에 따른 이산화탄소 배출 증가가 각종 자연재해를 낳았다. 따라서 이미 생산된 자원을 효과적으로 활용하는 방식인 공유경제가 환경문제의 대안으로 제시됐다.

둘째, 능동적인 소비자들의 출현이다. 오늘날 소비자들은 더 이상 기업이 제조한 제품과 서비스를 수동적으로 소비하는 대상이 아니다. 소비자들은 소비의 주체로서 제품과 서비스를 통해 자신의 정체성을 드러내고, SNS를 통해 적극적으로 자신의 의사를 표시하고 있다.

셋째, 스마트폰으로 인한 소셜네트워크서비스(SNS)의 확산과 성장이다. 트위터, 페이스북 및 인스타그램 등으로 대표되는 SNS의 성장은 소비자 개인의 정보력을 향상시켰고, 이는 전문가처럼 경제활동에 적극적인 활동과 참여를 가능하게 하였다. 이미지 공유 핀터레스트(Pinterest), 글로벌 숏폼 플랫폼 틱톡 및 온라인 게임제작과 공유기업 로블록스는 비전문가들이 뭉쳐 온라인 경제활동과 기업으로서의 이윤추구를 동시에 달성하는 대표적인 기업들이다.

2. 공유경제의 특징

소유경제와 공유경제를 비교하면 소유경제에서 소비자의 최종목적은 재화의 소유와 이의 소비로서 만족되는 가치를 의미한다. 그러나 공유경제는 공유를 통한 소비로서 개인의 가치를 얻음과 동시에 타인과의 관계형성이 중요하다.

소유경제는 대량생산과 대량소비의 과정에서 자원의 낭비가 생기고 이는 자원고갈이라는 생태계의 위험을 낳지만, 공유경제는 기존에 생산된 재화를 함께 또는 재사용함으로써 자원의 낭비를 효과적으로 막을 수 있다. 또한 소유경제에서는 생산자의 최종목적이 이윤창출이지만 공유경제에서 생산자의 최종목적은 적정이윤과 함께 사회구성원 모두에게 제공되는 공유가치를 창출하는 것이다.

공유경제는 잉여의 유형재화나 무형지식을 스마트폰 기반의 소셜네트워크를 통해 빌려주거나 교환하여 상호 편익과 더불어 비용부담의 문제를 해결하는 비즈니스 모델이라 할 수 있다. 기존 소유기반의 경제와는 달리 사회적 가치를 추구하고 지역사회를 기반으로 하고 있다는 점이 기존의 대여 및 임대산업 또는 '아나바다'와 같은 시민 절약운동과 차별화된다. 결과적으로 소유경제가 과잉소비의 위험성이 높은 반면 공유경제는 협력적 생산과 합리적 소비를 가능하게 하여 자원낭비 및 환경오염의 문제를 해결할 수 있다.

공유경제 기업들의 비즈니스 모델은 기존의 렌털비즈니스와 차별화된다. 렌털은 사업자(공급자)가 소비자(수요자)에게 재화 등을 판매(렌트)하지만, 공유경제는 개인 대 개인의 거래를 중개해 줌으로써 소유자와 이용자를 연결해 주는 플랫폼으로서의 역할에 충실한 비즈니스이다.

이러한 공유경제는 기존의 전통적인 소비경제와는 다른 특징이 있다.

첫째, 소비만족을 위한 적정 규모(Critical Mass)가 형성되어야 한다. 모든 소비자가 마음에 드는 물건을 찾고 또 이의 선택이 좋았다고 느낄 만큼 물건이 충분하게 갖추어져 운용되어야 함을 의미한다. 하지만 공유경제의 목적과 이용자의 특성에 따라 적정 규모는 다를 수 있다.

둘째, 여분의 자산과 재능(Idling Capacity)을 활용한다. 공유경제의 대상은 여분의 물건, 공간, 땅, 서비스 등 공유할 수 있는 개인의 소유물 모두가 해당된다. 일례로 미국인 중 8천만 명이 전기드릴을 가지고 있지만 실제 사용하는 시간은 평균 13분이라는 통계자료가 있고, 또 자동차는 평균 하루 22시간 주차 상태라는 것을 생각한다면 이러한 여분과 유휴자산을 활용하여 공유하는 것은 어쩌면 당연한 일이라고 생각할 수 있다.

셋째, 공유재에 대한 믿음(Belief in the Commons)이 전제되어야 한다. 예를 들어, 전화기 한 대는 쓸모가 없지만 전화기를 소유한 사람이 많으면 많을수록 각각의 소유자에게 전화기는 필수품인 것처럼 공유경제는 네트워크로 연결되는 사람의 수가 증가하면 할수록 효과가 크게 발생한다.

넷째, 타인 간의 신뢰(Trust between Stranger)가 형성되어야 한다. 과잉소비의 세계에서는 중간상인이 생산과 소비 사이의 연결고리 역할을 수행하여 거래 관계를 책임지지만, 공유경제에서는 거래당사자들이 누가 누군지 모르는 상황이므로 익명의 타인을 신뢰할 수 있는 환경 구현이 매우 중요하다. 공유경제 중개인들은 개인들이 서로 신뢰를 쌓을 수 있는 환경을 조성하고, 신뢰를 구축하고, 거래와 커뮤니티를 연결하는 절충안을 만드는 것이 과제라고 할 수 있다. 이와 같이 공유경제는 제품 · 서비스, 재분배 시장, 협력적 커뮤니티로 구성되어 운영되고 있다.

표 10-1 공유경제 거래방식과 공유자원

구분	거래방식	공유자원
제품, 서비스	사용자들이 제품 혹은 서비스를 소유하지 않고 사용할 수 있는 방식	자동차 셰어링, 바이크 셰어링, 태양에너지 공급, 장난감 대여, 도서 대여
물물교환	필요하지 않은 제품을 필요한 사람에게 재분배하는 방식	경매시장, 물물교환시장, 무료, 상품권 교환
협력적 커뮤니티	커뮤니티 내 사용자 간의 협력을 통한 방식	공간공유, 구인구직, 여행경험, 지식공유, 택시 셰어링, 클라우드 펀딩

자료: 경기개발연구원, 공유경제(Sharing Economy)의 미래와 성공조건, 2014.02.26.

공유경제는 유휴자원의 경제적 가치의 활용을 고민한다. 공유경제를 통해 기존 구매 포기자, 비충성 구매자의 수요 참여와 소규모 기업 및 개인의 공급시장 진입과 이를 통한 신규시장 창출이 필요하며 저렴한 비용, 다양한 상품 및 서비스, 신뢰할 수 있는 중개인을 통해 새로운 경제적 가치 창출 환경이 구현되는 것이다.

공유경제는 소유경제를 보완하며 창업 및 새로운 일자리 기회를 제공한다. 소유경제에서는 거래가 쉽지 않았던 숙박, 농산물, 차량공유, 파트타임 일거리 등 무형자원까지 거래되는 시장이 형성되어 새로운 사업모델 및 신규 일자리가 창출된다. 특별한 기술 없이도 일자리를 연결해 주는 태스크래빗(Taskrabbit: 단기 아르바이트 중개 서비스) 또는 알바몬(albamon)처럼 그동안 경제활동에서 소외되었던 노인, 비취업자, 주부 등에게도 다양한 경제활동의 기회를 제공한다.

표 10-2 디지털 플랫폼의 유형 및 예시

플랫폼 유형	설명	예시
온라인 거래 시장	전통적/디지털 재화와 용역을 거래하기 위한 온라인 플랫폼	Amazon, Apple, Ebay, Allibaba, Craigslist, Spotify, 티몬, 배달 애플리케이션
소셜미디어 및 사용자 생성 콘텐츠 (User Generated Content)	사용자들이 콘텐츠를 게시할수 있는 온라인 공간을 제공해 주는 플랫폼	Facebook, Twitter, YouTube, 아프리카(Afreeca)
공유경제	유휴자산이나 서비스의 공급자와 수요자의 거래를 위한 플랫폼	Uber, Airbnb, Sidecar, RelayRides
크라우드 소싱	계약직/비정규직 성격의 노동과 노하우를 거래하는 플랫폼	Taskrabbit, Upwork, Amazon Mechanical Turk
크라우드 펀딩 및 P2P 대출	기부, 대출/대여를 위한 플랫폼	Kickstarter, Indiegogo, Lending Club

출처: Langley and Leyshon(2017) Table 1 p.6을 바탕으로 저자 재작성.

3. 국내 · 외 공유경제 현황

공유경제에 대한 정의 및 범위는 규모를 기준으로 하면 차이가 존재하지만, 비즈니스적 가치와 성장세를 기준으로 하면 뚜렷한 이견은 없는 실정이다.

글로벌 컨설팅 기업인 프라이스워터하우스쿠퍼스(PWC)는 2025년 공유경제 규모는

표 10-3 국내 공유경제 관련 업체현황

자원	업체명	서비스 내용
여행경험	마이리얼트립	현지인 여행 가이드 서비스
	플레이 플래닛	현지인 여행 가이드 서비스
의류	열린옷장	면접용 정장 대여 서비스
	키플	유아 및 어린이 의류교환 서비스
공간	BnBHero	민박 공유 서비스
	코업	사무공간 대여 서비스
지혜/경험	위즈돔	지혜, 경험, 이야기 공유 서비스
	트립플	여행경험 콘테스트 서비스
도서	국민 도서관 책꽂이	도서 대여 서비스
식사	집밥	소셜 다이닝 서비스

자료: 클라우드 산업연구소, 함께 만드는 공유경제 보고서, 2020.

표 10-4 정부기관의 공유서비스 사례

구분	주관처	내용	특징
모두의 공간	국토교통부	쾌적하고 편리한 도시생활을 위해 시민에게 제공되는 열린 휴식공간인 공적공간을 소개	공개공지나 공개공간, 도로와 건축물 사이의 공지 등 공중이 이용하도록 제공된 사유지 내 공지 또는 공간을 소개
공유마당	한국저작권위원회	저작권 권리처리가 된 공유저작물을 누구나 자유롭게 이용 콘텐츠를 만들고, 나누고, 다시 쓰는 자유로운 이용 가능	만료 저작물뿐만 아니라 사회적 보존가치가 높은 민간 보유 저작물과 공공콘텐츠와 같은 공유 저작물 제공
서울시 열린데이터 광장	서울시	열린시정2.0에 의해 공공정보를 민간에 공개, 공익성, 업무효율성, 투명성을 높이고 공공의 가치를 창출할 수 있도록 하는 서비스	공공데이터의 존재 여부 및 소재정보를 확인할 수 있는 안내, 검색을 통해 원천 데이터의 다운로드가 가능
서울e품앗이	서울시 관할구청	서울 시내 각 지역에서 통용되는 공동체 화폐를 통해 서비스와 물품을 거래하는 교환제도	운영위원회는 회원들 중에 선발되어 실질적 업무 수행 지역주민 모두가 참여 가능하며, 서울시 관할구별 세분화

자료 : 경기개발연구원, 공유경제(Sharing Economy)의 미래와 성공조건, 2020.

3,350억 달러까지 성장할 것으로 전망하면서 매년 20% 이상의 성장을 기록할 것으로 전망하고 있다.

국내 공유경제는 2012년을 기준으로 확대와 확장의 성장이 진행 중이다. 우리나라도

그림 10-1 구독경제 시장규모

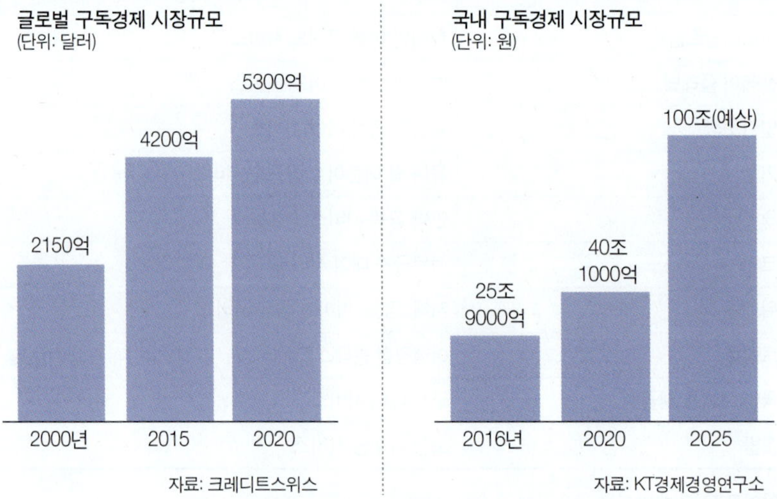

그림 10-2 세계 공유경제 시장 전망 및 공유경제 분야별 성장 전망

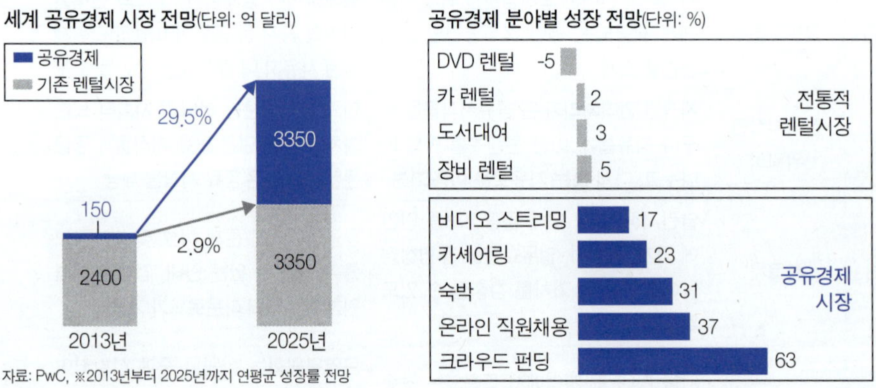

스마트폰 보급과 SNS 이용률의 증가로 공유경제 기반 비즈니스가 활발히 이루어지고 있다. 미국과 독일 등에서 보편화된 카셰어링, 숙박, 여행 공유서비스부터 경험, 시간 등 무형자원으로 공유경제 모델이 도입되는 추세이다. 소유경제에서 거래되지 않던 여행경험, 삶의 지혜, 식사문화 등 다양한 자원의 거래시장이 형성되어 신규시장이 창출되고 있다.

최근에는 정부기관 중심으로 행정정보의 공개 및 공유서비스를 확대하고, 지역의 문화, 역사, 시설물 등의 정보화사업으로 공유경제의 자원이 확대되고 있다.

4. 공유경제 사례

(1) 온라인 숙박 공유 Airbnb

샌프란시스코의 비싼 월세문제와 2007년 10월 개최된 국제 디자인 컨퍼런스 참가자들에게 부족한 호텔 객실 대신 요금을 받고 창업자 자신들의 거실을 내준 것을 계기로 2008년 창업하였다. Airbnb는 현재 190개국 34,000개 도시 60만 곳(2020년 4월 기준)의 숙소가 공유되고 있으며, 최근 50억 달러의 대규모 투자 유치로 세계에서 가장 가치 있는 스타트업 기업 중 하나로 평가된다.

Airbnb는 공유경제 기반 글로벌 플랫폼 구축, SNS을 통한 이용자 리뷰(투숙객만 작성 가능)를 통한 신뢰성 제고, 자체 지불결제시스템 구축을 통한 이용자 편익 제고를 통해 기존업체와 차별화를 추구하고 있으며, 향후 교통편 제공과 세탁, 청소서비스 등을 통해 숙박서비스 개선에 주력하고 있다. 다만, 일부 집주인의 불법 임대 및 주거용 아파트의 숙박시설 전용, 숙박시설 안전 미비, 세금 탈세의혹, 불법 도박장 전용 가능성, 거래자 간 분쟁 가능성 등은 우려된다.

별장 대여에 특화된 'VRBO', 청소 및 침대 정리 서비스를 제공하는 프리미엄 집대여 서비스 '원파인스테이(Onefinestay)', 회의실이나 사무실을 시간 단위로 대여해 주는 '리퀴드스페이스(LiquidSpace)' 등 저마다 차별화된 서비스를 제공하고 있다.

(2) 회원제 렌터카 Zipcar

집카(Zipcar)는 1999년 카셰어링 사업에 진출했다. 당시 로빈 체이스(Robin Chase) 등 창업자들은 카페에서 얘기를 나누다가 유럽에서 확산하고 있었던 차 공유 아이디어(Car-Sharing Idea)를 미국에 도입하는 계획을 세웠다. 이들은 사람들이 수송에 대해 생각하는 방식을 다시 정의하자고 생각했으며 이는 단순히 차를 줄이고, 공기오염을 줄이는 게 아니라 지속가능한 해결책을 만들어야 한다고 생각했다. 2014년 이후 집카는 미국, 캐나다, 영국, 스페인에서 성공적으로 서비스를 하고 있다. 미국에서만 뉴욕, 워싱턴, 샌프란시스코, 시카고, 보스턴, 시애틀 등 150여 개 도시에서 활발히 가동되고 있으며 회원은 60만 명이 넘는다.

차를 빌리는 방법은 어렵지 않다. 우선 자신이 일하거나 거주하는 동네에 서비스가 되는지 확인하고 회원으로 등록해 마음에 드는 자동차를 검색해서 전화 또는 인터넷으로 예약을 한다. 이용료는 한 시간에 36달러이며, 한 달에 300달러 선에서 진행되고 있으며 비용을 지불하면 회원에게는 집카드(RFID 카드)가 지급된다. 이것으로 전용주차장에 가서 자동차를 빌리면 되는 아주 단순한 구조이다.

집카는 2011년 나스닥 상장 당시 시가총액 12억 달러(1.3조 원)를 달성해 시장의 주목을 받았으나, 꾸준한 성장세를 보인 매출실적과 달리 차량 구입과 주차장 확보를 위한 초기 투자비용에 따른 수익성 확보에 어려움을 겪었으며, 2013년 세계 최대 렌터카업체 중 하나인 AVIS에 4.9억 달러에 인수・합병되었다.

집카(www.zipcar.com)와 집카로 통합된 영국의 스트리트카(www.streetcar.co.uk) 같은 서비스는 100% 셀프서비스로 운영된다. 스코틀랜드의 씨티카클럽(www.citycarclub.co.uk), 호주의 고겟(www.goget.com.au), 독일의 카투고(www.cartogo.com) 등도 카셰어링 사업에 진출했다. 최근에는 자동차 소유자가 차를 쓰지 않는 시간에 직접 빌려주는 릴레이라이더스(www.relayrides.com)도 생겼다.

(3) 경험 공유 플랫폼 '위즈돔'

위즈돔은 관심사, 취미 등을 키워드로 직업이나 나이에 상관없이 '경험을 나누는 이들'과 '지혜를 찾는 이들'을 연결해 주는 플랫폼이다. '만나고 싶은 사람이라면 누구든지 만날 수 있도록 한다'는 목표 아래, 닮고 싶은 선배, 친해지고 싶은 친구, 나를 필요로 하는 사람 등 자신의 경험과 필요에 따라 모임을 만들고 참여할 수 있는 것이 특징이다.

만남의 유형은 크게 'Talk', 'Play', 'Study'로 특정 전문가와의 만남 이외에도 캘리그라피, 플라워 레슨 등 공통관심사를 둔 일반인들 간의 만남까지 그 성격도 다양하다. 이렇게 저마다의 소중한 가치로 사람들을 연결하는 위즈돔은 '사람 도서관'을 의미하며 국내 최대 규모를 자랑하고 있다.

경험과 지혜를 판매하고자 하는 위즈도머(Wisdomer)는 나누고 싶은 자신의 삶 자체의 경험, 정보, 공동작업 등의 내용과 만날 날짜 및 장소, 가격(15만 원, 평균 1만 5천 원)을 정해 위즈돔 플랫폼에 등록한다. 경험과 지혜의 구매자인 위즈도미(Wisdomee)는 플랫폼에서 관심 있는 주제의 모임을 검색해 신청하고 구매를 한다. 위즈도머는 자신의 경험과 지혜를 공유함으로써 자신의 삶을 돌아볼 계기를 만들며 이를 통해 수익을 얻을 수 있다.

위즈도미는 직·간접적으로 지식을 전수받고 보다 직접적인 인간관계를 맺을 수 있다. 합리적인 가격에 인터넷이나 미디어에서 접할 수 없는 생생한 정보를 얻을 수 있는 기회로 활용하고 있다. 위즈돔의 비즈니스 모델은 플랫폼을 통해 지혜 및 경험거래를 쉽고 재미있게 유도해 전체 금액 중 플랫폼 큐레이팅 비용 30%를 수수료로 받고 있다. 2차로는 누적된 지혜 및 경험을 다양한 형태의 2차 저작 콘텐츠로 재생산하고 있다.

(4) Car Ride Sharing 'UBER'

우버(UBER)는 2009년 샌프란시스코에서 설립된 네트워크 기반 Ride Sharing 서비스 회사이며, 스마트폰 애플리케이션을 통해 차를 타려는 사람과 태우려는 사람을 연결해 주고 이용료의 일부(20%)를 수수료로 받는 서비스이다.

우버는 운전 중에 차량의 남은 공간을 타인과 공유하여 저렴한 교통수단을 제공하는 서비스에서 출발했으나, 사업이 고도화되고 개인의 영업행위에 대한 문제가 제기되면서 충분한 차량 확보 및 택시와 유사한 라이선스를 보유한 리무진 사업자를 연결해 주는 서비스로 변모하였다.

우버는 승차 거부 없고, 만족도 높은 서비스 제공으로 2020년 현재 42개국, 200여 개 도시로 서비스가 확대되고 있으며, 현재 100억 달러 가치를 인정받은 Airbnb를 거의 두 배차로 따돌리며 스타트업 중 최고가치인 180억 달러로 인정받고 있다. 다만, 우버 운전사의 검증 부실, 개인정보 유출 우려, 택시영업권 침해 등 현행법 위반, 탈세의혹 등으로 국내뿐 아니라 해외에서도 잦은 논란이 발생하고 있는 실정이다.

마찬가지로 우버와 비슷하게 저렴한 비용으로, 차량번호판에 핑크색 콧수염 모양 쿠션을 달고다니는 '리프트(Lyft)', 방향이 같은 여러 명이 카풀을 하는 '블라블라카(Blablacar)' 등의 업체도 있다. 우리나라는 자동차 공유 서비스인 '쏘카'와 '그린카' 등이 있다.

(5) 온라인 인력 중개 'TaskRabbit'

TaskRabbit은 2008년 보스턴에서 설립된 온라인 인력 중개 기업으로 임시로 일을 하려는 사람과 이들을 찾는 사람들을 연결해 주는 온라인 모바일 장터이다. TaskRabbit은 주로 청소, 가구 조립, 장보기, 아이 돌보기 등 다양한 생활 밀착형 서비스 중심의 인력을 중개하고 있지만, 최근에는 프리랜서 채용의 장으로도 활용되고 있으며, 현재 보스턴, 뉴욕, 시카고, 샌프란시스코 등 5개 도시를 중심으로 서비스를 제공하고 있다.

현재 TaskRabbit의 투자 유치 규모는 3,770만 달러 수준이며 매년 30% 이상의 성장세를 기록 중이다. 일각에서는 안정적이지 않는 임시직 경제를 만드는 데 일조한다는 비판도 있으나 제조서비스, 식사, 자본 중개 등 다양한 비즈니스 사례의 등장으로 공유경제는 새로운 글로벌 비즈니스로 자리매김하였다.

(6) 기 타

집에서 쉬고 있는 자전거를 남에게 빌려주는 '스핀리스터(Spinlister)', 레고 장난감을 대여해 주는 '플레이(Pley)', 명품 가방을 빌릴 수 있는 '백바로오어스틸(BagBorrowOrSteal)', 값비싼 보석을 대여할 수 있는 '락스박스(RocksBox)' 등 물건을 구입하지 않고 남에게 대여받는 서비스가 많이 등장하고 있다.

일반 가정집에서 외부인을 초대해 음식을 제공하는 '잇위드(Eatwith)'와 '피스틀리(Feastly)', 자신이 잘 아는 분야를 남에게 가르치거나 다른 사람으로부터 교육을 받는 '스킬셰어(Skillshare)' 등 품앗이처럼 서비스도 공유될 수 있다.

이 밖에 민간 조종사나 개인 항공기를 사용자와 연결해 주는 '에어풀러(AirPooler)'나 잠시 동안 애견을 대신 맡아주는 '도그베케이(DogVacay)', 자신의 차고를 남에게 주차장소로 대여해 주는 '파크앳마이하우스(ParkatmyHouse)' 등 공유할 수 있는 대상은 상상 이상으로 많다.

국내에서 처음 '소셜 다이닝'이라는 용어를 사용했던 소셜 다이닝 업체 '집밥'은 요리를 만들거나 게임을 같이하는 등 8,800여 개의 다양한 모임을 진행했다. 또 다른 업체 '톡파티(Talkparty)'는 주로 특정 분야의 전문가를 초대해 강연 형식으로 이야기를 나누고 정보를 공유한다.

5. 공유경제의 성장한계 요인

공유경제에 대한 몇 가지 성장한계 요인에 대하여 살펴보면 다음과 같다.

첫째, 공유경제(기업)의 기반인 시민의식, 거래 및 신뢰 프로세스의 미흡은 안정된 서비스 공급과 확대에 장애요소로 작용하고 있다. 소유에 대한 욕망은 공유경제를 저소득층의 전유물 또는 불황기에 등장한 하나의 소비 모델 수준으로 평가절하하고 있는 실정이며, 개인 간 거래의 안전 및 품질보장의 우려, 이에 대한 적절한 대응시스템(결제, 보험 등) 미흡, 유사 스타트업 기업의 진입에 따른 경쟁으로 인해 새로운 위기에 직면하고 있다.

둘째, 기존산업을 위협하여 실물경제를 위축시키고, 영업권, 소유권, 접근권, 이용권의 혼재로 과세 등 법 · 질서의 혼란을 초래하고 있다. 경제환경 측면에서는 공유경제는 소비 위축, 제조업 및 전문서비스업 쇠퇴, 일자리 감소로 실물경제의 위축을 가져오고, 지하경제(무자료 거래 등)의 규모만 키울 것이라는 우려의 시각이 상존하고 있다. 법 · 제도 측면에서는 기존기업의 영업권(호텔업, 여객자동차운수사업법 등)을 침해하고, 소유권, 접근권, 이용권의 혼재로 법적 책무의 혼란과 이에 따른 과세 문제점이 대두되고 있다. 이는 신기술이나 비즈니스 모델의 빠른 발전속도를 사회제도 및 문화가 뒤쫓아가지 못하는 상황이 발생하고 있기 때문이다.

먼저 관련 사업자들은 공유경제 서비스업체가 정부의 허가 없이 사업을 한다면서 반대하고 있다. 특히 우버의 경우, 많은 돈을 지불해 택시 면허를 받은 기존 택시운전사들과 달리 우버 운전자들은 허가 없이 택시 영업을 하고 있어 불공정하다는 의견이 지배적이다. 실제로 우버의 무허가 운송 영업에 반대하는 택시 운전사들의 시위가 미국 · 영국 · 프랑스 등 각국에서 동시다발적으로 발생하고 있는 상황이다.

공유경제가 중소 자영업자들의 일자리를 뺏는다는 지적도 많다. 택시 · 대리운전 등 운수업이나 모텔 · 여관 등 숙박업은 대표적인 소규모 사업이다. 여기서 공유경제 기업들은 차량, 숙소 등을 대규모로 확보해 사업을 벌인다. 특히 우버, 에어비앤비 등은 월스트리트 등으로부터 거액을 투자받으면서 대형 자본이 영세 자본의 영역까지 싹쓸이하는 모습을 보이고 있다.

미국 뉴욕에선 에어비앤비 때문에 부동산가격이 폭등한다는 주장도 나오고 있다. 자본이 풍부한 사람들이 비싼 가격에 오피스텔, 아파트 등을 빌려 여행객들에게 내주는 사업에 관심을 보이면서 부동산 가격이 오른다는 것이다.

셋째, 보험 및 과세문제이다. 보험문제가 끊임없이 제기되고 있다. 나의 집과 차량을 공유했는데 파손되어 돌아오거나 리프트(Lyft), 우버(Uber)와 같은 개인 운전사의 서비스를 이용했는데 사고가 난다면 그 보상을 어떻게 받을 것인가에 대한 우려는 없어지지 않고 있다. 제공자의 입장에서는 재화를 보호하고, 사용자의 입장에서는 안전을 보장받을 수 있는 보험시스템이 필요하다.

또한 공유경제 모델은 개인 간(P2P)에 일어나고 있어 정부의 과세가 쉽지 않다는 측면이 있다. 하지만 많은 정부들은 공유경제의 가능성과 공익적인 영향력에 주목하고 있으며 공유경제가 새로운 경제 모델을 창조하거나 지역사회의 편의와 복지를 담당하길 원하고 있다. 세금을 거둬들여 주택을 제공하는 것이 필요하지만 공유경제 비즈니스로 셰어하우스 같은 저렴한 주택 모델을 장려하는 것 역시 공공의 주거문제를 해결하는 방식이 될 수 있기 때문이다.

에어비앤비도 조세회피 및 범죄에 활용될 수 있다는 우려가 제기되고 있다. 개인 집이 아니라 임대사업자가 다수의 집을 에어비앤비에 등록해 사업을 하면서 세금을 회피한다는 것이다. 에어비앤비는 변종 숙박업소라는 지적에서 자유롭지 않은데 현재 서울 시내에 등록된 에어비앤비 방은 1,000개가 넘고 있다. 이들 중 대부분은 오피스텔이나 원룸인데 이들 중에는 숙박업자로 등록하지도 않고 세금도 내지 않으며 위생감독도 받지 않는 경우가 매우 많다.

넷째, 불법행위에 이용될 가능성이 있다. 정부의 감시가 소홀한 틈을 이용해 도박이나 마약 등 불법행위 장소를 물색하는 데 에어비앤비가 사용되기도 한다. 실제로 뉴욕 검찰은 에어비앤비에 등록된 뉴욕시 집 중 3분의 2가 불법행위와 관련돼 있다고 주장하면서 뉴욕의 에어비앤비 숙소를 대대적으로 단속한 적이 있다.

6. 공유경제의 미래

앞서 공유경제에 대한 개념, 특징, 기대효과, 다양한 사례를 향후 공유경제가 지속적으로 발전하기 위한 출발점으로 향후 발전을 위한 모습을 그려보면 다음과 같다.

첫째, 기존산업과의 원만한 이해관계 정립을 위해 공유경제를 명확하게 정의(Define)하여, 문제가 발생했을 경우 이용자 보호를 위해 공유경제 생태계 구성주체(플랫폼 제공자, 사업자 등) 간의 책임과 권한을 명확히 할 필요가 있다.

둘째, 국내 공유경제 활성화를 위한 규제 개선 및 정책적 지원이 필요하다. 기존의 일반적인 규제시스템을 적용하기보다는 신규기술 기반 서비스 및 산업에 대한 규제 유예제도(Regulatory Holiday) 등 혁신적 서비스가 뿌리 내릴 수 있는 유연한 규제시스템이 필요하다. 특히 공유경제 서비스의 대부분은 숙박업, 운송업 등의 전통사업 테두리 안에 있기 때문에 정보통신기술(ICT) 관점이 아닌 이해관계자의 관점에서 문제를 바라보고 해결하려는 노력이 실천되어야 한다.

셋째, 공유경제를 통한 도약을 위해서는 정보통신기술(ICT)기반의 협력적 생산–유통–소비 등 전 주기적인 측면의 정책이 필요하다. 공유경제는 주로 에어비앤비, 우버 등과 같이 글로벌 공유경제 서비스 이용 및 참여 등 유통 · 소비 측면이 중요한데 공유경제를 통한 고용창출 및 효율성 증대 등의 경제발전 계기를 마련하기 위해서는 정보통신기술(ICT)기반의 협력적 생산과 소비의 전 주기적 기반 마련이 중요하다.

넷째, 공유경제 활성화를 위한 ICT 인프라가 뒷받침되어야 한다. 소외계층의 모바일 정보화 수준은 전체 국민의 절반 이하 수준이며, 공유경제의 공평한 기회 제공을 위한 교육, 스마트 기기 보급 등 정책적 노력이 요구된다. 인터넷 패러다임이 스마트폰에서 사물인터넷(IoT) 기반으로 진화함에 따라 공유경제의 새로운 기회가 제공되는 만큼 지속적인 네트워크 고도화가 중요하다. 초연결시대 진입에 따라 공유경제는 스마트폰 기반 현물 공유 중심에서 의료복지 등 생활 밀착 형태의 다양한 신생 서비스의 확대가 예상됨에 따라, 초연결시대의 데이터 폭증에 대비한 네트워크 고도화는 공유경제의 발전을 위한 선결과제가 될 전망이다.

다섯째, 공유경제가 시장에 안착하기 위해서는 '신뢰'를 쌓는 것이 가장 중요하다. 신뢰 매커니즘의 확립은 생각보다 단순할 수 있다. 예컨대 소비자가 자신에게 걸려오는 전화의 스팸 여부를 판단하여 타인과 공유하는 이동통신사업자의 새로운 서비스와 같이 집단지성 기반의 신뢰 매커니즘을 확립하는 것도 방법이 될 수 있다.

새로운 경제체계를 발전시키기 위해서는 기술수준과 사회적 신뢰가 밑바탕되어야 한다. 이를 위해 예견할 수 있는 부작용에 대해 최대한 예방이나 해결책을 모색하고 경제주체들이 함께 호흡하고 참여하여 공유경제의 개념과 발전 등에 관한 공감대를 형성할 필요가 있다.

따라서 기술수용도, 사회적 신뢰, IT 기반 등이 상이한 상황에서 발생한 부정적 사건으로 전체를 바라보기보다는 세계적 추세가 되고 있는 공유경제가 안정적으로 정착 내지 발전할 수 있도록 사회적 갈등에 대한 지혜로운 해결과 합리적 대응방안을 강구해야 할 것이다.

잠시 쉬어가기

타코벨에서 알래스카 항공까지… 영역 확장하는 美 구독경제

패스트푸드 체인 타코벨. /트위터

온라인 동영상 서비스(OTT)나 유통 분야에서 매달 일정액을 내고 상품 또는 서비스를 이용하는 구독 서비스가 산업 전 영역으로 확장하고 있다. 특히 외식 업계의 경우 구독 서비스를 통해 충성 고객과 안정적 수익 기반을 확보하고 소비자의 구매 패턴까지 파악할 수 있다는 점에서 마케팅 전략으로 각광 받는 추세다.

30일(현지 시각) 월스트리트저널(WSJ)은 항공사부터 레스토랑 체인, 유통업체까지 안정적인 매출과 고객을 유지하기 위해 구독 서비스 대열에 속속 합류하고 있다고 보도했다.

유명 패스트푸드 체인 타코벨은 올해 1월부터 미국 전역에서 '타코 러버스 패스'라는 구독 서비스를 시작했다. 월 10달러(약 1만2000원)를 내면 타코벨의 대표 메뉴 7가지 중 하나씩을 매일 먹을 수 있다. 현재까지 구독 서비스 갱신 비율은 21%로 나타났다. 타코벨 관계자는 "구독 서비스는 소비자의 의사결정을 편리하게 만든다"며 "충성 고객에 대한 보상이자, 차별화된 브랜드 경험을 원하는 고객들을 위한 것"이라고 밝혔다.

미 샐러드 체인 스위트그린도 최근 '스위트패스'라는 구독 서비스를 시범 출시했다. 10달러를 내고 온라인으로 제품을 주문하면 한 달 동안 총 3달러의 할인이 적용된다. 스위트그린은 코로나19 사태로 주요 고객인 직장인들이 재택근무에 돌입하면서 매출에 큰 타격을 입은 계기로 이 서비스를 도입했다고 한다. 고객 입장에서도 저렴한 가격에 간편하게 끼니를 해결할 수 있다는 점에서 음식점 구독에 우호적이라고 WSJ은 전했다.

항공사도 이 대열에 합류했다. 미 알래스카 항공은 지난달부터 캘리포니아~네바다, 캘리포니아~애리조나 왕복 항공편에 구독 서비스인 '플라이트 패스'를 적용했다. 월 49달러로 시작하는 요금제의 경우 1년에 6회 운항에 대해 출발 14일 전까지 항공권을 예약할 수 있다. 월 199달러로 시작하는 요금제는 6회 운항에 대해 이륙 2시간 전에도 예약이 가능하다.

앤드류 해리슨 알래스카 항공 부사장은 구체적인 가입 고객 규모는 밝히지 않으면서도 "항공편 사용이 잦은 비즈니스 여행객들에게 충분히 매력적인 프로그램"이라며 "매우 공격적인 목표치를 세웠지만 올해 그 목표를 충분히 달성할 것으로 본다"고 했다.

리서치 업체 인사이더 인텔리전스에 따르면 지난해 미국 전체 온라인 소매 매출 중 구독 서비스 수익은 291억1000만 달러를 기록했다. 전체의 3.2%를 넘는 수치다. 이 비율은 2019년 2.8%, 2020년 2.9%에 이어 꾸준히 상승세를 보이고 있다. 인사이터 인텔리전의 수석 애널리스트인 블레이크 드로슈는 "팬데믹으로 식료품과 개인 관리, 애완동물 등 다양한 분야에서 편리함과 혜택을 추구한다는 것이 구독 서비스의 가능성"이라고 했다.

자료: 조선비즈, 2022.03.31.

제2절 구독경제로의 혁신

소유가 아닌 일정한 비용지불에 따른 정기적 이용 개념인 구독이 새로운 경제 활성화 모델로 주목받고 있다. 소유가 아닌 일정기간 사용할 권리를 구매하는 서비스인 구독경제는 공유경제의 현실적인 모습으로 등장하면서 환경오염 등의 전 지구적 문제의 대안으로 떠오르고 있다. 본 절에서는 구독경제의 개념, 구독경제의 유형과 서비스 사례 및 효과에 대해 살펴본다.

1. 구독경제의 개념

일반적으로 경제활동이라 하면, 판매자로부터 물건을 구매한 뒤, 사용하는 '소유경제'가 일반적이다. 하지만 2008년 하버드대 로렌스 교수가 사용한 만큼 금액을 지불하는 '구독경제'에 대해 언급하면서 소비의 패턴 변화를 반영한 경제용어 '구독경제'가 주목을 받기 시작하였다.

구독경제란 제품이나 서비스를 구매하는 것보다 비용을 지불하고 일정기간 사용할 수 있는 권리를 구매하는 서비스를 말하는 것으로 구독(Subscription)과 전자상거래(e-commerce)를 결합하여 구독 상거래(Subscription commerce) 라고 부르고 있다. 즉, 서비스에 대한 비용을 지불하고 이용 권리를 일정기간 행사하는 비즈니스를 구독비즈니스, 구독경제라고 정의할 수 있다.

오늘날 비즈니스 트렌드의 한 형태로 자리잡은 공유경제(sharing economy)에서 출발한 현실적인 비즈니스 모델이라 할 수 있다. 우유, 신문 배달, 정수기 렌탈 등 이미 존재했던 렌탈서비스가 구독경제라는 이름으로 다시 주목받는 이유는 정보통신기술 기반의 인프라의 확대가 이를 촉발시켰기 때문이다.

구독경제는 온라인 기반의 비대면 서비스를 기반으로 소비자에게 적극적으로 재화와 서비스의 추천 등 과거 렌탈서비스와 차별화를 시도하였고 이에 소비자는 시간과 비용을 절약함과 동시에 기업은 안정적이면서 반복적으로 창출되는 수익이 결합되면서 새로운 경제성장 비즈니스가 되었다.

소비자나 기업 모두 윈-윈(win-win)하는 비즈니스 모델이라는 점에서 확산속도가 매우 빠르며 5G, 사물인터넷(IoT), AI 등 정보기술(IT) 발전도 구독경제 확산을 촉진하고 있다.

그러나 구독경제에도 약점이자 위협이 되는 요인들도 존재하고 있다. 먼저 소비자들은 고정지출에 대한 부담이 발생한다. 특히 비용만큼 서비스를 제공받아야 한다는 일종의 강박관념도 경계해야 할 대상이다. 또한 기업은 구독 서비스 가입자를 충성고객으로 만들어야 한다는 부담감이 발생한다. 고객의 입장에서는 서비스 만족도가 떨어지면 언제든 구독을 해지하고 타 플랫폼으로 이동할 수 있는데 구독비즈니스 안에서 회원 이탈은 기업의 안정성과 성장성을 해치게 된다.

2. 구독경제의 유형

(1) 정기배송 모델

구독경제 하면 가장 먼저 떠오르는 모델은 바로 정기 배송 모델이다. 신문이나 면도날, 칫솔모, 영양제, 아이 학습지 등 일정 금액의 구독비용을 제공하고 정해진 주소로 해당 서비스나 상품을 배송받아 이용하는 서비스이다.

(2) 무제한 서비스 모델

구독경제의 다른 종류로는 일정 금액을 내고 언제든지 서비스를 무제한으로 이용할 수 있는 모델인 OTT서비스를 들 수 있다. '넷플릭스'가 콘텐츠 시청에 활용해 '넷플릭스 모델'이라고도 부른다.

(3) 장기렌탈 모델

정수기 모델이라고도 불리는 이 서비스는 월 구독료를 지불하고 자동차, 가구, 전자제품 등 고가 제품들을 다양하게 이용하는 모델이다. 이러한 제품들은 한 번 구매하는 비용이 높아 접근성이 떨어졌지만 구독경제 모델을 통해 개선된 사례이다.

표 10-5 구독 비즈니스 모델

	넷플렉스 모델	정기배송 모델	장기렌탈 모델
주요 적용상품	헬스클럽, 영화관람, 동영상 및 음원 등 콘텐츠	면도날, 란제리, 칫솔, 영양제 등 소모품	자동차, 명품 옷, 가구 등 고가품
이용방식	월 구독료 납부 후 매월 무제한 이용	월 구독료 납부 후 매달 집으로 배송	월 구독료 납부 후 이용, 품목 교체 가능
대표업체	넷플렉스	딜러쉐이브클럽	캐딜락

자료: 네이버 검색

3. 구독경제의 성장과 발전 이유

(1) 시간과 비용 절감

구독경제를 통해 소비자는 시간과 비용을 절감하고, 기업은 안정적이고 반복적인 수익 창출과 충성고객을 늘릴 수 있다. 예를 들어, 대량 구매에 부담을 갖거나 따로 마트에 갈 시간을 내기 어려운 1인 가구 또는 맞벌이 가구에게 구독경제 서비스는 매력적이다. 날짜만 지정하면 생수, 쌀, 반찬 등 일상생활에 반드시 필요한 제품을 원하는 수량만큼 집까지 배송해 주다 보니 신경쓸 일이 줄어들면서 한결 여유로운 생활이 가능해졌다.

(2) 소비 주도권 이동

소비 주도권이 밀레니얼 세대를 포함한 새로운 소비자층으로 이동했다. 밀레니얼 세대는 현재 가장 활발히 활동하고 있는 강력한 소비자다. 이들은 저성장 경제를 살면서 '소유'보다는 '경험'을 중시한다.

(3) 소비 트렌트 변화

최근 수년간 소비 트렌드의 변화를 가져온 경제 불황의 여파다. 지난 2008년 글로벌 금융위기 이후부터 사실상의 '호황기'는 사라진 지 오래다. 그리고 현재 소비시장을 주도하는 이른바 '밀레니얼 세대'는 수년간 이어진 이 같은 불황기를 직접적으로 체감해 왔다. 그리고 소비 트렌드 역시 자연스럽게 불황기에 적합한 방식으로 변화해 온 것이다.

(4) 정보통신기술의 발달

오늘날 구독경제는 빅데이터 · 큐레이션 · 클라우드 등이 접목되면서 과거와는 다른 양상을 보이고 있다. 온라인 기반의 비대면 서비스를 기본적으로 갖추었고 소비자에게 적극적으로 어떤 재화와 서비스가 적절한지를 제시하는 전문성이 곁들여져 있다. 이는 5G, 사물인터넷(IoT) 등 정보기술(IT) 발전으로 구독경제 확산을 촉진하고 있는 것이다.

4. 구독경제 서비스 사례

가장 빠르게 구독경제 개념이 진입하고, 자리잡기 시작한 구독 비즈니스 영역은 '유통'과 '콘텐츠' 영역이다. 특히 콘텐츠 영역은 소비자에게 비즈니스로서의 가치를 인정받은 영역으로 글로벌 경제 생태계에 구독경제를 각인시킨 대표적인 경우로 인정받고 있다.

(1) 넷플릭스

넷플릭스 구독자는 세계를 통틀어 1억5000만 명 정도 된다. 소비자는 월정액을 내고 영화 · 드라마를 무제한으로 내려받아 시청하고, 넷플렉스측은 시청자의 과거 데이터를 분석해 개인에게 최적화된 콘텐츠를 추천하면서 성장하였다. 넷플릭스는 규모의 경제를 이용해 수천억 개가 넘는 동영상 콘텐츠를 확보하고 있으며 소비자는 매달 소정의 금액을 지불하고 해당 콘텐츠를 무제한으로 이용할 수 있다. 소비자 입장에서는 각 영상을 따로 구입하는 것보다 구독료를 지불하고 해당 영상을 한꺼번에 보는 것이 훨씬 저렴하다.

(2) 화장품

화장품 정기 구독경제 시장은 2010년 미국의 '버치박스(birchbox)'가 시초라고 볼 수 있다. 월 10달러를 내면 여러 개의 화장품 샘플을 정기적으로 배송해 줘 인기를 끌었고, 현재 100만 명 넘는 구독자를 보유하고 있다. 그 영향으로 우리나라에도 2011년 '글로시박스', 2012년 '미미박스'가 생겨났고 일명 '○○박스'로 불리는 화장품 정기배송 서비스가 속속 등장했다. 화장품 정기 구독경제 서비스의 특징 가운데 하나는 유통 플랫폼 중심이던 과거와 달리 단일 브랜드로 서비스가 이루어진다는 점이다.

(3) 유통업계

유통업계의 '공룡기업'으로 떠오른 쿠팡 역시 업계를 선도하는 기업답게 이미 1,000여 가지의 상품을 대상으로 정기배송 서비스를 제공하고 있다. 생수, 기저귀, 물티슈 등 생필품부터 반려동물 용품 등 주기적으로 소비되는 제품군이 정기배송 서비스 대상품목이다. 특히 자유로운 배송일 변경뿐 아니라, 일반 구매보다 최대 10% 가량 할인된 금액으로 구매할 수 있어 소비자들에게 인기가 높다.

(4) 자동차

독일의 슈퍼카 브랜드인 포르쉐가 월 2,000달러부터 시작하는 '포르쉐 패스포트'라는 구독서비스를 실시하고 있다. 벤츠, BMW 등 해외의 명차 브랜드들도 이미 구독경제 시장에 뛰어 들었다. 스마트폰으로 타고 싶은 수퍼카나 명차를 선택하면 그 명차가 내 앞으로 배달되고, 나는 그 명차를 타다가 다른 모델로 바꿔 타고 싶으면 핸드폰만 열면 되는 것이다.

현대자동차도 2018년에 미국에서 새로운 차량 판매 방식인 '구독 서비스(Subscription Service)'를 도입했다. 소비자가 매달 정해진 금액을 내고 차량을 선택해 탈 수 있는 제도로 미국에 이어 국내에도 2019년 현대자동차는 제네시스 스펙트럼(GENESIS SPECTRUM)이라는 구독 서비스를 선보였다. 이 구독 서비스를 이용하기 위해서 자동차대리점에 간다거나 어딘가에 방문해야 하는 것이 아니라 내 스마트폰으로, 제네시스 스펙트럼 구독 서비스에 가입 후 구독하고, 결제하는 것으로 이 서비스를 이용할 수 있다. 구독료에는 세금과 보험료, 기본 정비료가 포함되어 있고, 타는 동안에 본인이 사용한 만큼 기름만 넣으면 된다

5. 구독경제의 효과

구독경제는 물건을 구매할 때 오랜 시간 고민하기보다는 즉각적으로 다양한 제품들을 활용해 보면서 좀 더 만족스러운 제품을 구매하려는 욕구가 커지고, 소유보다 경험을 중시하고 과시형 소비보다 합리적 소비가 가능하다. 구독경제 시장규모는 매년 성장세를 보이고 있다. 글로벌 투자은행 크레디트스위스에 따르면 2000년 약 2150억 달러(약 245

그림 10-3 연도별 국내 구독경제 시장 규모 (단위: 억 원)

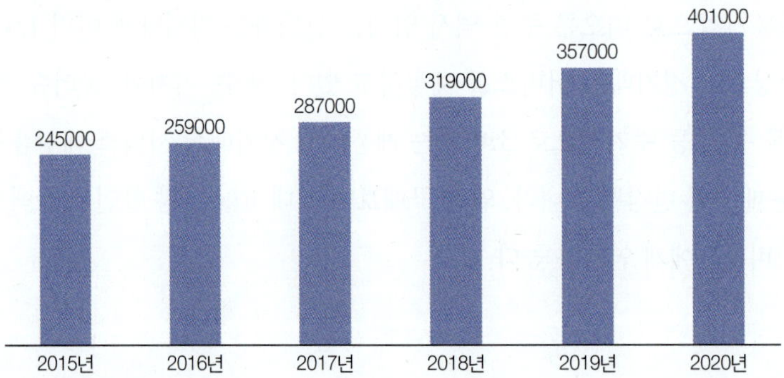

자료 : KT경제연구소

조 원)였던 시장규모는 2015년 4200억 달러(약 470조 원)까지 커졌다. 오는 2025년에는 7000억 달러(약 784조 원)에 달할 것으로 전망하고 있다. 해외에서는 이미 많은 기업이 구독 비즈니스를 통해 성공 신화를 쓰고 있고, 국내에서도 걸음마를 떼고 있다. 하버드대학에서 발간한 경영 잡지 '하버드 비즈니스 리뷰'는 2017년 미국에서 정기구독형 서비스 이용자가 1100만 명을 넘어섰고 전자상거래 중 15%를 차지한다고 분석했다. 글로벌 시장조사 업체 가트너는 2023년에 직접 제품을 판매하는 기업 중 75%가 구독형 서비스를 제공할 것이라 전망했다.

토의해 봅시다

- 소유경제가 공유경제가 혁신된 이유에 대해 설명하시오.
- 아나바다 운동과 공유경제와의 차이점을 설명하시오.
- 공유경제의 문제점에 대해 사례를 들어 설명하시오.
- 렌탈 서비스와 구독서비스의 차이점을 설명하시오.
- 구독서비스 중 하나인 OTT서비의 요금전략에 대해 설명하시오.

참고문헌

- 경기개발연구원, 공유경제(Sharing Economy)의 미래와 성공조건, 2020.
- 김점삼, 지우석, 강상준, 공유경제의 미래와 성공조건, 2014.
- 네이버블로그, 협력소비, 공유경제, blog.naver.com
- 디지털타임즈, 공유경제 성공조건은 신뢰, www.dt.co.kr.
- 정보통신산업진흥원, 공유경제 동향 및 시사점, 2014.
- 조선비즈, 우리가 망할 줄 알았죠? 에어비앤비 퍼펙트 부활시킨 역발상, 2021. 11. 28
- 조선비즈, 타코벨에서 알래스카 항공까지 … 영역 확장하는 美 구독경제, 2022. 03. 31.
- 크레디트스위스
- 클라우드 산업연구소, 함께 만드는 공유경제 보고서, 2020.
- 한경 BUSINESS, 공유경제의 미래, magazine.hankyung.com.
- ITFIND, ICT Spot Issue, 2014.
- KT경제경영연구소
- KT경제연구소
- PwC

MANAGEMENT INFORMATION SYSTEMS

PART 04

기업의 경영환경 변화에 따른 새로운 도전과 기회

CHAPTER

11

MANAGEMENT INFORMATION SYSTEMS

4차 산업혁명 시대의 경영정보 혁신

하워드 슐츠 후계자, 스타벅스에 AI 기술 이식하다

지난 3월 22일(현지 시각) 미국 시애틀. 오전 6시 30분이 가까워오자 파이크 플레이스 마켓에 있는 '스타벅스 1호점' 매장 앞에 양복 차림의 사내들이 하나둘씩 모이더니 이내 북적였다. 1992년 스타벅스가 기업공개(IPO)를 실시한 후 주주총회 날이면 어김없이 1호점에 나타나는 하워드 슐츠 스타벅스 회장을 기다리는 스타벅스 임직원들이다.

슐츠는 이날도 매년 그랬던 것처럼 도피오(Doppio · 에스프레소 더블샷) 마키아토를 마시면서 스타벅스의 초창기 추억에 잠겼다. 슐츠는 주머니 속을 만지작거리다 스타벅스 CEO만 가지고 다닌다는 1호점 매장의 옛 열쇠를 옆자리에 앉은 자신의 후계자 케빈 존슨 스타벅스 CEO에게 건넸다. 슐츠 회장이 말했다. "내 주머니에 35년 동안 있던 겁니다. 잃어버리지 마세요." 커피 산업의 '스티브 잡스'로 불리는 하워드 슐츠 대신 스타벅스의 미래를 이끌 새 CEO가 탄생하는 순간이었다.

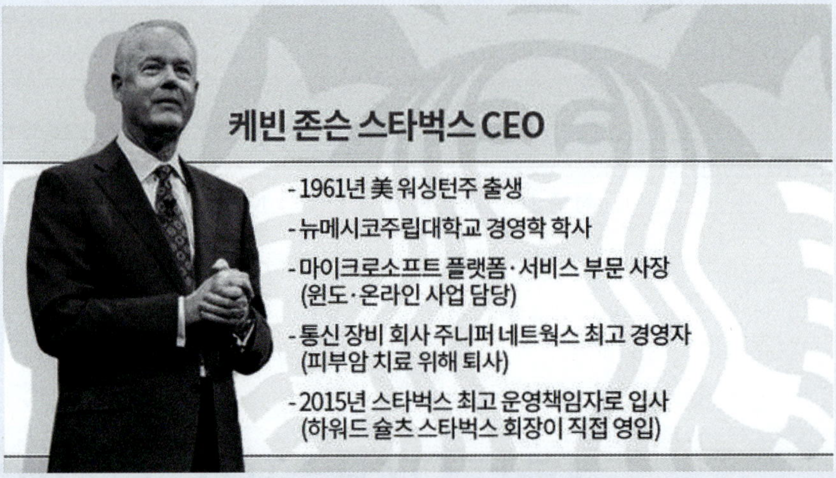

케빈 존슨 CEO는 2015년 3월 최고운영책임자(COO)로 스타벅스에 입사했다. IT 서비스 회사 IBM 엔지니어를 시작으로 마이크로소프트(MS) 플랫폼 · 서비스 부문 사장, 통신 장비 회사 주니퍼 네트웍스 CEO 등 33년의 IT 산업 근무 경험을 가진 '기술 베테랑'이다. 그는 이 경험을 살려 스타벅스에 디지털 기술을 이식했다. 스타벅스가 단순히 커피만 파는 회사가 아니라, 디지털 혁신 DNA를 갖고 발 빠르게 변화하는 소비자 요구에 부응할 수 있도록 한 것이다. 그는 사내 시스템 · 서비스 혁신을 이끌 IT 전문가를 외부에서 데려왔고, 인공지능(AI) · 음성인식 같은 첨단 기술 도입에도 적극 나섰다. 고급 원두커피를 판매하는 '스타벅스 리저브' 매장의 전용 커피 머신 클로버는 클라우드 컴퓨팅과 연결해 주문된 커피 원두에 따라 추출 시간과 온도가 자동으로 설정된다.

존슨 CEO는 "클라우드 컴퓨팅 같은 새로운 파괴적인 기술이 등장할 때 기업들이 어떻게 대응하는지 기술 산업에서 많은 사례를 목격했다"면서 "미래를 위해 장기적이고 혁신적으로 생각하는 사람들이 큰 승리를 거둘 수 있다"고 했다. 스타벅스는 이르면 3분기에 미국에서 '마이 스타벅스 바리스타(My Starbucks

Barista)'라는 서비스를 상용화한다. 고객이 스타벅스 앱을 실행하고 AI 바리스타(아마존의 인공지능 비서 '알렉사')에게 음성인식 기능을 활용해 음료를 주문하면 예약한 시간에 받을 수 있다.

1. MS · 어도비 · 디즈니서 디지털 인재 영입

"2001년 하워드 슐츠 회장이 빌 게이츠 MS 공동 창업자에게 사업 제안을 담은 한 통의 편지를 보냈어요. MS가 스타벅스 매장에 와이파이(무선랜) 시설을 구축해 주면, 스타벅스가 MS의 소프트웨어 제품을 구매해 주는 것이었죠. 당시 MS에서 스타벅스 프로젝트를 맡았던 사람이 나였고, 그렇게 슐츠 회장과의 인연은 시작됐습니다."

존슨 CEO는 MS에서 영업 · 마케팅 등을 맡아 승승장구하면서 2005년 플랫폼 · 서비스 부문 사장에 올랐다. 2008년 9월에는 돌연 MS를 떠나 통신장비 회사인 주니퍼네트웍스 CEO로 자리를 옮겼다. 슐츠 회장은 존슨 CEO의 능력을 높이 평가해 2009년 스타벅스 이사회 멤버로 합류하게 했다. 주니퍼네트웍스에서 5년 넘게 CEO로 근무했던 존슨은 '피부암' 선고를 받고 2014년 초 치료를 위해 회사를 그만뒀다. 병마와 싸워 이겨낸 존슨에게 다시 일할 기회를 준 사람은 슐츠 회장이었다.

존슨 CEO는 스스로를 최고의 기술 전문가라고 생각하지 않는다. 그가 중요시하는 것은 기술 리더십의 팀워크다. 그는 최근 2년간 외부에서 유망 인재들을 데려왔다. 미국 IT 기업 어도비 최고정보책임자(CIO) 출신 제리 마틴 플리킨저를 최고기술책임자(CTO)에 앉혔고, 디즈니에서는 매트 라이언을 글로벌 최고전략책임자(CSO)로 데려왔다. 올해 초에는 전 직장에서 함께 근무했던 사티아 나델라 MS CEO를 이사회 멤버로 영입했다.

스타벅스 측은 "스타벅스가 기술을 활용해 브랜드와 사업을 키우는 데 나델라 CEO가 통찰력을 제공할 것"이라고 설명했다. 케빈 존슨은 스타벅스 경영진을 데리고 미국 실리콘밸리를 찾아 첨단 기술을 공부하고 사업 기회도 모색한다.

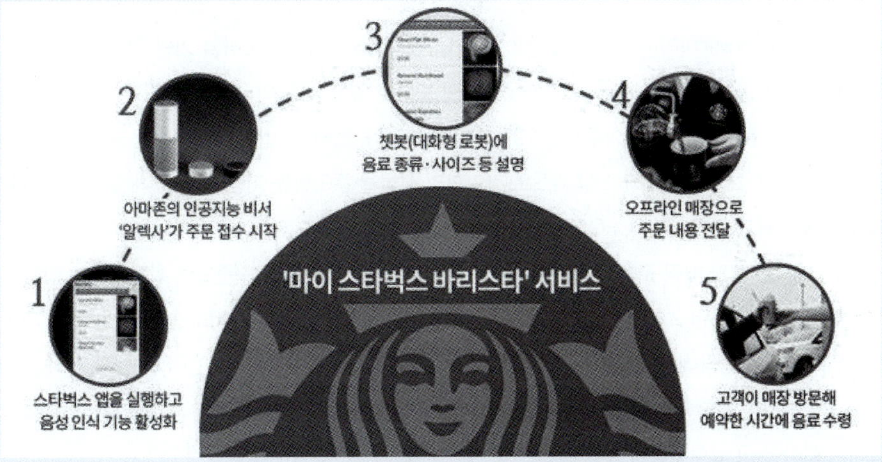

2. 'AI 바리스타' 서비스 도입

스타벅스는 2009년 '마이 스타벅스 리워드'라는 고객 서비스를 선보였다. 스타벅스 카드를 회사 홈페이지나 스마트폰에 등록하면 매장에서 사용할 때마다 별(보상) 포인트가 적립돼 회원 등급별 혜택이 주어진다. 마이 스타벅스 리워드는 커피 업계에서 성공적인 서비스로 평가받지만 2015년까지 자동화가 아닌 스프레드시트(엑셀) 기반의 낡은 운영 방식을 따랐다. 존슨 CEO는 COO 시절인 지난해 6월 인공지능 기반 개인 맞춤형 서비스를 도입했다. 그 결과 고객 개개인의 기호에 맞는 혜택을 일주일에 40만 개 이상 선보였다.

스타벅스 매장은 시끄러운 소음과 음악 때문에 종종 주문이 제대로 들어가지 않을 때가 많다. 손님은 바리스타에게 주문을 위해 고함을 쳐야 한다. 스타벅스가 이르면 3분기부터 미국에서 시작할 '마이 스타벅스 바리스타'는 아마존의 인공지능 비서 '알렉사'가 사람 대신 스마트폰 화면에서 주문을 접수하고, 손님은 챗봇(대화형 로봇)에 음료 종류 · 사이즈 등을 음성으로 말하면 된다. 바리스타는 커피 제조에 집중할 수 있고, 소비자는 예약 시간에 주문한 음료를 찾아가면 된다.

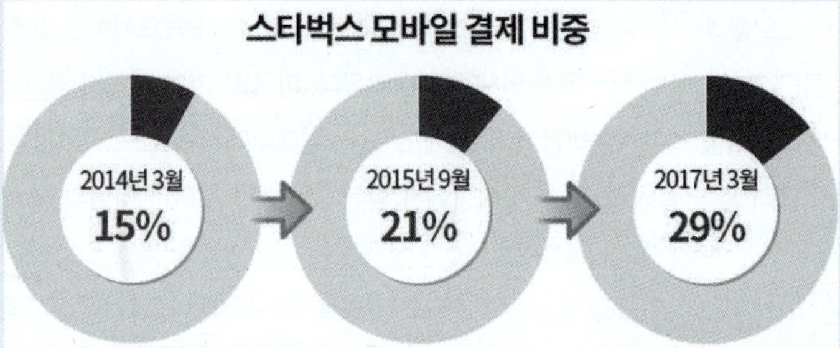

3. 모바일 결제 유도 … 중국 시장 공략

존슨이 CEO로 공식 취임한 지난 4월 열린 스타벅스의 2017 회계연도 2분기(1~3월) 실적 콘퍼런스콜에서는 '모바일(mobile)'이라는 단어가 24번이나 언급됐다. 스타벅스가 모바일 기반 결제 · 기술에 집중하고 있다는 의지를 보인 대목이다. 스타벅스 고객의 모바일 결제 비중(미국 시장 기준)은 2014년만 해도 15~16%에 불과했으나, 올 3월 기준으로 29%까지 높아졌다. 스타벅스는 지난해 말 중국 텐센트와 파트너십을 맺고 중국 소비자를 위해 소셜 기프트(지인끼리 선물을 주고받는 기능) 상품을 개발하는 등 모바일 결제 확산에 나서고 있다. 존슨 CEO의 성장 전략은 크게 두 가지다.

향후 5년 내 전 세계 매장 수를 지금보다 43% 이상 늘어난 3만7000개 수준으로 확대한다는 방침이다. 회사의 매출액을 2016년 213억 달러(24조 원)에서 2021년까지 350억 달러(40조 원)로 높일 계획이다.

모바일 · 디지털 전략에도 속도를 내어 물류 및 서비스 혁신을 추진한다. 존슨 CEO는 "매장 내 서비스만큼이나 소비자를 위한 디지털 접점 개선에 힘을 쏟고 있다"며 "스타벅스는 기술 혁신을 (피하지 않고) 받아들이는 회사"라고 표현했다.

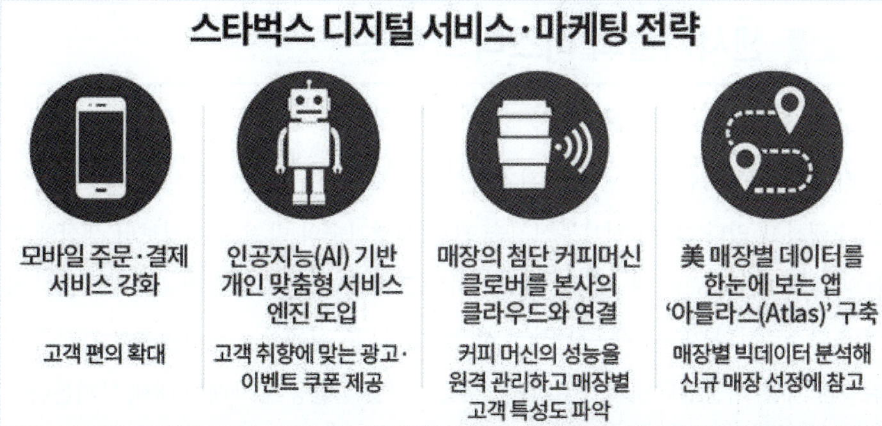

Plus Point

스타벅스의 매장 전략

새 매장 낼 땐 빅데이터로 매출 예측

케빈 존슨 CEO는 미국 등에서 신규 매장을 선정할 때 인구밀도, 소득, 교통량 등 빅데이터(대용량 데이터)를 분석해 참고한다. 지리정보시스템(GIS) 회사 에스리(Esri)가 개발한 매장별 데이터 분석 앱 '아틀라스(Atlas)'를 활용하면 해당 지역의 통행량과 소비 수준에 비추어 신규 매장의 매출을 예측할 수 있다.

미국 뉴욕에 있는 한 스타벅스 매장

일례로 스타벅스는 미국 매사추세츠주 케임브리지시 중심부에 있는 '하버드 스퀘어' 반경 1마일(1.6㎞) 안에 4개의 매장을 배치했다. 스타벅스는 하버드 스퀘어 지역에 더 이상 매장을 열 계획이 없는데, 이는 아틀라스 예측 결과 지금의 매장 분포가 매출 확보에 가장 유리하기 때문이다. 이 같은 스타벅스의 빅데이터 활용 전략은 미국 하버드비즈니스스쿨의 '디지털 혁신과 변화'라는 과목에서 우수 기업 사례로 소개됐다.

존슨 CEO는 디지털 혁신과 함께 회사의 수익성 개선도 동시에 추진해야 하기 때문에 신규 매장의 분포와 개수를 조절해 매출과 이익을 극대화하는 작업을 중요하게 여긴다. 스타벅스는 현재 전 세계에 약 2만 5000개의 매장을 갖고 있는데, 향후 5년 내 1만2000개 매장을 새로 열 예정이다. 미국 외 지역에서도 매장별 빅데이터 분석을 확대 적용할 방침이다.

자료: 조선비즈, 2017.11.06.

제1절 센서기술의 비즈니스 활용

인터넷을 통한 사람과 사람과의 관계형성은 정보를 교류하는 커뮤니티 장으로서의 역할을 수행하고 있다. 특히 정보통신기술 관련 센서기술의 발전으로 정보의 생산에 있어 사물의 정보생산 능력에 관심을 갖기 시작하였고 사물과 사물 간의 정보공유를 통한 새로운 비즈니스로서의 가능성에 주목하기 시작하였다. 본 절에서는 센서기술이 가져온 사물인터넷의 개념, 사물인터넷의 주요 기술, 사물인터넷의 활용과 사례에 대해 살펴본다.

1. 사물인터넷의 개념

오늘날 인터넷 산업은 이용자의 포화상태로 인한 문제를 해결하고 지속적인 발전을 모색하기 위한 방안으로 1000억 대가 넘는 인터넷 접속기기의 유입을 고민하기 시작하였고 이의 실천적 모습이 사물인터넷(IoT)이란 이름으로 나타나고 있다. 사물통신 즉 사물인터넷 시장은 인터넷 산업의 미래 성장기회를 제공할 것으로 기대되며 다양한 분야의 인적자원과 자본이 투자되면서 차세대 주력사업으로 주목받고 있다. 사물인터넷은 환경문제 및 사회문제 등 전 인류적 문제의 해결책으로 제시되면서 주목받고 있으며 이용자의 삶의 질 향상, 새로운 비즈니스 기회 제공 등 미래 성장동력으로서 비즈니스 가능성을 현실 차원에서 보여주고 있다.

우리나라는 세계 최고 수준의 IT 인프라를 가지고 있다. 그러나 이런 IT 인프라를 기반으로 하는 사물인터넷 분야에서는 성장과 발전의 정도가 높지 않은데 그 이유로 사물통신(M2M : Machine to Machine) 중심의 제한적 비즈니스 모델, 기술 개발 및 표준화 지연, 관련 법령 미흡, 생태계 활성화 여건 미약 등이 제시되고 있다.

이러한 문제점을 해소하고 새로운 성장동력으로 발전하기 위해서는 새로운 인터넷 환경 조성이 요구되고 있는데 특히 사물인터넷 기술과 타 산업 분야의 융합을 통한 혁신적 서비스 발굴 및 추진이 제시되고 있다.

오늘날 사물통신은 이동통신망을 이용하여 사람과 사물, 사물과 사물 간 지능 통신을 할 수 있는 M2M의 개념이 확장되어 사람을 포함한 모든 사물이 현실과 가상을 넘나들며 정보를 공유하고 상호 소통하는 개념으로 발전하고 있다. 즉 언제 어디서나 안전하고 편리하게 실시간으로 사람과 사물, 사물과 사물 간 지능통신을 할 수 있는 사물인터넷(IoT: Internet of Things)으로 발전하고 있다.

따라서 사물인터넷(IoT)은 IT 인프라를 기반으로 주위의 모든 사물을 유 · 무선 네트워크로 연결하여 사람과 사물, 사물과 사물 간에 정보를 교류하고 상호 소통하는 지능적 환경을 의미하는 것으로 정의할 수 있다.

사물인터넷 이전에 인간 중심의 관점인 유비쿼터스(Ubiquitous)가 존재했었으나 오늘날 사람과 사물이 모든 네트워크에 접속해 장소, 시간에 제약없이 정보공유의 환경을 의미하는 사물인터넷으로 확장되었고 이는 좀 확장된 사물인터넷, 더 발전적 모습의 사물인터넷 개념인 만물인터넷(Internet of Everything)으로 발전되고 있다.

2. 사물인터넷을 통한 시대 변화

20세기 들어 사물통신(M2M)의 성장은 기술적 발전이 따라 주지 않아 기대와는 달리 정체되어 있었다. 그러나 21세기 들어 사물인터넷은 과거 M2M과는 전혀 다른 상황을 만들어 가고 있는데 먼저 센서와 모듈가격의 하락, 통신속도의 증가, 빅데이터 처리기술의 등장 등으로 시장환경이 매우 성숙해졌다는 점이다.

또한 산업별, 서비스별 성공사례 도출과 정부 및 기업들의 적극적인 행보, 일반사용자들의 인지도 증가 등으로 사물인터넷 비즈니스는 기대치를 훨씬 뛰어넘는 성장세를 보이고 있다. 이렇게 사물인터넷은 4차 산업혁명 시대 그 중심축으로 재조명되고 있다. 세계적 기업 제너럴일렉트릭(GE)에 따르면 사물인터넷으로 각 산업 분야의 운영 효율성을 1%만 끌어올려도 2030년까지 에너지업종은 660억 달러, 항공업종은 300억 달러, 헬스케어 업종에서는 630억 달러의 비용을 절감할 수 있을 것으로 예측하였다. 결국 사물인터넷은 전체 산업계의 지도를 바꿀 수 있는 잠재력을 갖고 있는 것이다. 시스코시스템즈 회장 척 로빈스는 “모바일 시대를 지나 사물인터넷 시대가 다가오고 있다. 지금 대처하지 않으면 아무리 잘나가는 IT기업이라도 20년 후엔 생존하지 못할 수 있다”고 말하는 등 많은 세계적 기업들이 다가올 사물인터넷 시대를 준비하고 있다.

한국 IDC는 2020년 연례보고서에서 기업 CEO들은 사물인터넷으로 인해 촉발할 기회를 적극적으로 검토하고 있으며 또한 사물인터넷을 새로운 매출 창출의 동력원으로 보고 새로운 비즈니스 성장의 기회를 모색하고 있다고 밝혔다.

3. 사물인터넷의 주요 기술

사물인터넷을 이루는 주요 기술은 센싱기술, 유・무선통신 및 네트워크 인프라 기술 그리고 서비스 인터페이스 기술을 들 수 있다. 센싱기술은 전통적인 온도, 습도, 열, 가스, 조도, 초음파 센서와 원격감지, 전자파흡수율(SAR), 레이더 위치, 모션 영상센서 등 사물과 주위 환경에서 정보를 얻는 정보수집 기술을 말한다. 물리적인 센서는 표준화된 인터페이스와 정보처리 능력을 내장한 스마트센서로 발전하고 있으며 이미 센싱한 데이터로부터 특정 정보를 추출하는 가상센싱 기능으로 발전하고 있는데 가상센싱 기술은 사물인터넷 서비스 인터페이스에서 구현되고 있다.

사물에서 사물까지 사물인터넷 서비스를 지원하기 위한 유・무선통신 및 네트워크 인프라 기술은 말 그대로 기존 모든 유・무선통신 즉 블루투스, 와이파이, RFID, 적외선통신 등 근거리 무선통신을 비롯해 WCDMA, LTE 등과 같은 이동통신기술, 유선통신(이더넷 광대역 통신) 그리고 GPS 등 모든 통신기술이 포함된다.

그리고 최종적으로 사용자에게 사물인터넷 서비스를 제공하기 위해서는 정보를 수집, 가공, 추출, 처리, 저장, 판단, 상황인식, 인지, 보안 및 프라이버시 보호, 인증, 인가, 검색, 객체 정형화 등을 포함한 서비스 인터페이스 기술이 필요하다.

사물인터넷 서비스 인터페이스는 네트워크 인터페이스의 개념이 아니라 서비스 제공을 위해 정보를 저장, 처리, 변환하는 역할을 담당한다. 이에는 정보를 센싱, 가공, 추출, 처리, 저장, 판단, 상황인식, 인지, 보안, 프라이버시 보호, 인증, 인가, 검색 등의 기술이 필요하다. 특히 사물에서 발생하는 막대한 양의 데이터 즉 빅데이터를 저장, 처리, 분석할 빅데이터 기술도 서비스 인터페이스에 속한다. 이는 사물인터넷이 활성화될 수 있는 가능성을 제공하고 있다. 또한 각 서비스마다 하드웨어와 소프트웨어가 필요하고 이를 통합해 서비스하는 플랫폼 부문도 사물인터넷 서비스 인터페이스 범주에 속한다.

한편 사물인터넷의 생태계는 칩셋, 모듈, 디바이스, 네트워크, 플랫폼, 애플리케이션 등으로 분류할 수 있는데 사물인터넷은 관련된 산업 분야가 매우 다양하다. 칩 개발업체, 모듈 개발업체, 기기 제조업체, 애플리케이션 미들웨어 플랫폼 개발업체, 통신업체, SI업체 등 IT산업 전체와 직접적인 관련이 있다.

현재 사물인터넷을 활용하는 산업군은 농・수산, 축산, 건설, 에너지, 자동차, 기계, 교통, 물류, 환경, 보안, 유통, 헬스케어, 관광, 교육, 개인 등 사회를 구성하는 모든 영역에서 사용하고 있으며 사물인터넷 시장은 정부와 공공기관에서 활용할 수 있는 여지가 많아 미국, 중국, 영국, 독일을 비롯한 전 세계 각국이 서둘러 사물인터넷의 도입에 나섰다. 향후 사물인터넷 서비스의 대상자는 기업뿐만 아니라 일반사용자 모두가 될 것이다.

4. 사물인터넷의 활용

모든 사물이 인터넷과 연결된다는 개념의 사물인터넷은 사회 구성원 개개인들이 인식하는 데 시간이 걸릴 것으로 보인다. 각종 미디어에서도 사물인터넷은 우리 삶 아주 가까이에 있다고 설명하면서도 정작 사례로 제시하는 것은 냉장고 속 물건 채우기나 가로등 밝기 자동 조절, 쓰레기 자동 수거 등 상당히 거리감이 느껴지거나 스마트폰이 날씨 상황에 맞추어 옷이나 음식을 준비하고 교통정보를 살펴보고 기상 알람을 자동적으로 조정한다는 등 SF 영화에서나 봄직한 설명 일색이다. 그래서 더욱 사물인터넷이 쉽게 와닿지 않을 수 있다.

그러나 우리 주변 가까이에 사물인터넷의 사례가 있으며 누구나 한 번쯤은 사용해 본 경험이 있다. 버스 도착 시간을 실시간으로 알려주는 버스도착 안내시스템이 바로 그것이다. 버스도착 안내시스템은 GPS 위치감지 기술과 이동통신망을 활용해 버스 위치를 확인하고 버스 운행을 관리하는 버스운행 관리시스템과 연계해 도착 예정시간 등 운행정보를 각 정류소마다 세워진 단말기와 각 포털 사이트나 스마트폰 교통안내 앱 등에 실시간으로 제공하고 있다. 버스가 생성하는 정보가 GPS와 이동통신망을 통해 관리시스템에 전달되고 이 정보가 안내 단말기와 각 포털사이트 교통안내 앱을 통해 스마트폰에 이르기까지 데이터를 상호 교류한 것은 인간이 아닌 기기 간이다. 이처럼 국내에서의 사물인터넷 활용 사례는 국내 · 외의 기묘한 사례나 파일럿 프로젝트가 아닌 이미 일반인의 삶 속에 녹아 있는 셈이다.

현재까지 사물인터넷만의 특별한 센서, 소프트웨어가 존재하는 것은 아니며 별도의 네트워크와 서비스가 필요한 것도 아니다. 다만 이런 기존 기술을 융합해 서비스를 내놓기까지 실행 아이디어가 부족하고 이에 사용자의 적응기간이 필요할 뿐이다.

사물 간 데이터의 상호 교류를 통해 기기가 스스로 제어한다고 해서 처음부터 끝까지 인간의 손길이 전혀 필요치 않다고 생각하면 오산이라는 점이다. 사물인터넷 시대를 지나 시스코시스템즈가 주창하는 만물인터넷 시대가 도래한다면 전 자동의 시대가 도래할지 몰라도 현재 사물인터넷에서 이런 기능의 각종 옵션을 제어하는 것은 분명 사용자의 몫이다.

그리고 사물인터넷이 우리에게 다가오는 첫 서비스 형태는 버스도착 안내시스템과 같은 정보제공 형태가 될 것이며 이런 사물인터넷 서비스가 적응기간이 짧고 파급 효과가 클 것으로 보인다.

5. 국내 · 외 사물인터넷 주요 서비스 사례

(1) 해외 주요 서비스 사례

1) IBM의 Smarter Planet

오늘날 약 40억 명이 인터넷을 사용하는 것으로 추정되는데 IBM은 2020년 500억 개의 사물이 인터넷에 연결되는 사물인터넷(IoT) 시대를 전망했다. IBM은 '똑똑한 지구(Smarter Planet)'라는 새로운 혁신 프로젝트를 전개하고 있다. 모든 자연과 사람을 연결해 기능화 · 지능화 · 에너지 · 교통 · 금융 · 유통 · 제조 · 공공안전 · 도시관리 등 다양한 분야에 똑똑한 시스템을 만들자는 것이 핵심이다. 세상의 수많은 디바이스와 소프트웨어가 네트워킹이 가능하도록 하는 IT기술의 확장을 통해 관련 사물인터넷(IoT) 전 분야를 IBM의 시장영역으로 만들기 위한 전략을 가지고 있다.

2) Cisco의 Smart + Connected Communities

CiscoSystems 도 'Smart + Connected Communities' 라는 혁신 프로젝트를 추진하고 있다. 네트워크로 연결 · 통합된 커뮤니티와 도시활동을 통해 지속적 경제성장과 자원관리 운영효율을 통한 환경보전을 가능하게 하고 삶의 질 향상을 위한 솔루션으로 제시하고 있다.

'Community + Connect' 솔루션을 통해 집, 학교, 교통 분야에서 삶의 질을 향상시킬 수 있는 정보와 서비스를 시민에게 제공한다. 'Community + Exchange' 솔루션을 통해서는 정부 및 지역 파트너들이 해당 시민들에게 자유롭게 거주하며 일하고 삶을 즐길 수 있는 안전한 커뮤니티를 제공할 수 있도록 한다는 것이 시스코시스템즈의 사물인터넷(IoT) 비전이다.

3) Pachube의 Interactive Environments 서비스

영국의 페치베이(Pachube)는 인터랙티브 환경에서 센서에서 들어오는 실시간 데이터를 관리할 목적으로 설립된 기업으로서 사람, 사물, 애플리케이션을 사물인터넷(IoT)에 연결하기 위한 비즈니스를 진행하고 있다. 수집한 데이터를 실시간으로 페치베이(Pachube) 서버에 전송하고 수집한 데이터를 누구나 이용할 수 있도록 오픈 API를 제공함으로써 웹 기반 서비스를 통해 전 세계의 데이터를 실시간으로 관리할 수 있다. 등록한 사람은 전 세계로부터 수집한 정보를 공유하고 협업할 수 있는 환경을 제공한다. 현재 100개 이상의 국가로부터 수 백만 개의 데이터 포인트가 등록되어 있고 이곳으로부터 측정한 방사능 양, 에너지 소비 및 비용, 기후 관련 정보가 공공, 안전, 농업, 서비스, 빌딩 자동화 등에 이용되고 있다.

4) EVRYTHNG의 Web of Thing 서비스

영국의 IoT 플랫폼 기업 애브리씽(EVRYTHNG)은 기존 제품을 웹으로 연결해 보다 스마트하게 만들기 위한 'WoT(Web of Things)' 기술을 개발하는 기업으로 스마트폰과 각 제품을 나타내는 고유한 'Intelligent Identity'를 이용해 제품 생산자와 소비자 파트너를 직접 웹상으로 연결시켜 주는 서비스를 제공한다.

애브리씽(EVRYTHNG)의 엔진기술을 통해 어떤 물리적 제품이든 개인화된 디지털 서비스를 위한 채널 및 일대일 통신을 가능하게 한다. 이를 통해 제품 생산자가 소비자에게 가까이 다가갈 수 있고 제품에 대한 생산, 판매 및 사용에 관련된 실시간 정보를 얻을 수 있다.

5) ARM의 Weightless

M2M업체인 ARM에서 설계한 '웨이트리스(Weightless)' 칩셋은 제조업에서 랜(LAN)으로 연결했던 모든 애플리케이션을 무선칩으로 대체할 수 있을 것으로 주목받고 있다. 조그마한 센서지만 배터리 수명이 길고 가격이 싸다는 장점이 있다. 업계에서는 이 칩이 2025년경에는 700억 개의 사용처를 찾을 수 있을 것으로 예상하고 있다. ARM의 공동 창업자이자 CFO인 마이크 뮬러는 "사물인터넷은 아이디어를 가진 어떤 사람도 이를 실현하는 것이 가능하다"며 "인터넷처럼 사물인터넷도 하나의 개념이 아니라 수많은 다양한 형태를 가지고 있다"고 말했다.

ARM은 사물인터넷 기술을 활용해 영국 캠브리지 본사에 600여 개의 커넥티드 센서로 네트워크 기술을 탑재하는 작업을 성공적으로 진행하였는데 이 프로젝트는 ARM 본사의 75개 주차장 조명, 40개 회의실 온도 및 물 관리시스템에 대한 정보를 보다 효율적으로 제어할 수 있는 기능을 제공하는 것으로 실질적인 비즈니스상의 효과는 물론 에너지 사용 절감이라는 효과를 얻고 있다.

6) 인텔의 퀵(Quark)

인텔은 저전력 프로세서부터 고성능 저온 프로세서까지 로드맵을 확대한다. 네트워크 말단에 위치한 디바이스까지 전력을 공급하기 위한 '엔드 투 엔드' 전략이다. 이에 따라 인텔은 역사상 가장 작은 프로세서인 퀵(Quark)을 발표했다.

퀵은 웨어러블 기기나 DIY시장을 겨냥한 주변 기기, 소형 컴퓨터에 사용되는 초소형 프로세서로 로봇부터 의료 모니터 기기, 홈 미디어 서버PC까지 다양한 기기를 만드는 직접 사용자를 위해 개발됐다.

또한 인텔의 아톰 프로세서 E3800 제품군도 사물인터넷을 겨냥한 제품이다. 이 제품은 미디어 및 그래픽 성능 향상, ECC 산업용 온도 범위 통합 보안 및 통합 이미지 신호 처리 등을 특징으로 한다. 이 기능들은 제품의 시장진입 시간을 단축시키고 데이터 집약적 애플리케이션의 속도를 향상시키며 에너지 소비를 절감하는 효과가 있다. 아톰 프로세서는 ① 인터랙티브 키오스크 ② 인텔리전트 자판기 ③ ATM 및 POS 단말기 ④ 휴대용 의료기기 ⑤ 차량 내 정보시스템과 같은 디지털 샤이니지 애플리케이션에 최적화되어 있다.

또한 인텔은 'IOT 솔루션 그룹'이라는 새로운 조직을 신설했다. 소형 전자 기기와 웨어러블 기술, DIY시장에 대한 공략을 본격화한 것이다. IOT 솔루션 그룹은 앞으로 저전력 '퀵' 프로세서 같은 칩 분야를 전문적으로 맡게 된다. 또한 서버 어플라이언스나 자동판매기, ATM, 휴대용 의료기기, 에너지 모니터나 자동차 엔터테인먼트 시스템 같은 제품용 저전력 아톰(Atom) 칩 관련사업도 맡을 예정이다.

(2) 국내 주요 서비스 사례

1) SKT의 스마트 팜 서비스

SK텔레콤은 제주도 서귀포와 경북 성주지역에 비닐하우스 내부의 온도와 습도, 급수와 배수, 사료 공급 등 가능한 원격 제어 지능형 비닐하우스 관리시스템인 스마트 팜 서비스를 제공하고 있다.

이 지역에서는 SK텔레콤이 개발한 지능형 비닐하우스 관리시스템인 스마트 팜을 이용해 온도와 습도 등을 체크하고 있다. 스마트 팜에서는 스마트폰을 이용해 비닐하우스 내부의 온도와 습도, 급수와 배수, 사료 공급 등까지 원격 제어할 수 있다.

2) KT의 스마트 홈서비스

KT는 스마트폰을 활용한 가정 내 방범, 전력제어, 검침 등의 다양한 사물인터넷 서비스를 제공하고 있다. 원격지에서 거주자가 스마트폰으로 KT의 사물인터넷 플랫폼을 통해 실시간으로 가정 내 환경을 모니터링할 수 있으며 간단한 스마트폰 작동을 통해 전등 출입문 등을 제어할 수 있다. 또한 실시간 침입 및 화재경보를 수신할 수 있으므로 스마트 원격 관제 서비스가 가능하다.

3) LG U+의 지능형 차량관제 서비스

LG U+는 DTG(Digital Tacho Graph)와 사물인터넷 플랫폼과의 연동을 통해 실시간 차량관제 서비스를 화물차량, 버스, 택시 등을 대상으로 제공하고 있다. 또한 2012 여수 세계박람회 기간 동안 LTE 기반의 사물인터넷 솔루션을 적용한 차량관제 시스템을 운영하여 승무원, 승객관리, 운행상태와 속도, 이동거리 등의 차량정보를 실시간으로 교통관제 센터에 전송하는 서비스를 제공하였다.

4) Nuritelcom의 스마트 그리드 서비스

국내 사물인터넷 중소기업인 누리텔레콤은 근거리 무선통신 기술인 ZigBee 기반의 Mesh 무선통신망을 이용하여 스웨덴 예테보리 시에 26만 5천 가구를 대상으로 스마트 시티를 구축하였다. Mesh 네트워크와 GPRS(General Packet Radio Service) 무선통신 기반 원격검침모뎀이 탑재된 스마트 계량기, 데이터 수집 장치(Data Concentration Unit: DCU) 플랫폼 등 누리텔레콤의 토털 AMI 솔루션이 공급된다.

잠시 쉬어가기

4차 산업혁명 최신 빅데이터 활용사례 8가지 알아보기

빅데이터를 활용하지 않는 곳이 별로 없습니다. 하지만 빅데이터를 성공적으로 활용하는 곳은 드뭅니다. 이번 글에서는 빅데이터를 성공적으로 활용한 8가지 최신 사례를 알아보려 합니다.

1. 아마존

빅데이터 활용 사례에서 아마존을 언급하지 않는 것은 어불성설입니다. 아마존만큼 적극적이고, 성공적으로 빅데이터를 활용하는 기업도 없기 때문이죠. 특히 아마존은 고객들의 쇼핑 경험을 향상시키는 데 빅데이터를 적극 활용하고 있습니다.

예를 들어, 아마존은 빅데이터 분석 시스템을 통해 "18세에서 45세의 남성이면서, 외국 영화를 즐겨 보며, 3,000달러 이상의 수입을 가진, 임대주택에서 사는 고객"이 어떤 상품을 좋아할지 정확히 예측할 수 있습니다. 빅데이터가 예측한 추천 상품은 고객이 아마존에서 쇼핑을 하는 동안 배너 형태로 공개됩니다.

또한 가격을 최적화하는 데에도 아마존은 빅데이터를 활용합니다. 아마존은 경쟁업체의 가격, 주문 내역, 예상 이익률, 웹 사이트에서의 활동 등 방대한 데이터를 수집해 가격을 10분마다 최적화합니다. 이렇게 가격을 관리하여 아마존은 매년 25%의 수익을 올린다고 합니다.

2. 할리우드

영화 흥행은 오랫동안 예측 불가능한 것으로 여겨졌습니다. 그러나 빅데이터가 사용되면서 난공불락이었던 영화 흥행 예측도 가능해졌습니다.

할리우드에서는 갈수록 영화 한 편당 제작 예산이 늘어납니다. 블록버스터 장르가 크게 인기를 끌면서, 영화사들은 너도 나도 예산이 수천 억 드는 영화를 제작하기 시작했습니다. 이렇게 많은 돈을 들여 만든 영화가 흥행에 실패하면, 제작사는 자연스럽게 파산을 하게 됩니다.

할리우드에서는 빅데이터로 영화 흥행 여부를 예측한다

그런 일이 없도록 할리우드에서는 마케팅을 적극적으로 이용해 왔습니다. 무슨 일이 있어도 영화사의 운명을 좌우할 대규모 영화를 흥행시키기 위해, 전체 영화 제작 예산의 10% 이상을 마케팅 비용으로 사용합니다.

인터스텔라, 행오버 등을 제작한 영화사 Legendary Entertainment는 빅데이터로 신작 영화 블랙 코드의 실패를 미리 예측했습니다. 대중들의 SNS를 텍스트마이닝 기법으로 분석하여 블랙 코드가 흥행에 처참히 실패할 것이라는 결론을 얻었습니다. 안타깝게도, 영화사에서 이 사실을 알게 된 것은 영화가 개봉하기 직전이었습니다.

실패할 영화를 제작하지 않았다면 더 좋았겠지만, 이미 제작이 끝난 상황이라 그럴 수는 없었습니다. 대신에, Legendary Entertainment는 블랙 코드의 마케팅 예산을 최소화했습니다. 빅데이터가 예상한 대로 신작 블록버스터 블랙 코드는 실패했습니다. 이로 인해 영화제작사는 큰 타격을 입었지만, 마케팅 비용을 줄인 덕분에 망하는 것은 피할 수 있었습니다.

3. 스타벅스

왜 스타벅스 매장은 150m 안에 두세 곳이 있어도 망하지 않는 걸까요? 스타벅스의 성공 역시 빅데이터와 연관이 있습니다.

스타벅스는 매장을 내기 전에 빅데이터를 기반으로 상권을 철저히 분석합니다. 다른 스타벅스의 위치, 교통 패턴, 지역 인구 통계 등의 데이터를 다량 수집하고, 이를 분석하여 최상의 입점 위치를 찾아냅니다. 또한 이 분석을 통해 신규 스타벅스 매장에 의해 기존 매장이 얼마나 타격을 입게 될지도 예측해 낸다고 합니다.

스타벅스는 빅데이터를 가장 잘 활용하는 커피숍이다

스타벅스는 빅데이터를 활용해서 고객에게 최상의 경험을 제공하고 있기도 합니다. 스타벅스는 자체 애플리케이션을 통해 소비자들의 정보를 수집합니다. 앱으로 수집한 정보를 바탕으로, 개별 고객의 커피 취향부터 방문 예상 시간까지 알아냅니다. 그리고 그 정보를 기반으로, 고객에 취향에 맞을 법한 신메뉴를 추천해 주는 서비스도 제공하고 있습니다.

4. 넷플릭스

넷플릭스는 엔터테인먼트에서 빅데이터를 가장 적극적으로 활용하고 있는 기업 중 하나입니다.

넷플릭스는 빅데이터 분석으로 아담 샌들러를 재조명했다

사업 초기에, 넷플릭스가 확실히 자리를 잡을 수 있도록 도운 〈하우스 오브 카드〉 역시 빅데이터를 기반으로 제작되었습니다. 넷플릭스 제작진들은 〈하우스 오브 카드〉가 방영되기 이전부터, 이 드라마의 성공을 100% 확신했다고 합니다. 빅데이터가 그들에게 이 드라마가 성공할 수밖에 없는 증거를 보여주었기 때문이었습니다.

2014년, 넷플릭스가 아담 샌들러와 2억 5천만 달러(한화 약 2,899억 원)에 영화 네 편을 계약했습니다. 업계 종사자들은 이 초대형 계약에 의문을 표했습니다. 아담 샌들러의 이전 작 코블러가 흥행에 처참하게 실패한 직후에 계약이 이루어졌기 때문입니다.

넷플릭스는 업계 관계자들처럼 아담 샌들러를 '한물간 배우' 라고 생각하지 않았습니다. 그들은 빅데이터 자료에 기반하여 아담 샌들러가 여전히 흥행 요소를 갖고 있는 배우라고 생각했습니다. 넷플릭스 데이터에 따르면, 넷플릭스에서 5억 시간 이상 아담 샌들러가 출현한 영화가 재생되고 있었다고 합니다.

넷플릭스에서 제작한, 아담 샌들러 단독 주연의 영화는 평론가들에게는 '0점'을 받았습니다. 하지만 넷플릭스 사용자들은 이 영화를 아주 열심히 시청했습니다. 넷플릭스는 자체적으로 아담 샌들러의 영화를 통해 5백만 명의 사용자를 추가했으며, 전 세계에서 25억 달러의 매출을 만들어 낼 수 있었다고 평가합니다.

5. 자라

패션회사들은 매년 광고에 엄청난 돈을 쏟아 붓습니다. 자라와 같은 패스드패션 업체, 유니클로는 전체 매출의 4% 이상을 광고비로 사용합니다. 하지만 자라는 광고를 하지 않습니다. TV에서 자라의 광고를 보신 적이 있던가요? 자라가 광고를 하지 않는 건, 광고 없이도 옷을 잘 팔 수 있다는 자신감이 있기 때문입니다.

자라는 빅데이터의 덕택으로 두 번의 세일로 재고를 전부 처리할 수 있다

그 자신감의 원천은 빅데이터입니다.

자라 매장은 매일 데이터 분석을 실시합니다. 자라의 모든 옷에는 RFID 태그가 붙어 있습니다. 이 태그로 고객들이 탈의실에서 가장 많이 입어 본 옷은 무엇인지, 가장 많이 팔린 옷은 무엇인지, 반응이 나쁜 옷은 무엇인지 알 수 있습니다. 영업이 종료되면, 자라 매장 직원들은 RFID 태그 데이터를 바탕으로, 그날 가장 많이 팔린 옷이 무엇인지 정리합니다. 정리한 데이터는 자라 본사의 디자이너에게 전달됩니다. 디자이너는 많이 팔린 옷의 디자인과 원단, 무늬, 색상 등을 참고하여 '잘 팔릴 것 같은' 새 옷을 디자인 합니다. 고객 데이터에 기반해서 디자인이 정해지기 때문에, 새 옷이 시장에서 외면당하는 경우는 드뭅니다. 이런 이유에서 자라는 1년에 세일을 딱 2번만 하고도 재고 관리를 효율적으로 할 수 있습니다.

6. 서울시

서울은 밤이 되면 더 붐비는 도시입니다. 늦은 밤이 되어도 택시, 버스, 지하철 등 대중교통을 이용하려는 사람들이 많습니다. 하지만 버스, 지하철에는 '막차 시간'이 있기 때문에 막차를 놓치면 다음날 아침까지 길가에서 기다려야 하는 불편이 있습니다.

한편, 대중교통이 끊겨 택시를 타려고 해도 고질적인 택시 승차 거부로 인해 늦은 밤 시간에 승객들이 이용할 만한 교통수단이 마땅히 없었습니다. 이러한 교통 문제를 해결하기 위해 서울시에서는 심야버스인 '올빼미버스'를 운영하기로 결정했습니다.

서울시에서 운영하는 심야버스인 올빼미버스는 서울 시내에 지하철과 버스가 끊기는 자정부터 오전 5시까지 운행되는 버스입니다. 서울시에 늦은 시간가지 돌아다니는 사람들이 아무리 많다고 해도 주중 시간애 버스 승객 수와는 비교할 수 없을 정도록 그 수가 적습니다.

버스의 수익성은 승객 수로 결정되는데 심야 시간대 특성상 올빼미버스는 수익성이 안 좋을 수밖에 없습니다. 수익성이 낮은 만큼 서울시는 최소의 비용으로 서울 시내 전역을 돌아다닐 수 있는 버스 노선을 구축하기를 원했습니다. 서울시는 KT와 합작하여 심야버스 최적화 노선을 구축하는 데 도움이 될 만한 빅데이터를 분석하였습니다.

서울시, KT와 손잡고 빅데이터 버스 노선 구축하다

여러분들은 늦은 시간에 귀가할 때 집에 전화를 걸어서 '이제 출발한다'고 말한 적이 있으신가요? 이런 질문을 드리는 이유는 서울시가 심야버스 노선 구축을 위해 어떤 '빅데이터'를 활용할 것인지 결정할 때 이 질문이 시초가 되었기 때문입니다.

서울시에서는 늦은 시간에 귀가할 때 사람들은 집이나 주변 지인들에게 전화를 거는 습관이 있다는 것에 착안하여 자정부터 오전 5시까지 서울 시내에서 발생한 통신 데이터들을 분석했습니다. KT를 올빼미버스 노선 구축의 파트너로 삼은 이유도 그들이 갖고 있는 통신 데이터를 활용하기 위함이었습니다. 그런 다음 가장 많은 통신 데이터가 기록된 지역들을 선별하여 올빼미버스 노선에 포함시켰습니다.

7. 미국 보스턴 시

최근까지 보스턴에서는 파손된 도로를 파악하기 위해서 시 직원들이 차를 타고 시 전체를 돌아다니며 점검하는 방식을 활용했습니다. 하지만 이런 방법은 효율적이지 못했지요. 보스턴은 큰 도시이기 때문에 이전 방식을 따를 경우 많은 인력이 필요했고, 그 결과 도로 파손에 대한 빠른 대응이 불가능하다는 문제가 있었습니다.

보스턴, 빅데이터 활용 통해 도로 파손 비용 획기적 절감

보스턴시는 미국의 벤처회사 애터비스타와 함께 '스트리트범프(Street Bump)' 앱을 개발함으로써 이 문제를 해결하고자 했습니다. 스트리트범프 앱은 운전자의 스마트폰을 이용해 도로노면이 파인 곳을 자동으로 감지하고, 그 위치를 보스턴시 도로 관리국에 데이터를 전송하는 것을 돕습니다.

이 앱은 차 안의 가속도계를 이용하여 도로 파손을 자동으로 감지합니다. 가속도계의 변화가 특정 한계치를 넘어서면, 스마트폰이 이를 감지하고 변화가 발생한 시점부터 약 1.25초간의 가속도 변화 정보를 저장합니다. 저장된 정보는 가속도계의 변화가 발생한 지역의 GPS 정보와 짝지어지고, 이를 활용해 도로 파손이 발생한 지역을 찾아냅니다.

가속도계의 변화를 바탕으로 도로 파손이 감지되면 파손된 장소와 규모 등이 보스턴 시의 데이터베이스에 저장되고, 보스턴시는 이 정보를 처리하여 어느 곳에 도로 파손이 발생했는지 보여주는 지도를 만듭니다. 그리고 그 지도를 바탕으로 복구 계획을 세우고 실시간으로 복구 작업에 착수합니다. 이 앱을 통해서 보스턴 시는 도로 파손으로 인한 비용을 획기적으로 줄였다고 합니다.

8. 미국판 배달의 미족, Doordash

Doordash는 피자만 배달되던 미국의 배달 시장을 획기적으로 변화시킨, 미국의 배달의 민족입니다. 이들은 적시적소에 음식을 최상의 상태로 배달하기 위해, 빅데이터를 적극적으로 활용합니다.

"Doordash는 음식이 외부인 출입 제한 주택에 도착하는 그 순간까지의 모든 것들을 수집하고 분석합니다. 음식이 배달되기까지의 모든 단계를 이해하고, 신호를 분석하고, 그런 다음 모든 것들에 대해 세심하게 준비합니다. 앞으로의 배달을 위해 우리는 각각의 요소들을 예측하고, 배달 기사를 준비시키고, 또한 고객들을 위한 예측을 하는 데에 이런 정보를 사용합니다."

Doordash는 해당 레스토랑의 실적, 평균적인 음식 준비 시간, 현재 교통 상황, 배달을 할 차의 종류, 주차장 현황 등의 최소 15가지 이상의 데이터를 분석하여 배달 기사가 레스토랑에 방문하는 시간을 최적으로 계산하였습니다.

그 결과, Doordash는 점점 더 정확하게 배달 도착 시간을 예측할 수 있게 되었을 뿐만 아니라 소비자, 배달 기사, 레스토랑 상인들에게 더 많은 가치를 제공할 수 있게 되었습니다. 소비자들은 자신의 원하는 정확한 시간에 음식을 배달받을 수 있게 되었으며, 배달 기사들은 아까운 시간을 곧 나올 음식만을 기다리며 하릴없이 기다릴 필요가 없어졌고, 레스토랑 상인들은 온라인을 통해 더 많은 음식을 판매할 수 있게 되었습니다.

자료: 로켓파인더, 2020.01.09.

제2절 빅데이터 기반 데이터 경제 확대

센서기술이 가져온 사물과 사물 간의 정보교류는 인간과 인간 사이의 정보 교류의 범위를 넘어 상상하지 못할 정보의 양을 생산하기 시작했다. 우리는 그것을 빅데이터라 부르며 기업들은 이를 비즈니스에 활용해 새로운 성장과 발전의 기회를 잡기 위해 발빠르게 노력하고 있다. 본 절에서는 빅데이터의 등장배경, 빅데이터의 개념, 빅데이터의 특징과 미래 전망에 대해 살펴본다.

1. 빅데이터의 등장배경

아날로그 시대의 데이터는 숫자가 중심이었다. 숫자 데이터는 컴퓨터를 활용한 분석을 통해 정보가 생성되고 지식으로 축적된다. 이처럼 데이터를 수집 · 분석하고 이를 가공 처리하여 정보로 활용하는 일은 특정한 분야의 전문적인 능력이었다.

그러나 디지털 기반의 정보화 사회가 도래하고 특히 스마트폰의 등장과 보급의 확대는 데이터와 이를 가공한 정보에 대한 개념을 과거 아날로그 시대와는 전혀 다른 방향으로 이끌고 있다. 숫자 중심의 데이터가 문자, 음성 그리고 영상까지 폭넓게 다양해졌으며 이는 급격한 데이터의 증가로 이어졌다.

Economist(2020)에 따르면 2007년부터 전 세계적으로 생성된 디지털 정보량이 급속히 증가하면서 저장공간(Available Storage)의 확장을 고민하기 시작했으며 2011년에는 디지털 정보량이 제타바이트(ZB)시대에 돌파했고, 2030년에는 요타바이트(YB)시대에 살고 있을 것으로 예상했다. 이는 스마트폰이 가져온 소셜미디어 확산에 따른 비정형 데이터

그림 11-1 정보통신기술 발전에 따른 데이터의 변화 방향

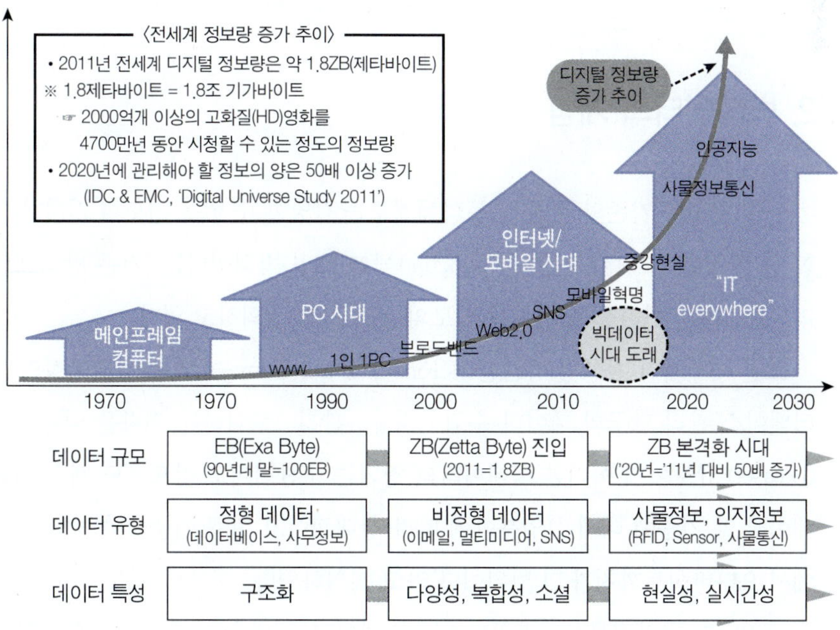

자료 : 미래창조과학부, 2014.

의 폭증, 다양한 플랫폼의 보급, 네트워크 활용도의 증대, IT 패러다임의 변화가 주요 원인으로 지목되고 있으며 이런 변화를 기반으로 빅데이터 출현 이유를 정리하면 다음과 같다.

첫째, 데이터의 규모가 증가하고 있다. 데이터의 용량도 급증하고 있지만 과거 취급하지 않았던 분야의 데이터가 정보로 다루어지면서 데이터의 양적 확대가 상상 이상으로 발전하고 있다. 새로운 정보유형이 추가되고 활용이 시도되고 있어 이런 데이터의 양적 변화는 점점 늘어날 전망이다.

둘째, 정보통신 기기의 성능 개선과 함께 사용 비용이 낮아지고 있다. 하드디스크 가격이 비싸 데이터를 저장하는 것 자체가 부담이 됐던 시기가 언제였냐는 듯이 오늘날 다양한 저장매체의 등장과 기술적 진보는 비용부담 경감과 맞물려 기하급수적인 데이터 저장환경을 만들어가고 있다.

셋째, 정보통신 기반 IT기업들의 오픈정책이 있다. 구글, 페이스북, MS 등 글로벌 기업들이 많은 사용자를 대상으로 비정형 데이터를 서비스하기 위한 솔루션을 개발하고 이를 공개하고 있다. 비용문제로 전문가 또는 특정기업만이 할 수 있었던 데이터 분석을 이제는 누구나 약간의 데이터 분석기술만 알면 비교적 수월하게 데이터를 분석하여 사용할 수 있는 환경이 만들어졌다.

2. 빅데이터의 개념

빅데이터란 "기존의 관리 및 분석체계로는 감당할 수 없을 정도의 거대한 데이터의 집합"을 지칭한다. 위키피디아(Wikipedia)에 따르면 빅데이터는 "기존 방식으로 저장 · 관리 · 분석하기 어려울 정도로 큰 규모의 자료"라고 정의하고 있다.

또한 세계적인 컨설팅 기관인 McKinsey & Company는 "빅데이터의 정의는 기존 데이터베이스 관리 도구의 데이터 수집 · 저장 · 관리 · 분석하는 역량을 넘어서는 데이터셋(Dataset) 규모이며 이러한 빅데이터의 정의는 주관적이고 앞으로도 계속 변화될 것이며 데이터 양 기준에 대해 산업분야에 따라 상대적이고 현재 기준에서는 몇 십 테라바이트에서 요타바이트까지가 그 범위이다"라고 정의하였다.

우리나라 국가정보화전략위원회는 빅데이터를 '대용량 데이터를 활용하고 분석하여 가치있는 정보를 추출하고 생성된 지식을 바탕으로 능동적으로 대응하거나 변화를 예측하기 위한 정보화기술'이라고 정의하였다. 이처럼 빅데이터를 바라보는 다양한 시선에 따라 정의가 달라질 수 있으나 결론적으로 빅데이터는 말 그대로 막대한 양의 데이터이며 데이터 규모뿐 아니라 이질적 데이터를 결합하여 가치 있는 정보를 추출하고 그 정보의 활용까지 포괄하는 과정으로 정의할 수 있다. 또한 특정 규모(Big Volume) 이상을 빅데이터로 칭하기보다는 원하는 가치(Big Value)를 얻을 수 있는 정도를 의미하는 상대적인 해석도 주목을 받고 있다. 빅데이터에는 잠재적 가치와 잠재적 위험이 공존하며 사회경제적으로는 승패를 좌우하는 핵심원천이 될 것으로 평가되고 있다.

표 11-1 빅데이터 정의

	정의
오라클	빅 데이터란 양(volume)이 매우 많고 증가 속도(velocity)가 빠르며 종류(variety)가 매우 다양한 데이터
위키백과	통상적으로 사용되는 데이터 수집, 관리 및 처리 소프트웨어의 수용 한계를 넘어서는 크기의 데이터
RedHat	전통적인 데이터 프로세싱 방법으로 처리할 수 없을 정도로 대규모이거나 복잡한 데이터
한국지능정보사회진흥원	기존의 데이터 관리 및 분석 소프트웨어로 다루기 어려운 수준의 복잡하고 많은 양의 데이터

3. 빅데이터의 특징

빅데이터의 대표적 특징으로는 데이터의 양(Volume), 속도(Velocity), 다양성(Variety) 등을 들 수 있는데 이를 정리하면 다음과 같다.

첫째, 데이터의 양이다. 데이터의 양은 데이터의 크기를 말하는 데 빅데이터라고 하면 일반적으로 많은 양의 데이터를 떠올린다. 여기서 많은 양이란 축적되는 데이터의 크기가 물리적 한계를 넘어설 만큼의 거대한 크기를 가리킨다. 현재 인터넷에서 1초 동안 교차하는 데이터들은 불과 20년 전 인터넷에 저장되던 모든 데이터의 양보다 많다. 특히 기업들은 과거와 달리 매우 큰 용량의 데이터를 다룬다. 일례로 미국의 대표적 소비유통 업체인 월 마트(Walmart)는 고객의 거래를 통해 매 시간 2.5테라바이트 이상의 데이터를 수집하고 있다. 현재는 빅데이터가 수십 테라바이트 단위이지만 향후 요타바이트로 확대될 것이라는 전망이 우세하다. 이는 단지 볼륨이 큰 데이터일 수도 있고 대규모의 데이터 집합체일 수도 있다.

둘째, 데이터의 분석 속도이다. 데이터가 생성되는 속도만큼이나 빠른 분석은 그 자체로 경쟁력이 될 수 있기 때문에 현대사회는 속도 경쟁에 몰입하고 있다. 빅데이터는 매우 빠른 속도로 데이터 분석을 통해 정보를 생성하게 해줌으로써 사용자로 하여금 경쟁우위를 차지하고 유지할 수 있도록 해준다.

셋째, 다양성이다. 빅데이터는 이미지, 메시지, GPS 신호, 센서 데이터, 소셜 미디어 안의 텍스트 데이터 등 매우 다양한 형태를 가지고 있다. 이런 점에서 전통적인 정형화된 데이터와 차이를 보인다. 빅데이터 안에서 모든 원천들이 중요하지만 주요 원천은 최근에 등장한 것들이 많다. 페이스북, 트위터, 아이폰 등 불과 몇 년 사이에 엄청난 양의 비구조화된 데이터들이 양산되기 시작하였다. 이 데이터들은 기존에 사용하던 구조화된 데이터베이스에 저장될 수 없는 유형들이 대부분이었지만 저장 공간과 저장 기술이 가격하락으로 보편화되면서 빅데이터는 점차 자료화될 수 있었다. 다시 말해 기존에는 자료분석 방식이 주로 구조화된 데이터의 집약적 자료 위주였다면 빅데이터의 등장으로 비구조화된 자료의 분석까지도 가능해졌다.

넷째, 빅데이터의 특징에 진실성(Veracity)이 추가되고 있다. 데이터의 진실성이란 데이터의 품질 및 신뢰성을 가리킨다. 이는 데이터의 분석을 통한 예측결과의 신빙성이 데이터 수집의 진실성에 따라 달라질 수 있음을 의미한다. 예를 들어 날씨의 불확실성, 에너지의 수요량 예측, 재생자원에 의한 에너지 생산 등은 자료의 불확실성 때문에 서로 영향관계를 파악하기가 쉽지 않다. 이는 수집된 데이터의 진실성에 따라 이를 기반으로 한 예측의 정확성에 영향을 미칠 수 있다는 의미이다.

이런 빅데이터의 특징을 기반으로 다음과 같은 빅데이터 분석 기술이 주목받고 있다.

첫째, 텍스트 마이닝(Text Mining)이다. 자연어 처리 기술을 이용하여 수많은 텍스트 데이터로부터 유용한 정보를 추출하고 이를 재가공하는 기술이다. 이를 통해서 다른 정보와의 연계성을 얻고 단순 검색 이상의 결과를 얻어 낼 수 있다.

둘째, 평판 분석(Opinion Mining)이다. 웹사이트와 소셜 미디어에 나타난 의견들을 분석하여 유용한 정보로 재창조하는 기술이다. 데이터에 대한 대중의 의견이 긍정적인지, 부정적인지, 중립적인지의 여부를 알 수 있다.

셋째, 소셜 네트워크 분석(Social Network Analytics)이다. 소셜 네트워크의 연결구조 및 연결강도 등을 바탕으로 사용자의 명성 및 영향력을 측정함으로써 소셜 네트워크상에서 입소문의 중심이나 허브 역할을 하는 사용자를 찾아내는 기술이다.

넷째, 군집 분석(Cluster Analysis)이다. 개체의 유사성을 측정하여 대상 집단으로 분류한 뒤 그에 속한 개체들의 유사성을 찾거나 서로 다른 집단에 속한 개체들 간의 차이점을 규명하는 기술이다.

다섯째, 복합 이벤트 처리(CEP: Complex Event Processing)이다. 이벤트 스트림이나 이벤트 클라우드 내에서 유의미한 이벤트를 식별하며 분산된 다중의 이벤트를 처리하는 기술이다.

4. 빅데이터의 미래 전망

(1) 빅데이터의 시장규모

한국IDC는 국내 빅데이터 및 분석 시장의 매출 규모는 2021년 전년 대비 5.5% 성장해 2조 296억 원이며 해당 시장은 향후 5년간 연평균 성장률 6.9%을 기록하며 2025년까지 2조 8353억 원 규모에 이를 것으로 예측하였다. 이런 변화는 다양한 산업군에서 이전보다 더 많은 데이터를 확보하고 이를 활용하기 위한 수요가 높아지며 자체 데이터 플랫폼 구축 및 관련 시스템 도입이 적극 이루어지고 있는 상황을 반영한 수치라 할 수 있다.

전 세계적으로 시장 변동성 및 불확실성에 대응하기 위해 디지털 혁신이 가속화되면서 빅데이터 및 분석 시장은 성장세를 보이고 있으며 달라진 데이터 가치에 따라 이를 효율적으로 활용하기 위해 비즈니스 워크플로우를 재정립하고 다양한 업무 프로세스를 데

그림 11-2 우리나라 빅데이터 시장규모 (단위: 십 억원)

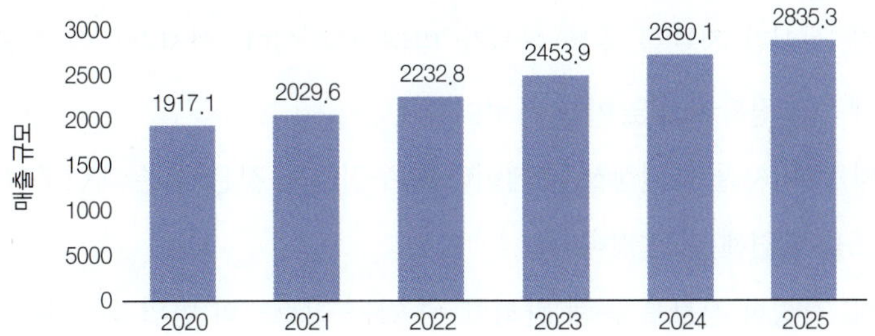

자료 : 미래창조과학부, 2014.

이터화하는 움직임이 기업마다 일어나고 있다. 또한 공공기관의 빅데이터 플랫폼 구축 사업 지원이나 금융산업의 마이데이터(신용정보) 사업 등 다양한 산업에서 데이터를 중심으로 디지털 현대화가 가속화될 전망이다.

한편 로우코드 · 노코드 플랫폼의 등장 및 데이터 시각화 분석 도구와 같은 솔루션들이 출시되면서 이전에는 데이터 과학자 또는 일부 개발자들의 영역이었던 전문화된 데이터 분석을 마케팅 부서 또는 사업 담당자와 같은 현업에서도 사용빈도가 높아지고 있다. 이런 추세를 반영하듯 기업들은 데이터 활용 기술의 저변화를 통해 기업의 데이터 문맹률 문제를 개선하고 비즈니스 민첩성을 확보하여 데이터 기반의 조직으로 거듭나기 위한 움직임을 보이고 있다.

반면 데이터를 직접 다루는 인원이 늘어남에 따라 이에 상응하는 기술적 책임 또한 전보다 요구되고 있다. 이에 새로운 환경에서 요구되는 비즈니스 애플리케이션을 마련하고 지속적인 교육 커리큘럼을 제공하는 등 데이터 문화를 구축하려는 노력과 IT 분야에 대한 지속적인 투자가 필요한 상황이다.

(2) 빅데이터의 미래 이슈

1) 빅데이터 큐레이션

빅데이터 큐레이션이란 용어는 빅데이터가 시장의 화두로 떠오르면서 생성된 중요한 단어이다. 빅데이터 큐레이션이란 방대한 데이터 속에서 기업에 필요한 정보를 발굴해 내는 활동을 지칭한다. 정보가 넘쳐나는 시대에 정보를 얻는 것 이상으로 가치 있는 정보를 선별해 내고 정보를 통해 가치를 창출하는 것이 중요해졌다. 이는 정보의 규모가 훨씬 더 커진 빅데이터를 활용하는 데 있어서 더욱 중점을 두어야 할 사항이다.

현재 빅데이터 큐레이션을 다섯 가지 분야로 나눌 수 있다.

첫째, 실시간 정보를 통한 실시간 '미래 예측'이다. 실시간으로 수집되는 정보를 통해 미래 예측의 정확도를 높이는 과정이다.

둘째, 소비자들의 일상생활 데이터를 수집하는 것은 물론 패턴분석을 통해 고객의 숨은 니즈를 발견해 내는 것이다.

셋째, 정성적 정보를 통해 관리할 수 있는 리스크의 범위를 넓혀 감으로써 기업의 리스크를 줄이는 것이다.

넷째, 고객에게 개인별 맞춤서비스를 제공하는 것이다.

다섯째, 고객을 비롯한 경영 주변환경에 대한 실시간 모니터링을 통한 실시간 대응이다. 데이터를 수집하고 관리하는 것 이상으로 데이터를 적극적으로 활용해 가치를 창출할 수 있는 역량이 중요해지고 있는 것이다. 따라서 빅데이터 큐레이션은 미래 기업의 새로운 경쟁력이 될 수 있는 무한한 가능성이 있다. 빅데이터 시장이 나날이 발전하고 있는 상황에서 빅데이터 큐레이션은 빅데이터의 한계를 뛰어넘을 수 있는 솔루션으로 주목받고 있다.

2) 빅데이터와 개인정보

Facebook이 빅데이터를 기반으로 한 얼굴 인식 기능으로 사진 속 인물을 자동으로 태그하는 기능을 선보였다. 그러나 이는 사생활 침해 문제를 발생시켜 유럽지역에서 서비스가 중단되었고 수집된 모든 데이터를 삭제하는 일이 벌어졌다. 기업들이 데이터를 적극적으로 활용하기 위해 빅데이터를 도입하려는 많은 노력을 하고 있는 상황에서 개인정보 침해문제가 제기되고 있다. 빅데이터가 다루고 있는 데이터들의 대다수가 민감한 개인정보임을 고려하면 빅데이터 시대 개인정보는 중요한 이슈이며 향후 지속적인 이슈가 될 것이다. 이와 연계하여 보안문제는 더욱 중요해지고 있다. 방대한 정보를 다루는 빅데이터를 활용하는 과정에서 조그마한 실수라도 발생하면 대량의 개인정보가 유출되고 악용될 소지가 있는 만큼 개인정보 보호와 보안 문제는 현재 그리고 미래 빅데이터 시장의 큰 화제로 떠오를 것으로 보이며 이를 예방하기 위한 대책 마련도 필요하다.

5. 빅데이터의 활용방안

(1) 기업의 전략 · 기획 · 의사결정에 활용되는 빅데이터의 가치와 미래

기업이 나아갈 방향을 결정하는 데 있어 빅데이터는 다양한 역할이 기대되며 기업의 전사적 전략과 기획 부문에 있어서 빅데이터가 활용될 수 있는 가능성은 무궁무진하다. 기업의 전사적 방향성을 결정하는 것은 CEO 혹은 경영진의 의사결정이라고 할 수 있다.

빅데이터의 등장은 의사결정의 패러다임에 변화를 불러왔다. 기존의 정형화된 데이터의 수집과 분석에서 벗어나 다양한 비정형적 데이터들을 자유롭게 활용할 수 있다. 빅데이터는 과거의 정보들을 바탕으로 구축한 데이터베이스로부터의 정보추출 방식과는 차이가 있다. 정보의 규모와 실시간성이 주요한 차별점으로 빅데이터를 통한 의사결정은 '실시간 거대 데이터 전체'로부터의 의사결정이다. 그렇다면 이러한 빅데이터가 미래에 기업 의사결정과 전략에 어떠한 이점을 가져올 수 있는지 분석해 보면 다음과 같다.

첫째, 급변하는 사회와 시장흐름에 적합한 유연하고 빠른 미래 예측이 가능해진다. 이는 현상의 '가시화'로부터 미래 '예측 분석'으로의 진화라고도 할 수 있다. 즉 우리는 빅데이터를 통해 다양한 미래 시나리오를 구성해 볼 수 있으며 빅데이터를 통한 다각적인 미래 패턴분석을 통해 보다 정교한 미래 예측과 대비가 가능한 시대를 기대할 수 있다.

둘째, 리스크관리에 유용하다. 사회적 차원의 리스크 대비에도 빅데이터 활용에 대한 전망이 밝다. 예를 들어 정부 차원에서는 빅데이터가 강력범죄의 예방과 자연재해의 예측에도 쓰일 수 있을 것이란 기대를 받고 있다. 구글에서 독감 유행을 예측하는 데이터를 구축한 것도 같은 맥락이라고 볼 수 있다. 전 세계 수백만 명의 사람들이 매일 구글을 통해 건강 관련정보를 수집한다. 독감 관련 검색자의 수와 실제 독감 증상이 있는 사람의 수 사이에 밀접한 관계가 있는 것을 파악하고 데이터 수집을 통해 전 세계 국가와 지역별로 독감 유행 수준을 파악할 수 있도록 한 것이다. 이처럼 빅데이터를 통한 범사회적 리스크의 예측이 가능해진다면 기업의 리스크 관리에서도 비약적인 발전이 이루어질 수 있다.

셋째, 타 분야와의 결합을 통한 새로운 가치창출이 가능해질 것이다. 기존의 데이터베이스의 경우 데이터 간의 인과관계는 정해져 있어 전혀 다른 분야의 데이터와의 연계가 쉽지 않다. 그러나 현재 빅데이터는 의료정보, 환경정보, 부동산정보 등 다양한 정보의 결합을 통해 새로운 시장창출에 대한 기회를 만들어 줄 수 있을 것이란 기대를 받고 있다.

빅데이터는 초기 마케팅도구로서 주목을 받기 시작했으나 근래에 들어 비즈니스 모델 자체를 바꿀 수 있는 혁신적 도구로서 주목받고 있다. 또한 미래 기업 생존에 있어 중요한 역할을 할 것으로 기대되고 있다. 그러나 기업전략에 있어 빅데이터의 도입에 난관이 없는 것은 아니다. 우선 빅데이터를 기업에 활용하기 위한 초기비용과 유지비용이 적지 않다. 빅데이터를 위한 분석도구를 도입하고 전문가를 양성하기 위해서는 장기적인 안목의 투자가 필요하다. 또한 빅데이터의 특성상 데이터가 쌓일수록 신뢰도 있는 결과를 얻을 수 있는 만큼 경영진의 인내심과 꾸준한 투자가 필요하다. 빅데이터를 도입하고자 하는 의사결정 자체가 기업의 미래를 크게 바꾸어 놓을 수 있는 결단인 것이다. 그런 의미에서 빅데이터 자체가 기업에 있어서는 하나의 큰 줄기전략이라고 할 수 있다.

또한 빅데이터가 과연 올바른 의사결정을 이끌어 낼 수 있는가에 대한 의문도 항상 존재한다. 현대에 이르러 지나친 정보의 양이 의사결정에 오히려 방해가 될 수 있다는 것은 익히 알려진 사실이다. 빅데이터에 대한 긍정적 전망이 넘쳐나는 가운데 기업의 전략과 혁신에 대한 활용에 있어서는 무엇보다 신중해야 할 것이다. 빅데이터에 대한 과도한 믿음보다는 이를 하나의 경영 의사결정의 도구로 생각하는 자세도 필요한 것이다.

(2) 마케팅 부문에 활용되는 빅데이터의 가치와 미래

기존 경영정보시스템(MIS)에서 데이터를 이용한 대표적인 마케팅방법은 데이터베이스 마케팅이었다. 고객의 거래 데이터를 바탕으로 고객의 구매행동을 예측하고 고객세분화를 통해 표적 집단에 맞춤 마케팅을 하는 것이 데이터베이스 마케팅이다. 데이터베이스 마케팅은 고객과 장기적인 관계를 맺음으로써 고객과의 관계를 강화하고 고객평생가치를 극대화할 수 있었다. 그렇다면 빅데이터를 마케팅에 어떻게 활용할 수 있을지 사례를 바탕으로 빅데이터를 활용한 마케팅 전망 및 가치에 대해서 살펴보자.

빅데이터를 활용한 마케팅은 주로 소셜 미디어 및 검색포털의 검색어를 기반으로 사용자 성향을 파악하는 방법으로 이루어지고 있다. 삼성전자는 삼성 SSD(Solid State Drive)를 소비자 시장에 성공적으로 론칭하기 위해 정확성이 떨어지고 비즈니스 적용에 한계가 있던 기존 분석방법(Small Data)에서 벗어나 정확한 시장을 파악할 수 있는 빅데이터(Big Data) 분석을 활용했다. 일반 소비자들에게는 낯선 SSD를 알기 쉽게 알리기 위해 각종 웹 사이트와 소셜 미디어에 등록된 PC 관련 검색어와 횟수, 소비자/전문가의 제품 관련 경험과 느낌 등 총 50만 건 이상의 방대한 데이터를 분석했다. 이러한 SSD 버즈(Buzz) 분석을 통해 소비자들이 가지고 있는 인식을 파악할 수 있었다. 이후 삼성전자는 빅데이터 분석으로 추출한 정보를 통해 시장에 적합한 브랜드전략을 수립했고 시장점유율 1위를 차지할 수 있었다. 삼성전자는 빅데이터 분석을 통해서 기존의 분석방법으로는 파악할 수 없었던 고객의 성향 및 선호 등의 인식을 파악했으며 세부적인 SSD 소비자 타깃을 알아낼 수 있었다. 이처럼 빅데이터를 활용하면 숨어 있는 고객의 인식과 세부적인 소비자 타깃층을 파악하는 데 유리하다. 그러므로 마케팅전략에서 빅데이터는 아직 발견하지 못한 숨어 있는 고객의 인식을 파악하고 현재보다 세부적인 표적시장을 파악하는 방향으로 활용될 수 있다. 구체적으로 4P를 바탕으로 빅데이터 마케팅을 활용할 수 있는 방법을 제안하면 다음과 같다.

첫째, 신상품 개발에 활용될 수 있다. 예를 들어 체크카드나 신용카드를 하나 만들 때도 요즘 고객들은 인터넷으로 상품을 미리 검색해 보고 비교해 본 뒤 만든다. 따라서 기업은 블로거의 후기나 자주 가는 온라인 공동체의 게시판에서 정보를 검색하여 기존상품에 대한 고객의 만족과 불만족에 대한 정보를 수집하고 분석한 뒤 신상품을 개발한다. 이를 위해 검색어를 기반으로 한 분산처리시스템을 통해 수집된 빅데이터 정보를 기존의 관계형 데이터베이스에 구축하여 고객의 욕구와 선호를 파악할 수 있도록 해야 한다. 그래야 금융상품을 개발하는 데 드는 비용을 줄일 수 있고 세분시장을 선정하는 데 빅데이터를 활용하여 표적시장을 겨냥한 상품을 개발할 수 있다. 또한 고객이 SNS에 올린 아이디어나 의견이 분산되어 있지만 이것을 종합하여 새로운 상품을 만드는 데 반영할 수도 있다.

둘째, 유통 단계에서 빅데이터는 유통업체의 최적 지역을 선정하는 데 활용될 수 있다. 특히 스마트폰을 기반으로 한 위치기반서비스를 활용하여 수집된 정보를 바탕으로 고객이 특정 지역에서 어떤 상품에 대한 검색을 자주 하는지 데이터를 수집하여 분석함으로써 유통업체의 입지선정을 위해 활용할 수 있다. 고객의 구매욕구와 구매장소를 근접하게 연결시킴으로써 마케팅효과를 증진시킬 수 있다.

셋째, 가격 측면이다. 가격을 책정할 때 빅데이터가 활용될 수 있다. 온라인 공동체에서 가격에 관한 고객의 의견을 담은 비정형 데이터를 수집하여 고객이 어떤 가격을 적정하게 생각하는지 파악한다. 또한 가격을 높게 책정하거나 낮게 책정했을 때 고객 반응이 어떠한지를 미리 파악하여 고객도 만족하고 기업에도 이익이 되는 적정한 가격을 책정할 수 있다.

넷째, 홍보 프로모션 측면이다. 무엇보다 빅데이터는 4P 중 프로모션 부분에서 가장 다양하게 활용될 수 있다. 기존의 온라인 프로모션과 달리 빅데이터를 활용한 프로모션은 소셜 미디어의 '좋아요'나 비정형 데이터를 기반으로 수집된 고객의 인식을 파악하여 표적 프로모션을 해야 한다. 기존 온라인 프로모션 전략과 가장 큰 차이는 기존 온라인 프로모션이 주로 정형화된 고객정보를 바탕으로 이루어졌다면 빅데이터 프로모션은 비정형화된 정보를 분석하여 얻어 낸 고객정보를 바탕으로 프로모션이 이루어진다는 점이다. 비정형화된 정보란 회원가입정보, 쇼핑몰 주문 등의 정보와 달리 고객의 검색어, SNS 메시지, 연관검색어 등을 통해 파악한 고객의 정보를 바탕으로 프로모션을 진행하는 것이다. 고객의 욕구를 충족시키고 가치를 극대화하는 것이 마케팅이라는 점에서 빅데이터는 비정형화된 데이터를 수집하고 분석함으로써 고객의 잠재된 욕구를 파악하고 자사에 대한 고객의 반응을 파악하며 고객에게 맞춤 상품 및 서비스를 제공하는 마케팅전략을 수립하는 데 활용될 수 있다.

(3) 재무 · 투자 부문에 활용되는 빅데이터의 가치와 미래

아직 기업의 재무 · 투자 부문에서 빅데이터가 거둔 성과는 크지 않다. 그러나 앞으로 투자 부문에 있어 빅데이터는 빼놓을 수 없는 화두가 될 것이다. 기업의 투자에 있어서 빅데이터의 미래 가치는 크게 두 가지로 나누어 살펴볼 수 있다.

첫째, 소셜 미디어와 빅데이터를 통한 분석을 활용한 투자 프로그램의 가능성이 주목받고 있다. 분명 시작은 소셜 미디어의 발전이다. 미국에서는 이미 트위터와 같은 SNS를 활용한 투자가 활발히 이루어지고 있고 미국 증권거래위원회에서 공식적으로 상장기업들이 SNS를 통해 투자정보를 제공할 수 있도록 허용하였다. 이는 투자에 있어 SNS 바람이 얼마나 강력한지 보여주는 사례가 될 것이다. SNS를 통해 쏟아져 나오는 고객들의 심리를 빅데이터를 이용해 분석하고 투자자들의 심리를 파악할 수 있을 것이다. 또한 주식시장의 주가 데이터와 SNS에 나타난 감성적인 단어들과의 상관관계를 분석해 이용할 수 있다. 집단감성에 기반을 둔 투자 매매 원리를 이용하는 것이다.

둘째, 관련 기업에 대한 투자가 주목받고 있다는 것이다. 빅데이터가 향후 시장의 판도를 완전히 바꾸어 놓을 수 있을 것이란 전망과 함께 Facebook과 같은 거대 소셜 미디어 그룹의 성장으로 투자시장에서도 변화가 일어나고 있다. 빅데이터에 대한 적극적인 투자와 활용으로 시장을 선도하려는 기업이 투자자들에게 긍정적인 가능성을 시사하고 있다.

예를 들면, 최근 우리나라 대기업 중에서 삼성, SK, LG, KT 등은 자사의 ICT 전담 계열사를 통해 빅데이터 시장에 진출할 의사를 비추고 있다. 이 중 LG CNS는 국내에서는 최초로 '스마트 빅데이터 플랫폼'을 출시해 업계의 관심을 집중시켰다. KT는 서울시와 협약을 맺고 빅데이터를 활용한 공공서비스 제공 개선에 나섰으며, 교통 데이터를 활용해 심야버스 노선 수립을 도울 예정이다. 삼성SDS 또한 정부의 빅데이터 시스템 구현을 수주

받아 작업에 착수할 예정이다. 이처럼 국내 유력 대기업들이 앞다투어 빅데이터 시장에 나서고 있는 만큼 이러한 흐름에 적응하지 못하고 뒤처지는 기업은 도태될 가능성이 크다고 볼 수 있다.

이처럼 투자자들은 정보에 민감하고 미래 예측이란 투자에 있어 불가결한 요소임을 생각하면 앞으로 빅데이터 시장이 크게 성장할 것임은 어렵지 않게 확신할 수 있다. 투자 시장은 국내에 국한되지 않는다. 우리나라 기업이 투자자들의 선택을 받거나 향후 건설적인 투자를 하기 위해서는 빅데이터 시장에 주목할 필요가 있다.

잠시 쉬어가기

인공지능(AI)은 스포츠 분야에서 어떤 역할을 할 수 있을까?

인공지능(AI)은 급격한 기술 진보 속에서 다양한 산업 분야에 도입되고 있으며, 그 파도는 스포츠 분야까지 밀려오고 있다. 미국 월스트리트저널(WSJ)이 'AI가 어떻게 스포츠 분야에 도입・활용되고 있는가?'라는 주제로 다양한 사례와 전문가 견해를 정리했다.

선수 입장에서 본인의 몸은 중요한 도구이며, 퍼포먼스 향상을 위한 연습이나 부상 방지는 선수로 활약하는 데 필수적이다. 프로 스포츠팀에 데이터 분석 솔루션을 제공하는 키트먼랩(Kitman Lab)의 스티븐 스미스 CEO는 "자산의 신체를 비즈니스처럼 여기고 데이터와 정보를 활용해 자기 관리를 철저히 하는 선수들이 있다. 앞으로 더 많은 선수가 보다 오래 높은 수준에서 뛸 수 있게 될 것이다"라고 언급했다.

가령 '머스타드(Mustard)'라는 야구 앱은 사용자 플레이를 촬영한 데이터를 바탕으로 그 움직임이 프로선수의 움직임과 어떻게 다른지 비교 분석해 효율적인 동작과 훈련법을 제공한다.

머스타드 공동창립자 겸 CEO인 록키 코리스는 "우리의 앱은 플레이어의 퍼포먼스를 향상시키고 장기적인 부상이나 통증을 유발하는 움직임을 피하도록 설계됐다"고 주장한다.

컴퓨터 비전과 AI를 기반으로 한 데이터 분석은 골프와 축구 등 야구 이외의 스포츠에도 보급되고 있다. 잉글랜드 프리미어리그 명문 축구클럽인 리버풀FC는 구글 산하 AI 개발기업 딥마인드와 협력해 전술분석을 진행하고 있다.

선수 부상을 막기 위해 AI 기반의 Zone7 분석 프로그램을 도입한 뒤 실제로 선수 부상이 전년의 3분의 1로 줄었다. Zone7 프로그램은 훈련 방법을 조정하고 휴식을 취할 최적의 시간을 제안한다.

2022년 베이징 올림픽에 출전한 미국 피겨스케이팅 선수들은 뉴저지에 위치한 '4D 모션 스포츠(4D Motion Sports)'의 동작 분석 프로그램을 통해 피로를 추적한다. 미국 피겨스케이팅 선수단의 스포츠 과학 매니저인 린지 슬레이터는 "선수들의 데이터는 허리에 부착된 작은 단말을 통해 수집됐으며 훈련 후 선수와 코치가 동작 데이터를 수정한다"고 말한다.

슬레이터 매니저는 "우리는 실제로 점프 이륙과 착지를 명확하게 정의할 수 있는 곳까지 알고리즘을 완성해 점프로 인한 고관절과 몸 중추 스트레스가 상당히 높다는 것을 추정할 수 있게 됐다. 하루 중 선수의 각속도가 낮아지고 점프 높이가 낮아진 상황에서의 반복 연습은 만성적인 신체 사용으로 이어져 부상으로 연결되기 쉽다"고 설명했다.

한편 플레이어 성능 분석 및 부상 위험 산출에 AI 알고리즘을 도입할 때는 해결해야 할 몇가지 과제가 있다. 퍼포먼스에 영향을 미치는 것은 몸 상태뿐만 아니라 인간관계나 계약 협상 등 심리적 스트레스, 전날 식사와 같은 다양한 요인이 얽히기 때문에 쉽게 측정할 수 있다.

또 알고리즘 정확도를 진정한 의미에서 체크하기 위해서는 AI가 부상 위험이 높다고 분석한 선수에 개입하지 않은 상태에서 실제 부상 여부를 조사할 필요가 있다. 하지만 이러한 테스트는 윤리적인 문제가 존재하기 때문에 실제로 적용하기 어렵다.

이 외에도 '선수 데이터를 어떻게 관리하고, 누구에게 접속을 허가할 것인가'에 대한 프라이버시 우려도 있다. 현재 미국에는 기업이 선수 훈련 데이터를 수집·사용하는 것을 금지하는 법은 없다. 하지만 백악관은 AI기반의 개인 데이터 사용 관리에 대한 규정 도입을 목표로 하고 있어, 향후 법률로 규제가 마련될 가능성도 있다.

AI 데이터 분석은 선수의 부상 방지와 성능 향상뿐만 아니라 뛰어난 선수 발굴에도 도움을 줄 수 있다. 프랑스 파리에 본사를 둔 업체 '스킬 코너(Skill Corner)'는 세계 각국의 축구 리그를 대상으로 TV 방송 동영상 데이터를 분석하고 개개인의 퍼포먼스를 측정해 스카우트를 지원한다.

스킬 코너의 총괄 매니저인 폴 닐슨은 AI 알고리즘이 완전히 인간 코치를 대체할 가능성은 낮다고 지적한다. 그는 "경기 중 코치는 그 자리에서 직접 냄새를 맡고 느끼고 만질 수 있다. 이러한 의사결정자가 AI의 정보에 귀를 기울일 가능성은 아직은 낮다고 본다"는 견해를 밝혔다.

자료: 데일리포스트, 2022.06.21.

제3절 인공지능(AI)기반 기업의 소통능력 향상

추론능력과 학습능력에 바탕을 둔 사고력과 의사결정 능력은 인간의 고유영역으로 취급되어 왔으나 오늘날 인공지능(AI)은 인간의 지적 영역을 모방하고 있으며 인간이 상상할 수 있는 영역을 벗어나기 시작하였다. 인공지능(AI)의 활용을 통해 힘들고 어렵고 반복적인 업무에서 벗어나 특정 업무에 집중할 수 있는 방법으로 발전하고 있는 것이다. 본 절에서는 인공지능의 개념, 인공지능의 특징과 현주소 및 인공지능의 활용사례에 대해 살펴본다.

1. 인공지능의 개념

인공지능이라는 용어는 1956년 미국의 동부 다트머스 대학에서 열렸던 컨퍼런스에서 처음 등장했다. 1950년대 지식인들에게 "사람의 지능적 활동을 대신할 수 있는 기계"라는 것은 사람의 머리와 마음에서 일어나는 일들을 진지하게 고찰하게 되는 계기로 작용하였고 사람의 머리에서 일어나는 일들도 수학, 물리, 화학처럼 "기계적 계산 과정"을 통해 설명할 수 있을 것이라는 생각으로 발전되었다. 이것이 인공지능(artificial intelligence)의 시작이다.

오늘날 인공지능은 추론능력 및 학습능력 등 인간 고유의 능력인 사고능력과 의사결정능력 및 판단능력 등의 행동능력을 구현하는 컴퓨터 시스템, 알고리즘, 프로그램 또는 이들을 총망라하는 기술이라고 할 수 있다. 인공지능은 SW로서 컴퓨터 과학의 다른 분야와 직접적 또는 간접적으로 많은 관계를 맺고 있으며 최근에는 데이터 분석이나 로봇 등 여러 분야에 AI기술을 도입하는 등 다양한 시도가 적극적으로 이루어지고 있다.

인공지능(AI)은 인간의 지능으로 할 수 있는 사고, 학습, 자기계발 등을 컴퓨터가 할 수 있도록 하는 방법을 연구하는 컴퓨터공학 및 정보기술의 한 분야로서 컴퓨터가 인간의 지능적인 행동을 모방할 수 있도록 하는 것을 인공지능이라고 정의하고 있다. 그리고 인공지능은 우리가 일상생활에서 사용하는 모든 전자기기들이 가진 구동 메커니즘 및 프로그램의 알고리즘 등 현재 과학기술의 모든 분야에 걸쳐 직 · 간접적으로 관련되어 있다.

1936년 영국의 수학자 튜링은 가상의 기계가 있어 스스로 저장공간에 저장된 기호들을 읽어 들여 처리하고 그 상태에 따라 다른 상태로 전이가 가능하도록 한다면 어떠한 연산이든지 스스로 처리 가능하다는 것을 이론적으로 증명하였고 이 기계는 '튜링머신'으로 불리게 된다. 컴퓨터의 기본 원리를 제시한 튜링머신의 개념은 이후 폰 노이만 등에 의해 현대 컴퓨터의 기본구조에 적용되었고 이는 EDSAC이라는 최초의 컴퓨터들 중 하나로 구현된다.

1970년대 인공지능 알고리즘의 제시와 1980년대 신경망 이론의 등장 등 지속적인 인

표 11-2 AI의 연대별 발전에 관한 주요 이슈

연대	주요 내용
1950년대	기계에 의한 계산 가능 및 컴퓨터의 개발에 의해 인간의 지적활동 수행 기계에 대하여 논의 시작 기계 지능 측정 테스트인 '튜링 테스트' 고안
1960년대	인공지능 기법을 활용하여 실생활 문제에 적용하는 전문가시스템 연구 활발
1970년대	복잡한 현실 문제에 관한 인공지능 적용 가능성에 비판론 및 회의론 제기
1980년대	상업적 데이터베이스 시스템의 개발 시작 각국에서 인공지능에 대하여 지원 및 투자 활발
1990년대	실험과 이론을 통해 인공지능 현실 문제에 대한 해결 연구

공지능 연구들이 있어 왔으나 인공지능 기반 기술들의 발전속도가 느려 인공지능의 산업화는 매우 느리게 진행되었다. 그러나 21세기 이후 제프리 힌턴의 딥러닝 연구를 시점으로 알파고의 등장은 인공지능의 가능성을 현실화하였고 현재 인공지능에 대한 깊이 있는 연구와 다양한 활용이 비즈니스로서의 가능성을 한층 고조시키고 있다.

2. 인공지능의 특징과 현주소

오늘날 인공지능은 전 세계 수많은 과학자들과 전문가들이 처리되는 데이터의 수준을 증가시키고 저장(소토리지)기능을 향상시키고 있다. 특히 머신러닝과 딥러닝 등 인공지

표 11-3 인공지능 종류 별 비교

구분	내용
아주 약한 인공지능	• 인지체계를 갖춘 정도 • 주입된 판단의 절차를 따라 감정이나 지능을 흉내 내는 수준
약한 인공지능	• 규칙을 입력해야 그것을 바탕으로 학습 가능 • 특정 분야에서만 활용 가능 • 한정된 문제 해결 수준 • 규칙을 벗어난 창조는 불가
강한 인공지능	• 정해진 규칙을 벗어나서 능동적으로 학습 • 알고리즘을 설계하면 인공지능이 스스로 데이터를 찾아 학습 • 다양한 분야에서 보편적으로 활용 • 인간 같은 마음을 가지는 수준
아주 강한 인공지능	• 완전한 자유의지의 수준으로 행위 가능 • 인간을 뛰어넘는 합리적인 사고 가능

능 알고리즘의 개발은 인공지능이 사람을 능가한다는 평가를 받을 정도가 되었다. 또 스마트폰에 포함된 인공지능 기술인 시리, 구글어시스턴스, 빅스비 등은 인공지능의 생활화를 앞당기고 비즈니스로서의 가능성을 활짝 열고 있다.

이런 인공지능의 발전 안에서 인공지능의 특징을 살펴보면 다음과 같다.

첫째, 무한한 사용성이다. 인공지능은 사람이 아니니 지치거나 힘들어 하지 않는다. 지속적인 스트레스에 의한 과중한 업무는 인간을 지치게 만드는데 인공지능은 전기적인 충격이나 데이터 과부하 등의 최소한의 기계적 오류로 인한 성능 저하 문제가 아니면 1년 365일 무한한 업무처리를 통한 끊임없는 생산성을 발휘한다.

둘째, 반복적인 일에 충실하다. 사람이 수행하는 일의 대부분은 반복적이다. 이를 인간은 힘들어 하고 지치며 스트레스를 받는다. 인공지능은 이런 반복적인 일의 처리에 탁월하기 때문에 이를 활용한다면 인간은 반복적인 일에서 벗어나 창조적이고 창의적인 일에 더 집중할 수 있어 효율성을 극대화할 수 있다.

셋째, 오류 제거를 통해 정확성을 추구할 수 있다. 인공지능의 오류 확률은 제로라는 말이 있을 정도로 인공지능의 정확도와 정밀도는 인간과 비교해 탁월하다. 정밀도가 요구되는 기계분야 및 정확도가 요구되는 의료분야 등에 인공지능의 활용은 인간의 오류를 줄이고 빠르고 신속한 제품개발을 가능하게 한다.

이런 인공지능의 특징은 비즈니스로 연계되어 인공지능은 산업의 필수기반 기술로 자리잡게 되었다. 음성비서는 물론 5G망의 최적화, TV 화면의 개선, 자동차의 자율주행 등에 있어 선택이 아닌 필수로 자리잡아 가고 있다.

2016년 알파고의 출현은 과거 인공지능이 가지고 있던 연산과 기억능력의 우월성에 추론과 상상의 영역조차 인간의 인지능력보다 뛰어날 수 있음을 확인시켜 준 계기가 되었다. 최근의 인공지능은 시각 외 청각, 동체 시각과 같은 다른 인지능력의 향상과 구글 딥마인드(Deepmind)가 선보인 강화 학습을 기반으로 하는 추론이나 기획의 영역으로 깊이 있게 또 다양하게 확대되고 있다. 즉 외부 변화를 감지하고(Detection) 이에 대응할 수 있는 최선의 방안을 찾아낸 후(Reasoning) 실제 행동에 옮기는 (Planning & Action) 수준까지 확대되어 가고 있다.

최근 인공지능에 대한 연구와 투자는 활발하게 진행되고 있는데 가트너의 보고서에 따르면 2025년 인공지능산업에 투자될 금액은 무려 10조 달러에 달할 것으로 전망하고 있다. 결과적으로 비즈니스로서의 가능성은 수많은 연구소, 오픈소스 커뮤니티, 포럼 등의 연구를 기반으로 인공지능 생태계가 만들어지고 있으며 기존 글로벌 기업뿐만 아니라 새로운 스타트업 기업들이 비즈니스로서의 가능성에 뛰어 들고 있다.

3. 인공지능의 활용사례

(1) 자율주행 차량

자율주행 차량은 많은 센서 데이터를 이용해 임무를 수행하는 동시에 교통상황에 대응하는 방법을 학습하고 실시간 의사결정을 내리면서 지속적으로 개선된다. 자율주행 차량은 운전자의 제어 없이 운행하기 위해 AI 기술과 기계학습(Machine Learning)을 사용한다.

(2) 스마트 디지털 도우미

시리, 구글어시스턴트, 알렉사 및 코타나 등 스마트 디지털 도우미는 인공지능을 활용하여 응답을 행동으로 바꾸는 제품들이다. 시리를 누르면 '친구에게 전화 걸기'와 같은 명령을 내릴 수 있는데 이 기능은 몇 초 만에 사용자가 말한 내용을 분석하고 음성을 둘러싼 모든 배경 소음을 걸러내고 명령을 해석하여 실제로 수행한다. 이러한 도우미들이 더욱 스마트해지면서 명령 프로세스의 모든 단계를 개선하고 있다. 몇 년 전처럼 명령을 구체적으로 지정할 필요가 없어졌으며 가상 도우미가 실제 명령에서 불필요한 배경 소음을 걸러내는 기능이 더욱 향상되고 있다.

(3) 마이크로소프트(MS)의 '프로젝트 이너아이(InnerEye)'

가장 잘 알려진 AI 프로젝트 중 하나는 MS의 'InnerEye' 프로젝트이다. 인류를 위한 최첨단의 연구로 주목받고 있는 'InnerEye' 프로젝트는 인간의 뇌, 특히 뇌의 신경계를 연구하여 뇌의 기능을 보다 잘 이해하는 것으로 신경학적 질병을 진단하고 치료하는 데 인공지능을 활용하고 있다.

(4) 콘텐츠 추천 기능

특정 플랫폼에서 추천 기능이 갈수록 좋아지고 있다. 넷플릭스, 유튜브, 스포티파이 등의 사례가 그렇다. AI와 머신러닝 덕분이다. 이들 세 가지 플랫폼은 이용자가 이미 보고 좋아한 것을 고려하여 수 천의 다른 콘텐츠와 비교하고 대조한다. 이들은 기본적으로 사용자가 제공하는 데이터로부터 정보를 얻은 다음 자신의 데이터베이스를 사용하여 사용자의 요구에 가장 적합한 콘텐츠를 제공한다. 예를 들어, 유튜브의 이 프로세스를 단순화해 보면 이 플랫폼은 태그 등의 데이터, 나이 또는 성별과 같은 인구 통계학적 데이터 및 다른 미디어를 사용하는 사람들의 동일한 데이터를 사용한다. 그런 다음 이를 합치고 일치시켜 추천 콘텐츠를 제안하게 된다.

(5) 은행

미국의 많은 대형 은행에서는 스마트폰을 통해 수표를 입금하는 옵션을 제공한다. 실제로 은행으로 가는 대신 단지 두 번의 두드림만으로 입금할 수 있다. 전화를 통해 은행계좌에 접근할 때는 수표는 확실한 안전장치 외에 서명도 요구한다. 현재 미국의 은행에서는 AI와 머신러닝 소프트웨어를 사용하여 손글씨를 읽고 이전에 은행에 제공한 서명과 비교하여 수표를 승인하는 데 안전하게 사용한다. 일반적으로 머신러닝과 AI 기술은 은행 내 소프트웨어가 수행하는 대부분의 작업을 가속화한다. 이 모든 것이 작업을 보다 효율적으로 실행해 대기시간과 비용을 줄여준다.

(6) 신용 사기 방지

은행은 매일 업무를 진행하면서 엄청난 양의 거래를 처리한다. 은행은 이 모든 것을 추적하고 분석한다. 보통 사람에게는 불가능한 일이다. 사기 등 부정한 거래는 매일 변경되는 양상을 보여준다. AI 및 머신러닝 알고리즘을 사용하면 1초에 수천 개의 거래를 분석할 수 있다. 또 문제를 일으킬 수 있는 거래를 파악하고 향후 문제에 대비하도록 할 수 있다. 대출을 신청하거나 신용카드를 신청할 때마다 은행은 신용 점수, 재무 기록 등 여러 가지 요소를 확인할 필요가 있다. 은행은 이 모든 것을 소프트웨어로 처리할 수 있다. 이로 인해 승인 대기시간이 단축되고 실수 여지가 줄어든다.

(7) 챗봇

많은 기업이 이용자와 상호 작용하는 방법으로 챗봇을 사용하는 경우가 많다. 챗봇은 질문에 답변하거나 질문에 응답할 수 있는 충분한 직원이 없는 기업의 고객 서비스 옵션으로 사용되는 경우가 많다. 이러한 기업은 챗봇을 사용하여 고객들로부터 중요한 정보를 얻는 동시에 직원의 시간을 다른 작업에 할애할 수 있다. 블랙프라이데와 같이 접속량이 많은 시간대에 챗봇은 유용하게 쓰인다. 많은 질문에 답할 수 있으며 이를 통해 이용자에게 보다 나은 서비스를 제공할 수 있다.

(8) 스팸으로부터 보호

일반적인 스팸 필터에는 사용자에게 도달할 수 있는 스팸의 양을 최소화하는 여러 규칙과 알고리즘이 있다. 이를 이용하면 성가신 광고 등으로부터 벗어날 수 있을 뿐만 아니라 신용카드 사기, 신원 도용 및 악성 소프트웨어 방지에도 도움을 받을 수 있다. 좋은 스팸 필터를 효과적으로 만드는 것은 바로 이 필터를 실행하는 AI이다. 필터 뒤에 있는 AI는 이메일 메타데이터를 사용한다. 즉 특정 단어나 문구를 지속적으로 주시하고 일부 신호에 초점을 맞춰 스팸을 걸러낸다.

(9) 비디오 요약

비디오 요약과 같은 일상적인 AI의 측면은 넷플릭스를 통해 매우 널리 사용되고 있다. 웹 사이트의 많은 썸네일과 특정 스트리밍 앱이 짧은 동영상으로 대체되고 있다. 이렇게 될 수 있었던 주된 원인 중 하나가 바로 AI와 머신러닝이다. AI는 편집자들이 긴 비디오를 단축하거나 필터링하거나 3초 분량의 비디오로 잘라내는 데 수백 시간을 소비하지 않아도 되게 한다. 수백 시간 분량의 콘텐츠를 분석한 후 짧은 분량으로 요약할 수 있다.

(10) 레시피 및 요리

AI는 요리와 같은 예기치 않은 영역에서도 잠재력을 갖고 있다. 라사(Rasa)라는 회사는 음식을 분석한 후 냉장고와 식료품 저장고에 있는 재료를 기준으로 레시피를 추천하는 AI 시스템을 개발했다. 이러한 유형의 AI는 요리를 좋아하지만 식사 계획에 너무 많은 시간을 허비하고 싶지 않은 사람들에게 좋은 방법이라고 할 수 있다.

(11) 얼굴 인식

AI와 머신러닝은 모든 기술을 더욱 효과적이고 강력하게 만든다. 얼굴 인식도 다르지 않다. 이제 얼굴 인식에 AI를 사용하는 앱이 많이 등장했다. 사회관계망 서비스(SNS)인 스냅챗(snapchat)은 AI 기술을 사용하여 실제로 사람의 얼굴을 인식하는 얼굴 필터를 적용한다. 페이스북은 이제 특정 사진에서 얼굴을 식별하고 다른 사람을 초대하여 태그를 지정할 수 있다. 그리고 얼굴을 이용한 휴대폰의 잠금 해제 기능도 제대로 작동하려면 AI와 머신러닝이 필요하다. 애플의 'Face ID'는 설치할 때 얼굴을 스캔하고 약 3만 개의 규칙을 규정한다. 이는 다양한 각도에서 얼굴을 인식하는 데 도움이 되는 마커(marker)로 사용된다. 이를 통해 다양한 상황과 조명 환경에서 얼굴을 사용해 휴대폰을 잠금 해제하는 동시에 다른 사람이 같은 작업을 하지 못하도록 방지할 수 있다.

토의해 봅시다

- 사물인터넷이 만물인터넷으로 확대되는 이유에 대해 설명하시오.
- 사물인터넷에서 센서의 중요성에 대해 설명하시오.
- 데이터와 빅데이터의 차이점에 대해 설명하시오.
- 빅데이터 분석방법 및 분석도구에 대해 설명하시오.
- 빅데이터 큐레이션이란 무엇인지 설명하시오.
- 빅데이터를 활용한 기업의 성공사례에 대해 설명하시오.
- 인공지능의 생활화 사례를 우리 주변에서 찾아 설명하시오.
- 인공지능 머신러인과 딥러닝의 차이점에 대해 설명하시오.

참고문헌

- 네이버 블로그, 빅데이터 개념 분석과 현황분석, blog.naver.com.
- 데일리포스트, 인공지능(AI)은 스포츠 분야에서 어떤 역할을 할 수 있을까?, 2022. 06. 21.
- 로켓파인더, 4차 산업혁명 최신 빅데이터 활용사례 8가지 알아보기, 2020. 01. 09.
- 미래창조과학부, 사물인터넷 기업의 해외진출 방안 연구, 2014.
- 미래창조과학부, 정보통신기술 발전에 따른 데이터의 변화 방향, 2014.
- 왕영, 인공지능산어에 관한 주요국의 현황 및 발전방향에 관한 연구, 2019.
- 이승호, 사물인터넷 기업의 해외진출 방안 연구, 2014.
- 조선비즈, 하워드 슐츠 후계자, 스타벅스에 AI 기술 이식하다, 2017. 11. 06.
- AI타임즈, 일상 생활속의 AI, 12가지 사례, www.aitimes.com
- buzzIT, 사물인터넷의 모든 것, www.buzzit.co.kr.

CHAPTER

12

MANAGEMENT INFORMATION SYSTEMS

기업경영 환경의 현재와 미래

“기업 생존 위해 DT 필요 … AI 기반 하이브리드 클라우드가 대안”

폴 버튼 IBM 아시아 · 태평양 총괄 사장. 미국 캘리포니아 주립대 정치경제학, 조지아 주립대경영학 석사, 퍼듀대 글로벌 콩코드 로스쿨 법학 박사, 전 IBM 컨설팅 부사장, 전 젠팩트 애널리틱스 및 리서치 부문 수석 부사장, 전 마스테크 인포트렐리스 CEO / 사진 IBM

“기업이 살아남기 위해선 완전한 디지털 트랜스포메이션(DT: Digital Transformation)이 필요하다. 비즈니스 환경과 시장 변화 속도에 맞춰 DT를 추진하는 효율적인 방법은 클라우드상의 적절한 플랫폼을 활용하는 것이다.”

폴 버튼(Paul Burton) IBM 아시아 · 태평양 총괄 사장은 3월 20일 ‘이코노미조선’과 서면 인터뷰를 통해 이 같이 밝혔다. IBM은 기업의 DT, 이른바 디지털 전환을 돕기 위해 하이브리드 클라우드와 인공지능(AI), 컨설팅 전문 서비스를 제공하고 있다. 현재 175여 개 국가에서 약 3800개의 고객사(정부 및 기업체)가 IBM의 하이브리드 클라우드 플랫폼을 이용, 기존 비즈니스 모델의 DT를 추진 중이다. 하이브리드 클라우드는 하나 이상의 외부 퍼블릭 클라우드와 기업 자체 인프라인 프라이빗 클라우드를 조합한 방식을 말한다. 퍼블릭 클라우드란 서비스 제공 업체가 공중의 인터넷망을 통해 불특정 다수의 기업이나 개인에게 서버, 스토리지 등의 컴퓨팅 자원을 빌려주는 형태의 서비스다. 데이터를 외부 기관에 맡기지 않고 기업 내부에 자체적으로 구축하는 프라이빗 클라우드와 구분된다. IBM의 하이브리드 클라우드 플랫폼은 아마존웹서비스(AWS) 등 다양한 외부 퍼블릭 클라우드 플랫폼과 고객사 자체 프라이빗 클라우드 시스템을 하나의 디지털 플랫폼 환경으로 통합하는 솔루션을 제공한다는 점이 특징이다. 버튼 총괄 사장은 “IBM 기업가치연구소 보고서에 따르면, 하이브리드 클라우드 플랫폼을 이용하는 기업은 단일 클라우드 환경 대비 2.5배 더 큰 사용 가치를 실현할 수 있는 것으로 나타났다”며 “IBM은 AI에 기반한 하이브리드 클라우드 서비스를 제공, 안전하고 효율적인 DT를 돕고 있다”고 설명했다. 다음은 일문일답.

DT가 왜 필요한가.

“오늘날 소비자는 디지털 라이프스타일 생태계에 살고 있다. 사람들은 더 많은, 그리고 더 나은 서비스를 위해 계속해서 온라인으로 이동하고 있다. 소비자들은 좀 더 빠르고 즉각적이며 개인화된 서비스를 원하며, 기업들은 이러한 소비자의 기대에 부응해야 한다. 이러한 기대에 부응하지 못하고, 혁신에 실패하면 결국 시장 점유율이 떨어지고 경쟁에서 도태하게 된다. 기업은 살아남기 위해 완전한 디지털화가 필요하다. 디지털화를 통해 비즈니스는 운영방식에 있어 지능적(intelligent)이어야 하고, 생산성을 최적화하는 데 있어 유연해야 하며, 변화에 탄력적인 대응이 가능해야 한다. 이것이 IBM이 말하는 DT다."

DT를 돕는 IBM의 하이브리드 클라우드를 소개해달라.

"일반적으로 기업들이 각각의 컴퓨터 시스템에서 실행하는 애플리케이션(앱)이 다르다. 기업들은 사내 프라이빗 클라우드 시스템에 핵심 애플리케이션을 설치하고 인터넷을 통해 접근하는 회사 외부 클라우드 IT 인프라를 통해 다른 운영 시스템을 사용하곤 한다. 이렇게 다른 클라우드 시스템들을 혼합해 운영하는 경우를 하이브리드 클라우드라고 한다. 각 시스템은 독자적인 기술을 사용하고 있어 시스템 간의 연계가 원활하지 않기 때문에 기업은 조직을 하나의 관점에서 완전하게 파악하고 서로 다른 비즈니스 부문에 걸쳐 있는 워크플로(작업 흐름)를 관리하기가 쉽지 않다. 오픈시프트(클라우드 인프라의 애플리케이션 관리 소프트웨어)를 적용한 IBM의 하이브리드 클라우드 서비스를 사용하면 서로 다른 시스템상의 애플리케이션들을 동일한 컴퓨팅 언어로 소통할 수 있다. 어떤 대기업은 퍼블릭 및 프라이빗 클라우드에 흩어져 있는 20개 이상의 서로 다른 애플리케이션을 동시에 운영하기도 한다. IBM 기업가치연구소의 분석에 따르면 2023년 한국 기업들이 평균 9개 이상의 클라우드 시스템을 사용할 것으로 전망됐다."

IBM 클라우드 데이터 센터 내부 / 사진 IBM

기업의 DT를 실제 도운 사례는

"한국의 롯데카드가 좋은 사례가 될 것 같다. 백화점, 대형마트, 영화관을 포함한 다양한 소매업체와 네트워크를 형성하고 있는 롯데카드는 IBM과 협력해 계정 시스템을 포함한 전체 엔터프라이즈 시스템을 하이브리드 클라우드 환경으로 전환했다. 하이브리드 클라우드는 사내 IT 환경과 외부의 퍼블릭 클라우드를 결합해 데이터와 응용 프로그램을 공유할 수 있도록 IT 환경을 구축해 준다. 이를 통해 보안성이 요구되는 핵심 비즈니스 애플리케이션과 데이터는 관리형 프라이빗 클라우드로 옮겼다. 하이브리드 클라우드는 기업 내 모든 정보기술(IT) 인프라를 회사 밖의 퍼블릭 클라우드로 옮기지 않고 필요한 기능에 따라 클라우드 서비스를 이용할 수 있다는 장점이 있다. 마찬가지로 호주의 IBM 고객사인 서비스 오스트레일리아도 디지털화를 통해 호주 정부의 코로나19 대응에 혁신을 가져온 좋은 사례다. 서비스 오스트레일리아는 IBM의 도움을 받아 국민들의 데이터를 백신 접종 등록부에 연결시켜 각 개인의 코로나19 백신 접종 이력과 백신 용량 정보를 클라우드로 관리할 수 있게 했다. 명부 관리의 DT를 통해 백신 접종률의 예상 속도를 예측하고 백신 접종 프로그램의 진행 상황을 면밀히 확인할 수 있게 했다. IBM은 DT를 필요로 하는 기업들에 대한 컨설팅 서비스도 제공하고 있다. AWS나 SAP, MS 같은 클라우드 생태계를 함께 구축해 가는 파트너사들과의 협력을 강화하고, 보다 개방적인 하이브리드 클라우드 환경을 만드는 데 앞장서고 있다."

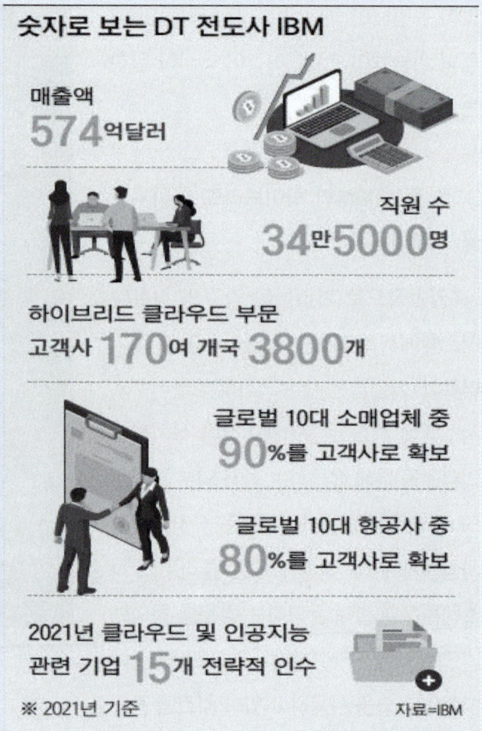

DT와 클라우드는 무슨 관계인가

"오늘날 DT의 효과적인 방법은 클라우드를 활용하는 것이다. 여기서 클라우드란 AI에 기반한 하이브리드 클라우드를 의미한다. 이를 통해 기업은 소비자가 기대하는 즉각적인 반응이 가능해지고, 고객 소통을 강화해 소비자에게 다가갈 수 있다. 미래에 양자 컴퓨팅과 AI를 포함한 고성능 컴퓨팅과 하이브리드 클라우드 환경이 통합되면 DT를 통한 비즈니스가 새로운 차원으로 발전할 것이다."

DT가 기업들의 비즈니스에 주는 영향은

"DT 가속화는 모든 분야에서 일어나고 있기 때문에 은행과 같은 전통적인 기업도 기술 기업이 돼야 한다. 기업들은 고객에 대한 맞춤 서비스를 강화하고 고객의 요구에 보다 잘 대응하기 위해 보유하고 있는 데이터를 활용할 필요가 있다. 금융 분야에서는 온라인 금융 서비스가 확대되고, 혁신적 핀테크 모델이 등장한다. 제조 분야는 스마트 공장 등의 도입으로 생산성이 증대된다. 자동차는 AI가 탑재된 자율주행차로 비즈니스가 재편되고, 의료 분야는 온라인 원격의료나 AI 기술이 적용된 의료 사업이 발전한다."

팬데믹이 DT에 어떤 영향을 줬나

"팬데믹(pandemic · 감염병 대유행)으로 인해 온라인 비즈니스 및 전자상거래(이커머스)가 더욱 중요해졌다. 이러한 디지털 변혁은 코로나19 팬데믹 이전에도 일부 일어나고 있었지만, 지금은 훨씬 빠르게 진행되고 있다. IBM 기업가치연구소의 조사에 따르면 전 세계 기업이나 조직 중 60% 이상이 코로나19로 인해 디지털 기술에 대한 투자를 가속화했다. 글로벌 시장조사업체 IDC에 따르면 코로나19로 DT가 가속화되면서 발생한 투자는 2023년까지 1조2000억달러(약 1480조원)에 이를 것으로 예측되고 있다."

자료: 이코노미조선, 2022.03.30.

제1절 클라우드 서비스를 활용한 기업의 경쟁력 향상 전략

인터넷의 접속을 위한 다양한 기술적 문제, 접속과 활용을 위한 ICT 인프라 구축 및 보안의 문제 등에 있어 클라우드는 모든 문제의 해결책으로 인식되고 있으며 가장 이슈가 되는 비즈니스 모델로 등장하였다. 개인 및 기업의 생산력 향상의 방법론으로 주목받고 있는 클라우드 서비스에 대해 본 절에서는 클라우드 컴퓨팅을 정의하고 장·단점을 논의하고 제공하는 서비스와 기업의 활용사례에 대해 살펴본다.

1. 클라우드 컴퓨팅의 정의

클라우드 컴퓨팅(Cloud Computing)은 IT 분야의 대표적인 이슈이다. 업계, 석학, 분석가를 막론하고 모두들 뉴스나 행사에 참여하여 다양한 의견을 내놓고 있으며, 클라우드 컴퓨팅에 관해 각자 고유한 의견과 정의를 내리고 있다. 이러한 의견은 여러 형태로 혼합되고 증폭되어 간혹 상충하는 제언으로 변질되거나 내용 파악이 어렵게 되기도 한다. 그러나 다행인 것은 이제는 많은 과대광고나 혼동이 제거되어, 여전히 진화하면서 클라우드 컴퓨팅이 자리를 잡아가고 있다. [그림 12-1]의 클라우드 개념도에서 보이는 것처럼 서버, 스토리지, SW 등 ICT 자원을 구매하여 소유하지 않고, 필요시 인터넷을 통해 서비스 형태(as a Service)로 이용하는 방식으로 서비스 공급자는 가상화기술을 접목하여 분산된 자원을 통합하여 확장성이 높고 유연한 자원할당서비스를 제공한다.

또 사용자는 언제 어디서나 인터넷에 접속할 수 있는 다양한 형태의 단말기를 이용하여 저렴하고 향상된 ICT서비스 이용이 가능하다. 클라우딩 컴퓨팅이 별다른 문제없이 계속 발전해 나간다면, 언젠가 사용자는 PC 등을 구입할 필요 없이 모니터와 단말기만을 가지고 있으면 항상 최신 사양의 PC와 SW를 이용할 수 있게 될 것이다.

클라우드 컴퓨팅은 스토리지(Storage), 서버, 데이터베이스, 소프트웨어, 정보(Information) 등 각종 IT자원을 인터넷을 통해 온디맨드(On-demand) 방식으로 이용자에게 제공하는 인터넷 기반의 컴퓨팅이다. 클라우드 컴퓨팅 사업자는 IT자원의 소유권을 이용자에게 판매하는 것이 아니라 다양한 형태의 IT자원을 구비해 두고 필요한 만큼 이용자에게

그림 12-1 클라우드 개념도

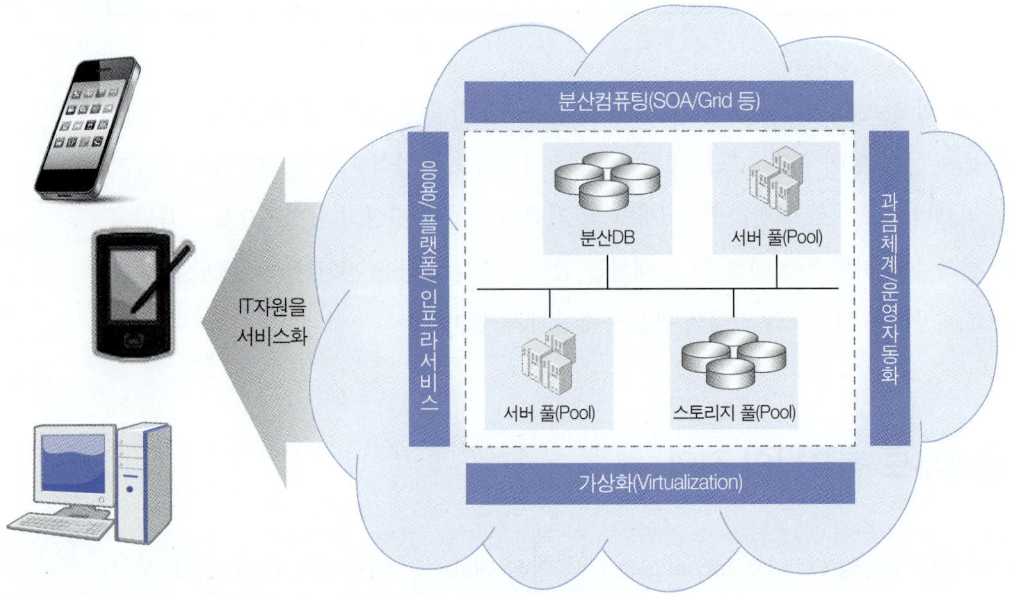

자료: 마이클 밀러 저, 최윤석 역, 사례로 읽는 클라우드 컴퓨팅, 에이콘출판, 2009.

'사용권'을 대여하거나 이용자의 사무(事務)나 정보를 '수탁'받아 관리 또는 처리해 주는 서비스를 제공한다.

지금까지는 기업, 정부, 또는 개인이 업무에 필요한 IT자원을 대부분 구매해서 사용해야 했지만, 클라우드 컴퓨팅 환경에서는 IT자원을 그때그때 필요한 만큼 사용료를 주고 빌려 쓰면 된다. 즉 IT자원의 사용관행과 인식이 소유에서 공유의 개념으로 바뀌게 된다. 그런 의미에서 클라우드 컴퓨팅은 패러다임의 큰 변화라고 해도 좋을 것이다. 그래서 혹자는 클라우드 컴퓨팅을 하나의 기술이라기보다는 새로운 IT 소비트렌드를 표현하는 개념이라고 보기도 한다.

사실 그동안에도 몇몇 대형 인터넷데이터센터(IDC)들과 호스팅 사업자들이 개별기업이나 개인이 직접 소유·운영하기에는 부담이 큰 서버 및 통신장비와 전문 보안시설·인력 등을 갖추어 놓고 인터넷을 통해 기업 및 개인이용자에게 전산설비나 네트워크 설비를 임대하거나 이용자의 설비를 유치하여 유지·보수 등의 서비스를 제공하는 사업을 해왔다. 그러나 클라우드 컴퓨팅 환경에서는 스토리지 대여나 서버 대여 이외에 소프트웨어, 플랫폼 등 각종 IT서비스가 전면적·종합적으로 제공되며 기업이나 정부뿐만 아니

그림 12-2 클라우드 컴퓨팅 네트워크 구성도

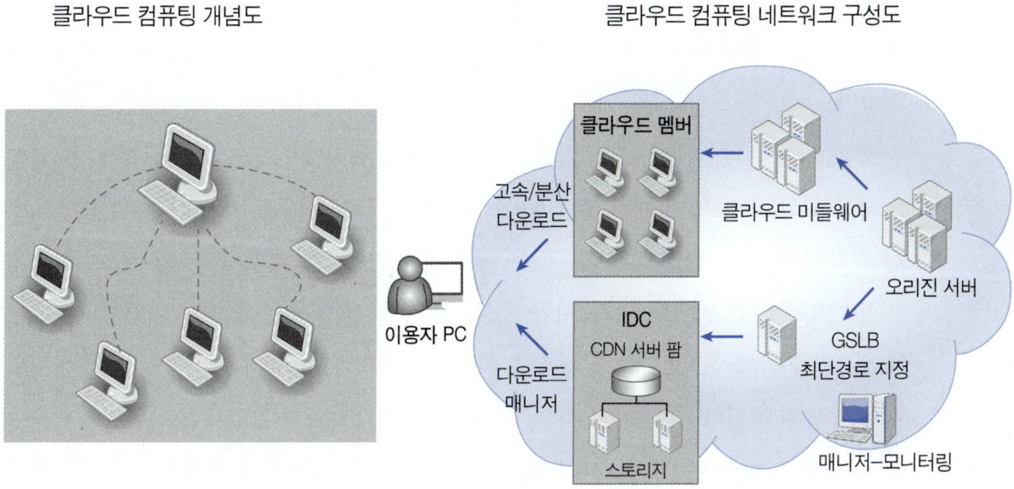

자료: 이기헌 · 정영훈, 클라우드 컴퓨팅 서비스 비교 및 개선방안 조사결과, 한국소비자원, 2011.

라 개인에게까지 서비스의 범위가 확대된다. 즉 클라우드 컴퓨팅은 IT를 적절한 비용과 올바른 서비스 수준으로 민첩하게 서비스 유틸리티로 제공하는 것을 의미하기도 한다.

네트워크는 IT 서비스 유틸리티를 전달하기 위한 이상적인 매체이며, 애플리케이션, 데이터 집합, 보안정책 및 고객에 따라 내부, 외부, 혹은 이들의 혼합과 같은 다양한 배포 모델이 가능하다. 클라우드 컴퓨팅의 근본적인 약속은 임의적이고 자본집약적이었던 IT 전달 메커니즘을 종량제 서비스 유틸리티로 네트워크를 통해 기민하게 전달되도록 변화시키겠다는 것이다. 좀 더 미래지향적인 조직에서는 데이터센터를 구성하는 서버와 스토리지를 더욱 효율적으로 활용하기 위한 방편으로 클라우드를 생각하기도 한다. 클라우드 컴퓨팅에서 언급하는 '서비스'는 다음과 같은 대표적인 특성을 제공할 수 있어야 한다.

① 유틸리티 컴퓨팅 서비스를 전달하기 위한 공유 혹은 전용 할당된 컴퓨팅 인프라 구조
② 서버, 스토리지, 네트워크 등 컴퓨팅 자원의 필요에 따른 유연한 부하 대처 기능
③ 실제 소비한 자원과 사용시간에 따른 비용 모델
④ 셀프서비스방식에 따른 서비스와 자원의 자동화된 프로비저닝(Provisioning)
⑤ 네트워크를 통한 서비스에의 자유로운 접근

클라우드 컴퓨팅은 서비스 수준의 협약만 충실히 이행되면 서비스 제공자의 직접적인 개입 없이 셀프서비스 형태로 필요한 만큼의 IT자원을 역동적이고 탄력적인 방법으로 사용할 수 있어 유틸리티 컴퓨팅이라는 개념으로 대표되던 서비스로서의 IT를 크게 진일보시켰다.

물론 이를 위해 역동성과 탄력성을 효과적으로 제공할 수 있는 기반기술이 충실히 개발되고 있고, 규모의 경제와 효율성을 추구할 수 있을 정도로 데이터센터 구축 모델 또한 진화하고 있다. 클라우드 컴퓨팅은 그 자체로도 중요하지만 오늘날과 같이 컴퓨팅 기기가 다양화되고 필요에 따라 이들이 통합된 관점을 제공할 필요가 발생할 때 그 허브(Hub) 역할을 클라우드가 감당하도록 하는 '클라이언트 + 클라우드' 모델에 대해서도 관심이 높아지고 있다. 이 모델에서 각 유형의 기기는 그 기기에 고유한 사용자경험을 제공하며, 필요에 따라 언제 어디서나 접속 가능한 네트워크를 통해 클라우드가 제공하는 컴퓨팅능력과 스토리지를 활용하도록 함으로써 최적화된 사용자경험을 제공하면서도 강력한 컴퓨팅과 대용량의 스토리지를 가진 환경을 구축할 수 있다.

표 12-1 클라우드 컴퓨팅에 대한 다양한 정의

기관명	정의
Ian T. Foster	인터넷을 통하여 외부고객의 요구에 따라 컴퓨팅 파워, 스토리지, 플랫폼 및 서비스를 제공하기 위해 가상화되고, 동적 확장성 및 관리가 가능하며, 규모의 경제성이 있는 대규모 분산 컴퓨팅 패러다임
Gartner	인터넷기술을 활용해 많은 고객들에게 수준 높은 확장성을 가진 자원들을 서비스로 제공하는 컴퓨팅의 한 형태
Forrester Research	표준화된 IT 기반 기능들이 IP로 제공되고, 언제나 접근이 허용되며, 수요 변화에 따라 가변적이며, 사용량이나 광고를 기반으로 비용을 지불하고, 웹 또는 프로그램적인 인터페이스를 제공하는 형태
Wikipedia	인터넷으로 자원들이 제공되는 형태로 인터넷에 기반을 두고 개발하는 컴퓨터기술의 활용을 의미함
IBM	웹 기반 응용 소프트웨어를 활용해 대용량 데이터베이스를 인터넷 가상공간에서 분산처리하고, 이 데이터를 컴퓨터나 휴대전화, PDA 등 다양한 단말기에서 불러오거나 가공할 수 있게 하는 환경
Google	사용자 중심, 업무 중심의 수백 또는 수천 대의 컴퓨터를 연결하여 단일 컴퓨터로는 불가능한 풍부한 컴퓨팅자원을 활용할 수 있도록 하는 기술

자료: www.cccr.or.kr

2. 클라우드 컴퓨팅의 발달

클라우드 컴퓨팅의 개념에 대한 역사는 1960년대까지로 거슬러 올라간다. 1960년 존 맥카시(John McCarthy)는 '컴퓨테이션이 언젠가는 공공시설처럼 조직될 것이다(Computation may someday be organized as a public utility)'라고 말한 바 있는데 여기서 우리는 클라우드 컴퓨팅에 관한 개념의 시초를 찾을 수 있다.

사실 클라우드 컴퓨팅은 1960년대에 미국에서 사용료를 받고 자신의 시설이나 설비를 다른 사람들이 이용할 수 있게 제공했던 사업들과 유사한 특징을 공유하고 있다. '클라우드'라는 용어도 기존의 사설망서비스와 통신의 품질은 비슷하지만 훨씬 저렴한 비용으로 서비스 제공이 가능한 가상사설망서비스(Virtual Private Network: VPN)에서 차용해 온 것이다.

VPN은 전용망이 아닌 인터넷망을 이용하기 때문에 별도로 값비싼 장비나 소프트웨어를 구입하고 관리할 필요가 없어 기존의 사설망 연결방식보다 비용이 대폭 절감되며, 또한 네트워크의 대역폭을 보다 효율적으로 활용할 수 있게 해준다.

아마존은 닷컴버블 이후 자사의 데이터센터를 현대화함으로써 클라우드 컴퓨팅의 발전에 중요한 역할을 했다. 아마존의 데이터센터도 대다수 다른 컴퓨터 네트워크와 마찬가지로 때때로 갑자기 증가하는 트래픽에 대비하여 자신의 자원을 10% 정도만 활용하고 나머지는 유휴자원으로 남겨두었다.

그러나 아마존은 새로운 클라우드 아키텍처가 현저한 내부 효율성 개선효과를 가져온다는 사실을 발견하고 2005년부터 자사의 자원을 활용해 유틸리티 컴퓨팅 기반 위에서

그림 12-3 클라우드 컴퓨팅의 발전

Grid Computing	Utility Computing	Software as a Service	Cloud Computing
• Solving large problems with parallel computing • Made mainstream by Globus Alliance	• Offering computing resources as a metered service • Introduced in late 1990s	• Network–based subscriptions to applications • Gained momentum in 2001	• Next generation internet computing • Next generation data centers

자료: 마이클 밀러 저, 최윤석 역, 사례로 읽는 클라우드 컴퓨팅, 에이콘출판, 2009.

그림 12-4 클라우드 컴퓨팅의 부상배경 및 파급효과

부상배경		파급효과	
비용절감	• IT 인프라 구축 및 유지와 관련된 비용절감 – 고사양 항목에 대해서는 네트워크에 연결하여 필요한 만큼만 구매	OS 및 애플리케이션	• 철옹성 MS에 대한 구글의 선제공격 – 구글은 구글 앱스, 안드로이드, 크롬을 중심으로 MS의 핵심사업영역에 본격 진출
편의성 제고	• Mobility 경박단소화 및 처리속도 향상 등 기기 이용의 편의성 증대 – 개별 PC의 휴대성이 크게 향상되고, 부팅시간 축소 등 처리속도 증가	반도체	• 저사양 단말기 확대에 따른 반도체 시장 성장률 둔화 우려 – 시장 전체는 위축될 수 있지만, 서버용 고성능 저전력 반도체 수요 증가에 따른 주요 업체의 지배력 강화
Web 2.0	• Web 2.0 헤게모니 장악을 위한 구글의 다각적 사업 추진 – MS 의존도를 최소화시키고 PC와 관련된 One Stop Service 제공	단말기	• 세트 기기의 획기적 기능 및 디자인, 토털 솔루션 제공이 주요 차별화 포인트 – 예: 플렉서블 디스플레이 3차원 입체 영상 제공 스마트폰

자료: www.seri.org

자사 웹 서비스를 통해 일반에게 클라우드 컴퓨팅 서비스를 제공하기 시작하였다. 이어서 2007년부터는 구글, IBM, 그리고 다수의 대학들이 대규모 클라우드 컴퓨팅 연구 프로젝트에 착수했다.

컴퓨팅 패러다임의 발전에 대한 역사는 1960년대 메인프레임에서 Client Server를 거쳐, 1980년대 후반의 퍼스널 컴퓨터, 2000년대 웹 서비스 기반을 거쳐서 클라우드 컴퓨팅으로 진화하게 된다.

클라우드 컴퓨팅으로의 트렌드는 1980년대 말 그리드 컴퓨팅의 개념으로부터 시작되었다. 그리드 컴퓨팅은 여러 개의 컴퓨터를 병렬로 사용하여 특정한 문제를 풀거나 특정한 애플리케이션을 수행하는 것을 목표로 하였다. 보통 그리드는 서버 클러스터로 구성되며 이 위에서 매우 큰 태스크가 여러 개의 작은 부태스크들로 나뉘어져 병렬로 수행되었다. 반면 클라우드 컴퓨팅은 컴퓨팅자원을 포함하는 많은 자원을 사용하여 사용자에게 서비스를 제공하는 것을 목표로 한다. 다시 설명하면 클라우드 컴퓨팅에서는 서버, 스토리지, 네트워크, 애플리케이션, 프로세스 등과 같은 컴퓨팅자원과 비즈니스자원을 포함하는 기반구조에서 선택하고 동적으로 구성한 후 워크로드가 이 위에서 수행될 수 있도록 한다. 클라우드에서는 그리드환경뿐 아니라 비그리드환경(예를 들어, Web 2.0 애플

리케이션을 수행하는 3계층의 웹 아키텍처)도 지원할 수 있다. 1990년대에 가상화의 개념이 가상 서버 개념으로부터 시작하여 가상 애플리케이션과 같은 개념으로까지 발전하였다. 유틸리티 컴퓨팅은 클러스터를 컴퓨팅을 위한 가상 플랫폼으로 제공하며 계량화된 비즈니스 모델을 제공하였다. 최근 SaaS(Software as a Service)에서는 가상화의 개념을 애플리케이션으로까지 확장시켜서 사용한 자원량에 따라 대금을 청구하는 것이 아니라 사용자에게 제공된 애플리케이션의 가치에 따라 대금을 청구하는 것이 가능하게 되었다.

3. 클라우드 컴퓨팅의 장 · 단점

(1) 장점

일반적으로 클라우드 컴퓨팅 이용자들은 물리적인 IT 인프라를 보유하지 않는 대신에 제3자로부터 IT 인프라를 빌려 사용한다.

이에 따라, 첫째, 클라우드 컴퓨팅 이용자는 각종 하드웨어, 소프트웨어 등의 구입에 소요되는 자본 지출을 피할 수 있다. 초기 투입자본이 줄어든 만큼 시장진입 장벽도 낮아진다.

둘째, 물리적인 시설을 보유할 필요가 없게 됨에 따라 각종 IT자원을 운영 · 관리하기 위하여 별도로 구비해야 했던 보안설비와 전문인력도 필요 없게 된다. 따라서 관리 · 운영비용이 절감된다.

셋째, 순간적으로 급증하는 컴퓨터 작업이나 비정상적으로 급증하는 트래픽에 대비해 개별 이용자들이 굳이 여유 IT자원을 확보할 필요가 없어져 사회 전체적으로 비용절감 효과가 크다. 또한 IT자원의 중앙집중화가 가능해 건물이나 전기 사용료와 같은 비용이 절감되며, 예상치 못하게 발생하는 순간 최고 트래픽에 대한 대응능력(Peak-loadcapacity)이 향상된다.

넷째, 많은 클라우드 컴퓨팅 서비스들이 전기나 수도와 마찬가지로 유틸리티방식으로 제공되기 때문에 IT자원에 대한 이용률을 높여 IT자원을 불필요하게 늘리면서 방치하는 상황을 방지할 수 있다.

다섯째, 이용자는 클라우드 컴퓨팅 사업자가 보유하고 있는 다수의 잉여자원을 활용함으로써 시스템상에 장애가 발생하더라도 신속한 복구가 가능해 비즈니스의 연속성을 확보하는 등 신뢰도를 높일 수 있다.

여섯째, 데이터의 중앙집중화와 보안에 대한 투자증가로 보안능력이 향상될 수 있다. 특히 비용, 기술 등의 문제로 보안이 허술할 수밖에 없는 중소기업이나 개인의 경우 클라우드 컴퓨팅 사업자가 전문적인 기술과 인력으로 데이터를 보호해 주기 때문에 데이터의 안전성을 확보할 수 있다.

일곱째, 이용자가 보유하고 있는 단말기의 종류나 저장공간의 크기 그리고 이용자의 위치에 구애받지 않고 언제, 어디서나 웹 브라우저를 통해 시스템에 접근할 수 있다. 모든 하드웨어, 소프트웨어 등은 클라우드 컴퓨팅 사업자에 의해 제공된다.

여덟째, 이용자는 클라우드 컴퓨팅을 이용할 때 애플리케이션 등을 자신의 컴퓨터(단말기)에 저장해 두어야 할 필요가 없기 때문에 컴퓨터관리가 쉽고 항상 최신의 애플리케이션을 이용할 수 있다. 또한 이용자는 컴퓨터관리에 필요한 복잡한 기술이나 인프라에 대한 전문지식이 필요 없게 되어 누구든지 보다 쉽게 컴퓨터를 이용할 수 있게 된다.

(2) 단점

클라우드 컴퓨팅은 이와 같이 여러 장점이 많지만 기술적 또는 법률적 측면에서 문제점도 적지 않다. 기술적 측면에서 클라우드 컴퓨팅 사업자들은 클라우드 컴퓨팅을 통해 오히려 보안능력이나 프라이버시가 강화될 수 있다고 주장하나 이는 일반화하기 어렵다.

첫째, 비용 · 기술 면에서 보안능력이 취약할 수밖에 없는 개인이나 중소기업의 관점에서 보면 부분적으로 보안능력이 향상된다고 볼 수 있으나, 일반적으로는 데이터의 중앙집중화에 따른 위험이 증가하고, 데이터가 수많은 디바이스와 도처의 저장공간에 분산저장되기 때문에 보안문제가 그만큼 커지고 복잡해진다. 제3자의 손에 맡겨진 데이터에 대한 통제권 상실도 큰 문제이다. 커뮤니티 클라우드나 하이브리드 클라우드의 경우에는 이런 단점을 방지할 수 있으나, 퍼블릭 클라우드의 경우에는 데이터에 대한 접근통제, 저장공간의 특정 등의 문제가 클라우드 사업자의 양심이나 재량에 맡겨져 있다.

둘째, 클라우드 컴퓨팅 사업자는 자신의 지배하에 있는 민감정보나 개인정보에 대해서 보다 쉽게 통제권을 행사할 수 있고, 이용자와 자신 사이에 주고받은 통신이나 데이터를 의도적으로 모니터링하거나, 정부나 수사기관이 시도하는 각종 적법 · 불법감청의 협력 파트너가 될 수 있다. 정부와 수사기관은 오로지 자신의 편의를 위해서 법률의 개정을

그림 12-5 클라우드 모델

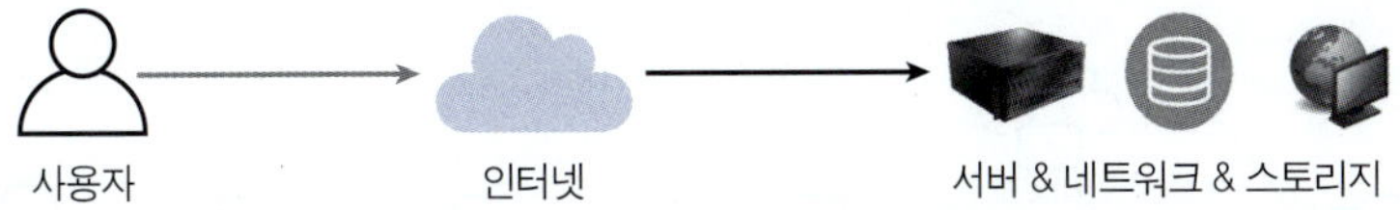

통해서라도 통신사업자들에게 이용자의 활동이나 사생활을 모니터링할 수 있는 보다 많은 권한을 부여하려 할 것이다.

4. 클라우드 서비스 분류

최초의 클라우드 컴퓨팅 서비스는 2000년대 초반 아마존에서 탄생했다. 아마존의 개발자들은 핵심 업무인 개발보다는 서버 구매 · 소프트웨어 설치 등, IT 인프라 환경 조성에 너무 많은 시간이 걸렸다. 경영진들은 이러한 업무의 비효율성을 개선하고 생산성을 높이는 방안을 고민했고, 컴퓨팅 자원을 효율적으로 활용할 수 있는 AWS(Amazon Web Service)가 등장했다.

이렇듯 초장기 클라우드 서비스는 한정적인 인적 · 물적 자원을 좀 더 효율적으로 활용할 수 있는 목적에 집중했다. 하지만 점차 빅데이터 시장이 성장함에 따라 비용 절감

그림 12-6 퍼블릭 클라우드와 프라이빗 클라우드

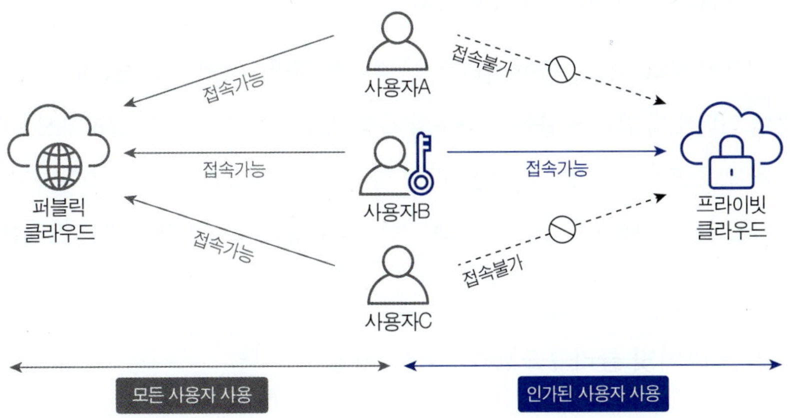

그림 12-7 하이브리드 클라우드와 멀티 클라우드

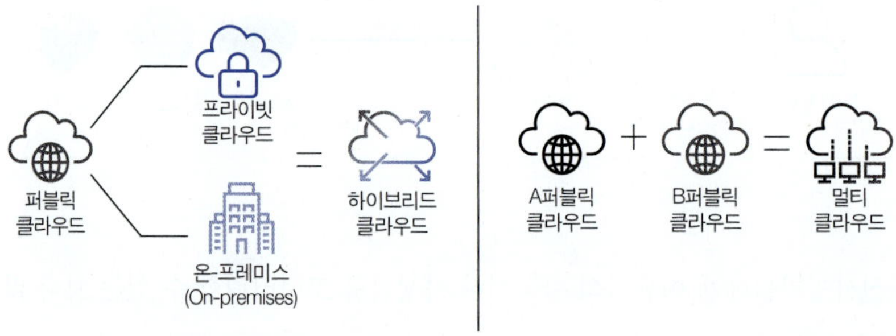

이라는 경제적 측면보다는 폭발적으로 증가한 데이터를 관리하는 수단으로 발전하고 있다.

(1) 클라우드 서비스 제공형태

클라우드 컴퓨팅 서비스는 2010년대 초반부터 각광받아 왔고, 국내·외 기업의 업무 환경도 클라우드 환경을 대상으로 수행되었다. 각 기업에서 추구하거나 활용하는 클라우드 환경은 사용자의 접근성과 개방식에 따라 크게 두 가지로 나누어 볼 수 있다. 클라우드 서비스는 누구에게 서비스를 제공할지, 어떠한 제약을 두는지를 기준으로 퍼블릭 클라우드와 프라이빗 클라우드로 분류할 수 있다.

1) 퍼블릭 클라우드(Public Cloud)

퍼블릭 클라우드는 공공 클라우드, 개방형 클라우드라고도 불리며 이름에서 알 수 있듯이 인터넷에 접속한 불특정 다수의 사용자가 이용할 수 있는 클라우드 서비스이다. 하드웨어, 소프트웨어 및 기타 인프라는 클라우드 서비스 공급자가 소유하고 관리하며, 사용자는 인터넷 네트워크를 기반으로 서비스에 접근하고 개인 계정을 관리한다.

2) 프라이빗 클라우드(Private Cloud)

프라이빗 클라우드는 퍼블릭과 반대되는 개념이다. 클라우드 서비스 자원을 특정 기

그림 12-8 클라우드 서비스 종류

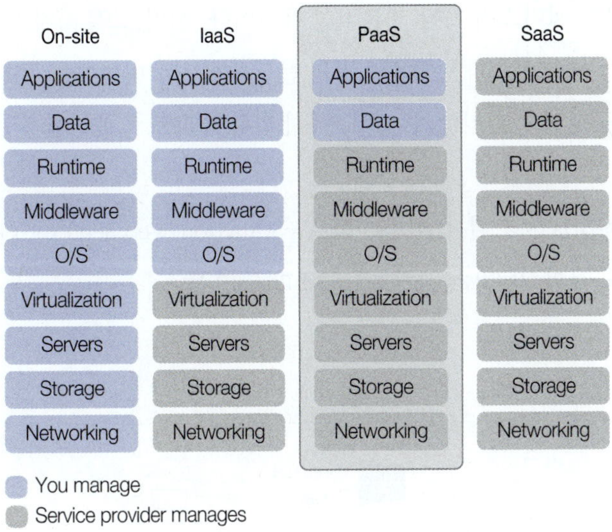

업 및 기관 내부에 저장하여 내부자에게 제한적으로 서비스를 제공하는 형태이다. 지정된 조직만이 서비스를 제어할 수 있으므로 보안성이 뛰어나다는 장점이 있다.

3) 하이브리드 클라우드(Hybrid Cloud)

퍼블릭과 프라이빗 클라우드 두 가지를 조합해 사용하는 형태가 하이브리드 클라우드이다. 보안이 중요한 데이터의 경우, 기업 내 온-프레미스(On-Premise) 데이터 센터에 저장해 두고, 트래픽이 급증하여 처리 요구가 데이터 센터의 역량을 초과하는 경우 퍼블릭 클라우드를 사용해 신속히 처리할 수 있다.

(2) 클라우드 서비스의 종류

서비스 관리 주체와 서비스를 관리할 수 있는 수준에 따라 클라우드 서비스 종류를 구분할 수 있다.

1) IssA(Infrastructure as a Service)

클라우드 서비스의 가장 기본적인 유형이다. 서버, 스토리지 등 하드웨어의 기본적인 IT 자원만 제공되기 때문에 사용자는 운영체제부터 미들웨어, 런타임 그리고 데이터 등을 직접 구성하고 관리할 수 있다. 다시 말하면 새로 컴퓨터를 구매하는 개념으로 볼 수 있다.

대표적인 IaaS의 예시: 아마존의 AWS(Amazon Web Service), 마이크로소프트의 애저(Azure), 구글의 GCE(Google Computer Engine) 등.

그림 12-9 IaaS 모델

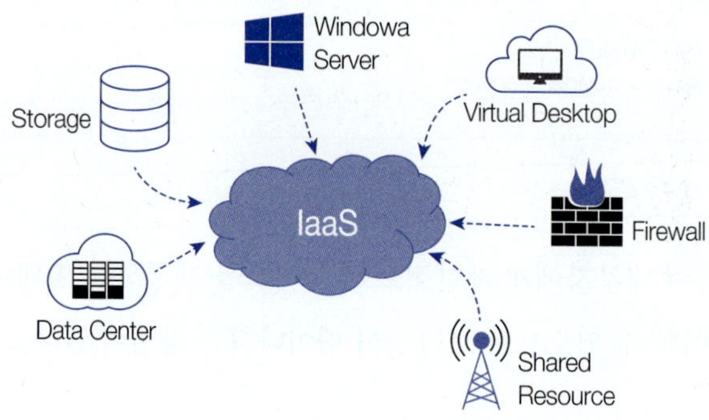

2) PaaS(Platform as a Service)

소프트웨어를 개발할 수 있는 플랫폼까지 제공하는 서비스이다. IaaS에 운영체제, 미들웨어, 런타임이 추가된 형태이며 개념의 범위가 가장 넓다. 일반적으로 개발자를 대상으로 제공되며, 코드만 개발해서 배포하면 고객에게 서비스 할 수 있는 환경을 제공한다.

대표적인 PaaS의 예시: 무료 플랫폼 호스팅을 제공하는 Heroku, 레드햇의 OpenShift, 구글 앱 엔진, 마이크로소프트 애저(Azure), 아마존 AWS 등.

그림 12-10 PaaS 모델

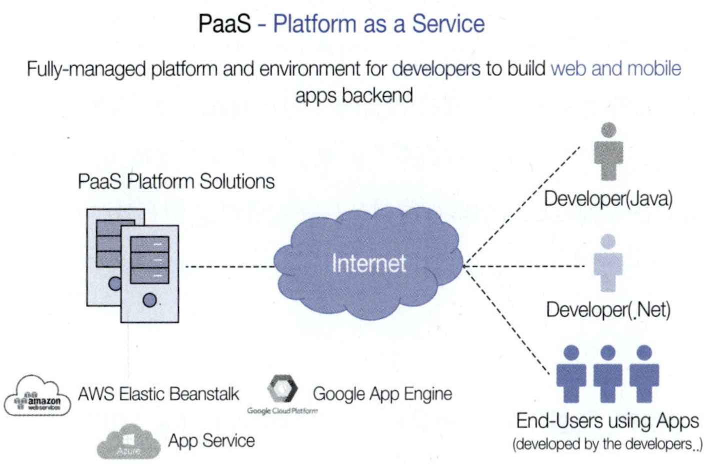

3) SaaS(Software as a Service)

클라우드 기반의 소프트웨어 자체를 서비스로 제공하는 형태이다. 일반적인 사용자들이 가장 많이 접하게 되는 클라우드 서비스이다. 별도의 설치 과정이 필요 없으며, 인터넷 네트워크에만 연결되어 있으면 컴퓨터나 스마트폰 등으로 제공되는 서비스를 이용할 수 있다.

대표적인 SaaS의 예시: 네이버 클라우드, 구글 드라이브, MS Office 365, 노션 등

그림 12-11 SaaS 모델

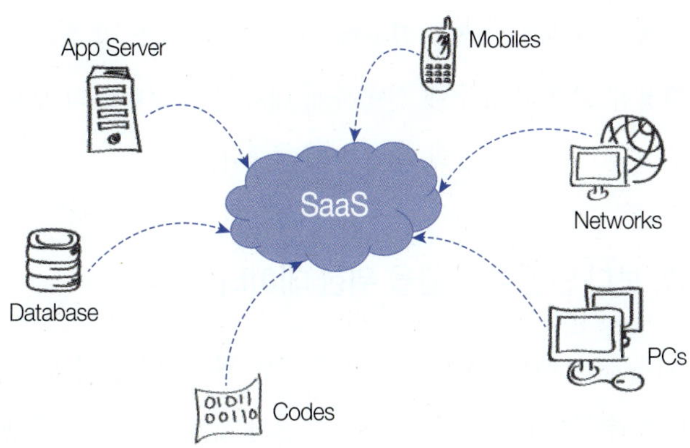

5. 클라우드 서비스의 활용사례

이제 클라우드 컴퓨팅 서비스가 기업활동의 새로운 표준이라는 것을 의심하는 사람은 없다. IT, 게임 등 전통적인 태크 기업에서부터 제조, 건설, 유통, 금융 등 일반 분야의 기업까지 많은 분야의 기업이 클라우드를 활용해 새로운 앱과 서비스를 개발하고 있다.

기업들은 구체적으로 어떻게 클라우드를 활용하고 있을까? 나이키, BMW, 필립스, LG 전자 등 국내 · 외 기업들이 클라우드를 어떻게 활용하고 있는지 그 내용을 자세하게 살펴보자.

(1) 나이키, 클라우드를 활용한 온 · 오프라인 연동 서비스

세계 최대의 스포츠웨어 브랜드 나이키는 2010년부터 스포츠웨어 브랜드라는 기존의 정체성에서 벗어나 종합 헬스케어 서비스 회사로 변신을 꾀하기 시작했다. 이를 위해 온 · 오프라인을 연동한 복합 IT 서비스를 대거 출시했다. 대표적인 것이 바로 나이키 트레이닝 클럽이다. 스마트폰앱에서 나이키의 헬스케어 기기를 관리하고 고객의 운동량을 확인해 고객의 현재 건강상태와 향후 어떤 운동을 얼마나 더 해야 하는지 알려주는 서비스이다. 전 세계 나이키 트레이닝 클럽에서 수집되는 고객의 데이터를 저장, 분석, 재배포하기 위해 나이키는 자체 데이터센터에서 AWS 클라우드로 서비스 인프라를 옮겼다.

또, 자사의 핵심 인터넷 쇼핑몰인 나이키닷컴도 AWS를 통해 서비스를 제공하기 시작했다. 이를 통해 전 세계 어디서나 동일한 환경으로 홈페이지를 이용할 수 있게 되었다. 나이키 오프라인 소매샵에도 AWS를 활용해 나이키 서비스 체험존을 구축했다.

애드류 플라벨 나이키 기술담당부사장은 "시즌별로 다양한 이벤트와 서비스를 제공하기 위해서 3년 전부터 AWS를 활용해 마이크로서비스 및 홈페이지를 구축했다"며, "클라우드를 활용해 고객의 요구에 신속하게 대응하고 서비스의 오토스케일링(자동증감)이 가능해졌다"고 클라우드 도입의 의의를 설명했다.

(2) BMW, 보다 안전한 주행을 위한 데이터 분석

독일의 자동차 브랜드 BMW는 클라우드를 활용해 '전 세계의 모든 자동차에서 차량 운행 데이터를 수집하고 분석해서 보다 안전하고 보다 편리한 주행서비스를 제공한다'는 비전을 제시했다.

BMW는 자사의 플래그십 모델인 7시리즈 최신 모델에 다양한 센서를 부착해 차량 주행 중 마주칠 수 있는 모든 위험 상황에 대한 데이터를 수집했다. 이렇게 수집한 데이터를 AWS 클라우드 상에서 저장, 분석한 후 이를 다시 자동차에 제공해 사용자가 보다 안전하게 주행할 수 있게 했다. 이것이 바로 BMW의 차세대 주행 서비스인 'CARASSO'다.

BMW가 CARRASSO를 개발하는 데 걸린 시간은 고작 6개월에 불과하다. 과거에는 새로운 차나 서비스를 디자인하기 위해 4~5년의 시간이 걸렸으나, 이제 불과 6개월 만에 신규 서비스를 출시할 수 있게 된 것이다. BMW는 클라우드를 활용해 4주에 한 번씩 서비스에 신규 기능을 추가하고 있다. BMW는 AWS의 서비스 가운데 아마존 S3, 아마존 SQS, 아마존 다이나모 DB, 아마존 RDS, AWS 엘라스틱 빈스토크를 활용해 CARASSO를 구축했다.

(3) 필립스, 종합 헬스케어 기업으로 재도약

네덜란드의 가전 기업 필립스는 클라우드를 활용해 의료기기에서 생성된 의료 데이터를 분석할 수 있는 플랫폼 HSDP(Health Sweet Digital Platform)를 개발하고, 헬스케어 기업으로 변신을 꾀하고 있다. HSDP는 병원이 보유한 의료기기에서 생성된 데이터를 취합하고 분석한 후 이를 다시 의사들에게 제공해서 의사들이 보다 정확한 환자맞춤형 처방을 제공할 수 있게 해주는 서비스다.

필립스가 처음 HSDP를 활용해 수집한 의료 데이터는 15PB(페타바이트) 규모였고, 여기에 매달 1PB씩 데이터가 축적됐다. 클라우드의 페타바이트급 빅데이터 저장, 처리 능력이 아니었다면 데이터를 분석할 엄두도 못 내고 데이터가 폐기되었을 것이다.

필립스는 AWS IoT, 아마존 레드시프트, 아마존 S3, 아마존 글레이셔, AWS 클라우드프론트 등을 활용해 HSDP를 구축하고 서비스를 제공하고 있다.

(4) 180년이 넘은 기업도 클라우드로 혁신을 꾀해

미국의 농기계 및 중장비 제조사 존디어는 클라우드를 활용해 자사의 전통적인 사업 영역을 송두리째 바꿨다. 존디어는 자사의 농기계에 센서를 부착한 후 네트워크를 통해 농업 데이터를 수집했다. 이후 이 데이터를 클라우드상의 인공지능에게 맡겨 향후 데이터를 수집한 지역의 농업 상황이 어떻게 변할지 예측했다.

이를 통해, 존디어는 어떤 지역에 어떤 품종을 심어야 생산량이 증가할지 등에 관한 컨설팅을 농부들에게 제공할 수 있게 되었다. 존디어는 사실 1830년대에 설립된 대단히 오래된 역사를 가지고 있는 회사다. 180년이 넘는 역사를 지닌 기업도 클라우드를 통해 새로운 사업영역을 개척하고 변화를 꾀할 수 있다는 것을 증명했다.

존디어는 아마존 머신러닝, 아마존 키네시스, 아마존 레드시프트, AWS IoT, 아마존 API 게이트웨이 등을 활용해 농작물의 성장을 예측 및 관리하고 효율적인 수확 관리 시스템을 구축했다.

(5) LG전자, 모든 백색가전에 클라우드와 인공지능 심는다

글로벌 기업뿐만 아니라 국내 기업도 AWS 클라우드를 활용해 사업을 새롭게 디자인하고 있다. 바로 국내 최대의 백색가전 기업 LG전자의 사례이다.

LG전자는 매년 억 단위의 일반 소비자용 가전 기기를 만들고 있으며, 전 세계 157개국에서 사업을 진행하고 있다. 사실 LG전자는 CES2017에서 아마존과 협력해 인공지능을 적용한 냉장고를 선보인 바 있다. 아마존 인공지능 비서 서비스 알렉사가 탑재된 이 냉장고는 알렉사 서비스를 이용할 수 있을 뿐만 아니라 아마존 프레시를 통해 냉장고 속에 없는 식료품을 파악하고 이를 바로 주문할 수 있을 정도로 편리하다.

이처럼 편리한 서비스를 사용자들에게 제공하기 위해 LG전자는 AWS 클라우드를 활용해 일반 소비자용 가전과 사물인터넷 기기에서 수집된 데이터를 수집, 분석하고 있다. LG전자는 이미 전사적으로 사물인터넷과 클라우드에 주목하고 있다. LG전자의 모든 기기는 향후 100% 와이파이를 탑재하고 출시된다. 모든 기기를 클라우드를 통해 관리함으로써 사용자에게 보다 쉽고 편리한 서비스를 제공하려는 것이다.

이러한 전략을 현실화하기 위해 LG전자는 클라우드센터를 설립했다. LG전자는 클라우드센터를 통해 전사에 클라우드 역량을 제공할 계획이다. 클라우드센터는 5,000만 대 이상의 스마트TV를 관리하는 플랫폼을 구축한 바 있다. 앞으로는 사물인터넷, 인공지능, 빅데이터라는 IT 핵심 역량을 일반 소비자용 가전에 이식하기 위해 연구 중이다.

이미 그 가시적인 성과가 하나씩 드러나고 있다. LG전자는 지난 2012년 개발한 스마트 가전 서비스 '스마트thinQ'를 아마존 대시 리플래시먼트와 통합했다. 이를 통해 세탁기, 냉장고, 오븐, 로봇청소기 등 다양한 백색가전을 사용자들이 보다 쉽고 편리하게 무엇보다 자동으로 관리할 수 있게 되었다.

황재선 LG전자 클라우드센터 부장은 "관리해야 하는 기기가 100만 대 단위라면 큰 문제가 없겠으나, LG전자처럼 관리해야 하는 기기가 1,000만 대를 넘기 시작하면 서비스 규모 비대화에 따른 문제가 발생한다. 인프라 서비스 등 모든 것을 직접 개발 관리하는 것은 비용적인 측면에서나 시간적인 측면에서나 비효율적이다. LG전자는 AWS처럼 이미 구축되어 있는 플랫폼을 활용해 문제를 돌파했다. 클라우드를 활용하면 기업은 핵심 비즈니스 역량에만 집중하고, 인프라에 낭비되는 시간을 절약할 수 있다. LG전자 역시 클라우드를 활용해 대기업임에도 불구하고 스타트업과 대등한 속도로 서비스를 기획, 개발, 출시, 혁신하고 있다"고 설명했다.

LG전자는 현재 AWS IoT, AWS 람다, 아마존 SQS, 아마존 다이나모DB, 아마존 오로라, 아마존 S3, 아마존 키네시스 그리고 아마존 알렉사를 활용해 글로벌 서비스를 제공하고 일반 소비자용 가전을 혁신하고 있다.

6. 클라우드 서비스의 미래 시장전망

(1) 글로벌 클라우드 서비스 시장전망

글로벌 클라우드 시장에서 경쟁하고 있는 아마존웹서비스(AWS), 마이크로소프트(MS), 구글의 주도권 다툼이 더욱 격화되고 있다. 클라우드는 코로나19 사태 이후 진보를 거듭하고 있는 AI, 메타버스, 자율주행차와 같은 미래 기술을 뒷받침하는 필수 인프라로 꼽히며 그 중요성이 나날이 커지는 상황이다. 글로벌 시장조사업체 가트너에 따르면 전 세계 클라우드 시장 규모는 2020년 4890억 달러(약 593조 원)에서 오는 2025년 8375억 달러(약 1032조 원)으로 두 배 이상의 성장이 예측되고 있다. 이에 국내·외 클라우드 업체들은 합종연행을 통해 세를 불리는 등 확대되는 글로벌 클라우드 시장에서 주도권을 잡기 위한 경쟁에 나서고 있다. 더구나 '글로벌 빅3'로 불리는 AWS, MS, 구글 등은 본업인 클라우드를 넘어 클라우드 보안 시장까지 공략하며 영역을 확장하는 중이다. 이에 글로벌 클라우드 시장의 격변기를 맞은 각 기업들의 전략과 방향성을 살펴보자.

그림 12-12 글로벌 클라우드 시장점유율

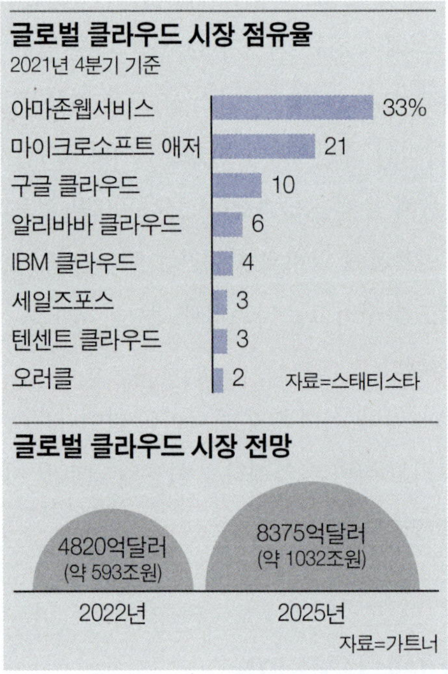

1) 아마존의 캐시카우가 된 AWS

글로벌 클라우드 시장 점유율 1위를 기록하는 AWS의 경우 부진한 모기업 아마존의 실적을 견인하는 역할을 했다. 아마존은 2020년 매출액은 4698억 달러(약 583조 3036억 원), 영업이익 243.8억 달러(약 30조 7916억 원)인데, 이 중 AWS가 차지하는 매출 비중은 13.2%인 622억 달러였다.

놀라운 것은 영업이익 비중이다. 2020년 AWS가 거둔 영업이익은 185억 달러로 아마존 전체 영업이익의 74.4%에 이른다. 아마존에게 AWS는 본업보다 더 큰 이윤을 얻는 핵심 캐시카우가 된 것이다. 더욱 주목할 부분은 글로벌 1위 클라우드 기업의 성장률이 40%에 달했다는 점이다.

아마존에서 AWS의 중요성은 2020년 이뤄진 CEO 교체로도 살펴볼 수 있다. 27년간 아마존을 이끌어 온 창업자 제프 베조스는 자신의 자리를 AWS를 키운 앤디 재시에게 넘겨줬다. 이를 계기로 아마존에서 AWS 비중은 더욱 확대될 것으로 예측되고 있다.

2) 멀티 클라우드 시대에 AWS의 전략은?

업계에서는 AWS의 성장이 언제까지 지속되지는 않을 것이라는 위기감도 존재한다. 클라우드 산업계에서 복수의 클라우드를 함께 사용하는 '멀티 클라우드'가 떠오르며 AWS를 채택한 기업들이 부가 클라우드로 MS나 구글을 선택하는 경우가 생겨나고 있기 때문이다. 2021년 12월에 발생한 3번의 장애는 '멀티 클라우드'를 두고 고민하던 기업들을 부추긴 셈이 됐다. 이러한 추세는 AWS를 추격하고 있는 MS, 구글에게는 호재라 할 수 있다.

이에 AWS는 보안 사업 확장과 글로벌 통신사와의 협력을 통해 글로벌 1위 수성에 나서고 있다. 글로벌 시장조사업체 마켓앤마켓의 '2020년 클라우드 보안 시장 조사'에 따르면 전 세계 클라우드 보안 시장은 2020년 344억 9700만 달러(약 42조 8694억 원)에서 오는 2025년 684억 5200만 달러(약 85조 653억 원)로, 클라우드 시장과 마찬가지로 두 배 이상의 성장이 예측되고 있다.

AWS는 주문형 클라우드 컴퓨팅 플랫폼을 제공하며 여기에 더해 안전한 컴퓨팅 환경을 보장한다는 명목으로 ▲클라우드 규정 준수 사례 ▲컨테이너 보안 ▲안전한 AWS 환경 ▲취약성 평가 ▲방화벽 ▲엔드포인트 탐지 ▲침입탐지시스템 ▲보안 정보 및 이벤트 관리 ▲재해 복구 및 사이버 위험 등 다양한 보안서비스를 함께 제공하는 방식으로 시장 주도권을 확보하고 있다. 개인과 기업은 물론 각국 정부 기관까지 두터운 고객층을 확보하고 있다는 점도 AWS의 경쟁력이다.

한편 AWS는 2020년 프라이빗(시설) 5G 솔루션과 클라우드 WAN · 엣지 애플리케이션 등을 발표하며 클릭 몇 번으로 모바일 네트워크를 쉽게 구축 · 관리할 수 있는 서비스를 선보이기도 했다. 이는 도이치텔레콤, 보다폰 등 유럽 시장을 장악하고 있는 통신사와 협력하는 형태로 성과를 보이고 있다.

최근 알려진 바에 의하면 도이치텔레콤과 보다폰은 네트워크 시스템 현대화를 위해 AWS 클라우드로 이전을 진행하고 있다. 보다폰은 1400개의 IT 애플리케이션 대부분을 AWS로 이전 중이며, 도이치텔레콤 역시 자사 애플리케이션의 60%를 AWS 클라우드로 이전한 상태다. 놀라운 것은 이 정도 수준으로도 18개월 걸리던 서비스들을 단 2.5개월 만에 출시하는 효과를 얻고 있다는 점이다.

우리나라 통신사 중에서는 SK텔레콤과 LG유플러스가 AWS와의 협력을 강화하고 있다. SK텔레콤은 지난해 AWS와의 협력을 통해 5G MEC(모바일 엣지컴퓨팅, 고객과 가까운 곳에 소규모 데이터센터(인프라)를 설치, 데이터 전송 구간을 줄여 5G 핵심인 초저지연 서비스를 구현하는 기술)을 출시했다.

LG유플러스는 AWS의 인프라스트럭쳐, 서비스, API · 도구를 고객 온프레미스로 확장하는 완전관리형 서비스 'AWS 아웃포스트' 등을 도입, 5G 장비의 효율성을 극대화하고 있다. AWS 아웃포스트는 기업의 방화벽 내부에 AWS의 퍼블릭 클라우드 인프라와 동일한 인프라를 직접 설치하는 서비스로 인프라의 운영과 관리까지 AWS가 맡는 방식이다.

하지만 이러한 상황에도 불구하고 뒤를 쫓는 MS, 구글의 추격은 매섭다. 최근 IT 관리 전문회사 플렉세라의 '2022 클라우드 현황 보고서'에 따르면 엔터프라이즈 기업의 80%가 MS의 애저(Azure) 클라우드를 사용하는 것으로 알려졌다. 이는 77%를 기록한 AWS를 앞선 것이다.

또한 구글은 사이버 보안업체인 맨디언트를 54억 달러(약 6조 7000억 원)에 인수해 클라우드 사업 강화에 나서고 있다. AWS로서는 긴장하지 않을 수 없는 상황이 이어지는 셈이다.

(2) 국내 클라우드 서비스 시장전망

글로벌 클라우드 시장은 고속 성장하는 동시에 대격변을 겪고 있다. 국내 클라우드 기업은 변화하는 시장환경에서 기회를 잡아야 한다. 내수 시장에서 체력을 키우고 글로벌 시장에 니치 시장을 겨냥하는 전략으로 승부를 볼 수 있다.

우선 국내 시장에서는 서비스형 인프라(IaaS) 영역부터 글로벌 기업들과 겨뤄볼 만하다. IDC에 따르면 국내 IaaS 시장은 AWS가 50% 이상의 압도적인 점유율을 차지하고 있지만, 국내 사업자인 KT가 20%의 점유율로 2위를 지키고 있다. 출범 4년차를 맞은 네이버클라우드의 성장세가 두드러지고, 카카오엔터프라이즈도 카카오i클라우드 출시를 앞두고 있어 국내 기업들의 선전을 기대해 볼 만하다.

글로벌 시장에서는 이미 AWS, MS 애저, 구글클라우드 빅3 체제가 굳혀진 IaaS 영역보다, 다양한 니치 시장이 열려 있는 서비스형 소프트웨어(SaaS) 분야를 공략할 필요가 있다. 이런 판단에 따라 KT, 네이버클라우드도 중소 · 중견 SW와 협력을 강화하고 있는 중이다. 클라우드 대형 기업들이 인프라를 받쳐주고, 그 위에 중소SW들이 SaaS를 올려 패키지화된 상품을 제공하는 전략이다. 지역에 구애받지 않고 도입 가능한 SaaS는 국내 SW 기업들이 해외에 진출할 수 있는 가장 좋은 방식이기도 하다. 패키지 구성을 통해 SaaS

그림 12-13 '21년 공공부문 클라우드 사업 규모

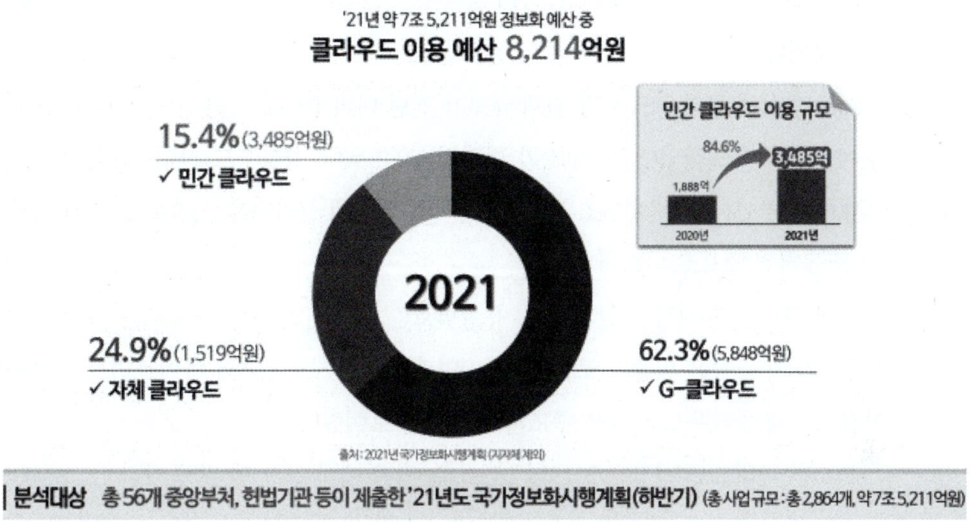

2021년 공공 클라우드 사업 규모(이미지=NIA)

기업과 함께 IaaS 기업들도 해외 진출이 충분히 가능하다.

정부도 클라우드 산업 육성을 위해 팔을 걷어 부쳤다. 정부는 2015년 1차 클라우드 컴퓨팅 기본 계획과 2018년 2차 계획을 통해 공공부문의 클라우드 이용 활성화, 중소기업 지원, 해외진출, R&D 확대 및 전문인력 양성을 위한 정책을 펼쳐 왔다.

2021년은 2차 계획에서 제시한 '세계 10대 강국 도약'의 원년이자 새로운 국가발전 전략인 '디지털 뉴딜'이 본격화되는 해로, 국내 클라우드 산업 발전에 있어 가시적인 성과가 나타날 것으로 기대된다.

정부는 먼저 공공 시장이 마중물이 돼 국내 클라우드 시장을 키운다는 계획이다. 공공 분야에 IT시스템을 클라우드로 전면 전환하고, 공공에서 클라우드 서비스를 도입할 때 입찰을 거치지 않고 구매할 수 있게 했다. 공공 분야에 적극적으로 클라우드를 도입해 '디지털 정부'를 가속화하고 국내 클라우드 산업 경쟁력도 강화한다는 계획이다.

공공 클라우드 전면 전환에 2021년 약 8,214억 원의 예산이 투입된다. 전체 사업 중 G 클라우드를 이용하는 것이 62.3%로 가장 많다. 자체 클라우드는 24.9%, 민간 클라우드는 15.4% 비중을 차지할 예정이다. 민간 클라우드 이용 규모는 전년 1,888억 원과 비교해 84.6%나 성장한 것이다.

정부는 2025년까지 모든 공공 IT를 클라우드로 이전 통합할 계획을 세웠다. 이에 따라 민간 클라우드 이용이 확대되고, 국내 클라우드 산업이 한 단계 성장하는 계기가 될 것으로 기대된다.

2020년 국내 클라우드 시장 전체 규모가 전년 대비 19% 증가한 4조 200억 원을 기록했다. 한국클라우드산업협회(KACI)가 발간한 '2021 국내 클라우드 산업 실태조사 결과 보고서'에 따르면, 2019년에 3조 3,714억 원이었던 국내 클라우드 시장이 2020년 처음으로 4조를 돌파한 것으로 나타났다.

국내 클라우드 시장을 살펴보면, 유형별로는 IaaS가, 이용 형태별로는 하이브리드 클라우드가 가장 높은 비중을 보였다. 2019년과 마찬가지로 IaaS와 하이브리드 클라우드가 여전히 국내 클라우드 시장을 주도하고 있음을 보여줬다.

2020년 국내 IaaS 시장은 2019년 1조 6,000억 원에서 2,900억 원 증가한 1조 8,900억 원 규모를 형성했다. SaaS 시장은 2019년 1조 300억 원에서 약 1조 4,400억 원으로 3,900억 원이 늘어났다. PaaS 부문의 경우 1,300억 원에서 2,670억 원으로 차지하는 비중은 낮았지만 성장률은 2배 이상이었다.

IaaS 부문 매출은 2018년부터 2020년까지 3년간 약 3천억 원씩 꾸준히 증가하고 있다.

그림 12-14 2020년 클라우드 서비스 부문별 매출현황

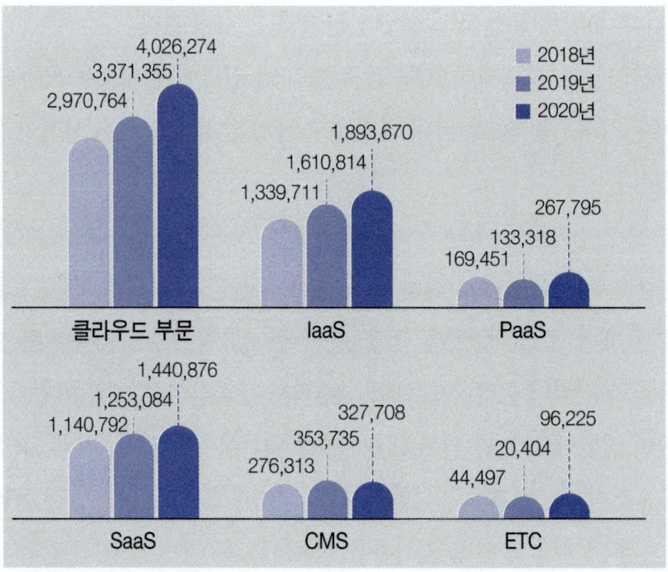

자료: KACI

이는 국내 기업과 공공기관 등이 사용 중인 온프레미스 인프라를 클라우드로 전환하는 작업이 활발히 이어지고 있다는 것을 나타났다. 2020년 SaaS 부문 매출은 2019년 대비 3,900억 원이 증가하며 타 부문에 비해 가장 큰 폭으로 증가했다. 이는 클라우드 기반 디지털 트랜스포메이션을 추진하는 기업에서 기존 SW를 클라우드 기반 SW로 전환 작업이 활발하다는 의미로 해석된다.

업계 관계자는 "기업들이 클라우드로 전환하고자 할 때, 가장 쉽고 빠르게 다가갈 수 있는 것이 SaaS"라면서, "국내 많은 기업은 먼저 클라우드 전환 대상으로 SaaS를 꼽은 후 IaaS, PaaS로 점진적으로 전환하고 있다"고 설명했다. SaaS 시장 확대는 또한 클라우드 바우처 사업과 클라우드 플래그십 사업 등 정부의 전폭적인 SaaS 전환 지원 프로그램도 한몫한 것으로 풀이된다.

실제 2020년 클라우드 서비스 유형별 점유율을 보면 SaaS가 780개로 전체 서비스의 55.4%를 차지했으며 이어 374개의 IaaS(26.5%), 142개의 PaaS(10.1%), 62개의 CMS(4.4%)가 그 뒤를 이었다. 절반 이상의 클라우드 서비스가 SaaS였으며 매출 면에서도 SaaS가 가장 큰 폭으로 증가했다는 것을 알 수 있다.

PaaS 시장은 비중은 낮지만 1,300억 원에서 2,670억 원으로 두 배 이상 성장했다. PaaS를 도입하고자 하는 기업과 기관이 늘어나고 있으며, 관련 PaaS 솔루션 및 서비스를 제공하는 기업들도 증가하고 있어 이 시장은 앞으로도 더욱 확대될 것이 확실시 되고 있다.

클라우드 제공 형태별 시장을 보면 2019년에 이어 2020년에도 하이브리드 클라우드가 전체의 50.2%의 비중을 차지했다. 퍼블릭 클라우드는 36.8%, 프라이빗 클라우드는 13.1%를 각각 차지했다. 하이브리드 클라우드는 2020년 64.4%에서 14.2% 줄었지만 퍼블릭 클라우드는 10.5% 증가했다. 프라이빗 클라우드도 2019년 9.4%에서 4.7% 증가한 13.1%를 차지했다. 이는 하이브리드 클라우드를 사용하던 고객 중에서 퍼블릭 클라우드를 경험한 후 자체적으로 프라이빗 클라우드를 구축하고자 하는 수요가 포함된 것으로 해석된다.

잠시 쉬어가기

너를 만났다: '가상현실' 속 그리운 사람과의 재회, 실제 치유가 될까?

"나연아, 잘 있지? 엄마 나연이 보고 싶었어. 나연이 안아보고 싶어."

3년 전 세상을 떠난 딸과 가상현실에서 만난 엄마 장지성 씨는 흐느끼며 이렇게 말했다. 6일 MBC 다큐멘터리 '너를 만났다'에서는 장 씨가 혈액암으로 갑작스레 떠나보내야 했던 7살난 딸을 VR(Virtual Reality) 속에서 만나 소통하는 모습을 그렸다.

MBC 다큐멘터리 '너를 만났다'에서 장지성 씨가 3년 전 세상을 떠난 딸 나연이를 VR을 통해 재회했다 / 사진 : MBC

감기인 줄 알고 찾았던 병원에서 셋째 딸 나연이는 희귀 난치병 진단을 받았고, 한 달 만에 눈을 감았다. 이별 뒤에도 장 씨는 나연이의 존재를 기억하려 애썼다. 블로그에 아이를 그리워하는 글을 꾸준히 쓰고, 몸에는 나연이의 이름과 생일을 새겼다. 아이 뼛가루를 넣은 목걸이도 늘 착용하고 다녔다. '어떻게라도 한 번 보고 싶다'라는 장 씨의 바람을 위해 제작진은 VR 기술을 동원, 나연이의 얼굴과 몸, 표정, 목소리를 구현했다.

나연이의 등장에 장 씨는 눈물을 흘리며 VR 속 나연이를 안으려고 애썼다. 좋아하던 미역국을 끓여준 뒤 사랑한다고, 한 번도 잊은 적 없다고 말해주는 것이 바람이었던 엄마는 미역국도 주고 생일 케이크에 초를 켜기도 했다.

만남 이후 지성 씨는 "웃으면서 나를 불러주는 나연이를 만나 아주 잠시였지만 너무나 행복한 시간이었다. 늘 꾸고 싶었던 꿈을 꾼 것 같이"라며 "나연이를 그리워하고 아파하기보다는 더 많이 사랑하면서 내 옆의 세 아이들과 많이 웃으며 살고 싶다. 그래야 나연이를 만날 때 떳떳할 수 있으니"라는 글을 개인 블로그에 남겼다.

디지털 복원 과정…다양한 기술 접목

제작진에 따르면 나연이의 생전 모습을 담기 위해 모션 캡처, AI 음성인식, 딥 러닝(인공신경망 기반 기계학습)' 등 다양한 최신 기술이 사용됐다. 남겨진 사진과 동영상 속의 나연이의 몸짓, 목소리, 말투 등이 재료로 활용됐다. 이후 비슷한 나이대의 대역 모델을 통해 VR 속 모델의 기본 뼈대를 만들었다.

나연이의 목소리는 몇 개 없는 동영상 속 나연이의 실제 목소리를 토대로 했다. 부족한 데이터는 5명의 또래 아이 목소리를 더빙하여 '딥러닝'을 통해 채웠다.

제작 과정은 자료 수집부터 완성까지 총 7개월이 넘게 걸렸다. 관련 반응은 뜨거웠다. 유튜브 영상은 일 기준 조회 수 1,300만 회를 넘길 정도로 관심을 모았고, 전 세계 시청자의 댓글 19,000여 개가 올라왔다.

'떠난 아이를 나도 만나고 싶다. 제발 VR로 만날 수 있는 방법을 알려달라', '기술의 가능성에 놀랐다', '대중화됐으면 좋겠다'라는 반응이 대부분이었다. 하지만 가상현실 속 만남에 우려를 표하는 글도 볼 수 있었다. '천국인지 지옥인지 모르겠다'라는 내용부터 '만남 이후 더 큰 슬픔과 허망함에 빠질까 봐 걱정이 된다'며 휴유증을 걱정하는 반응 등이었다.

VR로 나연이를 구현한 비브스튜디오 이현석 감독은 제작팀 역시 이 부분 때문에 기획 단계부터 완성 이후에도 굉장히 신중하게 접근했다고 설명했다. 그는 "이 프로젝트 참여를 결심하게 된 이유는 어머니 블로그 내용과 인터뷰 등을 봤을 때 가족들이 나연이를 기억하고 사랑하는 방법에 있어 매우 건강한 철학을 가지고 있다고 판단했기 때문이다"라고 했다.

제작팀은 어머니 장지성 씨가 충분히 '공감'하도록 하기 위해 기획과 시나리오 작업에만 약 4개월 가까운 시간을 쏟았다. 이 감독은 "다큐멘터리엔 충분히 설명되지 않았지만 왜 나비가 날아와서 어머니가 맴도는지, 나연이가 왜 핑크색 가방과 슬리퍼를 신고 있는지, 왜 나연이가 엄마에게 감자꽃을 건네고 더 이상 슬퍼하지 말라고 하는지, 이 모든 장치와 연결 고리들은 어머니와 나연이의 추억과 기억에서 나온 스토리 텔링"이라고 설명했다.

그는 "진심이 담긴 이야기를 디지털 휴먼 기술, 가상현실 기술, 인공지능 음성인식 기술, 3D 스캐닝 기술 등의 힘을 빌어 가족 분들에게 행복한 경험을 선물해 주고 싶었다"고 했다.

'나연이와의 만남, 애도 상담과정과 비슷'

심리학 전문가는 이런 VR을 통한 만남이 애도 상담과 비슷한 측면이 있다고 말했다. KU마음건강연구소 고선규 교수는 "준비되지 않았던 사별을 경험한 사람들이 급성 고통이 지난 후 제대로 된 이별(Farewell)을 하는 경험이 큰 도움이 되곤 한다"며 "나연이에게 하고 싶었던 말을 전하면서 잘 가라고 작별하는 경험이 어머니에게 도움이 되지 않았을까 싶다"고 분석했다.

치매환자들을 위해 1953년 6월 있었던 영국 엘리자베스 2세 여왕의 대관식 날을 재현한 VR / 사진 : THE WAYBACK VR

연세대학교 심리학과 이동귀 교수도 "빈 의자에 앉아있다고 상상하고 그 사람에게 진심으로 하고 싶은 말을 해보도록 할 때가 있다"며 "소중한 사람에게 차마 하지 못했던 말들을 해 보는 것 자체가 감정의 정화감, 속풀이의 측면에서 도움이 된다"고 했다.

실제로 가상현실 기술은 이미 '인간 심리 치유 영역'에서 활용되고 있다. 이 교수는 "불안장애나 공포증 치료에서 가상현실이나 증강현실 등이 이용되고 있다"며 "VR, AR 기술로 상상을 거의 현실화 하면서 불안자극을 제시하고 이를 단계적으로 극복하는 시도들이 있다"고 설명했다. AR은 증강현실로 현실에 정보를 추가로 제공하는 기술이다.

AR을 통해 고인의 사진이나 메시지를 나타나게 하는 서비스도 있다 / 사진 : 葬祭利用SPOT MESSAGE

치매나 우울증 등에도 VR 등은 활용되고 있다. 게임 훈련 방식의 VR도 있지만 이번 '너를 만났다'처럼 과거 추억을 스토리텔링의 주제로 삼는 경우도 있다.

영국 '더 웨이백'은 시험판으로 치매환자들을 위해 1953년 6월 있었던 영국 엘리자베스 2세 여왕의 대관식을 재현했다. VR을 통해 과거로 시간여행을 해 머릿속 깊숙한 곳 기억을 떠올리는 식이다.

심리치료 영역은 아니지만 떠난 고인과 남은 가족을 연결해 주는 가상현실 기술도 있다. 지난 2016년 일본 기업 양심석재는 '스팟메시지'라는 AR을 통해 묘지 비석에 고인의 사진이 나타나게 하는 서비스를 내놨다.

대중화 가능성

그렇다면 '너를 만났다' 사례와 같이 갑작스레 이별한 이들과 재회하는 VR 프로그램은 상용화나 대중화가 가능할까? 나연이의 모습을 제작한 비브스튜디오 이현석 감독은 아직 쉽지 않으며 시간이 걸릴 것이라고 내다봤다. 한 개인의 상황에 맞춰 스토리텔링을 하고 실제감 있는 모습을 만들어 내려면 상당한 시간과 비용이 필요하기 때문이다. 그는 "상용화되더라도 사람의 마음과 연결되기 때문에 의학과 심리학적인 견해도 포함돼야 건강한 컨텐츠를 만들 수 있을 것 같다"고 말했다.

고선규 교수는 치료의 목적으로 VR을 활용하려면 어떤 맥락에서 고인을 만나야 하는지 충분한 논의가 있어야 한다고 조언했다. 외국은 VR로 상실의 이슈를 다루기 전에 애도에 대한 충분한 심리교육을 한다는 것이다. 그는 "죽음의 의미를 재구성해 적극적으로 (남겨진 사람이) 자신의 삶으로 통합하려는 노력이 필요하다"고 말했다.

이동귀 교수 역시 "대중화하면 신기하기는 하겠지만 더 큰 상실감 등 부작용이 있을 수 있기 때문에, 명상 훈련을 하거나 남아 있는 감정들을 전문가와 이야기하며 다시 현실로 돌아와 재적응하는 상담과정이 필요하다"라고 조언했다.

자료: BBC Korea, 2020.02.14.

제2절 가상현실로의 비즈니스 영역 확장

인터넷의 등장으로 인류는 현실을 넘어 온라인이라는 가상의 공간을 창조하였다. 이에 정보통신기술의 발전은 가상의 공간인 인터넷에서 시각, 촉각 등 감각기관을 통하여 상호작용할 수 있는 가상현실 기술을 개발하였고 이를 통해 실질적인 가상세계인 메타버스를 구현하고 있다. 본 절에서는 가상현실을 정의하고 가상현실의 역사를 조명하며 가상현실의 특징과 적용 분야에 대해 살펴본다.

1. 가상현실이란

가상현실이란 컴퓨터를 통해 만들어진 가공의 상황이나 환경을 시각, 촉각, 후각 등 인간의 감각기관을 통해 느낄 수 있도록 하여, 사용자가 몰입감을 느끼고 상호작용을 할 수 있도록 하는 기술이다. 즉 가상현실은 사용자로 하여금 실재하지 않는 것을 존재하는 것처럼 느끼게 하고 이를 활용할 수 있도록 하는 것을 의미한다. 현재 가상현실을 뜻하는 용어는 VR(Virtual Reality)로 통일되고 있는데 Virtual World, 3D Web, Metaverse(Meta+Universe) 등 다양한 용어들이 결국 가상현실과 동일하거나 유사한 의미로 사용되고 있다.

2. 가상현실의 역사

가상현실이라는 개념은 19세기 후반 등장한 '스트레오스코피' 기술로부터 시작되었다. 오늘날 3D 디스플레이 기술의 근원으로 소개되는 스트레오스코피(양안단서로 번역됨) 기술은 양쪽 눈으로 볼 때 느낄 수 있는 입체적 깊이감을 만들어 주는 시각정보들을 의미한다.

두 눈으로 서로 다른 각도의 이미지를 볼 때 두 눈의 망막에 각각 들어오는 두 사물의 각도차가 뇌의 시각처리과정에서 입체감을 만들어 준다. 실제 3차원을 만드는 것이 아니라, 2차원 영상이나 평면 위에서 착시를 일으켜 3차원을 느끼게 해주는 데 의의가 있는 기술로서, 3D 영상을 보고 싶어 하는 사람들에게 평면 디스플레이를 3D로 느끼게 해주는데, 이 기술들이 활발히 이용되고 있다. 시각적 몰입감에 그치지 않고 오감을 자극하는 가상현실에 대한 상세한 개념이 시대의 변화에 따라 다양하게 등장하고 있지만 정보화 사회인 오늘날은 스마트폰과 연결된 입체정보의 제공(증강현실) 및 게임의 한 가지 형태 등 사용은 극히 제한적인 부분에서 나타나고 있다.

가상현실의 역사는 1968년에 유타대학의 이반 서덜랜드(Ivan Edward Sutherland)에 의해 고안된 헤드 마운티드 디스플레이(머리 부분 탑재형 디스플레이)가 최초의 가상현실시스템이라고 할 수 있다. 최초의 헤드 마운티드 디스플레이(HMD) 시스템은 유저가 사용하기에 너무 무거워 천장에 고정되어 있었으며 선으로 표현된 3차원의 영상으로 가상공간이 생성되었다. 또 초기 가상현실시스템 중 주목할 만한 것으로 1977년 MIT에서 만든 아스펜 무비 맵(Aspen Movie Map)이 있는데, 이는 사용자로 하여금 콜로라도 주의 아스펜으로 가상여행을 떠날 수 있게 해주는 가상현실시스템이다. 시각을 이용하는 가상현실로서는 1991년에 일리노이대학의 토마스 데판티(Thomas DeFanti) 등에 의해서 제안된 몰입형 투영 디스플레이(Cave Automatic Virtual Environment: CAVE)가 유명하다.

표 12-2 가상현실의 역사

연도	내용
1962년	• 초기의 가상현실은 비디오 아케이드로 미국에서 모턴 헤이리그가 개발한 센서라마 시뮬레이터가 대표적 사례 • 가상현실 워크스테이션은 3차원 비디오와 모션, 컬러, 입체음향, 향기, 바람효과, 진동의자로 구성 • 실제 오토바이를 타고 길가를 달리는 경험을 해볼 수 있었음
1965년	• 이반 서덜랜드, 프레데릭 브룩스와 그의 동료들이 로봇팔을 이용하여 3차원의 충돌 힘을 시뮬레이션(모방)하는 데 성공 • 촉감기술의 중요 역할을 함
1980년대	• 미국항공우주국(NASA)에서 우주비행사의 교육을 위해 시각적 가상환경 디스플레이 VIVED(Virtual Visual Environment Display)를 개발 • LCD 기반 HMD로서 나중에 VIEW(Virtual Interface Environment Workstation)로 발전
2000년대	• 다양한 가상현실 개발 • Fakespace의 CAVE 3-D로 사방에서 프로젝터로 큰 디스플레이에 비추어 주로 사용자는 그 안에 들어감으로써 마치 가상의 세계에 직접 있는 듯한 몰입감을 느끼게 함

자료: 박경배, 가상현실, 21세기사, 2012.

3. 가상현실의 특징

가상현실이란 여러 가지 인간의 감각(시각, 청각, 촉각, 후각, 미각)을 이용한 인간과 컴퓨터 간의 인터페이스로서 실시간 시뮬레이션과 여러 가지 인간 감각의 컴퓨터와 상호작용을 말한다.

일반적으로 알려진 가상환경의 특징들은 5가지로 요약된다.

(1) 컴퓨터로 생성된 가상적 환경(Computer-Generated Environment)

'가상적'이라는 단어는 사실 매우 포괄적 의미를 갖는다. 즉 어떤 소설을 배경으로 한 연극 혹은 그 무대 또는 판타지를 주제로 한 입체적 조형물의 집합들도 우리는 가상적 환경이라는 말을 사용할 수도 있다. 그러나 우리가 다루는 가상현실에서의 환경은 컴퓨터나 그에 준하는 기계장치를 이용해 창작되고 구성된 환경을 의미한다.

그러나 생각해 보아야 할 것은 인간이 세상을 경험하는 감각(시각, 청각, 촉각, 후각, 미각) 모두를 컴퓨터로 생성하는 것은 사실 아직 불가능하다. 시각과 청각 요인들에 한정되지 않을까 생각한다.

(2) 임장감(Presence)과 몰입감(Immersion)

임장감, 몰입감은 사용자가 가상환경에 있을 때 자신이 경험하고 있는 세계 이외의 다른 세계와 심리학적으로 단절되어진다는 의미를 갖는다. 즉, 그 세계가 자신이 존재하는 세계인 것처럼 완전히 느끼도록 하는 것이다.

VR, AR 제품을 만드는 개발사 혹은 연구자들이 가장 중요시 여기는 요인 중 하나가 몰입감을 떨어뜨리는 속성들을 최대한 배제하는 방법을 찾는 것이다. 즉, 몰입감이 떨어질수록 가상현실에서 멀어지는 개념이 될 수밖에 없으며 또한 해당 가상현실 본연의 기능을 올바로 이용할 수 없도록 한다는 뜻이기도 하다.

(3) 3차원적 특징(3-Dimensional Features)

반드시 3차원이어야 하는가에 대한 물음을 던져 볼 수 있을 것이다. 1990년대까지만 해도 가상현실을 포괄적 의미의 가상세계 또는 사이버스페이스(Cyberspace)와 혼재해서 사용할 때는 2D 그래픽 환경이나 극단적으로 채팅 환경 역시 가상환경의 한 부분으로 바라볼 수도 있었을 것이다. 그러나 오늘날 가상환경은 특징들을 갖추고 있어야 한다는 전제로 본다면 3차원적 특성을 갖추는 것이 필수라고 하겠다.

(4) 채화된 상호작용(Embodied Interactivity)

어려운 개념일 수도 있으나 몰입감이라는 말과 어느 정도 일맥상통한다. 사람의 마음은 물리적, 사회적 환경요인들과 완전히 분리해서 생각할 수는 없다. 즉 사람은 환경과 독립된 마음을 갖는다는 것은 불가능하다. 따라서 사용자의 마음 자체가 가상환경과 상호작용하는 과정에 있어서 완전히 그 환경의 인터페이스 속성들에 잘 융합될 수 있어야 한다.

(5) 인간 감각(Human Senses)의 활용성(혹은 관여)

가상현실은 사실 인간의 감각이 최대한 활용되어지도록 구성하는 것을 목표로 하고 있다. 아직까지는 시각과 청각이 거의 모든 비중을 차지하고 있지만 촉각, 후각, 미각에 대해서도 다소 거리가 있지만 다양한 연구가 이루어지고 있어 언젠가는 가상환경에 통합되리라 예상된다.

이러한 5가지 특징을 바탕으로 실생활에서의 많은 문제를 해결하기 위해 가상현실

기술이 사용된다.

4. 가상현실 적용 분야

가상현실 기술은 실제 상황을 실시간으로 재현하고 그 환경과 상호작용할 수 있도록 함으로써 실제 생활에 다양하고 방대하게 응용이 가능하다. 대표적으로 알려진 가상현실 적용 분야에 대해 살펴보자.

(1) 산업 분야

최근 산업현장에서 스마트공장화를 위해 VR/AR 기술을 적극 도입하고 있다. 스마트공장을 구축하기 위해서는 가상세계와 물리적 세계를 결합해 데이터분석 및 시스템 모니터링이 가능한 체계가 필수적이다. 즉 산업현장 내에서 문제가 발생하기 전에 이를 미리 차단하여 현장에서 작업이 중단되는 시간을 방지하고, 예지 분석기술을 통해 새로운 기회를 개발할 수도 있다. 대표적으로 산업 분야에 종사하는 작업자들을 교육하는 "AR/VR 몰입형 교육용 트레이닝 시스템"으로 가상의 디스플레이를 통해 데이터를 실시간으로 모니터링할 수 있다. 또한 사용자가 원하면 필요한 매뉴얼이나 도면 등을 실시간으로 열람할 수 있을 뿐만 아니라 기계 내부 상태를 가상으로 살펴보는 기능 등이 기본적으로 제공된다. 따라서 작업자는 이러한 체계를 잘 활용하면 작업자들의 숙련도를 높여줄 뿐만 아니라 생산성을 향상시키고, 안전성을 확보하여 효율적으로 장비를 관리할 수 있다.

(2) 헬스케어 분야

최근 VR/AR 기술은 스트레스 관리를 비롯해 인지력 향상, 심리치료 등 정신건강 분야에 적극적으로 도입되는 추세이다. 고령사회로 진입하면서 의료비 증가 및 전문인력 부족 문제를 해결하고 효율적인 의료서비스를 제공할 수 있는 VR/AR 기반의 헬스케어 기술이 최근 부상하고 있다. 법무부는 최근 VR 체감 콘텐츠와 소프트웨어를 개발해 알코올 중독자가 유발하는 범죄를 예방할 수 있는 치료 · 돌봄 시스템 개발 사업에 착수했으며, 한 스마트 헬스케어 기업에서는 생체신호인 맥파와 뇌파를 측정해 1분 안에 자신의 스트레스와 두뇌 건강 상태를 체크하고, 측정 결과를 바탕으로 개별 심리치료가 가능한 다양한 VR/AR 콘텐츠를 개발하여 심리상담사에게 직접 상담을 받는 것처럼 문항에 응답도 하고, 개인 생체신호의 분석 결과에 따라 숲, 바다 등 심리적 안정을 느낄 수 있는 가상의 공간을 통한 심리 치유 훈련도 받을 수 있다.

최근 식품의약품안전청(식약청)는 'VR/AR 기술이 적용된 의료기기의 허가 · 심사 가이드라인'을 발간했다. 이 가이드라인에는 가상 · 증강현실 기술이 적용된 기기나 소프트웨어 중 의료기기에 해당되는 제품에 대한 정의, 구분 기준 등이 담겨 있다. 여기에 적용되는 의료기기 CT · MRI 등으로 촬영된 영상에 담긴 종양의 크기와 위치 등을 증강현실 기술이 가능한 PC에 입력해 환자 수술에 사용하는 기기, CT 등 환자 개인 영상정보를 이용해 수술을 가상으로 실시하는 제품 등이다. 식약청은 이번 가이드라인을 통해 구분기준을 명확하게 함으로써 연구 · 개발자, 의료기기업체가 제품을 신속하게 개발할 수 있을 것으로 기대하고 있다.

(3) 게임/에듀테인먼트 분야

지난 2016년 AR를 바탕으로 한 모바일게임 '포켓몬 고' 열풍이 전 세계적으로 일어난 이후, AR을 비롯해 VR에 대한 관심이 날로 높아지고 있다. 2018년부터 전국적으로 VR 체험을 하면서 음료를 즐길 수 있는 'VR 카페'가 생겨나기 시작했다. 온라인상에서는 유명 BJ나 연예인들이 VR 체험을 하는 장면이 전파를 타면서 VR에 대한 관심과 열기는 더욱 높아졌다. 이와 같이 VR/AR 열풍에 발맞춰 과학기술정보통신부와 정보통신산업진흥원에서는 2018 Korea VR Festival(코리아 VR 페스티벌, KVRF)을 공동으로 2018년 9월에 개최하였는데, 여기에 최신의 기술이 접목된 게임/에듀테인먼트 관련 VR/AR 제품이 많이 소개되었다.

페스티벌 전시회 기간 중에 제이지비퍼블릭이 제작한 아동에게 안전한 VR/AR 에듀테인먼트 콘텐츠 '더 스펠 오브 다이노(The Spell of Dino)"가 많은 눈길을 끌었다. 특히 이 제품은 즐기면서 배울 수 있는 콘텐츠, 뛰어난 공룡 그래픽과 VR에 최적화된 연출을 통해 아동이 체험효과와 학습효과를 높인 콘텐츠, 차안법과 동일 화면 재생 방식을 통해 VR 멀미 및 아동의 눈과 뇌의 스트레스를 완화시킬 수 있는 방법을 적용하여 비교적 편안하고 안전한 VR 콘텐츠 시청이 가능한 것이 가장 큰 특징이다.

또한 VR/AR 게임을 통해 사용자와 자연스럽게 상호작용하며 교육효과를 달성할 수 있는 다양한 제품도 많이 출품되고 있다. VRillAR사가 개발한 "CSI VR" 제품은 경찰대 과학수사학과와 공동개발하여 가상현실 과학수사 교육 소프트웨어로 완벽한 상호작용형 콘텐츠로, 대부분의 물체들을 사용할 수 있는 높은 자유도 추리 수사물 게임으로도 개발하여 실제 사건과 실제 과학수사 기법을 기반으로 제작하며 실제 교육에도 적용이 가능한 제품이다.

(4) 국방 분야

글로벌 기업들은 가상현실 기술을 미래의 핵심기술로 선정하고 적극적인 투자와 개발을 진행하고 있다. 기술변화 속도가 가속화하고 시장의 불확실성이 증가하고 있는 현실에서 전투 수행원이 전장 환경에서 전투를 효과적으로 수행하기 위해 실전적 군사훈련의 필요성은 과거보다 더욱 강조되고 있다. AR/VR 기술을 적용한 훈련 및 교육훈련 체계는 훈련 병력이 야전에서 기동하지 않고도 실제 전장과 실장비, 실환경과 유사한 환경에서 훈련을 수행할 수 있고 시간과 공간의 제약을 받지 않는 장점이 있다. 최근 국방부에서도 '국방계혁 2.0' 추진과 관련하여 '체계적이고 과학적인 신병 교육훈련과 시뮬레이터, 가상현실, 증강현실을 기반으로 하는 모의 전투훈련 등을 통한 실전적 교육훈련 체계를 강화할 것'이라고 밝혀 국방 분야에 AR/VR 적용을 적극 고려하고 있다.

또한 국방부에서는 VR/AR 기술을 적용해 특수훈련 체계를 고도화하는 작업을 진행 중이다. 육군의 특수작전과 대테러 임무 수행을 위한 지능형 가상훈련 체계인 '특수작전 모의훈련체계', 해군의 현실감 있는 잠수함 환경을 구현해 각종 상황의 반복 · 숙달 훈련을 할 수 있는 '잠수함승조원훈련체계', 공군이 가상의 적 공격 상황을 설정해 작전수행 능력을 확인하고 기지방어를 위한 모의훈련을 할 수 있는 '기지작전훈련체계'도 구축할 예정이다. 위험성이 높고 기술 숙련도가 필요한 군 장비 정비교육과 정비지원을 위한 시스템도 개발 중에 있으며, 향후 군 차량 운전교육, 간호실습 등과 관련한 콘텐츠도 지속해서 개발할 계획이다.

(5) 관광 분야

가상현실은 전 세계 어디든 가이드와 함께 여행을 할 수 있게 해 준다. 관광 산업 발전에 맞춰 사람들은 이제 '사기 전에 써 보는' 방식을 체험할 수 있다. 관광객은 각각의 여행 명소를 가상현실로 둘러볼 수 있어 상대적으로 더 작고 덜 알려진 장소들에 특히 도움이 될 것이다.

관광과 호텔업체 역시 목적지와 숙소를 선보일 수 있다. 인터렉티브 기술로 호텔과 리조트 투숙을 고려하는 고객들이 예약 전 시설을 둘러볼 수 있다. 일부 업체는 가상 경험 도중 실제 자극(바람, 향기 등)을 활용해 숙소의 환경을 적극적으로 재구성하는 수준까지 올라갔다.

전 세계 여행 명소의 실제적 프리젠테이션을 제공하는 토머스 쿡(Thomas Cook)과 삼성 기어 VR 사이의 협업이 그 예시이다. 파트너십 체결 3개월 만에 12,000파운드를 벌어 40%의 투자수익률을 가져왔다.

(6) 소매 유통 분야

가상현실을 통해 소형 매장에 제품을 갖춰 놓지 않고도 선보일 수 있다. 범위는 가구부터 블라우스까지 다양하다. 또 고객이 구매에 앞서 제품을 테스트해 볼 수 있어 소비자 행동에 대한 통찰을 소매업체에게 제공하는 추가 혜택이 있다.

앞으로 몇 년 안에 나오게 될 가상현실 방식으로 소비자들은 집에서 편안하게 쇼핑을 할 수 있게 될 것이다. 쇼핑 경험이 소비자에게 맞춰지고, 신체 스캔을 하면 옷을 직접 입은 것처럼 미리 보기가 가능해진다.

가상현실 체험에 부가되는 정보와 소비자에게 제공되는 인터랙션을 통해 더 높은 고객 만족도와 구매 증가 효과를 얻을 수 있다.

5. 가상현실이 대두되는 이유

(1) 빠른 기술의 진화

기술발전에 따라 시각적 · 물리적으로 현실과 유사한 환경을 구현하는 것이 가능해졌다. CPU와 그래픽처리기술의 발달, 저장용량의 확대, 유무선 대역폭 향상 등에 따라 개인용 컴퓨터(PC)에서도 현실과 유사한 3D 배경 및 인물을 구현할 수 있게 되었다. 또한 이러한 기능들을 구현하기 위한 비용들이 빠르게 하락하면서 보다 넓은 사용자층에 접근하는 것이 용이해지고 있다.

(2) 인터넷 패러다임의 변화

소비자들이 웹2.0이라는 인터넷 패러다임의 변화를 경험하면서 웹 활용에 대한 학습 효과가 증가했다는 점도 중요하다. 이는 가상현실세계의 사회적 네트워크 형성을 보다 쉽게 만든 요인이다. 「*Business Week*」도 가상현실을 통한 상호작용의 용이성 때문에 가상현실이 현실과 유사해지고 있다는 점을 주목해야 한다고 주장하였다. 나아가 가상현실은 풍부한 사용자경험을 제공하고 있다.

6. 가상현실의 미래 시장전망

글로벌 회계컨설팅업체인 프라이스워터하우스쿠퍼스(PwC)는 보고서(2022)를 통해 가상현실(VR)과 증강현실(AR)의 시장규모가 오는 2030년 1조 5,000억 달러(약 1,817조원)에 도달할 것이라고 예측했다. 이는 전 세계 총생산(GDP)의 1.81%에 달하는 수치이다. VR · AR과 시장이 겹치는 메타버스 산업도 동반성장할 것으로 예측했다.

VR · AR의 가장 큰 시장규모를 형성할 것으로 예상되는 국가는 미국이다. 미국은 VR · AR 산업을 토대로 5,370억 달러의 경제적 파급효과와 약 230만 명의 고용 창출 효과를 얻을 것으로 예상했다.

실제로 글로벌 VR · AR 선도 기업은 모두 미국에 몰려 있다. 세계 최고 수준의 VR · AR 헤드셋과 플랫폼을 보유한 메타(페이스북) 등 많은 IT 기업과 스타트업이 폭발적으로 성장할 것으로 예상되는 VR · AR 시장에 관련해서 대비를 하고 있다.

이어 중국(1,833억 달러)과 일본(1,432억 달러)이 VR · AR 시장 성장의 혜택을 볼 것으로 예상했다. 중국은 중국 이동통신사, 화웨이 등 대기업뿐만 아니라 고어텍, ZMVR 등의 스타트업까지 많은 기업이 VR · AR을 산업 전반에 적용하기 위한 연구를 하고 있다.

일본도 소니를 필두로 많은 플랫폼 업체가 VR · AR 기술의 가능성을 확인하기 위한 제품과 콘텐츠를 선보이고 있다. 독일(1,036억 달러)과 영국(693억 달러)도 VR · AR 시장 성장에 따른 경제성장 효과를 얻을 것으로 전망된다.

PwC는 AR 시장이 VR 시장보다 더 빠르게 성장할 것으로 예측했다. 실내와 게임이라는 한계에 묶여 있는 VR보다 일반 산업에 적용할 수 있는 AR이 확장성이 더 뛰어나다는 이유에서다. 이를 토대로 VR · AR 산업은 전 세계적으로 2,300만 개 이상의 추가 일자리를 창출할 것으로 예측된다.

토의해 봅시다

- 클라우드 컴퓨팅의 발달과정을 시대별로 설명하시오.
- 클라우드 컴퓨팅의 부상배경 및 파급효과에 대해 설명하시오.
- 클라우드 컴퓨팅의 장·단점을 설명하시오.
- 클라우드 서비스의 제공형태와 서비스 종류에 대해 설명하시오.
- 클라우드 서비스 활용사례에 대해 설명하시오.
- 클라우드 서비스 향후 시장전망에 대해 설명하시오.
- 가상현실의 특징에 대해 설명하시오.
- 가상현실의 적용 분야에 대해 설명하시오.
- 가상현실 미래 시장전망에 대해 설명하시오.

참고문헌

- 가트너
- 금융보안원, 2016. 10. 14.
- 마이클 밀러 저, 최윤석 역, 사례로 읽는 클라우드 컴퓨팅, 에이콘출판, 2009.
- 박경배, 가상현실, 21세기사, 2012.
- 삼성SDS기술사회, ICT융합기술, 한울, 2014.
- 송관호, IT융합기술 개론, 진한엠앤비, 2011.
- 아주경제, 2021. 01. 31.
- 이기현 · 정영훈, 클라우딩 컴퓨팅 서비스 비교 및 개선방안 조사결과, 한국소비자원, 2011.
- 이명우, 조각분야에서 '가상현실'의 활용연구, 홍익대학교 대학원, 2002.
- 이코노미조선, "기업 생존 위해 DT 필요 … AI 기반 하이브리드 클라우드가 대안", 2022. 03. 30.
- 이코노미조선, 2022. 03. 30.
- 전자신문, 2021. 05. 06.
- 클라우드 · 보안실무 가이드, 2021. 01. 29.
- 한국미래기술연구소, 실감미디어를 위한 가상현실기반 기술, 미래기술, 2015.
- 한국클라우드신문, 2021. 08. 12.
- BBC Korea, 2020. 2. 14.

- BBC Korea, 너를 만났다: '가상현실' 속 그리운사람과의 재회, 실제 치유가 될까?,2020. 02. 14.
- ChosunBiz, 2022. 03. 15.
- CIO, 2016. 06. 16.
- EuroNews, 2017. 05. 15.
- INSIGHT 42, 2022. 03. 16.
- IT DAILY, 2022. 02. 28.
- KACI
- www.cccr.or.kr
- www.seri.org
- ZDNetKorea, 2020. 12. 03.
- ZDNetKorea, 2021. 01. 06.

CHAPTER

13

MANAGEMENT INFORMATION SYSTEMS

정보보호 위협의 증가와 지식재산권의 강화

사이버보안 기업 M&A 뛰어든 IBM · 구글 … "韓 기업도 덩치 키워야"

사이버 공격 증가하며 중요도 커져
기업 규모 영세한 국내는 걸음마 단계
안랩 등 일부 기업 인수합병 움직임 있어
정부 차원 도움 있어야 한다는 지적도

일러스트=이은현

전 세계적으로 사이버 공격이 증가하면서 IBM, 구글 등 글로벌 빅테크 기업들이 사이버보안 기업 인수합병(M&A) 경쟁에 가세하고 있다. 세계적인 추세에 맞물려, 사이버보안 시장 육성을 약속한 새 정부가 출범하면서 국내에서도 사이버보안 시장 성장 및 인수합병에 대한 기대가 커지고 있다.

IBM은 지난 6일(현지 시각) 미국 샌프란시스코에서 열린 세계 최대 사이버보안 콘퍼런스 'RSAC 2022'에서 사이버보안기업 '란도리(Randori)'를 인수한다고 발표했다. 2018년 설립된 란도리는 외부에 공개된 취약점을 찾아 대응하는 공격표면관리(ASM) 솔루션기업이다. 기업 보안팀 담당자들은 해커가 어떤 계획을 갖고 회사 보안시스템을 공격할지 등 '해커 로직'을 란도리를 통해 듣고 사이버 공격에 대비할 수 있다. 구체적인 인수합병 규모는 알려지지 않았으나 글로벌 정보기술(IT) 전문매체 테크크런치에 따르면 란도리의 기업가치는 5000만 달러(약 627억 원)~1억 달러(약 1254억 원) 사이다.

앞서 지난 3월에는 구글이 사이버보안 기업 맨디언트를 54억 달러(약 6조7700억 원)에 인수해 주목받았다. 이는 회사가 2012년 모토롤라모빌리티를 125억 달러(약 15조6850억 원)에 인수한 이후 역대 두 번째로 큰 규모의 인수합병이다. 맨디언트는 2004년 미 공군 특수수사요원 출신 전문가들이 설립한 회사로 러시아, 이란, 북한 등의 사이버 공격을 추적하는 사이버 공격 감지 및 분석 서비스를 제공한다.

글로벌 빅테크 기업들이 사이버보안 기업을 인수하며 보안을 강화하고 있는 배경에는 클라우드 컴퓨팅 시장의 빠른 성장세와 그에 따른 보안 위협 증가가 있다. 전 세계 공공 및 민간 기업이 모두 데이터 저장 방식을 클라우드로 바꾸면서 다량의 개인정보 및 기업 정보 자산 보호의 중요성도 커졌다. 이번에 구글이 인수한 맨디언트 역시 올해 말 인수 작업이 완료되면 구글 클라우드 컴퓨팅 사업부에 편입된다.

세계적으로 사이버 공격이 계속 증가하고 있다는 점도 기업의 보안에 대한 관심도를 높이고 있다. 글로벌 보안기업 체크포인트 소프트웨어 테크놀로지스에 따르면 지난해 전 세계 기업 등 조직에 대한 사이버 공격은 29% 증가했으며, 랜섬웨어 공격 건수는 93% 증가했다.

글로벌 시장조사업체 CB인사이트에 따르면 구글, 애플, 마이크로소프트 등 빅테크 기업의 사이버보안 기업 투자 금액은 2016년 3억 달러에 불과했으나, 지난해 23억9700만 달러까지 증가했다. 글로벌 시장 조사업체 가트너는 글로벌 사이버보안 시장 규모가 연평균 14% 증가하며 2025년에는 1300억 달러(약 163조850억 원)를 웃돌 것으로 전망했다.

일러스트=이은현

반면 국내 사이버보안 시장은 글로벌 시장과 비교하면 아직 영세하다. 지난해 한국정보보호산업협회(KISIA)가 발표한 정보보호산업 실태조사에 따르면 2020년 국내 사이버보안 시장 매출액은 3조9214억 원으로 2019년 대비 8.4% 증가했으나, 여전히 세계시장(171조1601억 원) 규모의 3%도 되지 않는다. 또 전체 사이버보안 기업 중 자본금이 50억 원 미만인 영세한 업체가 93.2%를 차지하고 있어, 큰 금액이 요구되는 인수합병 역시 쉽지 않은 환경이다.

사이버보안업계 관계자는 "영세한 업체들이 중심인 산업인데 소규모 업체들은 공공기관 등에 서비스를 납품해 연간 매출 20억 원만 벌어도 충분히 생존이 가능하기 때문에 적극적으로 인수합병에 참여할 큰 요인도, 여력도 되지 않는다"라며 "특히 그나마 규모가 큰 기업 몇 곳에서 근무하던 인력이 자기 기술을 닦고 나와 특허를 내고 회사를 차려서 보안 서비스를 판매하는 경우도 많은데, 인수합병 등을 위해 서로 회사가 자신의 원천 기술을 적나라하게 노출시키는 것도 어렵다"라고 했다.

다만 국내에서도 비교적 규모가 큰 사이버보안 기업을 중심으로 사업다각화를 위해 서서히 인수합병의 움직임이 보이고 있다. 안랩은 2020년 인공지능(AI) 보안기업 '제이슨'을 인수했고 이어 지난해 운영기술(OT) 보안 전문기업 '나온웍스'를 인수했다. 안랩 관계자는 "회사에서 자체적으로 준비하고 있던 분야를 더 강화하고 기술적으로 협력하기 위해 두 건의 인수합병을 진행했으며 다수 스타트업에도 투자하고 있다"라고 했다. 지난해 이글루시큐리티도 데이터센터 최적화 기업인 파이오링크를 인수했다. 이글루시큐리티는 이번 인수를 바탕으로 네트워크 보안 시장까지 사업영역을 확장한다는 계획이다. 대기업 중에선 LG전자가 전장사업 강화를 위해 지난해 이스라엘 자동차 사이버보안 기업인 '사이벨럼'을 인수하기도 했다.

국내 사이버보안업계에서는 적극적인 기업 인수합병을 위해 정부 차원의 지원 등이 절실하다는 목소리도 나오고 있다. 사이버보안 인재 10만 명 양성 등을 약속한 윤석열 정부가 출범하면서 관련 기대감도 커지고 있다. 지난 5월 서울 수송동 서머셋팰리스 호텔에서 열린 '제4차 세종사이버안보포럼'에서 윤두식 KISIA 부회장은 "글로벌 경쟁력 강화를 위해 기존 사이버보안기업, 스타트업의 인수합병을 통해 대형화, 전문화가 촉진돼야 하고, 이를 위한 전문투자조합과 모태펀드 등이 정부 차원에서 지원돼야 한다"라고 했다.

자료: 조선비즈, 2022.06.09.

제1절 정보보호의 위협과 정보보호 기술의 발전

아날로그 시대와 다른 디지털 시대의 정보보호는 개인, 기업 차원이 아닌 사회와 국가 차원의 이슈로 등장하였다. 인터넷으로 세상의 모든 컴퓨터와 디바이스들이 연결된 상황하에서 정보의 유출은 상상하지 못할 문제를 발생시키고 있으며 이는 비용으로 환산하기 힘든 규모로 커져가고 있다. 본 절에서는 정보보호의 필요성, 정보보호의 개념 및 정보보호의 목표에 대해 살펴본다.

1. 정보보호의 필요성

과거 아날로그 시대에도 정보의 보호는 매우 중요한 이슈였다. 그러나 디지털 시대인 지금은 과거와는 다른 개념의 정보보안이 필요한 상황이 되어 버렸고 이는 인터넷을 기반으로 한 업무환경 때문으로 정보보안은 개인의 문제가 아닌 사회적 문제가 되었다.

인터넷 침해 사고의 대부분은 악성코드와 해킹이 차지하고 있다. 특히, 기업의 해킹사고 비율은 매년 높아가고 있는 추세이며, 각종 보안 관련 사고에도 불구하고 효과적인 대

그림 13-1 정보보호 산업 진흥계획 중점 추진 과제

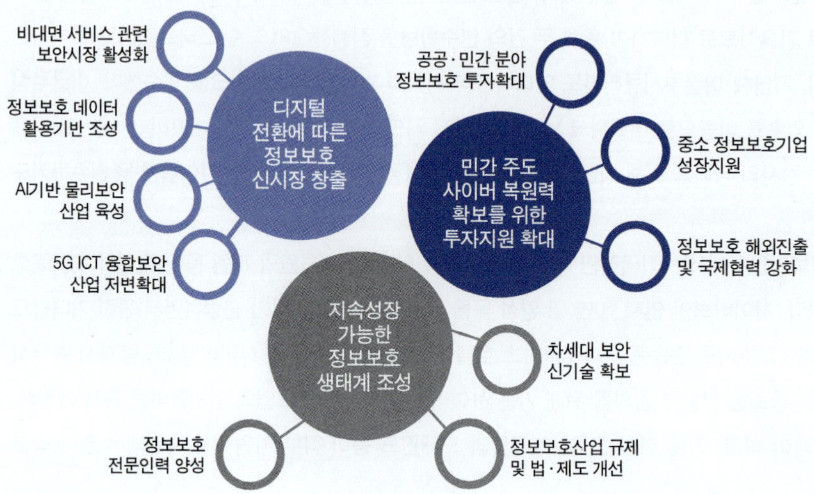

자료: 과학기술정보통신부

응 방안에 대해 자신있게 이야기할 수 있는 개인 및 기업은 없는 실정이다. 정부에서는 보안사고의 감소 및 예방을 위해 정보 보호관리 체계 인증 의무화, 주민번호 수집 제한, 개인정보 암호화, 업무망과 인터넷망 분리 등 기업이 준수해야 할 법적 요구사항을 강화하고 있으며 갈수록 보안 강화 요구사항은 늘어가고 있는 추세이다.

정보통신 인프라의 발전과 정보 접근성의 향상은 원활한 업무 진행과 고객 편의를 제고시키는 등 기업활동을 위한 필수 요건이 되었다. 하지만 정보통신 인프라 및 정보에 대한 높아진 의존도는 기업정보의 유출 및 탈취, 변조, 개인정보 유출, 해킹으로 인한 시스템 마비 등의 보안사고 증가로 이어지고 있다. 더 큰 문제는 이러한 보안사고에 대한 소식만 들릴 뿐, 기업들이 보안사고 예방 및 대응을 위해 할 수 있는 실질적인 대책 및 방안에 대해서는 상대적으로 소홀히 취급하고 있다는 데 있다.

표 13-1 민간분야 침해사고 유형별 신고 건수 (단위: 건)

구분	2018년	2019년	2020년	2021년 6월	합계
DDoS	133	155	213	80	581(31.9%)
악성코드 감염 유포	97	59	140	84	380(20.9%)
시스템 해킹	270	204	250	134	858(47.2%)
합계	500	418	603	298	1,819(100%)

출처: KISA(한국인터넷진흥원) 제출 자료

표 13-2 최근 3년간 랜섬웨어 침해사고 현황 (단위: 건)

구분	2018년	2019년	2020년	2021년
신고 건수	22	39	127	55
평균피해금액(건당)	$41,198	$84,116	$154,108	$220,298

출처: KISA(한국인터넷진흥원) 랜섬웨어 스페셜 리포트

또한 보안투자에 대한 인식이 아직은 투자라기보다는 비용으로 인식되는 탓에 눈에 보이는 손해가 발생하기 전까지는 보안 강화 및 대책 마련에 소극적일 수밖에 없어 보안사고의 위험은 항시 상존하고 있다.

정보보호는 정보의 수집, 가공, 검색, 송신과 수신 중 정보의 훼손, 변조, 유출 등을 방지하기 위한 관리적 · 기술적 방법 또는 악의적 실수 등으로 발생하는 정보의 허가받지

않은 유출, 전송, 변경, 파괴 등으로부터 정보를 보호하는 것을 말한다. 즉, 정보에 대한 허가받지 않은 모든 행위를 통제하는 활동 모두를 정보보호라고 할 수 있다.

정보보호 활동은 관리적 보호, 기술적 보호, 물리적 보호 세 가지로 분류할 수 있다. 관리적 보호란 정보자산에 대한 기업의 정보보호 활동에 대한 정책, 표준, 지침, 절차를 정의하고 이를 실행 · 감독하는 활동으로서 보호정책 운영, 사고 대응 및 보고절차 업무가 있다.

기술적 보호란 정보시스템에 존재하는 취약점을 제거하고 정보시스템에 발생할 수 있는 외부로부터의 보안 위협을 차단하기 위해 정보보호시스템 구축 및 운영하는 활동으로서 네트워크, 시스템, DB, 애플리케이션, 개인 PC 관리가 있다.

물리적 보호로는 정보자산이 위치한 시설에 대해 허가되지 않은 접근 또는 사용을 차단하고 모니터링하기 위한 활동, 즉 위협을 최소화하기 위한 활동으로서 전산실 환경, 출입통제시스템, 감시시스템(CCTV), 재해복구(DR: Disaster Recovery) 등 관리적 보호를 통해 조직의 정보보호에 대한 정책 수립과 정보보호 체계를 보다 효율적이고 체계적으로 구성하는 것이다.

정보보호의 필요성과 중요성을 말하자면 고객의 개인정보를 취급하는 기업이라면 개인정보의 유출을 방지하고, 고객에게 신뢰를 주기 위해서 관리적 보호체계를 보다 더 중요하게 다루어야 하며, 이를 통해 기업의 대외적인 이미지 향상도 기대할 수 있다.

그리고 정보보호는 어느 한 분야의 정보보호 수준이 낮으면 전체적인 보호수준이 낮아지므로 관리적 보호, 기술적 보호, 물리적 보호 요소들 간에 적절한 균형을 유지할 수 있도록 노력해야 한다. 이처럼 정보보호가 보호 솔루션을 포함하는 기술적 보호만을 일컫는 것이 아니라, 기업환경에 포함된 모든 인적 · 물리적 환경들을 모두 포괄하는 개념이므로 정보보호를 위해 많은 자본을 투자했다 하더라도 체계적으로 잘 갖추어진 100% 완벽한 보호는 있을 수 없다. 그렇기 때문에 보호정책은 기업환경 내에 자연스럽게 동화되어 문화로서 정착될 수 있도록 끊임없이 진화해야 하는 것이다.

2. 정보보호의 개념

정보보호는 정보보안이라고도 불리는데, 정보보안은 주로 정보통신망 등 기술적 측면에서의 정보보호를 의미하며 요즘은 기술적 측면뿐만 아니라 관리적 · 제도적 차원을 포괄하는 의미로 이해되고 있다. 또한 정보보호와 정보보안이 혼용되고 있는데 영어 표기는 Protection(보호)보다 Security(보안)라는 용어가 사용되고 있으나 우리나라에서는 Security를 정보보호의 의미로 사용하고 있다.

정보보호는 정보의 정상적 유지를 위해 물리적 · 기술적 · 자연적 장애상태를 사전 예방 및 사후 회복조치를 하도록 하는 것을 의미한다. 정보화촉진기본법에서도 정보보호는 정보의 수집, 가공, 저장, 검색, 송신, 수신 중 정보의 훼손, 변조, 유출 등을 방지하기 위한 관리적 · 기술적 수단을 강구하는 것이라 정의하고 있다.

결국 정보보호의 의미는 자신 또는 정보자의 자산(물리적/논리적)을 내부 및 외부의 불법적인 행위(해킹)나 또는 천재지변 등의 사고로부터 보호하는 모든 과정이나 행위라고 정의할 수 있다. 정보보호는 시스템 및 정보를 고의 혹은 실수에 의한 공개, 변조, 파괴 및 지체로부터 보호하는 것으로 정의할 수 있다.

미국 상무성 산하 미국표준기술연구소(NIST)에서는 정보시스템 자원의 무결성, 가용성, 기밀성을 유지하기 위하여 정보시스템에 취해진 보호조치라고 개념화한 바 있다. 즉, 사업의 위험성을 최소화하여 연속성을 보장하고 투자에 대한 수익의 극대화를 위해 광범위한 위협으로부터 정보의 기밀성, 무결성, 가용성을 유지하는 것으로 정의할 수 있다.

정보보호는 기밀성, 무결성, 가용성을 유지하기 위한 목적으로 진행되어야 하며 기밀성, 무결성, 가용성을 확보함으로써 기업은 정보손실을 최소화할 수 있고 사업의 지속적 영위를 통해 비용절감과 이익 극대화를 추구할 수 있다. 기업의 중요 정보자산의 위험을 관리함으로써 발생할 수 있는 침해사고를 최소화하는 것이 정보보호의 목적으로 볼 수 있다.

3. 정보보호의 목표

정보보호의 목표는 보안사고를 사전에 방지하고 발생 시에도 조직의 손실을 최소화하여 사업의 연속성을 보장하며 손실은 최소화하고 이익을 최대화하기 위하여 다양한 위협으로부터 정보자산을 보호하는 것으로 이런 목표는 다음의 세 가지로 정의할 수 있다.

(1) 기밀성(Confidentiality)

기밀성은 인가받지 않은 개인, 단체, 프로세스 등으로부터 중요한 정보를 보호하자는 것이다. 접근통제의 모든 행위는 근본적으로 기밀성 보호를 위한 것으로 실패할 경우 기업이나 조직의 이미지가 손상될 수 있으며 개인의 안전이 위협받을 수 있다. 보통 정보의 기밀성은 성격에 따라 여러 단계, 수준으로 분류하여 강력하면서도 효율적으로 정보자산 보호를 가능하게 한다. 이러한 등급별 관리는 각 정보자산의 보호수준에 따라 접근권한을 달리함으로써 적절한 보호수준을 유지할 수 있도록 하기 위함이다.

(2) 무결성(Integrity)

무결성은 정보의 저장과 전달 시 인가받지 않은 방식으로 정보가 변경, 삭제, 파괴되지 않도록 정확성과 완전성을 보장하는 것이다. 일반적으로 무결성은 데이터의 변조를 확인하는 의미 외에 인증을 통한 신분의 확실성 여부에 대한 확인까지 포함하는 넓은 의미로 쓰인다. 그것은 인증을 통해 데이터를 만든 주체나 사용자의 실체가 올바른지를 판단하는 것으로 신분에 대한 확실성 여부를 무결성 점검의 범주에 포함시키기 때문이다. 이러한 무결성의 결여는 부정확한 정보의 원인이 될 수 있다.

(3) 가용성(Availability)

가용성은 인가된 사용자가 정보나 서비스를 요구할 때 언제든지 즉시 사용 가능하도록 하는 것이다. 인가된 사용자에게는 정보자산에 대한 접근이 지연, 방해되어서는 안 되며 즉시 또는 적시에 서비스 이용이 가능하여야 한다. 그러기 위해서는 데이터에 대한 백업이 가장 중요하며 형상관리, 변경통제, 사업연속성 계획 및 재난복구계획을 수립하여야 한다. 가용성의 결여는 중요한 임무수행을 불가능하게 만들 수 있고 복구비용 등 재정적 손실을 초래할 수 있다. 한편 정보자산보호 활동은 기업이나 조직이 보유한 정보자산에 대하여 그 가치를 유지하고 보호하기 위한 활동으로서 정보에 대한 위험관리 체계를 운영함을 의미한다. 이때의 위험이란 조직을 운영함에 있어 외부의 위협이 내부의 취약성을 이용하여 보유한 각종 자산에 피해를 입힐 수 있는 잠재적인 가능성을 의미한다. 따라서 정보보호는 정보에 대한 위험관리이며 모든 정보보호 활동, 즉 정보보호 정책을 수립하고 이를 수행하기 위한 조직을 구성하며 다양한 정보에 대하여 그 위협과 취약성을 판별하여 위험을 산출하고 대응책을 마련하는 일련의 활동이라 볼 수 있다. 결국 정보자산 위험에 대응하기 위한 정보자산 보호 활동은 자산의 식별, 위험분석, 정책수립, 조직의 구성, 구성원의 인식수준 및 교육, 사후처리 등의 관리활동 관점과 물리적 · 운영적 · 기술적으로 주요 정보자산에 대한 접근 제한을 통한 통제활동 관점으로 구분할 수 있다.

잠시 쉬어가기

정보보호산업 규모 11.9조… 코로나 이후 성장 빨라져

2018년 산업 규모 첫 10조 원 돌파 이후 성장세 지속
과기정통부 "비대면 서비스 활성화 … 보안 중시 결과"
기업 수 1283개 … 정보보안 12.3% ↑ · 물리보안 21.1% ↑
정보보안 3.9조 … "보안관리 · 네트워크보안 등 수요 커"
물리보안 8조 … "비대면 출입통제 관련 매출증가 뚜렷"

[아주경제 DB]

국내 정보보호 업계의 정보보안 · 물리보안 기업들이 작년 12조 원에 근접한 매출과 전년대비 6.4%의 매출 증가율을 기록했다. 지난 2018년 처음 매출 10조 원을 돌파한 이후 지속 성장해 코로나19 사태 이후 내수 · 수출시장에서 모두 기대를 웃도는 성과를 거뒀다. 물리보안 분야 대비 절반 수준인 정보보안 분야 매출과 산업 규모의 성장 가속화가 남은 과제로 꼽힌다.

과학기술정보통신부와 한국정보보호산업협회는 이 같은 내용을 담은 '2020년 국내 정보보호산업 실태조사' 결과를 14일 발표했다.

국내 정보보호기업은 1283개로 전년도 1094개보다 약 17.3% 증가했다. 정보보안기업은 전년대비 12.3% 늘어난 531개, 물리보안기업은 21.1% 늘어난 752개다. 디지털경제 가속화로 정보보호에 대한 시장 수요와 중요성이 커지면서, 정보보호기업 수는 꾸준히 증가해 2016~2020년간 연평균증가율 10.4%를 기록했다.

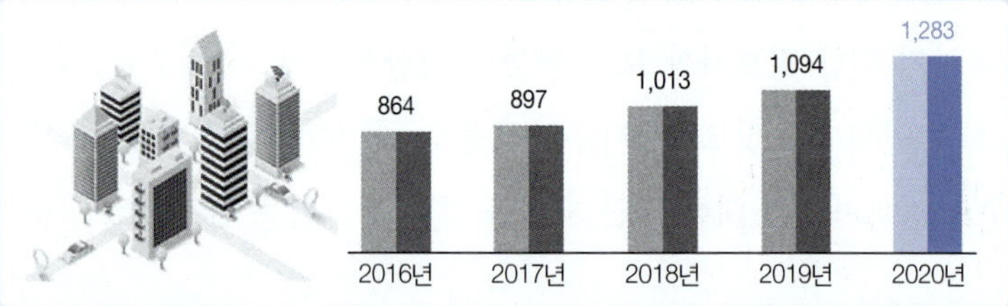

연도별 정보보호 기업 수 현황 (단위:개) [자료=2020 정보보호산업실태조사]

국내 정보보호산업의 매출 규모는 전년 대비 6.4% 증가한 11조8986억 원으로 나타났다. 안랩 등이 속한 정보보안 분야의 매출은 전년대비 8.0% 증가한 3조9074억 원, 에스원 · ADT캡스 등이 속한 물리보안 분야의 매출은 5.7% 증가한 7조 9912억 원이다. 정보보안 분야의 매출 증가율이 물리보안 대비 높았지만, 매출 규모로는 여전히 물리보안이 두 배 수준으로 컸다.

정보보안 분야 업종별 매출은 네트워크보안 시스템 개발이 8259억 원으로 가장 컸다. 코로나19로 인한 비대면 환경과 재택근무 등의 확산으로 '접근제어', '가상사설망(VPN)' 등을 포함하는 네트워크보안 시스템의 수요가 증가한 것이다. 업종별 매출 증가율은 보안관리 시스템 개발(11.1%), 네트워크보안 시스템 개발(9.7%), 보안 컨설팅 서비스(9.2%)가 높았다.

물리보안 분야 업종별 매출은 출동보안서비스가 1조8888억 원으로 가장 컸고 보안용 카메라 제조가 1조3240억 원으로 뒤를 이었다. 업종별 매출 증가율은 비대면 출입통제 관련 영역에서 두드러졌다. 열화상 카메라의 수요 증가 효과를 본 보안용 카메라 제조(8.3%), 생체인식 보안시스템 제조(4.4%), 출입통제 장치 제조(6.8%) 분야 등의 증가율이 높게 나타났다.

정보보호산업 수출액은 약 1조9000억 원으로 전년대비 8.8% 증가했다. 정보보안 분야에서 전년대비 19.5% 증가한 1466억 원, 물리보안에서 8.0% 증가한 1조7894억 원을 기록했다.

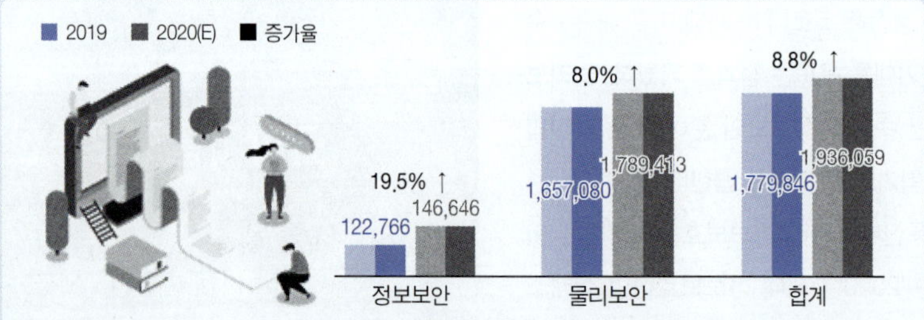

정보보호산업 수출 현황 (단위: 백만 원) [자료=2020 정보보호산업실태조사]

정보보안 분야 최대 수출 업종은 네트워크보안 시스템 개발(531억 원)이었다. 네트워크보안 시스템 개발과 보안시스템 유지관리 · 보안성 지속 서비스, 두 업종은 각각 46.4%, 65.2%의 높은 수출액 증가율을 기록하기도 했다. 이는 비대면 트렌드 확산과 해외시장 현지 공급업체와의 협력 강화로 5세대(5G) 이동통신망 보안, VPN 관련 솔루션 수출이 늘어난 결과였다.

물리보안 분야에서 최대 매출 규모와 최고 증가율은 보안용 카메라 제조(6180억 원, 11.3% 증가), 보안용 저장장치 제조(6171억 원, 10.2% 증가) 업종에서 나타났다. 이는 국내와 마찬가지로 해외에서 비대면 트렌드 확산에 대응하기 위한 기술

수요가 증가함에 따라, 보안용 카메라와 함께 방역관련 출입통제 시스템에 대한 수출 실적이 성장한 것이다.

손승현 과기정통부 정보보호네트워크정책관은 "코로나19로 인한 경기침체로 정보보호산업계도 지난 한 해 어려운 시기를 겪었다"며 "실태조사 결과 역성장이 나올까 우려했지만, 디지털경제 가속화와 비대면 서비스 활성화에 따른 보안의 중요성이 커지면서 매출과 수출 모두 기대 이상으로 성장했다"고 말했다.

정보보호산업의 성장속도는 더욱 빨라질 전망이다. 정부가 올해부터 2023년까지 3년간 6700억 원 예산을 투입하는 'K사이버방역' 정책으로 사이버공간의 안전을 강화할 방침이다. 물리보안 업계에서도 에스원 · ADT캡스 · KT텔레캅 등이 출동보안과 출입통제 분야 중심으로 정보통신기술(ICT)을 융합한 제품 · 서비스 사업을 강화하며 성장 가속화를 예고했다.

손 정책관은 "정부는 지난해 발표된 디지털뉴딜 전략을 기반으로 튼튼한 방역체계 구축을 위한 'K-사이버방역' 정책을 지난달 마련했다"며 "올해도 정보보호산업이 지속 성장할 수 있도록 지원을 아끼지 않겠다"고 덧붙였다.

자료: 아주경제, 2021.03.14.

제2절 정보보호 산업의 출현

인터넷의 등장으로 정보의 생산 및 교류가 빈번한 상황하에서 정보보호 관련 업무는 단순히 개인 차원의 업무가 아닌 전문가 및 기업 차원의 전략적 비즈니스 모델로 산업으로서의 가능성과 그 가치는 타 산업을 압도하고 있는 실정이다. 본 절에서는 정보보호 산업을 정의하고 정보보호 산업을 분류하며, 우리나라 정보보호 산업의 현황을 종합적으로 살펴본다.

1. 정보보호 산업의 정의

정보보호란 정보화촉진기본법 제2조에 명시되어 있는 인터넷을 포함한 정보통신 네트워크 및 단말기 등을 이용하여 처리되는 음성, 영상, 데이터, 그리고 멀티미디어 서비스에서 정보의 유출 및 손상, 시스템 파괴, 바이러스 등의 각종 보안위협으로부터 정보통신시스템을 보호하고 정당한 사용자의 신분을 확인함으로써 정보공유 및 시스템 접근 등의 각종 정보 서비스의 가용성을 보장하고 활성화시키기 위한 기술적 활동이라고 정의할 수 있다.

이에 따른 정보보호 산업의 정의는 정보보호를 위한 하드웨어 및 소프트웨어 제품 또는 관련 서비스를 설계, 개발, 생산, 구축하고 이를 이용한 정보보호 대책 마련 및 사후 관리활동을 포함하는 사업을 하는 기업들의 군집으로 정의될 수 있다.

2. 정보보호 산업의 분류

한국정보보호산업협회(KISIA)의 자료에 따르면 정보보호 산업은 정보보호 제품을 개발·생산 또는 유통하거나 정보보호에 관한 컨설팅, 보안관제 등 서비스를 수행하는 산업으로서 기술의 적용영역, 제품의 특성 등에 따라 정보보안, 물리보안, 융합보안(정보보안+물리보안, 정보보안+타 산업)으로 분류하고 있다.

정보보호 산업의 특성상 제품과 서비스의 통합화 및 융합화가 매우 빠르게 진행되고 있어 정보보호 산업을 분류할 때, 예전의 하드웨어, 소프트웨어, 서비스 세 분야의 구분이 점점 모호해지고 있다.

표 13-3 2000년대 정보보호 산업 분류

산업분류	관련 제품
정보보호H/W	침입차단시스템, VPN제품, 침입탐지시스템, 생체인식시스템, IT스마트카드, 암호가속기, 전용 IP VPN 제품, 일회용 PW용 토큰, RFID 등이 H/W 인증 토큰
정보보호S/W	3A 제품, 암호화 제품, 침입차단시스템 S/W, VPN S/W, 백신·스팸방지·콘텐츠 필터링 제품 등 콘텐츠 보안관리 제품(SCM: Secure Content Management), 침입탐지시스템 S/W, 취약성 분석 제품
정보보호서비스	보안컨설팅, 보안관제, 교육·훈련서비스, 구현서비스 등

자료: 한국정보보호산업협회(www.kisia.or.kr)

표 13-4 정보보호 산업 범위

정보보안	물리보안	융합보안
해킹 / 침입탐지 개인정보유출방지 컴퓨터포렌식 등	영상감시 바이오인식 무인전자경비 등	운송보안(자동차/항공 등) 의료/건설/국방 보안 방범보안로봇 등
정보보안(클린인터넷경제)	물리보안(안전안심생활)	융합보안(안전성 강화)

자료: 한국정보보호산업협회(www.kisia.or.kr)

그러나 현 시점에서 정보보호 산업은 정보보안과 물리보안으로 크게 구분하고 있으며 구체적인 구분은 다음과 같다.

표 13-5 정보보안 제품 및 서비스 분류

대분류	소분류
정보보안 시스템 개발 및 공급	네트워크 보안 시스템 개발
	시스템 보안 솔루션 개발
	정보유출방지 시스템 개발
	암호 / 인증 시스템 개발
	보안관리 시스템 개발
정보보안 관련 서비스	보안컨설팅 서비스
	보안시스템 유지관리 / 보안성 지속 서비스
	보안관제 서비스
	보안교육 및 훈련 서비스
	공인 / 사설 인증서
	클라우드 서비스

자료 : 한국정보보호산업협회(www.kisia.or.kr)

표 13-6 물리보안 제품 및 서비스 분류

대분류	소분류
물리보안 시스템 개발 및 공급	보안장비용 카메라 제조
	보안장비용 저장장치 제조
	보안장비 부품
	물리보안 솔루션
	물리보안 주변장비
	출입통제 장비 제조
	생체인식 보안시스템 제조
	경보 / 감시 장비제조
	기타 제품
물리보안 관련 서비스	출동보안 서비스
	영상보안 서비스
	기타 보안 서비스
	클라우드 서비스

자료 : 한국정보보호산업협회(www.kisia.or.kr)

3. 정보보호 산업 현황

(1) 정보보호 산업 기업 현황

정보보호 관련 기업체 소재지(2021년 기준)를 분석한 결과 1,283개 기업 중 597개(46.5%)가 서울에 위치한 것으로 조사되었다. 정보보안 기업은 356개(67.0%), 물리보안 기업은 241개(32.0%)가 서울에 위치한 것으로 나타나 정보보호 산업도 수도권 집중 현상을 볼 수 있었다.

표 13-7 정보보호 기업 지역별 현황

구분	정보보안		물리보안		합계	
	기업수	비율(%)	기업수	비율(%)	기업수	비율(%)
서울	356	67.0	241	32.0	597	46.5
서울 외	175	33.0	511	68.0	686	53.5
합계	531	100	752	100	1,283	100

자료: 한국정보보호산업협회(www.kisia.or.kr)

정보보호 관련 기업체 소재지를 분석한 결과 531개 기업 중 356개(67.0%)가 서울에 소재하고 있었고, 경기도 72개(13.6%), 대전 21개(4.0%), 부산 14개(2.6%) 순으로 조사되었다. 서울, 경기, 인천에 정보보안 기업의 81%가 집중되어 있는 것으로 분석되었다.

물리보안 관련 기업체 소재지를 분석한 결과 752개 기업 중 241개(32.0%)가 서울에 소재하고 있었고, 경기도 277개(36.8%), 대전 48개(6.4%), 인천 39개(5.2%) 순으로 조사되었다. 서울, 경기, 인천에 물리보안 기업의 74.1%가 집중되어 있는 것으로 분석되었다.

(2) 정보보호 기업 규모 현황

정보보호 관련 기업체의 자본금 규모를 조사한 결과 자본금 10억 미만 기업이 871개(75.7%), 10억 이상 50억 미만 기업이 225개(17.5%)로 조사되었다. 결론적으로 50억 미만의 중소기업 및 초기 스타트업 기업이 우리나라 정보보호 산업을 이끌고 있는 것이다. 국가적 및 사회적 차원의 중요성에 비추어 볼 때 우리나라 정보보호 산업은 타 선진국에 비해 양적 · 질적으로 매우 열악한 수준임을 알 수 있다.

표 13-8 정보보호 기업의 자본금 규모별 현황

구분	정보보안		물리보안		합계	
	기업수	비율(%)	기업수	비율(%)	기업수	비율(%)
10억 미만	390	73.4	581	77.3	971	75.7
10억 ~ 50억 미만	104	19.6	121	16.1	225	17.5
50억 ~ 100억 미만	18	3.4	25	3.3	43	3.4
100억 이상	19	3.6	25	3.3	44	3.4
합계	531	100.0	752	100.0	1,283	100.0

자료: 한국정보보호산업협회(www.kisia.or.kr)

(3) 정보보호 산업 종사자 규모별 현황

정보보호 관련 기업의 종업원 규모별 현황을 보면 20인 미만 기업이 655개(51.1%), 20인 이상 100인 미만 기업이 491개(38.3%)로 조사되었다. 정보보호 기업의 규모와 비례하여 종사자 또한 매우 낮은 수치로 우리나라 정보보호 산업의 구조적 취약성을 알 수 있다.

표 13-9 정보보호 기업 종사자 규모별 현황

구분	정보보안		물리보안		합계	
	기업수	비율(%)	기업수	비율(%)	기업수	비율(%)
20인 미만	218	41.1	437	58.1	655	51.1
20인 ~ 100인 미만	237	44.6	254	33.8	491	38.3
100인 ~ 200인 미만	43	8.1	27	3.6	70	5.5
200인 이상	33	6.2	34	4.5	67	5.2
합계	531	100.0	752	100.0	1,283	100.0

자료: 한국정보보호산업협회(www.kisia.or.kr)

(4) 정보보호 산업 매출 현황

정보보호 산업 매출액(2020년)은 약 12조2억 원으로 2019년 대비 9.3% 증가한 것으로 조사되었다. 매년 9% 이상 지속적인 성장을 보이고 있는데 이는 관련 보안위협이 지속적으로 증가하는 것과 맞물려 새로운 기술의 발전과 함께 새로운 위협에 대비하기 위한 비용의 증가로 볼 수 있다.

안랩 판교 사옥 / 안랩 제공

관련 보안의 필요성을 확인한 정부가 직접 나서기도 했다. 과학기술정보통신부는 한국인터넷진흥원(KISA)과 함께 전국에 위치한 스마트공장을 대상으로 제조・운영설비에서 발생하는 융합보안 문제 해결을 위해 '찾아가는 보안리빙랩'을 시행한다고 지난 1일 밝혔다. 이는 보안성 시험도구 활용해 현장에서 보안상황 점검하는 서비스로, 71개 스마트공장을 대상으로 보안 모델을 배포하고 일부에는 맞춤형 보안 서비스와 방문형 보안 점검 서비스를 제공한다. 과기정통부 측은 "디지털 전환의 허점을 노리고 국내 기업에 심각한 피해를 주는 랜섬웨어, 악성코드 등 사이버 공격이 꾸준히 증가하고 있다"라고 밝혔다.

국내 보안업계도 OT 보안 사업을 확장 중이다. 안랩은 지난해 OT 보안 강화를 위해 OT 보안 전문기업 나온웍스를 인수하고 차세대 방화벽인 '트러스가드'에 나온웍스의 프로토콜 분석 기술이 적용된 'OT 환경 프로토콜 제어' 기능을 추가했다. 또 안랩은 올해 초 OT 보안 사업에 집중하기 위해 OT 보안 개발조직을 신설했다. 회사는 올해의 5대 도전 과제 중 하나로 OT 보안 진출을 꼽으며, IT와 OT 보안 영역에서의 통합 보안솔루션 프레임워크 갖추기를 중장기적 목표로 설정했다.

SK쉴더스는 지난 3월 산업제어시스템(ICS) 통합 보안관리 관련 특허를 취득했다. OS 보안의 핵심인 산업제어시스템을 중심으로 제조시설 전반의 정보보호 체계 구축을 다룬 특허를 취득했다는 것이 회사 측 설명이다. SK쉴더스는 각기 다른 산업의 제조시설과 스마트공장에 적용할 수 있는 표준 보안 모델인 'ICS 통합 보안 관리 시스템'을 기반으로 기업이 보유한 핵심 기술과 영업 기밀 등급에 맞춘 보안 체계를 갖출 계획이다. SK쉴더스 측은 최근 산업제어시스템을 목표로 한 공격이 증가하고 있음에도 제대로 된 정보보호 체계를 갖추지 못한 시설이 여전히 존재해 관련 보안 체계를 맞춤형으로 제공하는 사업을 이어나갈 방침이다.

LG CNS도 구독형 OT 보안 서비스를 제공하는 등 보안 기업체들과 협력하며 OT 보안 관련 사업을 이어가고 있다. LG CNS는 글로벌 사이버물리시스템(CPS) 보안업체 클래로티와 지난 4월 OT 분야에서 전략적 파트너십을 맺으며 함께 기업 환경 내 OT 보안 솔루션을 제공하겠다고 발표했다. LG CNS는 지난해에도 이글루시큐리티와 보안사업 협력 양해각서(MOU)를 체결하고 OT 컨설팅 인력 등 전문 인력 간 협업 체계 구성 등 OT 보안 사업 확장을 위한 협력 계획을 발표했다.

자료: 조선비즈, 2022.06.03.

제3절 정보화 사회의 지식재산권 강화 움직임

정보화 사회에 있어 각종 다양한 형태의 창작물은 지식재산권으로 보호하고 있으며 이의 무단 도용은 범죄로 다루고 있다. 기업의 연구개발을 통해 성장과 발전을 도모하고 있는 상황하에서 지식재산권은 기업의 가치를 평가하는 중요한 자산인 것이다. 본 절에서는 지식재산권의 정의, 지식재산권의 종류 및 지식재산권의 분쟁 사례를 살펴본다.

1. 지식재산권의 정의

세계지식재산권기구(World Intellectual Property Organization: WIPO)는 지식재산권(Intellectual Property Right)을 '문학, 예술 및 학술적 저작물, 연출, 예술가의 공연, 음성 및 방송, 인간 협력에 의한 모든 분야에서의 발명, 과학적 발견, 의장, 등록상표 · 서비스마크, 상호 및 기타명칭, 부정경쟁에 대한 보호 등에 관련된 권리, 산업 · 문학 · 과학 · 문학 또는 예술분야의 지적활동에서 발생하는 기타 모든 권리를 포함한다'라고 규정하고 있다(WIPO 설치협약 제12조 7항).

지식재산권은 지적재산권이라고도 하며 새로운 물질 혹은 그 제조법의 발명과 같은 산업적 발명과 문학 · 미술 등에서의 예술적 · 문화적 시장가치를 지니는 창작물, 즉 인간의 창의적 정신활동의 결과인 지적생산물에 대한 배타적 소유권을 의미한다. 물론 발명과 창작이 모두 무조건적으로 권리가 되는 것은 아니며 발명과 창작이 구체적으로 활용되고 실용화되어 유형적 형태를 지닐 때 비로소 권리화가 가능하다. 만약 추상적인 아이디어나 착상 그 자체를 지식재산권으로 규정하게 되면 타인의 자유로운 발상의 자유를 침해할 가능성이 있기 때문에 지식재산권의 보호대상이 될 수 있는 요건은 법적으로 엄격히 규정하고 있다.

2. 지식재산권의 종류

(1) 산업재산권

산업재산권은 산업영역에의 기여에 대한 보호를 본질로 하며, 문화영역에 대한 보호를 본질로 하는 저작권과 더불어 무체재산권을 이룬다. 산업재산권은 좁은 의미에서는 특허권, 실용신안권, 디자인권, 상표권 및 서비스표권을 말하며, 넓은 의미에서는 노하우(know-how)권, 미등록 주지 상표권 등 산업상 보호 가치가 있는 권리를 모두 포함하여 말한다. 보통은 좁은 의미로 사용된다. 산업재산권은 특허청에 등록을 함으로써 취득된다. 등록에는 선 출원주의가 적용된다(특허법 제38조, 실용신안법 제8조, 디자인법 제16조, 상표법 제9조).

그리고 등록을 한 국가에 한하여 보호되므로 각국에 따로 출원하여 권리화하여야 한다. 산업재산권은 창작자에게 일정 기간 독점적 · 배타적 권리를 부여하는 대신 그 기간이 지나면 누구나 이용할 수 있도록 하여 기술진보와 산업발전을 추구하려는 데에 그 의의가 있다. 각각의 산업재산권을 규율하기 위하여 특허법, 실용신안법, 디자인법, 상표법이 제정 · 시행되고 있다.

특허권은 고도(高度)한 발명을 대상으로 한다. 제조방법, 생산방법 등의 방법적인 것은 특허로만 출원할 수 있다. 특허권의 존속기간은 특허출원일로부터 20년이다. 실용신안권은 특허권보다는 기술수준이 다소 낮은 것을 대상으로 한다.

기존 제품의 형상 · 구조 등을 개선하여 실용성을 높인 경우에는 실용신안으로 출원할 수 있다. 실용신안권의 존속기간은 실용신안 등록 출원일로부터 10년이다.

디자인권은 물품의 형상 · 모양 · 색채 등에 의한 외형의 디자인을 대상으로 한다. 기존제품과 다르게 외관에 미적 감각을 살린 것은 디자인으로 출원할 수 있다. 디자인권의 존속기간은 디자인권 설정등록일로부터 15년이다.

상표권은 기호, 문자, 도형, 색채에 의하여 상품을 표시하는 상표를 대상으로 한다. 상호도 상표로 등록할 수 있다. 서비스표권은 학원, 식당 등 서비스 업종을 나타내는 표시를 대상으로 한다. 홈페이지의 도메인은 서비스표로 등록할 수 있다. 만약 등록된 상표 또는 서비스표와 등록된 도메인이 동일 또는 유사하여 충돌할 경우에는 상표 또는 서비스표가 우선한다. 상표권과 서비스표권은 갱신등록에 의하여 사실상 영구적으로 사용할 수 있으며, 갱신등록은 등록일로부터 10년마다 하여야 한다.

(2) 저작권

인간의 사상 또는 감정을 표현한 창작물인 저작물에 대한 배타적 · 독점적 권리를 말한다. 이러한 저작물에는 소설 · 시 · 논문 · 강연 · 연술 · 각본 · 음악 · 연극 · 무용 · 회화 · 서예 · 도안 · 조각 · 공예 · 건축물 · 사진 · 영상 · 도형 · 컴퓨터프로그램 등이 있다. 여기에 더하여 원저작물을 번역 · 편곡 · 변형 · 각색 · 영상제작 등의 방법으로 작성한 창작물(이를 2차적 저작물이라 한다)과 편집물로서 그 소재의 선택 또는 배열이 창작성이 있는 것(이를 편집저작물이라 한다)도 독자적 저작물이다. 그러나 ① 법령, ② 국가 또는 지방공공단체의 고시 · 공고 · 훈령, 그 밖의 이와 유사한 것, ③ 법원의 판결 · 결정 · 명령 및 심판이나 행정심판절차, 그 밖의 이와 유사한 절차에 의한 의결 · 결정 등, ④ 국가 또는 지방자치단체가 작성한 것으로서 위의 ① 내지 ③에 해당하는 것의 편집물 또는 번역물, ⑤ 사실의 전달에 불과한 시사보도 등은 저작권의 객체가 아니다.

(3) 신지식재산권

특허권, 저작권 등의 전통적인 지식재산권 범주로는 보호가 어려운 컴퓨터 프로그램, 유전자조작 동식물, 반도체 설계, 인터넷, 캐릭터 산업 등과 관련된 지식재산권을 신지식재산권이라 한다. 인간의 지적 연구활동의 소산을 보호하는 "지식재산권"(Intellectual Property Right)은 크게 보아 "산업재산권"(Industrial Property Right)과 "저작권"(Copyright)의 둘로 분류된다. 문학작품, 음악, 미술 등에 대한 권리는 저작권으로 보호하고 있으며, 특허, 실용신안, 의장, 상표 등은 산업재산권으로 보호하고 있다.

그러나 정보기술 등 첨단기술의 급속한 발달로 인해 전통적인 지식재산권, 즉 산업재산권과 저작권으로 보호가 어렵거나 상당한 논란을 유발하는 신기술이 등장하게 되었다. 이러한 새로운 분야의 지식재산들을 "신지식재산권"(New Intellectual Property Right)이라 부른다. 신지식재산권은 크게 컴퓨터 프로그램, 인공지능, 데이터베이스와 같은 "산업저작권", 반도체 집적회로 배치설계, 생명공학과 같은 "첨단산업재산권" 및 영업비밀, 멀티미디어와 같은 "정보재산권"으로 분류되며, 이외에도 만화영화 등의 주인공을 각종 상품에 이용하여 판매할 수 있는 캐릭터, 독특한 색채와 형태를 가진 콜라병, 트럭의 외관과 같은 독특한 물품의 이미지인 Trade Dress, 프랜차이징 등도 신지식재산권의 일종으로 포함되기도 한다. 소프트웨어, 생명공학발명, 반도체회로 설계 등은 특허대상이 아니라는 것이 이전의 정부 입장이었으나 미국, 일본 등 특허선진국의 움직임에 맞춰 우리나라도 이런 신지식재산권을 특허로 인정해 가는 추세이다.

그림 13-2 지식재산권 분류

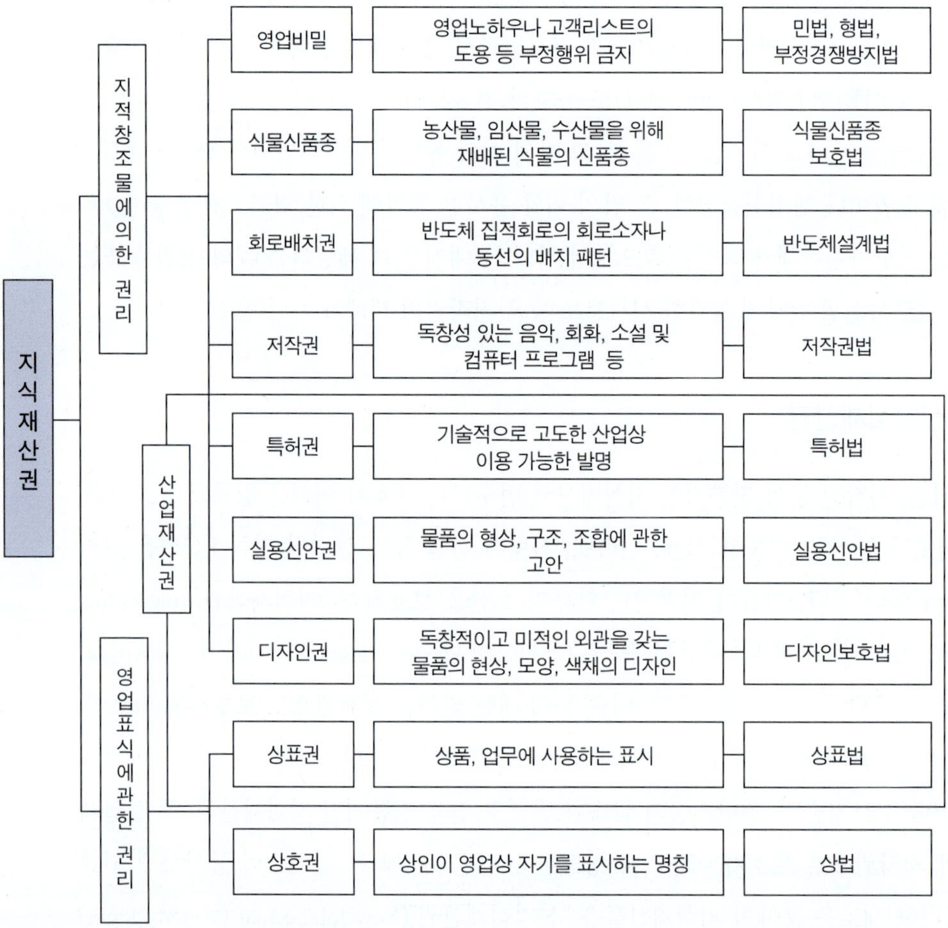

자료: 특허청

3. 지식재산권 분쟁사례-삼성과 애플

(1) 삼성과 애플의 특허 분쟁의 배경

애플이 삼성전자에 대하여 특허 소송을 대대적으로 제기하게 된 배경으로는 주로 안드로이드 OS 진영에 대한 견제 및 단말 부품 수급조건 개선 문제 등이었다. 안드로이드

OS는 구글의 개방 정책에 따라 다수의 단말 업체들이 이를 채택하고 있으며, 2011년 2분기 기준 시장점유율 43.4%로 1위를 기록하면서 애플의 강력한 경쟁자로 부상하였다. 삼성전자의 경우 안드로이드 OS를 사용하고 있는 단말기기 시장의 선두주자로 애플 측에서 적극적인 견제 전략의 대상이 되었다. 이와 더불어, 애플은 삼성전자와의 부품 조달 계약에서 유리한 위치를 선점하기 위해 특허 소송을 제기했다는 평가가 있다. 삼성전자는 애플 애플리케이션 프로세서, 메모리 반도체, LCD 액정 등 연간 10조 원 이상의 규모로 부품을 공급하고 있는 것으로 알려져 있다. 이로 인해 애플은 삼성전자에 대한 부품 의존도를 줄이기 위해 공급선 다변화 전략 등을 구사하면서 협력과 견제의 주 대상으로서 특허소송을 통해 부품조달 협상 시 단가 인하 또는 물량 확보 등에 있어 유리한 고지를 선점하려는 의도가 있었다.

(2) 특허분쟁의 쟁점

삼성과 애플의 특허 분쟁은 애플의 소송제기로부터 비롯되었다. 2011년 4월 15일, 애플은 자사의 스마트폰과 태블릿PC의 디자인을 삼성이 무단으로 도용했다는 것을 이유로 소송을 제기했다. 이에 선제공격을 당한 삼성도 2011년 4월 22일, 1주일 만에 애플이 삼성의 통신기술 특허를 침해했다며 한국, 일본 도쿄, 독일 법원에 맞소송을 제기하여 본격적인 특허전쟁이 시작되었다. 애플 측에서 제기한 특허 소송의 핵심은 트레이드 드레스(Trade Dress)이다. 트레이드 드레스는 미국에서 상품의 전체적인 외관과 느낌을 보호하려고 도입한 지식재산권 제도로 제품의 고유한 이미지를 만들어 내는 여러 가지 복합적인 요소들로 제품의 모양, 크기, 색상뿐만 아니라 포장까지 포함하는 개념이다. 이는 일반적으로 전통적인 지적재산권으로 분류하기 어려운 새로운 지식재산권의 일종이다.

애플은 디자인으로, 삼성은 기술로 맞섰는데 삼성과 애플이 고소한 내용을 보면 다음과 같다.

애플은 주로 아이폰의 고유한 디자인과 기능을 내세워, 삼성이 광범위한 디자인 특허와 사용자 인터페이스(UI)를 베꼈다고 주장했다.

① 화면에서 사진 검색 시 튕김 효과(바운스백)

② 화면에서 엄지와 검지로 특정 부분 확대(핑거투줌)

③ 화면에서 두 번 터치로 문서 확대

④ 스마트폰 외관이 직사각형이고 둥근 모서리

⑤ 스마트폰 하단에 둥근 홈버튼과 옆면의 작동키
⑥ 태블릿PC 외관이 직사각형이고 둥근 모서리
⑦ 화면에서 바둑판 모형의 아이콘 배열 등을 문제 삼았다.

반면, 삼성은 통신기술을 무기로 내세웠다.
① 분할 전송되는 데이터 구분 기술
② 데이터 전송모드를 알려주는 기술
③ 데이터를 조합해 전송 오류 개선
④ 데이터 송신전력을 줄여 통화 품질 유지
⑤ MP3 음악 들으며 휴대폰 다른 기능 실행
⑥ 촬영 모드에서 사진 모드로 돌아가면 마지막 보았던 사진 보여주는 기능
⑦ 보던 사진을 이메일로 보내기 등이다.

당시 법정에서 중요한 문제는, 삼성이 소비자들에게 삼성 제품을 구입하는 데 있어서 혼동을 주느냐 하는 것이었다. 미 법원이 배심원들에게 제시된 지침에는 외관상 상당히 비슷하면 특허 침해로 인정해야 한다고 규정되어 있다. 이 지침은 '일반 소비자가 제품을 구매할 때 삼성 제품을 애플 제품으로 착각해서 구매할 수 있을 때라고 정의했다'고 해석된다. 여기서 삼성과 애플은 서로 대립된다. 삼성은 "소비자가 제품을 구입할 때 착각을 일으켜야 침해다"라고 주장했으나, 애플은 "삼성 로고를 가리고 스마트폰을 보여 줬을 때 아이폰으로 착각한다면 특허 침해다"라는 주장을 했다. 이렇게 시작된 초유의 소송전쟁이라 불리는 삼성과 애플의 소송은 전 세계적으로 퍼지면서 무려 9개국 50여 건의 소송으로 확장되었다.

(3) 특허분쟁의 결과

삼성과 애플의 소송은 단순히 두 기업 간의 문제일 뿐만 아니라 정치적인 행위에도 상당히 가까워서 한국 경제에도 큰 영향을 미쳤다. 미국과 한국의 법원에서 내린 판결의 최대의 쟁점은 한국과 미국 모두 보호무역주의와 국수주의에 입각한 판결을 내렸다는 점이다. 경기침체 속에 최근 다시 확산되고 있는 보호무역주의 때문에 한국과 미국이 상반된 판결을 내렸다는 분석이 나오고 있다.

특히 미국은 자국 기업의 유불리를 따졌기 때문에 재판 진행 과정에서 삼성전자가 신청한 증거와 확보한 증언을 재판부가 잇따라 기각하면서 자국 기업인 애플에 다소 편파적으로 진행됐다는 시각이 있다. 이러한 보호무역주의와 국수주의는 후발주자들에 대한 진입장벽을 구축하여 다른 기업의 시장 진입을 어렵게 할 수 있는데 한 경제기사에 따르면, "산업 기술 표준을 보호하기 위해 내려진 이번 판결로 무역전쟁이 초래될 수 있으며 시장에 진입하려는 경쟁사들의 진입을 막는 불공정한 처사가 될 수 있다"고 주장하였다.

보호무역주의와 국수주의 외에도 다른 기업의 시장 진입을 막는 것은 카피캣 이미지에 대한 부정적 효과로 삼성과 애플의 소송을 통해 애플은 다른 기업들에게 자신들의 제품을 따라 하는 '카피캣'이라는 이미지를 심은 것 또한 다른 기업이 시장진입을 하기 힘들게 만드는 데에 영향을 미쳤다. 국가적 관점을 제외하고 오로지 삼성과 애플, 두 기업만을 놓고 보자면 두 기업에게 미치는 경제적 영향은 나쁘지 않았다. 삼성 및 애플은 완제품 및 부품의 관계에서 서로 주요 고객 중 하나이기 때문에 협력 관계이자 경쟁 관계이기 때문에 서로 손해볼 것이 없었기 때문이다. 애플의 경우 먼저 소송을 제기함으로써, 여러 가지 측면에서 손해 보지 않는 장사를 할 수 있었다. 만약 소송 없이 로열티 협상을 하는 경우 로열티 액수가 다소 커질 수 있으나 애플에게 있어서 소송은 여러 가지 측면에서 괜찮은 선택이 될 수 있었다. 소송을 통해 삼성에 대한 대내·외적인 압박을 가하였고 승소하면 더할 나위 없이 좋고, 일부 승소 및 패소를 하더라도 로열티 협상에 있어 더 나은 결과를 가져올 수 있었기 때문이었다. 또한 이번 소송을 통해 삼성이 아이폰을 베꼈다고 크게 한 번 홍보하고, 안드로이드 후발 주자에게 경고를 날릴 수 있는 보이지 않는 이익도 얻을 수 있었다.

반면에 삼성의 경우도 오히려 자사제품의 시장점유율을 더욱 높이는 데 소송이 기여를 했다. 워싱턴 포스트와 USA 투데이는 인터넷 판에서 "삼성이 세계 스마트폰 시장에서 애플과의 격차를 더욱 벌리고 있다"고 지적했다. 삼성은 맞소송으로 애플과 크로스 라이센스를 얻어 앞으로의 특허시비를 차단하는 동시에 적지 않은 특허사용료를 받고 법정 밖에서 합의를 했다. 삼성은 주요 부품 고객을 잃지 않는 동시에 꼬박꼬박 애플에게서 특허사용료를 챙기는 실익을 얻은 것이다. 삼성과 애플의 특허 전쟁은 대기업들 간의 특허경영의 한 측면을 보여주는 좋은 사례로 협력관계이자 경쟁관계로서의 위치를 공고히 하는 결과를 낳았다.

삼성과 애플의 특허 분쟁이 남긴 것은 결과적으로 두 당사자 기업의 엄청난 성장이었다. 치열한 공방 과정 안에서 두 기업은 스마트폰 시장을 완전히 장악하였고, 현재 각 회사의 실적이나 기업 가치는 사상 최고를 달리고 있다. 노이즈마케팅 효과의 전형적인 사례로 두 회사의 매출과 실적을 합하면 소송 이후 지금껏 91% 이상의 점유율을 지속적으로 유지하고 있다.

토의해 봅시다

- 정보보호위협에 따른 기업의 대응방안에 대해 설명하시오.
- 정보보호기술의 발전과 정보보호산업과의 관련성에 대해 설명하시오.
- 지적재산권의 종류와 이에 대한 기업의 활용방안에 대해 설명하시오.
- 개인수준의 정보보호방안에 대해 설명하시오.
- 정보보호산업의 발전방향에 대해 설명하시오
- 정보보호의 필요성에 대해 설명하시오.
- 정보보호의 목적에 대해 설명하시오.
- 지식재산권 강화가 기업에 미치는 영향에 대해 설명하시오.

참고문헌

- 경정익, 스마트 시대 개인정보보호 이해와해설, 부연사, 2015.
- 국가정보원, 정보보호백서, 2005.
- 로앤비즈 편집부, 판례가 풀어 해설한 지적재산권법전, 로앤비즈, 2015.
- 미래창조과학부와 지식정보보안산업협회, 한국디지털CCTV연구조합, 2013.
- 박억남, 정보보안 개인정보보호 입문+실무, 위즈플래닛, 2015.
- 아주경제, 정보보호산업 규모 11.9조…코로나 이후 성장 빨라져, 2021. 03. 14.
- 이기혁 · 이강신 · 박진석 · 최일훈, 알기쉬운 개인정보보호의 이해와 활용, 인포더북스, 2011.
- 장상수, 정보보호 관리체계 구축 및활용, 생능출판사, 2015.
- 조선비즈, 사이버보안 기업 M&A 뛰어든 IBM · 구글 … "韓 기업도 덩치 키워야", 2022. 06. 09.
- 조선비즈, 해킹 공격 한방에 제조 기반 붕괴 … 스마트공장 사이버 공격 급증, 2022. 06. 03.
- www.ahnlab.com
- www.idc.com
- www.kiip.re.kr
- www.kisa.or.kr
- www.klnet.co.kr

찾아보기
INDEX

저자소개
AUTHORS

윤종훈

- Indiana State University 경영학과 졸업
- Mississippi State University 경영학과 석사
- Mississippi State University 경영학과 박사(경영정보학)
- 한국인터넷전자상거래학회 이사
- 한국산업정보학회 이사
- 한국경영정보학회 이사
- 한국정보기술학회 부회장
- 한국문화산업학회 이사
- Arizona State University Visiting Scholar
- 대전대학교 경영대학 경영학과 교수 역임
- 대전대학교 학생생활연구소 소장 역임
- 대전대학교 경영・행정・사회복지대학원 원장 역임

현) 대전대학교 경영대학 경영학과 특임교수

[저서]

- 경영과 사회, 1988, 고려출판사
- 경영과 생활, 2001, 형설출판사
- 기업경영론, 2001, 고려출판사
- 전자상거래의 이해, 2004, 삼영사
- 정보기술과 활용, 2005, 학현사
- 엑셀 한판승부, 2006, 학현사
- 파워포인트 한판승부, 2006, 학현사
- 정보기술과 경영, 2006, 학현사
- 경영학원론, 2007, 학현사
- 글로벌시대의 전자상거래, 2009, 학현사
- 경영정보시스템, 2011, 학현사
- SNS시대의 e-비즈니스, 2013, 학현사
- 기업혁신을 위한 경영정보시스템, 2015, 학현사
- 소셜커머스와 e-비즈니스, 2016, 도서출판 창명

김용민

- 대전대학교 경영학과 졸업
- 대전대학교 경영학과 석사
- 대전대학교 경영학과 박사(경영정보학)
- 유일반도체(주) 전산팀장
- ㈜이포유니온 기술연구소장

현) 대전대학교 H-LAC 부교수

[저서]

- 글로벌시대의 전자상거래, 2009, 학현사
- 경영정보시스템, 2011, 학현사
- SNS시대의 e-비즈니스, 2013, 학현사
- 기업혁신을 위한 경영정보시스템, 2015, 학현사
- 소셜커머스와 e-비즈니스, 2016, 도서출판 창명

4차 산업혁명 시대를 위한 **경영정보시스템**(제2판)

2017년 3월 5일 1판 1쇄 발행
2024년 8월 12일 2판 2쇄 인쇄
2024년 8월 30일 2판 2쇄 발행

저 자 윤종훈 · 김용민
발행인 김사설
발행처 도서출판 **창명**
12946 경기도 하남시 미사대로 540 AA동 8층 33호(한강미사2차)
전화 (031)795-1214
팩스 (031)5175-8033
이메일 kimsaseol@hanmail.net
출판등록 2016년 5월 20일
등록번호 제131-93-14552호

정가 35,000원
ISBN 979-11-88109-26-5